THE
SĀHITYADARPAṆA

[Paricchedas I, II, X Arthālaṅkāras]

with Exhaustive Notes

MAHĀMAHOPĀDHYĀYA

P.V. KANE

MOTILAL BANARSIDASS PUBLISHERS
PRIVATE LIMITED • DELHI

2nd Reprint : 2015
Sixth Edition: Delhi, 1974
Fifth Edition : Delhi, 1965

ISBN : 978-81-208-1277-2 (Cloth)
ISBN : 978-81-208-1278-9 (Paper)

MOTILAL BANARSIDASS
41 U.A. Bungalow Road, Jawahar Nagar, Delhi 110 007
8 Mahalaxmi Chamber, 22 Bhulabhai Desai Road, Mumbai 400 026
203 Royapettah High Road, Mylapore, Chennai 600 004
236, 9th Main III Block, Jayanagar, Bengaluru 560 011
8 Camac Street, Kolkata 700 017
Ashok Rajpath, Patna 800 004
Chowk, Varanasi 221 001

Printed in India

by RP Jain at NAB Printing Unit,
A-44, Naraina Industrial Area, Phase I, New Delhi–110028
and published by JP Jain for Motilal Banarsidass Publishers (P) Ltd,
41 U.A. Bungalow Road, Jawahar Nagar, Delhi-110007

INTRODUCTION

Beyond a few scraps of information gathered from his own works, we know very little about the personal history of Viśvanātha. He came of a brāhmaṇa family that had distinguished itself by learning. His great-great-grand-father was Nārāyaṇa, who appears to have been a learned man and to have written a work on Rhetoric.[1] His father was Candraśekhara, who was a poet and scholar. His verses are often quoted by Viśvanātha (pp. 108, 122, 178, 182 &c. Nirn. ed. of 1922). Viśvanātha mentions by name two works of his father, viz. the Puṣpamālā (on VI. 25) and Bhāṣārṇava which dealt with the characteristics of Sanskrit, Śaurasenī, Mahārāṣṭrī and other Prakrit dialects. As Viśvanātha explains certain Sanskrit expressions by Uriya equivalents in his commentary on the Kāvyaprakāśa, he appears to have been an inhabitant of Orissa.[2] The father of Viśvanātha and Viśvanātha himself appear to have held some important office at the court of a king, probably of Kaliṅga. Both of them are styled Sāndhivigrahika-Mahāpātra. Viśvanātha was a Vaiṣṇava as is made clear by the colophon[3] at the end of the first Pariccheda and the last verse of the

1. 'तत्प्राणत्वं चास्मद्वृद्धप्रपितामहसहृदयगोष्ठीगरिष्ठकविपण्डितमुख्यश्रीमन्नारायणपादैरुक्तम् ।' S.D. III. २-3; but in his Kāvyaprakāśadarpaṇa, Visvanātha says that Nārāyaṇa was his grandfather "यदाहुः श्रीकलिङ्गभूमण्डलाखण्डलमहाराजाधिराजश्रीनरसिंहदेवसभायां धर्मदत्तं स्थगयन्त...... अस्मत्पितामहश्रीमन्नारायणदासपादाः" Intro. to K. P. p. 25 (Vā.). Two explanations are possible; I Nārāyaṇa was really the great-great-grand-father and is referred to as the grand-father for the sake of brevity; II The two Nārāyaṇas were distinct, one being the grand-son of the other. In India, a grandson often bears the name of his grand-father.

2. See Vāmanāchārya's Introduction to K. P. p. 25 'वैपरीत्यं रुचिं कुर्विति पाठः, अत्र चिङ्कुपदं काश्मीरादिभाषायामश्लीलार्थबोधकम्, उत्कलादिभाषायां घृतवाहकार्थकम् इत्यादि ।'

3. 'श्रीमन्नारायणचरणारविन्दमधुव्रत etc.' Note the words 'दुर्गमा-द्रुमं प्राप्तिभगवन्नारायणचरणारविन्दस्तावादिना' p. 1.

Sāhityadarpaṇa.[1] He was a poet and quotes his own verses in Sanskrit and Prakrit at every step, when illustrating the canons of Rhetoric. He composed a number of works, besides the Sāhityadarpaṇa, of which the following are mentioned in the latter:—I. a *mahākāvya* in Sanskrit, called Rāghava-vilāsa (under III. 222-224); II. Kuvalayāśvacarita, a *kāvya* in Prakrit (III. 149); Prabhāvatī-pariṇaya, a Nāṭikā (III. 58); IV. Candrakalā, another Nāṭikā (III. 96); V. Praśastiratnāvalī, a Karambhaka in sixteen languages (VI. 337). After composing the Sāhityadarpaṇa, he wrote two other works, a *kāvya* called Narasiṁha-vijaya[2] and a commentary on the Kāvyaprakāśa called Kāvyaprakāśa-darpaṇa (see Intro. to K. P. p. 25, Vā.). Caṇḍīdāsa, who wrote a commentary on the Kāvyaprakāśa, was the younger brother of Viśvanātha's grand-father.[3]

The question of Viśvanātha's date does not present much difficulty. There are certain data, which fortunately for us, fix within very narrow limits his chronological position.

A ms. of the Sāhityadarpaṇa deposited at Jammu[4] is dated in the Vikrama year 1440, *i.e.* approximately 1384 A.D. From this it may be safely concluded that the Sāhityadarpaṇa was composed at some time earlier than 1384 A.D. Viśvanātha quotes a verse which speaks of a Mohammadon king named Allauddin.[5] We saw above that Viśvanātha came from Orissa. The king referred to in the verse is certainly Sultan[6] Allauddin Khilji, whose favourite general Malik Kafur invaded the Deccan, seized Warangal and carried his victorious arms as far as Cape Comorin. Allauddin, it is said, was poisoned in

1. यावत्प्रसन्नेन्दुनिभानना श्रीर्नारायणस्याङ्कमलङ्करोति ।

2. अनन्तदास quotes a verse on p. 9 with the words यथा मम तातपादानां विजयनरसिंहे.

3. 'अस्मत्पितामहानुजकविपण्डितमुख्यश्रीचण्डीदासपादानां तुखदहरसनाम्ना' VII. 31.

4. See Dr. Stein's Catalogue of mss. at Jammu under the heading Alaṅkārśāstra p. 64.

5. सन्धौ सर्वस्वहरणं विग्रहे प्राणनिग्रहः ।
अलावदीननृपतौ न सन्धिर्न च विग्रहः। IV. 14, p. 244 Nir. ed.

6. The word Sultan, it should be noted, occurs under the Sanskritized from सुरत्राण in the साहित्यदर्पण, 'गङ्गाम्भसि सुरत्राण तव निःशाननिस्वनः ।' p. 30 of our text (under) उत्प्रेक्षा).

1316 A.D. Supposing that the verse in which Allauddin is mentioned by name was written in his life-time, the Sāhityadarpaṇa cannot be said to have been composed at a date earlier than 1300 A. D. From these two circumstances it follows that the Sāhityadarpaṇa was composed at some time between 1300 A. D. and 1384 A.D.

There is a good deal of evidence, both internal and external, that confirms this conclusion.

I. The internal evidence is as follows:—(a) Viśvanātha quotes a verse from the Gītagovinda of Jayadeva.[1] Tradition makes Jayadeva, along with Govardhana, Śarana, Umāpati and Kavirāja, a protege of Lakṣmaṇa-sena whose inscription at Gayā is dated in saṁvat 1173 or 1116 A. D.[2] Jayadeva himself mentions Govardhana and others as his contemporaries.[3] We may say that Jayadeva flourished in the first half of the 12th century.

(b) विश्वनाथ quotes a verse (कदली कदली &c. under IV. 3) from the प्रसन्नराघव (I. 37) of जयदेव who flourished between 1200 and 1250 A. D. We have pointed out in our notes to साहित्यदर्पण that Viśvanātha often quotes[4] verbatim from the Alaṅkārasarvasva of Ruyyaka and in some places even criticizes it. We know that Ruyyaka was the teacher[5] of Maṅkha, author of Śrīkaṇṭhacarita. In the 25th *sarga* of the Śrīkaṇṭhacarita Maṅkha tells us that he showed his work to an assembly of learned men in the house of his elder brother Alaṅkāra[6]

1. 'हृदि बिसलताहारो नायं' etc. p. 29 of our text (under निश्चय). This verse is ascribed to Jayadeva in the Subhāshitāvali also.

2. Bühler's Kashmir Report p. 64.

3. वाचः पल्लवयत्युमापतिधरः सन्दर्भशुद्धिं गिरां जानीते जयदेव एव शरणः श्लाघ्यो दुरूहद्रुते । शृङ्गारोत्तरसत्प्रमेयवचनैराचार्यगोवर्धनः स्पर्धी कोऽपि न विश्रुतः श्रुतधरो धोयी कविक्ष्मापतिः ॥ 4th verse of the Gītagovinda.

4. See e. g. pp. 41, 42, 60 of the text and the notes thereon.

5. तं श्रीरुय्यकमालोक्य स प्रियं गुरुमग्रहीत् ।
सौहार्दप्रश्रयरसस्रोतः सम्भेदमज्जनम् ॥ श्रीकण्ठ. XXV. 30.

6. मदग्रजन्मनः श्रीमल्लङ्कस्य सभागृहम् । तेऽध्यासते च विस्रब्धाः सारस इव मानसम् ॥ XXV. 15. लङ्कक must have been another name of अलङ्कार. In the third *sarga* Maṅkha tells us that he was the last of four brothers, the other three being शृङ्गार, भृङ्ग and अलङ्कार (verse 45, 53, 56).

who was minister[1] of king Jayasiṁha of Kashmir (1129-1150 A. D.). The Śrīkaṇṭhacarita was composed about 1140 A. D. at an advanced age. A good deal of time must have elapsed before Ruyyaka's work attained such popularity as to be the guide of a writer from Orissa.

(c) Viśvanātha quotes some verses from the Naiṣadhīya-carita of Śrīharṣa.[2] The date of Śrīharṣa has been for a long time a subject of discussion among scholars. Śrīharṣa tells us that he was patronized by a king of Kānyakubja.[3] Rājaśekhara in his Prabandhakośa written in saṁvat 1405 informs us that Śrīharṣa was the son of Hīra, who was a minister of Jayanta-candra of Kāśī. It is probable that this Jayantacandra is the same as the Jayacandra that was a king of Kanauj. One of the earliest inscriptions of Jayacandra is dated in saṁvat 1223.[4] Bühler referred the composition of the Naiṣadhīya to some date between 1167 A. D. and 1174 A. D. Gadādhara, a commentator of the Naiṣadhīya, makes Śrīharṣa a protege of Govindacandra of Vārāṇasī.[5] Maṅkha informs us that a king of Kānyakubja, named Govindacandra, sent an ambassador to Jayasiṁha, king of Kashmir.[6] It is not unlikely that this is the same as the king mentioned by Gadādhara. Vārāṇasī and Kānyakubja may have both been the capitals of the king, or the king may have conquered Vārāṇasī after coming to the throne of Kanauj. There is another line of reasoning which leads us approximately to the same date as the above. Śrīharṣa wrote the Khaṇḍanakhaṇḍakhādya[7] in which he ridicules

1. एकं श्रीजयसिंहपार्थिवपतिं काश्मीरमीनध्वजं
तस्योपासितसन्धिविग्रहमलंकारं द्वितीयं स्तुमः । श्रीकण्ठ० XXV. 61.

2. हनूमदाद्यैः etc. (p. 31), धन्यासि वैदर्भि etc (p. 36) which are respectively नैषधीय IX. 123 and III. 116.

3. 'ताम्बूलद्वयमासनं च लभते यः कान्यकुब्जेश्वरात्' etc. last verse of the Naiṣadhīya.

4. J. B. B. R. A. S. vol. X. p. 31 ff.

5. See Prof. S. R. Bhandarkar's Report on his second tour for 1904-5 pp. 43, 87.

6. अन्यः स सुहलस्तेन ततोऽवन्द्यत पण्डितः ।
दूतो गोविन्दचन्द्रस्य कान्यकुब्जस्य भूभुजः ॥ श्रीकण्ठ० XXV. 102.

7. 'षष्ठः खण्डनखण्डतोऽपि सहजात्क्षोदक्षमे तन्महाकाव्येऽयं व्यगमन्नलस्य चरिते सर्गो निसर्गोज्ज्वलः ॥' at the end of the sixth *sargo* of the Nai.

Udayana by twisting a verse of the latter.[1] उदयन wrote his लक्षणावली in sake 906 i.e. 984-5 A. D. 'तर्काम्बराङ्कप्रमितेष्वतीतेषु शकान्ततः । वर्षेषूदयनश्चक्रे सुबोधां लक्षणावलीम्' ॥.

(d) Caṇḍīdāsa, a commentator of the Kāvyaprakāśa, was the younger brother of Viśvanātha's grand-father. It has been shown (p. 274) that the काव्यप्रकाश was composed between 1050 and 1100 A. D. Caṇḍīdāsa is not one of the oldest commentators of the Kāvyaprakāśa and Viśvanātha is removed by two generations from him. Prof. Bhattacharya in his edition of काव्यप्रकाशसङ्केत in Cal. O. J. vol. II. p. 10 (note) finds fault with me for saying (on p. 73 of my Notes) that in the words मान्य and उपजीव्य the reference is to रुय्यक. He says that विश्वनाथ refers in these words to चण्डीदास's दीपिका. But I am not at all wrong. He admits that the words set out in the साहित्यदर्पण are not found in the दीपिका. I gave two meanings of that passage: (1) विश्वनाथ rebukes रुय्यक for going against मम्मट who is both मान्य and उपजीव्य to रुय्यक, or (2) he would not further criticize रुय्यक who is मान्य and उप०.

(e) Viśvanātha quotes the words of a writer called Dharmadatta,[2] who was a contemporary of Nārāyaṇa, the grand-father (great-great-grand-father ?) of Viśvanātha and was vanquished by him in the court of king Narasiṁha of Kaliṅga. Whether Nārāyaṇa was the grand-father or great-great-grand-father of Viśvanātha would not make much difference. Many kings of Kaliṅga bore the name Narasiṁha. Besides, there is a good deal of confusion about the dates of their accession.[3] As a ms. of the Sāhityadarpaṇa is dated in 1384 A. D. Narasiṁha IV is not certainly the king at whose court

1. See Preface to Nyāyakusumāñjali, p. 15. Udayana's verse is 'शङ्का चेदनुमास्त्येव न चेच्छङ्का ततस्तराम् । व्याघातावधिराशङ्का तर्कः शङ्कावधिर्मतः ॥' 3rd स्तबक, 7th verse p. 382 of न्यायकुसुमाञ्जली, on which Śrīharṣa retorts 'तस्मादस्माभिरप्यस्मिन्नर्थे न खलु दुष्पठा । त्वद्गाथैवान्यथाकारमक्षराणि कियन्त्यपि । व्याघातो यदि शङ्कास्ति न चेच्छङ्का ततस्तराम् । व्याघातावधिराशङ्का तर्कः शङ्कावधिः कुतः ॥'.

2. तदाहुः धर्मदत्तः स्वग्रन्थे 'रसे सारश्चमत्कारः सर्वत्राप्यनुभूयते । तच्चमत्कारसारत्वे सर्वत्राप्यद्भुतो रसः । तस्मादद्भुतमेवाह कृती नारायणो रसम् ॥' on S. D. III. 2-3.

3. See Dr. Bhandarkar's Note on the kings of Kaliṅga in the Introduction to Mr. Trivedi's edition of the Ekāvalī.

Nārāyaṇa lived, because Narasiṁha IV came to the throne at some time between 1373 A.D. and 1411 A. D. Narasiṁha III also is out of question, as the date of his accession is somewhere between 1328 A. D. and 1361 A. D. It is likely that Narasiṁha II is the king referred to. The date of his accession falls between 1270 A. D. and 1303 A. D.; he is also styled Kavipriya in his inscriptions, which makes it probable that he patronized many learned men. If Nārāyaṇa was really the great-great-grand-father of Viśvanātha, then the king may have been Narasiṁha I, the date of whose accession is somewhere near 1253 A. D.

II. The external evidence is as follows:—(f) The Sāhityadarpaṇa is twice mentioned by name in the Ratnāpaṇa[1] of Kumārasvāmin, a commentary of the Pratāparudrīya. Kumārasvāmin is the son of the famous commentator Mallinātha, who is believed by all competent authorities to have flourished in the 15th century.[2]

(h) Govinda Ṭhakkura in his Kāvyaprakāśa-pradīpa quotes the criticism of Viśvanātha on Mammaṭa's definition of *kāvya* and Viśvanātha's definition of *kāvya* without actually naming him.[3] Govinda is earlier than 1600 A. D., as he is mentioned by Kamalākarabhaṭṭa, who wrote a commentary on the Kāvyaprakāśa and finished the Nirṇayasindhu in 1612 A. D.[4]

From the foregoing, we see that Viśvanātha refers to a number of writers who flourished in the 12th century A. D.

1. See pp. 245, 248 of the प्रतापरुद्रयशोभूषण. The quotations are the definitions of the व्यभिचारिभावs मद and मोह which occur in the S. D. (III. 146-47 and 150).

2. See Dr. Bhandarkar's Preface to the Mālatīmādhava and Mr. Trivedi's Introduction (pp. XXIV-XXV) to the Bhaṭṭikāvya.

3. अर्वाचीनास्तु "यथोक्तस्य काव्यलक्षणत्वे काव्यपदं निर्विषयं प्रविरलविषयं वा स्यात्। दोषाणां दुर्वारत्वात्। तस्मात् 'वाक्यं रसात्मकं काव्यम्' इति तल्लक्षणम्। तथा च दुष्टेऽपि रसान्वये काव्यत्वमस्त्येव। परं त्वपकर्षमात्रम। तदुक्तम् 'कीटानुविद्धरत्नादि' इत्यादि। एवं चालङ्कारादिसत्त्वे उत्कर्षमात्रम्। नीरसे तु चित्रादौ काव्यव्यवहारो गौणः" इत्याहुः। प्रदीप p.13 (Nir.)

4. वसुऋतुऋतुभूमिते गतेऽब्दे नरपतिविक्रमतोऽथ वाति रौद्रे। तपसि शिवतिथौ समापितोऽयं रघुपतिपादसरोरुहेऽर्पितश्च ॥.

and is in his turn referred to by writers belonging to the 15th and 16th centuries. The date above assigned to Viśvanātha, viz. between 1300-1380 A. D., is thus confirmed by unimpeachable and independent testimony.

In the first *pari.* after the customary *maṅgala*, the author speaks of the fruits of poetry, discusses the definitions of *kāvya* proposed by different writers and at last gives his own definition and illustrates it. In the second *pari.* after defining a sentence and a word, the author deals at great length with three powers of a word. In the third *pari.* a full disquisition on *rasas*, *bhāvas* and other cognate topics is given. The fourth *pari.* exhaustively deals with the two divisions of *kāvya*, viz. ध्वनि and गुणीभूतव्यङ्ग्य and their sub-divisions. In the fifth, the author establishes the existence of the *vyañjanāvṛtti* and refutes the arguments of those who deny its existence. In the sixth a full and complete treatment of the science of dramaturgy is given. The 7th deals with the *doṣas* of *kāvya*. The 8th speaks of the three *guṇas* of *kāvya* and shows that the *guṇas* spoken of by others are either included in the three mentioned by Viśvanātha or are no *guṇas* at all. In the 9th, the author dilates upon the styles of composition, which are four वैदर्भी, गौडी, पाञ्चाली and लाटी. In the 10th, both शब्दालङ्कारs and अर्थालङ्कारs are dealt with.

In the galaxy of Sanskrit rhetoricians Viśvanātha is a star of the second magnitude only. Beside the brilliance of Ānandavardhana, Mammaṭa and Jagannātha his light appears dim. Still the work of Viśvanātha has some merits of its own. Its greatest merit is that it presents in the compass of a single work, a full and complete treatment of the science of rhetoric in all its branches. Most Sanskrit writers on Sāhitya, such as Daṇḍin,[1] Mammaṭa and Jagannātha, leave out the treatment of dramaturgy. The साहित्यदर्पण, however, contains a thorough disquisition on the technicalities of the dramatic art and forms, together with the Nāṭyaśāstra of Bharata and the Daśarūpa of धनञ्जय, a triumvirate in the domain of the Sanskrit drama. Another merit of the work is that it is written in a simple and

1. Daṇḍin says 'मिश्राणि नाटकादीनि तेषामन्यत्र विस्तरः' । K. D. I. 31; Bhāmaha says 'नाटकं द्विपदीशम्यारासकस्कन्धकादि यत् । उक्तं तदभिनेयार्थमुक्तोऽन्यैस्तस्य विस्तरः ॥' I. 24.

flowing style. The reader is often hampered in going over the Kāvyaprakāśa of Mammaṭa by the author's studied efforts at brevity. Jagannātha frightens the student by his flowery language, his subtle reasoning and his scathing criticisms of his predecessors. Viśvanātha, although he displays here and there a love for hair-splitting, is generally clear in expression. He is, however, more or less a compiler and not an original writer. In the notes to the साहित्यदर्पण we have pointed out in detail to what extent he borrows from the अलं. स.[1] Sometimes his judgment seems to forsake him and he follows slavishly the Sarvasva.[2] He does not appear to have bestowed much time and pains upon the selection of examples. Out of about 250 quotations occurring in परिच्छेदs I, II and X he borrows no less than 85 from the Dhavanyāloka, the Kāvyaprakāśa or the Sarvasva and quotes about 20 verses of his own. He is not happy in the innovations that he introduces[3] and is sometimes wrong in what he says.[4] In spite of these blemishes, his work forms an easy and suitable introduction to Sanskrit *sāhitya*. Vide an article on Visvanātha Kavirāja and his references to forgotten Alaṅkāra writers by Prof. S. P. Bhattacharya in JOI (Baroda) vol. III. pp. 357-365.

To judge from the number of commentaries, Viśvanātha's work seems not to have enjoyed much popularity except perhaps in Bengal. From the various reports on the search for mss. it appears that there exist five commentaries.[5] That of Rāmacaraṇa is printed in the Nir. edition. The commentary, though useful in its own way, is not so learned or helpful as the Pradīpa or the Uddyota. It seldom gives the sources of the verses quoted in illustration or explanations of them. It very

1. See pp. 187, 209, 216, 310 etc.

2. Vide e. g. the treatment of परिणाम, व्यतिरेक and अर्थान्तरन्यास.

3. For example, vide निश्चय pp. 138-141 and अनुकूल pp. 230-231 of my notes on साहित्यदर्पण.

4. Vide remarks on pp. 100, 125, 213, 243 of the notes.

5. Viz. that of अनन्तदास, a ms. of which is dated in 1626 A. D.; that of रामचरण written in 1700 A. D., that of मथुरानाथ शुक्ल, the प्रभा of गोपीनाथ and विज्ञप्रिया of महेश्वर.

rarely compares the author's definitions with those of other writers. It commits serious mistakes in certain cases.[1] M/S. Motilal Banarsidass of Lahore published in 1938 A. D. an edition of the साहित्यदर्पण with two commentaries, viz. the विज्ञप्रिया of महेश्वरभट्ट and the लोचन of अनन्तदास, son of विश्वनाथ himself. The लोचन is brief, but learned and to the point. The विज्ञप्रिया is an extensive and learned commentary. महेश्वर commented on the काव्यप्रकाश also. He flourished about the middle of the 17th century. Recently the Kāśī-sanskrita-granthmālā (2nd ed. in 1955) published the whole of the Sāhityadarpaṇa with a modern sanskrit commentary called Lakṣmī by Ācārya Kṛṣṇamohana Śāstrī, and Dr. Satyavrata Sinha has brought out an edition (1957) with a Hindi commentary in the Vidyābhavana-granthamālā (Banaras).

1. Vide notes on निश्चय (p. 139), विशेष (pp. 255-257), भाविक (pp. 307-308).

॥ श्रीः ॥

श्रीमद्विश्वनाथकविराजप्रणीतः

साहित्यदर्पणः ।

प्रथमः परिच्छेदः ।

ग्रन्थारम्भे निर्विघ्नेन प्रारिप्सितपरिसमाप्तिकामो वाङ्मयाधिकृततया वाग्देवतायाः सांमुख्यमाधत्ते—

शरदिन्दुसुन्दररुचिश्चेतसि सा मे गिरां देवी ।
अपहृत्य तमः सन्ततमर्थानखिलान्प्रकाशयतु ॥ १ ॥

अस्य ग्रन्थस्य काव्याङ्गतया काव्यफलैरेव फलवत्त्वमिति काव्यफलान्याह—

चतुर्वर्गफलप्राप्तिः सुखादल्पधियामपि । 1
काव्यादेव यतस्तेन तत्स्वरूपं निरूप्यते ॥ २ ॥

चतुर्वर्गफलप्राप्तिर्हि काव्यतो रामादिवत्प्रवर्तितव्यं न रावणादिवदित्यादिकृत्याकृत्यप्रवृत्तिनिवृत्त्युपदेशद्वारेण सुप्रतीतैव ।

उक्तं च—

'धर्मार्थकाममोक्षेषु वैचक्षण्यं कलासु च ।
करोति कीर्तिं प्रीतिं च साधुकाव्यनिषेवणम् ॥' इति ।

किं च । काव्याद्धर्मप्राप्तिर्भगवन्नारायणचरणारविन्दस्तवादिना, 'एकः शब्दः सुप्रयुक्तः सम्यग्ज्ञातः स्वर्गे लोके[1] कामधुग्भवति' इत्यादिवेदवाक्येभ्यश्च सुप्रसिद्धैव । अर्थप्राप्तिश्च प्रत्यक्षसिद्धा । कामप्राप्तिश्चार्थद्वारैव । मोक्षप्राप्तिश्चैतज्जन्यधर्मफलाननुसन्धानात्, मोक्षोपयोगिवाक्ये व्युत्पत्त्याधायकत्वाच्च । चतुर्वर्गप्राप्तिर्हि वेदशास्त्रेभ्यो नीरसतया दुःखादेव परिणतबुद्धीनामेव जायते । परमानन्दसन्दोहजनकतया सुखादेव सुकुमारबुद्धीनामपि पुनः काव्यादेव ।

ननु तर्हि परिणतबुद्धिभिः सत्सु वेदशास्त्रेषु किमिति[2] काव्ये यत्नः

---

१ 'स्वर्गे लोके च' इति ज—ब—पुस्तकपाठः. २ 'काव्येषु किमिति यत्नः' इति ज—ब—पुस्तकपाठः.

करणीय इत्यपि न वक्तव्यम् । कटुकौषधोपशमनीयस्य रोगस्य सितशर्करोपशमनीयत्वे कस्य वा रोगिणः सितशर्कराप्रवृत्तिः साधीयसी न स्यात् ।

किं च । काव्यस्योपादेयत्वमग्निपुराणे[1]ऽप्युक्तम्—

'नरत्वं दुर्लभं लोके विद्या तत्र सुदुर्लभा ।
कवित्वं दुर्लभं तत्र शक्तिस्तत्र सुदुर्लभा ॥' इति ।

'त्रिवर्गसाधनं नाट्यम्' इति च । विष्णुपुराणे[2]ऽपि—

'काव्यालापाश्च ये केचिद्गीतकान्यखिलानि च ।
शब्दमूर्तिधरस्यैते विष्णोरंशा महात्मनः ॥' इति ।

तेन हेतुना तस्य काव्यस्य स्वरूपं निरूप्यते । एतेनाभिधेयं च प्रदर्शितम् । तत्किंस्वरूपं तावत्काव्यमित्यपेक्षायां कश्चिदाह[3]—'तददोषौ शब्दार्थौ सगुणावनलङ्कृती पुनः क्वापि' इति । एतच्चिन्त्यम् । तथाहि—यदि दोषरहितस्यैव काव्यत्वाङ्गीकारस्तदा[4]—

'न्यक्कारो ह्ययमेव मे यदरयस्तत्राप्यसौ तापसः
सोऽप्यत्रैव निहन्ति राक्षसकुलं जीवत्यहो रावणः ।
धिग्धिक्छक्रजितं प्रबोधितवता किं कुम्भकर्णेन वा
स्वर्गग्रामटिकाविलुण्ठनवृथोच्छूनैः किमेभिर्भुजैः ॥' इति ।

अस्य श्लोकस्य विधेयाविमर्शदोषदुष्टतया काव्यत्वं न स्यात् । प्रत्युत ध्वनित्वेनोत्तमकाव्यतास्याङ्गीकृता । तस्मादव्याप्तिर्लक्षणदोषः । ननु कश्चिदेवांशोऽत्र दुष्टो न पुनः सर्वोऽपीति[5] चेत्तर्हि यत्रांशे दोषः सोऽकाव्यत्वप्रयोजकः, यत्र ध्वनिः स उत्तमकाव्यत्वप्रयोजक इत्यंशाभ्यामुभयत आकृष्यमाणमिदं काव्यमकाव्यं वा किमपि न स्यात् । न च कंचिदेवांशं काव्यस्य दूषयन्तः श्रुतिदुष्टादयो दोषाः, किं तर्हि सर्वमेव काव्यम् । तथाहि—काव्यात्मभूतस्य रसस्यानपकर्षकत्वे तेषां दोषत्वमपि नाङ्गीक्रियते । अन्यथा नित्यदोषानित्यदोषत्वव्यवस्थापि न स्यात् । यदुक्तं ध्वनिकृता—

'श्रुतिदुष्टादयो दोषा अनित्या ये च दर्शिताः ।
ध्वन्यात्मन्येव शृङ्गारे ते हेया इत्युदाहृताः ॥' इति ।

किं चैवं काव्यं प्रविरलविषयं निर्विषयं वा स्यात्, सर्वथा निर्दोषस्यैकान्तमसम्भवात् ।

नन्वीषदर्थे नञः प्रयोग इति चेत्तर्हि 'ईषद्दोषौ शब्दार्थौ काव्यम्'

---

१ 'आग्नेयपुराणे' इति ज-ब-पुस्तकपाठः. २ 'अपि' इति ज-ब-पुस्तकयोर्नास्ति. ३ 'आह' इति ज-ब-पुस्तकयोर्नास्ति. ४ 'काव्यत्वं तदा' इति नि-पुस्तकपाठः. ५ 'सर्व एवेति' नि-पुस्तकपाठः.

इत्युक्ते निर्दोषयोः काव्यत्वं न स्यात्। सति सम्भवे 'ईषद्दोषौ' इति चेत्, एतदपि काव्यलक्षणेऽवाच्यम्। रत्नादिलक्षणे कीटानुवेधादिपरिहारवत्। न हि कीटानुवेधादयो रत्नस्य रत्नत्वं व्याहन्तुमीशाः किं तूपादेयतारतम्यमेव कर्तुम्, तद्वदत्र श्रुतिदुष्टादयोऽपि काव्यस्य। उक्तं च—

'कीटानुविद्धरत्नादिसाधारण्येन काव्यता।
दुष्टेष्वपि मता यत्र रसाद्यनुगमः स्फुटः॥' इति।

किं च शब्दार्थयोः सगुणत्वविशेषणमनुपपन्नम्। गुणानां रसैकधर्मत्वस्य 'ये रसस्याङ्गिनो धर्माः शौर्यादय इवात्मनः' इत्यादिना तेनैव प्रतिपादितत्वात्। रसाभिव्यञ्जकत्वेनोपचारत उपपद्यत इति चेत्, तथाप्ययुक्तम्। तथा हि—तयोः काव्यस्वरूपत्वेनाभिमत[1]योः शब्दार्थयो रसोऽस्ति, न वा। नास्ति चेत्, गुणवत्त्वमपि नास्ति। गुणानां तदन्वयव्यतिरेकानुविधायित्वात्। अस्ति चेत्, कथं नोक्तं रसवन्ताविति विशेषणम्। गुणवत्त्वान्यथानुपपत्त्यैतल्लभ्यत इति चेत्, तर्हि सरसावित्येव वक्तुं युक्तम्, न सगुणाविति। न हि प्राणिमन्तो देशा इति वक्तव्ये शौर्यादिमन्तो देशा इति केनाप्युच्यते। ननु 'शब्दार्थौ सगुणौ' इत्यनेन गुणाभिव्यञ्जकौ शब्दार्थौ काव्ये प्रयोज्यावित्यभिप्राय इति चेत्, न। गुणाभिव्यञ्जकशब्दार्थवत्त्वस्यापि[2] काव्ये उत्कर्षमात्राधायकत्वम्, न तु स्वरूपाधायकत्वम्। उक्तं हि—काव्यस्य शब्दार्थौ शरीरम्, रसादिश्चात्मा, गुणाः शौर्यादिवत्, दोषाः काणत्वादिवत्, रीतयोऽवयवसंस्थानविशेषवत्, अलङ्काराः कटककुण्डलादिवत्, इति। एतेन 'अनलङ्कृती पुनः क्वापि' इति यदुक्तम्, तदपि परास्तम्। अस्य ह्यर्थः[3]—

सर्वत्र सालङ्कारौ क्वचित्त्वस्फुटालङ्कारावपि शब्दार्थौ काव्यमिति। तत्र सालङ्कारशब्दार्थयोरपि काव्ये उत्कर्षमात्राधायकत्वात्। एतेन 'वक्रोक्तिः काव्यजीवितम्' इति वक्रोक्तिजीवितकारोक्तमपि परास्तम्। वक्रोक्तेरलङ्काररूपत्वात्। यत्तु क्वचिदस्फुटालङ्कारत्वे उदाहृतम्—

'यः कौमारहरः स एव हि वरस्ता एव चैत्रक्षपा-
स्ते चोन्मीलितमालतीसुरभयः प्रौढाः कदम्बानिलाः।
सा चैवास्मि तथापि तत्र सुरतव्यापारलीलाविधौ
रेवारोधसि वेतसीतरुतले चेतः समुत्कण्ठते॥'' इति।

एतच्चिन्त्यम्। अत्र हि विभावनाविशेषोक्तिमूलस्य सन्देहसङ्करालङ्कारस्य स्फुटत्वम्। एतेन—

१ 'काव्यस्वरूपेण' इति नि—पुस्तकपाठः. २ 'अपि' इति नि—पुस्तके नास्ति. ३ 'अस्यार्थः' इति नि.

'अदोषं गुणवत्काव्यमलङ्कारैरलङ्कृतम् ।
रसान्वितं कविः कुर्वन्कीर्तिं प्रीतिं च विन्दति ॥'

इत्यादीनामपि काव्यलक्षणत्वमपास्तम् । यत्तु ध्वनिकारेणोक्तम्—'काव्यस्यात्मा ध्वनिः—' इति, तत्किं वस्त्वलङ्काररसादिलक्षणस्त्रिरूपो ध्वनिः काव्यस्यात्मा । उत रसादिरूपमात्रो वा । नाद्यः । प्रहेलिकादावतिव्याप्तेः । द्वितीयश्चेदोमिति ब्रूमः । ननु यदि रसादिरूपमात्रो[1] ध्वनिः काव्यस्यात्मा, तदा—

'अत्ता एत्थ णिमज्जइ एत्थ अहं दिअसअं पलोएहि ।
मा पहिअ रत्तिअन्धअ सेज्जाए महँण मज्जिहिसि[2] ॥'

इत्यादौ वस्तुमात्रस्य व्यङ्ग्यत्वे कथं काव्यव्यवहार इति चेत्, न[3] । अत्रापि रसाभासवत्तैवेति[4] ब्रूमः । अन्यथा 'देवदत्तो ग्रामं याति' इति वाक्ये तद्भृत्यस्य तदनुसरणरूपव्यङ्ग्यावगतेरपि काव्यत्वं स्यात् । अस्त्विति चेत्, न । रसवत एव काव्यत्वाङ्गीकारात् । काव्यस्य प्रयोजनं हि रसास्वादमुखपिण्डदानद्वारा[5] वेदशास्त्रविमुखानां सुकुमारमतीनां राजपुत्रादीनां विनेयानां रामादिवत्प्रवर्तितव्यं न रावणादिवदित्यादिकृत्याकृत्यप्रवृत्तिनिवृत्त्युपदेश इति चिरन्तनैरप्युक्तत्वात् । तथा चाग्नेयपुराणेऽप्युक्तम्—'वाग्वैदग्ध्यप्रधानेऽपि रस एवात्र जीवितम्' इति । व्यक्तिविवेककारेणाप्युक्तम्—'काव्यस्यात्मनि सङ्गिनि रसादिरूपे न कस्यचिद्विमतिः' इति । ध्वनिकारेणाप्युक्तम्—'न हि कवेरितिवृत्तमात्रनिर्वाहेणात्मलाभः[6] । इतिहासादेरेव तत्सिद्धेः' इत्यादि । ननु तर्हि प्रबन्धान्तर्वर्तिनां केषांचिन्नीरसानां पद्यानां काव्यत्वं न स्यादिति चेत्, न । रसवत्पद्यान्तर्गतनीरसपदानामिव पद्यरसेन[7] प्रबन्धरसेनैव तेषां रसवत्ताङ्गीकारात् । यत्तु नीरसेष्वपि गुणाभिव्यञ्जकवर्णसद्भावाद्दोषाभावादलङ्कारसद्भावाच्च काव्यव्यवहारः स रसादिमत्काव्यबन्धसाम्याद्गौण एव । यत्तु वामनेनोक्तम्—'रीतिरात्मा काव्यस्य' इति, तन्न । रीतेः सङ्घटनाविशेषत्वात् । सङ्घटनायाश्चावयवसंस्थानरूपत्वात्, आत्मनश्च तद्भिन्नत्वात् । यच्च ध्वनिकारेणोक्तम्—

'अर्थः सहृदयश्लाघ्यः काव्यात्मा यो व्यवस्थितः ।
वाच्यप्रतीयमानाख्यौ तस्य भेदावुभौ स्मृतौ ॥' इति ।

---

१ 'रसादिमात्ररूपः' इति ज–ब–पुस्तकपाठः. २ 'श्वश्रूरत्र निमज्जति अत्राहं दिवसकं प्रलोकय । मा पथिक रात्र्यन्धक शय्यायामावयोर्मङ्क्ष्यसि' ॥ (महँण इति निपातोऽनेकार्थवृत्तिरत्रावयोरित्यर्थे न तु ममेति लोचनम्). ३ 'न' इति ज–ब–पुस्तकयोर्नास्ति. ४ 'रसाभासवत्तयैव ब्रूमः' इति ज–ब–पुस्तकपाठः. ५ 'सुखपिण्डदानद्वारेण' इति ज–ब–पुस्तकपाठः. ६ 'आत्मपदलाभः' इति नि–पुस्तकपाठः. ७ 'रसे' इति ज–ब–पुस्तकपाठः.

अत्र वाच्यस्यात्मत्वं[1] 'काव्यस्यात्मा ध्वनिः–' इति स्ववचनविरोधादेवापास्तम् ।

तत्किंस्वरूपं[2] काव्यमित्युच्यते—

वाक्यं रसात्मकं काव्यं

रसस्वरूपं निरूपयिष्यामः । रस एवात्मा साररूपतया जीवनाधायको यस्य[3] । तेन विना तस्य काव्यत्वाभावस्य प्रतिपादितत्वात्[4] । 'रस्यते इति रसः' इति व्युत्पत्तियोगाद्भावतदाभासादयोऽपि गृह्यन्ते । तत्र रसो यथा—

'शून्यं वासगृहं विलोक्य शयनादुत्थाय किंचिच्छनै-
निद्राव्याजमुपागतस्य सुचिरं निर्वर्ण्य पत्युर्मुखम् ।
विश्रब्धं परिचुम्ब्य जातपुलकामालोक्य गण्डस्थलीं
लज्जानम्रमुखी प्रियेण हसता बाला चिरं चुम्बिता ॥'

अत्र हि सम्भोगशृङ्गाराख्यो रसः ।

भावो यथा महापात्रराघवानन्दसान्धिविग्रहिकाणाम्—

'यस्यालीयत शल्कसीम्नि जलधिः, पृष्ठे जगन्मण्डलं,
दंष्ट्रायां धरणी, नखे दितिसुताधीशः, पदे रोदसी ।
क्रोधे क्षत्रगणः, शरे दशमुखः, पाणौ प्रलम्बासुरो
ध्याने विश्वमसावधार्मिककुलं कस्मैचिदस्मै नमः ॥'

अत्र भगवद्विषया रतिर्भावः ।

रसाभासो यथा—

'मधु द्विरेफः कुसुमैकपात्रे पपौ प्रियां स्वामनुवर्तमानः ।
शृङ्गेण च स्पर्शनिमीलिताक्षीं मृगीमकण्डूयत कृष्णसारः ॥'

अत्र सम्भोगशृङ्गारस्य तिर्यग्विषयत्वाद्रसाभासः । एवमन्यत् ।

दोषाः पुनः काव्ये किंस्वरूपा इत्युच्यन्ते—

दोषास्तस्यापकर्षकाः ।

श्रुतिदुष्टापुष्टार्थत्वादयः काणत्वखञ्जत्वादय इव शब्दार्थद्वारेण[5] देहद्वारेणेव व्यभिचारिभावादेः स्वशब्दवाच्यत्वादयो मूर्खत्वादय इव साक्षात्काव्यस्यात्मभूतं रसमपकर्षयन्तः काव्यस्यापकर्षका इत्युच्यन्ते । एषां विशेषोदाहरणानि वक्ष्यामः ।

---

१ 'वाच्यात्मत्वम्' इति नि–पुस्तकपाठः' २ 'किं पुनः काव्यम्' इति ज–ब–पुस्तकपाठः. ३ 'अस्य' इति ज–ब–पुस्तकपाठः. ४ 'काव्यत्वानङ्गीकारात्' इति ज–ब–पुस्तकपाठः. ५ 'देहद्वारेणेव शब्दार्थद्वारेण' इति ज–ब–पुस्तकपाठः.

[1]गुणादयः किंस्वरूपा इत्युच्यन्ते—

उत्कर्षहेतवः प्रोक्ता गुणालङ्काररीतयः ॥ ३ ॥

गुणाः शौर्यादिवत्, अलङ्काराः कटककुण्डलादिवत्, रीतयोऽवयवसंस्थानविशेषवत्, देहद्वारेणेव शब्दार्थद्वारेण तमेव[2] काव्यस्यात्मभूतं रसमुत्कर्षयन्तः काव्यस्योत्कर्षका इत्युच्यन्ते। इह यद्यपि गुणानां रसधर्मत्वं तथापि गुणशब्दोऽत्र [3]गुणाभिव्यञ्जकशब्दार्थयोरुपचर्यते। अतश्च 'गुणाभिव्यञ्जकाः शब्दा रसस्योत्कर्षकाः' इत्युक्तं भवतीति प्रागेवोक्तम्। एषामपि विशेषोदाहरणानि वक्ष्यामः॥

इति श्रीमन्नारायणचरणारविन्दमधुव्रतसाहित्यार्णवकर्णधारध्वनिप्रस्थापनपरमाचार्यकविसूक्तिरत्नाकराष्टादशभाषावारविलासिनीभुजङ्गसान्धिविग्रहिकमहापात्रश्रीविश्वनाथकविराजकृतौ साहित्यदर्पणे काव्यस्वरूपनिरूपणो नाम प्रथमः परिच्छेदः।

---

१ 'गुणाः' इति नि–पुस्तकपाठः. २ 'तस्यैव' इति नि–पुस्तकपाठः. ३ 'गुणाभिव्यञ्जकशब्दार्थयोरुपचर्यते। अतश्च' इति ज–पुस्तके नास्ति.

द्वितीयः परिच्छेदः ।

वाक्यस्वरूपमाह—

वाक्यं स्याद्योग्यताकाङ्क्षासत्तियुक्तः पदोच्चयः ।

योग्यता पदार्थानां परस्परसम्बन्धे बाधाभावः । पदोच्चयस्यैतदभावेऽपि वाक्यत्वे 'वह्निना सिञ्चति' इत्याद्यपि वाक्यं स्यात् । आकाङ्क्षा प्रतीतिपर्यवसानविरहः । स च श्रोतुर्जिज्ञासारूपः । निराकाङ्क्षस्य वाक्यत्वे 'गौरश्वः पुरुषो हस्ती' इत्यादीनामपि वाक्यत्वं स्यात् । आसत्तिर्बुद्ध्यविच्छेदः । बुद्धिविच्छेदेऽपि वाक्यत्वे इदानीमुच्चरितस्य देवदत्तशब्दस्य दिनान्तरोच्चरितेन गच्छतीति पदेन सङ्गतिः स्यात् । अत्राकाङ्क्षायोग्यतयोरात्मार्थधर्मत्वेऽपि पदोच्चयधर्मत्वमुपचारात् ।

वाक्योच्चयो महावाक्यम्

योग्यताकाङ्क्षासत्तियुक्त[1] एवं ।

इत्थं वाक्यं द्विधा मतम् ॥ १ ॥

इत्थमिति वाक्यत्वेन महावाक्यत्वेन[2] च । उक्तं च—

> '[3]स्वार्थबोधे समाप्तानामङ्गाङ्गित्वव्यपेक्षया ।
> वाक्यानामेकवाक्यत्वं पुनः संहत्य जायते ॥' इति ।

तत्र वाक्यं यथा—'शून्यं वासगृहं–' इत्यादि । महावाक्यं यथा—रामायणमहाभारतरघुवंशादि ।

पदोच्चयो वाक्यमित्युक्तम्, तत्र किं पदलक्षणमित्यत आह—

वर्णाः पदं प्रयोगार्हानन्वितैकार्थबोधकाः ।

यथा—घटः । प्रयोगार्हेति प्रातिपदिकस्य व्यवच्छेदः । अनन्वितेति वाक्यमहावाक्ययोः । एकेति साकाङ्क्षानेकपदवाक्यानाम् । अर्थबोधका इति कचटतपेत्यादीनाम्[4] । वर्णा इति बहुवचनमविवक्षितम् ।

अर्थो वाच्यश्च लक्ष्यश्च व्यङ्ग्यश्चेति त्रिधा मतः ॥ २ ॥

एषां स्वरूपमाह—

वाच्योऽर्थोऽभिधया बोध्यो लक्ष्यो लक्षणया मतः ।
व्यङ्ग्यो व्यञ्जनया ताः स्युस्तिस्रः शब्दस्य शक्तयः ॥३॥

---

१ 'युक्त इत्येव' इति नि. २ 'वाक्यमहावाक्यत्वेन' इति नि. ३ 'बोधसमाप्तानाम्' इति ज–ब. ४ 'कचटतपानाम्' इति ज–ब.

ता अभिधाद्याः ।

तत्र सङ्केतितार्थस्य बोधनादग्रिमाभिधा ।

उत्तमवृद्धेन मध्यमवृद्धमुद्दिश्य 'गामानय' इत्युक्ते तं गवानयनप्रवृत्तमुपलभ्य बालोऽस्य वाक्यस्य 'सास्नादिमत्पिण्डानयनमर्थः' इति प्रथमं प्रतिपद्यते । अनन्तरं च 'गां बधान, अश्वमानय' इत्यादावावापोद्वापाभ्यां गोशब्दस्य 'सास्नादिमानर्थः' आनयनशब्दस्य च 'आहरणमर्थः' इति सङ्केतमवधारयति । क्वचिच्च प्रसिद्धपदसमभिव्याहा[1]रात् । यथा—'इह प्रभिन्नकमलोदरे मधूनि मधुकरः पिबति' इत्यत्र । क्वचिदाप्तोपदेशात् । यथा—'अयमश्वशब्दवाच्यः' इत्यत्र । तं च सङ्केतितमर्थं बोधयन्ती शब्दस्य शक्त्यन्तरानन्तरिता शक्तिरभिधा नाम ।

सङ्केतो गृह्यते जातौ गुणद्रव्यक्रियासु च ॥ ४ ॥

जातिर्गोपिण्डादिषु गोत्वादिका । गुणो विशेषाधानहेतुः सिद्धो वस्तुधर्मः । शुक्लादयो हि गवादिकं सजातीयेभ्यः कृष्णगवादिभ्यो व्यावर्तयन्ति । द्रव्यशब्दा एकव्यक्तिवाचिनो हरिहरडित्थडवित्थादयः । क्रियाः साध्यरूपा वस्तुधर्माः पाकादयः । एषु हि अधिश्रयणावश्रयणान्तादिपूर्वापरी[2]भूतव्यापारकलापः पाकादिशब्दवाच्यः । एष्वेव हि व्यक्तेरुपाधिषु सङ्केतो गृह्यते । न व्यक्तौ । आनन्त्यव्यभिचारदोषापातात् ।

अथ लक्षणा—

मुख्यार्थबाधे तद्युक्तो ययान्योऽर्थः प्रतीयते ।
रूढेः प्रयोजनाद्वासौ लक्षणा शक्तिरर्पिता ॥ ५ ॥

'कलिङ्गः साहसिकः' इत्यादौ कलिङ्गादिशब्दो देशविशेषादिरूपे स्वार्थेऽसम्भवन्यया शब्दशक्त्या स्वसंयुक्तान्पुरुषादीन्प्रत्याययति, यया च 'गङ्गायां घोषः' इत्यादौ गङ्गादिशब्दो जलमयादिरूपार्थवाचकत्वात्प्रकृतेऽसम्भवन्स्वस्य सामीप्यादिसम्बन्धसम्बन्धिनं तटादिं बोधयति, सा शब्दस्यार्पिता स्वाभाविकेतरा ईश्वरानुद्भाविता वा शक्तिर्लक्षणा नाम । पूर्वत्र हेतू रूढिः प्रसिद्धिरेव । उत्तरत्र 'गङ्गातटे घोषः' इति प्रतिपादनादलभ्यै[3]स्य शीतत्वपावनत्वातिशयस्य बोधनरूपं प्रयोजनम् । हेतुं विनापि यस्य कस्यचित्सम्बन्धिनो लक्षणेऽतिप्रसङ्गः स्यादित्युक्तम्—'रूढेः प्रयोजनाद्वापि' इति ।

---

१ 'प्रसिद्धार्थसमभिहारात्' इति नि. २ 'भूतो व्यापारकलापः' इति नि.
३ 'प्रतिपादनालभ्यस्य' इति नि.

केचित्तु 'कर्मणि कुशलः' इति रूढावुदाहरन्ति । तेषामयमभिप्रायः—कुशाँल्लातीति[१] व्युत्पत्तिलभ्यः कुशग्राहिरूपो मुख्योऽर्थः प्रकृतेऽसम्भवन्विवेचकत्वादिसाधर्म्यसम्बन्धसम्बन्धिनं दक्षरूपमर्थं बोधयति । तदन्ये न मन्यन्ते । कुशग्राहिरूपार्थस्य व्युत्पत्तिलभ्यत्वेऽपि दक्षरूपस्यैव मुख्यार्थत्वात् । अन्यद्धि शब्दानां व्युत्पत्तिनिमित्तमन्यच्च प्रवृत्तिनिमित्तम् । व्युत्पत्तिलभ्यस्य मुख्यार्थत्वे 'गौः शेते' इत्यत्रापि लक्षणा स्यात् । 'गमेर्डोः' इति गमधातोर्डोप्रत्ययेन व्युत्पादितस्य गोशब्दस्य शयनकालेऽपि[२] प्रयोगात् ॥

तद्भेदानाह—

मुख्यार्थस्येतराक्षेपो वाक्यार्थेऽन्वयसिद्धये ।
स्यादात्मनोऽप्युपादानादेषोपादानलक्षणा ॥ ६ ॥

रूढावुपादानलक्षणा यथा—'श्वेतो धावति' । प्रयोजने यथा—'कुन्ताः प्रविशन्ति' । अनयोर्हि श्वेतादिभिः कुन्तादिभिश्चाचेतनतया केवलैर्धावनप्रवेशनक्रिययोः कर्तृतयान्वयमलभमानैरेतत्सिद्धये आत्मसम्बन्धिनोऽश्वादयः पुरुषादयश्चाक्षिप्यन्ते । पूर्वत्र प्रयोजनाभावाद्रूढिः । उत्तरत्र तु कुन्तादीनामतिगहनत्वं प्रयोजनम् । अत्र च मुख्यार्थस्यात्मनोऽप्युपादानम् । लक्षणलक्षणायां तु परस्यैवोपलक्षणमित्यनयोर्भेदः । इयमेवाजहत्स्वार्थेत्युच्यते ॥

अर्पणं स्वस्य वाक्यार्थे परस्यान्वयसिद्धये ।
उपलक्षणहेतुत्वादेषा लक्षणलक्षणा ॥ ७ ॥

रूढिप्रयोजनयोर्लक्षणलक्षणा यथा—'कलिङ्गः साहसिकः', 'गङ्गायां घोषः' इति च । अनयोर्हि पुरुषतटयोर्वाक्यार्थेऽन्वयसिद्धये कलिङ्गगङ्गाशब्दावात्मानमर्पयतः ।

यथा वा—

'उपकृतं बहु तत्र किमुच्यते सुजनता प्रथिता भवता परम् ।
विदधदीदृशमेव सदा सखे सुखितमास्स्व ततः शरदां शतम् ॥'

अत्रापकारादीनां वाक्यार्थेऽन्वयसिद्धये उपकृतादयः शब्दा आत्मानमर्पयन्ति । अपकारिणं प्रत्युपकारादिप्रतिपादनान्मुख्यार्थबाधो वैपरीत्यलक्षणः सम्बन्धः फलमपकारातिशयः । इयमेव जहत्स्वार्थेत्युच्यते ॥

आरोपाध्यवसानाभ्यां प्रत्येकं ता अपि द्विधा ।

ताः पूर्वोक्ताश्चतुर्भेदलक्षणाः ।

विषयस्यानिगीर्णस्यान्यतादात्म्यप्रतीतिकृत् ॥ ८ ॥

---

१ 'कुशं लातीति' ज—ब. २ 'कालेऽप्रयोगात्' इति नि.

सारोपा स्यान्निगीर्णस्य मता साध्यवसानिका ।

रूढावुपादानलक्षणा सारोपा यथा—'अश्वः श्वेतो धावति' । अत्र हि श्वेतगुणवानश्वोऽनिगीर्णस्वरूपः स्वसमवेतश्वेत[2]गुणतादात्म्येन प्रतीयते । प्रयोजने यथा—'एते कुन्ताः प्रविशन्ति' । अत्र सर्वनाम्ना कुन्तधारिपुरुषनिर्देशात्सारोपत्वम् । रूढौ लक्षणलक्षणा सारोपा यथा–'कलिङ्गः पुरुषो युध्यते' । अत्र पुरुषकलिङ्गशब्दयोराधाराधेयभावः सम्बन्धः । प्रयोजने यथा—'आयुर्घृतम्' । अत्रायुष्कारणमपि घृतं कार्यकारणभावसम्बन्धसम्बन्ध्यायुस्तादात्म्येन प्रतीयते । अन्यवैलक्षण्येन (अव्यभिचारेण) आयुष्करत्वं प्रयोजनम् ।

यथा वा—राजकीये पुरुषे गच्छति 'राजासौ गच्छति' इति । अत्र स्वस्वामिभावलक्षणः सम्बन्धः । यथा वा—अग्रमात्रेऽवयवे 'हस्तोऽयम्' । अत्रावयवा[3]वयविभावलक्षणः सम्ब[4]न्धः । ब्राह्म[5]णेऽपि 'तक्षासौ' । अत्र तात्कर्म्यलक्षणः । इन्द्रार्थासु स्थूणासु 'अमी इन्द्राः' । तत्र तादर्थ्यलक्षणः सम्बन्धः । एवमन्यत्रापि । निगीर्णस्य पुनर्विषयस्यान्यतादात्म्यप्रतीतिकृत्साध्यवसाना । अस्याश्चतुर्षु भेदेषु पूर्वोदाहरणान्येव ॥

साद्दश्येतरसम्बन्धाः शुद्धास्ताः सकला अपि ॥ ९ ॥
साद्दश्यात्तु मता गौण्यस्तेन षोडश भेदिताः ।

ताः पूर्वोक्ता अष्टभेदा लक्षणाः । साद्दश्येतरसम्बन्धाः कार्यकारणभावादयः । अत्र शुद्धानां पूर्वोदाहरणान्येव । रूढावुपादानलक्षणा सारोपा गौणी यथा—'एतानि तैलानि हेमन्ते सुखानि' । अत्र तैलशब्दस्तिलभवस्नेहरूपं मुख्यार्थमुपादायैव सार्षपादिषु स्नेहेषु वर्तते । प्रयोजने यथा—राजकुमारेषु तत्सद्दशेषु च गच्छत्सु 'एते राजकुमारा गच्छन्ति' । रूढावुपादानलक्षणा साध्यवसाना गौणी यथा–'तैलानि हेमन्ते सुखानि' । प्रयोजने यथा—'राजकुमारा गच्छन्ति' । रूढौ लक्षणलक्षणा सारोपा गौणी यथा—'राजा गौडेन्द्रं कण्टकं शोधयति' । प्रयोजने यथा—'गौर्वाहीकः' । रूढौ लक्षणलक्षणा साध्यवसाना गौणी यथा—'राजा कण्टकं शोधयति' । प्रयोजने यथा—'गौर्जल्पति' ।

---

१ 'विषयिणा अनिगीर्णस्य विषयस्य तेनैव सह तादात्म्यप्रतीतिकृत्सारोपा । इयमेव रूपकालङ्कारस्य बीजम् ।' इत्येतत् 'रूढौ' इत्यस्मात्प्राक् नि–पुस्तके दृश्यते. २ 'श्वेत' इति नि–पुस्तके नास्ति. ३ 'अवयवभागे' इति नि. ४ 'लक्षणसम्बन्धः' इति नि. ५ 'ब्राह्मणोऽपि' इति नि.

अत्र केचिदाहुः—गोसहचारिणो गुणा जाड्यमान्द्यादयो लक्ष्यन्ते । ते च गोशब्दस्य वाहीकार्थाभिधाने निमित्तीभवन्ति । तदयुक्तम् । गोशब्दस्यागृहीतसङ्केतं वाहीकार्थमभिधातुमसामर्थ्यात्[1] गोशब्दार्थमात्रबोधनाच्च । अभिधाया विरतत्वाद् विरतायाश्च पुनरुत्थाना[2]भावात् ।

अन्ये च पुनर्गोशब्देन वाहीकार्थो नाभिधीयते । किं तु स्वार्थसहचारिगुणसाजात्येन वाहीकार्थगता गुणा एव लक्ष्यन्ते । तदप्यन्ये न मन्यन्ते । तथाहि—अत्र गोशब्दाद्वाहीकार्थः प्रतीयते, न वा । आद्येऽपि[3] गोशब्दादेव वा । लक्षिताद्वा गुणादविनाभावद्वारा । तत्र न प्रथमः । वाहीकार्थे[4]ऽस्यासङ्केतितत्वात् । न द्वितीयः । अविनाभावलभ्यस्यार्थस्य शाब्देऽन्वये प्रवेशासम्भवात् । शाब्दी ह्याकाङ्क्षा शब्देनैव प्रपूर्यते[5] । न द्वितीयः । यदि हि गोशब्दाद्वाहीकार्थो न प्रतीयेत[6], तदास्य वाहीकशब्दस्य च[7] सामानाधिकरण्यमसङ्गतं[8] स्यात् ।

तस्मादत्र गोशब्दो मुख्यया वृत्त्या वाहीकशब्देन सहान्वयमलभमानोऽज्ञत्वादिसाधर्म्यसम्बन्धाद्वाहीकार्थं लक्षयति । वाहीकस्याज्ञत्वाद्यतिशयबोधनं प्रयोजनम् । इयं च गुणयोगाद्गौणीत्युच्यते । पूर्वा तूपचारामिश्रणाच्छुद्धा । उपचारो हि नामात्यन्तं विशकलितयोः[9] सादृश्यातिशयमहिम्ना भेदप्रतीतिस्थगनमात्रम् । यथा—'अग्निमाणवकयोः' । शुक्लपटयोस्तु नात्यन्तं[10] भेदप्रतीतिः । तस्मादेवमादिषु शुद्धैव लक्षणा ।

व्यङ्ग्यस्य गूढागूढत्वाद्द्विधा स्युः फललक्षणाः ॥ १० ॥

प्रयोजने या अष्टभेदा लक्षणा दर्शितास्ताः प्रयोजनरूपव्यङ्ग्यस्य गूढागूढतया प्रत्येकं द्विधा भूत्वा षोडशभेदाः । तत्र गूढः काव्यार्थ[11]भावनापरिपक्वबुद्धिविभवमात्रवेद्यः । यथा—'उपकृतं बहु तत्र'—इति । अगूढः, अतिस्फुटतया सर्वजनसंवेद्यः । यथा—

'उपदिशति कामिनीनां यौवनमद एव ललितानि ।'

अत्र 'उपदिशति' इत्यनेन 'आविष्करोति' इति लक्ष्यते । आविष्कारातिशयश्चाभिधेयवत्स्फुटं प्रतीयते ।

धर्मिधर्मगतत्वेन फलस्यैता अपि द्विधा ।

१ 'अशक्यत्वात्' इति **नि.** २ 'उत्थापनाभावात्' इति **नि.** ३ 'अपि' इत्येतन्नास्ति **नि**–पुस्तके. ४ 'वाहीकार्थस्य' इति **नि.** ५ 'पूर्यते' इति **नि.** ६ 'प्रतीयते' इति **ज–ब.** ७ 'च' इति नास्ति **ज–ब**–पुस्तकयोः. ८ 'असमञ्जसं' इति **ज–ब.** ९ 'शब्दयोः' इत्येतदधिकं **नि**–पुस्तके. १० 'अत्यन्तभेद–' इति **नि.** ११ 'वाक्यार्थ–' इति **नि.**

एता अनन्तरोक्ताः षोडशभेदा लक्षणाः फलस्य धर्मिगतत्वेन धर्मगतत्वेन च प्रत्येकं द्विधा भूत्वा द्वात्रिंशद्भेदाः।

दिङ्मात्रं यथा—

'स्निग्धश्यामलकान्तिलिप्तवियतो वेल्लद्बलाका घना
वाताः शीकरिणः पयोदसुहृदामानन्दकेकाः कलाः।
कामं सन्तु दृढं कठोरहृदयो रामोऽस्मि सर्वं सहे
वैदेही तु कथं भविष्यति हहा हा देवि धीरा भव॥'

अत्रात्यन्तदुःखसहिष्णुरूपे रामे धर्मिणि लक्ष्ये तस्यैवातिशयः फलम्। 'गङ्गायां घोषः' इत्यत्र तटे[1] शीतत्वपावनत्वरूपधर्मस्यातिशयः फलम्।

तदेवं लक्षणाभेदाश्चत्वारिंशन्मता बुधैः॥ ११॥

रूढावष्टौ फले द्वात्रिंशदिति चत्वारिंशल्लक्षणाभेदाः।

किं च—

पदवाक्यगतत्वेन प्रत्येकं ता अपि द्विधा।

ता अनन्तरोक्ताश्चत्वारिंशद्भेदाः। तत्र पदगतत्वेन[2] यथा—'गङ्गायां घोषः'। वाक्यगतत्वेन[3] यथा—'उपकृतं बहु तत्र' इति। एवमशीतिप्रकारा लक्षणा॥

अथ व्यञ्जना

विरतास्वभिधाद्यासु ययार्थो बोध्यते परः॥ १२॥
सा वृत्तिर्व्यञ्जना नाम शब्दस्यार्थादिकस्य च।

'शब्दबुद्धिकर्मणां विरम्य व्यापाराभावः' इति नयेनाभिधालक्षणातात्पर्याख्यासु तिसृषु वृत्तिषु स्वं स्वमर्थं बोधयित्वोपक्षीणासु ययान्योऽर्थो बोध्यते सा शब्दस्यार्थस्य प्रकृतिप्रत्ययादेश्च वृत्तिर्व्यञ्जन[4]ध्वननगमनप्रत्यायनादिव्यपदेशविषया व्यञ्जना नाम।

तत्र—

अभिधालक्षणामूला शब्दस्य व्यञ्जना द्विधा॥ १३॥

अभिधामूलामाह—

अनेकार्थस्य शब्दस्य संयोगाद्यैर्नियन्त्रिते।
एकत्रार्थेऽन्यधीहेतुर्व्यञ्जना साभिधाश्रया॥ १४॥

---

१ 'तटादिषु लक्ष्येषु' इति ज-ब. २ 'पदगतत्वे' इति नि. ३ 'वाक्यगतत्वे' इति नि. ४ 'शक्तिः' इति नि.

आद्यशब्दा[1]द्विप्रयोगादयः।

उक्तं हि—

'संयोगो विप्रयोगश्च साहचर्यं विरोधिता।
अर्थः प्रकरणं लिङ्गं शब्दस्यान्यस्य संनिधिः॥
सामर्थ्यमौचिती देशः कालो व्यक्तिः स्वरादयः।
शब्दार्थस्यानवच्छेदे विशेषस्मृतिहेतवः॥' इति।

'सशङ्खचक्रो हरिः' इति शङ्खचक्रयोगेन हरिशब्दो विष्णुमेवाभिधत्ते। 'अशङ्खचक्रो हरिः' इति तद्वियोगे[2]न तमेव। 'भीमार्जुनौ' इति अर्जुनः पार्थः। 'कर्णार्जुनौ' इति कर्णः सूतपुत्रः। 'स्थाणुं वन्दे' इति स्थाणुः शिवः। 'सर्वं जानाति देवः' इति देवो भवान्। 'कुपितो मकरध्वजः' इति मकरध्वजः कामः। 'देवः पुरारिः' इति पुरारिः शिवः। 'मधुना मत्तः पिकः' इति मधुर्वसन्तः। 'पातु वो दयितामुखम्' इति मुखं सांमुख्यम्। 'विभाति गगने चन्द्रः' इति चन्द्रः शशी। 'निशि चित्रभानुः' इति चित्रभानुर्वह्निः। 'भाति रथाङ्गम्' नपुंसकव्यक्त्या रथाङ्गं चक्रम्। स्वरस्तु वेद एव विशेषप्रतीतिकृन्न काव्य इति तस्य विषये नोदाहृ[3]तम्।

इदं च केप्यसहमाना आहुः—'स्वरोऽपि काक्वादिरूपः काव्ये विशेषप्रतीतिकृदेव। उदात्तादिरूपोऽपि मुनेः पाठोक्तदिशा शृङ्गारादिरसविशेषप्रतीतिकृदेवेत्येतद्विषये उदाहरणमुचितमेव' इति। तन्न। तथाहि—स्वराः काक्वादयः उदात्तादयो वा व्यङ्ग्यरूपमेव विशेषं प्रत्याययन्ति, न खलु प्रकृतोक्तमनेकार्थशब्दस्यैकार्थनियन्त्रणरूपं विशेषम्। किं च। यदि यत्र क्वचिदनेकार्थशब्दानां प्रकरणादिनियमाभावादनियन्त्रितयोरप्यर्थयोरनुरूपस्वरवशेनैकत्र नियमनं वाच्यं तदा तथाविधस्थले श्लेषानङ्गीकारप्रसङ्गः। न च तथा। अत एवाहुः श्लेषनिरूपणप्रस्तावे—"'काव्यमार्गे स्वरो न गण्यते' इति च नये" इत्यलमुपजीव्यानां मान्यानां व्याख्यानेषु कटाक्षनिक्षेपेण। आदिशब्दात् 'एतावन्मात्रस्तनी—' इत्यादौ हस्तादिचेष्टादिभिः स्तनादीनां कमलकोरकाद्याकारत्वम्।

एवमेकस्मिन्नर्थेऽभिधया नियन्त्रिते या शब्दस्यान्यार्थ[4]बुद्धिहेतुः शक्तिः साभिधामूला व्यञ्जना।

यथा मम तातपादानां महापात्रचतुर्दशभाषाविलासिनीभुजङ्गमहाकवीश्वरश्रीचन्द्रशेखरसान्धिविग्रहिकाणाम्—

---

१ 'आदिशब्दात्' इति नि. २ 'वियोगेन' इति ज—ब. ३ 'विषयो नोदाहृतः' इति नि. ४ 'शब्दार्थस्यान्यार्थ' इति नि.

'दुर्गालङ्घितविग्रहो मनसिजं संमीलयंस्तेजसा
प्रोद्यद्राजकलो गृहीतगरिमा विष्वग्वृतो भोगिभिः ।
नक्षत्रेशकृतेक्षणो गिरिगुरौ गाढां रुचिं धारय-
न्गामाक्रम्य विभूतिभूषिततनू राजत्युमावल्लभः ॥'

अत्र प्रकरणेनाभिधेये[1] उमावल्लभशब्दस्योमानाममहादेवीवल्लभभानुदेवनृपति-रूपेऽर्थे नियन्त्रिते व्यञ्जनयैव गौरीवल्लभरूपोऽर्थो बोध्यते । एवमन्यत् ।

लक्षणामूलामाह—

लक्षणोपास्यते यस्य कृते तत्तु प्रयोजनम् ।
यया प्रत्याय्यते सा स्याद्व्यञ्जना लक्षणाश्रया ॥ १५ ॥

'गङ्गायां घोषः' इत्यादौ जलमयाद्यर्थबोधनादभिधायां तटाद्यर्थबोधनाच्च लक्षणायां विरतायां यया शीतत्वपावनत्वाद्यतिशयादिर्बोध्यते सा लक्षणा-मूला व्यञ्जना ।

एवं शाब्दीं व्यञ्जनामुक्त्वार्थीमाह—

वक्तृबोद्धव्यवाक्यानामन्यसंनिधिवाच्ययोः ।
प्रस्तावदेशकालानां काकोश्चेष्टादिकस्य च ॥ १६ ॥
वैशिष्ट्यादन्यमर्थं या बोधयेत्सार्थसम्भवा ।

व्यञ्जनेति सम्बध्यते ।

तत्र वक्तृवाक्यप्रस्तावदेशकालवैशिष्ट्ये यथा मम—

'कालो मधुः कुपित एष च पुष्पधन्वा धीरा वहन्ति रतिखेदहराः समीराः ।
केलीवनीयमपि वञ्जुलकुञ्जमञ्जुर्दूरे पतिः कथय किं करणीयमद्य ॥'

अत्रैनं देशं प्रति शीघ्रं प्रच्छन्नकामुकस्त्वया प्रेष्यतामिति सखीं प्रति कयाचिद् द्योत्यते[3] ।

बोद्धव्यवैशिष्ट्ये यथा—

'निःशेषच्युतचन्दनं स्तनतटं निर्मृष्टरागोऽधरो
नेत्रे दूरमनञ्जने पुलकिता तन्वी तवेयं तनुः ।
मिथ्यावादिनि दूति बान्धवजनस्याज्ञातपीडागमे
वापीं स्नातुमितो गतासि न पुनस्तस्याधमस्यान्तिकम् ॥'

अत्र तदन्तिकमेव गतासीति विपरीतलक्षणया लक्ष्यम्[4] । तस्य च रन्तुमिति[5] व्यंग्यं प्रतिपाद्य[6]दूतीवैशिष्ट्याद्बोध्यते ।

---

१ 'अभिधया' इति ज—च. २ 'उमानाम्नी महादेवी तद्वल्लभ' इति ज—च. ३ 'व्यज्यते' इति नि. ४ 'निर्दिष्ट' इति नि. ५ 'रन्तुम्' इत्येतदधिकं 'गतासीति' अस्मात्प्राक् नि—पुस्तके. ६ 'व्यङ्ग्यप्रतिपाद्य' इति नि.

अन्यसन्निधिवैशिष्ट्ये यथा—

'उअ णिच्चलणिप्पन्दा[1] भिसिणीपत्तम्मि रेहइ बलाआ ।
णिम्मलमरगअभाअणपरिट्ठिआ सङ्खसुत्ति व्व ॥'

अत्र बलाकाया निःस्पन्दत्वेन विश्वस्तत्वम्, तेनास्य देशस्य विजनत्वम्, अतः सङ्केतस्थानमेतदिति कयापि सन्निहितं प्रच्छन्नकामुकं प्रत्युच्यते । अत्रैव स्थाननिर्जनत्वरूपव्यङ्ग्यार्थ[2]वैशिष्ट्यं प्रयोजकम्[3] ।

'भिन्नकण्ठध्वनिर्धीरैः काकुरित्यभिधीयते' इत्युक्तप्रकारायाः काकोर्भेदा आकरेभ्यो ज्ञातव्याः । एतद्वैशिष्ट्ये यथा—

'गुरुपरतन्त्रतया बत दूरतरं देशमुद्यतो गन्तुम् ।
अलिकुलकोकिलललिते नैष्यति सखि सुरभिसमयेऽसौ ॥'

अत्र नैष्यति, अपि तर्हि एष्यत्येवेति काक्वा व्यज्यते ।

चेष्टावैशिष्ट्ये यथा—

'सङ्केतकालमनसं विटं ज्ञात्वा विदग्धया ।
हसन्नेत्रार्पिताकूतं लीलापद्मं निमीलितम् ॥'

अत्र सन्ध्या सङ्केतकाल इति पद्मनिमीलनादिचेष्टया कयाचिद्द्योत्यते । एवं वक्त्रादीनां व्यस्तसमस्तानां वैशिष्ट्ये बोद्धव्यम् ।

त्रैविध्यादियमर्थानां प्रत्येकं त्रिविधा मता ॥ १७ ॥

अर्थानां वाच्यलक्ष्यव्यङ्ग्यत्वेन त्रिरूपतया सर्वा अप्यनन्तरोक्ता व्यञ्जनास्त्रिविधाः । तत्र वाच्यार्थस्य व्यञ्जना यथा—'कालो मधुः—' इत्यादि । लक्ष्यार्थस्य यथा—'निःशेषच्युतचन्दनं—' इत्यादि । व्यङ्ग्यार्थस्य यथा—'उअ णिच्चल—' इत्यादि । प्रकृतिप्रत्ययादिव्यञ्जकत्वं तु प्रपञ्चयिष्यते ।

**शब्दबोध्यो व्यनक्त्यर्थः शब्दोऽप्यर्थान्तराश्रयः ।
एकस्य व्यञ्जकत्वे तदन्यस्य सहकारिता ॥ १८ ॥**

यतः शब्दो व्यञ्जकत्वेऽर्थान्तरमपेक्षते, अर्थोऽपि शब्दम् । तदेकस्य व्यञ्जकत्वेऽन्यस्य सहकारितावश्यमङ्गीकर्तव्या ।

**अभिधादित्रयोपाधिवैशिष्ट्यात्त्रिविधो मतः ।
शब्दोऽपि वाचकस्तद्वल्लक्षको व्यञ्जकस्तथा ॥ १९ ॥**

अभिधोपाधिको वाचकः । लक्षणोपाधिको लक्षकः । व्यञ्जनोपाधिको व्यञ्जकः ।

---

१ 'णिप्फन्दा' इति नि. २ 'रूपं व्यङ्ग्यार्थ°' इति नि. ३ 'प्रयोजनम्' इति नि.

किं च—

तात्पर्याख्यां वृत्तिमाहुः पदार्थान्वयबोधने ।
तात्पर्यार्थं तदर्थं च वाक्यं तद्बोधकं परे ॥ २० ॥

अभिधाया एकैकपदार्थबोधनविरमाद्वाक्यार्थरूपस्य पदार्थान्वयस्य बोधिका तात्पर्यं नाम वृत्तिः । तदर्थश्च तात्पर्यार्थः । तद्बोधकं च वाक्यमित्यभिहितान्वयवादिनां मतम् ॥

इति साहित्यदर्पणे वाक्यस्वरूपनिरूपणो नाम द्वितीयः परिच्छेदः ॥

दशमः परिच्छेदः

अर्थालङ्काराः

अथावसरप्राप्तेष्वर्थालङ्कारेषु प्राधान्यात्साद्दश्यमूलेषु लक्षितव्येषु तेषामप्युपजीव्यत्वेन प्रथममुपमाम्[1]आह—

साम्यं वाच्यमवैधर्म्यं वाक्यैक्य उपमा द्वयोः ॥ १४ ॥

रूपकादिषु साम्यस्य व्यङ्ग्यत्वम्, व्यतिरेके च वैधर्म्यस्याप्युक्तिः, उपमेयोपमायां वाक्यद्वयम्, अनन्वये त्वेकस्यैव साम्योक्तिरित्यस्या भेदः ।

सा पूर्णा यदि सामान्यधर्म औपम्यवाचि च ।
उपमेयं चोपमानं भवेद्वाच्यम्

सा उपमा । साधारणधर्मौ द्वयोः साद्दश्यहेतू[2] गुणक्रिये मनोज्ञत्वादि । औपम्यवाचकमिवादि । उपमेयं मुखादि । उपमानं चन्द्रादि ।

इयं पुनः ॥ १५ ॥

श्रौती यथेववाशब्दा इवार्थो वा वतिर्यदि ।
आर्थी तुल्यसमानाद्यास्तुल्यार्थो यत्र वा वतिः ॥ १६ ॥

यथेववादयः शब्दा उपमानानन्तर[3]प्रयुक्ततुल्यादिपदसाधारणा अपि श्रुतिमात्रेणोपमानोपमेयगतसाद्दश्यलक्षणसम्बन्धं बोधयन्तीति तत्सद्भावे श्रौत्युपमा । एवं 'तत्र तस्येव' इत्यनेनेवार्थे विहितस्य वतेरुपादाने । तुल्यादयस्तु 'कमलेन तुल्यं मुखम्' इत्यादावुपमेय एव, 'कमलं मुखस्य तुल्यम्' इत्यादावुपमान एव, 'कमलं मुखं च तुल्यम्' इत्यादावुभयत्रापि विश्राम्यन्तीत्यर्थानुसन्धानादेव साम्यं प्रतिपादयन्तीति तत्सद्भावे आर्थी । एवं 'तेन तुल्यं' इत्यादिना तुल्यार्थे विहितस्य वतेरुपादाने ।

द्वे तद्धिते समासेऽथ वाक्ये

द्वे श्रौती आर्थी च । उदाहरणम्—

'सौरभमम्भोरुहवन्मुखस्य कुम्भाविव स्तनौ पीनौ ।
हृदयं मदयति वदनं तव शरदिन्दुर्यथा बाले ॥'

अत्र क्रमेण त्रिविधा श्रौती ।

'मधुरः सुधावदधरः पल्लवतुल्योऽतिपेलवः पाणिः ।
चकितमृगलोचनाभ्यां सद्दशी चपले च लोचने तस्याः ॥'

---

१ 'उपमालङ्कारं' इति ज—ब. २ 'साद‍ृश्यहेतुगुणक्रिये' इति ब. ३ 'उपमानान्तर' इति नि—ब.

अत्र क्रमेण त्रिविधा आर्थी ।

पूर्णा षडेव तत् ।

स्पष्टम् ।

लुप्ता सामान्यधर्मादेरेकस्य यदि वा द्वयोः ॥ १७ ॥
त्रयाणां वानुपादाने श्रौत्यार्थी सापि पूर्ववत् ।

सा लुप्ता । तद्भेदमाह—

पूर्णावद्धर्मलोपे सा विना श्रौतीं तु तद्धिते ॥ १८ ॥

सा लुप्तोपमा धर्मस्य साधारणगुणक्रियारूपस्य लोपे पूर्णावदिति पूर्वोक्तरीत्या षट्प्रकारा, किं त्वत्र तद्धिते श्रौत्या असम्भवात्पञ्चप्रकारा । उदाहरणम्—

'मुखमिन्दुर्यथा, पाणिः पल्लवेन समः प्रिये ।
वाचः सुधा इवौष्ठस्ते बिम्बतुल्यो, मनोऽश्मवत् ॥'

आधारकर्मविहिते द्विविधे च क्यचि, क्यङि ।
कर्मकर्त्रोर्णमुलि च स्यादेवं पञ्चधा पुनः ॥ १९ ॥

'धर्मलोपे लुप्ता' इत्यनुषज्यते । क्यच्-क्यङ्-णमुलः कलापमते यिन्नायिणमः[1] । क्रमेणोदाहरणम्—

'अन्तःपुरीयसि रणेषु, सुतीयसि त्वं पौरं जनं, तव सदा रमणीयते श्रीः ।
दृष्टः प्रियाभिरमृतद्युतिदर्शमिन्द्रसञ्चारमत्र भुवि सञ्चरसि क्षितीश ॥'

अत्र 'अन्तःपुरीयसि' इत्यत्र सुखविहारास्पदत्वस्य, 'सुतीयसि' इत्यत्र स्नेहनिर्भरत्वस्य च साधारणधर्मस्य लोपः । एवमन्यत्र ।

इह च यथादितुल्यादिविरहाच्छ्रौत्यादिविशेषचिन्ता नास्ति । इदं च केचिदौपम्यप्रतिपादकस्येवादेर्लोपे[2][3] उदाहरन्ति, तदयुक्तम् । क्यङादेरपि तदर्थविहितत्वेनौपम्यप्रतिपादकत्वात् । ननु क्यङादिषु सम्यगौपम्यप्रतीतिर्नास्ति, प्रत्ययेनास्वतन्त्रत्वाद् इवादिप्रयोगाभावाच्च, इति न वाच्यम् । कल्पबादावपि तथा प्रसङ्गात् । न च कल्पबादीनामिवादितुल्यतयौपम्यस्य वाचकत्वम्, क्यङादीनां तु द्योतकत्वम् । इवादीनामपि वाचकत्वे निश्चयाभावात् । वाचकत्वे वा 'समुदितं पदं वाचकम्' 'प्रकृतिप्रत्ययौ स्वस्वार्थबोधकौ' इति च मतद्वयेऽपि वत्यादिक्यङाद्योः साम्यमेवेति । यच्च केचिदाहुः—'वत्यादय इवाद्यर्थेऽनुशिष्यन्ते, क्यङादयस्त्वाचाराद्यर्थे' इति,

---

१ 'यिन्नागमः' इति नि, 'यिण्णायिणमः' इति ज–ब; 'यिन्नायिणमः' इति तु मुद्रितकातन्त्रसंमतः पाठः; see notes. २ 'प्रतिपादकस्य वतेः' इति ज–ब. ३ 'लोपं' इति नि.

तदपि न । न खलु क्यङादय आचारमात्रार्थाः, अपि तु सादृश्याचारार्थां इति । तदेवं धर्मलोपे दशप्रकारा लुप्ता ।

उपमानानुपादाने द्विधा वाक्यसमासयोः ।

उदाहरणम्—

'तस्या मुखेन सदृशं रम्यं नास्ते न वा नयनतुल्यम् ।'

अत्र मुखनयनप्रतिनिधिवस्त्वन्तरयोर्गम्यमानत्वादुपमानलोपः । अत्रैव च 'मुखेन सदृशं' इत्यत्र 'मुखं यथेदं', 'नयनतुल्यं' इत्यत्र 'दृगिव' इति पाठे श्रौत्यपि सम्भवतीत्यनयोर्भेदयोः प्रत्येकं श्रौत्यार्थीत्वभेदेन चतुर्विधत्वसम्भवेऽपि प्राचीनानां रीत्या द्विप्रकारत्वमेवोक्तम् ।

औपम्यवाचिनो लोपे समासे क्विपि च द्विधा ॥ २० ॥

क्रमेणोदाहरणम्—

'वदनं मृगशावाक्ष्याः सुधाकरमनोहरम् ।'

'गर्दभति श्रुतिपरुषं व्यक्तं निनदन्महात्मनां पुरतः ।'

अत्र 'गर्दभति' इत्यत्रौपम्यवाचिनः क्विपो लोपः । न चेहोपमेयस्यापि लोपः । 'निनदन्' इत्यनेनैव निर्देशात् ।

द्विधा समासे वाक्ये च लोपे धर्मोपमानयोः ।

'तस्या मुखेन' इत्यादौ 'रम्यं' इति स्थाने 'लोके' इति पाठेऽनयोरुदाहरणम् ।

क्विप्समासगता द्वेधा धर्मेवादिविलोपने ॥ २१ ॥

उदाहरणम्—

'विधवति मुखाब्जमस्याः'

अत्र 'विधवति' इति मनोहरत्व-क्विप्प्रत्यययोर्लोपः । केचित्त्वत्रापि प्रत्ययलोपमाहुः । 'मुखाब्जं' इति च समासगा ।

उपमेयस्य लोपे तु स्यादेका प्रत्यये क्यचि ।

यथा—

'अरातिविक्रमालोकविकस्वरविलोचनः ।
कृपाणोदग्रदोर्दण्डः स सहस्रायुधीयति ॥'

अत्र 'सहस्रायुधमिवात्मानमाचरति' इति वाक्ये उपमेयस्यात्मनो लोपः । न चेहौपम्यवाचकलोप उक्तादेव न्यायात् । अत्र केचिदाहुः-'सहस्रायुधेन सह वर्तत इति ससहस्रायुधः स इवाचरतीति वाक्यात्ससहस्रायुधीयतीति

पदसिद्धौ विशेष्यस्य शब्दानुपात्तत्वादिहोपमेयलोपः' इति, तन्न विचारसहम् । कर्तरि क्यचोऽनुशासनविरुद्धत्वात् ।

धर्मोपमेयलोपेऽन्या

यथा—

'यशसि प्रसरति भवतः क्षीरोदीयन्ति सागराः सर्वे ।'

अत्र क्षीरोदमिवात्मानमाचरन्तीत्युपमेय आत्मा साधारणधर्मः शुक्लता च लुप्तौ ।

त्रिलोपे च समासगा ॥ २२ ॥

यथा—

'राजते मृगलोचना ।'

अत्र मृगस्य लोचने इव चञ्चले लोचने यस्या इति समासे उपमाप्रतिपादकसाधारणधर्मोपमानानां लोपः ।

तेनोपमाया भेदाः स्युः सप्तविंशतिसंख्यकाः ।

पूर्णा षड्विधा लुप्ता चैकविंशतिविधेति मिलित्वा सप्तविंशतिप्रकारोपमा । एषु चोपमाभेदेषु मध्येऽलुप्तसाधारणधर्मेषु भेदेषु विशेषः प्रतिपाद्यते—

एकरूपः क्वचित्क्वापि भिन्नः साधारणो गुणः ॥ २३ ॥
भिन्ने बिम्बानुबिम्बत्वं शब्दमात्रेण वा भिदा ।

एकरूपे यथा उदाहृतम्—'मधुरः सुधावदधरः—' इत्यादि ।

बिम्बप्रतिबिम्बत्वे यथा—

'भल्लापवर्जितैस्तेषां शिरोभिः श्मश्रुलैर्महीम् ।
तस्तार सरघाव्याप्तैः स क्षौद्रपटलैरिव ॥'

अत्र 'श्मश्रुलैः' इत्यस्य 'सरघाव्याप्तैः इति दृष्टान्तवत्प्रतिबिम्बनम् । शब्दमात्रेण भिन्नत्वे यथा—

'स्मेरं विधाय नयनं विकसितमिव नीलमुत्पलं मयि सा ।
कथयामास कृशाङ्गी मनोगतं निखिलमाकूतम् ॥'

अत्रैके एव स्मेरत्वविकसितत्वे प्रतिवस्तूपमावच्छब्देन निर्दिष्टे ।

एकदेशविवर्तिन्युपमा वाच्यत्वगम्यते ॥ २४ ॥
भवेतां यत्र साम्यस्य

यथा—

'नेत्रैरिवोत्पलैः पद्मैर्मुखैरिव सरःश्रियः ।
पदे पदे विभान्ति स्म चक्रवाकैः स्तनैरिव ॥'

अत्रोत्पलादीनां नेत्रादीनां सादृश्यं वाच्यं सरःश्रीणां चाङ्गनासाम्यं गम्यम् ।

कथिता रसनोपमा ।
यथोर्ध्वमुपमेयस्य यदि स्यादुपमानता ॥ २५ ॥

यथा—

'चन्द्रायते शुक्लरुचापि हंसो हंसायते चारुगतेन कान्ता ।
कान्तायते स्पर्शसुखेन वारि वारीयते स्वच्छतया विहायः ॥'

मालोपमा यदेकस्योपमानं बहु दृश्यते ।

यथा—

'वारिजेनेव सरसी शशिनेव निशीथिनी ।
यौवनेनेव वनिता नयेन श्रीर्मनोहरा ॥'

क्वचिदुपमानोपमेययोर्द्वयोरपि प्रकृतत्वं दृश्यते—

'हंसश्चन्द्र इवाभाति जलं व्योमतलं यथा ।
विमलाः कुमुदानीव तारकाः शरदागमे ॥'

'अस्य राज्ञो गृहे भान्ति भूपानां ता विभूतयः ।
पुरन्दरस्य भवने कल्पवृक्षभवा इव ॥'

अत्रोपमेयभूतविभूतिभिः 'कल्पवृक्षभवा इव' इत्युपमानभूता विभूतय आक्षिप्यन्त इत्याक्षेपोपमा । अत्रैव 'गृहे' इत्यस्य 'भवने' इत्यनेन प्रतिनिर्देशात्प्रतिनिर्देश्योपमा इत्यादयश्च न लक्षिताः । एवंविधवैचित्र्यस्य सहस्रधा [2]दर्शनात् ।

उपमानोपमेयत्वमेकस्यैव त्वनन्वयः ॥ २६ ॥

अर्थादेकवाक्ये ।

यथा—

'राजीवमिव राजीवं जलं जलमिवाजनि ।
चन्द्रश्चन्द्र इवातन्द्रः शरत्समुदयोद्यमे ॥'

अत्र राजीवादीनामनन्यसदृशत्वप्रतिपादनार्थमुपमानोपमेयभावो वैवक्षिकः । 'राजीवमिव पाथोजम्' इति चास्य लाटानुप्रासाद्विविक्तो विषयः । किं त्वत्रोचितत्वादेकशब्दप्रयोग एव श्रेयान् । तदुक्तम्—

---

१ 'नेत्रादीनां उत्पलादिसादृश्यं' इति ब. २ 'सन्दर्शनात्' इति ज–ब.

'अनन्वये च शब्दैक्यमौचित्यादानुषङ्गिकम् ।
अस्मिंस्तु लाटानुप्रासे साक्षादेव प्रयोजकम् ॥' इति ।

पर्यायेण द्वयोरेतदुपमेयोपमा मता ।

एतदुपमानोपमेयत्वम् । अर्थाद्वाक्यद्वये ।

यथा—

'कमलेव मतिर्मतिरिव कमला तनुरिव विभा विभेव तनुः ।
धरणीव धृतिर्धृतिरिव धरणी सततं विभाति बत यस्य ॥'

अत्रास्य राज्ञः श्रीबु[१]द्ध्यादिसदृशं नान्यदस्तीत्यभिप्रायः ।

सदृशानुभवाद्वस्तुस्मृतिः स्मरणमुच्यते ॥ २७ ॥

यथा—

'अरविन्दमिदं वीक्ष्य खेलत्खञ्जनमञ्जुलम् ।
स्मरामि वदनं तस्याश्चारु चञ्चललोचनम् ॥'

'मयि सकपटं-' इत्यादौ च स्मृतेः सादृश्यानुभवं विनोत्थापितत्वान्नायमलङ्कारः । राघवानन्दमहापात्रास्तु वैसादृश्यात्स्मृतिमपि स्मरणालङ्कारमिच्छन्ति । तत्रोदाहरणं तेषामेव यथा—

'शिरीषमृद्वी गिरिषु प्रपेदे यदा यदा दुःखशतानि सीता ।
तदा तदास्याः सदनेषु सौख्यलक्षाणि दध्यौ गलदश्रु रामः ॥'

रूपकं रूपितारोपाद्विषये निरपह्नवे ।

'रूपित-' इति परिणामाद् व्यवच्छेदः । एतच्च परिणामप्र[२]स्तावे विवेचयिष्यामः । 'निरपह्नवे' इत्यपह्नुतिव्यवच्छेदार्थम् ।

तत्परम्परितं साङ्गं निरङ्गमिति च त्रिधा ॥ २८ ॥

तद्रूपकम् ।

तत्र

यत्र कस्यचिदारोपः परारोपणकारणम् ।
तत्परम्परितं श्लिष्टाश्लिष्टशब्दनिबन्धनम् ॥ २९ ॥
प्रत्येकं केवलं मालारूपं चेति चतुर्विधम् ।

तत्र श्लिष्टशब्दनिबन्धनं केवलपरम्परितं यथा—

'आहवे जगदुद्दण्डराजमण्डलराहवे ।
श्रीनृसिंहमहीपाले[३] स्वस्त्यस्तु तव बाहवे ॥'

---

१ 'वृद्ध्यादिसदृशं' इति ज—ख. २ 'तत्प्रस्तावे' इति नि. ३ 'दाहवेपथुकृत्तेऽरेः' इति सुभाषितावलिसंमतः पाठः.

अत्र राजमण्डलं नृपसमूह एव चन्द्रबिम्बमित्यारोपो राजबाहो राहुत्वारोपे निमित्तम्। मालारूपं यथा—

'पद्मोदयदिनाधीशः सदागतिसमीरणः।
भूभृदावलिदम्भोलिरेक एव भवान्भुवि॥'

अत्र पद्मायाः उदय एव पद्मानामुदयः, सतामागतिरेव सदागमनम्, भूभृतो राजान एव पर्वता इत्याद्यारोपो राज्ञः सूर्यत्वाद्यारोपे[1] निमित्तम्।

अश्लिष्टशब्दनिबन्धनं केवलं यथा—

'पान्तु वो जलदश्यामाः शार्ङ्गज्याघातकर्कशाः।
त्रैलोक्यमण्डपस्तम्भाश्चत्वारो हरिबाहवः॥'

अत्र त्रैलोक्यस्य मण्डपत्वारोपो हरिबाहूनां स्तम्भत्वारोपे निमित्तम्। मालारूपं यथा—

'मनोजराजस्य सितातपत्रं श्रीखण्डचित्रं हरिदङ्गनायाः।
विराजते व्योमसरःसरोजं कर्पूरपूरप्रभमिन्दुबिम्बम्॥'

अत्र मनोजादे राजत्वाद्यारोपश्च[2]न्द्रबिम्बस्य सितातपत्रत्वाद्यारोपे निमित्तम्। '[3]एषु च राजभुजादीनां राहुत्वाद्यारोपो राजमण्डलादीनां चन्द्रमण्डलत्वाद्यारोपे[4] निमित्तम्' इति केचित्।

अङ्गिनो यदि साङ्गस्य रूपणं साङ्गमेव तत्॥ ३०॥
समस्तवस्तुविषयमेकदेशविवर्ति च।

तत्र

आरोप्याणामशेषाणां शाब्दत्वे प्रथमं मतम्॥ ३१॥

प्रथमं समस्तवस्तुविषयम्। यथा—

'रावणावग्रहक्लान्तमिति वागमृतेन सः।
अभिवृष्य मरुत्सस्यं कृष्णमेघस्तिरोदधे॥'

अत्र कृष्णस्य मेघत्वारोपे वागादीनाममृतत्वादिकमारोपितम्।

यत्र कस्यचिदार्थत्वमेकदेशविवर्ति तत्।

कस्यचिदारोप्यमाणस्य। यथा—

'लावण्यमधुभिः पूर्णमास्यमस्या विकस्वरम्।
लोकलोचनरोलम्बकदम्बैः कैर्न पीयते[5]॥'

अत्र लावण्यादौ मध्वाद्यारोपः[6] शाब्दः, मुखे[7] पद्मत्वारोपः[8] आर्थः।

---

१ 'सूर्यत्वारोपे' इति नि.　२ 'राहुत्वाद्यारोपः' इति नि.　३ 'तत्र च' इति नि.　४ 'मण्डलत्वाद्यारोपो' इति नि.　५ 'केन दीयते' इति नि.　६ 'मधुत्वारोपः' इति नि.　७ 'मुखस्य' इति नि.　८ 'पद्मत्वाद्यारोपः' इति नि.

न चेयमेकदेशविवर्तिन्युपमा विकस्वरत्वधर्मस्यारोप्यमाणे पद्मे मुख्यतया[1] वर्तमानान्मुखे चोपचरितत्वात् ।

निरङ्गं केवलस्यैव रूपणं तदपि द्विधा ॥ ३२ ॥
मालाकेवलरूपत्वात्

तत्र मालारूपं निरङ्गं यथा—

'निर्माणकौशलं धातुश्चन्द्रिका लोकचक्षुषाम् ।
क्रीडागृहमनङ्गस्य सेयमिन्दीवरेक्षणा ॥'

केवलं यथा—

'दासे कृतागसि भवेदुचितः प्रभूणां
पादप्रहार इति सुन्दरि नात्र दूये ।
उद्यत्कठोरपुलकाङ्कुरकण्टकाग्रै-
र्यत्खिद्यते मृदु पदं ननु सा व्यथा मे ॥'

तेनाष्टौ रूपके भिदाः ।

'चिरन्तनैरुक्ताः' इति शेषः । क्वचित्परम्परितमप्येकदेशविवर्ति यथा—

'खड्गः क्ष्मासौविदल्लः समिति विजयते मालवाखण्डलस्य[2] ॥'

अत्रार्थः क्ष्मायां महिषीत्वारोपः खड्गे सौविदल्लत्वारोपे निमित्तम् । अस्य भेदस्य पूर्ववन्मालारोपत्वेऽप्युदाहरणं मृग्यम् ।

दृश्यन्ते क्वचिदारोप्याः श्लिष्टाः साङ्गेऽपि रूपके ॥ ३३ ॥

तत्रैकदेशविवर्ति श्लिष्टं यथा मम—

'करमुदयमहीधरस्तनाग्रे गलिततमःपटलांशुके निवेश्य ।
विकसितकुमुदेक्षणं विचुम्बत्ययममरेशदिशो मुखं सुधांशुः ॥'

समस्तवस्तुविषयं यथा—अत्रैव 'विचुम्बति–' इत्यादौ 'चुचुम्बे, हरिदबलामुखमिन्दुनायकेन' इति पाठे । न चात्र श्लिष्टपरम्परितम् । तत्र हि 'भूभृदावलिदम्भोलिः–' इत्यादौ राजादौ पर्वतत्वाद्यारोपं विना वर्णनीयस्य राजादेर्दम्भोलितादिरूपणं[3] सर्वथैव सादृश्यासम्भवादसङ्गतम्[4] । तर्हि कथं 'पद्मोदयदिनाधीशः–' इत्यादौ परम्परितम्, राजादेः सूर्यादिना सादृश्यस्य तेजस्वितादिहेतुकस्य सम्भवात्–इति न वाच्यम् । तथा हि—राजादेस्तेजस्वितादिहेतुकं सुव्यक्तं सादृश्यं न तु प्रकृते विवक्षितम् । पद्मोदयादेरेव द्वयोः साधारणधर्मतया विवक्षितत्वात् । इह तु महीधरादेः स्तनादिना

---

१ 'मुखतया वर्तमानान्' इति नि. २ 'मानवाखण्डलस्य' इति ज–ब; 'मालव' इति तु अलङ्कारसर्वस्वसंमतः पाठः. ३ 'रूपाणां' इति नि. ४ 'सादृश्याभावात्' इति नि.

सादृश्यं पीनोत्तुङ्गत्वादिना सुव्यक्तमेव—इति न श्लिष्टपरम्परितम् । क्वचित्समासाभावेऽपि रूपकं दृश्यते—

'मुखं तव कुरङ्गाक्षि सरोजमिति नान्यथा ।'

क्वचिद्वैयधिकरण्येऽपि यथा—

'[1]विदधे मधुपश्रेणीमिह भ्रूलतया विधिः' ।

क्वचिद्वैधर्म्येऽपि । यथा—

'सौजन्याम्बुमरुस्थली सुचरितालेख्यद्युभित्तिर्गुण-
ज्योत्स्नाकृष्णचतुर्दशी सरलतायोगश्वपुच्छच्छटा ।
यैरेषापि दुराशया कलियुगे राजावली सेविता
तेषां शूलिनि भक्तिमात्रसुलभे सेवा कियत्कौशलम् ॥'

[2]अत्र केषांचिद्रूपकाणां शब्दश्लेषमूलत्वेऽपि रूपकविशेषत्वादर्थालङ्कारमध्ये गणनम् । एवं वक्ष्यमाणालङ्कारेषु बोध्यम् ।

अधिकारूढवैशिष्ट्यं रूपकं यत्तदेव तत् ।

तदेवाधिकारूढवैशिष्ट्यसंज्ञरूपकम्[3] । यथा मम—

'इदं वक्त्रं साक्षाद्विरहितकलङ्कः शशधरः
सुधाधाराधारश्चिरपरिणतं बिम्बमधरः ।
इमे नेत्रे रात्रिन्दिवमधिकशोभे कुवलये
तनुर्लावण्यानां जलधिरवगाहे सुखतरः ॥'

अत्र कलङ्कराहित्यादिनाधिकं वैशिष्ट्यम् ।

विषयात्मतयारोप्ये प्रकृतार्थोपयोगिनि ॥ ३४ ॥
परिणामो भवेत्तुल्यातुल्याधिकरणो द्विधा ।

आरोप्यमाणस्यारोपविषयात्मतया परिणमनात्परिणामः ।

यथा—

'स्मितेनोपायनं दूरादागतस्य कृतं मम ।
स्तनोपपीडमाश्लेषः कृतो द्यूते पणस्त्वया ॥'

अन्यत्रोपायनपणौ वसनाभरणादिभावेनोपयुज्येते । अत्र तु नायकसम्भावनद्यूतयोः स्मिताश्लेषरूपतया । प्रथमार्धे वैयधिकरण्येन प्रयोगः, द्वितीये सामानाधिकरण्येन ॥ रूपके 'मुखचन्द्रं पश्यामि' इत्यादावारोप्यमाणचन्द्रा-

---

१ 'विदधे……वैधर्म्येऽपि यथा' इत्येतत् नि–पुस्तके नास्ति; see notes.
२ 'अत्र' इत्यस्मात्प्राक् 'इदं मम' इत्यधिकं ज–ब–नि–पुस्तकेषु । तच्च भ्रममूलकमेव । See notes. ३ 'संज्ञकम्' इति नि.

देरुपरञ्जकतामात्रम्, न तु प्रकृते दर्शनादावुपयोगः। इह तूपायनादेर्विषयेण तादात्म्यं प्रकृते च नायकसम्भावनादावुपयोगः। अत एव रूपके आरोप्यस्यावच्छेदकत्वमात्रेणान्वयः। अत्र तु तादात्म्येन। 'दासे कृतागसि—' इत्यादौ रूपकमेव, न तु परिणामः। आरोप्यमाणकण्टकस्य पादभेदनकार्यस्याप्रस्तुतत्वात्। न खलु तत्कस्यचिदपि प्रस्तुतकार्यस्य घटनार्थमनुसन्धीयते।

अयमपि रूपकवदधिकारूढवैशिष्ट्यो दृश्यते। यथा—

'वनेचराणां वनितासखानां दरीगृहोत्सङ्गनिषक्तभासः।
भवन्ति यत्रौषधयो रजन्यामतैलपूराः सुरतप्रदीपाः।'

अत्र प्रदीपानामोषध्यात्मतया प्रकृते सुरतोपयोगिन्यन्धकारनाशे उपयोगोऽतैलपूरत्वेनाधिकारूढवैशिष्ट्यम्।

सन्देहः प्रकृतेऽन्यस्य संशयः प्रतिभोत्थितः॥ ३५॥
शुद्धो निश्चयगर्भोऽसौ निश्चयान्त इति त्रिधा।

यत्र संशय एव पर्यवसानं स शुद्धः। यथा—

'किं तारुण्यतरोरियं रसभरोद्भिन्ना नवा वल्लरी
वेलाप्रोच्छलितस्य किं लहरिका लावण्यवारांनिधेः।
उद्गाढोत्कलिकावतां स्वसमयोपन्यासविश्रम्भिणः
किं साक्षादुपदेशयष्टिरथवा देवस्य शृङ्गारिणः॥'

यत्रादावन्ते च संशय एव मध्ये निश्चयः स निश्चयमध्यः।
यथा—

'अयं मार्तण्डः किं स खलु तुरगैः सप्तभिरितः
कृशानुः किं सर्वाः प्रसरति दिशो नैष नियतम्।
कृतान्तः किं साक्षान्महिषवहनोऽसाविति पुनः
समालोक्याजौ त्वां विदधति विकल्पान्प्रतिभटाः॥'

अत्र मध्ये मार्तण्डाद्यभावनिश्चयो राजनिश्चये द्वितीयसंशयोत्थानासम्भवात्।

यत्रादौ संशयोऽन्ते च निश्चयः स निश्चयान्तः। यथा—

'किं तावत्सरसि सरोजमेतदारादाहोस्विन्मुखमवभासते तरुण्याः।
संशय्य क्षणमिति निश्चिकाय कश्चिद्बिब्बोकैर्बकसहवासिनां परोक्षैः॥'

अप्रतिभोत्थापिते तु 'स्थाणुर्वा पुरुषो वा' इत्यादिसंशये नायमलङ्कारः।

---

१ 'पादभेदेन' इति ब.

'मध्यं तव सरोजाक्षि पयोधरभरार्दितम् ।
अस्ति नास्तीति सन्देहः कस्य चित्ते न भासते ॥'

अत्रातिशयोक्तिरेव, उपमेये उपमानसंशयस्यैवैतदलङ्कारविषयत्वात् ।

साम्यादतस्मिंस्तद्बुद्धिर्भ्रान्तिमान्प्रतिभोत्थितः ॥ ३६ ॥

'मुग्धा दुग्धधिया गवां विदधते कुम्भानधो बल्लवाः
कर्णे कैरवशङ्कया कुवलयं कुर्वन्ति कान्ता अपि ।
कर्कन्धूफलमुच्चिनोति शबरी मुक्ताफलाकाङ्क्षया
सान्द्रा चन्द्रमसो न कस्य कुरुते चित्तभ्रमं चन्द्रिका ॥'

स्वरसोत्थापिता भ्रान्तिर्नायमलङ्कारः । यथा—'शुक्तिकायां रजतम्' इति । न चासादृश्यमूला । यथा—

'सङ्गमविरहविकल्पे वरमिह विरहो न सङ्गमस्तस्याः ।
सङ्गे सैव तथैका त्रिभुवनमपि तन्मयं विरहे ॥'

क्वचिद्भेदाद्ग्रहीतॄणां विषयाणां तथा क्वचित् ।
एकस्यानेकधोल्लेखो यः स उल्लेख उच्यते[1] ॥ ३७ ॥

क्रमेणोदाहरणम्—

'प्रिय इति गोपवधूभिः शिशुरिति वृद्धैरधीश इति देवैः ।
नारायण इति भक्तैर्ब्रह्मेत्यग्राहि योगिभिर्देवः ॥'

अत्रैकस्यापि भगवतस्तद्गुणयोगादनेकधोल्लेखे गोपवधूप्रभृतीनां रुच्यादयो यथायोगं प्रयोजकाः । यदाहुः—

'यथारुचि यथार्थित्वं यथाव्युत्पत्ति भिद्यते ।
आभासोऽप्यर्थ एकस्मिन्ननुसन्धानसाधितः ॥'

अत्र भगवतः प्रियत्वादीनां वास्तवत्वाद् ग्रहीतृभेदाच्च न मालारूपकम्, न च भ्रान्तिमान्, न चायमभेदे भेद इत्येवंरूपातिशयोक्तिः । तथा[2] हि—'अन्यदेवाङ्गलावण्यम्—' इत्यादौ लावण्यादेर्विषयस्य पृथक्त्वेनाध्यवसानम् । न चेह भगवति गोपवधूप्रभृतिभिः प्रियत्वाद्यध्यवसीयते । प्रियत्वादेर्भगवति तत्काले तात्त्विकत्वात् । केचिदाहुः—'अयमलङ्कारो नियमेना[3]लङ्कारान्तरविच्छित्तिमूलः । उक्तोदाहरणे च शिशुत्वादीनां नियमाभिप्रायात्प्रियत्वादे[4]र्भिन्नत्वाध्यवसाय इत्यतिशयोक्तिरस्ति । तत्सद्भावेऽपि

१ 'इष्यते' इति ज—ब. २ 'तत्र हि' इति ज—ब. ३ 'अवश्यंभावेन' इत्येतदधिकं 'नियमेन' इत्यस्मात्परं ज—ब—पुस्तकयोः. ४ 'प्रियत्वादीनां' इति नि.

प्रत्येतृभेदेन नानात्वप्रतीतिरूपो विच्छित्तिविशेष उल्लेखाख्यभिन्नालङ्कारप्रयोजकः । श्रीकण्ठजनपदवर्णने—'वज्रपञ्जरमिति शरणागतैः, असुरविवरमिति वातिकैः' इत्यादिश्चातिशयोक्तेर्विविक्तो विषयः । इह च रूपकालङ्कारयोगः । वस्तुतस्तु—'असुरविवरं–' इत्यादौ भ्रान्तिमन्तमेवेच्छन्ति[2] न रूपकम्, भेदप्रतीतिपुरःसरस्यैवारोपस्य गौणीमूलरूपकादिप्रयोजकत्वात् । यदाहुः शारीरकमीमांसाभाष्यव्याख्याने श्रीवाचस्पतिमिश्राः—'अपि च परशब्दः परत्र लक्ष्यमाणगुणयोगेन वर्तते इति यत्र प्रयोक्तृप्रतिपत्त्रोः संप्रतिपत्तिः स गौणः, स च भेदप्रत्ययपुरःसरः' इति । इह तु वातिकानां श्रीकण्ठजनपदवर्णने भ्रान्तिकृत एवासुरविवराद्यारोप इति । अत्रैव च 'तपोवनमिति मुनिभिः, कामायतनमिति वेश्याभिः' इत्यादौ परिणामालङ्कारयोगः ।

'गाम्भीर्येण समुद्रोऽसि गौरवेणासि पर्वतः ।'

इत्यादौ चानेकधोल्लेखे गाम्भीर्यादिविषयभेदः प्रयोजकः । अत्र च रूपकयोगः । 'गुरुर्वचसि, पृथुरुरसि, अर्जुनो यशसि–' इत्यादिषु चास्य रूपकाद्विविक्तो विषय इति । अत्र हि श्लेषमूलातिशयोक्तियोगः ।

प्रकृतं प्रतिषिध्यान्यस्थापनं स्यादपह्नुतिः ।

इयं द्विधा । क्वचिदपह्नवपूर्वक आरोपः, क्वचिदारोपपूर्वकोऽपह्नव इति । क्रमेणोदाहरणम्—

'नेदं नभोमण्डलमम्बुराशिर्नैताश्च तारा नवफेनभङ्गाः ।
नायं शशी कुण्डलितः फणीन्द्रो नासौ कलङ्कः शयितो मुरारिः ॥'

'एतद्विभाति चरमाचलचूडचुम्बि हिण्डीरपिण्डरुचिशीतमरीचिबिम्बम् ।
उज्ज्वालितस्य रजनीं मदनानलस्य धूमं दधत्प्रकटलाञ्छनकैतवेन ॥'

इदं मम ।

एवम्, 'विराजति व्योमवपुःपयोधिस्तारामयास्तत्र च फेनभङ्गाः' इत्याकारेण च प्रकृतनिषेधो बोध्यः ।

गोपनीयं कमप्यर्थं द्योतयित्वा कथंचन ॥ ३८ ॥
यदि श्लेषेणान्यथा वान्यथयेत्साप्यपह्नुतिः ।

श्लेषेण यथा—

'काले वारिधराणामपतितया नैव शक्यते स्थातुम् ।
उत्कण्ठितासि तरले नहि नहि सखि पिच्छिलः पन्थाः ॥'

अत्र 'अपतितया' इत्यत्र पतिं विनेत्युक्त्वा प[3]श्चात्पतनाभावेनेत्यन्यथा कृतम् । अश्लेषेण यथा—

---

१ 'उल्लेखभिन्नालङ्कार' इति नि. २ 'भ्रान्तिमत्त्वमेवेच्छति' इति नि. ३ 'पश्चात्' इत्येतन्नास्ति ज–ब–पुस्तकयोः.

'इह पुरोऽनिलकम्पितविग्रहा मिलति का न वनस्पतिना लता।
स्मरसि किं सखि कान्तरतोत्सवं नहि घनागमरीतिरुदाहृता॥'

वक्रोक्तौ परोक्तेरन्यथाकारः, इह तु स्वोक्तेरेवेति भेदः। गोपनकृता गोपनीयस्यापि प्रथमममिहितत्वाच्च व्याजोक्तेः।

अन्यन्निषिध्य प्रकृतस्थापनं निश्चयः पुनः॥ ३९॥

निश्चयाख्योऽयमलङ्कारः। अन्यदित्यारोप्यमाणम्।

यथा मम—

'वदनमिदं न सरोजं नयने नेन्दीवरे एते।
इह सविधे मुग्धदृशो भ्रमर[1] मुधा किं परिभ्रमसि॥'

यथा वा—

'हृदि बिसलताहारो नायं भुजङ्गमनायकः
कुवलयदलश्रेणी कण्ठे न सा गरलद्युतिः।
मलयजरजो नेदं भस्म प्रियारहिते मयि
प्रहर न हरभ्रान्त्यानङ्ग क्रुधा किमु धावसि॥'

न ह्ययं निश्चयान्तः सन्देहः, तत्र संशयनिश्चययोरेकाश्रयत्वेनावस्थानात्। अत्र तु भ्रमरादेः संशयो[2] नायकादेर्निश्चयः। किं च न भ्रमरादेरपि संशयः, एककोट्यनधिके ज्ञाने तथा समीपगमनसम्भवात्[3]। तर्हि भ्रान्तिमानस्तु। अस्तु नाम भ्रमरादेर्भ्रान्तिः। न चेह तस्याश्चमत्कारविधायित्वम्। अपि तु तथाविधनायकाद्युक्तेरेवेति सहृदयसंवेद्यम्। किंचाविवक्षितेऽपि भ्रमरादेः पतनादौ भ्रान्तौ वा नायिकाचाट्वादिरूपेणैव सम्[4]भवति तथाविधोक्तिः। न च रूपकध्वनिरयम्, मुखस्य कमलत्वेनानिर्धारणात्। न चापह्नुतिः, प्रस्तुतस्यानिषेधात्। इति पृथगेवायमलङ्कारश्चिरन्तनोक्तालङ्कारेभ्यः। शुक्तिकायां रजतधिया पतति पुरुषे शुक्तिकेयं न रजतमिति कस्यचिदुक्तिर्नायमलङ्कारो वैचित्र्याभावात्।

**भवेत्सम्भावनोत्प्रेक्षा प्रकृतस्य परात्मना।
वाच्या प्रतीयमाना सा प्रथमं द्विविधा मता॥ ४०॥
वाच्येवादिप्रयोगे स्यादप्रयोगे परा पुनः।
जातिर्गुणः क्रिया द्रव्यं यदुत्प्रेक्ष्यं द्वयोरपि॥ ४१॥
तदष्टधापि प्रत्येकं भावाभावाभिमानतः।**

---

१ 'मधुकर न मुधा परिभ्राम्य' इति ज—ब. २ 'भ्रमरासंशयो' इति नि. ३ 'समीपागमनासम्भवात्' इति ज—ब. ४ 'एव' इत्यधिकं 'सम्भवति' इत्यस्मात्परं ज—ब—पुस्तकयोः.

गुणक्रियास्वरूपत्वान्निमित्तस्य पुनश्च ताः ॥ ४२ ॥
द्वात्रिंशद्विधतां यान्ति

तत्र वाच्योत्प्रेक्षायामुदाहरणं दिङ्मात्रं यथा—

'ऊरुः कुरङ्गकदृशश्चञ्चलचेलाञ्चलो भाति ।
सपताकः कनकमयो विजयस्तम्भः स्मरस्येव ॥'

अत्र विजयस्तम्भस्य बहुवाचकत्वाज्जात्युत्प्रेक्षा ।

'ज्ञाने मौनं क्षमा शक्तौ त्यागे श्लाघाविपर्ययः ।
गुणा गुणानुबन्धित्वात्तस्य सप्रसवा इव ॥'

अत्र सप्रसवत्वं गुणः ।

'गङ्गाम्भसि सुरत्राण तव निःशाननिस्वनः ।
स्नातीवारिवधूवर्गगर्भपातनपातकी ॥'

अत्र स्नातीति क्रिया ।

'मुखमेणीदृशो भाति पूर्णचन्द्र इवापरः ।'

अत्र चन्द्र इत्येकव्यक्तिवाचकत्वाद्द्रव्यशब्दः । एते भावाभिमाने । अभावाभिमाने यथा—

'कपोलफलकावस्याः कष्टं भूत्वा तथाविधौ ।
अपश्यन्ताविवान्योन्यमीदृक्षां क्षामतां गतौ ॥'

अत्रापश्यन्ताविति क्रियाया अभावः । एवमन्यत् । निमित्तस्य गुणक्रियारूपत्वे यथा—'गङ्गाम्भसि—' इत्यादौ स्नातीवेत्युत्प्रेक्षानिमित्तं पातकित्वं गुणः । 'अपश्यन्तौ—' इत्यादौ क्षामतागमनरूपं निमित्तं क्रिया । एवमन्यत् ।

प्रतीयमानोत्प्रेक्षा यथा—

'तन्वङ्ग्याः स्तनयुग्मेन मुखं न प्रकटीकृतम् ।
हाराय गुणिने स्थानं न दत्तमिति लज्जया ॥'

अत्र लज्जयेवेतीवाद्यभावात्प्रतीयमानोत्प्रेक्षा । एवमन्यत् । ननु ध्वनिनिरूपणप्रस्तावेऽलङ्काराणां सर्वेषामपि व्यङ्ग्यत्वं भवतीत्युक्तम् । संप्रति पुनर्विशिष्य कथमुत्प्रेक्षायाः प्रतीयमानत्वम् । उच्यते—व्यङ्ग्योत्प्रेक्षायां 'महिलासहस्स—' इत्यादावुत्प्रेक्षणं विनापि वाक्यविश्रान्तिः । इह तु स्तनयोर्लज्जाया असम्भवाल्लज्जयेवेत्युत्प्रेक्षयैवेति व्यङ्ग्यप्रतीयमानोत्प्रेक्षयोर्भेदः ।

अत्र वाच्योत्प्रेक्षायाः षोडशसु भेदेषु मध्ये विशेषमाह—

तत्र वाच्याभिदाः पुनः ।
विना द्रव्यं त्रिधा सर्वाः स्वरूपफलहेतुगाः ॥ ४३ ॥

तत्रोक्तेषु वाच्यप्रतीयमानोत्प्रेक्षयोर्भेदेषु मध्ये ये वाच्योत्प्रेक्षायाः षोडश भेदास्तेषु च जात्यादीनां त्रयाणां ये द्वादश भेदास्तेषां प्रत्येकं स्वरूपफल-

हेतुगत्वेन[1] द्वादशभेदतया षट्त्रिंशद्भेदाः । द्रव्यस्य स्वरूपोत्प्रेक्षणमेव सम्भवतीति चत्वार इति मिलित्वा चत्वारिंशद्भेदाः । अत्र स्वरूपोत्प्रेक्षा यथा पूर्वोदाहरणेषु 'स्मरस्य विजयस्तम्भ—' इति । 'सप्रसवा इव–' इत्यादयो जातिगुणरूपाः[2] । फलोत्प्रेक्षा यथा—

'रावणस्यापि रामास्तो भित्त्वा हृदयमाशुगः ।
विवेश भुवमाख्यातुमुरगेभ्य इव प्रियम् ॥'

अत्राख्यातुमिति भूप्रवेशस्य फलं क्रियारूपमुत्प्रेक्षितम् । हेतूत्प्रेक्षा यथा—

'सैषा स्थली यत्र विचिन्वता त्वां भ्रष्टं मया नूपुरमेकमुर्व्याम् ।
अदृश्यत त्वच्चरणारविन्दविश्लेषदुःखादिव बद्धमौनम् ॥'

अत्र दुःखरूपो गुणो हेतुत्वेनोत्प्रेक्षितः । एवमन्यत् ।

उक्त्यनुक्त्योर्निमित्तस्य द्विधा तत्र स्वरूपगाः ।

तेषु चत्वारिंशत्संख्याकेषु भेदेषु मध्ये ये स्वरूपगायाः षोडश भेदास्ते उत्प्रेक्षानिमित्तस्योपादानानुपादानाभ्यां द्वात्रिंशद्भेदा इति मिलित्वा षट्पञ्चाशद्भेदा वाच्योत्प्रेक्षायाः । तत्र निमित्तस्योपादानं यथा पूर्वोदाहृते 'स्नातीव–' इत्युत्प्रेक्षायां निमित्तं पातकित्वमुपात्तम् । अनुपादाने यथा—'चन्द्र इवापरः' इत्यत्र तथाविधसौन्दर्याद्यतिशयो नोपात्तः । हेतुफलयोस्तु नियमेन निमित्तस्योपादानमेव । तथा हि—'विश्लेषदुःखादिव' इत्यत्र यन्निमित्तं बद्धमौनत्वम् 'आख्यातुमिव' इत्यत्र च भूप्रवेशस्तयोरनुपादानेऽसङ्गतमेव वाक्यं स्यात् । प्रतीयमानायाः षोडशसु भेदेषु विशेषमाह—

प्रतीयमानाभेदाश्च प्रत्येकं फलहेतुगाः ॥ ४४ ॥

यथोदाहृते 'तन्वङ्ग्याः स्तनयुग्मेन–' इत्यत्र लज्जयेवेति हेतुरुत्प्रेक्षितः । अस्यामपि निमित्तस्यानुपादानं न सम्भवति । इवाद्यनुपादाने निमित्तस्य चाकीर्तने[3] उत्प्रेक्षणस्य प्रमातुर्निश्चेतुमशक्यत्वात् । स्वरूपोत्प्रेक्षाप्यत्र न भवति । धर्म्यन्तर[4]तादात्म्यनिबन्धनायामस्यामिवाद्यप्रयोगे विशेषणयोगे सत्यतिशयोक्तेरभ्युपगमात् । यथा—'अयं राजापरः पाकशासनः' इति । तदेवं द्वात्रिंशत्प्रकारा प्रतीयमानोत्प्रेक्षा ।

उक्त्यनुक्त्योः प्रस्तुतस्य प्रत्येकं ता अपि द्विधा ।

ता उत्प्रेक्षाः । उक्तौ यथा—'ऊरुः कुरङ्गकदृशः–' इति । अनुक्तौ यथा मम प्रभावत्याम्—'प्रद्युम्नः—इह हि संप्रति दिगन्तर[5]माच्छादयता तिमिरपटलेन

---

१ 'हेतुगम्यत्वेन' इति नि. २ 'गुणस्वरूपगाः' इति नि. ३ 'वाकीर्तने' इति नि. ४ 'धर्मान्तर' इति नि. ५ 'प्रतिदिगन्तं' इति ज–ब.

'घटितमिवाञ्जनपुञ्जैः पूरितमिव मृगमदक्षोदैः ।
ततमिव तमालतरुभिर्वृतमिव नीलांशुकैर्भुवनम् ॥'

अत्राञ्जनेन घटितत्वादेरुत्प्रेक्षणीयस्य विषयव्याप्तत्वं नोपात्तम् ।

यथा वा—

'लिम्पतीव तमोऽङ्गानि वर्षतीवाञ्जनं नभः ।'

अत्र तमसो लेपनस्य व्यापनरूपो विषयो नोपात्तः । अञ्जनवर्षणस्य तमःसम्पातः । अनयोरुत्प्रेक्षानिमित्तं च तमसोऽतिबहुलत्वं धारारूपेणाधःसंयोगश्च यथासंख्यम् । केचित्तु—'अलेपनकर्तृभूतमपि तमो लेपनकर्तृत्वेनोत्प्रेक्षितं व्यापनं च निमित्तम्, एवं नभोऽपि वर्षणक्रियाकर्तृत्वेन' इत्याहुः ।

अलङ्कारान्तरोत्था सा वैचित्र्यमधिकं भजेत्[1] ॥ ४५ ॥

तत्र सापह्नवोत्प्रेक्षा यथा । मम—

'अश्रुच्छलेन सुदृशो हुतपावकधूमकलुषाक्ष्याः ।
अप्राप्य मानमङ्गे विगलति लावण्यवारिपूर इव ॥'

श्लेषहेतुगा यथा—

'मुक्तोत्करः सङ्कटशुक्तिमध्याद्विनिर्गतः सारसलोचनायाः ।
जानीमहेऽस्याः कमनीयकम्बुग्रीवाधिवासाद्गुणवत्त्वमाप ॥'

अत्र गुणवत्त्वे श्लेषः कम्बुग्रीवाधिवासादिवेति हेतूत्प्रेक्षाया हेतुः । अत्र 'जानीमहे' इत्युत्प्रेक्षावाचकम् । एवम्—

मन्ये शङ्के ध्रुवं प्रायो नूनमित्येवमादयः ।

क्वचिदुपमोपक्रमोत्प्रेक्षा यथा—

'पारेजलं नीरनिधेरपश्यन्मुरारिरानीलपलाशराशीः ।
वनावलीरुत्कलिकासहस्रप्रतिक्षणोत्कूलितशैवलाभाः ॥'

इत्यत्राभाशब्दस्योपमावाचकत्वादुपक्रमे उपमा । पर्यवसाने तु जलधितीरे शैवलस्थितेः सम्भवोपपत्तेः सम्भावनोत्थानमित्युत्प्रेक्षा । एवं विरहवर्णने—'केयूरायितमङ्गदैः–' इत्यत्र 'विकासिनीलोत्पलति स्म कर्णे मृगायताक्ष्याः कुटिलः कटाक्षः' इत्यादौ च ज्ञेयम् । भ्रान्तिमदलङ्कारे 'मुग्धा दुग्धधिया–' इत्यादौ भ्रान्तानां बल्लवादीनां विषयस्य चन्द्रिकादेर्ज्ञानमेव नास्ति । तदुपनिबन्धनस्य कविनैव कृतत्वात् । इह तु सम्भावनाकर्तुर्विषयस्यापि ज्ञानमिति द्वयोर्भेदः । सन्देहे तु समकक्षतया कोटिद्वयस्य प्रतीतिः । इह तूत्कटा सम्भाव्यभूतैका कोटिः । अतिशयोक्तौ विषयिणः प्रतीतस्य पर्यवसाने[2]ऽसत्यता प्रतीयते । इह तु प्रतीतिकाल एवेति भेदः ।

---

१ 'वहेत्' इति ज–ब. २ 'पर्यवसानात्' इति ज–ब.

'रञ्जिता नु विविधास्तरुशैला नामितं नु गगनं स्थगितं नु ।
पूरिता नु विषमेषु धरित्री संहृता नु ककुभस्तिमिरेण ॥'

इत्यत्र यत्तर्वादौ तिमिराक्रान्तता रञ्जनादिरूपेण सन्दिह्यत इति सन्देहालङ्कार इति केचिदाहुः, तन्न । एकविषये समानबलतयानेककोटिस्फुरणस्यैव सन्देहत्वात् । इह तु तर्वादिव्याप्तेः प्रतिसम्बन्धिभेदो व्यापनादेर्निगरणेन रञ्जनादेः स्फुरणं च । अन्ये तु—'अनेकत्वनिर्धारणरूपविच्छित्त्याश्रयत्वेनैककोट्यधिकेऽपि[2] भिन्नोऽयं सन्देहप्रकारः' इति वदन्ति स्म, तदप्ययुक्तम् । निगीर्णस्वरूपस्यान्यतादात्म्यप्रतीतिर्हि सम्भावना । तस्याश्चात्र स्फुटतया सद्भावान्नुशब्देन चेवशब्दवत्तस्या द्योतनादुत्प्रेक्षैवेयं भवितुं युक्ता । अलमदृष्टसन्देहप्रकारकल्पनया ।

'यदेतच्चन्द्रान्तर्जलदलवलीलां वितनुते
तदाचष्टे लोकः शशक इति नो मां प्रति तथा ।
अहं त्विन्दुं मन्ये त्वदरिविरहाक्रान्ततरुणी-
कटाक्षोल्कापातव्रणकिणकलङ्काङ्किततनुम् ॥'

इत्यत्र मन्येशब्दप्रयोगेऽप्युक्तरूपायाः सम्भावनाया अप्रतीतेर्वितर्कमात्रं नासावपह्नवोत्प्रेक्षा ।

सिद्धत्वेऽध्यवसायस्यातिशयोक्तिर्निगद्यते ॥ ४६ ॥

विषयनिगरणेनाभेदप्रतिपत्तिर्विषयिणोऽध्यवसायः । अस्य चोत्प्रेक्षायां विषयिणोऽनिश्चितत्वेन निर्देशात्साध्यत्वम् । इह तु निश्चितत्वेनैव प्रतीतिरिति सिद्धत्वम् । विषयनिगरणं चोत्प्रेक्षायां विषयस्याधःकरणमात्रेण । इहापि मुखं द्वितीयश्चन्द्र इत्यादौ । यदाहुः—

'विषयस्यानुपादानेऽप्युपादानेऽपि सूरयः ।
अधःकरणमात्रेण निगीर्णत्वं प्रचक्षते ॥' इति ।

भेदेऽप्यभेदः सम्बन्धेऽसम्बन्धस्तद्विपर्ययौ ।
पौर्वापर्यात्ययः कार्यहेत्वोः सा पञ्चधा ततः ॥ ४७ ॥

तद्विपर्ययौ अभेदे भेदः, असम्बन्धे सम्बन्धः । सातिशयोक्तिः । अत्र भेदेऽभेदो यथा मम—

'कथमुपरि कलापिनः कलापो विलसति तस्य तलेऽष्टमीन्दुखण्डम् ।
कुवलययुगलं ततो विलोलं तिलकुसुमं तदधः प्रवालमस्मात् ॥'

अत्र कान्ताकेशपाशादेर्मयूरकलापादिभिरभेदेनाध्यवसायः । यथा वा—'विश्लेषदुःखादिव बद्धमौनम्' । अत्र चेतनगतमौनित्वमन्यदचेतनगतं चान्यदिति द्वयोर्भेदेऽप्यभेदः । एवम्—

१ 'अनिर्धारणरूप०' इति ज—ब.   २ 'कोट्यधिकोऽपि' ज—ब.

'सहाधरदलेनास्या यौवने रागभाक् प्रियः ।'

अत्राधरस्य रागो लौहित्यम्, प्रियस्य रागः प्रेम, द्वयोरभेदः ।

अभेदे भेदो यथा—

'अन्यदेवाङ्गलावण्यमन्याः सौरभसम्पदः ।
तस्याः पद्मपलाशाक्ष्याः सरसत्वमलौकिकम् ॥'

सम्बन्धेऽसम्बन्धो यथा—

'अस्याः सर्गविधौ प्रजापतिरभूच्चन्द्रो नु कान्तिप्रदः
शृङ्गारैकरसः स्वयं नु मदनो मासो नु पुष्पाकरः ।
वेदाभ्यासजडः कथं नु विषयव्यावृत्तकौतूहलो
निर्मातुं प्रभवेन्मनोहरमिदं रूपं पुराणो मुनिः ॥'

अत्र पुराणप्रजापतिनिर्माणसम्बन्धेऽप्यसम्बन्धः ।

असम्बन्धे सम्बन्धो यथा—

'यदि स्यान्मण्डले सक्तमिन्दोरिन्दीवरद्वयम् ।
तदोपमीयते तस्या वदनं चारुलोचनम् ॥'

अत्र यद्यर्थबलादाहृतेन सम्बन्धेन[1] सम्भावनया सम्बन्धः । कार्यकारणयोः पौर्वापर्यविपर्ययश्च द्विधा भवति । कारणात्प्रथमं कार्यस्य भावे, द्वयोः समकालत्वेन च । क्रमेण यथा—

'प्रागेव हरिणाक्षीणां चित्तमुत्कलिकाकुलम् ।
पश्चादुद्भिन्नबकुलरसालमुकुलश्रियः ॥'

'सममेव समाक्रान्तं द्वयं द्विरदगामिना ।
तेन सिंहासनं पित्र्यं मण्डलं च महीक्षिताम् ॥'

इह केचिदाहुः—"केशपाशादिगतो लौकिकोऽतिशयोऽलौकिकत्वेनाध्यवसीयते । केशपाशादीनां कलापादिभिरध्यवसाये[2] 'अन्यदेवाङ्गलावण्यम्—' इत्यादिप्रकारेष्वव्याप्तिर्लक्षणस्य" इति, तन्न । तत्रापि ह्यनन्यदङ्गलावण्यमन्यत्वेनाध्यवसीयते । तथा हि 'अन्यदेव' इति स्थाने 'अन्यदिव' इति पाठेऽध्यवसायस्य साध्यत्वमेवेत्युत्प्रेक्षाङ्गीक्रियते[3] । 'प्रागेव हरिणाक्षीणां—' इत्यत्र बकुलादिश्रीणां प्रथमभावितापि पश्चाद्भावित्वेनाध्यवसिता । अत एवात्रापीवशब्दप्रयोगे उत्प्रेक्षा । एवमन्यत्र ।

पदार्थानां प्रस्तुतानामन्येषां वा यदा भवेत् ।
एकधर्माभिसम्बन्धः स्यात्तदा तुल्ययोगिता ॥ ४८ ॥

---

१ 'सम्बन्धेन' इति नास्ति ज–ब–पुस्तकयोः. २ 'अन्या' इत्यधिकं 'अध्यवसाये' इत्यस्मात्परं ज–ब–पुस्तकयोः. ३ "-'अन्यदेवाङ्गलावण्य' इत्यादि ... ... एवेत्युत्प्रेक्षा" इत्येतन्नास्ति ज–ब–पुस्तकयोः. । प्रमदादासकृतेंग्लभाषानुवादे त्वस्त्येवैतत.

अन्येषामप्रस्तुतानां धर्मो गुणक्रियारूपः । उदाहरणम्—

'अनुलेपनानि कुसुमान्यबलाः कृतमन्यवः पतिषु दीपदशाः ।
समयेन तेन सुचिरं शयितप्रतिबोधितस्मरमबोधिषत ॥'

अत्र सन्ध्या[1]वर्णनस्य प्रस्तुतत्वात्प्रस्तुतानामनुलेपनादीनामेकबोधनक्रियाभिसम्बन्धः ।

'त्वद[2]ङ्गमार्दवं द्रष्टुः कस्य चित्ते न भासते ।
मालतीशशभृल्लेखाकदलीनां कठोरता ॥'

इत्यत्र मालत्यादीनामप्रस्तुतानां कठोरतारूपैकगुणसम्बन्धः ।

एवम्—

'दानं वित्तादृतं वाचः कीर्तिधर्मौ तथायुषः ।
परोपकरणं कायादसारात्सारमाहरेत् ॥'

अत्र दानादीनां कर्मभूतानां सारतारूपैकगुणसम्बन्ध एकाहरणक्रियासम्बन्धः ।

अप्रस्तुतप्रस्तुतयोर्दीपकं तु निगद्यते ।
अथ कारकमेकं स्यादनेकासु क्रियासु चेत् ॥ ४९ ॥

क्रमेणोदाहरणम्—

'बलावलेपादधुनापि पूर्ववत्प्रबाध्यते तेन जगज्जिगीषुणा ।
स[3]ती च योषित्प्रकृतिश्च निश्चला पुमांसमभ्येति भवान्तरेष्वपि ॥'

अत्र प्रस्तुताया निश्चलायाः प्रकृतेर[4]प्रस्तुतायाश्च सत्या योषित एकानुगमनक्रियासम्बन्धः ।

'दूरं समागतवति त्वयि जीवनाथे[5]
भिन्ना मनोभवशरेण तपस्विनी सा ।
उत्तिष्ठति स्वपिति वासगृहं त्वदीय-
मायाति याति हसति श्वसिति क्षणेन ॥'

इदं मम । अत्रैकस्या नायिकाया उत्थानाद्यनेकक्रियासम्बन्धः ।

अत्र च गुणक्रिययोरादिमध्यावसानसद्भावेन त्रैविध्यं न लक्षितम् । तथाविधवैचित्र्यस्य सर्वत्रापि सहस्रधा सम्भवात् ।

प्रतिवस्तूपमा सा स्याद्वाक्ययोर्गम्यसाम्ययोः ।
एकोऽपि धर्मः सामान्यो यत्र निर्दिश्यते पृथक् ॥ ५० ॥

---

१ 'तमोवर्णनस्य' इति **ब.** २ 'तदङ्ग' इति **नि.** ३ 'सतीव' इति **नि.** ४ 'प्रकृतत्वे अप्रस्तुतायाश्च' इति **नि.** ५ 'जीवनाथ' इति **ब.**

यथा—

'धन्यासि वैदर्भि गुणैरुदारैर्यया समाकृष्यत नैषधोऽपि ।
इतः स्तुतिः का खलु चन्द्रिकाया यदब्धिमप्युत्तरलीकरोति ॥'

अत्र समाकर्षणमुत्तरलीकरणं च क्रियैकैव पौनरुक्त्यनिरासाय भिन्नवाचकतया निर्दिष्टा । इयं मालयापि दृश्यते । यथा—

'विमल एव रविर्विशदः शशी प्रकृतिशोभन एव हि दर्पणः ।
शिवगिरिः शिवहाससहोदरः सहजसुन्दर एव हि सज्जनः ॥'

अत्र विमलविशदादिरर्थत[1] एक एव । वैधर्म्येण यथा—

'चकोर्य एव चतुराश्चन्द्रिकापानकर्मणि[2] ।
विनावन्तीर्न निपुणाः सुदृशो रतनर्मणि ॥'

दृष्टान्तस्तु सधर्मस्य वस्तुनः प्रतिबिम्बनम् ।

सधर्मस्येति प्रतिवस्तूपमान्यवच्छेदः । अयमपि साधर्म्यवैधर्म्याभ्यां द्विधा । क्रमेणोदाहरणम्—

'अविदितगुणापि सत्कविभणितिः कर्णेषु वमति मधुधाराम् ।
अनधिगतपरिमलापि हि हरति दृशं मालतीमाला ॥'

'त्वयि दृष्टे कुरङ्गाक्ष्याः स्रंसते मदनव्यथा ।
दृष्टानुदयभाजीन्दौ ग्लानिः कुमुदसंहतेः ॥'

'वसन्तलेखैकनिबद्धभावं परासु कान्तासु मनः कुतो नः ।
प्रफुल्लमल्लीमधुलम्पटः किं मधुव्रतः काङ्क्षति वल्लिमन्याम् ॥'

इदं पद्यं मम । अत्र 'मनः कुतो नः' इत्यस्य 'काङ्क्षति वल्लिमन्याम्' इत्यस्य चैकरूपतयैव पर्यवसानात्प्रतिवस्तूपमैव । इह तु कर्णे मधुधारावमनस्य नेत्रहरणस्य च साम्यमेव, न त्वैकरूप्यम् । अत्र[3] समर्थ्यसमर्थकवाक्ययोः सामान्यविशेषभावेऽर्थान्तरन्यासः[4] । प्रतिवस्तूपमादृष्टान्तयोस्तु न तथेति भेदः ।

सम्भवन्वस्तुसम्बधोऽसम्भवन्वापि कुत्रचित् ॥ ५१ ॥
यत्र बिम्बानुबिम्बत्वं बोधयेत्सा निदर्शना ।

तत्र सम्भवद्वस्तुसम्बन्धनिदर्शना यथा—

'कोऽत्र भूमिवलये जनान्मुधा तापयन्सुचिरमेति सम्पदम् ।
वेदयन्निति दिनेन भानुमानाससाद चरमाचलं ततः ॥'

---

१ 'विशदादेः' इति नि. २ 'चन्द्रिकाचाम' इति नि. ३ 'अथ' इति ज—ब.
४ 'विशेषभावी' इति ज—नि.

अत्र रवेरीदृशार्थवेदनक्रियायां कर्तृत्वेनान्वयः[1] सम्भवत्येव । ईदृशार्थज्ञापनसमर्थचरमाचलप्राप्तिरूपधर्मवत्त्वात्[2] । स च रवेरस्ताचलगमनस्य परितापिनां विपत्प्राप्तेश्च बिम्बप्रतिबिम्बभावं बोधयति । असम्भवद्वस्तुसम्बन्धनिदर्शना[3] त्वेकवाक्यानेकवाक्यगतत्वेन द्विविधा । तत्रैकवाक्यगा यथा—

'कलयति कुवलयमालाललितं कुटिलः कटाक्षविक्षेपः ।
अधरः किसलयलीलामाननमस्याः कलानिधिविलासम्[4] ॥'

अत्रान्यस्य धर्मं कथमन्यो वहत्विति कटाक्षविक्षेपादीनां कुवलयमालादिगतललितादीनां कलनमसम्भवत्तल्ललितादिसदृशं ललितादिकमवगमयत्कटाक्षविक्षेपादेः कुवलयमालादेश्च बिम्बप्रतिबिम्बभावं बोधयति । यथा वा—

'प्रयाणे तव राजेन्द्र मुक्ता वैरिमृगीदृशाम् ।
राजहंसगतिः पद्भ्यामाननेन शशिद्युतिः ॥'

अत्र पादाभ्यामसम्बद्धराजहंसगतेस्त्यागोऽनुपपन्न इति तयोस्तत्सम्बन्धः कल्प्यते, स चासम्भवन्राजहंसगतिमिव गतिं बोधयति । अनेकवाक्यगा यथा—

'इदं किलाव्याजमनोहरं वपुस्तपःक्षमं[5] साधयितुं य इच्छति ।
ध्रुवं स नीलोत्पलपत्रधारया समिल्लतां छेत्तुमृषिर्व्यवस्यति ॥'

अत्र यत्तच्छब्दनिर्दिष्टवाक्यार्थयोरभेदेनान्वयोऽनुपपद्यमानस्तादृशवपुषस्तपःक्ष[6]मत्वसाधनेच्छा नीलोत्पलपत्रधारया समिल्लताच्छेदनेच्छेवेति बिम्बप्रतिबिम्बभावे पर्यवस्यति ।

यथा वा—

'जन्मेदं वन्ध्यतां नीतं भवभोगोपलिप्सया ।
काचमूल्येन विक्रीतो हन्त चिन्तामणिर्मया ॥'

अत्र भवभोगलोभेन जन्मनो व्यर्थतानयनं काचमूल्येन चिन्तामणिविक्रय इवेति पर्यवसानम् । एवम्—

'क्व सूर्यप्रभवो वंशः क्व चाल्पविषया मतिः ।
तितीर्षुर्दुस्तरं मोहादुडुपेनास्मि सागरम् ॥'

अत्र मन्मत्या सूर्यवंशवर्णनमुडुपेन सागरतरणमिवेति पर्यवसानम् ।

इयं च क्वचिदुपमेयवृत्तस्योपमानेऽसम्भवेऽपि भवति । यथा—

'योऽनुभूतः कुरङ्गाक्ष्यास्तस्या मधुरिमाधरे ।
समास्वादि स मृद्वीकारसे रसविशारदैः ॥'

---

१ 'वक्तृत्वेन' इति नि. २ 'कर्मवत्त्वात्' इति नि. ३ 'असम्भवद्वस्तुनिदर्शना' इति नि. ४ 'निधेर्विलासम्' इति ज—ब (against the metre). ५ 'तपःक्रमं' इति नि. ६ 'तपःक्रमत्व' इति नि.

अत्र प्रकृतस्याधरस्य मधुरिमधर्मस्य द्राक्षारसेऽसम्भवात्पूर्ववत्साम्ये पर्यवसानम्। मालारूपापि। यथा मम—

'क्षिपसि शुकं वृषदंशकवदने मृगमर्पयसि मृगादनरदने।
वितरसि तुरगं महिषविषाणे निदधच्चेतो भोगविताने॥'

इह बिम्बप्रतिबिम्बताक्षेपं विना वाक्यार्थापर्यवसानम्। दृष्टान्ते तु पर्यवसितेन वाक्यार्थेन सामर्थ्याद्बिम्बप्रतिबिम्बताप्रत्यायनम्। नापीयमर्थापत्तिः। तत्र 'हारोऽयं हरिणाक्षीणां—' इत्यादौ सादृश्यपर्यवसानाभावात्।

आधिक्यमुपमेयस्योपमानान्न्यूनताथवा ॥ ५२ ॥
व्यतिरेकः

स[1] च

एक उक्तेऽनुक्ते हेतौ पुनस्त्रिधा।
चतुर्विधोऽपि साम्यस्य बोधनाच्छब्दतोऽर्थतः ॥ ५३ ॥
आक्षेपाच्च द्वादशधा श्लेषेऽपीति त्रिरष्टधा।
प्रत्येकं स्यान्मिलित्वाष्टचत्वारिंशद्विधः पुनः ॥ ५४ ॥

उपमेयस्योपमानादाधिक्ये हेतुरुपमेयगतमुत्कर्षकारणमुपमानगतं निकर्षकारणं च। तयोर्द्वयोरप्युक्तावेकः प्रत्येकं समुदायेन वानुक्तौ त्रिविध इति चतुर्विधेऽप्यस्मिन्नुपमानोपमेयस्य निवेदनं शब्दे[2]नार्थेनाक्षेपेण चेति द्वादशप्रकारोऽपि श्लेषेऽपिशब्दादश्लेषेऽपि चतुर्विंशतिप्रकारः। उपमानान्न्यूनतायामप्यनयैव भङ्ग्या चतुर्विंशतिप्रकारतेति मिलित्वाष्टचत्वारिंशत्प्रकारो व्यतिरेकः।

उदाहरणम्—

'अकलङ्कं मुखं तस्या न कलङ्की विधुर्यथा।'

अत्रोपमेयगतमकलङ्कत्वमुपमानगतं च कलङ्कित्वं हेतुद्वयमप्युक्तम्। यथाशब्दप्रतिपादनाच्च शाब्दमौपम्यम्। अत्रैव 'न कलङ्कि विधूपमम्' इति पाठ आर्थम्। 'जयतीन्दुं कलङ्किनम्' इति पाठे त्विवव[3]त्तुल्यादिपदविरहादाक्षिप्तम्। अत्रैवाकलङ्कपदत्यागे उपमेयगतोत्कर्षकारणानुक्तिः। कलङ्किपदत्यागे चोपमानगतनिकर्षकारणानुक्तिः। द्वयोरनुक्तौ द्वयोरनुक्तिः। श्लेषे यथा—

'अतिगाढगुणायाश्च नाब्जवद्भङ्गुरा गुणाः॥'

---

१ 'स च' इति नास्ति ज-ब-पुस्तकयोः. २ 'अर्थेन' इति नास्ति नि-पुस्तके. ३ 'इवादितुल्यादिपद' इति ज-ब.

अत्रेवार्थे वतिरिति शाब्दमौपम्यम् । उत्कर्षनिकर्षकारणयोर्द्वयोरप्युक्तिः । गुणशब्दः श्लिष्टः । अन्ये भेदाः पूर्ववदूह्याः । एतानि चोपमेयस्योपमानादाधिक्य उदाहरणानि । न्यूनत्वे दिङ्मात्रं यथा...

'क्षीणः क्षीणोऽपि शशी भूयो भूयोऽभिवर्धते नित्यम् ।
विरम प्रसीद सुन्दरि यौवनमनिवर्ति यातं तु ॥'

अत्रोपमेयभूतयौवनास्थैर्यस्याधिक्यम् । तेनात्र 'उपमानादुपमेयस्याधिक्ये विपर्यये वा व्यतिरेकः' इति केषांचिल्लक्षणे 'विपर्यये वेतिपदमनर्थकम्' इति यत्केचिदाहुः, तन्न विचारसहम् । तथाहि—अत्राधिकन्यूनत्वे सत्त्वासत्त्वे एव विवक्षिते । अत्र च चन्द्रापेक्षया यौवनस्यासत्त्वं स्फुटमेव । अस्तु वात्रोदाहरणे यथाकथंचिद्गतिः ।

'हनूमदाद्यैर्यशसा मया पुनर्द्विषां हसैर्दूतपथः सितीकृतः ॥'

इत्यादिषु का गतिरिति सुष्ठूक्तं 'न्यूनताथवा' इति ।

सहार्थस्य बलादेकं यत्र स्याद्वाचकं द्वयोः ।
सा सहोक्तिर्मूलभूतातिशयोक्तिर्यदा भवेत् ॥ ५५ ॥

अतिशयोक्तिरप्यत्राभेदाध्यवसायमूला कार्यकारणपौर्वापर्यविपर्ययरूपा च । अभेदाध्यवसायमूलापि श्लेषभित्तिकान्यथा च । क्रमेणोदाहरणम्—

'सहाधरदलेनास्या यौवने रागभाक्प्रियः ।'

अत्र रागपदे श्लेषः ।

'सह कुमुदकदम्बैः काममुल्लासयन्तः सह घनतिमिरैर्वैधैर्यमुत्सारयन्तः ।
सह सरसिजषण्डैः स्वान्तमामीलयन्तः प्रतिदिशममृतांशोरंशवः सञ्चरन्ति ॥'

इदं मम । अत्रोल्लासादीनां सम्बन्धिभेदादेव भेदः, न तु श्लिष्टतया ।

'सममेव नराधिपेन सा गुरुसंमोहविलुप्तचेतना ।
अगमत्सह तैलबिन्दुना ननु दीपार्चिरिव क्षितेस्तलम् ॥'

इयं च मालयापि सम्भवति । यथोदाहृते 'सह कुमुदकदम्बैः' इत्यादौ ।

'लक्ष्मणेन समं रामः काननं गहनं ययौ ।'

इत्यादौ चातिशयोक्तिमूलाभावान्नायमलङ्कारः ।

विनोक्तिर्यद्विनान्येन नो[2]साध्वन्यदसाधु वा ।

नासाधु अशोभनं न भवति । एवं च यद्यपि शोभनत्व एव पर्यवसानं तथाप्यशोभनत्वाभावमुखेन शोभनवचनस्यायमभिप्रायो यत्कस्यचिद्वर्णनीयस्याशोभनत्वं तत्परसंनिधेरेव दोषः । तस्य पुनः स्वभावतः शोभनत्वमेवेति ।

---

१ 'तनु' इति ज—ब. २ 'न साध्वन्यत्' इति ज—ब.

यथा—

'विना जलदकालेन चन्द्रो निस्तन्द्रतां गतः ।
विना ग्रीष्मोष्मणा मञ्जुर्वनराजिरजायत ॥

असाध्वशोभनं यथा—

'अनुयान्त्या जनातीतं कान्तं साधु त्वया कृतम् ।
का दिनश्रीर्विनार्केण का निशा शशिना विना ॥'

'निरर्थकं जन्म गतं नलिन्या यया न दृष्टं तुहिनांशुबिम्बम् ।
उत्पत्तिरिन्दोरपि निष्फलैव दृष्टा विनिद्रा नलिनी न येन ॥'

अत्र परस्परविनोक्तिभङ्ग्या चमत्कारातिशयः । विनाशब्दप्रयोगाभावेऽपि विनार्थविवक्षायां विनोक्तिरेवेयम् । एवं सहोक्तिरपि सहशब्दप्रयोगाभावेऽपि सहार्थविवक्षया भवतीति बोध्यम् ।

समासोक्तिः समैर्यत्र कार्यलिङ्गविशेषणैः ॥ ५६ ॥
व्यवहारसमारोपः प्रस्तुतेऽन्यस्य वस्तुनः ।

अत्र समेन कार्येण प्रस्तुतेऽप्रस्तुतव्यवहारसमारोपः । यथा—

'व्याधूय यद्वसनमम्बुजलोचनाया वक्षोजयोः कनककुम्भविलासभाजोः ।
आलिङ्गसि प्रसभमङ्गमशेषमस्या धन्यस्त्वमेव मलयाचलगन्धवाह ॥'

अत्र गन्धवाहे हठकामुकव्यवहारसमारोपः ।

लिङ्गसाम्येन यथा—

'असमाप्तजिगीषस्य स्त्रीचिन्ता का मनस्विनः ।
अनाक्रम्य जगत्कृत्स्नं नो संध्यां भजते रविः ॥'

अत्र पुंस्त्रीलिङ्गमात्रेण रविसंध्ययोर्नायकनायिकाव्यवहारः । विशेषणसाम्यं तु श्लिष्टतया, साधारण्येन, औपम्यगर्भत्वेन च त्रिधा । तत्र श्लिष्टतया यथा मम—

'विकसितमुखीं रागासङ्गाद्गलत्तिमिरावृतिं
दिनकरकरस्पृष्टामैन्द्रीं निरीक्ष्य दिशं पुरः ।
जरठलवलीपाण्डुच्छायो भृशं कलुषान्तरः
श्रयति हरितं हन्त प्राचेतसीं तुहिनद्युतिः ॥'

अत्र मुखरागादिशब्दानां श्लिष्टता । अत्रैव हि 'तिमिरावृतिम्' इत्यत्र 'तिमिरांशुकाम्'[1] इति पाठे एकदेशस्य रूपणेऽपि समासोक्तिरेव । न त्वेकदेशविवर्ति रूपकम् । तत्र हि तिमिरांशुकयो रूप्यरूपकभावो द्वयोरावरकत्वेन स्फुटसादृश्यतया परसाचिव्यमनपेक्ष्यापि स्वमात्रविश्रान्त इति न

१ 'तिमिरांशुकम्' इति नि.

समासोक्तिबुद्धिं व्याहन्तुमीशः । यत्र तु रूप्यरूपकयोः सादृश्यमस्फुटं तत्रैकदेशान्तररूपणं विना तदसङ्गतं स्यादित्यशाब्दमप्येकदेशान्तररूपणमार्थमपेक्षत एवेति तत्रैकदेशविवर्तिरूपकमेव । यथा—

'जस्स रणन्तेउरए करे कुणन्तस्स मण्डलग्गलअम् ।
रससंमुही वि सहसा परम्मुही होइ रिउसेणा ॥'

अत्र रणान्तःपुरयोः सादृश्यमस्फुटमेव । क्वचिच्च यत्र स्फुटसादृश्यमपि बहूनां रूपणं शाब्दमेकदेशस्य चार्थं तत्रैकदेशविवर्ति रूपकमेव । रूपकप्रतीतेर्व्यापितया समासोक्तिप्रतीतितिरोधायकत्वात्[1] । नन्वस्ति रणान्तःपुरयोरपि सुखसञ्चारतया स्फुटं सादृश्यमिति चेत्, सत्यमुक्तम् । अस्त्येव । किंतु वाक्यार्थपर्यालोचनसापेक्षम्, न खलु निरपेक्षम् । मुखचन्द्रादेर्मनोहरत्वादिवद्रणान्तःपुरयोः स्वतः सुखसञ्चारत्वाभावात् । साधारण्येन यथा—

'निसर्गसौरभोद्भ्रान्तभृङ्गसङ्गीतशालिनी ।
उदिते वासराधीशे स्मेराजनि सरोजिनी ॥'

अत्र निसर्गेत्यादिविशेषणसाम्यात्सरोजिन्या नायिकाव्यवहारप्रतीतौ स्त्रीमात्रगामिनः स्मेरत्वधर्मस्य समारोपः कारणम् । तेन विना विशेषणसाम्यमात्रेण नायिकाव्यवहारप्रतीतेरसम्भवात् । औपम्यगर्भत्वं पुनस्त्रिधा सम्भवति उपमारूपकसङ्करगर्भत्वात् । तत्रोपमागर्भत्वे यथा—

'दन्तप्रभापुष्पचिता पाणिपल्लवशोभिनी ।
केशपाशालिवृन्देन सुवेषा हरिणेक्षणा ॥'

अत्र सुवेषत्ववशात्प्रथमं दन्तप्रभाः पुष्पाणीवेत्युपमागर्भत्वेन समासः । अनन्तरं च दन्तप्रभासदृशैः पुष्पैश्चितेत्यादिसमासान्तराश्रयेण समानविशेषणमाहात्म्याद्धरिणेक्षणायां लताव्यवहारप्रतीतिः । रूपकगर्भत्वे यथा—'लावण्यमधुभिः पूर्णम्—' इत्यादि । सङ्करगर्भत्वे यथा—'दन्तप्रभापुष्प—' इत्यादौ 'सुवेषा' इत्यत्र 'परीता' इति पाठे ह्युपमारूपकसाधकाभावात्सङ्करसमाश्रयणम् । समासान्तरं पूर्ववत् । समासान्तरमहिम्ना लताप्रतीतिः । एषु च येषां मते उपमासङ्करयोरेकदेशविवर्तिता नास्ति तन्मते आद्यतृतीययोः समासोक्तिः । द्वितीयस्तु प्रकार एकदेशविवर्तिरूपकविषय एव । पर्यालोचने त्वाद्ये प्रकारे एकदेशविवर्तिन्युपमैवाङ्गीकर्तुमुचिता । अन्यथा—

'ऐन्द्रं धनुः पाण्डुपयोधरेण शरद्दधानार्द्रनखक्षताभम् ।
प्रमोदयन्ती सकलङ्कमिन्दुं तापं[2] रवेरभ्यधिकं चकार ॥'

इत्यत्र कथं शरदि नायिकाव्यवहारप्रतीतिः । नायिकापयोधरेणार्द्रनखक्षताभशक्रचापधारणासम्भवात् । ननु 'आर्द्रनखक्षताभम्' इत्यत्र स्थितम-

१ 'विरोधायकत्वात्' इति नि. २ 'पारं' इति ज—ब.

प्युपमानत्वं वस्तुपर्यालोचनतया ऐन्द्रे धनुषि सञ्चारणीयम् । यथा—'दध्ना जुहोति' इत्यादौ हवनस्यान्यथासिद्धेर्दध्नि सञ्चार्यते विधिः । एवं चेन्द्रचापाभमार्द्रनखक्षतं दधानेति प्रतीतिर्भविष्यतीति चेत्, न । एवंविधा[1]निर्वाहे कष्टसृष्टिकल्पनादेकदेशविवर्त्युपमाङ्गीकारस्यैव ज्यायस्त्वात् । अस्तु वात्र यथाकथंचित्समासोक्तिः । 'नेत्रैरिवोत्पलैः पद्मैः–' इत्यादौ चान्यगत्यसम्भवात् । किं चोपमायां व्यवहारप्रतीतेरभावात्कथं तदुपजीविकायाः समासोक्तेः प्रवेशः । यदाहुः—

'व्यवहारोऽथवा तत्त्वं नौपम्ये[2] यत्प्रतीयते ।
तन्नौपम्यं समासोक्तिरेकदेशोपमा स्फुटा ॥'

एवं चोपमारूपकयोरेकदेशविवर्तिताङ्गीकारे तन्मूलसङ्करेऽपि समासोक्तेरप्रवेशो न्यायसिद्ध एव, तेनौपम्यगर्भविशेषणोत्थापितत्वं नास्या विषय इति विशेषणसाम्ये श्लिष्टविशेषणोत्थापिता साधारणविशेषणोत्थापिता चेति द्विधा । कार्यलिङ्गयोस्तुल्यत्वे च द्विविधेति चतुःप्रकारा समासोक्तिः । सर्वत्रैवात्र व्यवहारसमारोपः कारणम् । स च क्वचिल्लौकिके वस्तुनि लौकिकवस्तुव्यवहारसमारोपः । शास्त्रीये वस्तुनि शास्त्रीयवस्तुव्यवहारसमारोपः । लौकिके वा शास्त्रीयवस्तुव्यवहारसमारोपः । शास्त्रीये वा लौकिकवस्तुव्यवहारसमारोप इति चतुर्धा । तत्र लौकिकवस्त्वपि रसादिभेदादनेकविधम् । शास्त्रीयमपि तर्कायुर्वेदज्योतिःशास्त्रप्रसिद्धतयेति बहुप्रकारा समासोक्तिः । दिङ्मात्रं यथा—'व्याधूय यद्वसनं–' इत्यादौ लौकिके वस्तुनि लौकिकस्य हठकामुकव्यवहारादेः समारोपः ।

'यैरेकरूपमखिलास्वपि वृत्तिषु त्वां पश्यद्भिरव्ययमसंख्यतया प्रवृत्तम् ।
लोपः कृतः किल परत्वजुषो विभक्तेस्तैर्लक्षणं तव कृतं ध्रुवमेव मन्ये ॥'

अत्रागमशास्त्रप्रसिद्धे वस्तुनि व्याकरणप्रसिद्धवस्तुव्यवहारसमारोपः । एवमन्यत्र । रूपकेऽप्रकृतमात्मस्वरूपसंनिवेशेन प्रकृतस्य रूपमवच्छादयति । इह तु स्वावस्थासमारोपेणा[3]नवच्छादितस्वरूपमेव तं पूर्वावस्थातो विशेषयति । अत एवात्र व्यवहारसमारोपो न तु स्वरूपसमारोप इत्याहुः । उपमाध्वनौ श्लेषे च विशेष्यस्यापि साम्यम्, इह तु विशेषणमात्रस्य । अप्रस्तुतप्रशंसायां प्रस्तुतस्य गम्यत्वम्, इह त्वप्रस्तुतस्येति भेदः ।

उक्ति[4]र्विशेषणैः साभिप्रायैः परिकरो मतः ॥ ५७ ॥

यथा—

'अङ्गराज सेनापते द्रोणोपहासिन् कर्ण, रक्षैनं भीमाद्दुःशासनम् ।'

---

१ 'एवंविधनिर्वाहे' इति ज–ब. २ 'तत्त्वमौपम्ये' इति नि. ३ 'अवच्छादितस्वरूपेण' इति नि. ४ 'उक्तैः' इति नि.

शब्दैः स्वभावादेकार्थैः श्लेषोऽनेकार्थवाचनम् ।

'स्वभावादेकार्थैः' इति शब्दश्लेषाद् व्यवच्छेदः । 'वाचनं' इति च ध्वनेः । उदाहरणम्—

'प्रवर्तयन्क्रियाः साध्वीर्मालिन्यं हरितां हरन् ।
महसा भूयसा दीप्तो विराजति विभाकरः ॥'

अत्र प्रकरणादिनियमाभावाद् द्वावपि राजसूर्यौ वाच्यौ ।

क्वचिद्विशेषः सामान्यात्सामान्यं वा विशेषतः ॥ ५८ ॥
कार्यान्निमित्तं कार्यं च हेतोरथ समात्समम् ।
अप्रस्तुतात्प्रस्तुतं चेद्गम्यते पञ्चधा ततः ॥ ५९ ॥
अप्रस्तुतप्रशंसा स्याद्

क्रमेणोदाहरणम्—

'पादाहतं यदुत्थाय मूर्धानमधिरोहति ।
स्वस्थादेवापमानेऽपि देहिनस्तद्वरं रजः ॥'

अथास्मदपेक्षया रजोऽपि वरमिति विशेषे प्रस्तुते सामान्यमभिहितम् ।

'स्रगियं यदि जीवितापहा हृदये किं निहिता न हन्ति माम् ।
विषमप्यमृतं क्वचिद्भवेदमृतं वा विषमीश्वरेच्छया ॥'

अत्रेश्वरेच्छया क्वचिदहितकारिणोऽपि हितकारित्वं हितकारिणोऽप्यहितकारित्वमिति सामान्ये प्रस्तुते विशेषोऽभिहितः । एवं चात्राप्रस्तुतप्रशंसामूलोऽर्थान्तरन्यासः । दृष्टान्ते प्रख्यातमेव वस्तु प्रतिबिम्बत्वेनोपादीयते । इह तु विषामृतयोरमृतविषीभावस्याप्रसिद्धेर्न तस्य सद्भावः ।

'इन्दुर्लिप्त इवाञ्जनेन जडिता दृष्टिर्मृगीणामिव
प्रम्लानारुणिमेव विद्रुमदलं श्यामेव हेमप्रभा ।
कार्कश्यं कलया च कोकिलवधूकण्ठेष्विव प्रस्तुतं
सीतायाः पुरतश्च हन्त शिखिनां बर्हाः सगर्हा इव ॥'

अत्र सम्भाव्यमानेभ्य इन्द्वादिगताञ्जनलिप्तत्वादिभ्यः कार्येभ्यो वदनादिगतसौन्दर्यविशेषरूपं प्रस्तुतं कारणं प्रतीयते ।

'गच्छामीति मयोक्तया मृगदृशा निश्वासमुद्रेकिणं
त्यक्त्वा तिर्यगवेक्ष्य बाष्पकलुषेणैकेन मां चक्षुषा ।
अद्य प्रेम मदर्पितं प्रियसखीवृन्दे त्वया बध्यता-
मित्थं स्नेहविवर्धितो मृगशिशुः सोत्प्रासमाभाषितः ॥'

अत्र कस्यचिद्गमनरूपे कार्ये प्रस्तुते कारणमभिहितम् । तुल्ये प्रस्तुते तुल्याभिधाने च द्विधा श्लेषमूला सादृश्यमात्रमूला च । श्लेषमूलापि समासोक्तिव-

द्विशेषणमात्रश्लेषे श्लेषवद्विशेष्यस्यापि श्लेषे भवतीति द्विधा। क्रमेण यथा–

'सहकारः सदामोदो वसन्तश्रीसमन्वितः।
समुज्ज्वलरुचिः श्रीमान्प्रभूतोत्कलिकाकुलः॥'

अत्र विशेषणमात्रश्लेषवशादप्रस्तुतात्सहकारात्कस्यचित्प्रस्तुतस्य नायकस्य प्रतीतिः।

'पुंस्त्वादपि प्रविचलेद्यदि यद्यधोऽपि यायाद्यदि प्रणयने न महानपि स्यात्।
अभ्युद्धरेत्तदपि विश्वमितीदृशीयं केनापि दिक्प्रकटिता पुरुषोत्तमेन॥'

अत्र पुरुषोत्तमपदेन विशेष्येणापि श्लिष्टेन प्रचुरप्रसिद्ध्या प्रथमं विष्णुरेव बोध्यते। तेन वर्णनीयः कश्चित्पुरुषः प्रतीयते।

सादृश्यमात्रमूला यथा—

'एकः कपोतपोतः शतशः श्येनाः क्षुधाभिधावन्ति।
अम्बरमावृतिशून्यं हर हरे शरणं विधेः करुणा॥'

अत्र कपोतादप्रस्तुतात्कश्चित्प्रस्तुतः प्रतीयते। इयं च क्वचिद्वैधर्म्येणापि भवति।

'धन्याः खलु वने वाताः कह्लारस्पर्शशीतलाः।
राममिन्दीवरश्यामं ये स्पृशन्त्यनिवारिताः॥'

अत्र वाता धन्या अहमधन्य इति वैधर्म्येण प्रस्तुतः प्रतीयते। वाच्यस्य सम्भवासम्भवोभयरूपतया त्रिप्रकारेयम्। तत्र सम्भवे उक्तोदाहरणान्येव।

असम्भवे यथा—

'कोकिलोऽहं भवान्काकः समानः कालिमावयोः।
अन्तरं कथयिष्यन्ति काकलीकोविदाः पुनः॥'

अत्र काककोकिलयोर्वाकोवाक्यं प्रस्तुताध्यारोपणं विनासम्भवि।

उभयरूपत्वे यथा—

'अन्तश्छिद्राणि भूयांसि कण्टका बहवो बहिः।
कथं कमलनालस्य मा भूवन्भङ्गुरा गुणाः॥'

अत्र प्रस्तुतस्य कस्यचिदध्यारोपणं विना कमलनालान्तश्छिद्राणां गुणभङ्गुरीकरणे हेतुत्वमसम्भवि। अन्येषां तु सम्भवीत्युभयरूपत्वम्। अस्याश्च समासोक्तिवद् व्यवहारसमारोपप्राणत्वाच्छब्दशक्तिमूलाद्वस्तुध्वनेर्भेदः। उपमाध्वनावप्रस्तुतस्य व्यंग्यत्वम्। एवं समासोक्तौ। श्लेषेऽपि द्वयोरपि वाच्यत्वम्।

उक्ता व्याजस्तुतिः पुनः।
निन्दास्तुतिभ्यां वाच्याभ्यां गम्यत्वे स्तुतिनिन्दयोः॥ ६०॥

१ 'हरिहरि' इति ज–ब.

निन्दया स्तुतेर्गम्यत्वे व्याजेन स्तुतिरिति व्युत्पत्त्या व्याजस्तुतिः स्तुत्या निन्दाया गम्यत्वे व्याजरूपा स्तुतिः। क्रमेण यथा—

'स्तनयुगमुक्ताभरणाः कण्टककलिताङ्गयष्टयो देव।
त्वयि कुपितेऽपि प्रागिव विश्वस्ता रिपुस्त्रियो[1] जाताः॥'

इदं मम।

'व्याजस्तुतिस्तव पयोद मयोदितेयं यज्जीवनाय[2] जगतस्तव जीवनानि।
स्तोत्रं तु ते महदिदं घन धर्मराजसाहाय्यमर्जयसि यत्पथिकान्निहत्य॥'

पर्यायोक्तं यदा भङ्ग्या गम्यमेवाभिधीयते।

उदाहरणम्—

'स्पृष्टास्ता नन्दने शच्याः केशसम्भोगलालिताः।
सावज्ञं पारिजातस्य मञ्जर्यो यस्य सैनिकैः॥'

अत्र हयग्रीवेण स्वर्गो विजित इति प्रस्तुतमेव गम्यं कारणं वैचित्र्यविशेषप्रतिपत्तये सैन्यस्य पारिजातमञ्जरीसावज्ञस्पर्शनरूपकार्यद्वारेणाभिहितम्। न चेदं कार्यात्कारणप्रतीतिरूपाप्रस्तुतप्रशंसा। तत्र कार्यस्याप्रस्तुतत्वात्। इह तु वर्णनीयस्य प्रभावातिशयबोधकत्वेन कार्यमपि कारणवत्प्रस्तुतम्। एवं च—

'अनेन पर्यासयताश्रुबिन्दून्मुक्ताफलस्थूलतमान्स्तनेषु।
प्रत्यर्पिताः शत्रुविलासिनीनामाक्षेपसूत्रेण विनैव हाराः॥'

अत्र वर्णनीयस्य राज्ञो गम्यभूतशत्रुमारणरूपकारणवत्कार्यभूतं तथाविधशत्रुस्त्रीक्रन्दनजलमपि प्रभावातिशयबोधकत्वेन वर्णनार्हमिति पर्यायोक्तमेव।

'राजन्राजसुता न पाठयति मां देव्योऽपि तूष्णीं स्थिताः
कुब्जे भोजय मां कुमारसचिवैर्नाद्यापि किं भुज्यते।
इत्थं राजशुकस्तवारिभवने मुक्तोऽध्वगैः पञ्जरा-
च्चित्रस्थानवलोक्य शून्यवलभावेकैकमाभाषते॥'

अत्र प्रस्थानोद्यतं भवन्तं श्रुत्वा सहसैवारयः पलायिता इति कारणं प्रस्तुतम्। 'कार्यमपि वर्णनार्हत्वेन प्रस्तुतम्' इति केचित्।

अन्ये तु—'राजशुकवृत्तान्तेन कोऽपि प्रस्तुतप्रभावो बोध्यत इत्यप्रस्तुतप्रशंसैव' इत्याहुः।

सामान्यं वा विशेषेण विशेषस्तेन वा यदि॥ ६१॥
कार्यं च कारणेनेदं कार्येण च समर्थ्यते।

---

१ '(द्विट्) स्त्रियो' इति **नि.** २ 'सञ्जीवनाय' इति **नि.**

साधर्म्येणेतरेणार्थान्तरन्यासोऽष्टधा ततः ॥ ६२ ॥

क्रमेणोदाहरणम्—

'बृहत्सहायः कार्यान्तं क्षोदीयानपि गच्छति ।
सम्भूयाम्भोधिमभ्येति महानद्या नगापगा ॥'

अत्र द्वितीयार्धगतेन विशेषरूपेणार्थेन प्रथमार्धगतः सामान्योऽर्थः सोपपत्तिकः क्रियते ।

'यावदर्थपदां[1] वाचमेवमादाय माधवः ।
विरराम महीयांसः प्रकृत्या मितभाषिणः ॥'

'पृथ्वि स्थिरा भव भुजङ्गम धारयैनां
त्वं कूर्मराज तदिदं द्वितयं दधीथाः ।
दिक्कुञ्जराः कुरुत तत्त्रितये दिधीर्षां
देवः करोति हरकार्मुकमाततज्यम् ॥'

अत्र कारणभूतं हरकार्मुकाततज्यीकरणं पृथिवीस्थैर्यादेः कार्यस्य समर्थकम् । 'सहसा विदधीत न क्रियाम्—' इत्यादौ सम्पद्वरणं[2] कार्यं सहसाविधानाभावस्य विमृश्यकारित्वरूपस्य कारणस्य समर्थकम् । एतानि साधर्म्ये उदाहरणानि । वैधर्म्ये यथा—

'इत्थमाराध्यमानोऽपि क्लिश्नाति भुवनत्रयम् ।
शाम्येत्प्रत्यपकारेण नोपकारेण दुर्जनः ॥'

अत्र सामान्यं विशेषस्य समर्थकम् । 'सहसा विदधीत—' इत्यत्र सहसाविधानाभावस्यापत्पदत्वं[3] विरुद्धं कार्यं समर्थकम् । एवमन्यत् ।

हेतोर्वाक्यपदार्थत्वे काव्यलिङ्गं निगद्यते ।

तत्र वाक्यार्थता यथा—

'यत्त्वन्नेत्रसमानकान्ति सलिले मग्नं तदिन्दीवरं
मेघैरन्तरितः प्रिये तव मुखच्छायानुकारी शशी ।
येऽपि त्वद्गमनानुसारिगतयस्ते राजहंसा गता-
स्त्वत्सादृश्यविनोदमात्रमपि मे दैवैर्न[4] न क्षम्यते ॥'

अत्र चतुर्थपादे पादत्रयवाक्यानि हेतवः । पदार्थता यथा मम—

'त्वद्वाजिराजिनिर्धूतधूलीपटलपङ्किलाम् ।
न धत्ते शिरसा गङ्गां भूरिभारभिया हरः ॥'

अत्र द्वितीयार्धे प्रथमार्धमेकपदं हेतुः । अनेकपदं यथा मम—

---

१ 'अर्थ्यपदां' इति नि. २ 'सम्पत्करणं' इति नि. ३ 'आपत्प्रदत्वं' ज—नि.
४ 'देवेन' इति नि.

'पश्यन्त्यसंख्यपथगां त्वद्दानजलवाहिनीम् ।
देव त्रिपथगात्मानं गोपयत्युग्रमूर्धनि ॥'

इह केचिद् वाक्यार्थगतेन काव्यलिङ्गेनैव गतार्थतया कार्यकारणभावेऽर्थान्तरन्यासं नाद्रियन्ते, तदयुक्तम् । तथाह्यत्र हेतुस्त्रिधा भवति—ज्ञापको निष्पादकः समर्थकश्चेति । तत्र ज्ञापकोऽनुमानस्य विषयः, निष्पादकः काव्यलिङ्गस्य, समर्थकोऽर्थान्तरन्यासस्य, इति पृथगेव कार्यकारणभावेऽर्थान्तरन्यासः काव्यलिङ्गात् । तथाहि—'यत्त्वन्नेत्र-' इत्यादौ चतुर्थपादवाक्यमन्यथा साकाङ्क्षतयासमञ्जसमेव स्यात् इति पादत्रयगतवाक्यं निष्पादकत्वेनापेक्षते । 'सहसा विदधीत–' इत्यादौ तु

'परापकारनिरतैर्दुर्जनैः सह सङ्गतिः ।
वदामि भवतस्तत्त्वं न विधेया कदाचन ॥'

इत्यादिवदुपदेशमात्रेणापि निराकाङ्क्षतया स्वतोऽपि गतार्थं सहसाविधानाभावं सम्पद्वरणं सोपपत्तिकमेव करोतीति पृथगेव कार्यकारणभावेऽर्थान्तरन्यासः काव्यलिङ्गात् ।

'न धत्ते शिरसा गङ्गां भूरिभारभिया हरः ।
त्वद्वाजिराजिनिर्धूतधूलिभिः पङ्किला हि सा ॥'

इत्यत्र हिशब्दोपादानेन पङ्किलत्वादिनिबद्धेतुत्वस्य स्फुटतया नायमलङ्कारः । वैचित्र्यस्यैवालङ्कारत्वात् ।

अनुमानं तु विच्छित्त्या ज्ञानं साध्यस्य साधनात् ॥ ६३ ॥

यथा—

'जानीमहेऽस्या हृदि सारसाक्ष्या विराजतेऽन्तः प्रियवक्त्रचन्द्रः ।
उत्कान्तिजालैः प्रसृतैस्तदङ्गेष्वापाण्डुता कुड्मलताक्षिपद्मे ॥'

अत्र रूपकवशाद्विच्छित्तिः ।

यथा वा—

'यत्र पतत्यबलानां दृष्टिर्निशिताः पतन्ति तत्र शराः ।
तच्चापरोपितशरो धावत्यासां पुरः स्मरो मन्ये ॥'

अत्र कविप्रौढोक्तिवशाद्विच्छित्तिः । उत्प्रेक्षायामनिश्चिततया प्रतीतिः, इह तु निश्चिततयेत्युभयोर्भेदः ।

अभेदेनाभिधा हेतुर्हेतोर्हेतुमता सह ।

यथा मम—'तारुण्यस्य विलासः–' इत्यत्र वशीकरणहेतुर्नायिका वशीकरणत्वेनोक्ता । विलासहासयोस्त्वध्यवसायमूलोऽयमलङ्कारः ।

---

१ 'असाकाङ्क्षतया' इति ब.

अनुकूलं प्रातिकूल्यमनुकूलानुबन्धि चेत् ॥ ६४ ॥

यथा—

'कुपितासि यदा तन्वि निधाय करजक्षतम् ।
बधान भुजपाशाभ्यां कण्ठमस्य दृढं तदा ॥'

अस्य च विच्छित्तिविशेषस्य सर्वालङ्कारविलक्षणत्वेन स्फुरणात्पृथगलङ्कारत्वमेव न्याय्यम् ।

वस्तुनो वक्तुमिष्टस्य विशेषप्रतिपत्तये ।
निषेधाभास आक्षेपो वक्ष्यमाणोक्तगो द्विधा ॥ ६५ ॥

तत्र वक्ष्यमाणविषये क्वचित्सर्वस्यापि सामान्यतः सूचितस्य निषेधः, क्वचिदंशोक्तावंशान्तरे निषेध इति द्वौ भेदौ । उक्तविषये च क्वचिद्वस्तुस्वरूपस्य निषेधः, क्वचिद्वस्तुकथनस्येति द्वौ । इत्याक्षेपस्य चत्वारो भेदाः ।

क्रमेण यथा—

'स्मरशरशतविधुराया भणामि सख्याः कृते किमपि ।
क्षणमिह विश्राम्य[1] सखे निर्दयहृदयस्य किं वदाम्यथवा ॥'

अत्र सख्या विरहस्य सामान्यतः सूचितस्य वक्ष्यमाणविशेषे निषेधः ।

'तव विरहे हरिणाक्षी निरीक्ष्य नवमालिकां दलिताम् ।
हन्त नितान्तमिदानीमाः किं हतजल्पितैरथवा ॥'

अत्र मरिष्यतीत्यंशो नोक्तः ।

'बालअ णाहं दूंई[2] तीअं[3] पिओसि त्ति ण मह वावारो ।
सा मरइ तुज्झ अअसो एअं धम्मक्खरं भणिमो ॥'

अत्र दूतीत्वस्य वस्तुनो निषेधः ।

'विरहे तव तन्वङ्गी कथं क्षपयतु क्षपाम् ।
दारुणव्यवसायस्य पुरस्ते भणितेन किम् ॥'

अत्र कथनस्योक्तस्यैव[4] निषेधः । प्रथमोदाहरणे सख्या अवश्यंभावि मरणमिति विशेषः प्रतीयते । द्वितीयेऽशक्यवक्तव्यत्वादि । तृतीये दूतीत्वे यथार्थवादित्वम् । चतुर्थे दुःखस्यातिशयः । न चायं विहितनिषेधः । अत्र निषेधस्याभासत्वात् ।

अनिष्टस्य तथार्थस्य विध्याभासः परो मतः ।

तथेति पूर्ववद्विशेषप्रतिपत्तये । यथा—

---

१ 'विश्रम्य' इति **नि.** २ 'दूती' इति **ज–ब–नि;** 'दूई' इति अलङ्कारसर्वस्वसंमतः पाठः. ३ 'तुअ' इति **ज–ब–नि;** 'तीअ' इत्यलङ्कारसर्वस्व-रामचरण-संमतः पाठः. ४ 'कथनस्यैव' इति **ज–ब.**

'गच्छ गच्छसि चेत् कान्त पन्थानः सन्तु ते शिवाः ।
ममापि जन्म तत्रैव भूयाद्यत्र गतो भवान् ॥'

अत्रानिष्टत्वाद्गमनस्य विधिः प्रस्खलद्रूपो निषेधे पर्यवस्यति । विशेषश्च गमनस्यात्यन्तपरिहार्यत्वरूपः प्रतीयते ।

विभावना विना हेतुं कार्योत्पत्तिर्यदुच्यते ॥ ६६ ॥
उक्तानुक्तनिमित्तत्वाद्द्विधा सा परिकीर्तिता ।

विना कारणमुपनिबध्यमानोऽपि कार्योदयः किञ्चिदन्यत्कारणमपेक्ष्यैव भवितुं युक्तः । तच्च कारणान्तरं क्वचिदुक्तं क्वचिदनुक्तमिति द्विधा । यथा—

'अनायासकृशं मध्यमशङ्कतरले दृशौ ।
अभूषणमनोहारि वपुर्वयसि सुभ्रुवः ॥'

अत्र वयोरूपनिमित्तमुक्तम् । अत्रैव 'वपुर्भाति मृगीदृशः' इति पाठेऽनुक्तम् ।

सति हेतौ फलाभावो[1] विशेषोक्तिस्तथा द्विधा ॥ ६७ ॥

तथेत्युक्तानुक्तनिमित्तत्वात् । तत्रोक्तनिमित्ता यथा—

'धनिनोऽपि निरुन्मादा युवानोऽपि न चञ्चलाः ।
प्रभवोऽप्यप्रमत्तास्ते महामहिमशालिनः ॥'

अत्र महामहिमशालित्वं निमित्तमुक्तम् । अत्रैव चतुर्थपादे 'कियन्तः सन्ति भूतले' इति पाठे त्वनुक्तम् । अचिन्त्यनिमित्तत्वं चानुक्तनिमित्तस्यैव भेद इति पृथङ् नोक्तम् । यथा—

'स एकस्त्रीणि जयति जगन्ति कुसुमायुधः ।
हरतापि तनुं यस्य शम्भुना न हृतं बलम् ॥'

अत्र तनूहरणेनापि बलाहरणे निमित्तमचिन्त्यम् । इह च कार्याभावः कार्यविरुद्धसद्भावमुखेनापि निबध्यते । विभावनायामपि कारणाभावः कारणविरुद्धसद्भावमुखेन । एवं च 'यः कौमारहरः—' इत्यादेरुत्कण्ठाकारणविरुद्धस्य निबन्धनाद्विभावना । 'यः कौमार—' इत्यादेः कारणस्य च कार्यविरुद्धाया उत्कण्ठाया निबन्धनाद्विशेषोक्तिः । एवं चात्र विभावनाविशेषोक्त्योः सङ्करः । शुद्धोदाहरणं तु मृग्यम् ।

जातिश्चतुर्भिर्जात्याद्यैर्गुणो गुणादिभिस्त्रिभिः ।
क्रिया क्रियाद्रव्याभ्यां यद् द्रव्यं द्रव्येण वा मिथः ॥ ६८ ॥
विरुद्धमिव[2] भासेत विरोधोऽसौ दशाकृतिः ।

---

१ 'फलाभावे' इति नि. २ 'विरुद्धमेव' इति नि.

क्रमेण यथा—

'तव विरहे मलयमरुद्दवानलः शशिरुचोऽपि सोष्माणः ।
हृदयमलिरुतमपि भिन्ते नलिनीदलमपि निदाघरविरस्याः ॥
'सन्ततमुसलासङ्गाद्बहुतरगृहकर्मघटनया नृपते ।
द्विजपत्नीनां कठिनाः सति भवति कराः सरोजसुकुमाराः ॥'
'अजस्य गृह्णतो जन्म निरीहस्य हतद्विषः ।
स्वपतो जागरूकस्य याथार्थ्यं वेद कस्तव ॥'
'वल्लभोत्सङ्गसङ्गेन विना हरिणचक्षुषः ।
राकाविभावरीजानिर्विषज्वालाकुलोऽभवत् ॥'
'नयनयुगासेचनकं मानसवृत्त्यापि दुष्प्रापम् ।
रूपमिदं मदिराक्ष्या मदयति हृदयं दुनोति च मे ॥'

'त्वद्वाजि-' इत्यादि । 'वल्लभोत्सङ्ग-' इत्यादिश्लोके चतुर्थपादे 'मध्यन्दिन-दिनाधिपः' इति[1] पाठे द्रव्ययोर्विरोधः । अत्र 'तव विरहे-' इत्यादौ पवनादीनां बहुव्यक्तिवाचकत्वाज्जातिशब्दानां दवानलोष्महृदयभेदनसूर्यैर्जातिगुणक्रियाद्रव्यरूपैरन्योन्यं विरोधो मुखत आभासते । विरहहेतुकत्वात्समाधानम् । अत्र 'अजस्य-' इत्यादावजत्वादिगुणस्य जन्म[2]ग्रहणादिक्रियया विरोधः । भगवतः प्रभावस्यातिशयित्वात्तु समाधानम् । 'त्वद्वाजि-' इत्यादौ 'हरोऽपि शिरसा गङ्गां न धत्ते' इति विरोधः । 'त्वद्वाजि-' इत्यादिकविप्रौढोक्त्या तु समाधानम् । स्पष्टमन्यत् । विभावनायां कारणाभावेनोपनिबध्यमानत्वात्कार्यमेव बाध्यत्वेन प्रतीयते । विशेषोक्तौ च कार्याभावेन[3] कारणमेव । इह त्वन्योन्यं द्वयोरपि बाध्यत्वमिति भेदः ।

कार्यकारणयोर्भिन्नदेशतायामसङ्गतिः ॥ ६९ ॥

यथा—

'सा बाला वयमप्रगल्भमनसः सा स्त्री वयं कातराः
सा पीनोन्नतिमत्पयोधरयुगं धत्ते सखेदा वयम् ।
साक्रान्ता जघनस्थलेन गुरुणा गन्तुं न शक्ता वयं
दोषैरन्यजनाश्रयै[4]रपटवो जाताः स्म इत्यद्भुतम् ॥'

अस्याश्चापवादकत्वादेकदेशस्थयोर्विरोधे विरोधालङ्कारः ।

गुणौ क्रिये वा यत्[5]स्यातां विरुद्धे हेतुकार्ययोः ।

---

१ 'इति' इत्येतन्नास्ति नि-पुस्तके. २ 'जन्म' इति नास्ति ब-पुस्तके; 'गुणस्य ग्रहणातिक्रियया' इति ज. ३ 'कार्यभावेन' इति नि. ४ 'जनाश्रितैः' इति ज-ब. ५ 'चेत्' इति नि.

यद्वारब्धस्य वैकल्य[1]मनर्थस्य च सम्भवः ॥ ७० ॥
विरूपयोः सङ्घटना या च तद्विषमं मतम् ।

क्रमेण यथा—

'सद्यः करस्पर्शमवाप्य चित्रं रणे रणे यस्य कृपाणलेखा ।
तमालनीला शरदिन्दुपाण्डु यशस्त्रिलोकाभरणं प्रसूते ॥'

अत्र कारणरूपासिलतायाः 'कारणगुणा हि कार्यगुणमारभन्ते' इति स्थितेर्विरुद्धा शुक्लयशस उत्पत्तिः ।

'आनन्दममन्दमिमं कुवलयदललोचने ददासि त्वम् ।
विरहस्त्वयैव जनितस्तापयतितरां शरीरं मे ॥'

अत्रानन्दजनकस्त्रीरूपकारणात्तापजनकविरहोत्पत्तिः ।

'अयं रत्नाकरोऽम्भोधिरित्यसेवि धनाशया ।
धनं दूरेऽस्तु वदनमपूरि क्षारवारिभिः ॥'

अत्र केवलं काङ्क्षितधनलाभो नाभूत्, प्रत्युत क्षारवारिभिर्वदनपूरणम् ।

'क्व वनं तरुवल्कभूषणं नृपलक्ष्मीः क्व महेन्द्रवन्दिता ।
नियतं प्रतिकूलवर्तिनो बत धातुश्चरितं सुदुःसहम् ॥'

अत्र वनरा[2]जश्रियोर्विरूपयोः सङ्घटना । इदं मम ।

यथा वा—

'विपुलेन सागरशयस्य कुक्षिणा भुवनानि यस्य पपिरे युगक्षये ।
मदविभ्रमासकलया पपे पुनः स पुरस्त्रियैकतमयैकया दृशा ॥'

समं स्यादानुरूप्येण श्लाघा योग्यस्य वस्तुनः ॥ ७१ ॥

यथा—

'शशिनमुपगतेयं कौमुदी मेघमुक्तं जलनिधिमनुरूपं जह्नुकन्यावतीर्णा ।
इति समगुणयोगप्रीतयस्तत्र पौराः श्रवणकटु नृपाणामेकवाक्यं विवव्रुः ॥'

विचित्रं तद्विरुद्धस्य कृतिरिष्टफलाय चेत् ।

यथा—

'प्रणमत्युन्नतिहेतोर्जीवितहेतोर्विमुञ्चति प्राणान् ।
दुःखीयति सुखहेतोः को मूढः सेवकादन्यः ॥'

आश्रयाश्रयिणोरेकस्याधिक्येऽधिकमुच्यते ॥ ७२ ॥

आश्रयाधिक्ये यथा—

'किमधिकमस्य ब्रूमो महिमानं वारिधेर्हरिर्यत्र ।
अज्ञात एव शेते कुक्षौ निक्षिप्य भुवनानि ॥'

---

१ 'वैफल्य' इति ज—ब.　　२ 'राज्यश्रियोः' इति नि.

आश्रिताधिक्ये यथा—

'युगान्तकालप्रतिसंहृतात्मनो जगन्ति यस्यां सविकाशमासत[1]।
तनौ ममुस्तत्र न कैटभद्विषस्तपोधनाभ्यागमसम्भवा[2] मुदः ॥'

अन्योन्यमुभयोरेकक्रियायाः करणं[3] मिथः ।

'त्वया सा शोभते तन्वी तया त्वमपि शोभसे ।
रजन्या शोभते चन्द्रश्चन्द्रेणापि निशीथिनी ॥'

यदाधेयमनाधारमेकं चानेकगोचरम् ॥ ७३ ॥
किञ्चित्प्रकुर्वतः कार्यमशक्यस्येतरस्य वा ।
कार्यस्य करणं दैवाद्विशेषस्त्रिविधस्ततः ॥ ७४ ॥

क्रमेण यथा—

'दिवमप्युपयातानामाकल्पमनल्पगुणगणा येषाम् ।
रमयन्ति जगन्ति गिरः कथमिव[4] कवयो न ते वन्द्याः ॥'

'कानने सरिदुद्देशे गिरीणामपि कन्दरे ।
पश्यन्त्यन्तकसङ्काशं त्वामेकं रिपवः पुरा ॥'

'गृहिणी सचिवः सखी मिथः प्रियशिष्या ललिते कलाविधौ ।
करुणाविमुखेन मृत्युना हरता त्वां वद किं न मे हृतम्[5] ॥'

व्याघातः स तु केनापि वस्तु येन यथा कृतम् ।
तेनैव चेदुपायेन कुरुतेऽन्यस्तदन्यथा ॥ ७५ ॥

यथा—'दृशा दग्धं मनसिजम्—' इत्यादि ।

सौकर्येण च कार्यस्य विरुद्धं क्रियते यदि ।

व्याघात इत्येव ।

'इहैव त्वं तिष्ठ द्रुतमहमहोभिः कतिपयैः
समागन्ता कान्ते मृदुरसि न चायाससहना ।
मृदुत्वं मे हेतुः सुभग भवता गन्तुमधिकं
न मृद्वी सोढा यद्विरहकृतमायासमसमम् ॥'

अत्र नायकेन नायिकाया मृदुत्वं सहगमनाभावहेतुत्वेनोक्तम् । नायिकया च प्रत्युत सहगमने ततोऽपि सौकर्येण हेतुतयोपन्यस्तम् ।

परं परं प्रति यदा पूर्वपूर्वस्य हेतुता ॥ ७६ ॥

---

१ 'सविकासं' इति **नि.** २ 'सम्भृता' इति **ज—ब.** ३ 'कारणं' इति **नि.** ४ 'कथमपि' इति **ज—ब;** 'कथमिह' इति रुद्रटकृतकाव्यालङ्कारसंमतः पाठः. ५ 'इति रघौ' इत्यधिकं **ज—ब**—पुस्तकयोः.

तदा कारणमाला स्यात्

यथा

'श्रुतं कृतधियां सङ्गाज्जायते विनयः श्रुतात् ।
लोकानुरागो विनयान्न किं लोकानुरागतः ॥'

तन्मालादीपकं पुनः ।
धर्मिणामेकधर्मेण सम्बन्धो यद्यथोत्तरम् ॥ ७७ ॥

यथा—

'त्वयि सङ्गरसंप्राप्ते धनुषासादिताः शराः ।
शरैररिशिरस्तेन भूस्तया त्वं त्वया यशः ॥'

अत्रासादनक्रिया धर्मः ।

पूर्वं पूर्वं प्रति विशेषणत्वेन परं परम् ।
स्थाप्यतेऽपोह्यते वा चेत्स्यात्तदैकावली द्विधा ॥ ७८ ॥

क्रमेणोदाहरणम्—

'सरो विकसिताम्भोजमम्भोजं भृङ्गसङ्गतम् ।
भृङ्गा यत्र ससङ्गीता सङ्गीतं सस्मरोदयम् ॥'

'न तज्जलं यन्न सुचारुपङ्कजं न पङ्कजं तद्यदलीनषट्पदम् ।
न षट्पदोऽसौ न जुगुञ्ज यः कलं न गुञ्जितं तन्न जहार यन्मनः ॥'

क्वचिद्विशेष्यमपि यथोत्तरं विशेषणतया स्थापितमपोहितं च दृश्यते ।

यथा—

'वाप्यो भवन्ति विमलाः स्फुटन्ति कमलानि वापीषु ।
कमलेषु पतन्त्यलयः करोति सङ्गीतमलिषु पदम् ॥'

एवमपोहनेऽपि ।

उत्तरोत्तरमुत्कर्षो वस्तुनः सार उच्यते ।

यथा—

'राज्ये सारं वसुधा वसुधायामपि पुरं पुरे सौधम् ।
सौधे तल्पं तल्पे वराङ्गनानङ्गसर्वस्वम् ॥'

यथासंख्यमनूद्देश उद्दिष्टानां क्रमेण यत् ॥ ७९ ॥

यथा—

'उन्मीलन्ति नखैर्लुनीहि वहति क्षौमाञ्चलेनावृणु
क्रीडाकाननमाविशन्ति वलयक्वाणैः समुत्त्रासय ।

---

१ 'वसुन्धरायाम्' इति रुद्रटकाव्यालङ्कारे (७।९७).

इत्थं वञ्जुलदक्षिणानिलकुहूकण्ठेषु साङ्केतिक-
व्याहाराः सुभग त्वदीयविरहे तस्याः सखीनां मिथः ॥'

क्वचिदेकमनेकस्मिन्ननेकं चैकगं क्रमात् ।
भवति क्रियते वा चेत्तदा पर्याय इष्यते ॥ ८० ॥

क्रमेण यथा—

'स्थिताः क्षणं पक्ष्मसु ताडिताधराः पयोधरोत्सेधनिपातचूर्णिताः ।
वलीषु तस्याः स्खलिताः प्रपेदिरे क्रमेण नाभिं प्रथमोदबिन्दवः ॥'

'विचरन्ति विलासिन्यो यत्र श्रोणिभरालसाः ।
वृककाकशिवास्तत्र धावन्त्यरिपुरे तव ॥'

'विसृष्टरागादधरान्निवर्तितः स्तनाङ्गरागादरुणाच्च कन्दुकात् ।
कुशाङ्कुरादानपरिक्षताङ्गुलिः कृतोऽक्षसूत्रप्रणयी तया करः ॥'

'ययोरारोपितस्तारो हारस्तेऽरिवधूजनैः ।
निधीयन्ते तयोः स्थूलाः स्तनयोरश्रुबिन्दवः ॥'

एषु च क्वचिदाधारः संहतरूपोऽसंहतरूपश्च । क्वचिदाधेयमपि । यथा— 'स्थिताः क्षणम्—' इत्यत्रोदबिन्दवः पक्ष्मादावसंहतरूप आधारे क्रमेणाभवन् । 'विचरन्ति—' इत्यत्राधेयभूता वृकादयः संहतरूपारिपुरे क्रमेणाभवन् । एवमन्यत् । अत्र चैकस्यानेकत्र क्रमेणैव वृत्तेर्विशेषालङ्काराद् भेदः । विनिमयाभावात्परिवृत्तेः ।

परिवृत्तिर्विनिमयः समन्यूनाधिकैर्भवेत् ।

क्रमेणोदाहरणम्—

'दत्वा कटाक्षमेणाक्षी जग्राह हृदयं मम ।
मया तु हृदयं दत्वा गृहीतो मदनज्वरः ॥'

अत्र प्रथमेऽर्धे समेन, द्वितीयेऽर्धे न्यूनेन ।

'तस्य च प्रवयसो जटायुषः स्वर्गिणः किमिव शोच्यतेऽधुना ।
येन जर्जरकलेवरव्ययात्क्रीतमिन्दुकिरणोज्ज्वलं यशः ॥'

अत्राधिक्येन ।

प्रश्नादप्रश्नतो वापि कथिताद्वस्तुनो भवेत् ॥ ८१ ॥
तादृगन्यव्यपोहश्चेच्छाब्द आर्थोऽथवा तदा ।
परिसंख्या

क्रमेणोदाहरणम्—

'किं भूषणं सुदृढमत्र यशो न रत्नं किं कार्यमार्यचरितं सुकृतं न दोषः ।
किं चक्षुरप्रतिहतं धिषणा न नेत्रं जानाति कस्त्वदपरः सदसद्विवेकम् ॥'

अत्र व्यवच्छेद्यं रत्नादि शाब्दम् ।

'किमाराध्यं सदा पुण्यं कश्च सेव्यः सदागमः ।
को ध्येयो भगवान्विष्णुः किं काम्यं परमं पदम् ॥'

अत्र व्यवच्छेद्यं पापाद्यार्थम् । अनयोः प्रश्नपूर्वकत्वम् ।

अप्रश्नपूर्वकत्वे यथा—

'भक्तिर्भवे न विभवे व्यसनं शास्त्रे न युवतिकामास्त्रे ।
चिन्ता यशसि न वपुषि प्रायः परिदृश्यते महताम् ॥'

'बलमार्तभयोपशान्तये विदुषां संमतये बहु श्रुतम् ।
वसु तस्य न केवलं विभोर्गुणवत्तापि परप्रयोजनम् ॥'

श्लेषमूलत्वे चास्य वैचित्र्यविशेषो यथा—

'यस्मिंश्च राजनि जितजगति पालयति महीं चित्रकर्मसु वर्णसङ्कराश्चापेषु गुणच्छेदाः–' इत्यादि ।

उत्तरं प्रश्नस्योत्तरादुन्नयो यदि ॥ ८२ ॥
यच्चासकृदसम्भाव्यं सत्यपि प्रश्न उत्तरम् ।

यथा मम—

'वीक्षितुं न क्षमा श्वश्रूः स्वामी दूरतरं गतः ।
अहमेकाकिनी बाला तवेह वसतिः कुतः ॥'

अनेन पथिकस्य वसतियाचनं प्रतीयते ।

'का विसमा देव्वगई, किं लद्धव्वं जणो गुणग्गाही ।
किं सोक्खं सुकलत्तं, किं दुग्गेज्झं खलो लोओ ॥'

अत्रान्यव्यपोहे तात्पर्याभावात्परिसंख्यातो भेदः । न चेदमनुमानम् । साध्यसाधनयोर्द्वयोर्निर्देश एव तस्याङ्गीकारात् । न च काव्यलिङ्गम् । उत्तरस्य प्रश्नं प्रत्यजनकत्वात् ।

दण्डापूपिकयान्यार्थागमोऽर्थापत्तिरिष्यते ॥ ८३ ॥

मूषिकेण दण्डो भक्षित इत्यनेन तत्सहचरितमपूपभक्षणमर्थादायातं भवतीति नियतसमानन्यायादर्थान्तरमापततीत्येष न्यायो दण्डापूपिका । अत्र च क्वचित्प्राकरणिकादर्थादप्राकरणिकस्यार्थस्यापतनं क्वचिदप्राकरणिकार्थात्प्राकरणिकार्थस्येति द्वौ भेदौ । क्रमेणोदाहरणम्—

'हारोऽयं हरिणाक्षीणां लुठति स्तनमण्डले ।
मुक्तानामप्यवस्थेयं के वयं स्मरकिङ्कराः ॥'

'विललाप स बाष्पगद्गदं सहजामप्यपहाय धीरताम् ।
अतितप्तमयोऽपि मार्दवं भजते कैव कथा शरीरिणाम् ॥'

अत्र च समानन्यायस्य श्लेषमूलत्वे वैचित्र्यविशेषो यथोदाहृते 'हारो-

ऽयम्–' इत्यादौ । न चेदमनुमानम् । समानन्यायस्य सम्बन्धरूपत्वाभावात् ।

विकल्पस्तुल्यबलयोर्विरोधश्चातुरीयुतः ।

यथा—'नेमयन्तु शिरांसि धनूंषि वा कर्णपूरीक्रियन्तामाज्ञा मौर्व्यो वा ।' अत्र शिरसां धनुषां च नमनयोः सन्धिविग्रहोपलक्षणत्वात्, सन्धिविग्रहयोश्चैकदा कर्तुमशक्यत्वाद्विरोधः । स चैकपक्षाश्रयणपर्यवसानः । तुल्यबलत्वं चात्र धनुःशिरोनमनयोर्द्वयोरपि स्पर्धया सम्भाव्यमानत्वात् । चातुर्यं चात्रौपम्यगर्भत्वेन । एवं 'कर्णपूरीक्रियन्ताम्' इत्यत्रापि । एवं 'युष्माकं कुरुतां भवार्तिशमनं नेत्रे तनुर्वा हरेः' । अत्र श्लेषावष्टम्भेन चारुत्वम् ।

'दीयतामर्जितं वित्तं देवाय ब्राह्मणाय वा ।'

इत्यत्र चातुर्याभावान्नायमलङ्कारः ।

समुच्चयोऽयमेकस्मिन्सति कार्यस्य साधके ॥ ८४ ॥
खलेकपोतिकान्यायात्तत्करः स्यात्परोऽपि चेत् ।
गुणौ क्रिये वा युगपत्स्यातां यद्वा गुणक्रिये ॥ ८५ ॥

यथा मम—

'हंहो धीरसमीर हन्त जननं ते चन्दनक्ष्माभृतो
दाक्षिण्यं जगदुत्तरं परिचयो गोदावरीवारिभिः ।
प्रत्यङ्गं दहसीह मे त्वमपि चेदुद्दामदावाग्निव-
न्मत्तोऽयं मलिनात्मको वनचरः किं वक्ष्यते कोकिलः ॥'

अत्र दाहे एकस्मिंश्चन्दनक्ष्माभृज्जन्मरूपे कारणे सत्यपि दाक्षिण्यादीनां हेत्वन्तराणामुपादानम् । अत्र सर्वेषामपि हेतूनां शोभनत्वात्सद्योगः । अत्रैव चतुर्थपादे मत्तादीनामशोभनानां योगादसद्योगः ।

सदसद्योगो यथा—

'शशी दिवसधूसरो गलितयौवना कामिनी
सरो विगतवारिजं मुखमनक्षरं स्वाकृतेः ।
प्रभुर्धनपरायणः सततदुर्गतः सज्जनो
नृपाङ्गनगतः खलो मनसि सप्त शल्यानि मे ॥'

इह केचिदाहुः—'शशिप्रभृतीनां शोभनत्वं खलस्याशोभनत्वमपि सदसद्योगः' इति । अन्ये तु 'शशिप्रभृतीनां स्वतःशोभनत्वं धूसरत्वादीनां त्वशोभनत्वमिति सदसद्योगः ।' अत्र हि शशिप्रभृतिषु धूसरादेरत्यन्तमनु-

---

१ 'नम्यन्ताम्' इति ज–ख; 'नमन्तु' इति अलङ्कारसर्वस्वसंमतः पाठः २ 'दहसीति' इति नि.

चितत्वमिति विच्छित्तिविशेषस्यैव चमत्कारविधायित्वं[१], 'मनसि सप्त शल्यानि' इति सप्तानामपि शल्यत्वेनोपसंहारश्च, 'नृपाङ्गनगतः खलः' इति प्रस्तुत क्रमभेदाद्दुष्टत्वमावहति, सर्वत्र विशेष्यस्यैव शोभनत्वेन प्रक्रमादिति । इह च खले कपोतवत्सर्वेषां कारणानां साहित्येनावतारः । समाध्यलङ्कारे त्वेककार्यं प्रति साधके समग्रेऽप्यन्यस्य काकतालीयन्यायेनापतनमिति भेदः ।

'अरुणे च तरुणि नयने तव मलिनं च प्रियस्य मुखम् ।
मुखमानतं च सखि ते ज्वलितश्चास्यान्तरे स्मरज्वलनः ॥'

अत्राद्येऽर्धे गुणयोर्यौगपद्यम्, द्वितीये क्रिययोः । उभयोर्यौगपद्ये यथा—

'कलुषं च तवाहितेष्वकस्मात्सितपङ्केरुहसोदरश्रि चक्षुः ।
पतितं च महीपतीन्द्र तेषां वपुषि प्रस्फुटमापदां कटाक्षैः ॥'

'धुनोति चासिं तनुते च कीर्तिम् ।'

इत्यादावेकाधिकरणेऽप्येष दृश्यते । न चात्र दीपकम् । एते हि गुणक्रियायौगपद्ये समुच्चयप्रकारा नियमेन कार्यकारणकालनियमविपर्ययरूपातिशयोक्तिमूलाः । दीपकस्य चातिशयोक्तिमूलत्वाभावः ।

समाधिः सुकरे कार्ये दैवाद्वस्त्वन्तरागमात् ।

यथा—

'मानमस्या निराकर्तुं पादयोर्मे पतिष्यतः ।
उपकाराय दिष्ट्येदमुदीर्णं घनगर्जितम् ॥'

प्रत्यनीकमशक्तेन प्रतीकारे रिपोर्यदि ॥ ८६ ॥
तदीयस्य तिरस्कारस्तस्यैवोत्कर्षसाधकः ।

तस्यैवेति रिपोरेव । यथा मम—

'मध्येन तनुमध्या मे मध्यं जितवतीत्ययम् ।
इभकुम्भौ भिनत्त्यस्याः कुचकुम्भनिभौ हरिः ॥'

प्रसिद्धस्योपमानस्योपमेयत्वप्रकल्पनम् ॥ ८७ ॥
निष्फलत्वाभिधानं वा प्रतीपमिति कथ्यते ।

क्रमेण यथा—

'यत्त्वन्नेत्रसमानकान्ति सलिले मग्नं तदिन्दीवरम्—' इत्यादि ।

'तद्वक्त्रं यदि मुद्रिता शशिकथा हा हेम सा चेद्द्युति-
स्तच्चक्षुर्यदि हारितं कुवलयैस्तच्चेत्स्मितं का सुधा ।

---

१ 'चमत्कारविधायित्वं ... ...विशेष्यस्यैव' इति पाठो नास्ति नि—पुस्तके, तच्च प्रामादिकमिव प्रतिभाति । टीकायां व्याख्यातत्वात् ।

धिक्कन्दर्पधनुर्भ्रुवौ यदि च ते किं वा बहु ब्रूमहे
यत्सत्यं पुनरुक्तवस्तुविमुखः सर्गक्रमो वेधसः ॥'

अत्र वक्त्रादिभिरेव चन्द्रादीनां शोभातिवहनात्तेषां निष्फलत्वम् ।

उक्त्वा चात्यन्तमुत्कर्षमत्युत्कृष्टस्य वस्तुनः ॥ ८८ ॥
कल्पितेऽप्युपमानत्वे प्रतीपं केचिदूचिरे ।

यथा—

'अहमेव गुरुः सुदारुणानामिति हालाहल तात मा स्म दृप्यः ।
ननु सन्ति भवादृशानि भूयो भुवनेऽस्मिन्वचनानि दुर्जनानाम् ॥'

अत्र प्रथमपादेनोत्कर्षातिशय उक्तः । तदनुक्तौ तु नायमलङ्कारः । यथा—'अहमेव ब्राह्मणो वदति' इत्यादि ।

मीलितं वस्तुनो गुप्तिः केनचित्तुल्यलक्ष्मणा[1] ॥ ८९ ॥

अत्र समानलक्षणं वस्तु क्वचित्सहजं क्वचिदागन्तुकम् । क्रमेण यथा—

'लक्ष्मीवक्षोजकस्तूरिलक्ष्म वक्षःस्थले हरेः ।
ग्रस्तं नालक्षि भारत्या भासा नीलोत्पलाभया ॥'

अत्र भगवतः श्यामा कान्तिः सहजा ।

'सदैव शोणोत्पलकुण्डलस्य यस्यां मयूखैररुणीकृतानि ।
कोपोपरक्तान्यपि कामिनीनां मुखानि शङ्कां विदधुर्न यूनाम् ॥'

अत्र माणिक्यकुण्डलस्यारुणिमा मुखे आगन्तुकः ।

सामान्यं प्रकृतस्यान्यतादात्म्यं सदृशैर्गुणैः ।

यथा—

'मल्लिकाचितधम्मिल्लाश्चारुचन्दनचर्चिताः ।
अविभाव्याः सुखं यान्ति चन्द्रिकास्वभिसारिकाः ॥'

मीलिते उत्कृष्टगुणेन निकृष्टगुणस्य तिरोधानम् । इह तूभयोस्तुल्यगुणतया भेदाग्रहः ।

तद्गुणः स्वगुणत्यागादत्युत्कृष्टगुणग्रहः ॥ ९० ॥

यथा—

'जगाद वदनच्छद्मपद्मपर्यन्तपातिनः[2] ।
नयन्मधुलिहः श्वैत्यमुदग्रदशनांशुभिः ॥'

मीलिते प्रकृतस्य वस्तुनो वस्त्वन्तरेणाच्छादनम् । इह तु वस्त्वन्तरगुणेनाक्रान्तता प्रतीयत इति भेदः[3] ।

---

१ 'लक्षणा' इति ब. २ 'पर्यस्तपातिनः' इति ज—ब. ३ 'भेदः' इत्येतन्नास्ति ज—ब—पुस्तकयोः.

तद्रूपाननुहारस्तु हेतौ सत्यप्यतद्गुणः ।

यथा—

'हन्त सान्द्रेण रागेण भृतेऽपि हृदये मम ।
गुणगौर निषण्णोऽपि कथं नाम न रज्यसि ॥'

यथा वा—

'गाङ्गमम्बु सितमम्बु यामुनं कज्जलाभमुभयत्र मज्जतः ।
राजहंस तव सैव शुभ्रता चीयते न च न चापचीयते ॥'

पूर्वत्रातिरक्तहृदयसम्पर्कात्प्राप्तवदपि गुणगौरशब्दवाच्यस्य नायकस्य रक्तत्वं न निष्पन्नम् । उत्तरत्राप्रस्तुतप्रशंसायां विद्यमानायामपि गङ्गायमुनापेक्षया प्रकृतस्य हंसस्य गङ्गायमुनयोः सम्पर्केऽपि न तद्रूपता । अत्र च गुणाग्रहण-रूपविच्छित्तिविशेषाश्रयाद्विशेषोक्तेर्भेदः । वर्णान्तरोत्पत्त्यभावाच्च विषमात् ।

संलक्षितस्तु सूक्ष्मोऽर्थ आकारेणेङ्गितेन वा ॥ ९१ ॥
कयापि सूच्यते भङ्ग्या यत्र सूक्ष्मं तदुच्यते ।

सूक्ष्मः स्थूलमतिभिरसंलक्ष्यः । अत्राकारेण यथा—

'वक्त्रस्यन्दिस्वेदबिन्दुप्रबन्धैर्दृष्ट्वा भिन्नं कुङ्कुमं कापि कण्ठे ।
पुंस्त्वं तन्व्या व्यञ्जयन्ती वयस्या स्मित्वा पाणौ खड्गलेखां लिलेख ॥'

अत्र कयाचित्कुङ्कुमभेदेन संलक्षितं कस्याश्चित्पुरुषायितं पाणौ पुरुष-चिह्नखड्गलेखालिखनेन सूचितम् । इङ्गितेन यथा—

'सङ्केतकालमनसं विटं ज्ञात्वा विदग्धया ।
हसन्नेत्रार्पिताकूतं लीलापद्मं निमीलितम् ॥'

अत्र विटस्य भ्रूविक्षेपादिना लक्षितः सङ्केतकालाभिप्रायो रजनीकाल-भाविना पद्मनिमीलनेन प्रकाशितः ।

व्याजोक्तिर्गोपनं व्याजादुद्भिन्नस्यापि वस्तुनः ॥ ९२ ॥

यथा—

'शैलेन्द्रप्रतिपाद्यमानगिरिजाहस्तोपगूढोल्लस-
द्रोमाञ्चादि[१]विसंस्थुलाखिलविधिव्यासङ्गभङ्गाकुलः ।
आः शैत्यं तुहिनाचलस्य करयोरित्यूचिवान्सस्मितं
शैलान्तःपुरमातृमण्डलगणैर्दृष्टोऽवताद्वः शिवः ॥'

नेयं प्रथमापह्नुतिः । अपह्नवकारिणो विषयस्यानभिधानात् । द्वितीया-पह्नुतेर्भेदश्च तत्प्रस्तावे दर्शितः ।

---

१ 'रोमाञ्चातिविसंस्थुल' इति अ-ब.

स्वभावोक्तिर्दुरूहार्थस्वक्रियारूपवर्णनम् ।

दुरूहयोः कविमात्रवेद्ययोरर्थस्य डिम्भादेः स्वयोस्तदेकाश्रययोश्चेष्टास्वरूपयोः । यथा मम—

'लाङ्गूलेनाभिहत्य क्षितितलमसकृद्[1]दारयन्नग्रपद्भ्या-
मात्मन्येवावलीय द्रुतमथ गगनं प्रोत्पतन्विक्रमेण ।
स्फूर्जद्धूङ्कारघोषः प्रतिदिशमखिलान्द्रावयन्नेष[2] जन्तू-
न्कोपाविष्टः प्रविष्टः प्रतिवनमरुणोच्छूनचक्षुस्तरक्षुः ॥'

अद्भुतस्य पदार्थस्य भूतस्याथ भविष्यतः ॥ ९३ ॥
यत्प्रत्यक्षायमाणत्वं तद्भाविकमुदाहृतम् ।

यथा—

'मुनिर्जयति योगीन्द्रो महात्मा कुम्भसम्भवः ।
येनैकचुलुके दृष्टौ दिव्यौ तौ मत्स्यकच्छपौ ॥'

यथा वा—

'आसीदञ्जनमत्रेति पश्यामि तव लोचने ।
भाविभूषणसम्भारां साक्षात्कुर्वे तवाकृतिम् ॥'

न चायं प्रसादाख्यो गुणः । भूतभाविनोः प्रत्यक्षायमाणत्वे तस्याहेतुत्वात् । न चाद्भुतो रसः । विस्मयं प्रत्यस्य हेतुत्वात् । न चातिशयोक्तिरलङ्कारः । अध्यवसायाभावात् । न च भ्रान्तिमान् । भूतभाविनोर्भूतभावितयैव प्रकाशनात् । न च स्वभावोक्तिः । तस्य लौकिकवस्तुगतसूक्ष्मधर्मस्वभावस्यैव यथावद्वर्णनं स्वरूपम् । अस्य तु वस्तुनः प्रत्यक्षायमाणत्वरूपो विच्छित्तिविशेषोऽस्तीति । यदि पुनर्वस्तुनः क्वचित्स्वभावोक्तावप्यस्या विच्छित्तेः सम्भवस्तदोभयोः सङ्करः ।

'अनातपत्रोऽप्ययमत्र लक्ष्यते सितातपत्रैरिव सर्वतो वृतः ।
अचामरोऽप्येष सदैव वीज्यते विलासबालव्यजनेन कोऽप्ययम् ॥'

अत्र प्रत्यक्षायमाणस्यैव वर्णनान्नायमलङ्कारः । वर्णनावशेन प्रत्यक्षायमाणत्वस्यास्य [3]स्वरूपत्वात् । यत्पुनरप्रत्यक्षायमाणस्यापि वर्णने प्रत्यक्षायमाणत्वं तत्रायमलङ्कारो भवितुं युक्तः । यथोदाहृते 'आसीदञ्जनम्–' इत्यादौ ।

लोकातिशयसम्पत्तिवर्णनोदात्तमुच्यते ॥ ९४ ॥
यद्वापि प्रस्तुतस्याङ्गं महतां चरितं भवेत् ।

क्रमेणोदाहरणम्—

---

१ 'धारयन्' इति ज–ख. २ 'एव' इति नि. ३ 'सरूपत्वात्' इति नि.

'अधःकृताम्भोधरमण्डलानां यस्यां शशाङ्कोपलकुट्टिमानाम् ।
ज्योत्स्नानिपातात्क्षरतां पयोभिः केलीवनं वृद्धिमुरीकरोति ॥'
'नाभिप्रभिन्नाम्बुरुहासनेन संस्तूयमानः प्रथमेन धात्रा ।
अमुं युगान्तोचितयोगनिद्रः संहृत्य लोकान्पुरुषोऽधिशेते ॥'

रसभावौ तदाभासौ भावस्य प्रशमस्तथा ॥ ९५ ॥
गुणीभूतत्वमायान्ति यदालङ्कृतयस्तदा ।
रसवत्प्रेय ऊर्जस्वि समाहितमिति क्रमात् ॥ ९६ ॥

तदाभासौ रसाभासो भावाभासश्च । तत्र रसयोगाद्रसवदलङ्कारो यथा—'अयं स रसनोत्कर्षी–' इत्यादि । अत्र शृङ्गारः करुणस्याङ्गम् । एवमन्यत्रापि । प्रकृष्टप्रियत्वात्प्रेयः । यथा मम—

'आमीलितालसविवर्तिततारकाक्षीं मत्कण्ठबन्धनदरश्लथबाहुवल्लीम् ।
प्रस्वेदवारिकणिकाचितगण्डबिम्बां संस्मृत्य तामनिशमेति न शान्तिमन्तः ॥'

अत्र सम्भोगशृङ्गारः स्मरणाख्यभावस्याङ्गम् । स च विप्रलम्भस्य । ऊर्जो बलम्, अनौचित्यप्रवृत्तौ तदत्रास्तीत्यूर्जस्वि । यथा—

'वनेऽखिलकलासक्ताः परिहृत्य निजस्त्रियः ।
त्वद्वैरिवनितावृन्दे पुलिन्दाः कुर्वते रतिम् ॥'

अत्र शृङ्गाराभासो राजविषयरतिभावस्याङ्गम् । एवं भावाभासोऽपि । समाहितं परीहारः । यथा—

'अविरलकरवालकम्पनैर्भ्रुकुटीतर्जनगर्जनैर्मुहुः ।
ददृशे तव वैरिणां मदः स गतः क्वापि तवेक्षणे क्षणात् ॥'

अत्र मदाख्यभावस्य प्रशमो राजविषयरतिभावस्याङ्गम् ।

भावस्य चोदये सन्धौ मिश्रत्वे च तदाख्यकाः ।

तदाख्यका भावोदय–भावसन्धि–भावशबलनामानोऽलङ्काराः । क्रमेणोदाहरणम्—

'मधुपानप्रवृत्तास्ते सुहृद्भिः सह वैरिणः ।
श्रुत्वा कुतोऽपि त्वन्नाम लेभिरे विषमां दशाम् ॥'

अत्र त्रासादयो राजविषयरतिभावस्याङ्गम् ।

'जन्मान्तरीणरमणस्याङ्गसङ्गसमुत्सुका ।
सलज्जा चान्तिके सख्याः पातु नः पार्वती सदा ॥'

अत्रौत्सुक्यलज्जयोश्च सन्धिर्देवताविषयरतिभावस्याङ्गम् ।

'पश्येत्कश्चिच्चल चपल रे का त्वराहं कुमारी
हस्तालम्बं वितर हहहा व्युत्क्रमः क्वासि यासि ।

इत्थं पृथ्वीपरिवृढ भवद्विद्विषोऽरण्यवृत्तेः
कन्या कश्चित्फलकिसलयान्याददानाभिधत्ते ॥'

अत्र शङ्कासूयाधृतिस्मृतिश्रमदैन्यविबोधौत्सुक्यानां शबलता राजविषयरतिभावस्याङ्गम् । इह केचिदाहुः—'वाच्यवाचकरूपालङ्करणमुखेन रसाद्युपकारका एवालङ्काराः । रसादयस्तु वाच्यवाचकाभ्यामुपकार्या एवेति न तेषामलङ्कारता भवितुं युक्ता' इति । अन्ये तु—'रसाद्युपकारमात्रेणेहालङ्कृतिव्यपदेशो भाक्तश्चिरन्तनप्रसिद्ध्याङ्गीकार्य एव' इति । अपरे च—'रसाद्युपकारमात्रेणालङ्कारत्वं मुख्यतः, रूपकादौ तु वाच्याद्युपधानमजागलस्तनन्यायेन' इति । अभियुक्तास्तु—'स्वव्यञ्जकवाच्यवाचकाद्युपकृतैरङ्गभूतै रसादिभिरङ्गिनो रसादेर्वाच्यवाचकोपस्कारद्वारेणोपकुर्वद्भिरलङ्कृतिव्यपदेशो लभ्यते । समासोक्तौ तु नायिकादिव्यवहारमात्रस्यैवालङ्कृतिता, न त्वास्वादस्य, तस्योक्तरीतिविरहात्' इति मन्यन्ते । अत एव ध्वनिकारेणोक्तम्—

'प्रधानेऽन्यत्र वाक्यार्थे यत्राङ्गं तु रसादयः ।
काव्ये तस्मिन्नलङ्कारो रसादिरिति मे मतिः ॥'

यदि च रसाद्युपकारमात्रेणालङ्कृतित्वं तदा वाचकादिष्वपि तथा प्रसज्येत । एवं च यच्च कैश्चिदुक्तम्—'रसादीनामङ्गित्वे रसवदाद्यलङ्कारः । अङ्गत्वे तु द्वितीयोदात्तालङ्कारः' तदपि परास्तम् ।

यद्येत एवालङ्काराः परस्परविमिश्रिताः ॥ ९७ ॥
तदा पृथगलङ्कारौ संसृष्टिः सङ्करस्तथा ।

यथा लौकिकालङ्काराणामपि परस्परमिश्रणे पृथक्चारुत्वेन पृथगलङ्कारत्वं तथोक्तरूपाणां काव्यालङ्काराणामपि परस्परमिश्रत्वे संसृष्टिसङ्कराख्यौ पृथगलङ्कारौ । तत्र

मिथोऽनपेक्षयैतेषां स्थितिः संसृष्टिरुच्यते ॥ ९८ ॥

एतेषां शब्दार्थालङ्काराणाम् । यथा—

'देवः पायादपायान्नः स्मेरेन्दीवरलोचनः ।
संसारध्वान्तविध्वंसहंसः कंसनिषूदनः ॥'

अत्र पायादपायादिति यमकम् । संसारेत्यादौ चानुप्रास इति शब्दालङ्कारयोः संसृष्टिः । द्वितीये पादे उपमा, द्वितीयार्धे च रूपकमित्यर्थालङ्कारयोः संसृष्टिः । एवमुभयोः स्थितत्वाच्छब्दार्थालङ्कारसंसृष्टिः ।

---

१ 'विबाध' इति नि.

अङ्गाङ्गित्वेऽलङ्कृतीनां तद्वदेकाश्रयस्थितौ[1] ।
सन्दिग्धत्वे च भवति सङ्करस्त्रिविधः पुनः ॥ ९९ ॥

अङ्गाङ्गिभावो यथा—

'[2]आकृष्टिवेगविगलद्भुजगेन्द्रभोगनिर्मोकपट्टपरिवेष्टनयाम्बुराशेः ।
मन्थव्यथाव्युपशमार्थमिवाशु यस्य मन्दाकिनी चिरमवेष्टत पादमूले ॥

अत्र निर्मोकपट्टापह्नवेन मन्दाकिन्या आरोप इत्यपह्नुतिः । सा च मन्दाकिन्या वस्तुवृत्तेन यत्पादमूलवेष्टनं तच्चरणमूलवेष्टनमिति श्लेषमुत्थापयतीति तस्याङ्गम् । श्लेषश्च पादमूलवेष्टनमेव चरणमूलवेष्टनमित्यतिशयोक्तेरङ्गम् । अतिशयोक्तिश्च मन्थव्यथाव्युपशमार्थमिवेत्युत्प्रेक्षाया अङ्गम् । उत्प्रेक्षा चाम्बुराशिमन्दाकिन्योर्नायकनायिकाव्यवहारं गमयतीति समासोक्तेरङ्गम् ।

यथा वा—

'अनुरागवती संध्या दिवसस्तत्पुरःसरः ।
अहो दैवगतिश्चित्रा तथापि न समागमः ॥'

अत्र समासोक्तिर्विशेषोक्तेरङ्गम् । सन्देहसङ्करो यथा—

'इदमाभाति गगने भिन्दानं सन्ततं तमः ।
अमन्दनयनानन्दकरं मण्डलमैन्दवम्' ॥

अत्र किं मुखस्य चन्द्रतयाध्यवसानादतिशयोक्तिः, उत इदमिति[3] मुखं निर्दिश्य चन्द्रत्वारोपाद्रूपकम्[4], अथवा इदमिति मुखस्य चन्द्रमण्डलस्य च द्वयोरपि प्रकृतयोरेकधर्माभिसम्बन्धात्तुल्ययोगिता, आहोस्विच्चन्द्रस्याप्रकृतत्वाद्दीपकम्, किं वा विशेषणसाम्यादप्रस्तुतस्य मुखस्य गम्यत्वात्समासोक्तिः, यद्वाऽप्रस्तुतचन्द्रवर्णनया प्रस्तुतस्य मुखस्यावगतिरित्यप्रस्तुतप्रशंसा, यद्वा मन्मथोद्दीपनः कालः स्वकार्यभूतचन्द्रवर्णनामुखेन वर्णित इति पर्यायोक्तिरिति बहूनामलङ्काराणां सन्देहात् सन्देहसङ्करः ।

यथा वा 'मुखचन्द्रं पश्यामि' इत्यत्र किं मुखं चन्द्र इवेत्युपमा, उत चन्द्र एवेति रूपकमिति सन्देहः । साधकबाधकयोर्द्वयोरेकस्य सद्भावे न पुनः सन्देहः । यथा—'मुखचन्द्रं चुम्बति' इत्यत्र चुम्बनं मुखस्यानुकूलमित्युपमायाः साधकम् । चन्द्रस्य तु प्रतिकूलमिति रूपकस्य बाधकम् । 'मुखचन्द्रः प्रकाशते' इत्यत्र प्रकाशाख्यो धर्मो रूपकस्य साधको मुखे उपचरितत्वेन सम्भवतीति नोपमाबाधकः ।

'राजनारायणं लक्ष्मीस्त्वामालिङ्गति निर्भरम्'

अत्र योषित आलिङ्गनं नायकस्य सदृशे नोचितमिति लक्ष्म्यालिङ्गनस्य

---

१ 'स्थिता' इति ज—ब. २ 'आकृष्ट' इति ज—ब. ३ 'इदमिदमिति' इति नि. ४ 'चन्द्रत्वारोपान्मुखम्' इति नि.

राजन्यसम्भवादुपमाबाधकम्, नारायणे सम्भवाद्रूपकम् । एवम्—

'वदनाम्बुजमेणाक्ष्या भाति चञ्चललोचनम् ।'

अत्र वदने लोचनस्य सम्भवादुपमायाः साधकता, अम्बुजे चासम्भवाद्रूपकस्य बाधकता । एवं 'सुन्दरं वदनाम्बुजम्' इत्यादौ साधारणधर्मप्रयोगे 'उपमितं व्याघ्रादिभिः सामान्याप्रयोगे' इति वचनादुपमासमासो न सम्भवतीत्युपमाया बाधकः । एवं चात्र मयूरव्यंसकादित्वाद्रूपकसमास एव । एकाश्रयानुप्रवेशो यथा मम—

'कटाक्षेणापीषत्क्षणमपि निरीक्षेत यदि सा
तदानन्दः सान्द्रः स्फुरति पिहिताशेषविषयः ।
सरोमाञ्चोदञ्चत्कुचकलशनिर्भिन्नवसनः
परीरम्भारम्भः क इव भविताम्भोरुहदृशः ॥'

अत्र कटाक्षेणापीषत्क्षणमपीत्यत्र च्छेकानुप्रासस्य निरीक्षेतेत्यत्र क्षकारमादाय वृत्त्यनुप्रासस्य चैकाश्रयेऽनुप्रवेशः । एवं चात्रैवानुप्रासार्थापत्त्यलङ्कारयोः । यथा वा—'संसारध्वान्तविध्वंस—' इत्यत्र रूपकानुप्रासयोः । यथा वा—'कुरबका रवकारणतां ययुः' इत्यत्र रबका रवका इत्येकं बकारवकार—इत्येकमिति यमकयोः ।

यथा वा—

'अहिणअपओअरसिएसु पहिअसामाइएसु दिअहेसु ।
[1]सोहइ पसारिअगिआणं णच्चिअं मोरवन्दाणम् ॥'

अत्र 'पहिअसामाइएसु' इत्येकाश्रये पथिकश्यामायितेत्युपमा, पथिकसामाजिकेष्विति रूपकं प्रविष्टमिति ।

श्रीचन्द्रशेखरमहाकविचन्द्रसूनु-
श्रीविश्वनाथकविराजकृतं प्रबन्धम् ।
साहित्यदर्पणममुं सुधियो विलोक्य
साहित्यतत्त्वमखिलं सुखमेव वित्त ॥ १०० ॥

यावत्प्रसन्नेन्दुनिभानना श्रीर्नारायणस्याङ्कमलङ्करोति ।
तावन्मनः संमदयन्कवीनामेष प्रबन्धः प्रथितोऽस्तु लोके ॥१०१॥

इत्यालङ्कारिकचक्रवर्तिसान्धिविग्रहिकमहापात्रश्रीविश्वनाथकविराजकृते
साहित्यदर्पणे दशमः परिच्छेदः ।

समाप्तश्चायं प्रबन्धः ।

---

१ 'रहसपसारिअ०' इति नि.

Appendix

(Verses 1–14 of the tenth Pariccheda of साहित्यदर्पण which have not been annotated)

शब्दार्थयोरस्थिरा ये धर्माः शोभातिशायिनः ।
रसादीनुपकुर्वन्तोऽलङ्कारास्तेऽङ्गदादिवत् ॥ १ ॥
आपाततो यदर्थस्य पौनरुक्त्यावभासनम् ।
पुनरुक्तवदाभासः स भिन्नाकारशब्दगः ॥ २ ॥
अनुप्रासः शब्दसाम्यं वैषम्येऽपि स्वरस्य यत् ।
छेको व्यञ्जनसङ्घस्य सकृत्साम्यमनेकधा ॥ ३ ॥
अनेकस्यैकधा साम्यमसकृद्वाप्यनेकधा ।
एकस्य सकृदप्येष वृत्त्यनुप्रास उच्यते ॥ ४ ॥
उच्चार्यत्वाद्यदेकत्र स्थाने तालुरदादिके ।
सादृश्यं व्यञ्जनस्यैव श्रुत्यनुप्रास उच्यते ॥ ५ ॥
व्यञ्जनं चेद्यथावस्थं सहाद्येन स्वरेण तु ।
आवर्त्यतेऽन्त्ययोज्यत्वादन्त्यानुप्रास एव तत् ॥ ६ ॥
शब्दार्थयोः पौनरुक्त्यं भेदे तात्पर्यमात्रतः ।
लाटानुप्रास इत्युक्तोऽनुप्रासः पञ्चधा ततः ॥ ७ ॥
सत्यर्थे पृथगर्थायाः स्वरव्यञ्जनसंहतेः ।
क्रमेण तेनैवावृत्तिर्यमकं विनिगद्यते ॥ ८ ॥
अन्यस्यान्यार्थकं वाक्यमन्यथा योजयेद्यदि ।
अन्यः श्लेषेण काक्वा वा सा वक्रोक्तिस्ततो द्विधा ॥ ९ ॥
शब्दैरेकविधैरेव भाषासु विविधास्वपि ।
वाक्यं यत्र भवेत्सोऽयं भाषासम इतीष्यते ॥ १० ॥
श्लिष्टैः पदैरनेकार्थाभिधाने श्लेष इष्यते ।
वर्णप्रत्ययलिङ्गानां प्रकृत्योः पदयोरपि ॥ ११ ॥
श्लेषाद्विभक्तिवचनभाषाणामष्टधा च सः ।
पुनस्त्रिधा सभङ्गोऽथाभङ्गस्तदुभयात्मकः ॥ १२ ॥
पद्माद्याकारहेतुत्वे वर्णानां चित्रमुच्यते ।
काव्यान्तर्गडुभूता या सा तु नेह प्रपञ्च्यते ॥ १३ ॥
रसस्य परिपन्थित्वान्नालङ्कारः प्रहेलिका ।
उक्तिवैचित्र्यमात्रा सा च्युतदत्ताक्षरादिका ॥ १४ ॥
साम्यं वाच्यमवैधर्म्यं वाक्यैक्य उपमा द्वयोः ॥

*

PARICHCHHEDA I

ग्रन्थारम्भे &c. (**p. 1, l. 5**). All Sanskrit writers generally introduce their works with a salutation or benediction. This (Maṅgala as it is called) is necessary for the removal of obstacles and for the safe completion of the work undertaken. The efficacy of maṅgala is emphasized by so early a writer as Patañjali, who says "माङ्गलिक आचार्यो महतः शास्त्रौघस्य मङ्गलार्थं सिद्धशब्दमादितः प्रयुङ्क्ते मङ्गलादीनि हि शास्त्राणि प्रथन्ते वीरपुरुषकाणि च भवन्त्यायुष्मत्पुरुषकाणि चाध्येतारश्च सिद्धार्था यथा स्युरिति।" (**p. 7**, vol. I of the महाभाष्य ed. by Kielhorn). Compare also the interesting discussion about the necessity and efficacy of maṅgala in the Siddhānta-muktāvali and the Tarkadīpikā of Annam-bhaṭṭa.

It would have been better if the author had said प्रारिप्सितनिर्विघ्नपरिसमाप्तिकामः instead of निर्विघ्नेन प्रारिप्सितपरिसमाप्ति०. But he is in good company; e. g. Abhinavagupta says in his ध्वन्यालोकलोचन "व्याख्यातृश्रोतृणामविघ्नेनाभीष्टव्याख्याश्रवणलक्षणफलसम्पत्तये &c." (p. 1); and नमिसाधु in his comment upon Rudraṭa's Kāvyālaṅkāra says "अविघ्नेन शास्त्रसमाप्त्यर्थं" (p. 1). अविघ्नेन प्रारिप्सितपरिसमाप्तिकामः desiring the unobstructed completion of what he wishes to begin. वाङ्मयाधिकृततया (**p. 1. l. 5.**)—वाङ्मये अधिकृततया. वाङ्मय* means "Literature"; compare लिपेर्यथावद्ग्रहणेन वाङ्मयं नदीमुखेनेव समुद्रमाविशत् ॥ रघु. III. 28. वाङ्मयाधि० means 'Because, She (Goddess of speech) is the constituted authority in or has sway over the province of Literature'. वाग्देवतायाः सांमुख्यमाधत्ते—supply ग्रन्थकृत्—'He (the author) makes the Goddess of speech favourable (to his object)'. विश्वनाथ wrote the Kārikās as well as the Vṛtti. But he speaks of himself in the third person (आधत्ते), following the practice of such writers as Mammaṭa, who says "ग्रन्थारम्भे विघ्नविघाताय...ग्रन्थकृत् परामृशति." Compare the words of मेधातिथि 'प्रायेण ग्रन्थकाराः स्वमतं परापदेशेन ब्रुवते' or of कुल्लूक (on मनु I. 4) 'प्रायेणाचार्याणामियं शैली यत्स्वाभिप्रायमपि परोपदेशमिव वर्णयन्ति.'

शरदिन्दु० (**p. 1. ll. 7–8**). Construe सा शरदिन्दुसुन्दररुचिः गिरां देवी तमः अपहृत्य मे चेतसि अखिलान् अर्थान् सन्ततं प्रकाशयतु. सा means 'well-

---

* For the derivation of वाङ्मय see सिद्धान्तकौमुदी on the वार्तिक 'एकाचो नित्यम्' on 'नित्यं वृद्धशरादिभ्यः' IV. 3. 144.

known.' शरदिन्दु०—Dissolve शरदिन्दोरिव सुन्दरी रुचिर्यस्याः. Many writers on Rhetoric appropriately praise the goddess of speech at the beginning of their works; vide the काव्यप्रकाश, the काव्यादर्श, अलङ्कारसर्वस्व &c.

अस्य ग्रन्थस्य...फलवत्त्वम् (p. 1, l. 9). 'As this work is ancillary to poetry it can be fruitful by the fruits of Poetry only.' No one, not even a fool, does anything without having some purpose in view. Unless the author tells us what is to be gained by a study of his work, nobody will care to learn it.* Therefore the फल of the study of this work must be mentioned, This work is auxiliary to poetry inasmuch as it helps us to understand thoroughly the elements of poetry, and consequently helps the reader by giving him a capacity to appreciate and to compose the best poetry. So the final aim of it being proper appreciation and creation of poetry, the aim and purpose of poetry must be the end and aim of this book also.†

चतुर्वर्ग०—(p. 1, l. 10). Construe यतः अल्पधियामपि चतुर्वर्गफलप्राप्तिः काव्यादेव सुखात् (भवति) तेन (तस्मात्) तत्स्वरूपं (काव्यस्वरूपं) निरूप्यते. चतुर्वर्ग means 'the class of four' *i. e.* the four पुरुषार्थs. धर्म, अर्थ' काम and मोक्ष. (p. 1, l. 12). काव्यतः चतुर्वर्गफलप्राप्तिः सुप्रतीतैव—It is well-known that the four (mentioned above) are the fruits of poetry. रामादिवत्......उपदेशद्वारेण—प्रवृत्ति and निवृत्ति are to be construed respectively with कृत्य and अकृत्य, i. e. कृत्ये प्रवृत्तिः अकृत्यात् निवृत्तिः; compare the words of Mammaṭa रामादिवद्वर्तितव्यं न रावणादिवदित्युपदेशं च यथायोगं......करोतीति (K. P. 1 Ul.). The fruits of Poetry are differently given by different writers:—e. g. रुद्रट in his Kāvyālaṅkāra (I. 4-13) practically says the same thing as our author. Vāmana, on other hand, says that the fruits of Kāvya are प्रीति (pleasure) and कीर्ति (I. 1. 5). Compare the words of Mammaṭa 'काव्यं यशसेऽर्थकृते व्यवहारविदे शिवेतरक्षतये। सद्यः परनिर्वृतये कान्तासंमिततयोपदेशयुजे॥' (K. P. उल्लास I.)

धर्मार्थकाम० (p. 1, ll. 15-16). This verse is taken from the ancient Rhetorician Bhāmaha (I. 2). A Transcript in our possession reads 'प्रीतिं करोति कीर्तिं च साधुकाव्यनिबन्धनम्'. But the

---

* सर्वस्यैव हि शास्त्रस्य कर्मणो वापि कस्यचित्।
यावत्प्रयोजनं नोक्तं तावत् तत्केन गृह्यते॥ श्लोकवा. 1, 12.

† यथा दर्शपौर्णमासाङ्गानां प्रयाजादीनां दर्शपौर्णमासफलेनैव फलवत्त्वं तथा काव्याङ्गस्यास्य ग्रन्थस्य काव्यफलैरेव फलवत्त्वमिति भावः।

verse is everywhere quoted as it is in the text. साधुकाव्यनिषेवणम् constant application to, or study of, good Poetry (whether by way of composing it or reading it). प्रीतिं करोति causes delight (to the author as well as to the reader). वैचक्षण्य means 'thorough mastery, proficiency.'

किं च......व्युत्पत्त्याधायकत्वाच्च (p. 1, ll. 17-20). The author shows how Poetry severally leads to the attainment of each of the four goals of men. The word काव्यात् is to be connected with each of the four words धर्मप्राप्तिः, अर्थप्राप्तिः etc. एकः शब्दः सम्यग्ज्ञातः— This passage is often quoted as a Vedic one. The readings, however, are different in each case. J and B read स्वर्गे लोके च (in heaven as well as in this world) for स्वर्गे लोके. Our reading is supported by the तन्त्रवार्तिक (p. 228), by कैयट (p. 10) and by the सर्वदर्शनसंग्रह (p. 139 B. I. edition). The तन्त्रवार्तिक adds शास्त्रान्वितः. Compare for the idea the verse—गौर्गौः कामदुघा सम्यक्प्रयुक्ता स्मर्यते बुधैः। दुष्प्रयुक्ता पुनर्गोत्वं प्रयोक्तुः सैव शंसति ॥ काव्यादर्श I. 6. अर्थप्राप्तिश्च प्रत्यक्षसिद्धा—As to the attainment of wealth (by means of Poetry), we see it with our own senses i. e. we see men making money by writing poems. कामप्राप्तिश्चार्थद्वारैव—Poetry does not directly lead to the attainment of physical comfort, but only indirectly i. e. it makes the poet rich and then he can enjoy life. Compare कामन्दक I. 49. "धर्मादर्थोऽर्थतः कामः कामात्सुखफलोदयः।". मोक्षप्राप्तिश्चैत......सन्धानात्—एतज्जन्यं (काव्यजन्यं) यद्धर्मफलं तस्य अननुसन्धानात् by not regarding (as the goal) or not hankering after the fruits of merit produced by it (by writing poems). The idea may be explained as follows:—The composition of poems leads, as said above, to the attainment of religious merit and the pleasures of heaven as a consequence of it. These, although in themselves good enough, are not the highest goal to be aimed at. They are transitory after all. One should not rest content with them, because when one's merit is exhausted, one will have again to suffer a fall from heaven. One should therefore aim at Final Beatitude (मोक्ष). This one can do only if a man performs his individual duties without hankering after their proffered reward and thus strives to attain to correct knowledge, knowledge contained in the Upanishads &c. Compare तद्यथेह कर्मचितो लोकः क्षीयते एवमेवामुत्र पुण्यचितो लोकः क्षीयते। छा० उप० VIII. 1. 6; प्लवा ह्येते अदृढा यज्ञरूपा अष्टादशोक्तमवरं येषु कर्म। एतच्छ्रेयो येऽभिनन्दन्ति मूढा जरामृत्युं ते पुनरेवापियन्ति ॥ मुण्डकोपनि० I. 2. 7. मोक्षोपयोगिवाक्ये व्युत्पत्त्याधायकत्वाच्च—The passages which are useful for attaining Moksha are those contained in the Upanishads, the Bhagavadgītā, महाभारत, the भागवतपुराण and others. व्युत्पत्ति* means 'thorough understanding or comprehension'. व्युत्पत्त्याधायकत्वात्—Because it produces a thorough comprehension of.

चतुर्वर्गप्राप्तिर्हि...काव्यादेव (p. 1, ll. 20-22). In these lines the author points out the superiority of Poetry over the Vedas &c. as regards the attainment of the four पुरुषार्थs. The Vedas and Śāstras are equally capable of leading to धर्म &c.; but Poetry is superior to them in three points:—I. Vedas &. are dry and insipid; while Poetry causes the highest pleasure; II. The Vedas can be learnt with great difficulty; while Poetry is comparatively very easy; III. It is those of mature intellect only who can study the Vedas, while Poetry can be learnt even by those whose intellect is tender (not developed). Compare प्रतापरुद्रीय (p. 5) 'यथा वेदशास्त्रपुराणादेर्हितप्राप्तिरहितनिवृत्तिश्च तथा सदाश्रयात्काव्यादपि । इयान् विशेषः । काव्यात्कर्तव्यताधीः सरसा अन्यत्र न तथा ॥'. परमानन्दसन्दोह—परमश्चासौ आनन्दः तस्य सन्दोहः (परम्परा). For सुकुमारमतीनां &c. compare the words of प्रदीप (p. 7. Chandorkar 'ये सुकुमारमतयोऽतिसुखित्वभाजः राजकुमारादयो नीरसे नीतिशास्त्रे प्रवर्तयितुमशक्यास्तान्काव्यं कान्तेव सरसतापादनेनाभिमुखीकृत्योपदेशं ग्राहयति । गुडजिह्विकया शिशूनिवौषधम् ।)'. Compare also "ननु काव्येन क्रियते सरसानामवगमश्चतुर्वर्गे । लघु मृदु च नीरसेभ्यस्ते हि त्रसन्ति शास्त्रेभ्यः ॥" रुद्रटकाव्या० XII. 1; *vide* वक्रोक्तिजीवित (I. 4.) 'धर्मादिसाधनोपायः सुकुमारक्रमोदितः । काव्यबन्धोभिजातानां हृदयाह्लादकारकः ॥'.

ननु तर्हि परिणतबुद्धिभिः......न स्यात् (p. 1, l. 23-p. 2, l, 2) If an objector were to say 'Let Poetry be useful to those whose minds are not mature, but why is Poetry necessary for those whose intellects are mature, as they can very well grasp the meaning of the Vedas?' We reply:—it is quite true that they can understand the Vedas and would attain to धर्म, but even to them the study of the Vedas would be dry and difficult, while Poetry will be pleasing and easy, and yet will bring about the same result. Who would then not prefer the more pleasing to the one which is dry and troublesome? कटुकौषधेन उपशमनीयः to be cured by bitter drugs. सितशर्करा sugar-candy. Compare for the idea कटुकौषधवच्छास्त्रमविद्याव्याधिनाशनम् । आल्हाद्यमृतवत्काव्यमविवेकगदापहम् ॥ काव्यालङ्कारकामधेनु (p. 6. Benares edition). The last verse is taken from the वक्रोक्तिजीवित (I. 7).

---

* See रुद्रट's definition 'छन्दोव्याकरणकलालोकस्थितिपदपदार्थविज्ञानात् । युक्तायुक्तविवेको व्युत्पत्तिरियं समासेन' ॥ I. 18.

किं च काव्यस्योपादेयत्वम्—&c. **(p. 2, l. 3 ff.).** In the foregoing passage the author has established by reasoning the excellence of poetry; now he quotes ancient authority in support of his views. अग्निपुराण—This Purāṇa is a peculiar one. It is a sort of an Encyclopædia of Sanskrit literature. It has chapters on साहित्य, छन्दःशास्त्र, पालकाप्य, शालिहोत्र, &c. It is something like "Enquire within for everything." Vide Introduction. नरत्वं दुर्लभं occurs in अग्नि० 327. 3 and 4 (Ānandāśrama ed.). For सुदुर्लभा, the printed Purāṇa has च दुर्लभा. कवित्वं दुर्लभं तत्र शक्तिस्तत्र सुदुर्लभा-to attain to the position of a poet is very rare there (i. e. even among those who are learned) and (real) poetic inspiration is rarer still among them (the so-called poets). The Agnipurāṇa makes a distinction between कवित्व and शक्ति. शक्ति is the same as प्रतिभा as said by रुद्रट 'प्रतिभेत्यपरैरुदिता" I. 16. शक्ति or प्रतिभा is defined by मम्मट as कवित्वबीजरूपः संस्कारविशेषः, by रुद्रट as 'मनसि सदा सुसमाधिनि विस्फुरणमनेकधाभिधेयस्य। अक्लिष्टानि पदानि च विभान्ति यस्यामसौ शक्तिः'॥ I. 15 and by Jagannātha 'काव्यघटनानुकूलशब्दार्थोपस्थितिः' (p. 8 of R. G.); 'प्रज्ञा नवनवोन्मेषशालिनी प्रतिभा मता' ।' भट्टतौत. त्रिवर्गसाधनं नाट्यम्—These words occur in the Agnipurāṇa, adhyāya 338. 7 (Ānan. ed.) 'विशेषोऽवसरे वाच्यः सामान्यं पूर्वमुच्यते। त्रिवर्गसाधनं नाट्यमित्याहुः करणं च यत्॥'. तौर्यत्रिकं नृत्यगीतवाद्यं नाट्यमिदं त्रयम्। अमर० 1. 7. 10. त्रिवर्ग means the three viz., धर्म, अर्थ, and काम. नाट्य (the science of dramaturgy or dramatic representation) is a means of accomplishing the three. काव्यालापाश्च &c. This occurs in the विष्णुपुराण I. 22. 84 (ed. by Mr. Bhagavat). There we read एतद्वपुर्विष्णोर्महात्मनः (for एते विष्णोरंशा महात्मनः of the text).

तेन हेतुना &c. **(p. 2, l. 9)**—the word तेन here is the one occurring in the कारिका 'चतुर्वर्गफलप्राप्तिः, &c. above. तेन हेतुना for that reason. एतेनाभिधेयं च प्रदर्शितम्—By the words (तत्स्वरूपं निरूप्यते) the subject of this treatise has been indicated. After pointing out the reward of reading this book (i. e. the प्रयोजन or फल) the author points out the subject(अभिधेय i. e. विषय) of the work. According to ancient Sanskrit writers, every book has four requisites or अनुबन्धs as they are called, viz. अधिकारिन्, विषय, सम्बन्ध and प्रयोजन. Compare वेदान्तसार p. 3. 'तत्रानुबन्धो नामाधिकारिविषयसम्बन्धप्रयोजनानि।'. Here the author spoke of प्रयोजन and now speaks of the विषय. The सम्बन्ध is that of कार्यकारणभाव between the प्रयोजन and विषय. The अधिकारी is one that wants to learn the essentials of poetry.

कश्चिदाह-तददोषौ &c. (p. 3, l. 10 ff). The author alluded to is Mammaṭa, who defines Kāvya as quoted by S. D. here. Construe अदोषौ सगुणौ पुनः क्वापि अनलङ्कृती शब्दार्थौ तत् (i. e. काव्यम्)—poetry is constituted by word and sense which are faultless and possessed of qualities and which are further rarely without figures of speech. एतच्चिन्त्यम् Lit. 'This should be considered' i. e. this is doubtful, improper.

Our author first selects for criticism the word अदोषौ in Mammaṭa's definition of poetry. यदि दोषरहितस्यैव काव्यत्वाङ्गीकारः &c. (p. 2, l. 12)—If you accept as poetry that alone which is free from fault, then the verse न्यक्कारो &c. would not be a poem as it has the fault विधेयाविमर्श.

न्यक्कारो ह्ययमेव &c. (p. 2, ll. 14-18). रामेण राक्षसक्षये क्रियमाणे क्षुब्धान्तःकरणस्य रावणस्य स्वाधिक्षेपोक्तिरियम् । उ. च. That there are enemies (to me) is itself a humiliation; to add to it, he is an anchorite and as such kills a number of Rākshasas just here (under my nose). Oh wonder, then, that Rāvaṇa lives yet. सोऽप्यत्रैव निहन्ति राक्षसकुलम्—तापसोऽपि मत्समीपे एव (लङ्कायामेव न तु दूरे) राक्षसकुलं हन्तीति न्यक्कारातिशयः. जीवत्यहो रावणः—Ha! does Rāvaṇa live (as all this happens, Rāvaṇa must not be living, some one would say; but alas, he is alive). धिक् धिक् &c—Fie upon (my mighty son) the conqueror of Indra; what is the use of Kumbhakarṇa being awakened (mighty brother and ally though he be)? स्वर्गग्राम...भुजैः—The plural is used because Rāvaṇa had twenty arms (contrasted with the two of the ascetic Rāma). स्वर्ग एव ग्रामटिका (क्षुद्रग्रामः) तद्विलुण्ठनेन वृथोच्छूनैर्वृथापुष्टैः—what is the use of these arms that are fattened or puffed up in vain with the spoils of the puny hamlet of heaven? What is called विधेयाविमर्श here is the same as the more general name, अविमृष्टविधेयांश i. e. 'अविमृष्टः (प्राधान्येनानिर्दिष्टः) विधेयांशः यत्र' प्रदीप p. 214. Every sentence is made up of two parts, the subject (अनुवाद्य) and the predicate (विधेय). It is a general rule that the subject is placed first and the predicate last. In ordinary life, we refer to the subject first and then predicate something about it. If we change this order, then there may be confusion in understanding the exact meaning of the speaker. What comes at the beginning of a sentence would be called the subject and it might really have been meant as the predicate. Let us take an example. In the verse the word 'अयम्' refers to the existence of enemies and it is the intention of the speaker to convey, what is not known from any other source, that the existence of enemies is a great humiliation; therefore the word न्यक्कार is the predicate. The natural order, then, of tha words ought to be अयमेव न्यक्कार: and not न्यक्कारोऽयमेव, in accordance with the old maxim 'one should not utter the predicate before the subject is expressed' 'अनुवाद्यमनुक्त्वैव न विधेयमुदीरयेत् । न ह्यलब्धास्पदं किंचित्कुत्रचित्प्रतितिष्ठति' ॥*. The order being inverted, we understand the meaning intended after an effort. As, instead of saying अयमेव न्यक्कार:, the speaker says 'न्यक्कार: अयमेव' (all distinct words), the fault is said to be वाक्यगत. वाक्यगत अविमृष्टविधेयांश is defined in the Ekāvali as अनुवाद्यविधेयांशावुक्तौ स्यातां विपर्ययेण यदा । अविमृष्टविधेयांशो भवति तदानीं तु वाक्यगत: ॥ p. 159; see also the साहित्यदर्पण (p. 371 Nir.). "'न्यक्कारो ह्ययमेव मे यत्' इत्यत्र चायमेव न्यक्कार इति न्यक्कारस्य विधेयत्वं विवक्षितम् । तच्च शब्दरचनावैपरीत्येन गुणीभूतम् । रचना च पदद्वयस्य विपरीतेति वाक्यदोष: ।". अनुवाद्य and विधेय are defined as follows:—यच्छब्दयोग: प्राथम्यं सिद्धत्वं चाप्यनूद्यता । तच्छब्दयोग औत्तर्यं साध्यत्वं च विधेयता ॥. The subject is that which is connected with the relative pronoun (यत्), which comes first in the sentence and which is accomplished (or well-known); while the predicate is connected with the pronoun 'that' (तत्), it is subsequent (to the अनुवाद्य) and it is something to be accomplished (or not known). Moreover, in the words वृथोच्छूनै: किमेभिर्भुजै: there is अविमृष्टविधेयांश (पदगत) दोष. Here the subject is the fact of being puffed up (i. e. उच्छूनत्व is the अनुवाद्य) and what is predicated is the uselessness of this pride (i. e. वृथात्व is the विधेय). But this विधेय, as it forms part of the compound वृथोच्छूनै:, becomes subordinate. It is the subject that is subordinate in a sentence† and hence वृथा, the real विधेय, presents the appearance of being the subject, which is subordinate and thus there is अविमृष्टविधेयांशदोष. See साहित्यद० (p. 366) 'अत्र वृथात्वं विधेयम्, तच्च समासे गुणीभावादनुवाद्यत्वप्रतीतिकृत् ।".

प्रत्युत ध्वनित्वेन etc. (p. 2, l. 17). Although the verse 'न्यक्कारो ह्ययमेव' is thus tainted with the fault of अविमृष्टविधेयांश, still it

---

* This is often quoted as from Kumārila, but we do not find it in the index to the श्लोकवार्तिक. It is, however, an old न्याय, as it is quoted even by Hemachandra (p. 172 of काव्यानुशासन, Nir. Ed.)

† See प्रदीप (p. 214) 'प्राधान्यं च विधिप्रतीतियोग्यता । सा चानुपसर्जनीभूतत्वे सत्युद्देश्यानन्तर्यम्' ।; also तरल p. 162 'इह विधेयस्य प्राधान्यं नाम तात्पर्यविषयत्वमात्रम्, अप्राधान्यं चानुवाद्यस्यातद्विषयत्वमात्रम्' ।

has been admitted to be a specimen of the highest type of Poetry as it contains suggestion. It is Ānandavardhana, the author of the ध्वन्यालोक, who looks upon this verse as a specimen of the highest type of Poetry (see pp. 153-154 of the ध्वन्यालोक). Poetry is divided by Ānandavardhana and others like मम्मट into three varieties, उत्तम, मध्यम, and अधम. That is उत्तम काव्य where the व्यंग्य (suggested) sense far excels the expressed sense.* It is also called ध्वनि. In the verse under discussion, मे यदरयः, तत्राप्यसौ तापसः, रावणः, धिग्धिक्, भुजैः etc. suggest meanings that are far more charming than the plain expressed sense,† *i. e.* by the word भुजैः (in the plural), it is suggested that they are a mere burden; by the word तापस is suggested the idea that he must be destitute of prowess. As Mammaṭa is a great admirer of आनन्दवर्धन and as he defines उत्तम or ध्वनिकाव्य in the same way as आनन्दवर्धन does, he (मम्मट) also must be looked upon as regarding the verse 'न्यक्कारो ह्ययमेव' etc. as an example of उत्तम काव्य.

Kāvya is defined above as अदोषौ etc.; this verse (न्यक्कारो etc.) is shown to be faulty; therefore it cannot be an example of Poetry; but it has been implicitly admitted to be the highest type of Poetry by Mammaṭa. So his definition is too narrow, as it would exclude the verse in question from the province of Poetry. तस्मादव्याप्तिर्लक्षणदोषः (p. 2, l. 18). Every definition must be free from three faults, viz. अव्याप्ति, अतिव्याप्ति and असम्भव. It must neither be too narrow, nor too wide, nor quite impossible. Here Mammaṭa's definition of काव्य is open

* इदमुत्तममतिशयिनि व्यंग्ये वाच्याद्ध्वनिर्बुधैः कथितः। काव्यप्र० I. 4.

† See ध्वन्यालोक p. 153 on न्यक्कारो etc.—'अत्र हि श्लोके भूयसा सर्वेषामप्येषां स्फुटमेव व्यञ्जकत्वं दृश्यते।......एवंविधस्य व्यञ्जकभूयस्त्वे च घटमाने काव्यस्य सर्वातिशायिनी बन्धच्छाया समुन्मीलति। यत्र हि व्यंग्यावभासिनः पदस्यैकस्यैव तावदाविर्भावस्तत्रापि काव्ये कापि बन्धच्छाया किमुत यत्र तेषां बहूनां समवायः। यथात्रानन्तरोदितश्लोके; read the remarks of लोचन on these words of the ध्वन्यालोक. See हेमचन्द्र's अ. वि. p. 181 'मम अरय इति बहुवचनेन शत्रुशत्रुमद्भावो ममानुचित इति सम्बन्धानौचित्यं क्रोधविभावो व्यज्यते। तपो विद्यते यस्येति पौरुषकथाहीनत्वं तद्धितेन मत्वर्थीयेनाभिव्यक्तम्। तत्रापिशब्देन निपातसमुदायेन तापसस्य सतः शत्रुताया अत्यन्तसम्भाव्यमानत्वमभिव्यक्तम्। मत्कर्तृका यदि जीवनक्रिया तदा हननक्रिया तावदनुचिता तस्यां च स कर्ता। अपिशब्देन मानुषमात्रकः। अत्रैवेति मदधिष्ठितो देशोऽधिकरणम्।......विलुण्ठनशब्दे विशब्दस्योपसर्गस्य निर्दयावस्कन्दव्यञ्जकत्वं वृथाशब्देन स्वात्मपौरुषनिन्दा व्यज्यते। भुजैरिति बहुवचनेन प्रत्युत भारमात्रमेतदिति व्यज्यते इति।'

to the fault of अव्याप्ति, because, as said above, it excludes such a verse as न्यक्कारो &c. which is universally acknowledged to be the best type of poetry,

ननु कश्चिदेवांशः.........चेत् (p. 2, l. 18). An objection is raised against the criticism of Mammaṭa's definition तददोषौ &c. In the verse न्यक्कारः etc., it is only a *part* that is faulty, and not the *whole;* therefore we may omit what is faulty and regard the remainder as an example of poetry. To this S. D. replies in the words तर्हि......निर्दोषस्यैकान्तमसम्भवात् (p. 2, ll, 19--28). The first objection against the above compromise is contained in the words तर्हि यत्रांशे to किमपि न स्यात्. That part of the verse न्यक्कारः etc. in which there is a fault leads us to call it non-poetry; while that part of it in which there is Dhvani *i. e.* suggestion, leads us to call it the best poetry. Thus, being dragged in two opposite directions by these two parts, the verse would neither be poetry nor non-poetry.

न च कंचिदेवांशं &c. (p. 2, l. 21). In these words S. D. attacks the idea that one par of a verse may be faulty, while the remainder may be good poetry. He says that such blemishes as श्रुतिदुष्ट etc. (harsh or jarring expression)do not mar a *part* of a poem merely, but the *whole* poem if they are faults at all. The idea is that harshness spoils the charm of the Rasa and therefore of the whole verse and not only of those particular words which are harsh. In certain circumstances, however, harshness may be an ornament, instead of being a blemish. Hence, harshness is either a blemish or not a blemish. If the former, it mars the beauty of the whole poem. In such a case, then, you cannot say 'Let a part be faulty; whole remainder may be good poetry.' If in न्यक्कारो etc. it is admitted that there is अविमृष्टविधेयांशदोष, then the whole verse becomes faulty and hence it would not be poetry at all. On श्रुतिदुष्ट, the लोचन remarks (p. 82) "श्रुतिदुष्टा अर्थदुष्टा वाक्यार्थबलादश्लीलार्थप्रतिपत्तिकारिणः। यथा 'छिद्रान्वेषी महान्स्तब्धो घातायैवोपसर्पति'। कल्पनादुष्टा तु द्वयोः पदयोः कल्पना। यथा 'कुरु रुचिम्' इत्यत्र* क्रमव्यत्यासे। श्रुतिकटुस्तु अधाक्षीत् अक्षौत्सीत् तृणेढि इत्यादि।"

In 'तथाहि...उदाहृताः' (p. 2, ll. 22-26) S. D. supports what he has said above *i e* a fault becomes so when it mars the *rasa* and thus the whole poem; it cannot spoil only a part of the poem. तथाहि—to explain. A दोष is defined by Mammaṭa as

* See for the meaning of this K. P. V. 238 (Vā).

मुख्यार्थहतिर्दोषो रसश्च मुख्यस्तदाश्रयाद्वाच्यः । उभयोपयोगिनः स्युः शब्दाद्यास्तेन तेष्वपि सः ॥' (7th उल्लास) and by S. D. as 'रसापकर्षका दोषाः'. A दोष is that which mars the *rasa*. काव्यात्मभूतस्य रसस्य—*rasa* is said to be the soul of Poetry, e. g. ध्वन्यलोक II. 7, p. 78'तमर्थमवलम्बन्ते येऽङ्गिनं ते गुणाः स्मृताः ।'; also काव्यस्यात्मा ध्वनिरिति etc. I. I; शौद्धोदनि says 'शब्दार्थौ काव्यस्य शरीरम्, आत्मा रसः' etc. If what are called faults do not mar the beauty of the Rasa, the soul of poetry, then they cease to be faults. This is admitted by all including Mammaṭa, e. g. harsh words are a fault in the शृङ्गाररस, because they mar the beauty of that *rasa*, but in बीभत्स or रौद्ररस, harshness is not a fault, as it does not mar beauty. Mammaṭa himself says in the 7th Ul. (63rd कारिका) p. 445 (Vā.) 'इदानीं क्वचिद्दोषा अप्येते-इत्युच्यते'. S. D. says in the 7th परिच्छेद "उक्तदोषाणां च क्वचिददोषत्वं क्वचिद्गुणत्वमित्याह-वक्तरि क्रोधसंयुक्ते तथा वाच्ये समुद्धते । रौद्रादौ तु रसेऽत्यन्तं दुःश्रवत्वं गुणो भवेत् ॥' p. 405 (Nir.). तेषां श्रुतिदुष्टादीनाम्. अन्यथा (p. 2, l. 23) otherwise, *i.e.* if it were not admitted that faults are so only when they mar the रस and are not faults when they do not mar the *rasa*. नित्यदोषानित्यदो०—It would not be possible to divide faults into नित्य and अनित्य (as is universally done). If faultiness did not depend upon the fact of marring the *rasa* then this division of दोष would be impossible. A fault will always be a fault. But if you postulate, as regards the faults, the criterion that whatever mars the *rasa* is a fault and that what does not do so is not a fault, then only can you say that a certain दोष is अनित्य (not invariably so), e. g. श्रुतिकटु is a दोष in शृङ्गाररस, but not so in रौद्र. दोषs are generally divided into नित्य and अनित्य. Sea काव्यप्रदीप p. 201 (Nia) "स चायं द्विविधः नित्योऽनित्यश्च । तत्रानुकरणादन्येन प्रकारेण समाधातुमशक्यो नित्यः । यथा च्युतसंस्कृत्यादिः । अन्यादृशस्त्वनित्यः । यथाऽप्रयुक्तादिः ।'. च्युतसंस्कृति may be instanced in the use of नाथते in the sense of 'requests' for नाथति (which is the correct form in that sense). अप्रयुक्त is the employment of a word, which, though authorized, is not used by poets *e. g.* the word दैवत, which, the lexicons say, is both masculine and neuter, is used by poets only in the neuter; if one were to employ दैवतः in a poem, it would be अप्रयुक्तदोष. ध्वनिकृता— By the author of Dhvani *i. e.* the work called ध्वन्यालोक. The author flourished in the latter half of the 9th century A. D. in Kāshmir. Vide Introduction. Construe अनित्या दोषाश्च ये श्रुतिदुष्टादयो दर्शिताः ते ध्वन्यात्मन्येव शृङ्गारे हेया इत्युदाहृताः ॥. See ध्वन्यालोक pp. 82—84 (Nir). ध्वन्यात्मन्येव शृङ्गारे means अङ्गितया व्यंग्ये शृङ्गारे एव (न तु कोपादिमिश्रिते

शृङ्गारे रौद्रादिरसे वा)—when Śṛṅgāra *i. e.* love is the suggested sense and is also the principal one. The अनित्यदोषs श्रुतिदुष्ट etc., are to be avoided only when the prevailing रस is simply love and not when the prevailing *rasa* is Raudra or even love affected by indignation. In the latter case श्रुतिदुष्ट will not be a fault, or it would not mar the beauty. लोचन (pp. 82–83) says: शृङ्गार इत्युचितरसोपलक्षणार्थम् । वीरशान्ताद्भुतादावपि तेषां वर्जनात् । न त्वेषां विषयविभागप्रदर्शनेनानित्यत्वं भिन्नवृत्तादिदोषेभ्यो विविक्तं प्रदर्शितम् । नापि गुणेभ्यो व्यतिरिक्तं दोषत्वम् । बीभत्सहास्यरौद्रादौ त्वेषामस्माभिरुपगमात् शृङ्गारादौ च वर्जनादनित्यत्वं समर्थितमेवेति भावः ।". The S. D. quotes the verse from Dhvanyāloka for the purpose of supporting what it had said before *i. e.* काव्यात्मभूतस्य रसस्यानपकर्षकत्वे तेषां दोषत्वमपि नाङ्गीक्रियते. Compare for the idea हेमचन्द्र's काव्यानुशासन "रसस्य उत्कर्षापकर्षहेतू गुणदोषौ भक्त्या शब्दार्थयोः । ते च रसस्यैव धर्मा उपचारेण तु तदुपकारिणोः शब्दार्थयोः । रसाश्रयत्वं च गुणदोषयोरन्वयव्यतिरेकानुविधानात् । तथाहि यत्रैव दोषास्तत्रैव गुणाः, रसविशेषे च दोषाः । न तु शब्दार्थयोः । यदि हि तयोः स्युस्तर्हि बीभत्सादौ कष्टत्वादयो गुणा न भवेयुर्हास्यादौ च अश्लीलत्वादयः । अनित्याश्चैते दोषाः । यतो यस्याङ्गिनस्ते दोषास्तदभावे न दोषास्तद्भावे तु दोषा इति अन्वयव्यतिरेकाभ्यां गुणदोषयो रस एवाश्रयः ।"

किं च…असम्भवात्—(p. 2, ll. 27-28). In these words another objection is raised against Mammaṭa's word अदोषौ. If, as you say, none but a faultless piece were to be regarded as Poetry, then Poetry would be a rare thing indeed or would not exist at all, as it is extremely improbable that a piece should be free from faults in every respect. The idea is that there will be some fault, however slight, in every piece; but according to Mammaṭa's definition Poetry must be faultless; therefore all pieces, that are faulty in any respect, will be excluded and there will remain nothing answering to the definition of काव्य given by मम्मट. This objection against Mammaṭa's definition and S. D.'s definition of काव्य are noticed by प्रदीप (Nir. p. 13).

In all this criticism, the meaning of the negative particle in अदोषौ was taken to be अभाव, absence or non-existence. Now, a defender of Mammaṭa's definition comes forward by saying that the negative particle should be interpreted in the sense of ईषत् 'a little, slight', and thus अदोषौ means 'a little faulty.' The meanings of नञ्, the negative particle, are six:—तत्सादृश्यमभावश्च तदन्यत्वं तदल्पता । अप्राशस्त्यं विरोधश्च नञर्थाः षट्

प्रकीर्तिता: ॥ भाट्टचिन्तामणि p. 154; (प० ल० मं,० 25, attributes it to हरि, author of वाक्यपदीय) or 'नञ्भावे निषेधेन स्वरूपार्थेऽप्यतिक्रमे । ईषदर्थे च सादृश्ये तद्विरुद्धतदन्ययो: ॥' मेदिनी. According to this new interpretation, the definition of Poetry would be 'word and sense, a little faulty etc.' Against this S. D. brings an objection, which is as follows. As अदोषौ (*i. e.* ईषद्दोषौ) forms part of the definition, in every poem there must be some slight fault. Every word in a definition must be applicable to all the things defined. Now, if some very gifted poet wrote a poem free from every fault, the definition of Kāvya as interpreted above would not apply to it and his composition would not be called a poem, as it would not possess some slight fault. But to say so would be quite absurd.

(p. 3, l. 1). सति सम्भवे ईषद्दोषौ इति चेत्—An improvement is suggested in these words in the interpretation of अदोषौ as ईषद्दोषौ. We do not mean that in every poem there must be some slight fault; what we mean is that Poetry is "word and sense with a slight fault, if at all" *i. e.* there should be no faults, but if there are faults they should be slight; if in a piece there are grave faults, it would not be a poem. S. D.'s objection against this is contained in the words 'एतदपि काव्यलक्षणे......स्फुटः.' He says that these words *i. e.* 'सति सम्भवे ईषद्दोषौ' should not have been inserted in the *definition* of poetry; just as in the definition of such a thing as a jewel etc. one omits such a circumstance as its being perforated by an insect. A लक्षण is defined by वात्स्यायन as 'अतत्त्वव्यवच्छेदको धर्मः' *i. e.* a property which serves to distinguish the thing defined from all other things. तर्कदीपिका says 'दूषणत्रयरहितो धर्मो लक्षणम् । यथा सास्नादिमत्त्वम् । स एवासाधारणधर्म इत्युच्यते ।'. From these it follows that in a definition only the most essential or peculiar attributes of a thing should find a place. कीटानुवेध is not an essential or peculiar attribute of a jewel. So it should have no place in the definition of a jewel, as that circumstance would not constitute a thing a jewel, though it may not cause it to cease to be regarded as a jewel. Similarly, poetry may be free from every fault, or it may have slight faults. But the fact of having a slight fault, if any, is not one of the essentials or peculiarities of Poetry and therefore should not find a place in the *definition* of poetry. नहि etc. Here S. D. fully explains the illustration of a jewel given by him. Such circumstances as कीटानुवेध are not able to deprive a jewel of its character of a jewel, but they are able only to make applicable to it degrees of comparison* (*i. e.* that it is excellent, middling or inferior). The same holds good of such faults as श्रुतिदुष्ट in the case of poetry *i. e.* they do not make a composition, in which they occur, cease to be a poem, but they render applicable to such a piece the words 'superior' 'middling' or 'inferior'. S. D. supports his remarks by a quotation. "The nature of poetry is held to reside even in faulty compositions where the रस etc. are clearly perceived in like manner as the character of a jewel etc is held to belong to such a thing as a jewel which is perforated by an insect."

(P. 3, l. 7). किं च...अनुपपन्नम्—S. D. here begins his criticism of the second word 'सगुणौ' in 'मम्मट's definition of काव्य. He says that this qualification of the word शब्दार्थौ is inappropriate. The reason is contained in the words गुणानां... प्रतिपादितत्वात्. तेनैव = काव्यप्रकाशकारेणैव. On the कारिका 'ये रसस्याङ्गिनो धर्माः शौर्यादय इवात्मनः । उत्कर्षहेतवस्ते स्युरचलस्थितयो गुणाः ॥' (का. प्र. 8. 1) मम्मट's वृत्ति is आत्मन एव हि यथा शौर्यादयः, नाकारस्य, तथा रसस्यैव माधुर्यादयो गुणाः, न वर्णानाम्. Mammaṭa has declared that the 'excellences such as melodiousness are the properties of Rasa alone and not of anything else' (such as words). But in his definition he says 'सगुणौ शब्दार्थौ', thereby intimating that the Guṇas (excellences) are the properties of words and senses. Thus he is inconsistent.

(P. 3, l. 9). रसाभिव्यञ्जकत्वेन.........चेत्. In these words some one defends मम्मट' expression सगुणौ शब्दार्थौ. उपचारतः indirectly or by metaphor. The adjective सगुणौ as applied

---

* We translate कीटानुविद्ध as 'perforated by an insect.' This is a literal translation. It is not meant that the jewel is really perforated by an insect. What is meant is that a jewel may have a scratch on it or may not shoot from a part dazzling rays, the part being opaque and crossed with lines which present the appearance of different insects etc. Varāhamihira mentions a number of blemishes in jewels and says that they lessen the price of the jewel. काकपदमक्षिकाकेशधातुयुक्तानि शर्करैर्विद्धम् । द्विगुणाश्रिदग्धकलुषत्रस्तविशीर्णानि न शुभानि ॥ यानि च बुद्बुददलिताग्रचिपिटवासीफल-प्रदीर्घाणि । सर्वेषां चैतेषां मूल्याद्भागोऽष्टमो हानिः ॥' बृहत्संहिता 80. 15-16. On मक्षिका, उत्पल remarks 'मक्षिकाभिस्तदाकृतिभिः'. In the vernacular also such defects are called 'Māśi'. कीटा०—is ascribed to हृदयदर्पण by रसप्रदीप of प्रभाकर (p. 3 Tri. ed.).

to शब्दार्थौ is quite appropriate; since it is these *i. e.* words and senses, that reveal the Rasa or sentiment; the गुणs, which really are the properties of रस, may be secondarily regarded as belonging to शब्द and अर्थ, which manifest the रस. S. D. replies that even this would not improve matters. The definition is still improper. तथाहि to explain. **(P. 3, ll. 10-17)** तयोः...स्वरूपाधायकत्वम्. तयोः...रसोऽस्ति न वा. Here two alternatives are proposed. Either रस exists in words and senses or does not exist. If you accept the latter, then words and senses cannot possess in that case any excellence, since excellences, being the properties of रस (as said by yourself in the 8th Ul. 1st verse), follow the presence or absence of रस *i. e.* if रस is present, गुण is present; if रस is absent, then गुण also is absent. If then you say that in शब्द and अर्थ there is no रस, there follows, as a matter of course, the absence of गुण and therefore the adjective सगुणौ cannot be applied to शब्दार्थौ. If on the other hand you accept the former alternative *i. e.* that रस does exist in शब्द and अर्थ, then why did you not say रसवन्तौ शब्दार्थौ instead of सगुणौ शब्दार्थौ? गुणवत्त्वान्यथानुपपत्त्या = गुणवत्त्वस्य अन्यथा अनुपपत्त्या. एतल्लभ्यते = रसवन्तौ इति विशेषणं लभ्यते। राम०. An attempt is made in these words to defend मम्मट's words सगुणौ शब्दार्थौ. As excellences are the properties of रस, the word सगुणौ cannot properly be applied to शब्दार्थौ. But by लक्षणा *i. e.* Indication or metaphor, the word गुण conveys the idea of रस, to which it really belongs. Thus the meaning of सगुणौ शब्दार्थौ is indirectly the same as रसवन्तौ शब्दार्थौ. गुणवत्त्व (*i. e.* the character of possessing गुणs) cannot directly be predicated of शब्दार्थौ. S. D. replies to the above in the words तर्हि......केनाप्युच्यते **(P. 3, ll. 13-15)**. If by सगुणौ you intend to convey रसवन्तौ, then why not prefer the direct mode of expression सरसौ शब्दार्थौ (काव्यम्) to the round-about and metaphorical expression सगुणौ, which has to be interpreted as meaning रसवन्तौ by लक्षणा. नहि &c.-gives an illustration. शौर्य is a property of beings, just as गुणs are the properties of रस. ननु शब्दार्थौ.........इति चेत् **(P. 3, ll. 15-16)**. The round-about way of using सगुणौ for सरसौ is now defended in another way. This round-about method of expression is preferred to the direct mode-लक्षणा is resorted to—for a certain purpose (प्रयोजन) *viz.* to state this that in Poetry there are to be employed those words and senses which reveal or develop the excellences. S. D. rebuts this argument by saying that, in the case of Poetry, the possession of शब्द and अर्थ

which manifest गुण's, is not of the essence of poetry, but merely serves to heighten the beauty of Poetry; and here we are not inquiring as to what *heightens* Poetry, but as to the *essentials of poetry*; and therefore सगुणौ shoul d not form part of the definition of काव्य.

उक्तं हि......कटककुण्डलादिवत् (p. 3, ll. 17-20). This is given here for supporting the position above taken about the relation of गुण, शब्द, अर्थ and रस. These words summarize the views of the author of the Dhvanyāloka and others, including Mammaṭa. गुणाः = माधुर्यौजःप्रसादाः; see 8th Ul. of K. P. and 8th परिच्छेद of साहित्य०.; दोषाः (of काव्य); see 7th Ul. of K. P. and 7th परिच्छेद of साहित्य० for them. रीतिः style of composition. Their number is variously given. We shall refer to them at length later on. Compare for the idea "शब्दार्थौ काव्यस्य शरीरम्" the words of दण्डिन् 'तैः शरीरं च काव्यानामलङ्काराश्च दर्शिताः। शरीरं तावदिष्टार्थव्यवच्छिन्ना पदावली'॥ काव्यादर्श I. 10. Compare generally for the whole idea the following: उक्तं च भगवता (शौद्धोदनिना) 'शब्दार्थौ काव्यस्य शरीरम्, आत्मा रसः, गुणाः शौर्यादिवत्, दोषाः काणत्वादिवत्, अलङ्काराः कुण्डलादिवत्' इति (in अलङ्कारशेखर of केशवमिश्र p. 20, Nir.); तमर्थमवलम्बन्ते येऽङ्गिनं ते गुणाः स्मृताः। अङ्गाश्रितास्त्वलङ्कारा मन्तव्याः कटकादिवत् ॥ ध्व० II. 7; ये रसस्याङ्गिनो धर्माः शौर्यादय इवात्मनः। उत्कर्षहेतवस्ते स्युरचलस्थितयो गुणाः॥ K. P. 8. 1; उपकुर्वन्ति तं सन्तं येऽङ्गद्वारेण जातुचित्। हारादिवदलङ्कारास्तेऽनुप्रासोपमादयः॥ K. P. 8. 2; काव्यस्य हि शब्दार्थौ शरीरम्। तस्य च वक्रोक्तिवास्तवादयः कटककुण्डलादय इव कृत्रिमा अलङ्काराः। नमिसाधु on रुद्रट XII. 2.

(p. 3, ll. 20-23). एतेन...उत्कर्षमात्राधायकत्वात्. Here S. D. attacks the third part of Mammaṭa's definition of काव्य 'तददोषौ शब्दार्थौ सगुणावनलङ्कृती पुनः क्वापि.' अस्य ह्यर्थः......काव्यमिति—मम्मट himself explains these words as क्वापीत्यनेनैतदाह-यत्सर्वत्र सालङ्कारौ क्वचित्तु स्फुटालङ्कारविरहेऽपि न काव्यत्वहानिः। K. P. p. 17 (Vā). These words of मम्मट have been variously interpreted, see प्रदीप pp. 10-11 (Chān). The best meaning appears to us to be:—Poetry is constituted by word and sense in which rarely a distinct figure may be absent *i. e.* शब्दार्थौ in which there is रस (a figure may or may not be present) or in which there is a distinct figure (if the रस is absent). S. D.'s objection against the insertion of अनलङ्कृती in the definition is as follows:—Words and senses even when possessed of figures serve merely to heighten a poem. They are not of the *essence* of Poetry. In defining Poetry then, only the essentials should be selected and therefore no reference at all ought to have been made to अलङ्कार in the definition of Poetry. If we were to define a child, we should not refer to the ornaments which children might wear, since they do not constitute the essentials of a child.

Here ends S. D.'s criticism of मम्मट's definition of काव्य. विश्वनाथ first attacked the word अदोषौ by saying that, if only faultless pieces were to be called poetry, some of the best poems will have to be given up and there will be practically no Poetry, as it is very difficult to keep clear of every blemish. Nor could it be said that faults mar only those particular words in which they occur. If they are faults at all, they mar the whole poem. If 'अदोषौ' were to be taken as meaning ईषद्दोषौ, then this word ought not to stand in the definition, as a faultless piece would otherwise be excluded from the domain of Poetry. 2ndly, सगुणौ is quite inappropriate; rather, we should say सरसौ; गुणs are the properties of रस and not of शब्द and अर्थ. Besides, गुणs simply heighten काव्य, and are not of its essence and therefore should not be referred to in the definition of काव्य; 3rdly, no reference to figures ought to have been made in the definition of काव्य, as they merely heighten the beauty of काव्य.

As to these objections one cannot help saying that Viśvanātha is here over-fastidious and is perhaps actuated by the desire of making a show of his erudition by pouring ridicule upon a famous predecessor. This much must be said in favour of मम्मट, that his definition has the great merit of being simple and easily understood. His definition is good enough for all practical purposes. Everyone is familiar with the words दोष, गुण and अलङ्कार. By using them, मम्मट conveys a tolerably clear and accurate idea of the character of Poetry. Viśvanātha, on the other hand, after a good deal of hair-splitting, offers us a definition, which does not leave us any the wiser after reading it. He, in the quest of a scientifically accurate definition, introduces his readers into the thorny jungle of रसs. After all this trouble, his definition itself (वाक्यं रसात्मकं काव्यम्) has not satisfied other critics. See for example the criticism of प्रभा.*

---

*P. 13. (Nir.) अर्वाचीनाः इत्यस्वरससूचनम्। तद्बीजं तु वस्त्वलङ्कारप्रधानेषु काव्येषूक्तलक्षणस्याव्याप्तिः। न चेष्टापत्तिः। महाकविसंप्रदायभङ्गात्। लक्ष्यानुसारेण हि लक्षणव्यवस्था न तु वैपरीत्येन। वर्णितानि च महाकविभिर्जलप्रवाहवेगादीनि कपिबा

On विश्वनाथ's criticism of मम्मट's word अदोषौ, the उद्योत says:*—The word दोष in the definition is to be understood in the sense of a 'tangible fault' and the tangibility of a fault lies in being opposed to the apprehension of the Rasa. Thus in the verse 'तथाभूतां' (वेणीसंहार I), on account of the apprehension of the strikingness of the suggested sense, the knowlegde of the faults in the verse vanishes and hence there arises the apprehension of the Rasa in the verse. Hence the verse is entitled to be called poetry and moreover the best poetry. But as regards him, who does not apprehend the strikingness of the suggested sense in that verse, the verse is faulty and there is no contradiction in citing that verse as an iilustration of a fault (as done by Mammaṭa in the काव्यप्रकाश 7th उल्लास under न्यूनपददोष, on page 339, Vā). Just as a piece which is अप्रतीत (not understood) may be called a poem with reference to him who knows that particular branch of knowledge, as to him it is well known and therefore there is no fault; but with reference to others, the same piece becomes not poetry; similarly here. For मम्मट himself will say later on 'Even a fault is sometimes an ornament on account of the appropriateness thereof in the speaker etc.' This is the meaning

---

लादिचरितानि चेति। यत्तु दोषरहितं काव्यं दुर्लभमिति 'न्यक्कारो ह्ययं' इत्यादौ 'तथाभूतां दृष्ट्वा' इत्यादौ काव्यत्वं सर्वानुभवसिद्धं नोपपद्यत इति तत्रोच्यते—दोषत्वं ह्युद्देश्यप्रतीतिप्रतिबन्धकत्वम्। तच्चानुभवबलात्तत्तद्व्यंग्यवाच्यवैचित्र्यप्रतीतिविरहविशिष्टदोषस्य तद्ज्ञानस्य चेति, 'न्यक्कार' इत्यादौ विशिष्टाभावसम्भवान्न काव्यत्वक्षतिः। यस्य च न व्यंग्यवैचित्र्यप्रतीतिस्तं प्रति दुष्टत्वाभिप्रायेण तदुदाहरणम्। अत एव 'वक्त्राद्यौचित्यवशाद्दोषोऽपि गुणः क्वचित् इति वक्ष्यते। तथा अप्रतीतत्वं तच्छास्त्रज्ञं प्रत्यदोषः, अन्यं प्रति तु दोष इति। 'कीटानुविद्ध'—इत्यस्यापि रसादिवैचित्र्ये दुष्टस्यापि काव्यत्वं विशिष्टदोषविरहादिति तात्पर्यमिति दिक्।

*P. 15. (Chan.) अत्रारुचिबीजं तु लक्षणे दोषपदं स्फुटदोषपरम्। स्फुटत्वं च रसोद्बोधविरोधित्वम्। एवं च 'तथाभूताम्' इत्यादौ प्रतिपदजीवातुव्यंग्यवैचित्र्यप्रतीत्या दोषज्ञानतिरोधानात् रसोद्बोधस्य सत्त्वेन काव्यत्वं तद्विशेषध्वनित्वं चाव्याहतमेव यस्य तु व्यंग्यवैचित्र्यप्रतीतिविरहस्तं प्रति दुष्टत्वमेवेति दोषोदाहरणमप्यविरुद्धम्। एकस्यैव सामाजिकभेदेन काव्यत्वमकाव्यत्वं चेष्टमेव। यथाऽप्रतीतस्य तत्तच्छास्त्रज्ञं प्रत्यदुष्टत्वेन काव्यत्वमितरं प्रति अकाव्यत्वं तद्वत्। वक्ष्यति हि 'वक्त्राद्यौचित्यवशाद् दोषोऽपि क्वचिद्गुणः' इति। कीटादीत्यस्याप्ययमर्थः। यथा प्रतिभातिशयेन दोषतिरोधानान्न रत्नस्वरूपभङ्गः, तथा काव्येऽपि व्यंग्यवैचित्र्येणेति। वस्तुतस्तु, अनुपहसनीयकाव्यत्वरूपलक्ष्यतावच्छेदकाक्रान्तस्य हीदं लक्षणम्। दोषवत्युपहसनीयत्वस्य दुर्वारत्वात्।......सामान्यकाव्यलक्षणं तु, अदोषाघटितमेव। अत एव दुष्टं काव्यमित्यादेरुपपत्तिरित्याहुः।

of the verse कीटानुविद्ध etc:—Just as a jewel does not lose its character as a jewel, because all its blemishes are merged away in the excess of its brilliance, so also, as regards a poem, on account of the strikingness of the suggested sense (the faults are not seen). Really speaking, this definition of काव्य given be मम्मट is the definition of such a poem as does not deserve to be ridiculed; since it is extremely hard to avoid ridicule, when a poem possesses faults......The general definition of poetry should not include the word अदोषौ in it. Hence it is that such expressions as 'a faulty poem' obtain in ordinary life.

एतेन......अलङ्काररूपत्वात् (p. 3, ll. 23-25). विश्वनाथ extends his remarks against मम्मट to the views of the वक्रोक्तिजीवितकार. The latter said that Vakrokti (indirect or crooked mode of speech) is the soul of poetry. S. D. remarks that Vakrokti is merely an Alaṅkāra and, as such, it is not even the body of poetry, much less the soul. For वक्रोक्तिजीवितकार, vide Introduction. जयरथ on p. 12 of अलङ्कारसर्वस्व remarkes "यद्यपि वक्रोक्तिजीवितहृदयदर्पणकारावपि ध्वनिकारानन्तरभाविनावेव तथापि तौ चिरन्तनमतानुयायिनावेवेति तन्मतं पूर्वमेवोद्दिष्टम् ।"

वक्रोक्ति—Daṇḍin does not define वक्रोक्ति but says of it 'श्लेषः सर्वासु पुष्णाति प्रायो वक्रोक्तिषु श्रियम् । भिन्नं द्विधा स्वभावोक्तिर्वक्रोक्तिश्चेति वाङ्मयम् ॥' K. D. II. 363. भामह says that वक्रोक्ति enters into the composition of all Alaṅkāras and seems to identify वक्रोक्ति with अतिशयोक्ति(अतिशयेन उक्तिः): 'सैषा सर्वैव वक्रोक्तिरनयाऽर्थो विभाव्यते । यत्नोऽस्यां कविना कार्यः कोऽलङ्कारोऽनया विना ॥ भामह II. 75. This verse is quoted as from भामह on p. 208 of ध्वन्यालोक. K. P. also quotes it (X on विशेष). रुद्रट regards it as one of the five शब्दालङ्कारs and gives two varieties, श्लेषवक्रोक्ति and काकुवक्रोक्ति. 'वक्त्रा तदन्यथोक्तं व्याचष्टे चान्यथा तदुत्तरदः । वचनं यत्पदभङ्गैर्ज्ञेया सा श्लेषवक्रोक्तिः ॥' रुद्रट II. 14. An example of this is किं गौरिमां प्रति रुषा ननु गौरहं किं (why, oh Gaurī, towards me with anger; am I a cow ?). In the first way गौरि is in the Vocative; in the second we read किं गौः इमां etc. काकुवक्रोक्ति is defined as 'विस्पष्टं क्रियमाणादक्लिष्टा स्वरविशेषतो भवति । अर्थान्तरप्रतीतिर्यत्रासौ काकुवक्रोक्तिः ॥' रुद्रट II. 16. मम्मट defines briefly, but in the same way as रुद्रट, 'यदुक्तमन्यथा वाक्यमन्यथान्येन योज्यते । श्लेषेण काक्वा वा ज्ञेया सा वक्रोक्तिस्तथा द्विधा' ॥ K. P. IX. p. 491 (VĀ.). काकुः (काकुः स्त्रियां विकारो यः शोकभीत्यादिभिर्ध्वनेः ॥ अमर I. 6. 12)—means 'a change of the tone or voice.' An example of काकुवक्रोक्ति is 'गुरुजनपरतन्त्रतया बत दूरतरं देशमुद्यतो गन्तुम् । अलिकुलकोकिलललिते नैष्यति

सखि सुरभिसमयेऽसौ ॥. Here by a change of voice the words नैष्यति may convey two meanings; in the mouth of the heroine they mean 'he will not come'; in the mouth of her friend, they mean 'Will he not come?' *i. e.* he will come. The अलङ्कारसर्वस्व remarks 'वक्रोक्तिशब्दश्चालङ्कारसामान्यवचनोऽपि इहालङ्कारविशेषे संज्ञितः' p. 177. For more examples, see रुद्रट and सर्वस्व. Vāmana defines वक्रोक्ति quite differently 'सादृश्याल्लक्षणा वक्रोक्तिः' काव्या० सूत्र IV. 3. 8 (Vakrokti is indication based upon resemblance). The वक्रोक्तिजीवितकार says 'वक्रोक्तिरेव वैदग्ध्यभङ्गीभणितिरुच्यते' (1st उन्मेष). According to him, clever speech is the soul of poetry and that it alone should engage a poet's best efforts. Dhvani is included under उपचारवक्रता *i. e.* वक्रोक्ति based upon metaphor. It is not the suggested sense (व्यंग्य) that is the essence of poetry, but striking speech. His definition of काव्य is 'शब्दार्थौ सहितौ वक्रकविव्यापारशालिनि। बन्धे व्यवस्थितौ काव्यं तद्विदाह्लादकारिणि ॥'. According to him वक्रता has six principal varieties 'कविव्यापारवक्रत्वप्रकाराः सम्भवन्ति षट्। प्रत्येकं बहवो भेदास्तेषां विच्छित्तिशोभिनः ॥'. The six varieties are वर्णविन्यासवक्रता, पदपूर्वार्धवक्रता, प्रत्ययाश्रयवक्रता, वाक्यव०, प्रकरणव०, प्रबन्धव०. His views are briefly summarized by अ० स० p. 8: 'वक्रोक्तिजीवितकारः पुनर्वैदग्ध्यभङ्गीभणितिस्वभावां बहुविधां वक्रोक्तिमेव प्राधान्यात्काव्यजीवितमुक्तवान्। व्यापारस्य प्राधान्यं च काव्यस्य प्रतिपेदे। अभिधानप्रकारविशेषा एव चालङ्काराः। सत्यपि त्रिभेदे प्रतीयमाने व्यापाररूपा भणितिरेव कविसंरम्भगोचरः। उपचारवक्रतादिभिः समस्तो ध्वनिप्रपञ्चः स्वीकृतः। केवलमुक्तिवैचित्र्यजीवितं काव्यं न व्यंग्यार्थजीवितमिति तदीयं दर्शनं व्यवस्थितम्।'

(P. 3, ll. 25-29). यत्तु......समुत्कण्ठते इति. On p 17 (Vā) Mammaṭa cites this verse and remarks 'अत्र स्फुटो न कश्चिदलङ्कारः, रसस्य च प्राधान्यान्नालङ्कारता।'. He quotes this verse in illustration of his words अनलङ्कृती पुनः क्वापि. He says:—in this verse there is no distinct figure of speech. It cannot also be said that there is the figure called रसवद् by भामह and उद्भट. That figure occurs only when the रस is subordinate *i. e.* when it heightens another Rasa or the expressed sense. But in this verse शृङ्गाररस is the principal one and therefore there is no रसवद् अलङ्कार. This objection and answer of मम्मट are with reference to the views of भामह and उद्भट. He himself does not admit रसवद् as an अलङ्कार. यः कौमारहरः etc.—शीलाभट्टारिकायाः पद्यमिदमिति शार्ङ्गधरपद्धतौ स्पष्टम् (वामनाचार्य)। स्वाधीनपतिका कांचिदसकृदुपभुक्तेष्वपि वरोपकरणादिषु उत्कण्ठोत्पत्त्या तेषामत्यन्तोपादेयतां सूचयन्ती सखीमाह—यः कौमारहर इति। अत्र हिशब्दस्य यद्यपीत्यर्थकतया अस्तिक्रियाध्याहारेण च **यः कौमारहरो वरः स एव यद्यप्यस्ति चैत्रक्षपास्ता एव यद्यपि सन्ति, अस्मि च सैव यद्यप्यस्मि तथापि तत्र रेवारोधसि**

तत्र वेतसीतरुतले तत्र सुरतव्यापारलीलाविधौ चेतः समुत्कण्ठते इत्यन्वयः। कौमारं बाल्यं परमरसिकतया तदवस्थायामपि सम्भोगेच्छोत्पादनेन हृतवांश्चोरितवानिति कौमारहरः। ततश्चाकृत्रिमप्रेमपात्रताप्रकटनेनानुरागदार्ढ्यध्वननम्। व्रियते प्रियत्वेनाङ्गीक्रियते स्वयमिति वरः। तेनोभयानुरागलाभः। स एव उपभुक्तान्यो नेत्यर्थः। ......उन्मीलिता विकसिता या मालती तया सुरभयः।......प्रौढा रत्युद्दीपनादिप्रागल्भ्यशालिनः। कदम्बस्य धूलीकदम्बाख्यापुष्पविशेषस्य सम्बन्धिनः। वसन्ते कदम्बान्तरस्यासम्भवात्। चोऽवधारणे। अत्र एवेत्यर्थः। अत्र च प्रौढा इति श्लिष्टविशेषणबलान्मालत्यनिलयोर्नायिकानायकत्वप्रतीतिः। चकारोऽप्यर्थो भिन्नक्रमः। असीत्यहमर्थकमव्ययम्। अन्यथा सैवेत्यस्योद्देश्यालाभात्। सैवेत्यस्य उत्कण्ठाहेत्ववस्थान्तरं न प्राप्तेत्यर्थः। तथापि एतेषामसकृदुपभोगेऽपि। तत्रेत्युपभुक्त इत्यर्थकं सप्तम्यर्थं त्रितयेप्यन्वेति। ......सुरतानुकूलव्यापाररूपा या लीला कुसुमाभरणादिप्रसाधनरूपा स्मिताश्लेषचुम्बनादिरूपा वा तस्या विधौ सम्पादने चेतः समुत्कण्ठते उत्सुकं भवति। उ. चं. as quoted in प्रदीप p. 11 (Nir). In this verse, no figure other than विशेषोक्ति and विभावना is worth pointing out. Those two also are not distinct, as explained below:—विशेषोक्ति* is the statement that an effect is absent although the causes of it are present. In this verse, the fact that 'the husband and other things have been frequently enjoyed before' should be the cause of the effect that 'the woman has no longing for the re-enjoyment of them.' The absence of this effect *i. e.* her having a longing for re-enjoyment is here stated (in चेतः समुत्कण्ठते) even though the cause *i. e.* the enjoyment of them in the past, is present. Thus there is विशेषोक्ति in the verse. But it is not distinctly stated, for the absence of the effect is stated in the form 'still the mind has a longing' and not in the form 'still the mind is not without longing'. The figure would have been distinct only if the latter mode of expression had been employed. †

विभावना ‡ is the statement that an effect is produced even though the causes of the effect are absent. Here the well-known causes of the effect *viz.* the woman's longing for enjoyment of the husband &c. is the fact of her not having enjoyed them before. But the absence of this cause *i. e.* the fact of having

* विशेषोक्तिरखण्डेषु कारणेषु फलावचः। K. P. X
सति हेतौ फलाभावो विशेषोक्तिस्तथा द्विधा। S. D. X

† विशेषोक्तिस्तावत्कारणसत्त्वेऽपि कार्याभाववचनम्। अत्र च अनुत्कण्ठाकारणं वरोपकरणयोरुपभुक्तता। तत्सत्त्वे यद्यप्यनुत्कण्ठाभावः उत्कण्ठाभावः उत्कण्ठारूपो निर्दिष्ट एव तथापि नानुत्कण्ठाऽभावत्वेन किं तूत्कण्ठात्वेनैव। तस्मादस्फुटत्वमस्याः। यदि चेतोऽनुत्कण्ठितं नेत्यभिधीयेत तदा स्फुटत्वं भवेत्। प्रदीप (p. 12 Nir.).

‡ क्रियायाः प्रतिषेधेऽपि फलव्यक्तिर्विभावना। K. P. X.
विभावना विना हेतुं कार्योत्पत्तिर्यदुच्यते। S. D. X.

enjoyed them before, is here stated along with the presence of the effect *i. e.* her longing for the enjoyment of them. Thus there is विभावना in the verse. But it is not distinct, for the absence of the cause is stated in the form 'although the husband etc. have been frequently enjoyed by me before.' Thus, like विशेषोक्ति above विभावना also is indistinct here.* The two figures being indistinct the union of these which constitute a separate figure called सन्देहसङ्कर is also indistinct. Where there are no circumstances which enable us to determine that a verse contains a particular figure to the exclusion of others which are possible, there is सन्देहसङ्कर.† The S. D. objects to the abovementioned view of मम्मट by saying that both the figures विशेषोक्ति and विभावना are distinct and therefore the सङ्कर based upon them is also distinct. His view appears to be that विशेषोक्ति occurs not only when an *effect is stated to be absent* although its causes are present; but also when the *opposite of the effect is stated to exist*; similarly in the case of विभावना. His words are "इह च कार्याभावः कार्यविरुद्धसद्भावमुखेनापि निबध्यते । विभावनायामपि कारणाभावः कारणविरुद्धसद्भावमुखेन । एवं च 'यः कौमारहरः' इत्यादेरुत्कण्ठाकारणविरुद्धस्य निबन्धनाद्विभावना । 'यः कौमार'-इत्यादेः कारणस्य च कार्यविरुद्धाया उत्कण्ठाया निबन्धनाद्विशेषोक्तिः ।". S. D.'s remarks appear to be ba based upon the words of the Alaṅkāra-sarvasva of Rājānaka Ruyyaka, where we read under विशेषोक्ति ‡ 'कार्यानुत्पत्तिश्चात्र क्वचित्कार्यविरोधोत्पत्त्या निबध्यते । एवं विभावनायामपि कारणाभावः कारणविरुद्धमुखेन क्वचित्प्रतिपाद्यते ।' p. 127 of अलं. स.; p. 161 of ed. of 1939; on p. 200 (p. 251 of ed. of 1939) he gives 'यः कौमारहरः' as an instance of सन्देहसङ्कर and remarks 'तथाह्युत्कण्ठाकारणाभवे (कौमारहरवराद्यसंनिधानरूपस्य कारणस्याभावे

* अत्र वरोपकरणादीनामनुपभक्तत्वस्य प्रसिद्धस्य कारणस्याभावेऽपि तत्कार्यस्योत्कण्ठारूपस्योत्पत्तिकथनरूपा विभावनालङ्कारः । वरोपकारणादीनामत्यन्तोपादेयत्वस्याप्रसिद्धस्य कारणस्य विभावनात् । अस्फुटत्वं चानुपभुक्तत्वाभावेनाकथनात् । उ. चं. p. 11 of प्रदीप.

† एकस्य च ग्रहे न्यायदोषाभावादनिश्चयः। K. P. X. यत्र द्वयोर्बहूनां वालङ्काराणामेकत्र योग्यत्वेऽपि विरोधान्नैकदा व्यवस्थितिः, न चैकतरस्य परिग्रहे साधकं तदितरपरिग्रहे बाधकं येन तदेव व्यवतिष्ठेत सोप्यनिश्चयरूपो द्वितीयः सङ्करः । प्रदीप. Here in the verse 'यः कौमारहरः' the सन्देह is as follows—'उत्कण्ठायाः पत्याद्यभावरूपकारणं विना उत्कण्ठारूपकार्यकथनमितीयं विभावना, किं वा उत्कण्ठाभावस्य कारणसत्त्वे तस्याः कथनमिति विशेषोक्तिरिति सन्देहात् सन्देहसङ्करालङ्कारोऽयम् ।' राम० p. 15.

‡ अलं. स. defines विशेषोक्ति as 'कारणसामग्र्ये कार्यानुत्पत्तिर्विशेषोक्तिः ।.'

इत्यर्थः । अ. स. वि.) उत्कण्ठाया उत्पत्तौ विभावना। स च कारणाभावः 'यः कौमारहरः' इत्यादिना कारणविरुद्धमुखेन प्रतिपादितः । तथा च 'यः कौमारहरः' इत्याद्यनुत्कण्ठाकारणसद्भावेऽपि अनुत्कण्ठाया अनुत्पत्तौ विशेषोक्तिः । सा चानुत्पत्तिः 'समुत्कण्ठते' इति विरोधोत्पत्तिमुखेनोक्ता। अत एव द्वयोरप्यस्फुटत्वमन्यत्र (काव्यप्रकाशादौ। अ. स. वि.) उक्तम्।"

(P. 4, ll. 1-3). एतेन......अपास्तम्. The verse is quoted from the सरस्वतीकण्ठाभरण (I. 2.) of भोज. The Benares edition reads निर्दोषं forअदोषम्. S. D. extends his criticism against मम्मट's words अदोषौ, सगुणौ and अनलङ्कृती to the definition of Kāvya given by भोज.

(P. 4, ll. 3-6). यत्तु ध्वनिकारेणोक्तम्...ब्रूमः. 'काव्यस्यात्मा ध्वनिः'—these words are contained in the first verse of the ध्वन्यालोक 'काव्यस्यात्मा ध्वनिरिति बुधैर्यः समाम्नातपूर्वस्तस्याभावं जगदुरपरे भाक्तमाहुस्तमन्ये । केचिद्वाचां स्थितमविषये तत्त्वमूचुस्तदीयं तेन ब्रूमः सहृदयमनःप्रीतये तत्स्वरूपम् ॥.' The meaning is 'the soul of poetry is suggestion.' S. D. asks a question:-what does the author mean by the above? Does he mean suggestion in its threefold aspects-(1) वस्तु matter, (2) अलङ्कार embellishment and (3) रस flavour etc.; or does he mean that the soul of poetry is only रस etc. (and not the three वस्तु, अलङ्कार, रसादि)? वस्तु, अलङ्कार and रस must be clearly explained. ध्वनि is defined by the ध्वन्यालोक as 'यत्रार्थः शब्दो वा तमर्थमुपसर्जनीकृतस्वार्थौ; व्यंक्तः काव्यविशेषः स ध्वनिरिति सूरिभिः कथितः' ॥ p. 33 ('तमर्थम् व्यंग्यार्थं। उपसर्जनीकृतौ गुणीभूतौ स्वार्थौ स्वं चासौ अर्थश्चेति याभ्याम् । यथासंख्येन तेनार्थो गुणीकृतात्मा, शब्दो गुणीकृताभिधेयः । व्यंक्तः द्योतयतः । लोचन'). ध्वनि is divided into three kinds, वस्तुध्व०, अलङ्कारध्व०, and रसध्वनि as said in ध्वन्यालोक p. 15 'स ह्यर्थो वाच्यसामर्थ्याक्षिप्तं वस्तुमात्रमलङ्कारा रसादयश्चेत्यनेकप्रभेदप्रभिन्नो दर्शयिष्यते';। or in the काव्यानुशासन of हेमचन्द्र p. 26 'स च (व्यंग्योर्थः) ध्वन्यते द्योत्यते इति पूर्वाचार्यैर्ध्वनिरिति संज्ञितः। अयं च वस्त्वलङ्काररसादिभेदात् त्रिधा।.' As to वस्तुध्वनि, लोचन says 'प्रतीयमानस्य तावत् द्वौ भेदौ लौकिकः काव्यव्यवहारगोचरश्चेति। लौकिको यः शब्दवाच्यतां कदाचिदधिशेते। स च विधिनिषेधाद्यनेकप्रकारो वस्तुशब्देनोच्यते।' p. 15. An example of वस्तुध्वनि is 'शिखरिणि क नु नाम कियच्चिरं किमभिधानमसावकरोत्तपः। सुमुखि येन तवाधरपाटलं दशति बिम्बफलं शुकशावकः॥ अत्रानेन कविनिबद्धस्य कस्यचित्कामिनः प्रौढोक्तिसिद्धेन वस्तुना तवाधरः पुण्यातिशयलभ्य इति वस्तु प्रतीयते।. A distinct subject or topic is suggested, *viz.* that your lip (i. e. a kiss) is to be gained only by excessive merit. अलङ्कारध्वनि is that in which the suggested sense would constitute a figure of speech; the expressed sense does nat however do so. An example of अलङ्कारध्वनि is: दिशि मन्दायते तेजो दक्षिणस्यां रवेरपि। तस्यामेव रघोः पाण्ड्याः प्रतापं न विषेहिरे॥; अनेन स्वतःसम्भविना वस्तुना रवितेजसो रघुप्रतापोऽधिक इति व्यतिरेकालङ्कारो व्यज्यते।'

रसध्वनि occurs there where रस, Bhāva etc. are the principal element and where the words, expressed sense, and the figures of speech are dependent upon Rasa etc., as said by the ध्वन्यालोक 'वाच्यवाचकचारुत्वहेतूनां विविधात्मनाम् । रसादिपरता यत्र स ध्वनेर्विषयो मतः ॥' p. 67. रसध्वनि may be instanced in "शून्यं वासगृहं विलोक्य शयनादुत्थाय किञ्चिच्छनैः निद्राव्याजमुपागतस्य सुचिरं निर्वर्ण्य पत्युर्मुखम् । विस्रब्धं परिचुम्ब्य जातपुलकामालोक्य गण्डस्थलीं लज्जानम्रमुखी प्रियेण हसता बाला चिरं चुम्बिता ॥' अत्र शृङ्गारध्वनिः. Against this threefold division of ध्वनि,* S. D. brings an objection in the words प्रहेलिकादावतिव्याप्तेः. प्रहेलिका means 'a riddle or conundrum.' Even the कादम्बरी mentions प्रहेलिका and they are mentioned also by the विष्णुधर्मोत्तरपुराण (3rd खण्ड, Chap. 16). We find a full exposition and illustration of प्रहेलिका in the काव्यादर्श and the सरस्वतीकण्ठाभरण. प्रहेलिका is defined by रुद्रट as 'स्पष्टप्रच्छन्नार्था प्रहेलिकाऽव्याहृतार्था च ।' Ru. V. 25. नमिसाधु explains as follows:—'प्रहेलिका द्विविधा । स्पष्टप्रच्छन्नार्था अव्याहृतार्था च । तत्र स्पष्टः पदारूढत्वात् प्रच्छन्नश्च प्रश्नवाक्ये एवान्तर्गतत्वेन भ्रमकारित्वादर्थो यस्याः सा तथाविधा । तथाऽसाधारणविशेषणोपादानादेवाधिगतत्वेनाव्याहृतः साक्षादनुक्तो अर्थो यस्याः सा तथाविधा ।'. An example of the above two kinds is given by रुद्रट in one verse: 'कानि निकृत्तानि कथं कदलीवनवासिना स्वयं तेन । कथमपि न दृश्यतेऽसावन्वक्षं हरति वसनानि ॥' Ru. V. 29. The first half is an example of स्पष्टप्रच्छन्नार्था. Construe कदलीवनवासिना तेन कानि कथं स्वयं निकृत्तानि. This is the question. The answer is contained in the same line. कानि (शिरांसि) निकृत्तानि, कथं कदलीव (like a plantain tree) असिना (खड्गेन), (कियन्ति) नव (नवसंख्याकानि), स्वयम्, तेन (दशाननेन). The second line is an example of अव्याहृतार्था. अन्वक्षं means प्रत्यक्षम्. This applies only to the wind

* A different and more elaborate division of ध्वनि is given in the ध्वन्यालोक (1st and 2nd उद्द्योत), काव्यप्रकाश (4th उल्लास) and साहित्यदर्पण (4th प०). We give below a brief out-line.

ध्वनि

- I लक्षणामूल or अविवक्षितवाच्य
  - (a) अर्थान्तरसंक्रमितवाच्य
  - (b) अत्यन्ततिरस्कृतवाच्य.
- II अभिधामूल or विवक्षितान्यपरवाच्य.
  - (c) असंलक्ष्यक्रमव्यंग्य or रसध्वनि.
  - (d) संलक्ष्यक्रमव्यंग्य.
    - (1) शब्दशक्त्युद्भव — वस्तु अलङ्कार
    - (2) अर्थशक्त्युद्भव — वस्तु अलङ्कार
    - (3) उभयोद्भव

मम्मट divides अर्थशक्त्युद्भव into twelve varieties.

and not to a thief etc. Daṇḍin mentions 16 varieties of good प्रहेलिकाs and refers to 14 kinds of bad ones. See Kāvyād. III. 106. We shall quote two interesting examples. नासिक्यमध्या परितश्चतुर्वर्णविभूषिता । अस्ति काचित्पुरी यस्यामष्टवर्णाह्वया नृपाः ॥ Kāvyād. III. 114. The town is काञ्ची and the family of the kings is पुण्ड्रक, which has 8 letters. विजितात्मभवद्वेषिगुरुपादहतो जनः । हिमापहामित्रधरैर्व्याप्तं व्योमाभिनन्दति ॥ काव्यादर्श III 120. (विना पक्षिणा गरुडेन जितः इन्द्रस्तस्यात्मभवः अर्जुनः तस्य द्वेषी कर्णः तस्य गुरुः पिता सूर्यः तस्य पादैः किरणैः हतः । हिमापहो वह्निः तस्यामित्रो जलं तद्धरैर्मेघैर्व्याप्तं etc.). But even Daṇḍin and रुद्रट had a clear perception of the value of these riddles. रुद्रट says 'मात्राबिन्दुच्युतके प्रहेलिका कारकक्रियागूढे । प्रश्नोत्तरादि चान्यत् क्रीडामात्रोपयोगमिदम् ॥ Ru. V. 24. क्रीडागोष्ठीविनोदेषु तज्ज्ञैराकीर्णमन्त्रणे । परव्यामोहने चापि सोपयोगाः प्रहेलिकाः ॥ काव्यादर्श III. 97. They do not look upon प्रहेलिका as constituting poetry, much less आनन्दवर्धन, the author of the ध्वन्यालोक who says "इदानींतनानां तु न्याय्ये काव्यनयव्यवस्थापने क्रियमाणे नास्त्येव ध्वनिव्यतिरिक्तः काव्यप्रकारः । यतः परिपाकवतां कवीनां रसादितात्पर्यविरहे व्यापार एव न शोभते ।' p. 221. He does not recognise any piece of poetry, in which रस etc. are absent. But the S. D. objects that, if by ध्वनि you understand the three, *viz.* वस्तु, अलङ्कार and रस, then, even प्रहेलिका would be included under ध्वनि, as in प्रहेलिका also, there is some suggested sense other than the expressed one, just as there is in वस्तुध्वनि instanced above.

द्वितीयश्चेदोमिति ब्रूमः If, however, you accept the 2nd alternative *i. e.* the soul of Poetry is suggestion which takes the shape of Rasa, Bhāva and the like then we say 'agreed.'

(P. 4, ll. 6-10). ननु यदि......इति चेत्. An objection is raised against the 2nd view, mentioned above, *viz.*, the soul of poetry is suggestion which takes only the form of Rasa and the like (and not वस्तु nor अलङ्कार). अत्ता एत्थ &c.* This is the 67th verse in the 7th शतक of the गाथासप्तशती of हाल. रात्र्यन्धकत्वेन कथितात्मानं पथिकं प्रति स्वयंदूत्या (of a woman who introduces herself to her paramour without the intercession of a go-between) उक्तिरियम् । रामo. The expressed meaning is 'Don't tumble on our bed.' But the suggested sense is quite the opposite. 'अत्र गृहे विद्यमानायाः श्वश्र्वा अतिवृद्धतया बधिरनिश्चेष्टत्वादियोगादन्यस्य चासत्त्वान्निःशङ्कं व्यवहरेति वक्तृप्रतिपाद्यवैशिष्ट्यात्प्रतीयते ।' उo चंo p. 65. This is given as an example

* The printed edition of the सप्तशती reads 'एत्थ णिमज्जइ अत्ता एत्थ अहं एत्थ परिअणो सअलो । पन्थिअ रत्तीअन्धअ मा मह सअणे णिमज्जिहिसि ॥.' The ध्वन्यालोक, काव्यप्रकाश, हेमचन्द्र and others present many various readings.

of वस्तुध्वनि on p. 20 of the ध्वन्यालोक. Here another matter merely is suggested (*viz.* the traveller's doing the opposite of what is expressed) and hence, if रसादिरूपमात्रध्वनि were to be the soul of Poetry, such a verse cannot be called Poetry.

S. D. replies to the above by saying अत्रापि रसाभासवत्तैव etc. We admit that this verse is Poetry, but we do so because in this verse there is a semblance of Rasa (of Love here) and not because mere व्यंग्यवस्तु can constitute the soul of Poetry. S. D. says further on that under रस are inclnded भाव, रसाभास, भावाभास, भावशान्ति, भावोदय, भावसन्धि, भावशबलत्व. रसाभास is defined as 'अनौचित्यप्रवृत्तत्व आभासो रसभावयोः ।' S. D. III. 262. Here the love is improper and illegitimate and therefore there is रसाभास.

(P. 4, l. 11). अन्यथा = वस्तुमात्रस्य व्यंग्यत्वेऽपि काव्यत्वस्वीकारे । राम०. If we were to admit that a piece is a poem, even if merely the matter were suggested, then such a sentence as 'देवदत्त goes to a village' will have to be called Poetry; because here also, there is something suggested, *viz.*, his being attended by a servant, as every gentleman usually is. But nobody calls this poetry, because here there is no connection with रस etc.

(P. 4, ll. 12-16). अस्त्विति...क्तत्वात्—If it were said "Let this sentence 'देवदत्त goes to a village' be called a poem, because there is some suggested sense in it," we reply:—no, because it is our position that the name of Poetry is to be applied to that only which has रस. काव्यस्य प्रयोजनं......उक्तत्वात्—This is a reply to those who would admit a piece to be poetry even if it be destitute of रस. Construe काव्यस्य प्रयोजनं......प्रवृत्तिनिवृत्त्युपदेशः. विनेय-those who are to be taught, students. रसास्वादसुखपिण्डदान० does not appear to be a good reading. Instead of सुखपिण्ड the author would have said सुखसन्तान etc. रसास्वादसुखसन्तानद्वारेत्यर्थः । राम०, by means of giving a fund of delight in the form of the relishing of Rasa. मुखपिण्ड means 'an inducement.' Compare: को न याति वशं लोके मुखे पिण्डेन पूरितः । मृदङ्गो मुखलेपेन करोति मधुरध्वनिम् ॥. रामादिवत्—this has occurred above. Compare for the idea the words of the ancient rhetorician भामह "स्वादुकाव्यरसोन्मिश्रं शास्त्रमप्युपयुञ्जते । प्रथमालीढमधवः पिबन्ति कटु भेषजम् ॥" V. 3 (The लोचन p. 182 quotes this as from भामह, but reads वाक्यार्थम् for शास्त्रमपि). Compare व्यक्तिविवेक I, p. 20 'एवं च ये सुकुमारमतयो...ये चात्यन्ततोऽपि जडमतयः...उभयेपि तेभिमतवस्तुपुरस्कारेण गुडजिह्विकया रसास्वादसुखं मुखे दत्त्वा तत्र कटुकौषधपानादाविव प्रवर्तयितव्याः ।'.

(P. 4, ll. 16-20). तथा च...तत्सिद्धेः इत्यादि. The author cites the testimony of three ancient authors in support of his position that the soul of Poetry is suggestion which assumes only the form of रसादि. 'वाग्वैदग्ध्यप्रधानेपि' etc. occurs in अग्निपु० 336. 33 (B. I. ed.). अत्र = काव्ये. वाचो वैदग्ध्यं प्रधानं यस्मिन् तत् (काव्यं), that in which the chief element is the cleverness of speech; or we may dissolve as 'वाग्वैदग्ध्येन प्रधानं (उत्तमं),' in Poetry which becomes first-rate by skill in speech. The Agnipurāṇa says 'Rasa alone (and not वस्तुध्व० nor अलङ्कारध्व०) is the life of Poetry, in which the chief element is skill in speech etc. व्यक्तिविवेककार—author of व्यक्तिविवेक (which means 'investigation of the true nature of suggestion'). His name is Mahimabhaṭṭa. Vide introduction. He wrote his work to demolish the theory of the ध्वन्यालोक and to establish that what is called suggestion is included under अनुमान 'Inference'. '**अनुमाने**ऽन्तर्भावं सर्वस्यैव **ध्वनेः** प्रकाशयितुम्। व्यक्तिविवेकं कुरुते प्रणम्य महिमा परां वाचम्॥' व्यक्तिविवेक 1st verse. काव्यस्यात्मनि etc. As to the fact that the soul of Poetry, which is always to be found in it, is रस and the like, there is no difference of opinion. सङ्गिनि = अवश्यंस्थायिनि। राम०. सङ्ग means 'attachment or connection.' The words काव्यस्यात्मनि occur in the व्यक्तिविवेक I. p. 22 (Trivandrum ed. 1909). The printed edition reads संज्ञिनि for सङ्गिनि. The position of the व्यक्तिविवेककार is that he does not dispute that रस is the soul of poetry, but the point on which he lays stress is that the essence of poetry (viz. रस &c.) is grasped by अनुमान and not by an independent power of words such as व्यञ्जना. As regards the thing (संज्ञी) there is no dispute; there is a difference only in संज्ञा (in the appellation of the thing). He calls it by the name of अनुमान, while the ध्वनि school calls it by the name of ध्वनि. ध्वनिकारेणाप्युक्तम्...तत्सिद्धेः इत्यादि. The ध्वन्यालोक reads ०निर्वहणेन किंचित्प्रयोजनम्। इतिहासादेव तत्सिद्धेः. The words of the text mean 'By a mere narration on the part of the poet of what happened, the soul of Poetry is not accomplished, because that, *viz.* the mere narration of events, can be effected by History (such as the महाभारत) and the like.' इतिवृत्त means the same thing as वस्तु or कथाशरीर as said in the भावप्रकाश 'वस्तु यत् स्यात् प्रबन्धस्य शरीरं कविकल्पितम्। इतिवृत्तं तदेवाहुर्नाट्याभिनयकोविदाः॥' (VII. p. 200). We take आत्मलाभः = काव्यात्मनः लाभः. We may also take आत्मलाभः to mean कविपदलाभः, and then the whole means 'a poet does not attain the position of a poet by confining himself to the simple narration of events.' The idea is:—

The poet's business is to develope रस etc. and he has, in writing his work, to look solely to the proper evolution of the sentiments etc. If in the narrative on which he bases his pome, he finds anything which would be incongruous to the Rasa he is developing, he should throw the narrative to the winds and should arrange events so as to suit the Rasa. Because one does not become a poet by merely narrating events. This is not the poet's function, but that of the historian. In a poet we do not look for history, but for the development of रस. We prefer the second meaning of आत्मलाभः to the first, as it suits the context better. The reading प्रयोजनम् of the ध्वन्यालोक means 'the poet has nothing to do with the mere narration etc.' The words of the ध्वन्यालोक preceding the line are 'कविना प्रबन्धमुपनिबध्नता सर्वात्मना रसपरतन्त्रेण भवितव्यम्। तत्रेतिवृत्ते यदि रसाननुगुणां स्थितिं पश्येत्तां भंक्त्वापि स्वतन्त्रतया रसानुगुणं कथान्तरमुत्पादयेत्। न हि कवेः etc. p. 148 of ध्वन्या०.

(P. 4, ll. 19-23). ननु तर्हि......गौण एव. तर्हि means 'If you lay down that what possesses Rasa is to be called poetry and none else.' Certain verses without रस (*i. e.* merely narrative etc.) in a composition will not, on the above theory, be poetry (and the same difficulty would occur, as said above in ननु कश्चिद्दंशोऽत्र दुष्टः etc., whether the composition as a whole is poetry or not). S. D. replies to this objection in रसवत्पद्या.........अङ्गीकारात्. यथा रसवत्पद्यान्तर्गतनीरसपदानां पद्यरसेन रसवत्ता अङ्गीक्रियते तथा तेषां (नीरसानां पद्यानां) प्रबन्धरसेनैव रसवत्ता अङ्गीक्रियते।. Certain words in a verse may be without रस; still, as the whole verse has a रस, the words may be said to have a रस, as being included in the verse; similarly here. यत्तु नीरसेष्वपि......गौण एव. The idea is:—The name of poetry is strictly applicable only to such pieces as have a रस in them; the application of the term काव्य to such pieces as are without any रस, but possess letters which manifest some excellence, which are without faults and possess figures of speech, is quite secondary (गौण) and not strict, which application is based on the resemblance of these latter to such pieces as contain a रस. गुणाभिव्यञ्जकवर्णसद्भावात्—The Guṇas are three, माधुर्य, ओजस् and प्रसाद. They are the properties of रस; but are said to be revealed by certain favourable letters, e. g. मूर्ध्नि वर्गान्त्यगाः स्पर्शा अटवर्गा रणौ लघू। अवृत्तिर्मध्यवृत्तिर्वा माधुर्ये घटना तथा॥ K. P. 8. U1. *i. e.* माधुर्य is revealed by the letters from क् to म् except the टवर्ग, each letter being preceded by the nasal of the class to which it belongs, by the letters र् and ण् combined with a short vowel etc. वृत्ति=समास.

(P. 4, ll. 23-25) यत्तु वामनेन......भिन्नत्वात्. वामन wrote काव्यालङ्कारसूत्र in five अधिकरणs. He wrote a comment on his own sūtras. He belongs probably to the latter half of the 8th century. रीतिरात्मा काव्यस्य—is काव्यालङ्कारसूत्र I. 2. 6. रीति means a style of composition, as वामन himself defines it as 'विशिष्टा पदरचना रीतिः' I. 2. 7. These styles must be numerous, but writers on rhetoric generally select a few of the most prevalent ones for definition. दण्डिन् says 'अस्त्यनेको गिरां मार्गः सूक्ष्मभेदः परस्परम् । तत्र वैदर्भगौडीयौ वर्ण्येते प्रस्फुटान्तरौ ॥' काव्यादर्श I. 40. He then tells us that ten गुणs are the essential attributes of वैदर्भी रीति; and the opposites of them or the absence of them of the गौडीरीति; 'श्लेषः प्रसादः समता माधुर्यं सुकुमारता । अर्थव्यक्तिरुदारत्वमोजःकान्तिसमाधयः ॥ इति वैदर्भमार्गस्य प्राणा दश गुणाः स्मृताः । एषां विपर्ययः प्रायो दृश्यते गौडवर्त्मनि ॥' काव्यादर्श I. 41 and 42. भामह vehemently protests against the division of styles into वैदर्भ and गौडी 'वैदर्भमन्यदस्तीति मन्यन्ते सुधियोऽपरे । तदेव च किल ज्यायः सदर्थमपि नापरम् ॥ गौडीयमिदमेतत्तु वैदर्भमिति किं पृथक् । गतानुगतिकन्यायान्नानाख्येयममेधसाम् । ननु चाश्मकवंशादि वैदर्भमिति कथ्यते । कामं तथास्तु प्रायेण संज्ञेच्छातो विधीयते ॥' I. 31-33. वामन mentions three वैदर्भी, गौडी and पाञ्चाली. विश्वनाथ adds a fourth लाटी. The same are given by the अग्निपुराण chap. 339. भोज gives two more, viz. आवन्तिका and मागधी. It will be seen from the above that each country is credited with a particular style of composition. मम्मट includes them under वृत्त्यनुप्रास (उपनागरिका, परुषा and कोमला correspond to वैदर्भी, गौडी, and पाञ्चाली). The नाट्यशास्त्र of भरत (14. 36, Ch. ed.) mentions four प्रवृत्तिs that were named after countries.

वामन stands perhaps alone in regarding रीति as the soul of Poetry. S. D.'s objection is very proper and is as follows:—रीति is a particular kind of arrangement; and arrangement is nothing but a particular disposition or posture of parts; and what is called soul is different from this. The different parts of our body assume different positions; but they are distinct from the soul. Similarly शब्द and अर्थ are the body of काव्य. The various arrangements of the limbs of this body i. e. the different arrangement of words etc. can never constitute the soul.

(P. 4, l. 25-p. 5, l. 2). यच्च ध्वनिकारेण......अपास्तम्. अर्थः सहृदय etc. This occurs on p. 12 of the ध्वन्यालोक (I. 2) 'A sense which is highly thought of by men of taste, which, it has been settled, is the soul of Poetry, has two kinds, viz. वाच्य, the expressed or literal sense, and प्रतीयमान the understood or suggested sense. Here the ध्वनिकार declares that अर्थ is the soul of Poetry and that वाच्य is a variety of अर्थ. Thereby he declares that expressed sense also is the soul of Poetry. This is opposed to his own words at the beginning of his work 'the soul of Poetry is suggestion.' Thus the ध्वनिकार is shown to be inconsistent. See, however, the लोचन (on pp. 12–13), which reconciles these two apparently conflicting dicta of the ध्वन्यालोक.* The ध्वन्यालोक here speaks of अर्थ, the soul of Poetry, as divided into वाच्य and प्रतीयमान in accordance with ordinary ideas. अर्थ is of two kinds; the real soul of Poetry is व्यंग्य, but there are people who regard the प्रतीयमान as not different from वाच्य. So what the ध्वनिकार says is not that वाच्य is the soul of Poetry, but that अर्थ is of two kinds, वाच्य and प्रतीयमान. As to what is the soul of Poetry, there is difference of opinion.

(P. 5, ll. 4-7). वाक्यं रसात्मकं......गृह्यन्ते. रसात्मकं वाक्यं काव्यम्— Poetry is a sentence the soul whereof is रस. निरूपयिष्यामः— We shall describe (in the 3rd परिच्छेद). रसात्मक is explained in the words रस एवात्मा etc. Rasa alone is the soul (of Poetry) *i. e.* it endows it (काव्य) with life as being essential. तेन विना = रसेन विना. "It has been established above that, without रस, a piece cannot be called a poem." This has been shown in the words अन्यथा देवदत्तो ग्रामं याति **(p. 4, l. 11)** etc. Under रस are included भाव (incomplete flavour) and the semblances of रस and भाव (which will be treated of in the 3rd परिच्छेद), since the word रस is derived from the root रस् 'to taste or relish' and means 'what is tasted or relished'. भाव, incomplete flavour etc., also can be relished and therefore may be included under रस See S. D. III. 259-60 'रसभावौ तदाभासौ भावस्य प्रशमोदयौ । सन्धिः शबलता चेति सर्वेऽपि रसनाद्रसाः ॥'

जगन्नाथ criticizes the definition of काव्य given by the साहित्यदर्पण as follws:—"यत्तु रसवदेव काव्यम्' इति साहित्यदर्पणे निर्णीतम्, तन्न । वस्त्वलङ्कारप्रधानानां काव्यानामकाव्यत्वापत्तेः । न चेष्टापत्तिः । महाकविसंप्रदायस्याकुलीभावप्रसङ्गात् । तथा च जलप्रवाहवेगनिपतनोत्पतनभ्रमणानि कविभिर्वर्णितानि । कपिबालादिविलसितानि च । न च तत्रापि यथाकथञ्चित्परम्परया रसस्पर्शोऽस्त्येवेति

---

* स एक एवार्थो द्विशाखतया विवेकिभिर्विभागबुद्ध्याभियुज्यते । तथाहि— तुल्येऽर्थरूपत्वे किमिति कस्मैचित्सहृदयः श्लाघते । तद्भवितव्यं केनचिद्विशेषेण । यो विशेषः स प्रतीयमानभागो विवेकिभिर्विशेषहेतुत्वादात्मेति व्यवस्थाप्यते । वाच्यसङ्कलनाविमोहितहृदयैस्तु तत्पृथग्भावो विप्रतिपद्यते चार्वाकैरिवात्मपृथग्भावः । अत एवार्थ इति एकतयोपक्रम्य सहृदयश्लाघ्य इति विशेषणद्वारा हेतुमभिधायापोद्धारणदृशा तस्य द्वौ भेदावंशावित्युक्तम् । न तु द्वावप्यात्मानौ काव्यस्य । लोचन p. 13.

वाच्यम् । ईदृशरसस्पर्शस्य 'गौश्चलति' 'मृगो धावति इत्यादावतिप्रसक्तत्वेनाप्रयोजकत्वात् । अर्थमात्रस्य विभावानुभावव्यभिचार्यन्यतमत्वादिति दिक् । R. G. pp. 7-8.

रस is defined as 'विभावेनानुभावेन व्यक्तः सञ्चारिणा तथा । रसतामेति रत्यादिः स्थायिभावः सचेतसाम् ॥' S. D. III. 1. Love and the like, which are permanent moods or underlying sentiments in any composition, when manifested by विभाव, अनुभाव and सञ्चारिभाव (and not by direct mention thereof) attain to the condition of रस (Flavour) in the man of taste. The रसs are 8 (or 9) शृङ्गार, हास्य, करुण, रौद्र, वीर, भयानक, बीभत्स, अद्भुत (the 9th is शान्त). The स्थायिभावs, permanent or underlying sentiments, corresponding to the 8 रसs are रति, हास, शोक, क्रोध, उत्साह, भय, जुगुप्सा, विस्मय. विभावs are those which are the causes of स्थायिभाव *i. e.* on account of which the स्थायिभावs रति etc. are manifested, and those which nourish them (रति etc.), when they are produced. विभावs are of two kinds, आलम्बनविभाव and उद्दीपनविभाव. Women etc. are the examples of आलम्बनविभाव because they cause the स्थायिभाव रति; while चंद्रोदय, वसन्त etc. are the उद्दीपनविभाव, because they nourish love. अनुभावs (अनुभावो विकारस्तु भावसंसूचनात्मकः । दशरू. IV. 3.) are the effects of रति etc. i. e. glance, persiration etc. Under अनुभाव are included the eight सात्विकभावs, स्तम्भ, स्वेद, रोमाञ्च, स्वरभङ्ग, वेपथु, वैवर्ण्य, अश्रु, प्रलय. सञ्चारिभावs or व्यभिचारिभावs are those which help or are accessory in apprehending स्थायिभाव or its effects; they are so called because they are not permanent, but appear and disappear as waves in the ocean. The व्यभिचारिभावs are 33 viz. निर्वेद, ग्लानि, शङ्का, असूया etc. They are not main sentiments in a composition; they are found associated with the main sentiment. स्थायिभाव is defined as विरुद्धैरविरुद्धैर्वा भावैर्विच्छिद्यते न यः । आत्मभावं नयत्यन्यान् स स्थायी लवणाकरः ॥ (दशरू. IV. 32), यथा मालतीमाधवे श्मशानाङ्के बीभत्सेन मालत्यनुरागस्यातिरस्कारः ।

(P. 5, ll. 7-12). तत्र रसो यथा......रसः. शून्यं वासगृहं—occurs in अमरुशतक (82). नवोढाया अभिनवसमागमवर्णनमिदम् । उ० चं० p. 88 of प्रदीप. वासगृहं=रतिमन्दिरम्. निद्राव्याजमुपागतस्य of him who was counterfeiting sleep or who was feigning to be asleep. निश्रब्धं विश्वस्तं यथा स्यात्तथा. Supply पत्युः before गण्डस्थलीम् (cheek). This verse is given as an example of सम्भोगशृङ्गार. शृङ्गार is of two kinds, सम्भोग and विप्रलम्भ (that of separated lovers). The former is defined as 'अनुकूलौ निषेवेते यत्रान्योन्यं विलासिनौ । दर्शनस्पर्शनादीनि स सम्भोगो मुदान्वितः ॥' दशरूपक IV. 63. विप्रलम्भशृङ्गार is defined as 'भावो यदा रतिर्नाम प्रकर्षमधिगच्छति । नाधिगच्छति चाभीष्टं विप्रलम्भस्तदोच्यते॥, or briefly- सम्भोगः सङ्गतयोर्वियुक्तयोर्यश्च विप्रलम्भोऽसौ ।' रुद्रट XII. 6. तत्र सम्भोगो नायिका-

रब्धो नायकारब्धश्च. In this verse, the शृङ्गार is on both sides. But that on the part of the नायिका is the principal one, as said by प्रभा 'अत्र नायिकारब्धतया तद्गताया रतेः प्राधान्यम् । p. 88 of प्रदीप. 'तत्र नायक आलम्बनम् । शून्यगृहमुद्दीपनम् । नायकचुम्बनमनुभावः । लज्जा व्यभिचारिभावः ।' प्रभा p. 89.

(P. 5, ll. 13-18). भावो यथा...रतिर्भावः. भाव is defined by K. P. as 'रतिर्देवादिविषया व्यभिचारी तथाञ्जितः । भावः प्रोक्तः ।' IV. 12-13 'आदि-शब्दान्मुनिगुरुपुत्रादिविषया, कान्ताविषया तु व्यक्ता शृङ्गारः.' The meaning is:—When the स्थायिभाव such as love have for their objects God, king, son etc. (and not lovers); when the स्थायिभावs, love etc. are not well nourished so as to reach the condition of *rasa* or when the व्यभिचारिभावs such as असूया are manifested as the principal sentiments in a composition, there is भाव.

महापात्र = great minister, according to the मेदिनी. 'पात्रं स्रुवादौ पर्णे च भाजने राजमन्त्रिणि ।' (under रद्विकम्). सान्धिविग्रहिकाणाम्—The plural is used to show respect. सान्धिविग्रहिक means 'entrusted with the affairs of peace and war' i. e. very much like the modern minister for foreign affairs. This is a very old office. Compare प्राचीनलेखमाला vol. II$_I$. p. 175, No. 164 (inscription of श्रीधरसेन A. D. 571) 'लिखितः सन्धिविग्रहाधिकृतस्कन्धभट्टेन.' *Vide.* J. B. B. R. A. S. vol. 9 p. 219 for महासान्धिविग्रहिक (Ambernath inscription). यस्यालीयत etc. In this verse, the ten अवतारs of Viṣṇu are referred to. The verb अलीयत is to be construed with ten sentences. यस्य शल्कसीम्नि जलधिरलीयत (मत्स्यावतार)—in only the fringe of whose scales the ocean was contained. यस्य पृष्ठे जगन्मण्डलमलीयत refers to कूर्मावतार; दंष्ट्रायां धरणी (अलीयत) refers to वराहावतार; compare गीतगोविन्द—वसति दशनशिखरे धरणी तव लग्ना । शशिनि कलङ्ककलेव निमग्ना' ॥. नखे दितिसुधाधीशः (हिरण्यकशिपुः) अलीयत—refers to नृसिंहावतार. Compare 'तव करकमलवरे नखमद्भुतशृङ्गम् । दलितहिरण्यकशिपुतनुभृङ्गम् ॥' गीतगोविन्द. पदे रोदसी (heaven and earth) (अलीयेताम्)—refers to वामनावतार; क्रोधे क्षत्रगणः-refers to परशुराम; शरे दशमुखः to राम; पाणौ प्रलम्बासुरः refers to कृष्ण (see विष्णुपु० V. 9 where बलराम kills प्रलम्ब with his fist). ध्याने विश्वमलीयत—In whose contemplation as बुद्ध, the Universe melted into nothingness. बुद्ध taught the doctrine of शून्यवाद (annihilation). असौ अधार्मिककुलं—on whose sword, the race of evil-doers (will perish when Kalkin will come down). Compare गीतगोविन्द 'म्लेच्छनिवहनिधने कलयसि करवालम् ।'. कस्मैचिदस्मै नमः Hail to him whoever he be; or hail to him who is indescribable. Compare for the idea 'वेदानुद्धरते जगन्निवहते भूगोलमुद्बिभ्रते दैत्यान् दारयते बलिं छलयते क्षत्रक्षयं कुर्वते । पौलस्त्यं जयते हलं कलयते कारुण्यमातन्वते म्लेच्छान्मूर्छयते दशाकृतिकृते कृष्णाय तुभ्यं नमः ॥' गीतगोविन्द. In this verse as the sentiment of love has for its object the deity, there is भाव (incomplete flavour). The deity cannot be a fit object of those tendernesses which are exchanged betweeu man and woman and which belong to the sentiment of love proper. See मत्स्यपुराण 285. 6–7 for ten अवतारs.

(P. 5, ll. 19-22). रसाभासो...तिर्यग्विषयत्वाद्रसाभासः. S. D. (III. 262) defines रसाभास as 'अनौचित्यप्रवृत्तत्व आभासो रसभावयोः'—when रस and भाव proceed with impropriety, there is रसाभास and भावाभास respectively. Then S. D. gives some examples. उपनायकसंस्थायां मुनिगुरुपत्नीगतायां च। बहुनायकविषयायां रतौ तथानुभयनिष्ठायाम्॥ प्रतिनायकनिष्ठत्वे तद्वदधमपात्र**तिर्यगादिगते। शृङ्गारे**ऽनौचित्यं रौद्रे गुर्वादिगतकोपे॥ III. 263–264. There is an impropriety in the Erotic when love resides in a secondary hero, and when it is fixed on the wife of a sage or teacher, when it has many heroes for its object and when it does not exist in both the parties; when it exists in a rival hero or low persons or lower animals etc. मधु द्विरेफः etc. This occurs in the कुमारसम्भव III. 36. स्वां प्रियां अनुवर्तमानः द्विरेफः कुसुमैकपात्रे मधु पपौ. द्विरेफः bee (भ्रमर). अनुवर्तमानः = Waiting upon, coaxing. कुसुमैकपात्रे-कुसुममेव एकं साधारणं पात्रं तस्मिन्. कृष्णसारः black deer. Here the रस is संभोगशृङ्गार (love in union), but as love is here spoken of with reference to lower animals, there is रसाभास (semblance of that flavour). एवमन्यत्—similarly the rest *i. e.* भावाभास, भावशान्ति, भावोदय, भावसन्धि, भावशबलत्व.

दोषाः......वक्ष्यामः **(P. 5, ll. 24-28).** तस्य = रसस्य. Faults are those that mar the रस. श्रुतिदुष्टापुष्ट etc. यथा काणत्वखञ्जत्वादयः देहद्वारेण आत्मानमपकर्षयन्ति मूर्खत्वादयश्च साक्षादात्मानमपकर्षयन्ति एवं श्रुतिदुष्टापुष्टार्थत्वादयः शब्दार्थद्वारेण काव्यस्यात्मभूतं रसमपकर्षयन्ति व्यभिचारिभावादेः स्वशब्दवाच्यत्वादयो दोषाः साक्षात्काव्यस्यात्मभूतं रसमपकर्षयन्ति।. As blindness (of one eye) and lameness operate depreciatingly on man through the body (*i. e.* indirectly), so harshness, uselessness, and superfluity etc. operate on the soul of Poetry, *i. e.* रस, through words and senses (*i. e.* indirectly); so also just as foolishness directly affects the man, so such faults as the mention of the Vyabhichāribhāvas (accessory sentiments) by their own names (*i. e.* directly and not suggestively) mar the *rasa* directly which is the soul of Poetry (and not mediately, like harshness, which first affects word and sense and then रस). Both these classes are called दोषs. श्रुतिदुष्ट has been explained above. अपुष्टार्थत्वं means 'मुख्यानुपकारित्वम्'—what does not help or what is not needed for understanding the principal idea; *e. g.* विलोक्य वितते व्योम्नि विधुं मुञ्च रुषं प्रिये. Here the word वितत serves no purpose as regards the giving up of wounded pride. व्यभिचारिभावादेः स्वशब्दवाच्यत्वादयः—

To mention रस, स्थायिभाव or व्यभिचारिभाव under its own name in a piece is generally looked upon as a fault. See K. P. VII. 12-14 under रसदोष p. 433 (Vā) 'व्यभिचारिरसस्थायिभावानां शब्दवाच्यता । ... रसे दोषाः स्युरीदृशाः ॥ i. e. रसस्य स्वशब्देन शृङ्गारादिशब्देन वा वाच्यत्वम् (दोषः)'. 'जाता लज्जावती मुग्धा प्रियस्य परिचुम्बने' is an example of the mention of व्यभिचारिभाव under its own name. Here the व्यभिचारिभाव 'लज्जा' is directly mentioned; it would be free from fault if we convey the idea of लज्जा by reading 'आसीन्मुकुलिताक्षी सा प्रियस्य परिचुम्बने.' विशेषोदाहरणानि वक्ष्यामः-we shall speak of their distinctions and examples (in the 7th परिच्छेद).

गुणादयः किंस्वरूपाः......वक्ष्यामः **(P. 6, ll. 1-8).** Excellences, figures and styles are spoken of as the causes of the heightening of रस. गुणाः शौर्यादिवत् etc. This we had above (उक्तं हि शब्दार्थौ text p. 3, ll. 17-20). इह Here *i. e.* according to the view of Rhetoricians like myself. An objector might ask "How do you say that Guṇas heighten रस through words and senses? गुणs are the properties of रस alone and not of शब्दार्थ; therefore having nothing to do with शब्द and अर्थ, they cannot heighten रस through शब्द and अर्थ". We reply:—The word गुण here is secondarily employed (*i. e.* by लक्षणा) for words and meanings which develop excellences. Hence what is meant is this—that words (and senses), which develop excellences, heighten Rasa. This was said before ('रसाभिव्यञ्जकत्वेनोपचारतः उपपद्यते' etc. p. 3. l. 9). वक्ष्यामः—in the 8th परिच्छेद (गुणs), in the 9th (रीति) and in the 10th अलङ्कारs.

PARICHCHHEDA II

The author defines Poetry as a kind of sentence, the soul whereof is *rasa*. A question now arises:—what is a sentence? The answer is वाक्यं स्यात् etc. (p. 7, l. 2.). This means:—A sentence is a collection of words possessing Compatibility, Expectancy, and Juxta-position (or proximity). Some other definitions of वाक्य are:—साकांक्षाणां पदानामनेकानां समूहो वाक्यम् । अ० वृ० भा०; वाक्यं पदसमूह; । तर्कसंग्रह; वाक्यं त्वाकांक्षायोग्यतासंनिधिमतां पदानां समूह: । T. Bh. p. 47. योग्यता means the absence of absurdity in the mutual relation of the things denoted by the words. A sentence like पयसा सिञ्चति has योग्यता because water has the fitness, owing to its liquidity which is necessary for sprinkling. But a sentence like वह्निना सिञ्चति has no compatibility, since fire lacks liquidity which only can make a thing an instrument in the act of sprinkling. पदोच्चयस्य एतदभावेपि–एतदभावे means योग्यता-भावे. If it were held that a mere collocation of words can make a sentence even in the absence of compatibility, then such a collection of words as as 'वह्निना सिञ्चति' would be a sentence; but no one would say that the above (वह्निना सिञ्चति) is a proper sentence. P. L. M. defines योग्यता as 'परस्परान्वयप्रयोजकधर्मवत्त्वम्' and then says 'तेन वह्निना सिञ्चतीति वाक्यमयोग्यम् । अस्ति च सेकान्वयप्रयोजकद्रवद्रव्यत्वं योग्यता जले कारणत्वेन जलान्वयप्रयोजकार्द्रीकरणत्वं योग्यता सेकक्रियायाम् । अत एव वह्निना सिञ्चतीति वाक्यमयोग्यम् । वह्नेः सेकान्वयप्रयोजकद्रवद्रव्यत्वाभावात् । p. 13; see also T. Bh. on योग्यता p. 47. आकांक्षा-प्रतीतिपर्यवसानविरहः प्रतीतेः पर्यवसानं तस्य विरहः (अभावः) absence of the completion of the sense. स च—this refers to ०विरहः. This absence of a complete sense consists in the listener's curiosity (on hearing a word) to know something which the other words in the sentence will inform him of. If we say simply अश्वः, a desire (जिज्ञासा) is at once produced in the listener to know something about the horse. This desire is satisfied only when we supply some such word as धावति. T. S. defines आकांक्षा as 'पदस्य पदान्तराव्यतिरेकप्रयुक्तान्वयाननुभावकत्वम्', the incapcity of a word to convey the idea of its connection, which incapacity is due to the absence of some other word. V. P. says 'पदार्थानां परस्परजिज्ञासाविषयत्वयोग्यत्वमाकांक्षा । क्रियाश्रवणे कारकस्य तस्य श्रवणे क्रियायाः करणश्रवणे इतिकर्तव्यतायाश्च जिज्ञासाविषयत्वात् ।'. निराकांक्षस्य वाक्यत्वे—supply पदोच्चयस्य after निराकांक्षस्य. गौरश्वः पुरुषो हस्ती—these words do not constitute a sentence, because they lack one of the requisites of a sentence, *viz.* आकांक्षा; these words have no expectancy as regards one another *i. e.* when the word गौः is uttered, desire is produced in the mind to know something about the cow. But this desire is not satisfied by the word अश्वः. आसत्तिर्बुद्ध्यविच्छेदः–बुद्धेः पदार्थोपस्थितेरविच्छेदः अव्यवधानम्, अव्यवहित–पदार्थोपस्थितिरिति तात्पर्यार्थः । रामo. The words गौरश्वः पुरुषो हस्ती occur in the महाभाष्य of पतञ्जलि (vol. I p. 1). Juxtaposition is the absence of a break in the apprehension of what is said; *i. e.* the presentation of things without the intervention of time or of other unconnected things. The V. P. defines आसत्ति more clearlyas as 'अव्यवधानेन पदजन्यपदार्थोपस्थितिः' p. 265, the knowledge of the meanings of words resulting from the words (being heard) without any long pause (between the several words). P. L. M. also defines it similarly: प्रकृतान्वयबोधानुकूलपदाव्यवधानमासत्तिः. T. D. says अविलम्बेन पदार्थोपस्थितिः संनिधिः (the unbroken apprehension of all the things denoted by the words). A sentence is made up by the combination of several notions and it is therefore necesary that the impression made by each word should remain fresh until this combination is effected. If we utter the two words गाम् and आनय at the interval of some hours, no sense will be apprehended. It is not absolutely necessary that the words must be *uttered* together. In a printed book we have no utterance and yet we apprehend the sense because the words occur in juxtaposition. These three viz. आकांक्षा, योग्यता and आसत्ति or संनिधि are declared to be the causes of वाक्यार्थज्ञान; T. S. says: आकांक्षा योग्यता संनिधिश्च वाक्यार्थज्ञानहेतुः । p. 52; V. P. says वाक्यजन्ये च ज्ञाने आकांक्षायोग्यतासत्तयस्तात्पर्यज्ञानं चेति चत्वारि कारणानि p. 247; P. L. M. says शाब्दबोधसहकारिकारणानि आकांक्षायोग्यतासत्तितात्पर्याणि (p. 12). अत्राकांक्षायोग्यतयोरात्मार्थधर्मत्वेपि पदोच्चयधर्मत्वमुपचारात् (p. 7, ll. 9–10). The words आत्मा and अर्थ are to be construed respectivly with आकांक्षा and योग्यता; अत्र आकांक्षाया आत्मधर्मत्वेपि योग्यताया अर्थधर्मत्वेऽपि तयोर्यत्पदोच्चयधर्मत्वमुक्तं तदुपचारात् (*i. e.* लक्षणया)—Although expectancy is a property of the soul and compatibility is an attribute of things, still both of them are spoken of in the text as the properties of a collection of words in a secondary sense. आकांक्षा, as said in the text, is a desire to know (जिज्ञासा). Desire cannot reside in the words, nor properly speaking, in the senses. Desire is a property of sentient beings alone. It is therefore that आकांक्षा is said to be आत्मधर्म in the text. Then how is it that a word is said to be साकांक्ष? We reply that this mode of speech is based on लक्षणा; a पद is said to be साकांक्ष, because it conveys a meaning which is itself साकांक्ष; a sense is said to be साकांक्ष, because it produces in the mind of the listener of the word having that sense, a desire to know another meaning connected with the first. योग्यता (fitness or compatibility) really subsists between the things signified by words. The thing 'water' is a fit objct to irrigate with. The thing 'fire' is not a fit object to irrigate with. The words are said to possess योग्यता, a property of things, only in a secondary sense, on account of the close connection between words and things. As explaining the text, read the following; वाक्यसमयग्राहिका आकांक्षा। सा चैकपदार्थज्ञाने तदर्थान्वययोग्यार्थस्य यज्ज्ञानं तद्विषयेच्छा अस्य अन्वयी अर्थः क इत्येवंरूपा पुरुषनिष्ठैव तथापि तस्याः स्वविषयेऽर्थे आरोपः। अयमर्थोऽर्थान्तरमाकांक्षते इति व्यवहारात्। ......पदं साकांक्षमिति तु साकांक्षार्थबोधकमित्यर्थकम्। P. L. M. p. 12. Compare T. Bh. pp. 47-49 नन्वत्रापि पदानि न साकांक्षाणि किं त्वर्थाः, फलादीनामाधेयानां तीराद्याधाराकांक्षितत्वात्। न च विचार्यमाणे अर्था अपि साकांक्षाः। आकांक्षाया इच्छात्मकत्वेन चेतनधर्मत्वात्। सत्यम्। अर्थास्तावत्स्वपदश्रोतुरन्योन्यविषयाकांक्षाजनकत्वेन साकांक्षा उच्यन्ते। तद्द्वारेण तत्प्रतिपादकानि पदान्यपि साकांक्षाणीत्युपचर्यन्ते। एवमर्थाः साकांक्षाः परस्परान्वययोग्याः। तद्द्वारा पदान्यपि योग्यानीत्युपचर्यन्ते।. The author implies that आसत्ति is directly an attribute of words themselves. When words are uttered or written by a man in juxtaposition, the meaning is conveyed. T. Bh. says (p. 49) संनिहितत्वं तु पदानामेकेनैव पुंसा अविलम्बोच्चारितत्वम्। तच्च साक्षादेव पदेषु सम्भवति नार्थद्वारा।

(P. 7, l. 11.). वाक्योच्चयो महावाक्यम्। etc. विश्वनाथ says in the words योग्यता...एव that the collection of sentences which constitutes a great sentence, *i. e.* a passage, must possess the three attributes of आकांशा etc. योग्यताकांक्षासत्तियुक्त एव वाक्योच्चयो महावाक्यम्. Two such sentences as रामो गच्छति, गगनं दृश्यते cannot constitute a महावाक्य, because there is no expectancy between them. इत्थं वाक्यं......रघुवंशादि **(p. 7, ll. 13–17).** Having given a twofold division of वाक्य, the author supports it with the authority of Kumārilabhaṭṭa. स्वार्थबोधे etc.—This occurs in तन्त्रवार्तिक p. 339. Pramadādāsa, in his translation, ascribes the verse to the वाक्यपदीय. The तन्त्रवार्तिक reads अङ्गाङ्गित्वाद्यपेक्षया for ०गित्वव्यपेक्षया. V. P. (p. 291) follows the printed तन्त्रवार्तिक. The meaing is:— a syntactial unity is produced in the case of sentences that have already effected their purpose by each expressing its own sense, when they are put together, on account of the sentences being viewd as standing in the relation of principal and subordinate etc. The example of वाक्य is शून्यं वासगृहं etc. which occurs in the 1st परिच्छेद p. 5.

(P. 7, ll. 19–23). पदोच्चयो......मविवक्षितम्—Having defined a sentence as a collection of words, the author now defines a word. वर्णाः पदं प्रयोगार्हानन्वितैकार्थबोधकाः–प्रयोगार्हाश्च अनन्वितैकार्थबोधकाश्च । रामo. 'A word means letters so combined as to be suited for use, not in logical connection, conveying a meaning and only one meaning.' प्रयोगार्हेति etc. By the expression 'suited for use' employed in the definition, a crude form (प्रातिपदिक) is excluded from being regarded as a word. A प्रातिपदिक is the crude form or base which has not yet been inflected. It is not a word, because it is not used in a sentence, unless it is inflected. अनन्वित etc.—supply व्यवच्छेदः after oमहावाक्ययोः and also in the following two clauses. The words 'not in logical connection' serve to exclude वाक्य and महावाक्य. Although a sentence consists of letters which are suited for use, still it is not to be called a word, because the parts of it are (अन्वित) in logical connection with one another and not अनन्वित, as in a word (the letters constituting which are not logically connected). एकेति etc.—साकांक्षाणि च तानि अनेकानि पदानि वाक्यानि च. The expression 'only one' in the definition serves to exclude many words and sentences that are inter-dependent (साकांक्ष). There may be certain words and sentences which are suited for use and inter-dependent, but do not possess योग्यता or आसत्ति. Such a collection of words or sentences may have to be called letters. The possibility is excluded by the words 'only one'. The words or sentences spoken of above convey not not one but many senses; while a पद must convey only one sense. An example of such a collection of words would be देवदत्तो डयते. Here the आकांक्षा created by the utterance of the word देवदत्तः is satisfied by the word डयते; but there is no योग्यता between the two, as a man cannot fly. This collection of words is not a sentence. An objection might be raised that एक in the definition is superfluous as अनन्वित would serve the same purpose, *i. e.* would exclude a number of words and sentences that are interdependent. We reply that अनन्वित serves to exclude only those sentences and great sentences which are properly so called *i. e.* which possess आकांक्षा, योग्यता and आसत्ति, while एक serves to exclude a number of words and sentences, which though possessing आकांक्षा, do not possess योग्यता or आसत्ति and hence cannot properly be called a वाक्य or a महावाक्य. If साकांक्ष पदs and वाक्यs are excluded by एक in the definition, निरकांक्ष ones are much more excluded. A collection of words without आकांक्षा or योग्यता or आसत्ति is प्रयोगार्ह and अनन्वित. But as the unconnected words present many senses they are excluded by the word एक in the definition. अर्थबोधका: etc.—By this expression employed in the definition 'conveying a sense,' the exclusion is effected of such unmeaning combinations of letters as क च ट त प (which are the first letters of the five classes of consonants). वर्णा इति—By 'letters,' it is not intended to speak of a plurality *i. e.* as the plural वर्णाः occurs in the definition, it may be supposed that in a word there must be at least three letters. But this is not so. Although most words have three or more letters, still some words may consist of one letter or two, e. g. मा (wealth). Other definitions of पद are:—ते (वर्णाः) विभक्त्यन्ताः पदम् । न्या. सू. II. 2. 60; सुप्तिङन्तं पदम् । पा० I. 4. 14. Both these definitions mean 'a word is what is inflected'. शक्तं पदम् । T. S.—A word is what has power or significance.

(**P. 7, l. 24–p. 8, l. 1.**). अर्थो वाच्यश्च...अभिधाद्याः. The author defined a word as 'letters conveying a sense etc.' It is therefore now necessary to know the nature of अर्थ (sense). The meaning that may belong to a word is held to be threefold *viz.* Expressed, Indicated and Suggested. वाच्योऽर्थोऽभिधया बोध्यः—The expressed meaning is what is conveyed by the word's power of direct signification (अभिधा). लक्षणया—by the power of indication. व्यञ्जनया by the power of suggestion. ताः स्युस्तिस्रः शब्दस्य शक्तयः These three are the powers of a word. It should be noted that the word generally used to denote a power of a word is वृत्ति (function). Compare the titles of certain works such as अभिधावृत्तिमातृका, वृत्तिवार्तिक etc.; सा च वृत्तिस्त्रिधा शक्तिर्लक्षणा व्यञ्जना च । P. L. M. p. 2; 'तिस्रो वृत्तयः पदानां भवन्ति शक्तिर्लक्षणा व्यञ्जना चेति' अलं० शे. p. 9. Sometimes the word व्यापार is used in the same sense; मम्मट wrote a work called शब्दव्यापारविचार; स मुख्योऽर्थस्तत्र मुख्यो व्यापारोऽस्याभिधोच्यते । K. P. 2nd. Ul. Our author here uses the word शक्ति for वृत्ति; while many other writers restrict the word शक्ति to only one of the वृत्तिs, viz. अभिधा, as for example in the P, L. M. just quoted.

(**P. 8, l. 2–10**) तत्र सङ्केतितार्थस्य etc. तत्र means 'among the three powers of a word.' सङ्केतितश्चासौ अर्थश्च. सङ्केतितः-सङ्केतः कृतः अस्य. The primary one is अभिधा (primary power), since it conveys to the understanding the meaning which belongs to the word by convention. शक्ति is definea in T. S. as 'अस्मात्पदादयमर्थो बोद्धव्य इतीश्वरेच्छा सङ्केतः शक्तिः' *i. e.* Śakti is the convention made by God that such and such a meaning should be understood from such and such a word. According to this definition each word in every language is capable of conveying a particular sense, because God has so willed it. This is the view of ancient Indian logicians. The moderns say इच्छामात्रं शक्तिः, thereby intimating that even the human will can endow words with meanings, as in the case of proper names like देवदत्त, डित्थ† etc. To avoid this controversy T. D. defines शक्ति as अर्थस्मृत्यनुकूलः पदपदार्थसम्बन्धः शक्तिः 'Power is the relation of a word and its sense that brings the sense to the mind (whenever the word is spoken).' It will be seen from the first definition of शक्ति that the तार्किकs identified शक्ति and सङ्केत or इच्छा. The अलङ्कारशेखर says 'शक्तिरीश्वरेच्छा या सङ्केत इत्युच्यते' p. 9. The मीमांसकs on the other hand hold that शक्ति is an independent पदार्थ. शक्ति is said by them to be सङ्केतग्राह्य *i.e.* to be grasped or apprehended from the convention. When a man ascertains that a particular word has a convention in respect of a particular sense, then only does he recognise the power of the word to express that particular sense. The Grammarians follow the मीमांसकs on this point-vide उद्योत p. 39 (Chān.) "कारिकया 'सङ्केतग्राह्यं शक्त्याख्यपदार्थान्तरमभिधा' 'तादृशं शब्दार्थयोस्तादात्म्यमभिधा' इति मीमांसकपातञ्जलमतमुपनिबद्धमिति बोद्धव्यम् ।"; P. L. M. p. 3 'उक्त ईश्वरसङ्केत एव शक्तिरिति नैयायिकमतं न युक्तम् । अयमेतच्छब्दयोऽस्त्रास्य शक्तिरिति अस्य सङ्केतस्य शक्तितः पार्थक्यात् ।'. See also V. P. pp. 271-273. The Rhetoricians generally follow the Grammarians on this point. Our author seems to do the same. उत्तमवृद्ध-an old man who gives directions to another. मध्यमवृद्ध middle-aged man to whom directions are given by his senior. सास्नादिमत्पिण्ड a body possessing a dewlap etc. सास्ना तु गलकम्बलः । अमर० II. 9. 63. प्रथमम्—Before he grasps the primary meaning of each word. प्रतिपद्यते understands. आवापोद्वापाभ्याम्—अन्वयव्यतिरेकाभ्याम् । राम०. By the insertion and omission (of the portions of the sentence 'bring the cow'). सङ्केतमवधारयति he ascertains the convention. The idea is:—When a child begins to learn a language, he first understands the meanings of words in a lump and not of each word separately. When he hears the direction 'bring a cow' addressed by one old man to another, and sees a cow brought by the man, he understands that the direction meant the bringing of a body with a dewlap etc. He then has no distinct idea of the meaning of the two words गाम् and आनय. Afterwards he hears two sentences 'tie the cow' and 'bring the horse' and sees the cow fastened and the horse brought. He finds that in the former of these sentenees, a

† Vide महाभाष्य of पतञ्जलि (on पा. V. 1. 119) for the proper names डित्थ, डामिभट्ट (vol. II. p. 367 ed. by Kielhorn).

portion, namely गाम् (is common to the sentence गामानय), but another portion (आनय) is omitted and something else inserted (बधान). As in the case of both the sentences (गामानय and गां बधान) the same body was dealt with, he naturally associates the portion गाम् with the body (cow). Thus he ascertains that the word गो has a convention in respect of cow. The ascertainment of the convention leads him to understand that the primary meaning of the word गो is cow. Compare T. D. शक्तिग्रहश्च वृद्धव्यवहारेण। व्युत्पित्सुर्बालो गामानयेत्युत्तमवृद्धवाक्यश्रवणानन्तरं मध्यमवृद्धस्य प्रवृत्तिमुपलभ्य गवानयनं दृष्ट्वा मध्यमवृद्धप्रवृत्तिजनकज्ञानस्यान्वयव्यतिरेकाभ्यां वाक्यजन्यत्वं निश्चित्याश्वमानय गां बधानेतिवाक्यान्तरं आवापोद्वापाभ्यां गोपदस्य गोत्वविशिष्टे शक्तिरश्वपदस्याश्वत्वविशिष्टे शक्तिरिति व्युत्पद्यते। p. 50. In this case the सङ्केत is ascertained by the usage of elders (वृद्धव्यवहार). क्वचिच्च प्रसिद्धपद etc.— supply सङ्केतमवधारयति. वृद्धव्यवहार is not the only way of ascertaining the meaning of a word, for sometimes the meaning of a word may be gathered from the utterance of well-known words along with it, as in the example इह प्रभिन्नकमलोदरे etc.—'In the bosom of the expanded lotus, the honey-maker drinks honey.' A person knowing that bees drink the honey in the lotus understands that the word मधुकर means a bee:—कमलाभ्यन्तरे भ्रमर एव पिबतीति जानता जनेन कमलपदसमभिव्याहारान्मधुकरपदस्य भ्रमरे सङ्केतो गृह्यते। राम०. क्वचिदाप्तोपदेशात्—sometimes the cenventional meaning is understood from the instruction of one worthy of confidence, as in the example 'This (pointing at the animal) is what is denoted by the word horse.' An आप्त is defined by T. B. as आप्तस्तु यथाभूतस्यार्थस्योपदेष्टा पुरुषः, by T. S. as आप्तस्तु यथार्थवक्ता. The following couplet mentions eight ways in which सङ्केत is learnt. शक्तिग्रहं व्याकरणोपमानकोशाप्तवाक्याद्व्यवहारतश्च। वाक्यस्य शेषाद् विवृतेर्वदन्ति सांनिध्यतः सिद्धपदस्य वृद्धाः॥ quoted in P. L. M p. 145. Of these, the text illustrates three व्यवहार, आप्तवाक्य and सिद्धपदसांनिध्य; 4 व्याकरण–we learn from Grammar the meanings of roots, terminations, derivatives etc; 5 उपमान as when the meaning of गवय is known by the similarity of a Gayal with the cow; 6 कोश as when we know from a dictionary the synonyms अजर, अमर, देव etc.; 7 वाक्यशेष (the rest of the passage i. e.) context, as in the Vedic text अक्ताः शर्करा उपदधाति, the exact meaning of अक्ताः) is understood from the context तेजो वै घृतम् ('सन्दिग्धेषु वाक्यशेषात्') पू. मी. सू.. I. 4. 29); 8 explanation (विवृति), as in रसालः आम्रः. Compare also अलं. शे. p. 9 "सा (शक्तिः) च 'कोशव्याकरणाप्तोक्तिवाक्यशेषोपमादितः। प्रसिद्धपदसम्बन्धाद् व्यवहाराच्च बुध्यते।' ". शक्त्यन्तरानन्तरिता—अन्या शक्तिः शक्त्यन्तरं तेन न अन्तरिता (व्यवहिता)—without the intervention of any other power of the word. That power of a word which conveys to the understanding the conventional meaning without the intervention of any other power of the word in called in the text अभिधा.

(P. 8, ll. 11-17). सङ्केतो गृह्यते जातौ......आनन्त्यव्यभिचारदोषापातात्. सङ्केतो गृह्यते जातौ गुणद्रव्यक्रियासु च 'A convention (whereby the expressed meaning of a word is settled) is accepted in regard to universals, qualities, things and actions.' Having defined अभिधा as that power which conveys the conventional meaning, the author now deals with the question—where is the convention understood? In other words the question is, what does a word like घट primarily signify? Do we understand the सङ्केत with reference to the object jar, or the common property (घटत्व jarness) or both together? This is a very important question, as round it have raged the fiercest controversies. On this point there are five important theories—I केवलव्यक्तिवादिनः, II जातिविशिष्टव्यक्तिवादिनः, III अपोहवादिनः, IV केवलजातिवादिनः, V जात्यादिवादिनः.

I. When one says 'bring a jar' one desires the object (व्यक्ति) घट, as it is the object that is useful for one's purpose and not the property jarness. Therefore by the word 'jar' the object 'jar' must necessarily be implied somehow or other; for otherwise the hearer can never fetch the object. Modern Naiyāyikas rely simply upon this fact and say that the word घट primarily denotes the व्यक्ति. Compare कैयट's प्रदीप 'व्यक्तिवादिनस्त्वाहुः। शब्दस्य व्यक्तिरेव वाच्या । जातेस्तूपलक्षणभावेन आश्रयणादानन्त्यादिदोषानवकाशः।' p. 17.

II. But there are many objections against this theory. If the word 'jar' denotes a particular व्यक्ति we should require as many separate words as there are jars in the world and the सङ्केत would have to be learnt separately in each case, as they can have no connection with each other. As a matter of fact there is only one word घट, and when we know its significance as a कम्बुग्रीवादिमद्वस्तु, we apply it to all objects having that shape. घट therefore denotes not only the घटव्यक्ति but also the property कम्बुग्रीवादिमत्त्व, and that it is similar to all jars in the world *i. e.* when we say घट, we refer to the व्यक्ति घट, the जाति घटत्व and the peculiarity or आकृति कम्बुग्रीवादिमत्त्व. गौतम puts this as 'व्यक्त्याकृतिजातयस्तु पदार्थः'। N. S. II. 2. 68. This is the view of the ancient Naiyāyikas whom Annambhaṭṭa follows; vide the काव्यप्रकाशसङ्केत (p. 15.) on the words अपोहो वा शब्दार्थः कैश्चिदुक्तः 'जातिव्यक्तितद्योगजाति-

मद्बुद्ध्याकाराणां शब्दार्थस्यानुपपद्यमानत्वाद्गवयादिशब्दानामगोव्यावृत्त्यादिरूपोऽपोहः शब्दार्थ इति बौद्धाः'; T. D. गामानयेत्यादौ वृद्धव्यवहारात्सर्वत्रानयनादेर्व्यक्तावेव सम्भवेन जातिविशिष्टव्यक्तावेव शक्तिकल्पनात्।

III. The Bauddhas say that the import of all words is अपोह or अतद्व्यावृत्ति, distinction from all other different objects. As individuals are innumerable we cannot understand the सङ्केत with reference to them. As all things are क्षणिक, a जाति (which is defined as नित्यमेकमनेकानुगतं सामान्यम्) is impossible. Therefore what the word घट really signifies is that a certain thing possesses peculiarities which distinguish it from all other things. We do not exactly know what घट *is;* we know what it *is not;* we know that is not पट or anything else. 'सौगतास्तु व्यक्तावानन्त्यादिदोषाद्भावस्य च देशकालानुगमाभावात्तदनुगतायामतद्व्यावृत्तौ सङ्केतः' प्रदीप.

IV Words, according to the Mīmāṁsakas, signify the जाति alone primarily. As the व्यक्तिs are many it is not possible to undersand the सङ्केत with reference to them all; it may be said that जाति cannot be the import of a word, because, when we say घटमानय, we wish the व्यक्ति घट to be brought to us; if a word signified जाति only, the above sentence would mean घटत्वमानय. The मीमांसक replies by saying that, as व्यक्ति is inseparably connected with जाति, we understand from each word by आक्षेप (implication or inference) the व्यक्ति, although the primary significance of a word is जाति. The मीमांसकs go so far as to say that even in proper names like डित्थ there is जाति. For a summary of their views, vide K. P. 2nd Ul. pp. 35–38 (Vā); T.S. says 'गवादिशब्दानां जातावेव शक्तिविशेषणतया जातेः प्रथममुपस्थितत्वाद्व्यक्तिलाभस्तु आक्षेपादिनेति केचित्'।; 'आकृतिस्तु क्रियार्थत्वात्।' पूर्वमीमांसासूत्र I. 3.33 'आकृतिरेव शब्दार्थ इति सिद्धम्' तन्त्रवार्तिक p. 379; see शास्त्रदीपिका on the आकृतिशक्त्यधिकरण. 'प्रथमं च सामान्यमेव शब्दाद्गम्यते पश्चात्तु व्यक्तिष्वाकांक्षामात्रं जायते ततस्तदेवाभिधेयं न व्यक्तिविशेषः। शा. दी.; कैयट says (vol. I p. 17 निर्णय० ed.) 'जातिरेव शब्देन प्रतिपाद्यते व्यक्तीनामानन्त्यात्सम्बन्धग्रहणासम्भवात्। सा च जातिः सर्वव्यक्तिष्वेकाकारप्रत्ययदर्शनादस्तीत्यवसीयते। तत्र गवादयः शब्दा भिन्नद्रव्यसमवेतां जातिमभिदधति। तस्यां प्रतीतायां तदावेशात् तदवच्छिन्नं द्रव्यं प्रतीयते।......संज्ञाशब्दानामप्युत्पत्तिप्रभृत्याविनाशात्पिण्डस्य कौमारयौवनाद्यवस्थाभेदेऽपि स एवायमित्यभिन्नप्रत्ययनिमित्ता डित्थत्वादिका जातिर्वाच्या। क्रियाशब्देष्वपि जातिर्विद्यते सैव धातुवाच्या।'.

V. The **Grammarians** hold that the import of words is either जाति, गुण, क्रिया or द्रव्य *i. e.* there are four groups of words, जातिशब्द, गुणशब्द, क्रियाशब्द or द्रव्यशब्द (यदृच्छाशब्द or संज्ञाशब्द). Their view is based upon the words of the Mahābhāṣya चतुष्टयी शब्दानां प्रवृत्तिः* (*vide* महाभाष्य on the वार्तिक 'ऌकारोपदेशो यदृच्छा-अशक्तिजानुकरणप्लु-

* Dr. De was unable to trace this sentence (vide 'History of S. Poetics' vol. I, p. 11 n.).

त्याद्यर्थः, on the सूत्र 'ऋलृक्' ed. by Kielhorn, vol. I p. 19), कैयट says on this अर्थगतं प्रवृत्तिनिमित्तमनपेक्ष्य यः शब्दः प्रयोक्त्रभिप्रायेणैव प्रवर्तते स यदृच्छाशब्दो डित्थादिः;' नागोजिभट्ट says on this, 'स्वेच्छयैकस्यां व्यक्तौ सङ्केत्यमानः शब्दो यदृच्छाशब्दः' The Rhetoricians generally follow this view. Our author does the same. Vide K. P. II Ul. pp. 32-35 (Vā); तत्र मुख्यश्चतुर्भेदो ज्ञेयो जात्यादिभेदतः ।...चतुष्टयी हि शब्दानां प्रवृत्तिर्भगवता महाभाष्यकारेणोपवर्णिता चतुष्टयी शब्दानां प्रवृत्तिरिति जातिशब्दा गुणशब्दाः क्रियाशब्दा यदृच्छाशब्दाश्चेति । तथाहि सर्वेषां शब्दानां स्वार्थाभिधानाय वर्तमानानामुपरञ्जितविषयविवेकत्वादुपाधिनिबन्धना प्रवृत्तिः । अ० वृ० मा० p. 4 (on कारिका 2); मम्मट says in his शब्दव्यापारविचार 'जातिः क्रिया गुणः संज्ञा वाच्योऽर्थः समितध्वनिः ।......कथं चतुष्टयी शब्दानां प्रवृत्तिः । उच्यते । संस्थानावस्थानप्रमाणवर्णैर्भेदेऽपि व्यक्तीनां शाबलेये गौः धावलेये गौरित्यभिन्नप्रत्ययहेतुत्वं जातेरेव, हंसहारादीनां घृतगुडादीनां शुकशारिकाद्युदीरितडित्थादिशब्दानां नानावस्थडित्थाद्यर्थानां च भेदेऽपि हंसः शुक्लः घृतं पच्यते गुडं पच्यते डित्थशब्दो डित्थशब्दः, डित्थो डित्थ इति एकाकारावगतिनिबन्धनत्वादेकरूपत्वमेव गुणक्रियायदृच्छानामिति नैतासां भिन्नेष्वभिधानप्रत्ययहेतुर्जातिर्घटते इति चत्वार्येव शब्दप्रवृत्तिनिमित्तानि'। p. 2. In the महाभाष्य (vol.I p.1) we read यत्तर्हि तद्भिन्नेष्वभिन्नं छिन्नेष्वच्छिन्नं सामान्यभूतं स शब्दः । नेत्याह । आकृतिर्नाम सा, on which नागेश says: आकृतिर्जातिः संस्थानं च.

जातिर्गोपिण्डादिषु (P. 8, l. 12). गोपिण्डादिषु = गोव्यक्तिषु. By जाति (Genus) is meant गोत्व (nature of a cow) residing in the individual cows. It is in virtue of this जाति that the thing is a cow. Hence जाति is called प्राणप्रद *i. e.* by its connection with the thing, it (जाति) makes it a fit object of our thoughts and speech. गुणो विशेषाधानहेतुः etc. विशेषाधानहेतुः—सजातीयेभ्यो व्यावर्तनं विशेषः तस्य आधानं बोधः तस्य हेतुः—a quality is an accomplished (सिद्ध or settled) attribute of a thing, which (attribute) is a means of distinguishing the thing from others of its own class, e. g. the word शुक्ला serves to distinguish a white cow from other cows (not white). सिद्धः—सङ्केत is understood, as said above, on जाति, गुण, क्रिया and संज्ञा. These are the उपाधिs or विशेषणs of व्यक्ति. उपाधि is classified as follows:—

- उपाधि
  - वस्तुधर्म
    - सिद्ध
      - प्राणप्रद (जाति)
      - विशेषाधानहेतु (गुण).
    - साध्य (क्रिया)
  - वक्तृयदृच्छासंनिवेशित (संज्ञा or द्रव्य)

An Upādhi is of two sorts, वस्तुधर्म (attribute inhering in a thing) and वक्तृयदृच्छया संनिवेशित (an attribute which is imposed upon a thing by the will of the speaker, such as a proper name). वस्तुधर्म is also of two kinds, an attribute that is fully accomplished and that which is in process of accomplishment. A सिद्धवस्तुधर्म again is of two kinds, प्राणप्रद that which gives life to a thing and विशेषाधानहेतु. The former is called जाति and the latter is called गुण. What is the distinction between जाति and गुण? जाति is never found dissociatated from the individuals in which it resdes, while a quality like शुक्ल serves to distinguish a thing from other things belonging to the same जाति. गुण may be dissociated from the thing in which it resides. The शुक्लत्व of a piece of cloth may give place to blackness; but the जाति गोत्व will always be associated with गो. साध्य वस्तुधर्म (an attribute of a thing in process of accomplishment) is a क्रिया. When I say शुक्लः पटः, the whiteness of the piece of cloth is an accomplished fact. But when I say तरुश्छिद्यते I advert not to one single accomplished act, but to a series of different movements, some completed and some in process of completion, all of which occupy successive portions of time; e. g. the action of cutting consists of the raising up of the axe, its coming down, its coming in contact with the wood and so on. This is well expressed by the वाक्यपदीय 'गुणभूतैरवयवैः समूहः क्रमजन्मनाम्। बुद्धया प्रकल्पिताभेदः क्रियेति व्यपदिश्यते ॥'. P. L. M explains this as 'क्रमजन्मनां व्यापाराणां समूहं प्रति गुणभूतैरवयवैर्युक्तः सङ्कलनात्मयैकत्वबुद्धया प्रकल्पिताभेदरूपः समूहः क्रियेति व्यवह्रियते इति।' p. 16. व्यावर्तयन्ति—Differentiate. द्रव्यशब्दाः names of things *i. e.* proper names. क्रिया साध्यरूपा वस्तुधर्माः—This has been explained above. एषु=साध्यरूपवस्तुधर्मेषु. अधिश्रयणावश्रयण etc. (p. 8. l. 15.) "what is denoted by such a word as 'cooking' is the collection of proceedings, from first to last, such as the putting on (the pot with the rice to boil) and ultimately taking it off (the fire) again." अधिश्रयणं—चुल्ल्यां स्थाल्या आरोपणम्; अवश्रयणं—स्थाल्या अवरोपणम्. पूर्वापरीभूतः occupying successive periods of time from first to last. अधिश्रयणं च अवश्रयणं च अधिश्रयणावश्रयणे, आदिश्च अन्तश्च अन्तादी (according to 'राजदन्तादिषु परम्' । पा० II. 2. 31), अधिश्रयणावश्रयणे अन्तादी यस्य सः अधिश्रयणावश्रयणान्तादिः स चासौ पूर्वापरीभूतश्च व्यापारकलापः. एष्वेव हि व्यक्तेरुपाधिषु सङ्केतो गृह्यते न व्यक्तौ (p. 8, ll. 16-17). This has been explained above when dealing with जात्यादिवादिनः. आनन्त्यव्यभिचारदोषापातात्—If it were supposed that the convention is made in respect of individuals (and not in respect of the four उपाधिs—attributes), then will follow the faults of endlessness and violation. To explain—If it be not admitted that a word imports जाति, गुण, etc., we ask what does it import? You reply—it imports व्यक्ति. We ask a further questi on—Is the convention made in respect of all individuals (say, cows in the case of गो) or in respect of some one only? If you admit the first alternative, you are liable to the fault of आनन्त्य; *i. e.* if you say that the convention of a word like गो is made on all the individuals of the species, then, since the individuals are numberless, it would be impossible to understand the conventional meaning of the word. If, on the other hand, you admit the second alternative, you will be liable to the fault of व्यभिचार-violation (of the rule of invariable association between cause and effect). To explain—The rule is that a word expresses that alone in respect of which a convention is understood. Suppose that a child, on seeing a red bull, is told that it is गौः. Now, according to the केवलव्यक्तिवादिन्, the child understands the सङ्केत of the word गौः with reference to that individual red bull· Suppose, a short time afterwards, the child sees a black bull. The child will call the animal गौः. But the सङ्केत of the word गौः was understood with reference to a red bull. The black bull was सङ्केताविषय and yet the child applied the word गौः to it. A घट is also equally सङ्केताविषय, as the black bull was when the child understood the सङ्केत in respect of the red bull. Therefore, as the black bull and घट are both सङ्केताविषय, it follows that the child should apply the word गौः to घट, just as it applied the word गौः to a black bull which was सङ्केताविषय. But this is quite absurd. Besides, the child understood the सङ्केत with reference to the red bull only, and, if it applies the word to the black bull also in respect of which सङ्केत was not made. then the rule सङ्केतितस्यैव शाब्दबोधः is violated. Read the K. P. Pr. pp. 32-33, 'किं हि व्यक्तिषु सर्वासु शक्तिग्रहो व्यवहाराङ्गम् (गोपदजन्य-शाब्दबोधाङ्गम्। प्रभा), उत यस्यां कस्यांचित्। नाद्यः। आनन्त्यात् (गवादिव्यक्ती-नामनन्तत्वेनोपस्थापकाभावात्। प्रभा; तथा च शक्तिग्रहासम्भवः। उद्द्योत)। नान्त्यः। व्यभिचारप्रसङ्गात् (सङ्केतितस्यैव शाब्दबोध इति नियमाभावप्रसङ्गादित्यर्थः) यतोऽगृहीतसङ्केतगोपिण्ड इव घटादेरपि गोपदात्प्रतीतिः प्रसक्ता। अगृहीतसङ्केतत्वस्य तुल्यत्वात्। किं च। न यत्र सङ्केतग्रहस्तस्यापि प्रतीतिरिति व्यभिचारान्न व्यक्तौ सङ्केतः (सङ्केता-विषयगोपिण्डस्यापि प्रतीतेर्व्यभिचार इत्यर्थः। प्रभा).

अथ लक्षणा—मुख्यार्थबाधे etc. (P. 8, l. 18 ff). Having dealt with the first power of a word, viz. अभिधा, the author now begins the treatment of the second, viz. लक्षणा· यया अन्योऽर्थः प्रतीयते असौ लक्षणा शक्तिः—this is the definition. मुख्यार्थबाधे, तद्युक्तो, रूढेः

प्रयोजनाद्वा—these expressions refer to the three conditions (मुख्यार्थबाध, मुख्यार्थसम्बन्ध, रूढिप्रयोजनान्यतरत्व) under which alone लक्षणा is possible and in the absence of any one of which लक्षणा would be impossible. The word अर्पिता is descriptive. It brings out the point which distinguishes लक्षणा from अभिधा. 'Where the primary meaning of a word is incompatible (with the rest of the sentence) this power of Indication is communicated (to the word), whereby another meaning (than the expressed one), connected therewith, becomes apprehended, either through usage or through some motive'. तद्युक्तो—मुख्यार्थसम्बद्धः. अन्यः=मुख्यार्थादन्यः. रूढिः=प्रसिद्धिः. प्रयोजनात्—प्रयोजनाभिसन्धेरित्यर्थः। प्रयोजनाभिसन्धिपूर्वकं लाक्षणिकशब्दप्रयोगे वक्तुः प्रवृत्तिर्भवतीति तस्य लक्षणाप्रयोजकत्वं बोध्यम्। उद्द्योत. 'कलिङ्गः साहसिकः' etc. (p. 8, l 21). साहसिक means 'rash'. The word कलिङ्ग primarily signifies a country (Orissa of the present day). But as rashness is a quality found in sentient beings only, the primary meaning of कलिङ्ग is here inappropriate. Thus there is मुख्यार्थबाध. Hence the word कलिङ्ग causes us to think of the men residing in the country, which meaning is connected with the primary meaning a 'country'. Thus there is तद्योग (मुख्यार्थसम्बन्ध). स्वसंयुक्तान्—स्वार्थसम्बद्धान्. To take another example. गङ्गायां घोषः a herd-station on the Ganges. The word Ganges primarily signifies a stream of water; but in the present example, this meaning is inappropriate, as a herd-station cannot be built over a mass of water. Thus there is मुख्यार्थबाध. This impossibility leads us to think of the bank, which is connected with itself (*i. e.* the Gonges) by the relation of proximity etc. Thus there fs तद्योग. This power of a word by which we understand 'men' from the word कलिङ्ग and 'bank' from the word Ganges, and which is अर्पित, is called लक्षणा. अर्पिता is explained as स्वाभाविकेतरा (स्वाभाविकात् इतरा) or ईश्वरानुद्भाविता (ईश्वरेण अनुद्भाविता अनुत्थापिता). These two explanations of अर्पित refer two views about अभिधा, the primary power. Some say that अभिधा is that power of a word which is natural. According to their opinion, लक्षणा is a power other than the power which belongs to a word naturally. Others say अभिधा is the power which is given to a word by God *i. e.* God willed that a particular word should mean a particular thing. This is called सङ्केत which is identified by the नैयायिकs with अभिधा. Now, according to this view, the लाक्षणिक meaning of a word is not given to it by God, but by the human will. Hence लक्षणा is a power not communicated to a word by God, unlike अभिधा.

पूर्वत्र etc. (p. 8. l. 25). In the former example, 'rash कलिङ्ग', the reason why the word कलिङ्ग, primarily signifying a country, has the power of indicating an inhabitant of that region, is Usage *i. e.* the fact that all people familiarly employ the name of a country to signify an inhabitant of the country, उत्तरत्र etc. In the latter example, the motive (for using the word Ganges when we really mean 'bank of the Ganges') consists in this that it leads us to think of the excess of coolness and purity (which belong to the Ganges itself) which cannot be had from the statement (of the same idea in the form of the expression) 'a herd-station on the bank of the Ganges.' शैत्य and पावनत्व exist in abundance in the Ganges and not on the bank. If we simply say गङ्गातटे घोषः, we convey no idea of the शैत्य and पावनत्व pervading the hamlet. The motive that leads us to say गङ्गायां घोषः is that we want to convey the fact that the hamlet is situated in a spot which is full of coolness and holiness, the two characteristics of the Ganges. What we want to convey by this mode of expression is that the hamlet is situated on a very cool and holy part of the bank. This idea could not have been expressed by the direct mode of expression गङ्गातटे घोषः. हेतुं विनाऽपि etc. (p. 8, l. 27)—In the text it is said that Indication arises through Usage or Motive, because, if a word were to indicate, apart from these two, anything whatsoever that has any relation to the primary meaning of the word, then there would be an excessive stretching; *i. e.* as everything in the world being related to everything else in some way or other, however far-fetched it may be, any word may indicate anything and then there will be a confusion of all ideas.

केचित्तु कर्मणि कुशलः...शयनकालेऽपि प्रयोगात्. (P. 9, ll. 1-7) It is Mammaṭa who gives कर्मणि कुशलः as an example of Indication arising from Usage. The words of मम्मट are 'कर्मणि कुशल इत्यादौ दर्भग्रहणाद्ययोगात्...मुख्यार्थस्य बाधे...विवेचकत्वादौ सम्बन्धे रूढितः (प्रसिद्धेः)... मुख्येन अमुख्योऽर्थो लक्ष्यते...यत्सा लक्षणा ।'. कुशल कुशाँल्लातीति—One who takes कुश (sacrificial grass) What Mammaṭa means is:—The primary meaning of the word कुशल, viz. 'gatherer of कुश grass' being incompatible with the matter in question, viz. 'business, we think of the sense of 'expert' which is connected with the primary sense, 'gatherer of grass,' through the relation of a similarity of character in respect of being a discriminating person (which the gatherer of कुश grass must be, else he could not tell one kind of grass from another). The लक्षणा is here based upon रूढि, usage *i. e.* it is a general practice to use the word कुशल in the sense of 'expert.' The three conditions of लक्षणा are here satisfied, viz. मुख्यार्थबाध, तद्योग and रूढिप्रयोजनान्यतरत्व; and a meaning other than the primary one is indicated. तदन्ये न मन्यन्ते (P. 9. 3). Others do not like this view of the matter (including विश्वनाथ himself). Their idea is as follows:—The primary meaning of the word कुशल is 'expert' itself, although the sense of 'gatherer of कुश grass' might be gathered from the etymology. The etymological meaning is not necessarily the primary meaning. It is the grammarians who find out the etymology of every word that is not a radical and often times they derive a word in a far-fetched way to suit their own theories or convenience. The principle that regulates the employment of a word in a particular sense is not the etymology, fanciful or otherwise, that the Grammarians may suggest, but is the fact that the word is assigned a particular meaning by convention. अन्यद्धि शब्दानां व्युत्पत्तिनिमित्तं etc. The reason for the etymology of words is one thing, viz, the theories and convenience of Grammarians; and the reason for the employment of a word is quite another, viz, the long-standing practice of using the word in a particular sense. व्युत्पत्तिलभ्यस्य मुख्यार्थत्वे—If it were said that the primary meaning of a word is what is gathered from its etymology, then in the sentence 'the cow is lying' there would be Indication; because, as the word गो is formed from the root गम् 'to go' by the addition of the affix डो (ओ) according to the Uṇādi-sūtra (235 गमेर्डोः), it means 'what is moving' and it cannot be primarily applied to the cow when it is lying down; there would be incompatibility in saying 'what is moving is sleeping'. The मुख्यार्थ will be बाधित and we shall have to resort to लक्षणा. But no one holds this absurd view as regards गौः; similarly then we must look upon कुशल. कर्मणि कुशलः must therefore be looked upon not as an example of लक्षणा, but rather of अभिधा. Compare the सर्वदर्शनसंग्रह p. 161 'न च व्युत्पत्तिबलादेव सर्वत्र शब्दः प्रवर्तते तथात्वे गच्छतीति गौरिति व्युत्पत्तेस्तिष्ठन्गौर्न स्यात् गच्छतो देवदत्तस्य स्यात्।'; also काव्यानुशासन of हेमचन्द्र "कुशल-द्विरेफ-द्विकादयस्तु साक्षात्संकेतविषयत्वान्मुख्या एवेति न रूढिर्लक्ष्यस्यार्थस्य हेतुत्वेनाभिरुक्ता।" p. 25.

तद्भेदानाह मुख्यार्थस्य...अजहत्स्वार्थेत्युच्यते। (P. 9, ll. 8-16). The author now comes to the divisions of लक्षणा. Construe (यया वृत्त्या) मुख्यार्थस्य वाक्यार्थेऽन्वयसिद्धये इतराक्षेपो (भवति) एषा आत्मनोऽप्यु-

पादानात् (मुख्यार्थस्याप्यपरित्यागात्) उपादानलक्षणा. इतराक्षेप hinting a sense other than the primary one. When the primary meaning hints at something else which is required in addition for the establishment of a logical connection among the things in the sentence, there is उपादानलक्षणा (Inclusive Indication), so called because the primary meaning also is taken in or included (उपादीयते मुख्यार्थोपि अन्वेति). An example of उपादानलक्षणा based upon usage is 'the white gallops' and of one based upon motive is 'the lances enter'. अनयो: In these, two examples. श्वेतादिभिः...अन्वयमलभमानैः (p. 9, ll. 12-13) 'white' and 'lances' being inanimate cannot have by themselves (केवलैः) a logical connection, as agents, with the actions 'galloping' and 'entering'. एतत्सिद्धये–धावनप्रवेशनकर्तृत्वान्वयसिद्धये–for the purpose of establishing a logical connection among the things expressed in each sentence. So what we understand in the two sentences is 'the white horse gallops' and 'the men with lances enter.' पूर्वत्र...रूढिः—In श्वेतो धावति, as there was no motive for speaking of the horse as the 'white,' the source of the Indication is usage, because 'the white horse' was known among the neighbours merely as 'the white' and the person to whom the sentence was addressed knew what was meant. In 'the lances enter,' the motive for speaking of 'lances' instead of 'lancers' was to draw attention to the extreme denseness of the lances. In both the examples of उपादानलक्षणा, the primary meaning also is included, because the whiteness remained with the horse when galloping and the men had the lances with them when they entered. But in लक्षणलक्षणा ('Exclusive Indication) there is mere indication of another thing to the exclusion of the primary sense; e. g. गङ्गायां घोषः. Here the word 'Ganges' entirely gives up its primary sense and indicates the bank. This is the difference between उपादानलक्षणा and लक्षणलक्षणा which are briefly defined by मम्मट as 'स्वसिद्धये पराक्षेपः परार्थे स्वसमर्पणम्। उपादानं लक्षणं चेत्युक्ता शुद्धैव सा द्विधा ॥' upon which प्रदीप remarks 'स्वार्थापरित्यागेन परार्थलक्षणमुपादानमित्यर्थः। स्वार्थपरित्यागेन परार्थलक्षणं लक्षणम्।'. इयमेव–उपादानलक्षणैव. अजहत्स्वार्था–अजहत् स्वार्थो याम्। राम०. लक्षणा is divided by some into three kinds जहल्लक्षणा, अजहल्लक्षणा, जहदजहल्लक्षणा. जहल्लक्षणा is that where the primary sense is wholly abandoned and a new one substituted, as in मञ्चाः क्रोशन्ति, where मञ्च signifies a child sleeping on a cot and not the cot itself. In अजहत्स्वार्था, the word retains its primary sense and conveys something in addition, as in काकेभ्यो दधि रक्ष्यताम्, where the word काक signifies not only the crow, but all the other दध्युपघातक creatures. Compare वाक्यपदीय II. 314 'काकेभ्यो रक्ष्यतां सर्पिरिति बालोपि चोदितः । उपघातपरे वाक्ये न श्वादिभ्यो न रक्षति ॥'. In जहदजहल्लक्षणा a part of the primary meaning is retained and a part is left out as in सोऽयं देवदत्तः; the word सः means तत्कालीनो देवदत्तः, while अयम् signifies एतत्कालीनो देवदत्तः, and so to establish the identity of the two we leave out the qualification तत्कालीन and एतत्कालीन. See T. D. p. 5 'यत्र वाच्यार्थस्यान्वयाभावस्तत्र जहती यथा मञ्चाः क्रोशन्तीति । यत्र वाच्यार्थस्याप्यन्वयस्तत्राजहती यथा छत्रिणो गच्छन्तीति । यत्र वाच्यैकदेशत्यागेनैकदेशान्वयस्तत्र जहदजहती यथा तत्त्वमसीति ।'. See V. Sāra. pp. 43-47; but see V. P. pp. 283-285 against the view of V. Sāra; मल्लिनाथ in his commentary on एकावलि gives the following संग्रहश्लोकs 'स्वार्थत्यागे समानेऽपि सह तेनान्यलक्षणा । यत्रेयमजहत्स्वार्था जहत्स्वार्था तु तं विना ॥ स्वार्थैकांशत्यागादंशान्तरमेव लक्ष्यते यत्र । सा जहदजहत्स्वार्था तत्त्वमसीत्यादिविषयदृश्येयम् ॥' p. 68.

अर्पणम् स्वस्य......जहत्स्वार्थेत्युच्यते । (P. 9, 11. 17-27). Construe (यया वृत्त्या) वाक्यार्थे परस्यान्वयसिद्धये स्वस्य अर्पणं स्यादेषा उपलक्षणहेतुत्वात् लक्षणलक्षणा (उच्यते). स्वस्य अर्पणं=स्वार्थस्य परित्यागः. The abandonment of the primary sense, with a view to establish the logical connection of something with the other things in the sentence, is called लक्षणलक्षणा (Exclusive Indication), since it is the cause of an indication pure and simple and nothing more. The word उपलक्षणहेतुत्वात् shows why this kind of लक्षणा is called लक्षणलक्षणा (उपलक्ष्यते अनेन इति उपलक्षणम्). 'The rash Kaliṅga' is an example of लक्षणलक्षणा based upon usage. Here, the primary meaning of कलिङ्ग is entirely given up (स्वस्य अर्पणम्) and the meaning 'inhabitant of कलिङ्ग' is indicated, because this latter alone can logically be connected with rashness. The reason why the word is so used is long—continued usage. An example of लक्षणलक्षणा based upon प्रयोजन is 'a hamlet on the Ganges'. Here, the primary meaning of 'गङ्गा' viz. a stream of water, is entirey given up, and the meaning 'bank' is indicated in order that it may be logically connected with the 'hamlet.' The motive why the word is so used has been explained above.

यथा वा उपकृतं०—बहुभिरपकारैस्ताप्यमानस्योक्तिरियम् । शब्दव्यापारविचार p. 4. 'यत् त्वया बहु उपकृतं तद्विषये किं वाच्यम् । बहुत्वादुपकाराणां वक्तुं न शक्यते इत्यर्थः । भवता परं केवलं सुजनता प्रथिता प्रकटीकृता ।... हे सखे तस्मात् ईदृशमेव सदा विदधत् (कुर्वन्) शरदां वर्षाणां शतं सुखितं सुखयुक्तं यथा स्यात्तथा आस्स्व तिष्ठति मुख्योऽर्थः । स च प्रकरणादिना मुख्यापकारिभावं प्रति बाधितः सन् विपरीतं लक्षयति । तद्यथा-उपकृतमपकृतम् सुजनता दुर्जनता ।' उ० चं०. The primary meaning f the sentence is 'Oh friend, you have highly obliged me, how shall I express the obligation? You have shown your good nature etc.' But the context in which these words were uttered makes this meaning quite inappropriate. Exactly the opposite meaning is required. Therefore उपकृत etc. mean their opposites by Indication. मम्मट himself remarks in शा० व्या० वि० 'अतो वक्तृमहिम्ना मूर्खे बृहस्पतिशब्देन मूर्खत्वमिवापकारि-दुर्जनत्वादि अत्र लक्ष्यते.' This verse is cited by Mammața in the 4th Ul. of K. P. as an example where the expressed sense, being quite improper, is altogether given up 'क्वचिदनुपपद्यमानतया अत्यन्तं तिरस्कृतम् (वाच्यम्)' p. 83 (Vā). अत्रापकारादीनां वाक्यार्थेऽन्वयसिद्धये— In order to establish the logical connection of injuries etc. (which are what are really meant to be spoken of) with the other things in the sentence. उपकृतादयः शब्दा आत्मानमर्पयन्ति—the words उपकृत etc. give themselves up and stand ironically for injuries. The मुख्यार्थ is बाधित, because in the sentence benefit is ascribed to an injurer. The relation between the primary sense and the indicated sense is that of contrariety, just as we ironically apply the word बृहस्पति to a fool. फलमपकारातिशयः—The result of this mode of expression is that excess of injury is understood. इयमेव—लक्षणलक्षणैव. जहत्स्वार्था—This we have explained above under अजहत्स्वार्था.

आरोपाध्यवसानाभ्यां etc. (P. 9, ll. 28. ff). So far we have spoken of four varieties of लक्षणा, viz. उपादानलक्षणा (based upon रूढि[1] and प्रयोजन[2]) and लक्षणलक्षणा based upon रूढि[3] and प्रयोजन[4]). Now a further basis of division is introduced. आरोप means the expressing in words of an object and of the thing with which it is identified; e. g. the words माणवक and अग्नि. It we say अग्निर्माणवकः we identify माणवक with अग्नि and both of them are expressed in words. अध्यवसान—When an object is swallowed up *i. e.* not expresseed in words, by the thing with which it is identified, there is अध्यवसान, e. g. when we say with reference to a boy 'अग्निरयम्', there is अध्यवसान, because the boy is not referred to by name, and he is identified with 'fire.' In this example, माणवक is the विषय (an object upon which another is superimposed) and अग्नि is the विषयिन् (an object which is super-imposed upon another). प्रदीप says 'विषयविषयिणोर्भेदेनोपन्यासस्यात्रारोपपदार्थत्वात्' and 'विषयिणा विषयतिरोभावस्यात्राध्यवसानपदार्थत्वात्'.

विषयस्यानिगीर्णस्य......पूर्वोदाहरणान्येव (P. 9, l. 30–p. 10, l. 15). विषयस्य &c. अनिगीर्णस्य not swallowed (by the विषयिन् *i. e.* what is superimposed upon another). अन्यतादात्म्यप्रतीतिकृत्—अन्यतादात्म्यस्य प्रतीतिं करोतीति-which makes one think of the identity with something else (of an object not swallowed by that with which it is identified, but expressed along with it). This is calsed सारोपा लक्षणा (Superimponent Indication). (विषयिणा) निगीर्णस्य विषयस्य अन्यतादात्म्यप्रतीतिकृत् साध्यवसानिका मता. The Indication is held to be Introsusceptive which makes one think of the identity with something else of an object swallowed *i. e.* not expressed, but recognised as if it were inside of that with which it is identified. साध्यवसाना अध्यवसानेन सह (वर्तते) इति. An example of उपादानलक्षणा सारोपा based upon रूढि is 'the horse, the white gallops.' हि because. अनिगीर्णस्वरूपः—अनिगीर्णं स्वरूपं यस्य who is not swallowed up *i. e.* who is expressed by the word अश्व. स्वसमवेतश्वेतगुणतादात्म्येन प्रतीयते is thought of as identical with the quality *i. e.* the colour 'white', which is in intimate relation with it (with अश्व). समवेत—समवायसम्बन्धेन सम्बद्ध. The relation of समवाय holds between गुण and गुणिन्. See T. S. or T. B. We understand here that the words 'the horse' and 'the white' mean just one and the same thing. An example of उपादानलक्षणा सारोपा based upon प्रयोजन is 'These-the lances enter.' Here the men carrying lances are denoted by the pronoun एते. They are also referred to by the word कुन्ताः and thus there is here सारोपा लक्षणा. An example of लक्षणलक्षणा सारोपा based upon रूढि is 'The Kalinga—the man—fights.' Here पुरुष is the विषय and कलिङ्ग is the विषयिन्. Both are expressed, therefore there is सारोपा. आधाराधेयभावः सम्बन्धः-आधार support, location; आधेय thing located. An example of लक्षणलक्षणा सारोपा arising from प्रयोजन is 'Longevity Ghee.' कार्यकारणभावसम्बन्ध्यायुस्तादात्म्येन (p. 10, ll. 7-8). कार्यकारणभावसम्बन्धेन सम्बन्धि यदायुः तेन तादात्म्येन. Here ghee, the cause of longevity, is thought of as indentical with the longevity related to it through the relation of cause and effect. अन्यवैलक्षण्येन etc.—Following the words of K. P. and Pradīpa [शुद्धभेदयोस्त्वन्यवैलक्षण्येनाव्यभिचारेण च कार्यकारित्वादि (प्रयोजनम्) । K. P; शुद्धभेदे तु सारोपे अन्यवैलक्षण्येन कार्यकारित्वादेः, साध्यवसाने तु अव्यभिचारेण कार्यकारित्वादेः प्रतीतिः फलम् । Pradīpa], we should read अन्यवैलक्षण्येन आयुष्करत्वं प्रयोजनम्. Here only सारोपा लक्षणलक्षणा based upon प्रयोजन is spoken of. The प्रयोजन in this case, as said by प्रदीप, is अन्यवैलक्षण्येन आयुष्करत्वम्. अव्यभिचारेण आयुष्करत्वं is the प्रयोजन in साध्यवसाना लक्षणा only, which will be referred to later and therefore the word अव्यभिचारेण should not occur here. राम० also remarks 'अन्यवैलक्षण्येनाव्यभिचारेणे-

इत्यत्र बाकारो बोध्यः'. अन्यवैलक्षण्येन etc.—the motive for speaking of ghee as longevity is the fact, which it is desired to draw attention to, that it causes longevity differently from anything else *i. e.* in a manner superior to anything else—no other article of our diet being so nutritious. यथा वा etc. In the above we see that for लक्षणा there must be some kind of dircet relation (सम्बन्ध) between the primary and the indicated sense. In आयुर्घृतम् the सम्बन्ध is that of cause and effect. The author now points out some other relations which are at the root of लक्षणा. राजकीयः पुरुषः—a man belonging to the king *i. e.* in the king's employ. The प्रयोजन in calling a king's servant a king is राजवदलंघ्यशासनत्व *i. e.* that he is endowed with so much authority that his orders must be implicitly obayed like those of the king. अग्रमात्रेऽवयवे etc. (p. 10, l. 11,). When there is meant only the foremost portion of the arm from the elbow, (the whole arm being, in Sanskrit, called हस्त), one employs the word हस्त (to denote a part only of what is really the hand). Here लक्षणा is due to the relation of the whole and its parts. This may be said to be based upon रूढि or there may be a प्रयोजन—a motive to convey the idea that the part (of the hand) is so skilful or powerful as to do the work of the whole. Compare the sūtra of Vāmana on the word अग्रहस्त 'हस्ताग्राग्रहस्तादयो गुणगुणिनोर्भेदाभेदाभ्याम् ।' काव्यालङ्कारसूत्र V. 2. 20. तात्कर्म्यलक्षणः that of doing the work of so and so; तस्य कर्म तत्कर्म तस्य भावः तात्कर्म्यम्. When it is even a brāhmaṇa that one is speaking of, one may say 'he-a carpenter,' although it is, strictly speaking, impossible that a ब्राह्मण should be a man of the carpenter caste. He is called 'a carpenter' because he works in wood—which is the peculiar work of the carpenter caste. The प्रयोजन here is the conveying of thorough mastery in the craft, although he is a brāhmaṇa. इन्द्रार्थासु स्थूणासु etc. (p. 10 l. 13) as regards sacrificial posts which are useful for Indra (*i. e.* to which the victims to be offered to Indra are to be tied), one may say 'the Indras.' तादर्थ्यलक्षणः—तस्मै इदम् तदर्थम् तस्य भावः तादर्थ्यम्—The relation is that of 'serving the pupose of.' Vide महाभाष्य vol. III. p. 32 for this. The motive here is the fact that the posts deserve to be honoured as much as Indra himself.

अस्याश्चतुर्षु भेदेषु &c. (p. 10, l. 15). The four examples of साध्यवसाना are in order श्वेतो धावति (रूढौ उपादानलक्षणा), कुन्ताः प्रविशन्ति (प्रयोजने उपादानलक्षणा), कलिङ्गः साहसिकः (रूढौ लक्षणलक्षणा), and गङ्गायां घोषः (प्रयोजने लक्षणलक्षणा). All these are साध्यवसाना, because the विषय

in each case is swallowed up by the विषयिन् e. g. अश्व in the first is not expressed, in the 2nd पुरुषाः and so on. The relations (सम्बन्धs) which are at the root of लक्षणा are summarized in different works differently; e. g. श० व्या० वि० p. 8 'यश्च सम्बन्धो लक्षणाया निमित्तं तं पञ्चविधमाहुः । तथोक्तम् । अभिधेयेन सम्बन्धात्सादृश्यात् समवायतः । वैपरीत्यात्क्रियायोगाल्लक्षणा पञ्चधा मता ॥'. The अभिधावृत्तिमातृका ascribes this verse to आचार्यभर्तृमिश्र (भर्तृहरि author of वाक्यपदीय ?) and quotes it for the same purpose; see कारिका 10; the Nyāyasūtra gives an exhaustive list of the relations on account of which one word is used in a secondary sense for another; सहचरण-स्थान-तादर्थ्य-वृत्त-मान-धारण-सामीप्य-योग-साधन-आधिपत्येभ्यो ब्राह्मण-मञ्च-कट-राज-सक्तु-चन्दन-गङ्गा-शकट-अन्न-पुरुषेष्वतद्भावेऽपि तदुपचारः । N. S. II. 2. 63.; for explanation see वात्स्यायन's भाष्य; see P. L. M. p. 7 'तात्स्थ्यात्तथैव ताद्धर्म्यात्तत्सामीप्यात्तथैव च । तत्साहचर्यात्तादर्थ्याज्ज्ञेया वै लक्षणा बुधैः ॥'. The examples in order of this last Kārikā are मञ्चा हसन्ति, गौर्वाहीकः, गङ्गायां घोषः, यष्टीः प्रवेशय, इन्द्रार्था स्थूणा इन्द्र इति. This is based on the words of the महाभाष्य 'चतुर्भिः प्रकारैरतस्मिन्स इति भवति तात्स्थ्यात्ताद्धर्म्यात् तत्सामीप्यात् तत्साहचर्यादिति' (vol. II p. 218). The examples in order are मञ्चा हसन्ति, यान्तं जटिनं ब्रह्मदत्त इत्याह, गङ्गायां घोषः, कुन्तान्प्रवेशय.

सादृश्येतरसम्बन्धाः etc. (**P. 10, l. 16 ff**). The author introduces a further basis of division. ताः सकलाः- The eight kinds already spoken of, viz. उपादानलक्षणा and लक्षणलक्षणा each of which is first divided into two varieties रूढिमूला and प्रयोजनवती, each of these four being either सारोपा or साध्यवसाना. सादृश्येतरसम्बन्धाः—सादृश्यात् इतरः सादृश्येतरः सम्बन्धः यासाम्. All these eight kinds of लक्षणा, when the relation on which they are based is some one other than that of similarity, are called Pure; but when they arise from likeness, they are called Qualitative. Thus the varieties of लक्षणा now amount to 16. गौणी-गुणनिमित्ता वृत्तिर्गौणी वृत्ति; or गुणेभ्य आगता गौणी. सादृश्येतरसम्बन्धाः—The relations other then that of सादृश्य are those of कार्यकारणभाव, स्वस्वामिभाव etc. The eight examples of शुद्धा are the eight examples already given above *i. e.* श्वेतो धावति, अश्वः श्वेतो धावति etc. (p. 10.1.2. ff). An example of उपादानलक्षणा गौणी based upon रूढि is 'These oils are pleasant in the cold weather.' Here the word तैल, taking along with it its primary meaning, which is the oily matter expressed from sesamum seeds, is applied to other unctuous liquids also, such as that extracted from mustard seed. Thus this is उपादानल०. The word तैल is by usage applied to all oils (not only to that extracted from तिल). Therefore the लक्षणा is रूढिमूल. It is गौणी, as the oil of mustard etc. is so called because its qualities are similar in certain respects to those of the oil of sesamum. The लक्षणा is सारोपा because the pronoun एतानि is mentioned. An example of उपादानलक्षणा सारोपा arising from प्रयोजन is 'these, the princes, are going,' when this sentence is employed with reference to princes and persons like them that are going. An example of साध्यवसाना गौणी उपादानलक्षणा arising from usage is 'oils are pleasant in the cold weather,' omitting the pronoun एतानि. In the same way, the example under प्रयोजन would be 'the princes go,' omitting the pronoun एते. An example of सारोपा लक्षणलक्षणा गौणी arising from रूढि is 'the king clears away the foe—the chief of Gauḍa'. This is लक्षणलक्षणा because the word कण्टक 'thorn' entirely gives up its primary meaning, and implies 'a foe' from the likeness of the two. Therefore it is गौणी. The word कण्टक is by common practice used in the sense of 'foe.' Therefore it is रूढिमूल. As (the विषय) गौडेन्द्र (on whom कण्टकत्व is superimposed) is mentioned, it is सारोपा. If we omit the word गौडेन्द्र it will be an example of साध्यवसाना, as done below. An example of सारोपा गौणी लक्षणलक्षणा arising from a motive is 'Vāhīka is a bull.' If we omit वाहीक (the आरोपविषय) as in 'the bull prattles,' there is साध्यवसाना. वाहीक is derived in two or three ways. वाहीको नाम देशविशेषः तत्रत्यः पुरुषः वाहीकः an inhabitant of Vāhīka (Punjab). नागेशभट्ट on कैयट under एङ् प्राचां देशे (पा. I. 1. 75) says वाहीकलक्षणं च 'पञ्चानां सिन्धुषष्ठानां नदीनां येऽन्तराश्रिताः। तान्धर्मबाह्यानशुचीन् वाहीकान् परिवर्जयेत्॥' कर्णपर्व 44. 7 and then adds एवं च धर्मबहिर्भूतत्वाद्वाहीकत्वम्. Another way is बहिर्भवो वाहीकः बवयोरभेदात् वाहीकः इति शास्त्रीयाचाराद्बहिर्भूत इत्यर्थः. Pāṇini appears to favour the idea that वाहीक is the name of a country, see his sūtra वाहीकग्रामेभ्यश्च IV. 2. 117. A Vārtika on पा० IV. 1. 85 says 'बहिषष्टिलोपो यञ्च' (बाह्यः). Another says "ईकक्च' (वाहीकः)

अत्र केचिदाहुः etc. (P. 11, 1. 1. ff). The author here expounds the different views held as to the way in which the गौणी लक्षणा takes effect. अत्र=गौर्वाहीक इत्यादौ. गोसहचारिणो गुणा......लक्ष्यन्ते. The qualities residing in a bull, such as senselessness and dulness, are indicated. The idea is:—The word गो primarily means the जाति गोत्व; the qualities जाड्य and मान्द्य are only indicated, as they are always associated in each individual bull with गोत्व. We have to explain now how the word 'bull' is put in the same case-relation with 'वाहीक'. ते च गोशब्दस्य—These qualities, thus indicated, serve as the causes why the word गो is practically used for the object वाहीक. वाहीकाभिधाने=वाहीकस्य अभिधया बोधने. The idea is—The qualities जाड्य and मान्द्य etc. are found in

वाहीक. Whoever possesses जाड्य and मान्द्य is to be called गो as it indicates these. This is the principle which regulates the practical employment of the word गो. As जाड्य and मान्द्य are found in वाहीक, he is spoken of as गो. These theorists say that the primary meaning of गो is गोत्व, which indicates जाड्य and मान्द्य; the possession of these by वाहीक enables us to employ the word गो to denote Vāhīka *i. e.* a second power of primary signification is given to the word गो. Their idea is –गोशब्दात् लक्षणया प्रथमं जाड्याद्युपस्थितिः, ततः अभिधया वाहीकस्य बोधः. They do not say that 'the man वाहीक' is *indicated* by the word 'गो, but that he is *denoted* by गो; what is indicated is the qualities जाड्य and मान्द्य of गो. This view is improper for the following reasons:—गोशब्दस्य......असामर्थ्यात् (p. 11. l. 2). Because the word गो cannot *denote*, as the theorists say, the object called वाहीक in respect of which no convention was made (it being only through सङ्केत that a word can primarily signify anything). गोशब्दार्थमात्रबोधनाच्च—and because the word गो makes us think *denotatively* only of the object (dewlapped and long-tailed) viz, a bull, since the power of *denotation* is exhausted (in denoting the object 'bull') and there is no revival of that power when thus exhausted (in making us think of the primary meaning, गोत्व). These theorists say that the word गो first expresses गोत्व and secondly वाहीक also. This is declared to be impossible. गो means गोत्व only and as such denotes any individual bull, after which, its power of denotation is exhausted; it cannot further *denote* anything; it may *indicate* or *suggest*. Compare the प्रभा 'वाहीके गोपदशक्तौ सङ्केताद्यभावान्न किंचित्प्रमाणम्.' उद्योत speaks of another objection against this view 'जाड्यस्य लक्ष्यत्वात् वाहीके सङ्केतविरहेण तस्य गोपदाशक्यत्वाच्च गोवृत्तिजाड्यस्य तदवृत्तित्वाच्चेति भावः।'.

अन्ये च पुनर्गोशब्देन वाहीकार्थो नाभिधीयते...लक्ष्यन्ते (P. 11,ll. 5–6). The object वाहीक is not *denoted* by the word गो (as said by the theorists referred to above), but only the *qualities* belonging to वाहीक are *indicated* as being of the same kind as the qualities belonging to the object which the word 'bull' itself denotes. Their idea is:—in गौर्वाहीकः what is indicated by the word गो is the *qualities* जाड्य and मान्द्य belonging to वाहीक on account of their being similar to and hence being looked upon as identical with the properties 'dullness' etc. which reside in what is denoted by गो. The word गो does not *denote* वाहीक (as the theorists mentiened above say), nor does it *indicate* the *individual* वाहीक. What is indicated is the qualities जाड्य and मान्द्य belonging to वाहीक. The individual वाहीक is not indicated by the word गो, because he is apprehended from the word वाहीक itself. The view, although not entirely unobjectionable, is a great improvement on the first. The differences between the two are:—I. According to the first view वाहीक is *denoted* by the word गो; according to the second, the individual वाहीक is neither *denoted* by the word गो nor *indicated* by it. II. According to the first view, dullness and stupidity co-existing in a bull are *indicated* by the word गो; according to the 2nd view, what is *indicated* is the qualities dullness etc. belonging to वाहीक (and not to गो) which are similar to and hence looked upon as indentical with those of गो. The only point in which the two theories coincide is that both of them regard that the word गो indicates *qualities* and not the *individual* वाहीक. तदपि अन्ये (p. 11, l. 6). This second view also is not approved of by others (including विश्वनाथ), तथाहि to explain. अत्र गोशब्दात् etc. (p. 11, l. 7). In the example under discussion 'Vāhīka is a bull', is the sense of the individual वाहीक understood from the word 'bull' or not? If you accept the former of these alternatives, then, we ask a further question, is the sense (of the individual Vāhika) understood just from the word 'bull' by the power of *denotation*, or secondly, is it understood from the quality (sluggishness &c.) indicated by the word 'bull' on account of the fact that qualities are inseparably associated with the things in which they reside. तत्र न प्रथमः—The first of this second and subordinate pair of alternatives is improper; because the convention of the word 'bull' was not made in respect of the individual वाहीक (and therefore the individual Vāhika cannot be *denoted* by the worsd गो). अस्य=गोशब्दस्य. Nor is the 2nd of the subordinate pair of alternatives proper. The idea of this 2nd view is:— The word गो indicates the *qualities* जाड्य and मान्द्य residing in वाहीक, because they are similar to and hence identical with those of गो. The individual वाहीक is understood from the word गो not by Denotation (अभिधा) nor by Indication (लक्षणा) but by the process of reasoning which enables us to think of the individual Vāhīka, because the indicated qualities जाड्य and मान्द्य must have a substratum to reside in. This is improper. अविनाभावलभ्यस्य etc: (p. 11, ll. 9-10)—Because, the word गो is here placed in apposition to the word

वाहीक and as such does not allow the sense implied by invariable association (between a quality and the substratum in which it resides) to determine this concordance of words. शाब्दी ह्याकांक्षा*—Because the expectancy raised by a word is fulfilled only by a word and not by a sense which is implied by the contemplation of inseparable association and which if expressed would appear not in apposition but in a different relation *e. g.* 'a man of bovine stupidity.' What we understand from गौर्वाहीकः is गोगतजाड्यसजातीयजाड्यवान्वाहीकः according to the 2nd view. न द्वितीयः-Nor is the 2nd alternative of the first pair possible (the 2nd alternative is that the individual वाहीक is *not* understood from the word गो). यदि हि गोशब्दात् etc. p. 11, ll. 10–12). If the individual Vāhīka were not understood from the word गो, then the agreement in case of this word (*i. e.* गो) and of the word वाहीक, which the example exhibits, would be improper, it being only words signifying the same thing that agree in case. The word गो indicates *qualities* according to this theory and not the individual and Vāhīka denotes an individual. The same objection is raised by प्रदीप against this view 'गौर्वाहीक इति सामानाधिकरण्यानुपपत्तेः'; on this the प्रभा remarks 'एकधर्मिबोधकत्वाभावादिति भावः'.

तस्मादत्र etc. **(P. 11, l. 33. ff).** This is the view of विश्वनाथ himself. Mammaṭa also appears to agree. गोशब्दो मुख्यया वृत्त्या etc. The word bull having no logical connection in its primary signification with Vāhīka, indicates the individual Vāhīka through the relation of community of properties (between the bull and the man) such as ignorance etc. The expression गौर्वाहीकः conveys the identity of the two things denoted by the two words. But if we take only the primary meaning of गो and of वाहीक that identity cannot be established. Therefore we have to take the word गो in a secondary sense, in order that its meaning may be logically connected with Vāhīka. वाहीकस्या–

---

* This is a न्याय often quoted: see रुचिदत्त's comment on उदयन's कुसुमाञ्जलि p. 478 (B. I. edition) 'यत्रापि पदात्पदार्थोपस्थितिस्तत्रापि पदार्था एवान्वयबोधकाः, न तु पदान्यपि। पदार्थस्मृत्यैव अन्यथासिद्धत्वात्। कथमन्यथा श्वेतरूपदर्शनाद्धेषाशब्दश्रवणात्...शब्दं विना श्वेतोऽश्वो धावतीति धीः। न चैवं पचतीत्युक्ते प्रत्यक्षोपस्थितकलायेनान्वयबोधापत्तिः शब्दोपस्थिते पदार्थे शब्दोपस्थापितपदार्थान्तरेणैव अन्वयात्। शाब्दी ह्याकांक्षा शब्देनैव प्रपूर्यते इति न्यायात्। अत एव श्रुतार्थापत्तिस्थलेऽपि शब्द एव कल्प्यते इत्यर्थः।'.

ज्ञत्वाद्यतिशय etc. The motive (from which arises this secondary use of the word गो) is to convey the excessive ignorance etc. of the man. The three views expounded above are very briefly put by Mammaṭa as follows:—'अत्र हि स्वार्थसहचारिणो गुणा जाड्यादयो लक्ष्यमाणा अपि गोशब्दस्य परार्थाभिधाने प्रवृत्तिनिमित्तत्वमुपयान्ति इति केचित्। स्वार्थसहचारिगुणाभेदेन परार्थगता गुणा एव लक्ष्यन्ते न तु परार्थोऽभिधीयत इत्यन्ये। साधारणगुणाश्रयेण परार्थ एव लक्ष्यत इत्यपरे'। K. P. II.

इयं च गुणयोगात् etc. (P. 11, l. 15). This Indication is called *qualitative* because there is in it connection through qualities–the thing indicated being understood to have the *qualities* of that by which it is indicated. The author here explains the reason why गौणीलक्षणा is so called. 'गुणतः सादृश्यमस्याः प्रवृत्तिनिमित्तम्' तरल p. 68; गुणेभ्य आगतत्वाद्गौणशब्देनाभिधीयते। अ० वृ० मा० कारिका 4 p. 8. पूर्वा तूपचारामिश्रणात्—The former *i. e.* the eight varities of लक्षणा exemplified in श्वेतो धावति etc., is *pure*, because there is no admixture of *metaphor* in it. उपचारो हि नाम etc. For, metaphor consists in simply concealing the apprehension of difference between two things which are altogether distinct, on the strength of the extreme likeness of the two; as that of 'fire' and a boy called 'माणवक' (who is so fiery-tempered that we call him perfect fire). There is a good deal of fluctuation in the meaning of the word उपचार. मम्मट uses the word in two places in two different senses. I कचित्तादर्थ्यादुपचारः K. P. II. p. 53 (Vā); here the word is used in a wide sense and means:—'calling a thing by a name which does not properly belong to it or attributing to an object a property which does not belong to it,' which is practically the same thing as लक्षणा; the प्रभा explains it as उपचारो लक्षणया सामानाधिकरण्येन प्रयोगः; II उभयरूपा चेयं शुद्धा। उपचारेणामिश्रितत्वात् K. P. II. p. 46 (Vā)-here the word is used in the same sense in which it is used by the Sāhityadarpaṇa, as explained by प्रदीप 'उपचारश्च सादृश्यसम्बन्धेन प्रवृत्तिः सादृश्यातिशयमहिम्ना भिन्नयोर्भेदप्रतीतिस्थगनं वा'. We may reconcile these two meanings given to the same word by the same writer as follows:—The first meaning is the one which is generally assignsd to the word उपचार; the second is a more technical meaning of the word उपचार; it is पारिभाषिक, peculiar to the अलङ्कारशास्त्र. In support of the first meaning, compare न्यायवार्तिक on N. S. II. 2. 63 which explains उपचार as 'अतच्छब्दस्य तच्छब्देनाभिधानमुपचारः। यथा यष्टिकाशब्देन द्रव्यविशेषोऽभिधीयते इति यष्टिकाशब्दात्तु पुनः साहचर्यात् ब्राह्मणविशेषोऽभिधीयते। यथा यष्टिकाः प्रवेशयेति।'. अभिनवगुप्त in his लोचन (p. 51) says 'उपचारो गुणवृत्तिर्लक्षणा'।; Mallinātha says in his तरल 'अतत्त्वस्य तत्त्वेन व्यपदेश

उपचारः' p. 70. These quotations recognize the first meaning of उपचार given above. The अभिधावृत्तिमातृका says 'उपचारमिश्रा तु यत्र वस्त्वन्तरे वस्त्वन्तरमुपचर्यते यथा गौर्वाहीक इति। अत्र हि गोशब्दो वाहीकशब्देनानुपपद्यमानसामानाधिकरण्याद् बाधितमुख्यार्थः सन् गोगता ये जाड्यमान्द्यादयो गुणास्तत्सदृशवाहीकगतजाड्यमान्द्यादिगुणलक्षणाद्वारेण गोगतजाड्यमान्द्यादिगुणसदृशजाड्यमान्द्यादिगुणोपेते वाहीके उपचरितः।' on कारिका 2. Here the writer seems to favour the 2nd meaning of उपचार given above. But further on (कारिका 4–5) he speaks of शुद्ध उपचार and गौण उपचार and gives आयुर्घृतम् as an example of शुद्ध उपचार and गौर्वाहीकः as an example of गौण उपचार. On अग्निर्माणवकः the तन्त्रवार्तिक remarks 'वह्नित्वलक्षितादर्थाद्यत् पैङ्गल्यादि गम्यते। तेन माणवके बुद्धिः सादृश्यादुपजायते" ॥ p. 345 (Anan ed.). शुक्लपटयोस्तु etc. (p. 11, ll. 17–18). But in 'white' and 'cloth' there is no apprehension of any very great difference between the two. That which is really 'cloth' is also that which is 'white' and is not simply metaphorically called 'white'; but the 'boy' is not really 'fire', he is quite distinct from it, only he is like fire and hence he is metaphorically called 'fire'. तस्मादेवमादिषु—Hence in such cases as शुक्लः पटः.

व्यंग्यस्य गूढागूढत्वात्......स्फुटं प्रतीयते (P. 11, ll. 19–26). व्यंग्यस्य... फललक्षणाः. Indications arising from a purpose are two-fold on account of the abstruseness or obviousness of the suggested sense. Here फल is used in the same sense as प्रयोजन. The eight varieties of लक्षणा arising from a motive are further divided on the ground that the प्रयोजन which is व्यंग्य (suggested) is either abstruse or obvious. गूढः–काव्यार्थभावनापरिपक्वबुद्धिविभवमात्रवेद्यः–which is to be understood only by the force of an intellect matured by the study (or contemplation) of the sense of Poetry. Compare the definition of गूढ given by प्रदीप 'काव्यभावनापरिपक्वबुद्धिः सहृदयः। तन्मात्रवेद्यं गूढम्'. An example where the प्रयोजन is गूढ is the verse 'उपकृतं बहु' etc. which occurs above. अगूढः etc. The obvious is that which, on account of its extreme clearness, is to be understood by all; as in the following 'It is the intoxication of youth that teaches women blandishments.' 'सुकुमारतयाङ्गानां विन्यासो ललितं भवेत्.' ललित is a posture of the limbs of the body so as to convey an idea of the delicacy of it. The first half of the verse is 'श्रीपरिचयाज्जडा अपि भवन्त्यभिज्ञा विदग्धचरितानाम् ।'. Instruction, which consists in the employment of words favourable to the conveying of knowledge, is possible only in sentient beings and therefore the word उपदिशति is inapplicable to यौवनमद, which is अचेतन, in its primary sense. Therefore

- लक्षणा
  - शुद्धा
    - उपादान
      - सारोपा (as in कुन्ताः पुरुषाः प्रविशन्ति)
      - साध्य० (as in कुन्ताः प्रविशन्ति)
    - लक्षण
      - सारोपा
      - साध्य०
  - गौणी
    - सारोपा (गौर्वाहीकः)
    - साध्य० (गौरयम्)
      - सारोपा (आयुर्घृतम्)
      - साध्य० (आयुरेवेदम्).

The वृत्तिवार्तिक divides लक्षणा as follows :—

- १ गौणी—
  - निरूढा
  - फल—
    - सारोपा
    - साध्यवसाना
- २ शुद्धा
  - निरूढा
  - फल-सारोपा, साध्यवसाना, जहल्लक्षणा, अजह० and जहदजहल्लक्षणा.

The रसगङ्गाधर divides लक्षणा as follows:—

- लक्षणा
  - निरूढा (as in अनुकूल, प्रतिकूल)
  - प्रयोजनवती
    - गौणी
      - सारोपा (in मुखं चन्द्रः)
      - साध्यवसाना (in चन्द्रोऽयम्)
    - शुद्धा
      - जहत्स्वार्था
      - अजहत्स्वार्था
      - सारोपा
      - साध्य०

विरतास्वभिधाद्यासु......व्यञ्जना नाम (**P. 12, ll. 18-23**). विरतासु...... अर्थादिकस्य च—अभिधाद्यासु विरतासु यया परः अर्थः बोध्यते सा शब्दस्य अर्थादिकस्य च वृत्तिर्व्यञ्जना नाम—When Denotation and other powers cease after discharging their function, that function of a word or its sense etc., by which a further meaning is conveyed, is what is called suggestion. परः-अभिधेयादिव्यतिरिक्तः व्यङ्ग्यत्वेन निरूपयिष्यमाणः. शब्दबुद्धि......नयेन—In accordance with the maxim that when a word, a cognition and action cease after a single effort, there is no further exertion on their part. The idea is that a word has a power to express a particular meaning. When the word expressess that meaning, its power of denotation is exhausted, it cannot further *denote* anything else. Compare "'विशेष्यं नाभिधा गच्छेत् क्षीणशक्तिर्विशेषणे' इत्यादिना अभिधाव्यापारस्य विरम्य व्यापारासम्भवाभिधानात्" लोचन p. 16. This view is diametrically opposed to that of some followers of कुमारिल who maintain that, as a single arrow, discharged by a strong man, destroys in a single movement, called velocity, the armour of the enemy, pierces his vitals and kills him, so a single word presents to us, by the single power called Denotation, the sense of the word, the syntactical connection of the word in a sentence and the suggested sense. They say that the व्यंग्य sense in such a verse as निःशेषच्युत० is brought out by the अभिधा itself, and not by व्यञ्जना as said by the आलङ्कारिकs. Their view is vigorously criticised by Mammaṭa in the 5th Ullāsa (pp. 225-226ff, Vā). "ये त्वभिदधति 'सोऽयमिषोरिव दीर्घदीर्घतरो व्यापारः' इति 'यत्परः शब्दः स शब्दार्थः' इति च विधिरेवात्र ('निःशेषच्युत' इत्यादौ नायकान्तिकगमनरूपः) वाच्य" इति K. P. प्रदीप explains the view of these theorists as follows:— यथा बलवता प्रेरित इषुरेकेनैव वेगाख्येन व्यापारेण वर्मच्छेदमुरोभेदं प्राणहरणं च रिपोर्विधत्ते तथैक एव शब्द एकेनैवाभिधाख्यव्यापारेण पदार्थस्मृतिं वाक्यार्थानुभवं व्यंग्यप्रतीतिं च विधत्ते। वाक्यार्थानुभवं व्यंग्यत्वाभिमतस्यार्थस्य वाच्यत्वमेव। किं च यत्र शब्दस्य तात्पर्यं स शब्दार्थं इति 'निःशेष'० इत्यादौ तात्पर्यविषयतया विधिर्वाच्य एवेति।'. The काव्यप्रकाशसङ्केत (p. 11) explains 'यथा शरो वर्मोरसी भित्त्वा जीवितमादत्ते तथा वाक्यमप्यभिधयैव वाच्यव्यंग्ये वक्तीति भावः। अभिधा हि यत्पर्यन्ता तत्रैवाभिधायकत्वं तत्पर्यन्तता प्रधाने ध्वनावेव। एतेन वाच्यव्यंग्ययोरभिधैव व्यापारः।'. अभिनवगुप्त refers to this view, refutes it and approves of the maxim quoted by our author "योप्यन्विताभिधानवादी 'यत्परः शब्दः स शब्दार्थः' इति हृदये गृहीत्वा शरवदभिधाव्यापारमेव दीर्घदीर्घमिच्छति तस्य यदि दीर्घदीर्घो व्यापारस्तदेकोऽसाविति कुतः। भिन्नविषयत्वात्। अथानेकोऽसौ तद्विषयसहकारिभेदादसजातीय एव युक्तः। सजातीये च कार्ये विरम्य व्यापारः शब्दकर्मबुद्ध्यादीनां पदार्थविद्भिर्निषिद्धः। असजातीये चास्मन्नय एव" p. 18 of लोचन. Vide also व्यक्तिविवेक. I. p. 27. अभिधालक्षणातात्पर्याख्यासु...उपक्षीणासु—When in accordance with the maxim above explained, the three functions, *viz.* Denotation, Indication and Drift are exhausted, after having conveyed each its appropriate meaning. अभिधा and लक्षणा have been explained above. But the function called तात्पर्य requires a little explanation. When the senses of the words used in a sentence are connected together on account of Expectancy, Compatibility and Juxtaposition, a new sense arises, which is called the Drift or Purport, which is apart from the meanings of the words taken separately. The power by which this purport is conveyed is called तात्पर्याख्यवृत्ति. Mammaṭa refers to this तात्पर्य in many places 'तात्पर्यार्थोऽपि केषुचित्' K. P. 2nd Ul. p. 25 (Chān.); 'ते च अभिधातात्पर्यलक्षणाभ्यो व्यापारान्तरेण गम्याः'. But it does not appear that Mammaṭa entirely approved of this view. Otherwise he would not have said 'केषुचित्', but would have simply declared that तात्पर्य is one of the functions. Our author also appears to hold views similar to those of Mammaṭa. He first emphatically says above (in II. 3) that there are three powers of a word. He did not mention तात्पर्य there. If he speaks of it here, it is only for the purpose of referring to the views of others, *viz.* that school of the पूर्वमीमांसा called अभिहितान्वयवादिन्s. Their idea of तात्पर्य is as follows:—In a sentence the meanings of certain words are सिद्ध *i. e.* accomplished or already known from other sources; and the purport of a sentence is to make such meanings subordinate to the meanings that are to be accomplished (साध्य or भव्य). Let us take an example. The moving about of priests being known from other sources, in the sentence 'लोहितोष्णीषा ऋत्विजः प्रचरन्ति,' the assertion is meant simply to lay down that the priests should wear red head-dress, and not to lay down that they should move about. See the remarks of प्रदीप (K. P. V.) on तात्पर्य p. 176 (Nir). The आलङ्कारिकs generally do not accept the तात्पर्यार्थ as a separate पदार्थ, but look upon it as included under the व्यंग्य sense; *e. g.* एकावली says 'अनुवाद्यानामर्थानां विधेयार्थपरत्वं तात्पर्यमिति व्यापारान्तरं परैरभ्युपगतम्' p. 56. सा शब्दस्य......व्यञ्जना नाम—That function of a word or sense, or of an affix etc. (through which another meaning is conveyed), that function which is variously designated as व्यञ्जन (suggestion), ध्वनन (hinting), गमन (conveying), प्रत्यायन (acquainting), is what is called the power of suggestion. Compare K. P. II Ul. p. 63 (Vā) 'तच्च व्यञ्जनध्वननद्योतनादिशब्दवाच्यमवश्यमेषितव्यम्'. व्यञ्जना–The author of the ध्वन्यालोक establishes the existence of a व्यंग्य sense at great length (pp. 182–197). There are many who deny the existence of a separate वृत्ति called व्यञ्जना. They include व्यंग्यार्थ under तात्पर्य. Others, like the author of the व्यक्तिविवेक, include it under अनुमान or under लक्षणा. Note the words of T. D 'व्यञ्जनापि शक्तिलक्षणान्तर्भूता । अशक्तिमूला चानुमानादिनान्यथासिद्धा' ; the अभिधावृत्तिमातृका of मुकुल says 'लक्षणामार्गावगाहित्वं तु ध्वनेः सहृदयैर्नूतनतयोपवर्णितस्य विद्यत इति दिशामुन्मूलयितुमिदमत्रोक्तम् ।; see also P. L. M. p. 9. तिसृषु वृत्तिषु—This would be so according to the अभिहितान्वयवादिन्s; while acc. to the अन्विताभिधानवादिन्s, there would be the two वृत्तिs and not three. इति नयेन means-because यथा शब्दो विरतः नान्यं व्यापारं करोति तथा तन्निष्ठवृत्तिरपि विरता भवति । उपक्षीणासु = अर्थान्तरबोधने क्षीणसामर्थ्यासु. अभिधालक्षणा... द्विधा—(p. 12 l. 25) व्यञ्जना is two-fold, (I) that which is based upon a word's power of Denotation and (II) that which is based upon its power of Indication.

(P. 12, l. 27-p. 13, l. 1). अनेकार्थस्य शब्दस्य......विप्रयोगाद्यः. Construe अनेकार्थस्य शब्दस्य संयोगाद्यैः एकत्र अर्थे नियन्त्रिते (या) अन्यधीहेतुः सा अभिधाश्रया व्यञ्जना—That power of suggestion is said to be based upon Denotation, which causes the apprehension of something else from a word, which having more possible meanings than one, has been restricted to a single meaning by conjunction etc. आद्य—By the expression 'आद्य' are meant 'disjunction and others'.

उक्तं हि......नोदाहृतम् **(P. 13, ll. 2-15).** उक्तं-It has been said (by Hari or भर्तृहरि in his वाक्यपदीय). The two verses quoted here are from वाक्यपदीय II. 317 and 318. The reading in the printed text of the Vākyapadīya is संसर्गो for संयोगो. Almost everywhere we read the quotation as संयोगो. हेमचन्द्र reads संसर्गो (p. 39 काव्यानुशासन). We must also notice another peculiarity about these two verses. They are universally quoted as embodying the views of Hari. But the commentator पुण्यराज says that they embody the views of others and not of Hari. Hari's views are contained in the verse which precedes these two (*i. e.* Vākyap. II. 316). पुण्यराज's words are 'अत्रेदं गौणमिदं मुख्यमिदं नान्तरीयकमित्येवं शब्दार्थनिर्णयप्रस्तावे तत्तन्निश्चयोपायानुपदर्शयितुकाम आह । वाक्यात्प्रकरणादर्थादौचित्याद्देशकालतः । शब्दार्थाः प्रविभज्यन्ते न रूपादेव केवलात् ॥ (वाक्यपदीय II. 316)...तथा चापरैः संसर्गादयः शब्दार्थावच्छेदहेतवः प्रदर्शिता इत्याह । संसर्गो विप्रयोगश्च'. साहचर्यं companionship; विरोधिता hostility or incompatibility of co-existence; अर्थ motive; प्रकरण context; लिङ्ग attribute or characteristic; शब्दस्यान्यस्य संनिधिः juxtaposition of another word; सामर्थ्य power; औचिती congruity; व्यक्ति gender; स्वर accent. शब्दार्थस्यानवच्छेदे विशेषस्मृतिहेतवः—(These) are the causes of one's recollecting a special sense of some word, when the sense of the word is not of itself definitely ascertained. 'तदेवमेते शब्दार्थस्य सन्देहनिराकरणद्वारेण नियतार्थावसायहेतुत्वाद्विशेषस्मृतिहेतवो निर्णयहेतवः संसर्गादय इति बोद्धव्यम्।' पुण्य०. रसगं० explains अनवच्छेदे as तात्पर्यसन्देहे and विशेषस्मृति as एकार्थमात्रविषया स्मृतिः.

1. सशङ्खचक्रो हरिः—This is an example where संयोग defines the meaning of a word. Here हरि means 'Vishṇu' alone and not 'a monkey' or 'a lion' (which are also the possible meanings of the word हरि as said by अमर० 'यमानिलेन्द्रचन्द्रार्कविष्णुसिंहांशुवाजिषु । शुकाहिकपिभेकेषु हरिर्ना कपिले त्रिषु'), because of the conjunction of

conch-shell and discus, which are generally associated with Vishṇu. संयोग is defined as a connection between two things such as is generally known to exist between those two things only. प्रदीप defines it as 'संयोगः प्रसिद्धार्थस्य (तदर्थमात्रवृत्तितया प्रसिद्धस्य अर्थस्य । प्रभा) गुणविशेषरूपः सम्बन्धः'.

2. तद्वियोगेन (शङ्खचक्रवियोगेन = शङ्खचक्राभावेन) तमेव (विष्णुमेव)- supply अभिधत्ते after तमेव. The word हरि in this example denotes Vishṇu alone on account of the disjunction of शङ्ख and चक्र. There would be no propriety in saying that 'a lion' etc. are without शङ्ख and चक्र because they are never connectd with शङ्ख or चक्र. Therefore the very fact that हरि is here spoken of as being without शङ्ख and चक्र is the means of restricting the meaning of the word हरि to Vishṇu. विप्रयोग is defined by प्रदीप as तादृशसम्बन्धध्वंसः, disappearance of the connection that is generally known to exist between two things.

3. In the example 'Bhīma and Arjuna,' Arjuna is the son of Pṛthā (and not सहस्रार्जुन कार्तवीर्य who was killed by परशुराम) on account of साहचर्य *i. e.* because अर्जुन (the son of पृथा) is associated with भीम and not कार्तवीर्यार्जुन. साहचर्य is defined by रसगं० as 'एकस्मिन्कार्ये परस्परापेक्षित्वम्.' The example of साहचर्य generally given is रामलक्ष्मणौ upon which पुण्य० says 'रामलक्ष्मणावित्युक्ते लक्ष्मणसाहचर्याद्दाशरथेरेव प्रतीतिः'. The word राम is applied to बलराम, परशुराम and दाशरथि राम. An objection is raised that संयोग and साहचर्य are not different. The example of संयोग will be an example of साहचर्य also and *vice versa*. To this, Jagannātha replies:—What the ancients mean by regardsng संयोग as different from साहचर्य is:—When any well-known connection which restricts the denotation of a word is expressed by a distinct word, that is an example of संयोग, as in the example सशङ्खचक्रो हरिः where the connection between शङ्खचक्र and विष्णु is संयोग because it is expressed by a distinct word स (in सशङ्खचक्रः); but when one of the सम्बन्धिs restricts the sense of the other by forming a Dvandva com pound with it, there is said to be साहचर्य; as in रामलक्ष्मणौ where the word लक्ष्मण itself restricts the meaning of राम, both forming a द्वंद्व compound. Thus सगाण्डीवोऽर्जुनः is an example of संयोग and गाण्डीवार्जुनौ is an example of साहचर्य. 'संयोगशब्दस्य सम्बन्धसामान्यपरतया यत्र शब्दोपात्तं प्रसिद्धं सम्बन्धसामान्यं शक्तिनियामकं तदाद्यस्य, यत्र तु द्वंद्वादिगतः सम्बन्ध्येव केवलस्तथा तत्साहचर्यस्योदाहरणमिति प्राचामाशयात् । इत्थं च सगाण्डीवोऽर्जुन इति संयोगस्य, गाण्डीवार्जुनाविति साहचर्यस्योदाहरणम् ।' p. 120 रसगं०.

4. In the example 'Karṇa and Arjuna,' Karṇa is the son of the Sūta (charioteer) and not any one else called Karṇa 'or the ear,' because his hostility (विरोधिता) to Arjuna is famous. विरोधिता is defined as 'प्रसिद्धं वैरं सहानवस्थानं च'. An example of विरोधिता in the 2nd sense (सहानवस्थान not remaining together) is छायातपौ (shade and light). छाया may mean 'lustre' elsewhere. But here छाया means 'shade' as that meaning is विरुद्ध to that of आतप (light). The usual example of विरोधिता is रामार्जुनौ or रामार्जुनगतिस्तयोः as in K. P. This example is adversely criticised by वृत्तिवार्तिक p. 6. अप्पयदीक्षित gives रामरावणौ as an example of विरोधिता. The रसगङ्गाधर (pp. 120-121) attacks, as usual, वृत्तिवार्तिक and defends K. P. Jagannātha says that रामरावणौ will be an example of साहचर्य. *Vide* the ingenious remarks of the रसगङ्गाधर.

5. अर्थः—In the example 'I salute Sthāṇu' the word Sthāṇu means 'Śiva' and not 'a post,' as there is no purpose served in saluting a post. अर्थ means प्रयोजन.

6. प्रकरणम्—In the example 'my lord knows everything,' the word देव means 'you, sir,' and not God, the context being that the words are addressed to a king. प्रकरण is defined as 'वक्तृश्रोतृबुद्धिस्थता' प्रदीप and वृत्तिवार्तिक p. 6 (being in the mind of the speaker and hearer). Another example, where प्रकरण restricts the meaning of a word, is सैन्धवमानय. These words, if uttered when a man is about to take his meal, denote the bringing of salt. If uttered by a man when going out, they mean that a horse is to be brought.

7. लिङ्ग—In the example 'the angry one, on whose banner is the alligator,' the God of Love is meant (by the word मकरध्वज) and not the ocean which also is called मकरध्वज, because the characteristic 'anger' is intimately connected with the God of Love only and with no other meaning of the word मकरध्वज. लिङ्ग means 'a characteristic connected with one of the things expressed by a word by some relation other than संयोग and separated from everything else denoted by the word.' लिङ्गं संयोगातिरिक्तसम्बन्धेन परपक्षव्यावृत्तो धर्मः। प्रदीप or 'लिङ्गं प्रयुक्तनानार्थपदवाच्यान्तरव्यावृत्तो धर्मः' । वृ० वा०, an attribute whichis excludeded from the other meanings of a word which has been employed and and is capable of several meanings. Some say that लिङ्ग means 'a peculiar characteristic,' but if this meaning were taken, then कुपितो मकरध्वजः is not a proper example where लिङ्ग defines

the meaning of a word, because कोप is not a peculiar characteristic of मदन (being found in human beings also) and because then सशङ्खचक्रो हरिः would be an example under लिङ्ग. Therefore लिङ्ग means 'any property or characteristic which belongs to one only out of the several meanings of a word by a relation other than संयोग and is not at all found in the other meanings of that word.' वृ० वा० p. 6 thus distinguishes between संयोग and लिङ्ग 'संयोगोदाहरणे प्रसिद्धिप्राचुर्यम्, शङ्खादेरिन्द्रादावर्थान्तरेऽपि संयोगाविरोधात्। लिङ्गोदाहरणे तु सर्वथा अर्थान्तरव्यावृत्तिरिति भेदः।'

8. शब्दस्यान्यस्य संनिधिः—In the example 'the God, the foe of Pura,' the word पुरारि means Śiva, as we gather from the proximity of the word 'God,' for otherwise the word पुरारि might as well stand for 'the enemy of the city,' some king. प्रदीप defines संनिधि as 'नियतार्थकशब्दान्तरसामानाधिकरण्यम्' agreement in case with another word having a fixed sense. This definition is strongly criticised by the वृत्तिवार्त्तिक p. 7 as well as by the रसगङ्गाधर. वृत्तिवार्त्तिक defines it as 'नानार्थपदैकवाच्यसंसर्ग्यर्थान्तरवाचिपदसमभिव्याहारः', 'utterance of a word having a meaning logically connected with only one meaning of a word which is capable of many senses.' The objections which Jagannātha raises against प्रदीप are " 'करेण राजते नागः' इत्यादावव्यापनात्तन्नियामकान्तरस्य गवेषणे गौरवात्, 'कुपितो मकरध्वजः' इति तन्मूलोक्ते लिङ्गोदाहरणेऽतिव्यापनाच्चोपेक्ष्यम्."

9. सामर्थ्य—In the example 'the cuckoo is intoxicated by the spring,' the word 'madhu' means 'spring-time' and not 'nectar' or 'honey,' because it is the spring-time only that has 'power' to intoxicate the cuckoo and not honey etc. सामर्थ्य is explained as कारणत्वम्.

10. औचिती—In the example 'may the favourableness of your beloved preserve you' the word मुख means 'favourableness or coming face to face,' because here the word मुख in the sense of face has no propriety with reference to the act of preserving. The preserving of persons stricken by love is brought about only by the favourableness of their sweet hearts, and not by their mere faces, which, if the sweethearts are themselves unfavourable, cannot preserve the lovers. Hence मुख is taken to mean 'सांमुख्य.' " 'पातु वो दयितामुखम्' इत्यत्र दयितामुखकर्तृकरक्षणकर्मत्वाक्षिप्तकामार्तानां सम्बोध्यपुरुषाणां त्राणं हि तस्याः सांमुख्येनैव भवति। न तु मुखमात्रेण। वैमुख्ये तेन (मुखेन) त्राणायोगात् अतस्त्राणार्हत्वं वदनसांमुख्योभयप्रत्यायकस्य मुखशब्दस्य" रसगं० p. 124.

11. देश—In the example "the moon shines in the sky,' we are led to take चन्द्र in the sense of 'moon,' by the presence of the place 'sky'. The word चन्द्र also means 'camphor' or 'gold,' as said by अमर० 'स्वर्णेऽपि भूरिचन्द्रौ द्वौ' or by मेदिनी 'चन्द्रः कर्पूरकाम्पिल्लसुधांशुस्वर्णेच [चा ?] रुषु.'

12. काल—In the example 'चित्रभानु at night,' we know that चित्रभानु means 'fire' here, from the time specified, viz. 'night.' चित्रभानु also means 'the sun,' if spoken of by day.

13. व्यक्ति—In the sentence 'the wheel glistens,' we know that the word रथाङ्ग means 'a wheel' and not 'the chakravāka, the ruddy goose' from its being in the neuter gender. रथाङ्ग means चक्रवाक when it is masculine. अमर० says 'चक्रं रथाङ्गम्' and मेदिनी says 'रथाङ्गं न द्वयोश्चक्रे ना चक्राङ्गविहङ्गमे.'

14. **(P. 13, ll. 14-15)** स्वरस्तु वेदे एव...नोदाहृतम्. As accent modifies sense in the Vedas alone and not in Poetry, no example of its occurrence is given here. An example from the Vedas, where accent modifies the sense is इन्द्रशत्रुः* in the sentence इन्द्रशत्रुर्वर्धस्व. The word इन्द्रशत्रु may be dissolved in two ways इन्द्रस्य शत्रुः or इन्द्रः शत्रुर्यस्य. If it be taken as a तत्पुरुष, it will mean 'the killer of Indra' and the उदात्त accent will lie on the last letter of the whole compound according to the Sūtra of Pāṇini 'समासस्य' VI. 1. 223 (समासस्य अन्तः उदात्तः स्यात्). In this case the word इन्द्रशत्रुः will be written in the पदपाठ as इन्द्रशत्रुः. If we dissolve the word as इन्द्रः शत्रुः यस्य i. e. as a बहुव्रीहि compound, it will mean 'whose killer is Indra' and the उदात्त accent will be the same as the natural accent of the first member of the बहुव्रीहि compound, viz. इन्द्र, according to the Sūtra 'बहुव्रीहौ प्रकृत्या पूर्वपदं' पा. VI. 2. 1. The word इन्द्रशत्रुः in this latter case will be written in the पदपाठ as इन्द्रशत्रुः. Our author lays down here that accent modifies the sense in the Vedas alone and not in Poetry. Accents were employed only in the Vedic Literature and not in classical Sanskrit. Compare the words of मम्मट 'इन्द्रशत्रुरित्यादौ वेदे एव न काव्ये स्वरोऽर्थविशेषप्रतीतिकृत्.' Our author simply echoes the words of Mammaṭa.

---

* Compare Śatapatha Brāhmaṇa I. 6. 3. 1. ff अथ यदब्रवीदिन्द्रशत्रुर्वर्धस्वेति तस्मादु हैनं इन्द्र एव जघान। अथ यद्ध शश्वदवक्ष्यदिन्द्रस्य शत्रुर्वर्धस्वेति शश्वदु ह स एवेन्द्रमहनिष्यत्।'; also the पाणिनीयशिक्षा 'मन्त्रो हीनः स्वरतो वर्णतो वा मिथ्याप्रयुक्तो न तमर्थमाह। स वाग्वज्रो यजमानं हिनस्ति यथेन्द्रशत्रुः स्वरतोऽपराधात्॥ verse 52.

(P. 13, ll. 16-24) इदं च केऽप्यसहमाना......कटाक्षनिक्षेपेण. इदं च......आहु: some, not enduring this assertion, say. इदं refers to the words of मम्मट (and of our author also) quoted above 'वेदे एव न काव्ये स्वरोऽर्थविशेषप्रतीतिकृत्.' विश्वनाथ gives us here the criticism of Mammaṭa's dictum by some commentators (like चण्डीदास and राघवानन्द) and then rebukes them for criticizing a respectable writer like Mammaṭa without sufficient reason. स्वरोऽपि काक्कादिरूप: काव्ये विशेषप्रतीतिकृदेव—Accent also in the shape of change of voice etc. is, as a matter of fact, the cause of understanding in a particular sense something that would otherwise be ambiguous. The word स्वर in the कारिका of हरि may mean 'a Vedic accent, उदात्त, अनुदात्त or स्वरित' or it may mean simply 'change of voice, or tune.' So काकु, which is defined by अमर० as 'काकु: स्त्रियां विकारो य: शोकभीत्यादिभिर्ध्वने:' (a change of voice which is due to sorrow, fear, etc.) will be denoted by the word स्वर. We have seen above that the same sentence, when uttered with a different tone will mean different things, e. g. in the verse 'मथ्नामि कौरवशतं समरे न कोपात्' etc. (वेणीसंहार I Act). If this sentence is read merely as an affirmative one, the meaning will be 'I shall not destroy the hundred Kauravas in battle through wrath.' This sense is opposed to the vow of Bhīma that he will kill all the Kauravas. So, by a change of voice in repeating the verse, *i. e.* repeating it interrogatively, another meaning is conveyed *i. e.* 'shall I not kill etc. .*i e.* 'I shall indeed kill' etc. Here then we see that स्वर (in the shape of change of voice) *does modify* the meaning of words in a poem, not-withstanding Mammaṭa's words to the contrary. उदात्तादिरूपोऽपि...विशेषप्रतीतिकृदेव—According to the way laid down in his treatise by the holy sage Bharata, accent in the shape of उदात्त (acute) etc. does really convey some particular Rasa, as for example, the Erotic (when in the absence of the accent, the रस would have been doubtful). मुने:–The मुनि is here भरत, the author of a नाट्यशास्त्र in 36 or 37 chapters, which he is said to have received from Brahmā. We should read मुने: पाठ्यगुणोक्तिदिशा for पाठोक्तिदिशा. भरत says (chap. 19 p. 221 नाट्यशास्त्र) 'पाठ्यगुणानिदानीं वक्ष्याम: तद्यथा सप्त स्वरा:, त्रीणि स्थानानि etc.' The word पाठ does not yield a good sense. But there is no Ms. to support our conjecture. भरत says (chap. 19. 43 of नाट्यशास्त्र) 'उदात्तश्चानुदात्तश्च स्वरित: कम्पितस्तथा। वर्णाश्चत्वार एव स्युः पाठ्ययोगे तपोधनाः॥ तत्र हास्यशृङ्गारयो: स्वरितोदात्तैर्वर्णैर्वीररौद्राद्भुतेषु उदात्तकम्पितै: करुणावात्सल्यभयानकेषु अनुदात्तस्वरितकम्पितैर्वर्णै: पाठ्यमुपपादयेदिति।'. So we are told that in a dramatic representation the speeches should be recited with स्वरित and उदात्त letters respectively in हास्य and शृङ्गार. So even such स्वर as उदात्त is cited by the sage भरत as defining a meaning; and we have seen above that काकुस्वर also modifies the meanings of words. एतद्विषये उदाहरणमुचितमेव इति—In the case of this also *i. e.* स्वर, some exemplification is proper, as in the case of the 13 other defining causes. Here ends the criticism of Mammaṭa's dictum. The सारसमुच्चय of रत्नकण्ठ has a similar note upon the words 'वेद एव न काव्ये' in 'अत्र यद्यपि चोदात्तादिः स्वरः काव्ये विशेषप्रतिनिमित्तं न भवति तथापि स्वरः काकुस्वरः काव्ये विशेषप्रतीतिहेतुर्भवति यथा "मथ्नामि कौरवशतम्" इति च ग्रन्थकृता तु एतदपरामृश्योदात्तादिनिषेधः काव्ये कृतः।'. तत्र......निक्षेपेण (p. 13, ll. 18-24). विश्वनाथ answers these criticisms. स्वरा.........विशेषम्. The स्वरs, whether regarded as changes of voice or the accents उदात्त etc., cause one to understand one particular sense in the form of the suggested sense only; they do not really acquaint us with any distinction in the shape of restricting to a single sense a word which has more possible senses than one, which (i. e. restricting a word to a particular sense) is the subject under discussion (and not anything respecting what is व्यंग्य). The idea is—संयोग etc. restrict a word to a particular meaning out of several possible meanings which are all primary. As स्वर is mentioned along with संयोग etc., it also must restrict a word to a particular meaning out of several possible and primary meanings. But स्वर in the form of काकु does not *restrict a word* to a particular sense out of many possible senses, but it *suggests* some sense other than the one expressed by the words in a sentence. Vide the words of प्रदीप 'काकुस्थले तु न नानार्थाभिधानियमनं किं त्वपदार्थस्यैव व्यञ्जनम्.' Similarly स्वर in the form of उदात्त referred to by Bharata-muni does *not restrict* the *meaning of a word*, but it serves to bring out by its employment, the sentiment of Love etc. in a recitation. Thus स्वर, as interpreted by the critic, would not be on all fours with the other defining agencies such as संयोग; and therefore the interpretation of the critic is wrong and must not be accepted. किंच, यदि यत्र......श्लेषानङ्गीकारप्रसङ्गः—Moreover, if restriction to a single sense were laid down by the force of accentuation in every case where even two meanings of ambiguous words were left undetermined by the absence of such defining causes as context etc, then, in such a case, it would follow that we cannot recognise the figure of speech called श्लेष (Paronomasia). The idea is:—If accents such as उदात्त were admitted as defining the meanings of words in poetry, then the श्लेषालङ्कार must be given up; e. g. the expression सर्वदोमाधवः is श्लिष्ट. We may take it as equal to सर्वदोमाधवः or सर्वदो माधवः. If accent were admitted as defining the meanings of words, सर्वदो माधवः will mean only one thing and thus it will not be an example of श्लेष. न च तथा—But it is not so (*i. e.* it is not seen that श्लेष is not recognised). श्लेष *is recognised* by all authorities as a figure of speech. अत एवाहुः...नये इति Hence it is that they say while treating of श्लेष "according to the maxim 'in the province of Poetry, accent is not regarded.'" आहुः—This refers to मम्मट himself. The plural is used to show respect. काव्यमार्गे etc.—these are the words of मम्मट, who says "-'अर्थभेदेन शब्दभेदः' इति दर्शने, 'काव्यमार्गे स्वरो न गण्यते' इति च नये वाच्यभेदेन भिन्ना अपि शब्दा यद् युगपदुच्चारणेन श्लिष्यन्ति भिन्नं स्वरूपमपह्नुवते स श्लेषः" K. P. IX. 7. इत्यलं......निक्षेपेण—Enough of this censorious glancing on the part of these objectors at the explanations of the venerable (author of काव्यप्रकाश), who is the source of inspiration (lit. the bestower of livelihood) to the critic as well as to me (*i. e.* to all). व्याख्यानेपु—this refers to मम्मट's note on the word स्वर in the कारिका of हरि.

The words इदं च केऽप्यसहमानाः of the text most probably refer to रुचक (who is generally identified with रुय्यक, the author of अलङ्कारसर्वस्व, which is the guide of our author). Ruchaka in his काव्यप्रकाशसङ्केत, while commenting upon the words of Mammaṭa 'वेदे एव न काव्ये स्वरोऽर्थविशेषप्रतीतिकृत्' says "न विशेषप्रतीतिहेतुरिति। यद्यपि चोदात्तादिः काव्ये न विशेषप्रतीतिनिमित्तं तथापि काकुस्वरो विशेषप्रतीतिहेतुर्भवति। यथा मथ्नामि कौरवशतं समरे न कोपादिति, स्वस्था भवन्ति मयि जीवति धार्तराष्ट्रा इति च गुरुकृत......दौत्यादिनिषेधः कृतः।". We take मान्य and उपजीव्य as referring to Mammaṭa and व्याख्यानेषु as referring to मम्मट's words on the expression स्वरादयः occurring in Hari's Kārikā. It is possible that मान्य and उपजीव्य refer to Ruchaka and the words व्याख्यानेपु refers to Ruchaka's remarks upon the words of Mammaṭa. The above quotation from Ruchaka is due to the courtesy of Dr. S. K. Belvalkar. The लोचन on साहित्यद० says केपि refers to चण्डीदास and राघवानन्द.

(P. 13, ll. 25-26) आदिशब्दात्......कोरकाद्याकारत्वम्. By the word आदि in स्वरादयः is meant, in such an example as 'a female with breasts just so big,' the making one aware by the gestures of the hand that the breasts etc. resemble the unexpanded lotus ete. On the word आदि in स्वरादयः Mammaṭa says "आदिग्रहणात् 'एद्दहमेत्तत्थणिआ एद्दहमेत्तेहिँ अच्छिवत्तेहिँ। एद्दहमेत्तावत्था एद्दहमेत्तेहिँ दिअएहिँ ॥' इत्यादावभिनयादयः". On this

प्रदीप says 'स्वरादय इत्यादिग्रहणादभिनयापदेशौ गृह्येते । अन्ये चोक्तान्तर्भूताः.' The verse quoted above in Prākṛit (एतावन्मात्रस्तनिका एतावन्मात्राभ्यामक्षिपत्राभ्याम् । एतावन्मात्रावस्था एतावन्मात्रैर्दिवसैः ॥) is an example of अभिनय (gesticulation). अभिनय is defined as 'विवक्षितार्थाकृतिप्रकटीको हस्तादिव्यापारः' वृ. वा. p. 8. अभिनय is a motion of the hand etc. conveying to another the idea of the size of a particular object. The verse एतावन्मात्रस्तनिका etc. is commented upon as follows "सौंदर्यातिशयशालिन्या नयनगोचरमगताया गुणश्रवणमात्रजनितानुरागेण नायकेनावस्थायां पृष्टायां दूत्या इयमुक्तिः ।...एतावत्परिमाणौ आमलकादिपरिमाणौ स्तनौ यस्याः सा एवमेतावत्परिमाणं ययोस्ते एतावन्मात्रे विवक्षितकमलदलादिपरिमाणे ताभ्यामक्षिपत्राभ्यां नयनदलाभ्याम् । उपलक्षितेत्यर्थः । उपलक्षणे तृतीयानुशासनात् । तथा एतावन्मद्विवक्षितपरिमाणं दीर्घादि यस्यास्तथाभूता अवस्था स्वरूपं यस्याः सा एवमेतावद् बुद्धिस्थं परिमाणं संख्या येषां तथाविधैर्दिवसैर्लक्षणया संवत्सरैरुपलक्षिता । परिच्छिन्नेति यावत् । वर्षकथनस्यैव प्रायशो लोकव्यवहारसिद्धत्वात् । दिवसैरिति करणे वा तृतीया । अत्र मुकुलाकारहस्ताभिनयेन स्तनपरिमाणविशेषे, पद्मदलाकृतिना तेन नेत्रपरिमाणविशेषे...अङ्गुल्यङ्कधारणादिरूपेण च दिवससंख्याविशेषे बुद्धिस्थमात्रशक्त्या एतावच्छब्दा नियमितशक्तयः ।" उ० चं० p. 54. अपदेश, the second defining cause included under आदि in स्वरादयः, is defined by वृ. वा. as 'विवक्षितार्थस्य शृङ्गग्राहिकया निर्देशः' (p. 8.) *i. e.* pointing out the person or thing intended in some direct way, as if it were caught by the horns. An example is 'इतः स दैत्यः प्राप्तश्रीर्नेत एवार्हति क्षयम्' (Kumārasam. II. 55). Here, in as much as by placing his hand upon his chest, the speaker designates himself, the word इतः is restricted to the speaker by अपदेश. (p. 13, ll. 27–28) एवमेकस्मिन्...व्यञ्जना. When a word is thus restricted, in respect of its Denotation, to a particular meaning, that power which is the cause of one's thinking of another sense of the word is the power termed suggestion, founded on Denotation.'

(P. 13, l. 29–p. 14, l. 6) यथा मम......एवमन्यत्. महापात्र and सान्धिविग्रहिक have been explained above (p. 31). चतुर्दशभाषाविलासिनीभुजङ्ग—The lover of the nymphs in the form of fourteen languages *i. e.* who intimately knew fourteen languages. दुर्गालङ्घितविग्रहः etc. This verse has two applications, one to the king भानुदेव whose glorification is the matter in hand, and the other to Śiva. We shall first explain the verse as applied to the king. दुर्गालङ्घितविग्रहः—दुर्गैः अलङ्घितो विग्रहो यस्य—विग्रह means fight or body. So the compound will mean 'whose march is not impeded by the fortresses' (of his enemy) or 'whose body is not screened by fortresses' *i. e.* 'who does not fight from behind the shelter afforded by forts but who fights on the open plain.' मनसिजं संमीलयंस्तेजसा who by his lustre throws into the back-ground the god of love. प्रोद्यद्राजकलः—प्रोद्यत् प्रकृष्टाभ्युदययुक्तं राजकं राजसमूहं लाति वश्यतया गृह्णाति who subdues flourishing chiefs. गृहीतगरिमा one who has attained greatness. विष्वग्वृतो भोगिभिः—surrounded on all sides by gay people (voluptuaries). नक्षेत्रशाकृतेक्षणः क्षत्रेशे क्षत्रियश्रेष्ठे कृतेक्षणो दत्तदृष्टिर्न भवतीति तत्रापि तुच्छबुद्धिरिति भावः। रामः—who does not condescend even to cast a look at the best of kṣatriyas. गिरिगुरौ गाढां रुचिं धारयन् who has the deepest devotion for Śiva (गिरिः गुरुः श्वशुरः यस्य). गामाक्रम्य—Having made the earth his own. विभूतिभूषिततनुः (विभूत्या भूषिता तनुरस्य, 'विभूतिर्भूतिरैश्वर्यमणिमादिकमष्टधा' अमरः) whose body is decorated by prosperity or wealth. उमावल्लभः—husband of Umā. The verse as applied to शिव means:—दुर्गालङ्घितविग्रहः—दुर्गया लङ्घितः आक्रान्तः विग्रहः देहः यस्य—whose body is embraced by Durgā i. e. Pārvatī. मनसिजं संमीलयंस्तेजसा—overwhelming by his fire (from the third eye) the god of love. प्रोद्यद्राजकलः—प्रोद्यन्ती राज्ञः चन्द्रस्य कला यस्य who wears the rising digit of the moon. गृहीतगरिमा-One who has attained vast proportions. भोगिभिः-सर्पैः-by serpents. नक्षत्रेशाकृतेक्षणः—नक्षत्राणां ईशः चन्द्रः तेन कृतं ईक्षणं येन-who looks upon everything by means of the Lord of the Nakṣatras. गिरिगुरौ गाढां रुचिं धारयन्-(गिरीणां गुरुः हिमालयः) who has the deepest affection for the Lord of Mountains. गामाक्रम्य having mounted on a bull. विभूतिभूषिततनुः with his body adorned with ashes. उमावल्लभः husband of उमा *i. e.* Pārvatī. अत्र प्रकरणेन...बोध्यते. अभिधेये-अभिधया बोध्ये; connect अभिधेये with नियन्त्रिते. Here by the context the meaning of the word उमावल्लभ being restricted in respect of Denotation to the king Bhānudeva, the lord of the great queen Umā, the sense of the 'husband of the goddess Gaurī' *i. e.* the god Śiva, is understood only through suggestion. The suggestion is here based upon अभिधा. The reason is:—Out of several possible meanings, the word is restricted to a particular one by context etc. And then another meaning, which could have been *denoted* by the same word in another connection, is *suggested.* The result is that the king is suggested to be similar to Śiva *i. e.* there is उपमाध्वनि in this verse.

(P. 14, ll. 8-12) लक्षणोपास्यते...लक्षणामूला व्यञ्जना. लक्षणोपास्यते... व्यञ्जना लक्षणाश्रया-यस्य कृते लक्षणा उपास्यते तत् प्रयोजनं तु यया प्रत्याय्यते सा लक्षणाश्रया व्यञ्जना स्यात्—That power, whereby the motive, for the sake of which Indication is resorted to, is caused to be thought of, is called Suggestion founded on Indication. यस्य कृते means

'यत्प्रतीतेर्निमित्तम्. Compare K. P. II. 9–10 (p. 59 Chān.) यस्य प्रतीतिमाधातुं लक्षणा समुपास्यते । फले शब्दैकगम्येऽत्र व्यञ्जनान्नापरा क्रिया ॥ upon which प्रदीप says 'यस्य पावनत्वादेः फलस्य प्रतीत्यर्थं लक्षणाश्रयशब्दप्रयोगस्तत्फलं तस्मादेव शब्दाद्गम्यते न तु प्रमाणान्तरात् ।.'

गङ्गायां घोषः......लक्षणामूला व्यञ्जना—विरतायां is to be connected with अभिधायाम्. When, in such an example as 'a herd-station on the Ganges' the power of denotation ceases after denoting the meaning 'a mass of water', and when the power of Indication ceases after conveying the meaning of 'the bank' etc., then that power, by which the excess of coolness and purity is conveyed, is called suggestion based upon Indication. The idea is:—In the example 'गङ्गायां घोषः' the word गङ्गा denotes a stream of water; then, as this primary meaning is unsuitable, we understand afterwards by Indication 'the bank'. The motive for making use of such an expression to convey the meaning is that the speaker wishes to lead us to understand excess of coolness and purity on the bank (लक्षणोपास्यते यस्य कृते तत्तु प्रयोजनम्). In the example गङ्गायां घोषः we understand this motive by a special power of words. It cannot be said that excess of coolness is understood by अभिधा; because the convention (of the word गङ्गा) was not made in respect of coolness etc. but in respect of a stream of water. Nor can we say that the excess of coolness is understood by लक्षणा, because the conditions of लक्षणा are not satisfied. There must be मुख्यार्थबाध, तद्योग and रूढिप्रयोजनान्यतरत्व. The primary meaning of गङ्गा being inapplicable, we take it to mean 'bank' by Indication. If it be said that the प्रयोजन also is indicated by the word गङ्गा, then we reply that the प्रयोजन would be indicated by 'the Ganges' only if the sense of the bank is inapplicable. Besides the bank has no direct connection (तद्योग = साक्षात्सम्बन्ध) with the properties coolness etc.; moreover, if प्रयोजन be indicated, we ask what the motive is for indicating the प्रयोजन from the word गङ्गा. So none of the conditions of लक्षणा are satisfied. Nay, they are not even necessary. The word 'गङ्गा' has the power to convey शैत्यपावनत्वाद्यतिशय. Therefore, the प्रयोजन is suggested. And as this suggestion comes in only when a word is employed in a secondary (लाक्षणिक) sense, the व्यञ्जना is said to be based upon लक्षणा.

(P. 14, l. 13) एवं शाब्दीं......आर्थीमाह. विश्वनाथ divides व्यञ्जना into two varieties शाब्दी and आर्थी. The शाब्दी again he divides into अभिधामूला and लक्षणामूला. In this division he appears to follow Mammaṭa. प्रदीप says 'सा (व्यञ्जना) च द्वेधा—शब्दनिष्ठा अर्थनिष्ठा च। आद्या तु द्वेधा—अभिधामूला लक्षणामूला च' pp. 45-46 (Nirn. ed.). Our author and प्रदीप include अभिधामूला and लक्षणामूला under शाब्दी. The reason appears to be that लक्षणा and अभिधा are both powers of a *word.* The उद्द्योत remarks on शाब्दी व्यञ्जना 'शब्दस्य परिवृत्त्यसहत्वाच्च शब्दमूलकत्वेन व्यपदेशः' p. 74 (Chān.). The suggestion is here said to be based upon word because here we cannot put a synonymous word in place of the one employed. In the example 'दुर्गालङ्घितविग्रहः...उमावल्लभः', if we substitute पार्वती for उमा, it won't do. The matter in hand is the glorification of the husband of the queen named Umā. So we cannot employ the word पार्वती there. Thus in this case of अभिधामूल-व्यञ्जना, the definition of उद्द्योत applies. But how will it apply to लक्षणामूलव्यञ्जना instanced in गङ्गायां घोषः? There even if we substitute भागीरथ्यां for गङ्गायां, there is suggestion still. Our author does not expressly tell us way he includes लक्षणामूल-व्यञ्जना under शाब्दी. The reason may be as follows:—It is true that we can substitute भागीरथी for गङ्गा; but the शब्दपरिवृत्त्यसहत्व does not lie in this. We understand शैत्यपावनत्वाद्यतिशय from the expression गङ्गायां घोषः; but if we substitute in its place गङ्गातीरे घोषः the suggested sense vanishes. We may employ another synonym, भागीरथी. But here also, there is लक्षणा; what we cannot do is to substitute a direct expression like गङ्गातीर or भागीरथीतीर for गङ्गा or भागीरथी. Herein consists the परिवृत्त्यसहत्व. It is not meant that in शाब्दी व्यञ्जना, the अर्थ (meaning) is not necessary. What is meant is that in शाब्दी व्यञ्जना, the particular *words* employed are most important; the circumstances which constitute आर्थी व्यञ्जना may or may not be present but it is not meant that they must not be present. As it is the word that is most important in this kind of व्यञ्जना, it is called शाब्दी or शब्दनिष्ठा in accordance with the न्याय 'प्राधान्येन व्यपदेशा भवन्ति.'

(P. 14, ll. 14-16) वक्तृबोद्धव्य.........अर्थसम्भवा. Construct या (व्यञ्जना) वक्तृबोद्धव्यवाक्यानाम् अन्यसंनिधिवाच्ययोः प्रस्तावदेशकालानां काकोः चेष्टादिकस्य च वैशिष्ट्यात् अन्यम् अर्थम् बोधयेत् सा अर्थसम्भवा (व्यञ्जना). That suggestion is said to arise from the sense of words which causes one to think of something else through the peculiar character of the speaker, or the person addressed, or the sentence, or the proximity of another person, or the expressed meaning, or the occasion, or the place, or the time, or the modulation of voice, or gestures etc. Our author copies the very words of Mammata 'वक्तृबोद्धव्यकाकूनां वाक्यवाच्यान्यसंनिधेः ॥ प्रस्तावदेशकालादेर्वैशिष्ट्यात् प्रतिभाजुषाम् । योऽर्थस्यान्यार्थधीहेतुर्व्यापारो व्यक्तिरेव सा ॥' K. P. III 2-3. On बोद्धव्य, मल्लिनाथ in his तरल remarks "बोद्धव्यो बोधयितव्यः प्रतिपाद्यो जन इत्यर्थः। अन्तर्णी(र्णी?)तणिजर्थः प्रायेणायं बुधिधातुः। यथा 'एकश्रुति दूरात् सम्बुद्धौ' (पा० १. २. ३३) इत्यत्र सम्बुद्धिशब्दे" p. 78. प्रस्तावः प्रकरणम्. काकु has been explained above (p. 71) अन्यः अर्थः—वाच्यलक्ष्यव्यतिरिक्तः.

(**P. 14, ll. 18-22**) तत्र वक्तृ...द्योत्यते. वक्तृ etc. विश्वनाथ cites his own verse as an example, where there is some speciality in respect of the speaker, the sentence, the occasion, the place and the time. कालो मधुः—etc. खेद्-exhaustion. समीरः-wind. केलीवनीयमपि -separate केलीवनी इयमपि, this pleasure-garden also. वञ्जुलकुञ्जमञ्जुः— वञ्जुलाः अशोकाः (see अमर II. 4. 64) तेषां कुञ्जाः तैः मञ्जुः—lovely with the bowers of Aśokas. एष च पुष्पधन्वा—अनेन तत्कालानुभूयमानोन्मादकत्वं कामस्य सूचितम्. प्रच्छन्नकामुकः—Paramour. The speciality of the five, viz वक्तृ, वाक्य, देश, काल and प्रस्ताव is well brought out by राम० as follows:—वक्त्र्याः कामुकत्वम्, वाक्यस्योद्दीपनविभावसमूहकामोद्रेकजनकतत्कालपत्यलाभकर्तव्यानिश्चयविषयत्वम्, प्रस्तावस्य सुरतविषयत्वम्, कालदेशयोः कामोद्रेकजनकत्वम् ।'.

(**P. 14, l. 23 ff**). बोद्धव्यवैशिष्ट्ये etc. Where the specialty is in respect of the person addressed the example is निःशेष etc. निःशेषच्युत etc. This verse occurs in the printed अमरुशतक as No. 105. It is not commented upon by अर्जुनवर्मदेव (1216 A. D.) but is commented upon by वेमभूपाल. A great deal of controversy has raged about the meaning of this verse. Our author appears to hold that this verse is an example of व्यञ्जना based upon लक्ष्यार्थ, as is made clear by his remarks 'तदन्तिकमेव गतासीति विपरीतलक्षणया लक्ष्यम्.' Let us first understand the meaning of the verse as interpreted by our author. नायकानयनाय प्रेषितां तं सम्भुज्यागतां दूतीं प्रति विदग्धोत्तमनायिका स्नानकार्यत्वप्रतिपादनमुखेन सम्भोगचिह्नान्युद्घाटयितुमाह*।'

---

* मिथ्यावादिनि मया बहुधा प्रसादितोऽपि नागत इति मिथ्याभाषणशीले । बान्धवजनस्य मद्रूपस्य अज्ञातः स्वार्थपरायणतयाऽनाकलितः पीडाया आगमः आगमनं यया तथाविधे। दूति न तु सखि ।......इतो ममान्तिकात् वापीं प्रति स्नानाय गतासि। स्नानकालानतिक्रमलोभात् । पुनरिति एवार्थे । नैवेत्यर्थः ।तस्य बहुधा कृतापराधस्य । अत एव अधमस्य परवेदनानभिज्ञतया दुःखप्रयोजककर्मशीलस्य । अन्तिकं समीपं गतासीत्यनुषङ्गः । उक्तार्थे साधकमाह निःशेषेत्यादि । उ० चं० । स्तनतटं कुचतटं निःशेषच्युतचन्दनं निःशेषं यथा भवति तथा च्युतं गलितं चन्दनं यस्मात्तत्तथोक्तम् ।; on the propriety of this word निःशेष, चित्रमीमांसा remarks (p. 3) 'स्नाने हि सर्वत्र चन्दनच्युतिः स्यात् तव तु स्तनयोस्तटे उपरिभागे एव दृश्यते । इयमाक्षेपकृतैव.' निर्मृष्टरागोऽधरः—अधर lower lip. निर्मृष्टरागः. अपगतालक्तकः

उ० चं०. The plain meaning is 'you went hence to bathe in the well and not, as I had directed you, to the wretch.' Our author's idea appears to be that this plain meaning (मुख्यार्थ) is inapplicable under the circumstances and that these words indicate, by the relation of contrariety (as in Irony), that she *went to the wretch* (and not to the *well*).

The words निःशेष etc. apparently denote the effects of bathing. But as the apparent meaning (वापीस्नान) is incompatible under the circumstances, the meaning 'you went to the wretch' is indicated by विपरीतलक्षणा. The words निःशेष etc. are then properly construed with this meaning.* This is what the author says in the words 'अत्र तदन्तिकमेव गतासीति विपरीतलक्षणया लक्ष्यम्' *i. e.* the लक्ष्य is तदन्तिकमेव गतासि. तस्य च...बोध्यते. तस्य = लक्ष्यस्य. From this indicated sense is understood the suggested sense 'your purpose was dallying with him' through the specialty of the messenger addressed. Therefore the verse is an example of the specialty of the बोद्धव्य. The motive, here, in resorting to लक्षणा, as done by our author, is to convey the idea of dallying.

The above view about this verse is entirely opposed to that of Mammaṭa, his commentators like Pradīpakāra and Nāgeśa, and to that of Jagannātha. The words of मम्मट are 'अत्र तदन्तिकमेव रन्तुं गतासीति प्राधान्येन अधमपदेन व्यज्यते.' *i. e.* the व्यंग्य is 'रन्तुं तदन्तिकगमन'. Here मम्मट says that the sense 'you went near him only for dallying with him' is suggested by the word अधम which is most prominent (according to Pradīpa) or the fact that 'you went only to dally with him,' which is the most promi-

---

अपगतताम्बूलरागो वा. In bathing the colour of both the lips would be washed away, if at all. 'तथा निर्मृष्टरागोऽधर इत्यत्र ताम्बूलग्रहणविलम्बात् प्राचीनरागस्या किंचिन्मृष्टतेत्यन्यथासिद्धिपरिहाराय निर्मृष्टराग इति रागस्य निःशेषमृष्टतोक्ता । पुनः स्नानसाधारण्यव्यावर्तनेन सम्भोगचिह्नोद्घाटनाय अधर इति विशिष्य ग्रहणम् । उत्तरोष्ठे सरागे अधरोष्ठमात्रस्य निर्मृष्टरागता चुम्बनकृतैव । नेत्रे दूरमनञ्जने—नेत्रे दूरमत्यर्थं कज्जलरहिते । दूरमत्यर्थमिति आपाततोऽर्थः (the meaning at first sight) । कालतः स्नानेन वा सर्वतोऽञ्जनलोपः स्यात्, तव तु लोचनयोः क्वचित्प्रान्त एव अनञ्जनत्वम् । इदं चुम्बनकृतमेवेति । चि. मी. तन्वी slender. तन्वी तवेयं तनुः पुलकिता सरोमाञ्चा । आपाततः तन्वी ते सहजतानवकीर्तनेन पुलकितेति स्नानचिह्नोपन्यासः । पुलकिताऽपि तन्वी वर्तते इति हृदि स्थितोऽन्वयः । तेन च स्नानेन पुलकिततनुः किंचिदुच्छ्वसिता भवति । इयं तु न तथेति रतिक्लेशजनितावेव तानवपुलकोद्गमौ इति मर्मोद्घाटनम्' । चि. मी. p. 3.

* As done in the चि० मी० quoted above.

nent, is suggested by the word अधम (according to उद्द्योत). मम्मट's idea is that in this verse you *cannot resort* to लक्षणा *at all.* Herein he differs from our author. Moreover, he says that the whole व्यंग्य sense can be had from the word अधम. The words निःशेष: etc. are common both to वापीस्नान and dallying with him. They are not to be interpreted as being inapplicable to वापीस्नान and specially appropriate to तदन्तिकगमन, as is done by the चित्रमीमांसा. Vide the words of मम्मट in the 5th Ul. "तथा 'निःशेषच्युत' इत्यादौ गमकतया यानि चन्दनच्यवनादीन्युपात्तानि, तानि कारणान्तरतोऽपि सम्भवन्ति अतश्च अत्रैव स्नानकार्यत्वेनोक्तानीति नोपभोगे एव प्रतिबद्धानि इत्यनैकान्तिकानि" p. 256 (Vā). The रसगङ्गाधर explains निःशेष etc. as applied to the bathing in the well as follows:—'निःशेषच्युतचन्दनं स्तनयोस्तटमेव नोरःस्थलम् । वापीगतबहुलयुवजनत्रपापारवश्यादंसद्वयलग्नाग्रस्वस्तिकीकृतभुजलतायुगलेन तटस्यैवोन्नततया मुहुरामर्शात् ।' pp. 15-16.*

After giving the explanations of निःशेष etc. as applied to bathing in a well, the रसगङ्गाधर remarke that there is no necessity for resorting to Indication, as the primary sense is not altogether inapplicable, because the words निःशेष: etc. are equally applicable (to the primary and the suggested sense). After the primary meaning is understood, we see that the speaker, the person addressed and the hero have a specialty of their

* The उद्द्योत comments as follows:—

"...इतः मत्सकाशात् । वापीमिति । स्नानकालातिक्रमभयात् नदीमदीयप्रिययोरन्तिकमगत्वैवेत्यर्थः । तस्य परवेदनानभिज्ञस्य ।......अधमस्य कृतापराधस्य स्वशरणारक्षकस्य वा । स्नानोपपादकमाह निःशेषेति । यतस्तव स्तनयोः तटं प्रान्तदेशः निःशेषं यथा स्यात्तथा च्युतं स्खलितं चन्दनं यस्मात् तथा । न तु उरःस्थलं नापि संध्यादिरूपनिम्नोन्नतभागोऽपि । वाप्या गम्भीरजलाशयत्वात् पिच्छिलतीरत्वात् तद्गतबहुलयुवजनत्रपापारवश्यादंसद्वयलग्नाग्रस्वस्तिकीकृतभुजलतायुगलेन तटस्यैव उन्नततया परामर्शात् । अत एव च्युतं न च्यावितं क्षालितं वा व्यंग्यपक्षे तु तत्रैव मर्दनाधिक्यात् । संध्यादौ नायककरपरामर्शायोगाच्च । एवमुत्तानतया बहुलजलसम्बन्धात् रदनशोधनाङ्गुल्यादीनामधिकसंमर्दवहनाच्चाधर एव नितरां मृष्टरागः न तु ईषत् । न तु उत्तरौष्ठः । न्युब्जतया तत्सम्बन्धमान्द्यात् । त्वरया सम्यगक्षालनाच्च । व्यंग्यपक्षे तु तत्रैव चुम्बनविधेः, उत्तरोष्ठे तन्निषेधाच्च तत्रैव तत्कृतं (चुम्बनकृतं) तथात्वम् (निर्मृष्टरागत्वम्)। नेत्रे दूरं प्रान्तभागे एव अनञ्जने । स्नानकाले मुद्रणात् मध्ये जलसम्बन्धाभावात् । व्यंग्यपक्षे प्रान्ते एव (नेत्रप्रान्ते एव) चुम्बनविधेः, मध्ये तन्निषेधाच्च तत्रैवानञ्जनत्वम् । दूरमत्यर्थमिति तु अयुक्तमेव । इयं तव तनुः तन्वी कृशा स्नानोत्तरमभोजनात् । अत एव पुलकिता जनभयादङ्गजलादूरीकरणात् पुलको रोमोद्गमः । व्यंग्यपक्षे कार्श्यं सुरतश्रमात् पुलकश्च तत्रानुभूताद्भुतरसस्मरणात् । असम्पूर्णरतत्वाद्वा । स्नानसाधारण्यसम्पादनाय वापीमित्युक्तम् । न तु गृहं सर इति वा । p. 17 (Chan.).

own. The word अधम means primarily one who is mean. So the word at first denotes one who gives pain by doing some harm. Then ultimately by the power of suggestion, the word अधम yields the sense of 'one who causes pain by dallying with the maid.' "एवं साधारणेष्वेषु वाक्यार्थेषु मुख्यार्थेषु बाधाभावात्, तात्पर्यार्थस्य झटित्यनाकलनात्कुतोऽत्र लक्षणावकाशः । अनन्तरं च वाच्यार्थप्रतिपत्तेः वक्तृबोद्धव्य-नायकादीनां वैशिष्ट्यस्य प्रतीतौ सत्यामधमपदेन स्वप्रवृत्तिप्रयोजको दुःखदातृत्वरूपो धर्मः साधारणात्मा वाच्यार्थदशायामपराधान्तरनिमित्तकदुःखदातृत्वरूपेण स्थितो व्यञ्ज-नाव्यापारेण दूतीसम्भोगनिमित्तकदुःखदातृत्वाकारेण पर्यवस्यतीत्यालङ्कारिकसिद्धान्त-निष्कर्षः ।' p. 16 of रसगं०. This is the reason why the word अधम is the most prominent in the verse, as suggested by Mammaṭa's specific mention in the words 'अधमपदेन व्यज्यते.' As for चन्दनच्यवन etc, the other circumstances mentioned in the verse, which are marks of bathing, they suggest dalliance only when we reflect that they are also the effects of embraces, kisses etc. which are subsidiary to dalliance i. e. they first suggest the idea of embraces etc. and through these and along with these, they suggest dalliance. Therefore, the words निःशेषच्युत etc. are subordinate in conveying the व्यङ्ग्य sense and the word अधम is prominent. Another reason for rejecting *lakṣaṇā* and regarding the word अधम as *pradhāna* in bringing out the suggested sense may be suggested. Even supposing for the sake of argument that there is विपरीतलक्षणा as said by our author, the word अधम will then mean 'noble' and as such will obstruct the व्यंग्य which, as admitted by all, is dallying with the दूती. Hence the presence of the word अधम in the verse precludes विपरीतलक्षणा and it is thus the most prominent word to suggest the sense intended, the remainig words being equally applicable either way. 'विदग्धाया गूढतात्पर्यया अनया वाचोयुक्त्या स्नानसाधारण्येनैतेषु अर्थेषु वक्तृबोधव्यादिवैशिष्ट्यबलात् दुःखप्रयोजककर्मशीलत्वरू-पाधमपदार्थघटककर्मपदार्थो वाच्यतादशायां कर्मान्तरसाधारण्येन अवस्थितोऽपि व्यञ्ज-नया दूतीसम्भोगरूपतादृशकर्माकारेण पर्यवस्यतीति । इदमेव अधमपदस्य अधमपदेनेति उक्तिध्वनितं प्राधान्यम् । झटिति इतरानपेक्षतया व्यंग्यबोधकत्वाच्च । चन्दनच्यवना-दीनां तु स्नानकार्यतया निबद्धानां योग्यतया सम्भोगाङ्गभूताश्लेषचुम्बनादिकार्यत्वस्यापि प्रतिसन्धाने सति तद्व्यञ्जनद्वारा तत्साहित्येनैव सम्भोगगमकत्वमिति विशेषः ।' उद्द्योत p. 18 (*vide* the lucid and interesting remarks of R. G. pp. 12–16.)

(P. 15, ll. 1–6) अन्यसंनिधि......प्रयोजकम्. उअ......सङ्खसुत्ति व्व = (संस्कृतम्) पश्य निश्चलनिष्पन्दा बिसिनीपत्रे राजते बलाका । निर्मलमरकतभाजन-परिस्थिता शङ्खशुक्तिरिव ॥. This is the fourth verse of the गाथासप्तशती of हाल alias सातवाहन, who is referred to even by Bāṇa, अविनाशीनमग्राम्यमकरोत् सातवाहनः । विशुद्धजातिभिः कोशं रत्नैरिव सुभाषितैः ॥'

हर्ष० Intro. 13 (verse). 'See, that crane stands unmoved and undisturbed on the leaf of the lotus, like a conch-shell placed upon a tray of pure emerald.' 'उअ इत्यव्ययं पश्येत्यर्थे । काचिदुपनायकं प्रति वदति । बिसिनी कमलिनी तस्याः पत्रे बलाका प्रसिद्धः पक्षिविशेषः । शोभते त्वं पश्येति वाक्यार्थस्य कर्मत्वेनान्वयः । समीहितसूचनाय विशिनष्टि—निश्चलेत्यादि । निश्चला चासौ निष्पन्दा चेति कर्मधारयः । चलनं शरीरक्रिया स्थानान्तरप्रापिका । स्पन्दस्त्ववयवक्रिया तदप्रापिका । 'स्पदि किंचिच्चलने' इति धात्वनुसारात् । निर्मले स्वच्छे मरकतस्य नीलमणेर्भाजने स्थिता शङ्खस्य शुक्तिः शङ्खघटितं शुक्तिसदृशं चन्दनादिनिधानपात्रम् । न तु मुक्ताशुक्तिः । तस्या बलाकावर्णसदृशवर्णत्वाभावात् । शङ्खशुक्तिपदस्य तत्रासामर्थ्याच्च । एवं चाचेतनोपमया आत्यन्तिकक्षोभाभावः सूच्यते ।' उ० चं० p. 23. This verse is addressed by a damsel to her paramour. निश्चलनिष्पन्दा may be taken as one word or as two words. In the first case, निश्चल would mean 'not moving to another place' and निष्पन्द 'not moving any part of its body'; in the latter, निश्चल would be addressed to the paramour and would mean 'lazy, not quick to seize the opportunity' (जनशङ्कया विहारव्यापारनिरुद्योग । उद्द्योत). अत्र बलाकाया...प्रत्युच्यते Here by the motionlessness of the crane, its security is suggested and from the security, the fact that the spot is devoid of people; hence it is said (suggestively of course) by some woman to a paramour who is *by her side* that 'this (where the crane stands fearing no intrusion) is the place for a rendezvous.' Here the word निष्पन्द suggests the sense of security (विश्वस्तत्व). This suggested sense suggests another sense, *viz*, that the place is a lonely and unfrequented one and hence that it is a nice place for their meeting. So here one व्यङ्ग्यार्थ gives rise to another. Therefore this is an example of आर्थी व्यञ्जना. The last व्यंग्यार्थ *i. e.* सङ्केतस्थानमेतद्, is due to the specialty of the fact of the paramour being near the speaker, *i. e.* because the paramour is near, the fact that the place is solitary suggests the further idea that it is a proper place for their meeting. Thus this is an example of अन्यसंनिधिवैशिष्ट्य. अत्रैव.........प्रयोजकम्— In these words the author seems to give us an example of आर्थी व्यञ्जना due to the वैशिष्ट्य of वाच्य. 'He exemplified the वैशिष्ट्य of वक्तृ, प्रस्ताव, देश, काल and वाक्य in कालो मधुः'; that for बोद्धव्य and अन्यसंनिधि in निःशेष etc' and 'उअ etc.' respectively. Further on he will speak of the वैशिष्ट्य of काकु and चेष्टा. So out of the ten specialties mentioned above, वाच्यवैशिष्ट्य alone remains to be dealt with. We interpret this line as follows:—In this very example 'उअ णिच्चल etc.' the specialty of the suggested sense, viz. the loneliness of the spot, is what leads to (the apprehension of a further suggested sense). Here we must put a wide interpretation upon the word वाच्य so as to take it to mean 'वाच्य, लक्ष्य, or व्यंग्य अर्थ'. So according to this interpretation, the verse is an example of वाच्यवैशिष्ट्य as well as अन्यसन्निधिवैशिष्ट्य. Pramadādāsa does not understand the passage as an example of वाच्य, as we do. The व्यंग्य sense in the verse 'उअ णिच्चल' etc. is brought out in two ways by Mammaṭa. One sense favouring सम्भोगशृङ्गार and the other विप्रलम्भशृङ्गार. The first is the same as that brought out by our author. The second is 'अथवा मिथ्या वदसि न त्वमत्रागतो भूरिति व्यज्यते' which is explained by प्रदीप as 'निष्पन्दत्वेन आश्वस्तत्वम्, तेन जनागमनाभावः, अतो न त्वमत्रागत इति मिथ्या वदसीति कयाचित् दत्तसङ्केता त्वं नागता अहं त्वागत इति वादिनं प्रति व्यज्यते ।'. This means:—Some woman made an appointment with her paramour to meet him at a certain place. He rebuked her for not coming as appointed, while he himself came. Thereupon, the woman recites the verse and suggests by the use of the word निष्पन्द, that the crane is securely standing and further none must have come there to disturb it and hence that the paramour tells a lie in saying that he came there. गङ्गाधरभट्ट in his comment upon this verse in the गाथासप्तशती gives another meaning altogether.

(P. 15, ll. 7–11) भिन्नकण्ठ......काका व्यज्यते. भिन्नकण्ठ...... अभिधीयते । This is quoted in जयरथ's अलङ्कारसर्वस्वविमर्शिनी p. 175, the first half being 'वाक्याभिधे (धी?) यमानेऽर्थे येनान्यः प्रतिपद्यते ।'. This is a definition of काकु, which we have explained above. This definition means 'that is called by the word काकु, emphasis or modulation of voice, which is an alteration of the sound in the throat.'

आकरेभ्यो ज्ञातव्याः—The varieties of काकु should be known from original works. The word आकर is used for the works on any Śāstra, in which the topics peculiar to a शास्त्र are authoritatively and completely dealt with; e. g. the तत्त्वबोधिनी (commentary on the सिद्धान्तकौमुदी) applies the word आकर to the महाभाष्य of पतञ्जलि "अत्राहुः—संज्ञाजातिक्रियाशब्दान् हित्वाऽन्ये गुणवाचिनः । चतुष्टयी शब्दानां प्रवृत्तिरित्याकरग्रन्थनिष्कर्षादेव निर्णय इति" p. 119 on वोतो गुणवचनात् । पा० IV. 1. 44; similarly नागेशभट्ट in his वैयाकरणसिद्धान्तमञ्जूषा says 'अत एव निपातानां द्योतकत्वमाकरेषु उक्तम्.' काकु is divided into two varieties साकांक्षा and निराकांक्षा in भरत's नाट्यशास्त्र 19th अ० p. 222 (of Chowkhamba ed.). See also the काव्यानुशासन of हेमचन्द्र pp. 234–239. 'गुरुपर......समयेऽसौ'—Being dependent on his elders, alas, he is about to depart to a far-off land. In the spring time, deliciously charming on account of its swarms of bees and its cuckoos, he *won't* come back, my friend.' Here she says 'he won't come back', but by a change of voice when uttering नैष्यति it is suggested that he *will* surely come back. So this is an example of आर्थी व्यञ्जना due to काकु. Mammaṭa cites this verse as an example of काकुवक्रोक्ति (K. P. under IX. 1). There we have to understand that the heroine said that 'he won't come' and that her friend interprets it as 'would he not come ?' Vide प्रदीप 'अत्र नैष्यतीति नायिकया निषेधाभिप्रायेणोक्तं सख्या तु नैष्यति अपि तु एष्यति एवेत्यर्थकतया काका योज्यते.' In the verse as interpreted by विश्वनाथ in the text, the heroine utters the verse with the apparent meaning that he won't come, but by a change of voice she *suggests herself* the idea that he would *surely* come.

(P. 15, ll. 12-15) चेष्टावैशिष्ट्ये......द्योत्यते. सङ्केतकालमनसं......... निमीलितम्. This verse is quoted in the ध्वन्यालोक (p. 103). It is cited by Mammaṭa (and by our author also) as an example of सूक्ष्मालङ्कार. विटं जारम्। सङ्केतकाले मनो यस्य। तं जिज्ञासुमित्यर्थः। अत एव हसद्भ्यां नेत्राभ्यां अर्पितं सूचितं आकूतं रहस्यं येन तादृशं (विटं) ज्ञात्वा विदग्धया नायिकया लीलासम्बन्धि पद्मं निमीलितमित्यन्वयः। उ० चं० p. 440. द्योत्यते—विटं प्रतीत्यर्थः. We may also construe हसन्नेत्रार्पिताकूतं as an adverb or as an adjective qualifying लीलापद्मम्. Perceiving that her lover was anxious to know the time of their secret meeting, the quick-witted damsel closed the lotus with which she was playing in such a manner as to convey her import by her laughing eyes. In case we take it as an adverb, dissolve हसता नेत्रेण अर्पितं (स्थापितं) आकूतं (भावो) यथा स्यात्तथा. अत्र संध्या......द्योत्यते—Here by the gesture of closing the lotus, it is suggested by a certain woman that the twilight is the time of meeting. The petals of lotuses close in the evening. So by the gesture (चेष्टा) of closing the lotus, she suggests the time. Here the व्यंग्य sense viz, the time of twilight, is due to the वैशिष्ट्य of चेष्टा. एवं......बोद्धव्यम्—व्यस्त taken separately, समस्त taken in combination.

(P. 15, l. 17) त्रैविध्यादियं......त्रिविधा मता. As meanings are three-fold, the power of suggestion is held to be, in respect of each of the above-mentioned varieties (in वक्तृबोद्धव्य etc.), three-fold,

(P 15, ll. 18-21) अर्थानां.........प्रपञ्चयिष्यते. Meanings are three-fold, *viz.* वाच्य, लक्ष्य and व्यंग्य. अनन्तरोक्ताः mentioned just above. An example of the power of suggestion belonging to an expressed sense is 'कालो मधुः,' where all the words are to be understood literally and then give rise to the suggested sense. An example of suggestion belonging to an indicated meaning is 'निःशेषच्युत etc.', where the words *indicate* the reverse of what is said and suggestion originates in this indicated meaning; and 3rdly, an example of suggestion belonging to a suggested meaning is 'उअ णिच्चल etc.', where the suggestion of its being a fit place for meeting arises from the suggested sense of its being a lonely place. प्रकृति etc.—But suggestiveness belonging to the radical part of a word, to an affix etc. will be treated of at length. The author deals with this topic in the 4th परिच्छेद verse 11 pp. 231 ff. (Nir. 1922), 'पदांशवर्णरचनाप्रबन्धेष्वस्फुटक्रमः। असंलक्ष्यक्रमव्यंग्यो ध्वनिस्तत्र पदांशप्रकृतिप्रत्ययोपसर्गनिपातादिभेदादनेकविधः।'. An example is the verse 'न्यक्कारो' etc. where the plurals अरयः and भुजैः, the तद्धित affix in ग्रामटिका etc. suggest other senses.

(P. 15, ll. 22-25) शब्दबोध्यो व्यनक्त्यर्थः......अङ्गीकर्तव्या. शब्दबोध्यो... सहकारिता. The meaning understood from a word suggests, so also does a word applied in another sense suggest. When the one suggests, the other is its co-adjutor. The author here answers an objection that may be raised against his division of व्यञ्जना into शाब्दी and आर्थी. When you say that व्यञ्जना is आर्थी, do you mean that in that case शब्द is of no account? Similarly, when you say that व्यञ्जना is शाब्दी, do you mean that अर्थ is of no account? Our author replies that this is by no means the case. Word and sense are inseparably related together. When we say that the व्यञ्जना is आर्थी, we do not mean that it has nothing to do with शब्द. What we mean is that it is there primarily concerned with अर्थ, and in a subordinate manner with शब्द. यतः शब्दो...शब्दम्—'Because a word, when it suggests, has an eye to another meaning (without which it would fail of suggesting) and so too a meaning when it suggests has an eye to the word, without which the meaning would vanish'; e. g. in the example of शाब्दी (अभिधामूल) व्यञ्जना, the word उमावल्लभः suggests Śiva only when it denotes another meaning, viz. the husband of Umā. So here also, sense is required (सहकारितया) as a helper. तद्=तस्मात्. एकस्य व्यञ्जकत्वे—When one suggests, the co-operation of the other must needs be admitted. The name शाब्दी or आर्थी is employed, as said above, because we look only to what plays the prominent part in the व्यञ्जना. The idea is यत्र यच्छक्तिरुत्कटा तत्र तन्मूलो व्यञ्जकत्वव्यपदेशः.

(P. 15, 26-27) अभिधादि......व्यञ्जकस्तथा. A word also is held (like the meaning) to be three-fold on account of its being distinguished by the three distinguishing elements, viz. primary power etc. A word is expressive, indicative or suggestive. Compare the words of Mammata 'स्याद्वाचको लाक्षणिकः शब्दोऽत्र व्यञ्जकस्त्रिधा । वाच्यादयस्तदर्थाः स्युः' K. P. II.

(P. 16, ll. 2-6) तात्पर्याख्यां वृत्ति......मतम्. तात्पर्याख्यां......परे. Construe:—परे पदार्थान्वयबोधने तात्पर्याख्यां वृत्तिं तदर्थं तात्पर्यार्थं तद्बोधकं च वाक्यमाहुः—'Others say that there is a function called Purport (तात्पर्य) which function consists in making one apprehend the connection among the meanings of the words; the sense from the Purport being the 'Drift' and the sentence as a whole being what conveys that drift by the said function? अभिधाया...... तात्पर्यं नाम वृत्तिः—As the power of Denotation ceases after conveying the meanings of the several words, there is a function called Purport which leads us to apprehend the connection among the meanings of the words in the form of the sense of the whole sentence. तदर्थश्च तात्पर्यार्थः—The sense arising from the function called तात्पर्य is the Drift. तद्बोधकं च वाक्यम्—The sentence as a whole conveys the तात्पर्यार्थ through the power called तात्पर्य. This is the opinion of the अभिहितान्वयवादिन्s. What is meant is this:—There is a fourth function called तात्पर्य, in addition to the three treated of, viz., अभिधा, लक्षणा and व्यञ्जना. This function consists in conveying the connected meaning of several words and is not like अभिधा, लक्षणा and व्यञ्जना which convey the meaning of a particular word. As the meaning conveyed by लक्षणा is called लक्ष्य, that conveyed by व्यञ्जना is called व्यंग्य, so the meaning conveyed by this वृत्ति (तात्पर्य) is called तात्पर्यार्थ. It is generally the word that conveys the अभिधेय or लक्ष्य meaning; the तात्पर्यार्थ is conveyed not by a word, but by the whole sentence. This view is held by that school of the पूर्वमीमांसा, which is called अभिहितान्वयवादिन्. The opposing school is designated अन्विताभिधानवादिन्. अभिहितान्वयवादिनः—What they say is this:—Words have a general meaning. The logical connection of words is not known from the words, but by the function called तात्पर्य based upon आकाङ्क्षा, योग्यता and संनिधि. The तात्पर्यार्थ that arises is distinct from the meanings denoted by the words. In the example गामानय, गो means, 'सास्नादिमान्पदार्थः' generally, the affix अम् show कर्मत्व generally, नी shows motion generally. The simple word गो by itself does not express the गो meant in the sentence, viz. the आश्रय of the कर्मत्व denoted by अम्. The connection between the पदार्थs is known from आकांक्षा, योग्यता and संनिधि and when the connection is known, a special sense arises, which is called तात्पर्यार्थ or वाक्यार्थ. The views of these मीमांसकs are expressed as follows by भट्टकुमारिल (from whom the अभिहितान्वयवादिन्s are called भाट्टs) in his श्लोकवार्तिक 'साक्षाद्यद्यपि कुर्वन्ति पदार्थप्रतिपादनम्। वर्णास्तथापि नैतस्मिन् पर्यवस्यन्ति निष्फले॥ वाक्यार्थमितये तेषां प्रवृत्तौ नान्तरीयकम्। पाके ज्वालेव काष्ठानां पदार्थप्रतिपादनम्॥' verses 342–343, p. 943. Mammaṭa explains their views as follows:—'आकांक्षायोग्यतासंनिधिवशाद्वक्ष्यमाणस्वरूपाणां पदार्थानां समन्वये तात्पर्यार्थो विशेषवपुरपदार्थोऽपि वाक्यार्थः समुल्लसतीत्यभिहितान्वयवादिनां मतम्' K. P. II. Ul. pp. 25–26 (Chān). पार्थसारथिमिश्र in his न्यायरत्नमाला supports अभिहितान्वयवाद by quoting the authority of जैमिनि and शबर. "अभिहितान्वय एव ज्यायान्। तथा च सूत्रकारः (पू. मी. सू. I. 1. 25) 'अर्थस्य तन्निमित्तत्वात्' इति व्यक्तमेव पदार्थनिमित्तकत्वं वाक्यार्थस्य दर्शयति। भाष्यकारोऽपि हि 'अमूनि पदानि स्वं स्वमर्थमभिधाय निवृत्तव्यापाराणि, अथेदानीं पदार्था अभिहिताः सन्तो वाक्यार्थमवबोधयन्ति' इत्याह।" p. 97. The words अमूनि पदानि etc. occur in शबर's भाष्य on जै. I. 1. 25 p. 96 (आनन्दाश्रम ed). The reason why they are called अभिहितान्वयवादिन्s is—'अभिहितानां पदार्थानां अर्थाभिधायिनां वा पदानामन्वयः इति ये वदन्ति ते अभिहितान्वयवादिनः.'

अन्विताभिधानवादिनः—These writers say—Words do not express their meanings generally, but connectedly as parts of a sentence. In ordinary life, we first understand meanings from sentences. When a child hears a man say to his servant 'गामानय,' he sees the servant move a सास्नादिमत्पदार्थ from one place to another and infers that the servant understood from the sentence the bringing of a सास्नादिमत्पदार्थ. He then hears 'अश्वमानय' where the word आनय is the same as before. He then knows the meanings of the words गो and अश्व generally, but as connected with some such act as bringing. Hence we see that it is a sentence alone that sets a man in motion or dissuades him. The सङ्केत is made in respect of a word not as denoting a general meaning, but rather as connected with other meanings. Hence words have a power to denote things, but as having a connection with some other things. Hence we need not postulate the special existence of a वृत्ति called तात्पर्य, from which we are to understand the meaning of a sentence. No वृत्ति is necessary to logically connect the meanings of words, as said by the अभिहितान्वयवादिन्s, but the several meanings themselves connectedly denoted by the words constitute the meaning of the sentence. Their views are clearly set forth by Mammaṭa in the 5th Ul. pp. 265–268 (Vā). देवदत्त 'गामानय' इत्युत्तमवृद्धवाक्यप्रयोगाद्देशान्तरं सास्नादिमन्तमर्थं मध्यमवृद्धे नयति सति 'अनेनास्माद्वाक्यादेवंविधोऽर्थः प्रतिपन्नः' इति तच्चेष्टयानुमाय तयोरखण्डवाक्यार्थयोः अर्थापत्त्या

वाच्यवाचकभावलक्षणं सम्बन्धमवधार्य बालस्तत्र व्युत्पद्यते । परतः 'चैत्र गामानय, देवदत्त अश्वमानय, देवदत्त गां नय,' इत्यादिवाक्यप्रयोगे तस्य शब्दस्य तं तमर्थमवधारयतीति अन्वयव्यतिरेकाभ्यां प्रवृत्तिनिवृत्तिकारि वाक्यमेव प्रयोगयोग्यमिति वाक्यस्थितानामेव पदानामन्वितैः पदार्थैरन्वितानामेव सङ्केतो गृह्यते इति विशिष्टा एव पदार्था वाक्यार्थः न तु पदार्थानां वैशिष्ट्यम् । यद्यपि वाक्यान्तरप्रयुज्यमानान्यपि प्रत्यभिज्ञाप्रत्ययेन तान्येवैतानि पदानि निश्चीयन्ते इति पदार्थान्तरमात्रेणान्वितः पदार्थः सङ्केतगोचरः, तथापि सामान्यावच्छादितो विशेषरूप एवासौ प्रतिपद्यते व्यतिषक्तानां पदार्थानां तथाभूतत्वादिति अन्विताभिधानवादिनः". The reason why they are called अन्विताभिधानवादिनः is—अन्वितानामेव पदार्थानामभिधानं शब्दैः प्रतिपादनं इति ये वदन्ति ते अन्विताभिधानवादिनः ।; see भाट्टचिन्तामणि p. 172. The अभिधावृत्तिमातृका (on कारिकाs 7-8) clearly explains the two views 'इह केषांचिदन्वयव्यतिरेकावसेयसामान्यभूतस्वार्थमात्रविश्रान्तेषु पदेषु पदार्थाकांक्षासंनिधियोग्यतामहिम्ना वाक्यार्थस्यानभिधेयभूतस्य हर्षशोकादिवदवसेयत्वमेव । यदा हि ब्राह्मण पुत्रस्ते जातः, ब्राह्मण कन्या ते गर्भिणीति यथाक्रमं पुत्रजन्मकन्यागर्भिणीत्वनिमित्तौ हर्षशोकौ स्वशब्देनानभिहितावपि शब्दाभिधेयभूतवस्तुसामर्थ्यादाक्षिप्येते । एवं वाक्यार्थस्यानभिधेयभूतस्यैव पदार्थाक्षेप्यत्वं द्रष्टव्यम् । एषां चैवंवादिनां **मतेनार्थानामभिहितानामुत्तरकालं परस्परान्वयादभिहितान्वयः ।** अपरे त्वाहुः- वृद्धव्यवहाराच्छब्दार्थसम्बन्धावसायः । स च वृद्धव्यवहारः प्रवृत्तिनिवृत्तिरूपः । प्रवृत्तिनिवृत्ती च विशिष्टार्थनिष्ठे । अतो विशिष्ट एवार्थे पदानां सम्बन्धावधृतिः । ततश्च विशिष्टा एव पदार्था न तु पदार्थानां वैशिष्ट्यम् । एवं च **परस्परान्वितानां वाक्यार्थरूपतापन्नानां तत्तत्सामान्यावच्छादितत्वेन गृहीतस्ववाचकसम्बन्धानां पदैः प्रत्यायनादन्विताभिधानमिति ।**' p. 15.

PARICHCHHEDA X

(P. 17, ll. 3-4) अथ......उपमामाह· अथ = शब्दालङ्कारनिरूपणानन्तरम्. अवसरप्राप्तेषु अर्थालङ्कारेषु.—The occasion for treating the figures of sense having arrived. प्राधान्यात्...लक्षितव्येषु—those that are based upon similitude should be defined first, as being the principal ones. Alaṅkāras are often classified as those based upon सादृश्य, विरोध, लोकन्याय etc. We shall speak of these classifications later on. तेषामप्युपजीव्यत्वेन—he speaks of simile first, which is at the root of even those (सादृश्यमूल अलङ्कारs). Compare the words of राजशेखर as quoted in अलं० शे० p. 32 'अलङ्कारशिरोरत्नं सर्वस्वं काव्यसम्पदाम्। उपमा कविवंशस्य मातैवेति मतिर्मम ॥'; अलं. स. p. 26 'उपमैवानेकप्रकारवैचित्र्येणानेकालङ्कारबीजभूतेति प्रथमं निर्दिष्टा।'; तरल p. 195 'मुखमेव चन्द्रः मुखचन्द्रः; मुखं चन्द्रश्च शोभते, मुखं वा चन्द्रो वा, न मुखं किं तु चन्द्र इत्यादिसादृश्यविच्छित्तिविशेषे रूपकदीपकाद्यनेकालङ्कारबीजतयोपमायाः प्रथमं निरूपणमित्यर्थः।'.

(P. 17, ll. 5-7) साम्यं वाच्यं......इत्यस्या भेदः· साम्यं...—द्वयोः—* construe वाक्यैक्ये (सति) द्वयोः (वस्तुनोः) वाच्यं अवैधर्म्यं साम्यं उपमा—Simile is the resemblance between two things expressed in a single sentence and unaccompanied with the statement of difference. रूपकादिषु......इत्यस्या भेदः:—The author now proceeds to explain the propriety of each of the words used in the definition. The word वाच्य serves to distinguish उपमा from रूपक (metaphor). An example of metaphor is मुखं चन्द्रः (the face itself is the moon); while an example of simile is मुखं चन्द्र इव (the face is like the moon). In metaphor, when we reflect upon the fact that the face cannot be identified with the moon unless there be some points in which the one is like the other, the similarity of the two objects is suggested; while in simile (the face is like the moon) the similarity is directly expressed (by the word इव in the example). व्यतिरेके च—In व्यतिरेक (Contrast), points of difference also (between two objects) are expressly mentioned. In व्यतिरेक, the उपमेय (the object of comparison) is said to be superior to the उपमान (standard of comparison), which superiority may be due to the excellence of the Upameya, or to the inferiority of the Upamāna. So in व्यतिरेक there is not only resemblance between

* The figure 14 is put after this line in the text, because there are 13 kārikās in the 10th Pari. dealing with शब्दालङ्कारs which have been omitted but are given in Appendix.

two things, but it is also pointed out that one thing excels another in a certain point (वैधर्म्यस्य उक्तिः); while in similes resemblance alone is referred to and hence अवैधर्म्यम् serves to exclude व्यतिरेक. An example of व्यतिरेक is 'अकलङ्कं मुखं तस्या न कलङ्कि विधुर्यथा'. उपमेयोपमायां वाक्यद्वयम्—In उपमेयोपमा, the उपमान is compared with the उपमेय and the उपमेय is compared with the Upamāna *i. e.* what was Upameya becomes the Upamāna and what was Upamāna becomes the Upameya. An example of उपमेयोपमा is 'कमलेव मतिर्मतिरिव कमला' (the intellect is like wealth and wealth is like the intellect). But the above example contains two sentences. Therefore, by the word वाक्यैक्ये, उपमेयोपमा, which has two sentences, is excluded. अनन्वये तु...भेदः. In अनन्वय ('self-comparison') the same thing is compared to itself, the purpose being to show that no second thing resembling it is known to exist. An example is 'रामरावणयोर्युद्धं रामरावणयोरिव'. In Upamā *two* things are compared and therefore the word द्वयोः serves to exclude the figure अनन्वय, in which there is साम्य, but not between two things that are distinct. Some other definitions of Upamā are given below:—'अथात उपमा यदतत्तत्सदृशमिति गार्ग्यस्तदासां कर्म' etc. निरुक्त III. 13; यत्किञ्चित्काव्यबन्धेषु सादृश्येनोपमीयते । उपमा नाम विज्ञेया गुणाकृतिसमाश्रया ॥ भरतनाट्य° 17. 44; विरुद्धेनोपमानेन देशकालक्रियादिभिः । उपमेयस्य यत्साम्यं गुणलेशेन सोपमा ॥ भामह II. 30; यच्चेतोहारि साधर्म्यमुपमानोपमेययोः । मिथो विभिन्नकालादि शब्दयोरुपमा तु तत् ॥ उद्भट I. 34; उपमा यत्र सादृश्यलक्ष्मीरुल्लसति द्वयोः ॥ चन्द्रालोक V. 3.

(P. 17, ll. 8-11) सा पूर्णा...उपमानं चन्द्रादि. Construe सा (उपमा) पूर्णा (भवति) यदि सामान्यधर्मः औपम्यवाचि (पदम्) उपमेयं उपमानं च वाच्यं भवेत्—The simile is fully expressed, when the common property, the word implying comparison, the object of comparison and the standard of comparison are are all expressed. The author now comes to the divisions of Upamā. Simile is divided into पूर्णा and लुप्ता. There is a fully expressed simile when all the four elements of comparison are expressed. In the example 'मुखं कमलमिव सुन्दरम्' the word मुख is the उपमेय, कमल is the Upamāna, इव is the औपम्यवाची शब्द and सुन्दरं the common property. When all these four are expressed, there is a fully expressed simile; if any one or more of them be unexpressed, there is elliptical उपमा. साधारणधर्मो......मनोज्ञत्वादि—The common property *i. e.* the quality or action which causes the similarity of two objects is such as loveliness etc (in the example चन्द्र इव मनोज्ञं मुखम्).

(P. 17, ll. 12-21). इयं पुनः......वतेरुपादाने. इयं=पूर्णा. पूर्णा is divided into two varieties श्रौती and आर्थी. That (पूर्णा) again is Direct (श्रौती) in which the notion of comparison is conveyed by particles, such as यथा, इव, वा, or by the affix वत् when it is equivalent to इव; it is Indirect when the notion of comparison is conveyed by attributive words such as तुल्य, समान etc. or by the affix वत् when employed in the sense of तुल्य (equal). The author tells us that the उपमा is श्रौती, when the words यथा, इव, वा, etc. are employed to express the comparison and that it is आर्थी when words like तुल्य are employed. A question arises:—what is the difference between the words यथा etc. and तुल्य etc. The difference between the two classes of words is as follows:—The words इव, यथा, वा, etc. primarily express साम्य i. e. relation of two things based upon their possessing a common property 'व वा यथा तथैवैवं साम्ये'। अमर III. 4. 9, 'यथेवशब्दौ सादृश्यमाहतुर्व्यतिरेकिणोः ।' भामह II. 31. The words यथा etc. have a peculiar power whereby they denote, whenever they are used, that two things are related together as possessing a common property. In the example 'पद्ममिव मुखम्' by the very employment of the word इव, the two things पद्म and मुख are shown to be related together as उपमेय and उपमान on account of their possessing some property in common. The words तुल्य etc. on the other hand, are used in the sense of 'similar' (सदृश). In the example 'पद्मेन तुल्यं मुखम्', the word तुल्य expresses that मुख is an object similar to another. Here the word तुल्य does not convey the idea of सादृश्य directly; it only expresses that one thing has similarity in it. The word तुल्य does not tell us, by its very employment, that two things are related together by the possession of a common property. The idea of the possession of a common property comes in only when we consider that similarity cannot exist unless there be some property in common. Compare the words of Mallinātha in his तरल 'इवादीनामप्यर्थात्सदृशपर्यवसानं श्रुत्या तु सादृश्यगमकत्वमेवेति तत्प्रयोगे श्रौतीत्यर्थः । तुल्यादिशब्दानां तु श्रुत्या सदृशपरत्वमर्थात्तु सादृश्यपर्यवसानमिति तेषां प्रयोगे त्वार्थीत्याह ।' p. 198. यथेवादयः शब्दाः— वा has two senses 'उपमायां विकल्पे वा' अमर. III. 3. 249. उपमानानन्तर etc.—Although they are quite similar to words like तुल्य when employed after the उपमान. The particles इव, यथा etc. are used after the उपमान as in चन्द्र इव मुखम्. तुल्य etc. may be used with the उपमान or उपमेय or both. When तुल्य is used after the उपमान, it and इव would be quite similar (as in

पद्मं तुल्यं मुखेन). What difference is there between इव and तुल्य when so used? The author replies as follows:—श्रुतिमात्रेण...... बोधयन्ति—They (यथा etc.) convey the notion of the relation of similarity between the उपमान and उपमेय by the very word. तत्सद्भावे=यथेवादिसद्भावे. श्रौती उपमा—The उपमा is said to be direct because words like यथा, employed in it, directly (श्रुत्या) convey the notion of सादृश्य. Compare 'यथेवशब्दयोगेन सा श्रुत्यान्वयमर्हति।' उद्भट I. 35; 'श्रौतत्वं चोपमानोपमेययोः साधारणधर्मसम्बन्धरूपायास्तस्याः शब्दबोधविषयत्वम्। अर्थापत्तिगम्यत्वं चार्थत्वम्।' प्रदीप (p. 4 Chān). एवं... ...वतेरुपादाने—It is so (i. e. the उपमा is श्रौती) when the affix वत् is employed in the sense of इव; as laid down in the sūtra of पाणिनि 'तत्र तस्येव' V. I. 116, which means 'the affix वत् is applied to a standard of comparison in the locative or genitive case and takes the place of the case affix and of इव'; examples of this rule are 'मथुरावत् (मथुरायामिव) स्रुघ्ने प्राकारः' and 'चैत्रवन्मैत्रस्य गावः' (चैत्रस्येव). तुल्यादयस्तु...आर्थी—The (power of) words like तुल्य is exhausted in the उपमेय in such examples as 'the face is similar to the lotus', in the उपमान in such examples as 'The lotus is the equal of the face', and (the power is exhausted) in both in the example 'the lotus and the face are alike'; these words convey comparison only when we reflect upon the sense of these words, and so the Upamā is Indirect, when these words are employed. The idea is:—the expressive power of such words as तुल्य is exhausted in being attributive to the Upamāna when they qualify it etc. They have not the further power of expressing the notion of सादृश्य between two things based upon the possession of some common property. When we reflect upon the fact that one thing cannot be said to have similarity unless there be some common property, we understand that the two things are related by सादृश्यसम्बन्ध. Hence the उपमा is said to be आर्थी. एवं...वतेरुपादाने—so (the Upamā is Ārthī) in the case of the employment of वत् (in the sense of तेन तुल्य as laid down in Pāṇini's rule 'तेन तुल्यं क्रिया चेद्वतिः' V. 1. 115., which means 'the affix वत् is applied to a noun (which would otherwise be in the Instrumental) in the sense of तेन तुल्य, if the similarity consists in an action (and not गुण, quality), e. g. ब्राह्मणवदधीते (ब्राह्मणेन तुल्यमधीते). Here the similarity is in studying. Compare भामह 'वतिनाऽपि क्रियासाम्यं तद्वदेवाभिधीयते। द्विजातिवदधीतेऽसौ गुरुवच्चानुशास्ति नः॥'. But we cannot say 'चैत्रवत् कृशः'. because कृशत्व is a गुण; in this case we must say 'चैत्रेण तुल्यः कृशः'. Our author in this passage borrows the words of Mammaṭa almost verbatim. See K. P. X. "'तत्र तस्येव' इत्यनेन इवार्थे विहितस्य वतेरुपादाने । 'तेन तुल्यं मुखम्' इत्यादावुपमेये एव, 'तत्तुल्यमस्य' इत्यादौ चोपमाने एव, 'इदं च तच्च तुल्यम्' इत्युभयत्रापि तुल्यादिशब्दानां बिश्रान्तिरिति साम्यपर्यालोचनया तुल्यताप्रतीतिरिति साधर्म्यस्यार्थत्वात् तुल्यादिपदोपादाने आर्थी । तद्वत् 'तेन तुल्यं क्रिया चेद्वतिः' इत्यनेन विहितस्य वतेः स्थितौ ।"

(P. 17, l. 22–p. 18, l. 2) द्वे...षडेव तत्. द्वे etc. द्वे both (*i. e.* श्रौती and आर्थी) may be set forth by a nominal affix (तद्धित), by a compound and by a sentence. सौरभ etc—मुखस्य सौरभं अम्भोरुहवत् the fragrance of the mouth is like that of the lotus. पीन plump. तव वदनं हृदयं मदयति यथा शरदिन्दुः (मदयति) your face gladdens the heart as the autumnal moon. In this verse अम्भोरुहवत् is an example of तद्धितगा श्रौती पूर्णा. Affixes like वत्, कल्प etc. are तद्धितs. This is श्रौती because here वत् is used in the sense of इव in accordance with the sūtra 'तत्र तस्येव' (अम्भोरुहवत् =अम्भोरुहस्य इव). कुम्भौ इव is an example of समासगा श्रौती. Here the word इव is compounded with कुम्भौ in accordance with the Vārtika 'इवेन (नित्य) समासो विभक्त्यलोपः (पूर्वपदप्रकृतिस्वरत्वं) च' on Pāṇini II. 4. 71. The words in brackets are not found in the सिद्धान्तकौमुदी (with तत्त्वबोधिनी printed by the Nir. Press), but are found in K. P. In the महाभाष्य (vol. I. p. 417) on the sūtra कुगतिप्रादयः we have the words 'इवेन विभक्त्यलोपः पूर्वपदप्रकृतिस्वरत्वं च' (but not printed by Kielhorn as a Vārtika). The reading नित्यसमासः appears to be wrong, as this compound is optional and not नित्य (obligatory). The Vārtika means 'the word इव is compounded with a noun which does not, however, lose its case-termination' (as all nouns generally do in a compound)'. वदनं......शरदिन्दुर्यथा is an example of वाक्यगा श्रौती. मधुरः* सुधावदधरः...तस्याः—पेलव soft, or delicate. In this verse, सुधावत्, पल्लवतुल्यः, चकितमृगलोचनाभ्यां सदृशे are respectively the examples of तद्धितगा आर्थी, समासगा आर्थी and वाक्यगा आर्थी. पूर्णा षडेव तत्–Thus the fully expressed simile is six-fold. उपमा was first divided into पूर्णा and लुप्ता. Pūrṇā was divided into श्रौती and आर्थी and each of these two was divided into three varieties. So there are six varieties of पूर्णा.

(P. 18, ll. 4–5) लुप्ता......पूर्ववत्. Construe—सामान्यधर्मादेरेकस्य यदि वा द्वयोः त्रयाणां वा अनुपादाने लुप्ता, सा अपि (लुप्ता अपि) पूर्ववत् पूर्णावत् श्रौती आर्थी (च). It is Elliptical when one, two or three of the

---

* This example appears to violate the rule of Pāṇini contained in 'तेन तुल्यं क्रिया चेद्वतिः'

four (viz. सामान्यधर्म, औपम्यवाचिपद, उपमेय and उपमान) beginning with the common property are omitted. This also like the former is Direct or Indirect.

(P. 18, ll. 7-11). पूर्णावद्धर्म......अश्मवत्. पूर्णावत्......तद्धिते—सा (लुप्तोपमा) धर्मलोपे पूर्णावत् तद्धिते तु श्रौतीं विना. The धर्मलुप्ता has five varieties, viz. वाक्यगा and समासगा श्रौती, वाक्यगा, समासगा and तद्धितगा आर्थी. तद्धितगा श्रौती, when the common property is omitted, is impossible. The reason is as follows:—the तद्धितगा श्रौती उपमा is possible only when the तद्धित affix is used in the sense of इव. Such an affix is वत् only, when it is used according to the sūtra 'तत्र तस्येव'. When वत् is used it always requires the express mention of the ground of comparison, as in चैत्रवन्मैत्रस्य गावः or in मथुरावत् स्रुघ्ने प्राकारः, where गावः and प्राकारः are the ground of comparison. We cannot simply say चैत्रवन्मैत्रस्य; we must mention the common attribute if we are to have any complete sense out of the words. But here धर्म is said to be omitted and therefore श्रौती तद्धितगा (which occurs only when वत् is employed in the sense of इव) is impossible. मुखम्......अश्मवत्. Here इन्दुर्यथा and पल्लवेन समः are examples of वाक्यगा श्रौती and वाक्यगा आर्थी; सुधा इव, बिम्बतुल्यः and अश्मवत् are examples of समासे श्रौती, समासे आर्थी and तद्धिते आर्थी respectively. In none of these five varieties is the common property mentioned.

(P. 18, ll. 12-19) आधार......एवमन्यत्र. आधार......पुनः—This *i. e.* धर्मलुप्ता) is five-fold, being possible in the two sorts of the affix क्यच् respectively applied in the sense of position and object, in the case of the affix क्यङ्, and in the case of the gerundial affix णमुल् added in the sense of the agent or object. (1) The affix क्यच् is applied to a noun in the objective case, which is expressive of Upamāna, in the sense of 'behaviour' 'उपमानादाचारे' पा० III. 1. 10. 'उपमानात् कर्मणः सुबन्तात् आचारे अर्थे क्यच् स्यात् । पुत्रमिवाचरति पुत्रीयति छात्रम् ।' सि० कौ०. An example is पुत्रीयति. Here the affix क्यच् is applied to पुत्र which is an Upamāna in the objective case (पुत्रमिव), in the sense of आचार (पुत्रमिव आचरति व्यवहरति पुत्रीयति छात्रम् he behaves towards his pupil as towards his own son). (2) A Vārtika on the above sūtra says 'अधिकरणाच्चेति वक्तव्यम्' which means that 'the affix क्यच् is applied to an Upamāna in the locative, in the sense of आचार'; e. g. प्रासादीयति कुट्यां भिक्षुः the *bhikṣu* behaves in his hut as if he were in a palace (प्रासादे इव आचरति कुट्यां भिक्षुः). (3) 'कर्तुः क्यङ् सलोपश्च' पा० III. 1. 11. 'उपमानात्कर्तुः सुबन्तात् आचारे

क्यङ् वा स्यात्। सान्तस्य तु कर्तृवाचकस्य लोपो वा स्यात्।' सि० कौ०. The affix क्यङ् is applied to a noun in the nominative case and expresses the sense of 'behaving like' e. g. कृष्णायते (कृष्ण इव आचारति). Here कृष्ण is a noun in the nominative case and is an उपमान. The क्यङ् affix makes the denominative verb Atmanepadī. The णमुल् (अम्) affix forms gerunds from verbs when repetition of an action is to be implied, according to the sūtra 'आभीक्ष्ण्ये णमुल् च' पा० III. 4. 22, e. g. स्मारं स्मारम् having again and again remembered. (4 and 5) 'उपमाने कर्मणि च' III. 4. 45. चात् कर्तरि। घृतनिधायं निहितं जलम्। घृतमिव सुरक्षितम्। अजकनाशं नष्टः। अजक इव नष्ट इत्यर्थः। सि० कौ०. The affix अम् is applied to a root compounded with a noun in the accusative or nominative, which is an उपमान; e. g. in अजकनाशं नष्टः the affix अम् is applied to the root नश् and the gerund is compounded with noun अजक which is in the nominative case and is an उपमान. क्यच्......णम:— Kalāpamata is a grammar of the Sanskrit language, the author of which, शर्ववर्मा, is said to have received it from कार्तिकेय. शर्ववर्मा taught it to king Sātavāhana, who made his teacher king of Bharukachcha (Broach) out of gratitude. The Grammar is called कातन्त्र because it is small as compared with Pāṇini's and also कालापक from the कलाप (tuft of hair) of the peacock which is the vehicle of कार्तिकेय; see for the story बृहत्कथामञ्जरी I. 3 and कथासरित्सागर I. 6 and 7. प्रतिज्ञायेति तपसा विलोक्य वरदं गुहम्। स कातन्त्रेण नृपतिं मासैश्चक्रे बहुश्रुतम्॥ बृहत्कथा० I. 3. 48; अथासौ भगवान् साक्षात् षड्भिराननपङ्कजैः। सिद्धो वर्णसमाम्नाय इति सूत्रमुदीरयत्॥ तच्छ्रुत्वैव मनुष्यत्वसुलभाच्चापलाद्बत। उत्तरं सूत्रमभ्यूह्य स्वयमेव मयोदितम्॥ अथाब्रवीत् स देवो मां नावदिष्यः स्वयं यदि। अभविष्यदिदं शास्त्रं पाणिनीयोपमर्दकम्॥ अधुना स्वल्पतन्त्रत्वात् कातन्त्राख्यं भविष्यति। मद्वाहनकलापस्य नाम्ना कालापकं तथा॥ कथासरित्सागर I. 7. 10–13. Viśvanātha says that in the Kātantra Grammar यिन्, आयि and णम् stand for the क्यच्, क्यङ् and णमुल् of पाणिनि. क्यच्...णम:—कातन्त्र (B. I. ed.) 'उपमानादाचारे' III. 2. 7, 'उपमानान्नाम्नः आचारेऽभिधेये यिन् परो भवति। पुत्रीयति माणवकम्।' दुर्गसिंह; then for आयि see 'कर्तुरायिः सलोपश्च' III. 2. 8. and for णम् 'णम् चाभीक्ष्ण्ये सलोपश्च' IV. 6. 5. अन्तः पुरीयसि... क्षितीश—रणेषु अन्तःपुरीयसि (अन्तःपुरे इव आचरसि) is an example of आधारक्यच्. त्वं पौरं जनं सुतीयसि (सुतमिव आचरसि) is an example of कर्मक्यच्. श्रीः सदा रमणीयते' (रमणी इव आचरति) 'fortune behaves as a wife towards you'-is an example of क्यङ्. प्रियाभिः अमृतद्युतिदर्शं दृष्टः—looked upon by the beloved ladies as the moon (whose beams are nectar-like)-is an example of कर्मणमुल्, because अमृतद्युतिदर्शम् is equal to अमृतद्युतिमिव दृष्ट्वा.

In the case of certain roots कष् etc. the same verb, to which णमुल् is affixed, must be repeated after the gerund according to the sūtra 'कषादिषु यथाविध्यनुप्रयोगः' पा० III. 4. 46. 'यस्माण्णमुलुक्तः स एव धातुरनुप्रयोक्तव्यः' सि० कौ०. भुवि इन्द्रसञ्चारं सञ्चरसि—Thou walkest on the earth like Indra himself. This is an example of कर्तृणमुल् (*i. e.* where the णमुल् is affixed to a root which is compounded with a noun in the nominative case, (इन्द्र इव चरित्वा). Thus in one verse the five varieties of धर्मलुप्ता are exemplified. अत्र...लोपः—Here in the word अन्तःपुरीयसि, the common property, viz. the circumstance of being a place of pleasant sports is omitted and in the word सुतीयसि, the circumstance of being full of affection is omitted. एवमन्यत् similarly (the common property is omitted) in the remaining (three expressions).

(P. 18, l. 20) इह च...नास्ति—In these five varieties, *i. e.* those due to क्यच् etc., there is no necessity of discussing whether these ar श्रौती or आर्थी similes, because in them the words यथा, तुल्य etc. are absent.

(P. 18, ll. 20–21) इदं च......उदाहरन्ति—Some instance these (five based upon क्यच् etc.) as the case of the omission of इव etc. expressive of comparison. It is Mammaṭa who instances these as varieties of वादिलुप्ता. 'वादेर्लोपे समासे सा कर्माधारक्यचि क्यङि । कर्मकर्त्रोर्णमुलि' K. P. X. मम्मट says that in the कर्मक्यच्, or आधारक्यच्, क्यङ् and णमुल्, we have instances of वादिलुप्ता (omission of words conveying the simile) and not of धर्मलुप्ता.

तदयुक्तम्—This is improper क्यङादेरपि......प्रतिपादकत्वात्. तदर्थे—विहितत्वेन = इवाद्यर्थविहितत्वेन. Mammaṭa's view is not right, because क्यङ् etc. also, being added in the sense of इव etc. (as laid down in the sūtras of Pāṇini) convey comparison. Therefore क्यच् etc. cannot be examples of वाचकलुप्ता.

(P. 18, ll. 22-p. 19, l. 2) ननु......लुप्ता—Nor can you say that the affixes क्यङ् etc. do not well convey comparison, because being affixes they are not independently expressive and because such words as इव are not used in these cases. The words ननु......प्रयोगाभावाच्चेति raise an objection against Viśvanātha's position that क्यङ् etc. convey comparison as इव etc. do and that therefore क्यङ् etc. should not be regarded as cases of वाचकलुप्ता. The objection is based on two grounds; I क्यङ् is a termination and not a word like इव. Some say that a termination has no indepenent meaning. It has a meaning only when connected with a word. So, as क्यङ् by itself has no meaning, it cannot well convey औपम्य. II It is generally acknowledged that words like इव, वत् etc. are उपमाप्रतिपादक. क्यङ् etc. are not so recognised and therefore when क्यङ् etc. are used, the comparison is not so well conveyed as when इव etc. are used. For these two reasons क्यङ् etc. should be cited as cases of वादिलुप्ता (*i. e.* वाचकलुप्ता) and not of धर्मलुप्ता. S. D. replies in the words कल्पबादावपि तथा प्रसङ्गात् 'the same might be urged against कल्प etc.' (which are admitted by मम्मट as expressive of comparison in 'विषकल्पं मनो वेत्सि यदि जीवसि तत्सखे' which is an example of धर्मलुप्ता तद्धितगा आर्थी). What S. D. means is that कल्प is an affix just like क्यङ् and not an independent word like इव. Therefore, if you say that क्यङ् cannot well convey comparison, being an affix, then कल्प also being an affix cannot convey comparison. But you admit it to be expressive of comparison. So you are inconsistent. You must admit that क्यङ् is उपमाप्रतिपादक like कल्प. So क्यङ् etc. should not be cases of वाचकलुप्ता, but of धर्मलुप्ता. The affix कल्प is applied according to the *sūtra* 'ईषदसमाप्तौ कल्पब्-देश्य-देशीयरः' पा० V. 3. 67. The affixes कल्प, देश्य and देशीय are added in the sense of 'a little less than'; e. g. ईषदूनो विद्वान् विद्वत्कल्पः. न च......द्योतकत्वम्—'Nor can it be argued that कल्प etc. as being equivalent to इव etc. are *expressive* of comparison, while क्यङ् etc. are only *suggestive* of it.' Here the objector brings forward the idea that कल्प, though an affix, is used in the sense of इव and is therefore, like इव, साक्षात् औपम्यप्रतिपादक; while क्यङ् etc. are only suggestive of comparison. S. D. answers this objection by simply denying what the objector assumes as indisputable. Grammarians say that निपातs (like च etc.) are द्योतक and not वाचक. 'चादयो न प्रयुज्यन्ते पदत्वे सति केवलाः । प्रत्ययो वाचकत्वेपि केवलो न प्रयुज्यते ।' वाक्यपदीय II. 196, on which पुण्यराज says 'एते हि चादयः केवला न प्रयुज्यन्ते ततो वाचका न भवन्तीति बोद्धव्यम्'. इव is included in the चादिगण. Therefore S. D. says इवादी......निश्चयाभावात्—There is no certainty as to whether इव etc. are *expressive*. वाचकत्वे वा...... साम्यमेवेति. 'Granting that कल्प etc. are *expressive*, there can be no difference between the affixes of the वत् class and those of the क्यङ् class, according to either of the two opinions touching affixes, viz. (1) the inflected word in its integrity is expressive and (2) the base and the affix have each its own significance. S. D.'s idea is as follows:—He first threw doubt on the theory that इव etc. are वाचक. He concedes that कल्प (and therefore इव

etc. also) are वाचक. He says that, even conceding this, his position is not in the least affected. As कल्प is an affix (and not an independent word), so is क्यङ् also. So what holds good of कल्प must hold good of क्यङ् also. If कल्प is वाचक (of औपम्य), then so is क्यङ् also. There are two views as to the meaning of affixes. Some say that an affix by itself has no meaning. It is the inflected word alone that has a meaning. Affixes etc. are all of them the contrivances of Grammarians, who divide a word into two portions, प्रकृति (base) and प्रत्यय (affix), for the easy comprehension of language. P. L. M. 'तत्र प्रतिवाक्यं सङ्केतग्रहासम्भवाद् वाक्यान्वाख्यानस्य लघूपायेनाशक्यत्वाच्च कल्पनया पदानि प्रविभज्य पदे प्रकृतिप्रत्ययभागान् प्रविभज्य कल्पिताभ्यामन्वयव्यतिरेकाभ्यां तत्तदर्थविभागं शास्त्रमात्रविषयं परिकल्पयन्ति स्माचार्याः । तत्र शास्त्रप्रक्रियानिर्वाहको वर्णस्फोटः । प्रकृतिप्रत्ययास्तत्तदर्थवाचका एवेति तदर्थः । उपसर्गनिपातधात्वादिविभागोऽपि काल्पनिकः ।......एवं च स्थानिनां वाचकत्वमादेशानां वेति विचारो निष्फल एव कल्पितवाचकत्वस्योभयत्र सत्त्वात् । **मुख्यं वाचकत्वं तु कल्पनया बोधिते समुदायरूपे पदे वाक्ये वा ।** लोकानां तत एवार्थबोधात् । pp. 1–2. Note the words of the वाक्यपदीय I. 73 'पदे न वर्णा विद्यन्ते वर्णेष्ववयवा न च । वाक्यात्पदानामत्यन्तं प्रविवेको न कश्चन ॥'. This is the view of those (the वैयाकरणs) who are स्फोटवादिन्s. The second view is that the base and the affix have each its own independent meaning. The base expresses a meaning which is general; the affix denotes its own meaning and then by the combination of these two meanings, a distinct and limited meaning arises from the inflected word as a whole, which meaning is not expressed by anyone singly out of the two, प्रकृति and प्रत्यय; e. g. in the word पाचक, the root पच् simply denotes the action of boiling and the affix अक denotes an agent in general. These two meanings being combined, we get from पाचक the idea of 'cook', which is not singly expressed by any one of the two *i. e.* पच् and अक. See पूर्वमीमांसा II. 1. 1 and तन्त्रवार्तिक p. 380 (Ānan. ed.). This maxim occurs in the महाभाष्य on पा. III. 1. 67 (vol. II, p. 58 ed. by Kielhorn) and शबर on जै. III. 4. 13 refers to it in the words 'प्रकृतिप्रत्ययौ प्रत्ययार्थं सह ब्रूत इत्याचार्योपदेशात् कर्ता शब्दार्थः कर्म चेत्यवगम्यते ॥'. 'प्रत्ययार्थं सह ब्रूतः प्रकृतिप्रत्ययौ सदा । प्राधान्याद्भावना तेन भावनार्थोऽवधार्यते ॥'. तन्त्र०. Compare the following from the न्यायरत्नमाला of पार्थसारथिमिश्र "प्रत्ययेन स्वार्थोऽभिधीयमानः प्रथमावगतप्रकृत्यर्थानुरक्त एवावगम्यत इति तत्रान्वयव्यतिरेकाभ्यां प्रकृतेः प्रत्ययस्य च स्वे स्वेऽथ अनुरागांशे च प्रतिप्रत्ययसमभिव्याहारस्यैव पदार्थान्तरानुरागमिमित्तत्वं विविच्यते । ......यथा ग्रहणस्मरणात्मना प्रत्यभिज्ञाने ग्रहणांशस्येन्द्रियनिमित्तत्वं स्मरणांशस्य च संस्कारनिमित्तत्वम्......तथात्रापि अनुरागांशस्य प्रकृतिप्रत्ययसमभिव्याहारादेव प्रतीतिसिद्धेर्न प्रत्ययस्य तदभिधायकत्वं स तु स्वार्थमेवाभिधत्ते । आह च । 'प्रकृतिप्रत्ययौ ब्रूतः प्रत्ययार्थं सहेति यत् । भेदेनैवाभिधानेऽपि प्राधान्येन तदुच्यते ॥ पाकं हि पचिरेवाह कर्तारं प्रत्ययोऽप्यकः । पाकयुक्तः पुनः कर्ता वाच्यो नैकस्य कस्यचित् ॥'" p. 101

The above quotations shed much light upon the meaning of the maxim. We think it clearly established from the above that प्रत्यय means here also 'an affix'; the quotation cited by पार्थसारथि explains the reason of the maxim. On the question whether इव etc. are वाचक or द्योतक the R. G. has the following interesting note:—

'तत्रेवादीनां द्योतकत्वमेव न वाचकत्वम् । निपातत्वादुपसर्गवत् । द्योतकत्वं च स्वसमभिव्याहृतपदान्तरेण शक्त्या लक्षणया वा तादृशार्थबोधने तात्पर्यग्राहकत्वेनोपयोगित्वमिति वैयाकरणाः । उपसर्गाणां द्योतकत्वमावश्यकम् । अन्यथा उपास्यते गुरुः, अनुभूयते सुखमित्यादौ गुर्वादेर्लेन अभिधानं न स्यात् । धात्वर्थकर्मताविरहात् ॥ इवादीनां तु वाचकत्वम् । बाधकाभावात् । प्रागुक्तहेतुस्त्वप्रयोजकत्वान्न साधकः । अन्यथा अव्ययत्वादिति हेतुना अव्ययमात्रस्यैव द्योतकतापत्तिरिति नैयायिकाः ।' p. 191.

Whichever of the above two views about affixes we may hold, वत्, कल्प etc. and क्यङ् etc. are similar. If कल्प is औपम्यवाचक then क्यङ् also must be so; and therefore क्यङ् etc. are cases of धर्मलुप्ता and not of वाचकलुप्ता. यच्च केचिदाहुः......इति—As to what some say that affixes like इव are directed by Pāṇini to be employed in the sense of इव, while क्यङ् etc. are directed to be employed in the sense of 'behaviour' (as in 'उपमानादाचारे'). What these people mean is as follows:—Pāṇini lays down that वत् etc. are to be used in the sense of इव ('तत्र तस्येव'); therefore just as इव is औपम्यवाचक, so are वत्, कल्प etc. But क्यच्, क्यङ् are applied in the sense of आचार (behaviour) only. Pāṇini does not expressly say that they are affixed in the sense of इव. So in his opinion there is a difference between वत् etc. and क्यङ् etc. The latter, being affixed in the sense of simple behaviour, do not denote औपम्य and therefore are fit cases of वाचकलुप्ता. To this Viśvanātha replies as follows:—'तदपि न... इति.' This view also is wrong; for क्यङ् etc. do not simply imply behaviour, but similar behaviour. Viśvanātha says that Pāṇini's very words suggest the idea that क्यच् etc. are applied in the sense of similar behaviour ('उपमानादाचारे'). He directs that क्यङ् etc, are to be applied to an उपमान in the sense of 'behaviour' to form denominative verbs. So the presence of the word Upamāna clearly suggests that the behaviour meant is similar behaviour. Therefore क्यङ् etc. are सादृश्यवाचक and hence, when they are employed, there cannot be वाचकलुप्ता. When they are employed, the common property 'similar behaviour' is not directly expressed and hence they are cases of धर्मलुप्ता. तदेवं......लुप्ता—Thus धर्मलुप्ता is tenfold *i. e.* वाक्यगा श्रौती and आर्थी, समासगा श्रौती and आर्थी, तद्धितगा आर्थी (5 in all) and कर्मक्यच्, आधारक्यच्, क्यङ्, कर्मणमुल्, and कर्तृणमुल्.

R. G. looks upon कर्मक्यच् and आधारक्यच् and क्यङ् (but not णमुल्) as cases of the omission of both वाचक and धर्म. Vide his remarks "अत्रेदमवधेयम्—कर्माधारक्यचि क्यङि च वाचकलुप्तोदाहरणं प्राचामसङ्गतमिव प्रतीयते। धर्मलोपस्यापि तत्र सम्भवात्। न च क्यजाद्यर्थ आचार एव साधारणधर्मोस्तीति वक्तव्यम्। धर्ममात्ररूपस्याचारस्योपमाप्रयोजकत्वाभावात्। 'नारीयते सपत्नसेना' इत्यादौ वृत्त्यन्तरनिवेदितैः कातरत्वादिभिरभिन्नतयाध्यवसितस्याचारस्योपमानिष्पादकत्वात्। यदि च क्यङर्थ आचारमात्रमुपमानिष्पादकं स्यात् तदा 'त्रिविष्टपं तत्खलु भारतायते' इत्यादौ सुप्रसिद्धत्वादिरूपाचारोपस्थितावप्युपमालङ्कृतेरनिष्पत्तेः। तस्यैव च 'सुपर्वभिः शोभितमन्तराश्रितैः' इति चरणान्तरनिर्माणे तस्या निष्पत्तेः क्यङाद्यर्थः साधारणोऽपि नोपमां प्रयोजयति। उपमाप्रयोजकतावच्छेदकरूपेण साधारणधर्मवाचकशून्यत्वस्यैव धर्मलोपशब्देनाभिधानात्। अन्यथा 'मुखरूपमिदं वस्तु प्रफुल्लमिव पङ्कजम्' इत्यादौ पूर्णोपमापत्तेरिति दिक्।" pp. 169-170.

(P. 19, ll. 3-9). उपमानुपादाने......वोक्तम्. उपमाना......समासयोः—When the Upamāna is omitted, the लुप्ता is two-fold, in a sentence and in a compound. अत्र...उपमानलोपः—Here objects answering to the face and eye being simply suggested (and not expressed) there is omission of the Upamāna. In the words मुखेन सदृशं रम्यं we have वाक्यगा उपमानलुप्ता and in नयनतुल्यं रम्यं we have समासगा उपमानलुप्ता. अत्रैव......सम्भवति—In this very verse, if we read मुखं यथेदं for मुखेन सदृशं and दृगिव for नयनतुल्यं we shall have श्रौती (उपमानलुप्ता) also. Thus वाक्यगा and समासगा उपमानलुप्ता will each have two varieties, आर्थी and श्रौती and there will be four varieties of उपमानलुप्ता. प्राचीनानां......उक्तम्—Yet following the manner of the ancients, we have spoken of उपमानलुप्ता as of two sorts only. It must be said that these remarks of विश्वनाथ are quite wrong, as they are opposed to all ordinary ideas. The word इव and यथा when placed after a noun lead us to understand that the noun is an Upamāna. Compare the words of Mammaṭa 'यथेववादिशब्दा यत्परास्तस्यैवोपमानताप्रतीतिरिति' etc. If we say दृगिव or मुखं यथेदं, दृक् and मुख will be looked upon as Upamānas, if we are to pay any regard to ordinary modes of speech. Therefore, in the उपमानलुप्ता we cannot employ such words as इव or यथा. Hence, there can be no श्रौती उपमा in उपमानलुप्ता and only two varieties remain. Compare the words of Pradīpa 'न वा श्रौती (सम्भवति)। इवादीनामुपमानमात्रान्विततया तदनुपादाने (उपमानानुपादाने) तेषामप्यनुपादानात्। अतो वाक्यसमासयोरेव। तयोरप्यार्थी एवेति द्विप्रकारा लुप्तोपमानोपमा।" p. 13.

(Chān). The example also is not happy. It denies the *existence* of any Upamāna and does not rest content with merely omitting the Upamāna. So the figure will be अनन्वय.

(P. 19, ll. 10-15) औपम्य...निर्देशात्. औपम्य...द्विधा— When the word or affix expressive of comparison is omitted the लुप्ता is two-fold, being possible in a compound or in the case of the क्विप् affix. सुधाकरमनोहरम्—सुधाकर इव मनोहरम्. Here, इव being omitted, the example is one of वाचकलुप्ता समासगा. As the औपम्यवाचक words, यथा, वत्, इव, तुल्य etc. are omitted, in this variety there can be no discussion about श्रौती or आर्थी nor can there be तद्धितगा; for all तद्धितs like वत्, कल्प, being included as affixes of comparison, are to be omitted. Nor can there be वाक्यगा, because the sentence मुखं चन्द्रो रमणीयम् conveys no connected sense. So only समासगा remains. The author adds one more variety due to the क्विप् affix, which is added according to the Vārtika 'सर्वप्रातिपदिकेभ्यः क्विब्वा वक्तव्यः'. The affix क्विप् may be applied optionally to all nouns in the sense of 'behaviour' to form denominative verbs. The difference between क्विप् and क्यङ् is that the latter leaves some trace of itself in the verb formed by adding it (as in नारीयते); but the क्विप् affix leaves no sign of itself (as in गर्दभति). गर्दभति श्रुतिपरुषं......पुरतः—'He acts the ass, loudly and hoarsely screaming before the great.' Here, in गर्दभति, the क्विप् affix expressive of comparison is omitted. न च......निर्देशात्— it cannot be said that in this example the उपमेय is also omitted; because the उपमेय is pointed out by the word निनदन् (screaming) itself, which is the subject of the verb गर्दभति. It should be noted that Mammaṭa cited क्विब्गा लुप्तोपमा under धर्मवाचकलुप्ता (where both the common property and the word expressive of comparison are omitted). Our author cites क्विब्गा under वाचकलुप्ता. Our author says above that क्यङ् is a case of धर्मलुप्ता. As क्विप् is applied in the sense of क्यङ् optionally, and as the affix क्विप् is omitted altogether, we should look upon क्विब्गा as a case of धर्मवाचकलुप्ता according to our author's own reasoning. So he is inconsistent.

(P. 19, ll. 16-18). द्विधा समासे......दाहरणम्. When both धर्म and उपमान are omitted, we need not discuss whether श्रौती is possible; because इव etc. are used only with the Upamāna; for the same reason तद्धितगा is excluded. If in the verse 'तस्या मुखेन' etc. we read 'लोके' in place of 'रम्यम्' we shall have the two examples of वाक्यगा and समासगा धर्मोपमानलुप्ता. 'मुखेन सदृशं लोके नास्ति'

will be वाक्यगा. Here only the उपमेय and वाचकशब्द are expressed; the उपमान and common property are omitted. Similarly in the next.

(P. 19, ll. 19-23) क्विप्समासगता...समासगा. विधवति मुखाब्जमस्याः Her lotus-like face shines like the moon (विधुरिव आचरति). Here the औपम्यवाचकशब्द and the common property, viz. loveliness, are both omitted. केचित्तु......आहुः—some say that here also, it is only the affix that is omitted. These people mean that this example is similar to the one given above under वाचकलुप्ता (v. i. गर्दभति); and so this is an example of mere वाचकलुप्ता and not of धर्मवाचकलुप्ता as the author says. 'मुखाब्जम्' is an example of समासगा धर्मवाचकलुप्ता. The compound is formed according to the *sūtra* 'उपमितं व्याघ्रादिभिः सामान्याप्रयोगे' पा० II. 1. 56. Here only the उपमान and उपमेय are mentioned and they are compounded.

(P. 19, l. 24-p. 20, l. 2) उपमेयस्य......अनुशासनविरुद्धत्वात्. The उपमेयलुप्ता is possible only in the क्यच् affix. अराति...सहस्रायुधीयति—This verse is given by Mammaṭa in the connection in which our author gives it, अरातिविक्रमालोकेन वैरिपराक्रमदर्शनेन विकस्वरे विकासशीले विलोचने नयने यस्य सः । कृपाणेन खड्गेन उदग्रः भीषणः दोर्दण्डो बाहुर्यस्य सः । सहस्रायुधीयति सहस्रमायुधानि यस्य तमिव आत्मानमाचरतीति कर्मणि क्यच् ।. कार्तवीर्य was said to have had 1000 arms and so he could be सहस्रायुध. Vide मत्स्यपुराण chap. 43 and आश्वमेधिकपर्व 29 for the story of कार्तवीर्य. सहस्रायुधीयति is a denominative verb formed from सहस्रायुध by the affix क्यच् and means 'he conducts himself like one who wields a thousand weapons.' अत्र...लोपः—Here the उपमेय, viz. the word आत्मानम्, is omitted, for the expression सहस्रायुधीयति when expanded is equivalent to the sentence 'he' conducts himself like one who wields a thousand weapons. An objection may be raised against this that here the उपमेय is directly expressed in the word सः and therefore this cannot be an example of उपमेयलुप्ता. The answer is — Although the person denoted by सः is the उपमेय, he is the Upameya, not in his capacity as the agent, but in his capacity as the object. If it were said that सः is the Upameya and that the person is the Upameya in his capacity as agent (कर्ता), then we reply that in that case the affix क्यच् cannot be applied to सहस्रायुध to form a denominative verb. The क्यच् affix, as said above, is applied to a noun which is an Upamāna and which is an object. Now here if सः is the Upameya, सहस्रायुधीयति will have to be explained as सहस्रायुध इव आचरति. But here सहस्रायुध would be in the nominative case and क्यच् cannot be applied. So सहस्रायुधीयति must be interpreted as सहस्रायुधमिव आत्मानं आचरति. Thus we see that आत्मानम् is the

उपमेय, सहस्रायुधम् is the उपमान and in the objective case. As आत्मानम् is omitted there is उपमेयलुप्ता. Compare the words of Pradīpa 'अत्र यद्यपि विशेषणद्वारोपात्तः कर्तैवोपमेयः तथापि न तथात्वेन किं तु कर्मत्वेन । अन्यथा क्यचोऽसङ्गतत्वापत्तेः ।'. न च ...... न्यायात् nor can it be said that there is here the omission of the word expressive of comparison for reasons already stated above (when treating of कर्मक्यच् etc. text p. 18, l. 12). He has established that क्यच् etc. are वाचक or द्योतक like कल्प or वत्. अत्र केचित्......लोप इति—some people, in order to get over the objection that the उपमेय is directly mentioned in the word सः, read स सहस्रायुधीयति as one word and interpret it as follows:—सहस्रायुधैः सह वर्तते इति ससहस्रायुधः—one who is possessed of thousand weapons. They then apply the affix क्यच् and interpret ससहस्रायुधीयति as ससहस्रायुध इव आचरति (He behaves like one who possesses a thousand weapons). Then they say that the person who is the subject of description (विशेष्य) not being directly mentioned by any word, there is omission of Upameya. To this our author replies by saying that the view is untenable. The employment of क्यच् with the nominal base (ससहस्रायुध) signifying an agent is opposed to the rules of Pāṇini. क्यच् is applied to a noun in the objective case. It is क्यङ् that is applied to a noun which is an agent (कर्तुः क्यङ्). But the verb formed by the affix क्यङ् takes the Ātmanepada. So in सहस्रायुधीयति the affix is क्यच् and the word is an example of उपमेयलुप्ता. Acc. to the लोचन of अनन्तदास 'केचित्' refers to चण्डीदासपण्डित.

(**P. 20, ll. 3-7**) धर्मोपमेय... लुप्तौ. भवतः यशसि प्रसरति सति सर्वे सागराः क्षीरोदीयन्ति क्षीरोदमिव आत्मानमाचरन्ति—When thy fame spreads, all the oceans conduct themselves like the ocean of milk. Fame is, accordiug to the convention of poets, white. Here, as in सहस्रायुधीयति above, the उपमेय 'आत्मानम्' is omitted, as we shall see when we explain the word क्षीरोदीयन्ति as 'they conduct themselves like the ocean of milk.' The common property 'whitenese' also is omitted. So this is an example of धर्मोपमेयलुप्ता.

(**P. 20, ll. 8-12**) त्रिलोपे......लोपः: When three out of the four elements of comparison are omitted, a simile is possible only in a compound. The word मृगलोचना is to be explained as मृगलोचने इव चञ्चले लोचने यस्याः 'she whose eyes are as tremulous as those of a stag.' Here मृगलोचने is the उपमान, इव is औपम्यवाचक शब्द and चञ्चल is the common property. All these are omitted and the उपमेय 'लोचने' alone remains. The उपमान is मृगलोचने and not मृग

and hence the presence of मृग does not matter. The question is:—why is the word लोचन dropped from the word मृगलोचने? The answer is:—according to the Vārtika 12 'सप्तम्युपमानपूर्वपदस्य बहुव्रीहिरुत्तरपदलोपश्च'* on 'अनेकमन्यपदार्थे' पा० II. 2. 24, a compound word, containing in itself a word in the locative case or an Upamāna, enters into a Bahuvrīhi compound with another word and then the latter part of the first member (which contained in itself a noun in the locative case or an Upamāna) of the Bahuvrīhi compound is dropped; e. g. उरसिस्थानि लोमानि यस्य सः उरसिलोमा, where उरसिस्थ (a compound word which contains in itself as its first member उरसि which is in the locative case) is compounded with लोमन् to form a Bahuvrīhi and then the latter part (*i. e.* स्थ) of the first member (*i. e.* उरसिस्थ) of the Bahuvrīhi is omitted and we get उरसिलोमा. Similarly मृगलोचना where मृगलोचने is उपमान, मृग, being a part of it, is also उपमान, because the property of the whole may be attributed to the part or *vice versa* as said by कैयट (2nd अ०, p. 120, Benares ed.) in his gloss on उष्ट्रमुख 'अवयवधर्मेण समुदायस्य व्यपदेशात् उष्ट्रस्योपमानतेति उपमानपूर्व उष्ट्रमुखशब्दः'. So मृगलोचने is उपमानपूर्वपद *i. e.* compound word which has an Upamāna as its first member (here, मृगलोचने) and when it is compounded with लोचने, the compound is a Bahuvrīhi and the latter member of the first compounded word *i. e.* लोचने out of मृगलोचने is dropped.

There are, however, some who say that the word मृग stands by Indication for मृगलोचने; according to this view मृगलोचना would not be an example of त्रिलोपोपमा. Compare the words of Pradīpa 'अत्र यदि मृगशब्देन लक्षणया तल्लोचने विवक्ष्येते तदा नेदमुदाहरणम्। यदा तु मृगलोचने इव लोचने यस्या इत्यर्थो विवक्ष्यते तदा 'सप्तम्युपमानपूर्वपदस्य बहुव्रीहिरुत्तरपदलोपश्च' इत्यनेन मृगलोचनेत्युपमानपूर्वपदस्य नयनशब्देन बहुव्रीहौ उपमानवाचिनि मृगलोचने इति पूर्वपदे उत्तरपदभूतस्य लोचनशब्दस्य लोपे उपमेयभूतस्य नयनमात्रस्योपादानादिदमुदाहरणम्।' p. 18 (Chān.)

(P. 20, ll. 13-14). तेनोपमायाः......सप्तविंशतिप्रकारोपमा. Thus there are 27 sub-divisions of Upamā, 6 of the Pūrṇā and 21 of the Luptā, viz. 10 of धर्मलुप्ता, 2 of उपमानलुप्ता, 2 of वाचकलुप्ता, 2 of धर्मोपमेयलुप्ता, 2 of धर्मवाचकलुप्ता, 1 of उपमेयलुप्ता, 1 of धर्मोपमेयलुप्ता and one of त्रिलोपा. Our author in these sub-divisions follows

*The Mahābhāshya comments upon it as follows—सप्तमीपूर्वस्योपमानपूर्वस्य च बहुव्रीहिर्वक्तव्य उत्तरपदस्य च लोपो वक्तव्यः । कण्ठेस्थः कालोऽस्य कण्ठेकालः । उष्ट्रमुखमिव मुखमस्योष्ट्रमुखः । खरमुखः ।' vol. II. p. 423 (Kielhorn).

Mammaṭa with some difference. He borrows some examples from Mammaṭa and closely copies many others. Mammaṭa gives in all 25 varieties of Upamā, 6 of Pūrṇā, which are the same as our author's and 19 of Luptā. The latter are as follows:—5 of धर्मलुप्ता (श्रौती and आर्थी वाक्यगा and समासगा and आर्थी तद्धितगा); 2 of उपमानलुप्ता (वाक्यगा and समासगा), 6 of वाचकलुप्ता (समासगा, कर्मक्यज्गा, आधारक्यज्गा, क्यङ्गा, कर्तृणमुल्गा and कर्मणमुल्गा), 2 of वाचकधर्मलुप्ता (क्विब्गा and समासगा), 2 of धर्मोपमानलुप्ता (समासगा and वाक्यगा), 1 of वाचकोपमेयलुप्ता (क्यज्गा), and 1 of त्रिलोपा (समासगा). The curious reader may also consult the चित्रमीमांसा and रसगङ्गाधर. The grammatical basis of the divisions of Upamā appears to have first originated with Udbhaṭa. Vide his remarks "यथेवशब्दयोगेन सा श्रुत्यान्वयमर्हति । सदृशादिपदश्लेषादन्यथेत्युदिता द्विधा ॥ संक्षेपाभिहिताप्येषा साम्यवाचकविच्युतेः । साम्योपमेयतद्वाचिवियोगाच्च निबध्यते ॥ उपमानोपमेयोक्तौ साम्यतद्वाचिविच्यवात् ! क्वचित् समासे तद्वाचिविरहेण क्वचिच्च सा ॥ तथोपमानादाचारे क्यच्प्रत्ययबलोक्तितः । क्वचित्सा कर्तृगाचारे क्यङा सा च क्विपा क्वचित् ॥ उपमाने कर्मणि वा कर्तरि वा यो णमुल् कषादिगतः । तद्वाच्या सा वतिना च कर्मसामान्यवचनेन ॥ षष्ठीसप्तम्यन्ताच्च यो वतिर्नामतस्तदभिधेया । कल्पप्प्रभृतिभिरन्यैश्च तद्धितैः सा निबध्यते कविभिः ॥" अलङ्कारसारसंग्रह (I. p. 16 Nirn. ed. 1915). On the divisions of Upamā as given by Mammaṭa and our author, the author of Chitramīmāṁsā makes some very appropriats remarks. Appaya Dikshita says that the divisions being based purely upon grammatical principles (thus merely proving that the authors are familiar with Grammar) should find no place in a treatise on Rhetoric; moreover, the divisions of Luptā are not exhaustive. Vide his remarks 'एवमयं पूर्णालुप्ताविभागो वाक्यसमासप्रत्ययविशेषगोचरतया शब्दशास्त्रव्युत्पत्तिकौशलप्रदर्शनमात्रप्रयोजनो नातीवालङ्कारशास्त्रे व्युत्पाद्यतामर्हति । न वा लुप्तानामयं सामस्त्येन विभागः etc." चि. मी. p. 27.

(P. 20, ll. 15-26) एषु...निर्दिष्टे. The author now expounds a peculiarity of those varieties of simile in which the common property is not omitted. एकरूपः......भिदा. Construe साधारणो गुणः क्वचित् एकरूपः, क्वापि भिन्नः, भिन्ने (साधारणे गुणे) बिम्बानुबिम्बत्वं शब्दमात्रेण वा भिदा (भेदः) सम्भवति. The common property is sometimes the same in both the उपमान and उपमेय; sometimes it is distinct. When the common property is distinct (being of a different sort in the Upamāna and the Upameya), there is the relation of बिम्बप्रतिबिम्बभाव (prototype and copy, or original and image) or there is merely a verbal difference. What our author means is as follows:—the साधारणधर्म may appear under three aspects; I it may be mentioned only once and is connected with both Upamāna and उपमेय, as in the example मधुरः सुधावदधरः, where मधुरत्व is mentioned only once and is directly connected with both the face and nectar; II The common property may be mentioned twice in two different words, one connected with the Upamāna and the other with the Upameya; here there are two ways again; (a) the common property, thus twice mentioned in two different words, may really be non-different in essence *i. e.* the same property may be mentioned in two words, as for example, in the verse 'यान्त्या मुहुर्वलितकन्धरमाननं तदावृत्तवृन्तशतपत्रनिभं वहन्त्या' the two words वलित (turned) and आवृत्त (turned) mean the same property, but one of the words is connected with कन्धरा (neck) and the other with वृन्त (stalk of lotus etc.). This aspect is referred to by our author as 'भिन्ने शब्दमात्रेण भिदा', which is elsewhere called वस्तुप्रतिवस्तुभाव; II (b) The common property may be expressed by two different words and the property in the Upameya is distinct from that in the Upamāna; but the two are looked upon as identical on account of their great resemblance, as for example, in भल्लापवर्जितैः etc. the heads are compared to honey—combs, the common property being twice mentioned in श्मश्रुलैः and सरघाव्याप्तैः (teeming with bees); here श्मश्रुल and सरघाव्याप्त are not essentially the same, but they are so alike that they may be looked upon as identical. This is called बिम्बप्रतिबिम्बभाव. We see in ordinary life that, although the reflection in the mirror is different from the face reflected, people identify their face with the reflection and make use of such expressions in connection with the reflection 'This is my face.' जयरथ has the following note here 'अत एवात्र बिम्बप्रतिबिम्बभावव्यपदेशः। लोको हि दर्पणादौ बिम्बात्प्रतिबिम्बस्य भेदेऽपि मदीयमेवात्र वदनं संक्रान्तमित्यभेदेनाभिमन्यते। अन्यथा हि प्रतिबिम्बदर्शने कृशोऽहं स्थूलोऽहमित्याद्यभिमानो नोदियात्, भूषणविन्यासादौ च नायिका नाद्रियेरन्।' p. 28 अ० स० वि०. बिम्बप्रतिबिम्बत्वे......क्षौद्रपटलैरिव—The verse is Raghuvaṁśa IV. 63. 'He covered the earth with their (Persians') bearded heads severed by the lance, as with honey-combs teeming with bees.' Here corresponding to 'bearded', there is the word 'teeming with bees', as in the figure दृष्टान्त. दृष्टान्त is a figure where the Upamāna, Upameya and the common property are represented as if reflected *i. e.* where no यथा, इव, are used; but the meaning of one sentence is a reflection as it were of another sentence. We shall treat of this figure later on. शब्दमात्रेण......माकृतम्. Where the words are different, but the common property is in reality the same. This is वस्तुप्रतिवस्तुभाव. 'स्मेरं विधाय......माकूतम्'. स्मेर expanding. मनोगतम् आकूतम्—The secret meaning lying in her heart. Here the same common property is expressed in two different words in (स्मेर and विकसित) as in प्रतिवस्तूपमा. In प्रतिवस्तूपमा the same common property is twice mentioned in different words in *two sentences* (and not in *one* sentence as in simile). The author appears to borrow this treatment of the three aspects of the common property from the Alaṅkārasarvasva of Ruyyaka 'तत्रापि साधारणधर्मस्य क्वचिदनुगामितया एकरूप्येण निर्देशः । क्वचिद्वस्तुप्रतिवस्तुभावेन पृथङ्‍ निर्देशः । पृथङ्निर्देशे च सम्बन्धिभेदमात्रं (न पुनः स्वरूपभेदः कश्चिदित्यर्थः । जयरथ) प्रतिवस्तूपमावत् । बिम्बप्रतिबिम्बभावो वा दृष्टान्तवत् । pp. 26–27. The चित्रमीमांसा explains वस्तुप्रतिवस्तुभाव as 'एकस्यैव धर्मस्य सम्बन्धिभेदेन द्विरुपादानं वस्तुप्रतिवस्तुभावः' (*i. e.* mentioning the same common property in two different words on account of its being connected with two different substrates) and बिम्बप्रतिबिम्बभाव as 'वस्तुतो भिन्नयोर्धर्मयोः परस्परसादृश्यादभिन्नतयाध्यवसितयोर्द्विरुपादानं बिम्बप्रतिबिम्बभावः' p. 18 (i. e. mention of two properties, which, though really different, are looked upon as identical on account of resemblance between them). The Ekāvali gives practically the seme definitions (p.205). For further information on these aspects af the common property, vide चित्रमीमांसा pp. 18–21 and रसगङ्गाधर pp. 174–177.

एकदेश...गम्यम् (**P. 20, l. 27-p. 21, l. 4**). एकदेश...साम्यस्य—यत्र साम्यस्य वाच्यत्वगम्यते भवेताम् (सा) एकदेशविवर्तिनी उपमा—There is partial simile when the resemblance is expressed (in one part) and implied (in another). नेत्रैरिव...स्तनैरिव—This occurs in Udbhaṭa's Alaṅkārasārasaṅgraha (I. p. 18), except the third *pāda*, which is तरुण्य इव भान्ति स in Udbhaṭa. Or our author appears to have changed the third *pāda* for his own purpose. Construe सरःश्रियः उत्पलैः नेत्रैरिव, पद्मैः मुखैरिव, चक्रवाकैः स्तनैरिव, पदे पदे विभान्ति स—The charms of the lake at every step shone with blue lotuses as with eyes, with water-lilies as with faces and with Brahmany ducks (चक्रवाक) as with breasts. Here, resemblance between blue lotuses and eyes etc. is directly expressed, while that between the charms and women is implied; *i. e.* the word अङ्गना 'women' is not mentioned at all; from the fact that नेत्र, मुख and स्तन are mentioned we infer that सरःश्रियः must have been compared to women. The word एकदेशविवर्तिनी is significant (एकदेशे वाच्यत्वमेकदेशे गम्यत्वमित्येकदेशे विशेषेण वर्तनात्). Jagannātha also speaks of एकदेशविवर्तिनी उपमा. 'इयमपि रूपकवत्केवला निरवयवा, मालारूपनिरवयवा, समस्तवस्तुविषयसावयवा, एकदेशविवर्तिसावयवा, केवलश्लिष्टपरम्परिता, मालारूपश्लिष्टपरम्परिता, केवलशुद्धपरम्परिता, मालारूपशुद्धपरम्परित

चेत्यष्टधा' p. 181. His example of एकदेशविवर्तिनी is 'मकरप्रतिमैर्महाभटैः कविभी रत्नसमैः समन्वितः । कवितामृतकीर्तिचन्द्रयोस्त्वमिहोर्वीरमणासि कारणम् ॥' p. 183. Here, the sea, the Upmāna of the king, is omitted, while मकर and रत्न associated with the sea are Upamānas of soldiers and poets associated with the king.

कथिता......विहायः (P. 21, ll. 5-9). कथिता...उपमानता—construe यदि यथोर्ध्वं उपमानता स्यात् (तर्हि) रसनोपमा कथिता. If an object of comparison in one case is turned into an Upamāna at the next step and so on in succession, there is the chain of similes. If the उपमेय in a simile becomes the उपमान in another simile and is compared with a new उपमेय which again is turned into an Upamāna and again compared to another Upameya and so on, there is रसनोपमा (रसना means 'girdle worn by women'). चन्द्रायते......विहायः- The swan, on account of its pure colour, resembles the moon; the woman, on account of her charming gait, resembles the swan; the water on account of its delightful touch resembles the woman; and the sky in its clearness resembles the water. Here हंस is at first the उपमेय; then it is turned into an Upamāna and कान्ता becomes the उपमेय; and so on.

मालोपमा......सहस्रधा दर्शनात् (P. 21, ll. 10-22). मालोपमा...दृश्यते. यद् एकस्य (उपमेयस्य) बहु उपमानं दृश्यते (तदा) मालोपमा—When we have several Upamānas in connection with one Upameya, we have a garland of similes. वारिजेन......मनोहरा—सरसी a lake. नय virtue or justice. Here श्री is compared to many Upamānas, viz. सरसी, निशीथिनी and वनिता. Here the common property (मनोहरत्व) is the same. Sometimes the common property may be different with each Upamāna, as in 'ज्योत्स्नेव नयनानन्दः सुधेव मदकारणम् । प्रभुतेव समाकृष्टसर्वलोका नितम्बिनी ॥'. क्वचित्......दृश्यते sometimes both the Upamāna and Upameya are connected with the subject-matter. Generally the Upameya is the matter in hand and the Upamāna has nothiug to do with the subject of discussion. हंसश्चन्द्रः...शरदागमे. शरदागमे at the advent of Autumn. Here as the matter in hand is the description of Autumn, both the moon and swan, the sky and water ets. are प्रस्तुत. अस्य राज्ञो... ...कल्पवृक्षभवा इव. पुरन्दर is Indra. कल्पवृक्षभवाः born of the celestial tree (which yielded every desired object). Here we have a case of the simile of Implication, since by the word विभूतयः, which is the Upameya, are suggested the treasures, which are the Upamānas and which are qualified as 'born of the celestial tree'. In this very example, since the sense of house is repeated by the word भवने, this is प्रतिनिर्देश्योपमा. These and others have not been defined here, for a thousand such varieties might be made out; (and so it would be impossible to define and exemplify them all). Compare the words of Mammaṭa '(मालोपमा रसनोपमा च) न लक्षिता। एवंविधवैचित्र्यसहस्रसम्भवात्। उक्तभेदानतिक्रमाच्च।' K. P. X.

2 अनन्वयः (Self-comparison)

(P. 21, l. 23-p. 22, l. 2) उपमानोपमेय......प्रयोजकम् इति. एकस्यैव उपमानोपमेयत्वम् अनन्वयः—When the same object occupies the position of both Upmāna ānd Upameya *i. e.* when a thing is compared to itself, there is अनन्वय. It follows as a matter of course that the comparison must be expressed in a single sentence. राजीव............शरत्समुदयोद्यमे—When Autumn began to manifest itself, the lotus blushed like the lotus etc. अतन्द्रः—not slumbering. Here the lotus and others are intentionally compared to themselves in order to convey the idea that they have not their like. In अनन्वय one thing is compared to itself, the purpose being to convey the idea that there is nothing like it in the world; while in Upamā one thing is compared to another and there is no intention to intimate the idea that there is nothing similar. Compare जयरथ's words 'एवं चास्य द्वितीयसब्रह्मचारिनिवृत्तिरेवालङ्कारत्वप्रतिष्ठापकं प्रमाणम्' p. 30. Vāmana defines अनन्वय similarly 'एकस्योपमेयोपमानत्वेऽनन्वयः' काव्यालङ्कारसूत्र IV. 3. 14 and gives the following as an instance 'गगनं गगनाकारं सागरः सागरोपमः। रामरावणयोर्युद्धं रामरावणयोरिव ॥'. भामह (III. 45) and उद्भट define in the same words 'यत्र तेनैव तस्य स्यादुपमानोपमेयता। असादृश्यविवक्षातस्तमित्याहुरनन्वयम् ॥'. Udbhaṭa's example is 'यस्य वाणी स्ववाणीव स्वक्रियेव क्रियाऽमला। रूपं स्वमिव रूपं च लोकलोचनलोभनम् ॥' उद्भट VI. 8. The name अनन्वय is significant (न विद्यते उपमेयस्य उपमानान्तरेण अन्वयः सम्बन्धः अत्रेति). वैवक्षिकः—न तात्त्विकः, किन्तु वक्तुर्विवक्षया निष्पादितः.

राजीवमिव... विषयः—The province of this figure is quite distinct from that of Lāṭānuprāsa, as in the example 'राजीवमिव पाथोजम्' where the figure is अनन्वय, although for राजीव we use a synonym पाथोज; while in लाटानुप्रास the same word must be employed. लाटानुप्रास is defined by the Alaṅkārasarvasva as 'तात्पर्यभेदवत्तु (शब्दार्थपौनरुक्त्यं) लाटानुप्रासः' p. 24. On this the वृत्ति is 'तात्पर्यमन्यपरत्वम्। तदेव भिद्यते, न तु शब्दार्थस्वरूपम्।'. When the same words are repeated in the same sense, but with a different construction, there is लाटानुप्रास, which is so called because it is dear to the people or poets of Lāṭa, the country about Surat. This लाटानुप्रास is treated of at length in Udbhaṭa and Mammaṭa. उद्भट defines it as 'स्वरूपार्थाविशेषेऽपि पुनरुक्तिः फलान्तरात्। शब्दानां वा पदानां वा लाटानुप्रास इष्यते ॥' I. 13. Examples of लाटानुसप्रास are.—क्वचिदुत्फुल्लकमला कमलभ्रान्तषट्पदा । षट्पदक्वाणमुखरा मुखररफारसारसा ॥ पद्मिनीं पद्मिनीगाढस्पृहयागत्य मानसात् । अन्तर्दन्तुरयामासुर्हंसा हंसाकुलालयात् ॥ उद्भट I. 18 and 20. 'दिनकरकुलचन्द्र चन्द्रकेतो सरभसमेहि दृढं परिष्वजस्व ।' उत्तररामo 6. Here the words कमल, षट्पद, पद्मिनी, हंस etc. are repeated in the same sense, but in a different connection. What then is the difference between लाटानुप्रास and अनन्वय? In the former, the poet uses words having the same appearance and sense, with the difference that each is construed in a different way. In अनन्वय, the poet uses the same object twice and compares it to itself with the idea of excluding the possibility of the existence of another thing similar to it. It is not absolutely necessary for अनन्वय that the same word should be used; a synonymous word may do as well, as in राजीवमिव पाथोजम्; but it is better to employ the same word, as it is more suitable for the purpose in hand, viz. conveying the idea that the same object is compared to itself. In लाटानुप्रास, it is absolutely necessary that the same word be employed twice in the same sense but with a different construction; and moreover there is no idea of excluding the possibility of another thing similar to it; *i. e.* there is शब्दार्थपौनरुक्त्य; while in अनन्वय, it is not absolutely necessary that the same word should be used *i. e.* there is अर्थपौनरुक्त्य; the same word, however, is generally employed with the purpose of quickly calling attention to the fact that the poet aims at the exclusion of another object similar to the one mentioned. किं तु...श्रेयान्—But it is better to employ the same word, as this is more suitable for leading us to understand that the उपमान and उपमेय are the same. The एकावली distinguishes the two as follows:—पौनरुक्त्यस्य तात्पर्यमात्रभिन्नस्यात्र प्रयोजकत्वाव अनन्वये चार्थमात्रगतयुगपदुपमानोपमेयभावस्य उपयुक्तत्वात् । शब्दैक्यस्य पुनरौचितीवशेन प्रसक्तसङ्गतत्वात् ।' p. 113. On this the तरल says 'उभयपौनरुक्त्यं लाटानुप्रासे प्रयोजकमनन्वये त्वर्थपौनरुक्त्यं तावतैवैकस्य युगपदुमानोपमेयभावसिद्धेरित्यर्थः । किमर्थं तर्हि तत्र शब्दैक्यं कुर्वन्ति कवयो नियमेनेत्याशंक्याह । **शब्दैक्यस्य पुनरिति । औचितीवशेनेति ।** उद्देशप्रतिनिर्देशयोरैकरूप्यमिति न्यायबलेनान्यथा पर्यायप्रक्रमभङ्गापत्तेर्न तु लक्षणत्वेनेत्यर्थः ।'. तदुक्तम्...प्रयोजकम्—This verse is found in अलं. स. p. 24. In अनन्वय,, sameness of words is accidental because it is more suitable; while in the लाटानुप्रास it is directly essential (to constitute the figure itself). On आनुषंगिकम्, विमार्शिनी says 'न पुनः साक्षात् प्रयोजकमित्यर्थः । शब्दैक्यं विनापि अनन्वयस्य प्रतिपादनात् ।' and on 'साक्षादेव' it says 'शब्दैक्यं विना अस्य (लाटानुप्रासस्य) अनुत्थानात्' p. 24.

3 उपमेयोपमा (Reciprocal Comparison)

पर्यायेण......भिप्रायः (P. 22, ll. 3-8)—द्वयोः पर्यायेण एतद् (उपमानोपमेयत्वम्) उपमेयोपमा मता. That is regarded as उपमेयोपमा, when two things alternately occupy the position of Upamāna and Upameya. This must of course take place in two sentences. कमलेव मतिः...बत यस्य—This is cited by Mammaṭa as an example of उपमेयोपमा. Here the wealth and intellect etc. of the king are alternately compared to one another, the object being to convey that there is no third thing resembling the two, कमला and मति etc. Connect the word विभाति with all the clauses. Our author's definiton is word for word the same as Ruyyaka's द्वयोः पर्यायेण तस्मिन् (उपमानोपमेयत्वे)उपमेयोपमा' p. 31.

The figure is called उपमेयोपमा, because in it with the उपमेय of the first sentence is compared the उपमान of that sentence, i. e. 'उपमेयेन उपमा' as Mammaṭa says. The purpose with which this mode of speech is resorted to is to convey the idea that there is no third thing resembling the two mentioned. Compare the words of जयरथ "अस्याश्चोपमानान्तरतिरस्कार एव फलम् । अत **एवोपमेयेनोपमा इत्यस्या अन्वर्थाभिधानम्** । यत्र पुनरुपमानान्तरतिरस्कारो न प्रतीयते तत्र नायमलङ्कारः । यथा-'सविता विधवति विधुरपि सवितरति तथा दिनन्ति यामिन्यः । यामिनयन्ति दिनानि च सुखदुःखवशीकृते मनसि ।' न ह्यत्र विधुसवित्रादीनमुपमानान्तरतिरस्करणं विवक्षितं किंतु सुखदुःखवशीकृतमनसामेव विपरीतं भवतीति ।" p. 32. उपमेयोपमा-(पूर्ववाक्यस्थेन) उपमेयेन उपमासादृश्यं द्वितीयवाक्यस्थस्य उपमानस्य.

The word द्वयोः in the definition serves to exclude रसनोपमा, where also one thing becomes उपमेय and उपमान in two successive sentences as in चंद्रायते शुक्लरुचापि हंसो etc.; but in रसनोपमा two things are not compared to one another. The distinction between अनन्वय and उपमेयोपमा is that in the former the same thing is compared to *itself* with the object of excluding the possibility of *another* thing similar to it; while in उपमेयोपमा two things are compared together alternately with the purpose of excluding a *third* thing similar to the two mentioned. In उपमा, there is only one sentence setting it forth and there is no suggestion of तृतीयसदृशव्यवच्छेद; while in उपमेयोपमा two sentences are required to constitute it and there *is* such a suggestion.

Other examples of उपमेयोपमा are:—सुगन्धि नयनानन्दि मदिरामदपाटलम्। अम्भोजमिव वक्त्रं ते त्वदास्यमिव पङ्कजम्॥ भामह III. 38; खमिव जलं जलमिव खं हंसश्चन्द्र इव हंस इव चन्द्रः। कुमुदाकारास्तारास्ताराकाराणि कुमुदानि॥ अलं. स. p. 32.

4 स्मरणम् (Reminiscence)

सदृशानुभवात्......रामः (P. 22, ll. 9-17). सदृशानुभवात् वस्तुस्मृतिः स्मरणम्—A recollection of an object arising from the perception of something like it is termed स्मरण. The Naiyāyikas say that knowledge (बुद्धि or ज्ञान) is of two kinds, स्मृति and अनुभव. स्मृति is that knowledge which is produced by impressions alone; while अनुभव (apprehension) is all knowledge other than स्मृति. We apprehend a thing such as a jar. This apprehension leaves traces on the mind which are called संस्कार (भावनाख्य); these impressions when awakened give rise to remembrance. So mental processes may be represented as अनुभव—संस्कार—स्मृति, each preceding one being the cause of the following. Compare the words of T. S. 'सर्वव्यवहारहेतुर्बुद्धिर्ज्ञानम्। सा द्विविधा स्मृतिरनुभवश्चेति। संस्कारमात्रजन्यं ज्ञानं स्मृतिः। तद्भिन्नं ज्ञानमनुभवः।' and also 'संस्कारस्त्रिविधः। वेगो भावना स्थितिस्थापकश्चेति। अनुभवजन्या स्मृतिहेतुर्भावना आत्ममात्रवृत्तिः।'. When, after perceiving a thing *similar* to one which was formerly apprehended, one remembers the latter, there is स्मरणालङ्कार. अरविन्द......चञ्चललोचनम्—खेलत्खञ्जनमञ्जुलम्—Charming with the sporting wagtail bird. Here the perception of the lotus on which the खञ्जन bird was playing stirs up the latent impressions (संस्कार) which cause the remembrance of the face with tremulous eyes. There is similarity between face and lotus. To constitute the figure स्मरण, it is necessary that the remebrance *must* be due to the perception of a similar object. If remembrance be due to anything else such as anxiety, contemplation etc. then there is no स्मरणालङ्कार. In the verse 'मयि सकपटं etc. the remembrance being produced without the apprehension of similarity there is no स्मरणालङ्कार. The verse in question is Viśvanātha's own and was cited by him in the 3rd परिच्छेद as an example of the व्यभिचारिभाव called स्मृति. The verse is: मयि सकपटं किंचित्कापि प्रणीतविलोचने किमपि नयनं प्राप्ते तिर्यग्विजृम्भिततारकम्। स्मितमुपगतामालीं दृष्ट्वा सलज्जमवाञ्चितं कुवलयदृशः स्मेरं स्मेरं स्मरामि तदाननम्॥ 'Oh how I recollect the ever-smiling face of the lotus-eyed one, bashfully held down on seeing her female friend smiling, when I, artfully directing my eyes somewhat in some direction, in some measure caught her eye (which would not consent to meet my direct glance), that eye of hers the pupil of which was dilated in a sidelong fashion (as she stole what she fancied an unobserved look at me!). राघवानन्द......मिच्छन्ति. The great minister Rāghavānanda would have the figure स्मरण even where the recollection arises from dissimilarity (or contrast). राघवानन्द has been referred to already in the 1st Pari. He appears to have been some relative of Viśvanātha. We said above that to constitute the figure स्मरण the remembrance must be due to the apprehension of a similar object. Rāghavānanda says that even when the remembrance is due to the apprehension of contrast, there is स्मरणालङ्कार. His instance is शिरीषमृद्वी etc. शिरीषमृद्वी—tender like the Śirīsha flower. सौख्यलक्षाणि lakhs of felicities. गलदश्रु is an adverb—गलन्ति अश्रूणि यथा स्युस्तथा. Here by the perception of Sītā's sufferings which are contrasted with (विसदृश) her pleasures at home, Rāma remembers the latter. सुखध्यानमिति स्मृतिः, सुखविसदृशदुःखदर्शनेन सा उद्बुद्धा.

The definition of स्मरण in the text is the same as that of अलं० स. 'सदृशानुभवाद्वस्त्वन्तरस्मृतिः स्मरणम्' p. 32. Ruyyaka remarks 'सादृश्यं विना तु स्मृतिर्नायमलङ्कारः' p. 23. जगन्नाथ defines as सादृश्यज्ञानोद्बुद्धसंस्कारप्रयोज्यं स्मरणं स्मरणालङ्कारः' p. 216. Jagannātha further remarks 'अयं चालङ्कारिकाणां संप्रदायो यत्सादृश्यमूलकत्वे स्मरणं निदर्शनादिवदलङ्कारः । तस्याभावे व्यंग्यतायां भावः । तयोरभावे तु वस्तुमात्रम्' । p. 217. Jagannātha criticises the use of the word सदृशानुभवात् in the definition of Ruyyaka (and our author also). He says that it is too narrow, as it would exclude a remembrance which is produced by a संस्कार which is stirred up by the *remembrance* (स्मरण and not अनुभव) of another similar thing. We remember a thing not only when we *perceive* another similar thing, but also when we *remember* another similar thing. Hence we should substitute for सदृशानुभावात् the word सदृशज्ञानात् as ज्ञान includes both अनुभव and स्मृति. "यदपि 'सदृशानुभवाद्वस्त्वन्तरस्मृतिः स्मरणम्' इत्यलंकारसर्वस्वरत्नाकरयोः स्मरणालङ्कारलक्षणमुक्तं तदपि न । सदृशस्मरणादुद्बुद्धेन संस्कारेण जनिते स्मरणे अव्याप्तेः । यथा—'सन्त्येवास्मिञ्जगति बहवः पक्षिणो रम्यरूपास्तेषां मध्ये मम तु महती वासना चातकेषु । यैरध्यक्षैरथ निजसखं नीरदं स्मारयद्भिः स्मृत्यारूढं भवति किमपि ब्रह्म कृष्णाभिधानम् ॥' अत्र च चातकदर्शनादेकसम्बन्धिज्ञानादुत्पन्नेनापरसम्बन्धिनो जलधरस्य भगवत्सदृशस्य स्मरणेन जनितं भगवतः स्मरणं भगवद्विषयरतिभावाङ्गम् । यदि च 'सदृशानुभवात्' इत्यपहाय सदृशज्ञानात्' इति लक्षणे निवेश्यते तदा भवत्यस्यापि संग्रह इति दिक्" pp.

221-22. A good example of स्मरण is 'अतिशयितसुरासुरप्रभावं शिशुमवलोक्य तवैव तुल्यरूपम् । कुशिकसुतमखद्विषां प्रमाथे धृतधनुषं रघुनन्दनं स्मरामि ॥ उत्तररामचरित V. 4. Mere remembrance, not produced by the apprehension of similarity, is not स्मरणालं°, as in 'स तथेति प्रतिशाय विसृज्य कथमप्युमाम् । ऋषीञ्ज्योतिर्मयान्सप्त सस्मार स्मरशासनः॥' कुमारसम्भव VI. 3.

5 रूपकम् (Metaphor)

रूपकं रूपितारोपाद् विषये निरपह्नवे—Metaphor consists in the representation of the subject of description, which (subject) is not concealed, as identified with another (a well-known standard). विषय is an object upon which something is superimposed, as the face upon which चन्द्रत्व is superimposed; विषयिन् is the object superimposed upon another, as चन्द्र on मुख. So विषय and विषयिन् are here equivalent respectively to उपमेय and उपमान. रूपितस्यारोपः रूपितारोपः. It would have been better if the author had said 'रूपितारोपः' instead of 'रूपितारोपाद्'. An example of रूपक is मुखं चन्द्रः. The name Rūpaka is quite appropriate, as in it the विषयी imposes its form (रूप) on the विषय; note the words of अलं. स. 'विषयिणा विषयस्य रूपवतः करणाद्रूपकम्' p. 35, or of the एकावलि 'यदा तु विषयी विषयं रूपयति रूपवन्तं करोति तदान्वर्थाभिधानं रूपकम्' p. 212. रूपित......व्यवच्छेदः—The word रूपित in the definition serves to distinguish Rūpaka from the figure परिणाम. We shall discuss this point, when we come to the definition of Pariṇāma. The word 'निरपह्नवे' serves to exclude अपह्नुति. In अपह्नुति, an object is denied to be what it really is and something else is established in its stead; e. g. नेदं मुखं किन्तु चन्द्रः. In रूपक, there is no such denial. On account of the extreme similarity of two things we identify one with the other and say 'मुखं चन्द्रः'.

तत्परम्परितं......त्रिधा (P. 22, l. 21). The author divides Rūpaka first into three varieties, परम्परित (Consequential), साङ्ग (Entire), निरङ्ग (Deficient).

यत्र कस्यचिदारोपः......इति केचित् (P. 22, l. 24–p. 23, l. 16). यत्र ......चतुर्विधम्—That is Paramparita when the superimposition of something upon another is the cause of another superimposition and (1) rests or (2) does not rest upon Paronomasia; each of these again is twofold, as each occurs singly or serially. There are thus four varieties of परम्परित, viz श्लिष्टकेवलपरं°

मालाश्लिष्टपरं०, केवल अश्लिष्ट परं०, माला अश्लिष्ट परं०. An example of केवलपरम्परित resting upon Paronomasia is 'आहवे' etc. जगदुद्दण्डश्च असौ राजमण्डलराहुश्च—राजमण्डल may mean (1) the full orb of the moon, or (2) the entire assemblage of kings. राजमण्डलमेव राजमण्डलम्. Here राजमण्डल (in the sense of 'the orb of the moon') is superimposed upon राजमण्डल (in the sense of 'assemblage of kings'). This superimposition is the cause of the superim postion (आरोप) of Rāhu upon the arm of the king. An example of मालापरम्परितरूपक resting on श्लेष is 'पद्मोदय' etc. Read दिनाधीशः for दिगाधीशः. पद्मोदयः is equivalent to पद्मानामुदयः (पद्म + उदय), or पद्मायाः उदयः (पद्मा + उदय). पद्मा means 'Goddess of wealth.' सदागति may be explained as 'सदा गतिः' (constant motion or as 'सतामागतिः' (the resort of the good). भूभृत् means 'mountain' or 'king.' दम्भोलि *(m. f.)* means 'Thunderbolt.' Here we identify पद्मोदय (attainment of fortune) with पद्मोदय (the blooming of lotuses), the point of similarity between the two being the fact of their being expressed by the same word. This superimposition of पद्मोदय on पद्मोदय is the cause of identifying the king with the lord of the day. Similarly, the superimposition of सदागति (constant motion, a characteristic of the wind) on सदागति (resort of the good) is the cause of identifying the king with the wind and the identifiation of भूभृत् (king) with भूभृत् (mountains, which were cleft by Indra's thunderbolt) is the cause of the ascription of the nature of the thunderbolt to the king. Here there are three superimpositions (and not one as in 'आहवे' etc.) and therefore this is मालापरं०. An example of केवलपरम्परित not resting upon श्लेष is 'पान्तु वो' etc. शार्ङ्गज्याघातकर्कशाः—hardened by the strokes of the string of his bow (made of horn). त्रैलोक्यमण्डपस्तम्भाः—pillars of the dome (मण्डप) in the form of the three words. Here the superimposition of मण्डप upon त्रैलोक्य is the cause of the superimposition of स्तम्भ upon the arms. As there is a single superimposition causing another single superimposition, this is केवलपरं०. An example of मालापरं०, not based upon श्लेषः, is 'मनोजराजस्य' etc. मनोजराजस्य = मनोजः (मदनः) एव राजा तस्य. सितातपत्रम्—white umbrella. श्रीखण्डच्चित्रम्—श्रीखण्ड *(m)* means 'sandalwood' as said in the त्रिकाण्डशेष 'माल्यस्तु स्याच्छ्रीखण्डो रौहिणश्च सः' and चित्र means 'the ornamental mark on the forehead (तिलक)' as said by मेदिनी 'तिलकालेख्ययोः क्लीबं कर्बुराद्भुतयोरपि'. हरित् means 'direction or quarter.' हरिदेव अङ्गना हरिदङ्गना. व्योम एव सरः तस्मिन् सरोजम्. कर्पूरपूरप्रभम् resembling a lump of camphor. In this verse the superimposition of the nature of the king on Madana is the cause of the ascription of the nature of 'white umbrella, (which is a symbol of royalty) to the moon. The superimposition of the nature of a woman upon हरित् is the cause of the ascription of the nature of the तिलक (always associated with a woman) to the moon; and so on. In this and the preceding examples, none of the important words is paronomastic. Thus the four varieties of परम्परित are exemplified. एषु...केचित्—It is the opinion of some that in these (four examples of परम्परित) the superimposition of Rāhu etc. upon the arm of the king etc. is the cause of the ascription of the nature of the चन्द्रबिम्ब etc. to राजमण्डल etc. This view is exactly the opposite of Viśvanātha's. विश्वनाथ's view appears to be better, as it is in accordance with the views of Mammaṭa and other famous rhetoricians. Moreover, between राजमण्डल (disc of the moon) and राजमण्डल (assemblage of kings), there is something in common *i. e.* the fact of being expressed in the same words, but between Rāhu and the king's arm, there is nothing in common that is well-known.

The name परम्परित is given to this variety because here there is a series of Rūpakas (परम्परा सञ्जाता अस्येति), one of which is the cause of the other. Jayaratha explains the term as 'परम्परया एकस्य माहात्म्यादपरस्यारूपणत्वमायातं यत्र तत्तथोक्तम्' p. 36 and एकावली as 'परम्परा जाता अस्येति' p. 215. परम्परित is formed like तारकित, acc. to पा. V. 2. 36 'तदस्य सञ्जातं तारकादिभ्य इतच्'.

अङ्गिनो......चोपचरितत्वात् (P. 23, l. 17-p. 24, l. 2). That is साङ्ग (entire), where the principal object is metaphorically represented together with those that are parts of it; and it is of two kinds, (1) that which dwells in all the objects, (2) or resides in only a portion. आरोप्याणाम्......मतम्—When all the things to be superimposed are expressed, it is समस्तवस्तुविषय. शाब्दत्वे means शब्देन अभिधेयत्वे. An example of साङ्गरूपक (समस्तवस्तुविषय) is 'रावणावग्रह' etc. This verse occurs in Raghu° X. 48. रावण एव अवग्रहः तेन क्लान्तम्. अवग्रह means 'drought'. वागेव अमृतम् वागमृतम्. मरुतः एव सस्यम् = मरुत्सस्यम्. कृष्णमेघः—कृष्णः एव मेघः. The cloud-Kṛshṇa disappeared, having thus rained down the nectar of words upon the crops in the form of the deities, that withered in the drought in the form of Rāvaṇa. Here कृष्ण is the principal object of description; रावण, वाक्, मरुत् are the subordinate elements associated with him; मेघ and its subordinate elements, such as अवग्रह, अमृत and सस्य are directly expressed. So this is साङ्ग and as all the *aṅgas* are expressly mentioned and are not to be understood, it is समस्तवस्तुविषय. Mammaṭa explains the term समस्तवस्तुविषय as 'समस्तानि वस्तूनि विषयः अस्य' and Jayaratha as 'समस्तमारोप्यमाणात्मकं वस्तु अभिधाया विषयो यत्र तत्तथोक्तम्' p. 36. When मेघ, the principal one (अङ्गिन्), is superimposed upon कृष्ण (the अङ्गिन्), the अमृत etc. (the अङ्गs) are superimposed upon वाक् etc. (which are also अङ्गs). यत्र......तत्—It is said to be एकदेशविवर्ति (residing in a part), when someone of the superimposed things (आरोप्यमाण) is understood (and not expressed in words). An example of एकदेशविवर्ति is 'लावण्यमधुभिः' etc. लावण्यमेव मधु. विकस्वर—expanding, blooming. लोकलोचन etc. लोकानां लोचनान्येव रोलम्बाः भ्रमराः तेषां कदम्बैः—By what cluster of bees in the form of the eyes of the people. Here, the superimposition of मधु on 'beauty' is directly expressed; while the superimposition of 'lotus' on 'the face' is indirect (*i. e.* is only suggested) As 'honey' is superimposed on 'beauty' and 'bee' on 'eyes', so we infer that it is meant that 'lotus' should be identified with 'face.' As here one of the constituent Rūpakas is not directly expressed, this is एकदेशविवर्ति. The term is explained by जयरथ as 'एकदेश आरोपविषयाणामर्थात्तदात्मक एवारोप्यमाणप्रयोजनप्रतिपादनाय तद्रूपतया विवर्तते परिणमति यत्र तत्तथोक्तम्' p. 36; or by Uddyota as 'रूपकसङ्घातस्य अवयविनः अवयवे कस्मिंश्चिद्रूपके विशेषेण शब्दमुखेन स्फुटतया (वर्तते) इत्यर्थः'. न चेय...उपचरितत्वात्—Nor can you say that this is एकदेशविवर्तिनी simile (exemplified in 'नेत्रैरिवोत्पलैः' etc. text p. 21), because the attribute of bloomingness primarily belongs to the 'lotus' alone, which is the thing superimposed (upon the face) and belongs to the face only metaphorically. What is meant is as follows:—It is sometimes hard to say whether in a particular expression there is simile or metaphor. In मुखचन्द्रः, if we dissolve the compound as मुखं चन्द्र इव, there is Upamā, but the word मुखं would be prominent in that case and चन्द्रः would be subordinate. If we dissolve the compound as मुखमेव चन्द्रः it would be a Rūpaka and the word चन्द्र would be prominent and मुखं would be subordinte. From the other words used in the sentence, we can often judge whether the one or the other is meant. If I say 'मुखकमलं प्रफुल्लम्,' the compound is Rūpaka (मुखमेव कमलम्), as the word 'प्रफुल्ल' (fully blooming) primarily agrees with 'lotus' alone. The compound, therefore, must be so dissolvad here as to give prominence to the word 'lotus', which is possible only if we dissolve it as

मुखमेव कमलम्. If I say 'मुखकमलं हसति,' there is Upamā, because 'laughing' can primarily be affirmed of the face alone and only secondarily of the lotus. The compound must therefore be so dissolved as to give prominence to the word मुख, which is possible only in Upamā (मुखं कमलमिव). So here, as विकस्वर (fully expanded) can primarily be affirmed of 'lotus' only, we must so interpret the words as to give prominence to lotus, honey and bees. This is possible only if we understand that there is Rūpaka.

निरङ्ग......व्यथा मे (P. 24, ll. 3-12). If the principal object *alone* is metaphorically represented, there is निरङ्गरूपक, which is two-fold, being serial or single. An example of निरङ्ग (माला) is 'निर्माणकौशलं etc. सा इयं इन्दीवरेक्षणा धातुः निर्माणकौशलं लोकचक्षुषां चन्द्रिका अनङ्गस्य क्रीडागृहम्. धातुर्निर्माणकौशलम् The very skill of the Creator in creating. Here the woman (अङ्गिन्, the principal subject) is alone compared; the subordinate elements are not referred to at all; hence this is निरङ्ग. An example of केवलनिरङ्ग is 'दासे कृतागसि etc.—This verse is cited by the अलं. स. (p. 37) as an example of केवलनिरवयवरूपक. Arjunavarmadeva, in his comment upon the Amaruśataka, ascribes it to king Vākpatirāja alias Muñja (the uncle of Bhoja) "यथास्मत्पूर्वजस्य वाक्पतिराजापरनाम्नो मुञ्जदेवस्य 'दासे कृतागसि' etc." p. 23 Amaru. Construe कृतागसि (कृतापराधे) दासे प्रभूणां पादप्रहारः उचितः भवेदिति (मत्वा) सुन्दरि नात्र दूये। यत् (तव) मृदु पदं उद्यत्कठोरपुलकाङ्कुरकण्टकाग्रैः खिद्यते ननु सा व्यथा मे. दूये I grieve. उद्यन्तः ये कठोराः पुलकाङ्कुराः ते एव कण्टकाः तेषां अग्रैः by the points of those thorns in the form of the hard shoots of my hair that stand erect (at the thrilling touch). The hero says that he is not distressed by the kick of the heroine; but the thrilling touch of her foot causes his hair to stand erect and the points of those may prick her delicate foot. This is what causes distress to him. Here पुलकाङ्कुर is identified with कण्टक; and there is no other superimposition.

तेनाष्टौ...मृग्यम् (P. 24, ll. 13-17). Thus eight varieties are mentioned by the ancients. Bhāmaha mentions only two, समस्तवस्तुविषय and एकदेशविवर्ति (II. 22). Similarly Udbhaṭa gives four varieties, समस्त°, एकदेश°, and both as माला and केवल. It is Mammaṭa who gives exactly the same number of divisions as our author. परम्परित is divided into 4 varieties, साङ्ग into 2 (समस्त° and एकदेश°), निरङ्ग into 2 (केवल and माला). The अलं स. gives the same number. Our author does not appear to be satisfied with this divison, as the varieties are not mutually exclusive. He says that a परम्परितरूपक may also be एकदेशविवर्ति. In परम्परित the superimposition of one thing on another is the cause of the superimposition of something else on another. The two things do not stand in the relation of principal and subordinate (अङ्गिन् and अङ्ग); while in साङ्गरूपक (of which एकदेशविवर्ति is a variety), there are no doubt two or more superimpositions, but the objects stand in the relation of principal and subordinate. This is the view of the ancients. Our author differs from them and gives 'खड्गः क्ष्मासौविदल्लः' as an example of परम्परितएकदेशविवर्ति. Our author follows here the अलं. स. This line is the last one of a verse cited by अलं. स०. The first three lines are: पर्यङ्को राजलक्ष्म्या हरितमणिमयः पौरुषाब्धेस्तरङ्गो भग्नप्रत्यर्थिवंशोल्बणविजयकरिस्त्यानदानाम्बुपट्टः । संग्रामत्रासताम्यन्मुरलपतियशोहंसनीलाम्बुवाहः'. On this verse the अलं० स० remarks 'अत्र क्ष्मासौविदल्ल इति परम्परितमप्येकदेशविवर्ति' p. 38. क्ष्मा means 'the earth' and सौविदल्ल is कञ्चुकिन्, the guard on the king's harem. अन्तःपुरे त्वधिकृतः स्यादन्तर्वंशिको जनः । सौविदल्लाः कञ्चुकिनः स्थापत्याः सौविदाश्च ते ॥' अमर. II. 8. 8. मालवाखण्डलः—That Indra in the form of the king of Mālvā. अत्र आर्धः etc. Here the implied superimposition of the idea of a queen upon the earth is the cause of the ascription of the nature of the guard to the sword. As the superimposition of महिषी upon क्ष्मा is the cause of the superimposition of सौविदल्ल upon खड्ग there is परम्परितरूपक. But as 'महिषी' is not directly expressed, and सौविदल्ल alone is expressed, this is एकदेशविवर्ति. अस्य भेदस्य etc.—The reader should search out for himself an example of एकदेशविवर्तिपरम्परित, where there is a series of superimpositions.

दृश्यन्ते......बोध्यम् (P. 24, l. 18-p. 25, l. 12). Even in the साङ्ग metaphor, we see that the things superimposed (आरोप्य) are founded upon श्लेष (Paronomasia). Mammaṭa divided साङ्ग into two varieties, समस्तवस्तुविषय and एकदेशविवर्ति. He did not say that these two may be founded on श्लेष. Our author points out that this is possible. An example of एकदेशविवर्ति based upon श्लेष is 'करमुदय' etc. Construe गलिततमः-पटलांशुके (गलितं तमःपटलमेव अंशुकं यस्मात्) उदयमहीधरस्तनाग्रे (उदयमहीधरः उदयपर्वत एव स्तनः तस्य अग्रे) करं (करमेव किरणमेव करं हस्तम्) निवेश्य अयं सुधांशुः (चन्द्रः) अमरेशदिशः (अमरेशः इन्द्र तस्य दिक् प्राची तस्याः) विकसितकुमुदेक्षणं (विकसितं कुमुदमेव ईक्षणं यस्य) मुखं विचुम्बति. Here the word करम् is Paronomastic. This is एकदेशविवर्ति because here the word 'woman' superimposed upon अमरेशदिक्

is not expressed, while the other constituent elements as स्तन, अंशुक, ईक्षण are mentioned. If we read 'चुचुम्बे हरिदबलामुखमिन्दुनायकेन' for विचुम्बति...सुधांशुः' we shall have श्लिष्टसमस्तवस्तुविषय, as in this case 'the woman' superimposed upon 'the direction' and 'the hero' upon 'the moon' will both be expressed in words. न चात्र...असङ्गतम् (p. 24. ll. 23–25). It cannot be said that this is श्लिष्टपरम्परित (and not श्लिष्टसाङ्ग). In श्लिष्टपर०, e. g. in 'भूभृद्रावलिदम्भोलिः' etc, without the superimposition of mountains etc. upon the kings, the identification of the monarch, who is the object of description, with the thunderbolt would be altogether absurd, as there is not the least similarity between the two. But in the example 'करमुदय' etc, the superimposition of कर upon कर, or of नायक upon सुधांशु, etc., or of woman upon 'अमरेशदिक्' is not dependent upon the superimposition of anything else. Each may be superimposed upon the other independently, as there is great similarity between the various pairs. तर्हि...... वाच्यम्. An objection is raised against the above reasoning in these words. If you say that 'भूभृद्रावलिदम्भोलिः' is an example of परम्परित, then how is it that you cite पद्मोदयदिनाधीशः etc. as an example of परम्परित? The king can be identified with the sun, as there is between the two great similarity founded upon both being तेजस्वि (glorious). This superimposition is independent of the superimposition of पद्मोदय upon पद्मोदय. Hence 'पद्मोदयदिनाधीशः' should be an example of साङ्ग and not of परम्परित. तथाहि......विवक्षितत्वात्. The foregoing objection is answered in these words. It is quite true theat the resemblance of the king to the sun as possessing glory is quite manifest; but it is not intended in the example under disscusion. It is पद्मोदयत्व (the identity of the attainmant of fortune with the bloomiug of lotuses based upon Paronomasia) that is intended to be the common attribute of the two. And hence, the superimpositoin of पद्मोदय on पद्मोदय is the cause of the superimposition of the 'sun' on the king and 'पद्मोदय' etc. is an example of परम्परित०. पद्मोदयादेरेव means पद्मोदयादिश्लिष्टपदस्यैव. इह तु......इति न श्लिष्टपरम्परितम्. But here the similarity of the mountain to the female breast in plumpness and prominence is quite manifest of itself and hence there is no श्लिष्टपर०, but श्लिष्टसाङ्ग. कचित्समासाभावेऽपि etc. sometime Rūpaka is found without a compound. The author appears to allude to the words of Daṇḍin, who divides Rūpakas into व्यस्त (without a compound), समस्त (in a compound) and व्यस्तसमस्त (partly compounded and partly not). 'उपमैव तिरोभूतभेदा रूपकमिष्यते । यथा बाहुलता पाणिपद्मं चरणपल्लवः ॥ अङ्गुल्यः पल्लवान्यासन् कुसुमानि नखार्चिषः । बाहू लते वसन्तश्रीस्त्वं नः प्रत्यक्षचारिणी ॥ इत्येतदसमस्ताख्यं समस्तं पूर्वरूपकम् (बाहुलता etc.) । स्मितं मुखेन्दोर्ज्योत्स्नेति समस्तव्यस्तरूपकम् ॥' काव्यादर्श II. 66–86. क्वचिद्वैयधिकरण्येऽपि etc.—In Rūpaka, the Upamāna and Upameya are generally in apposition, as in मुखचन्द्रः, बाहुलता etc. But sometimes the Upamāna and Upameya are in different cases, as e. g. 'The Creator formed here a line of bees under the shape of a creeper-like eyebrow.' Here भ्रूलता and मधुपश्रेणी are in different cases. The Nirṇaya-sāgara edition wrongly omits the words from विदधे to वैधर्म्येऽपि यथा. It thus makes 'सौजन्याम्बु etc., an example under वैयधिकरण्य, which it is not. Besides the अलं० सू० cites 'सौजन्याम्बु' etc. as an example under वैधर्म्य; see pp. 38–39. The printed editions put the words 'इदं मम' after the verse 'सौजन्याम्बु' etc; this seems to us to be wrong; the verse is quoted by Ruyyaka, who preceded Viśvanātha by at least two centuries. सौजन्याम्बु......पुच्छच्छटा—these are in apposition with राजावली. यैः......सेविता They, who inspired with foolish hopes, have served the princes of the Kaliyuga (Iron Age). सौजन्य etc.—सौजन्यमेव अम्बु तस्य मरुस्थली the sandy desert for the water of courtesy (*i. e.* as in Mārwār there is no water, so there is no courtesy in princes). सुचरित०—सुचरितमेव आलेख्यं तस्य द्युभित्तिः—the aerial wall for the pictures of good deeds (*i. e.* as no pictures can be painted on the canvas of the sky, so there are no good deeds in the princes of this age.) गुणज्योत्स्नाकृष्णचतुर्दशी—गुणा एव ज्योत्स्ना तस्याः कृष्णचतुर्दशी the fourteenth night of the dark fortnight for the moonlight of merit (*i. e.* as there is no moonlight on the fourteenth of the dark fortnight, so there are no merits in the princes). सरलता०—सरलता कौटिल्यराहित्यमेव सरलता ऋजुता तस्याः योगे श्वपुच्छच्छटा the very perfection of the dog's tail in respect of rectitude (*i. e.* as the dog's tail can never be straight, so there is no staightforwardness in the princes). तेषां......कौशलम्—for those (hard workers), how much ability would be required to serve God Śiva who is to be easily attained by faith alone?

अत्र केषां......गणनम् (P. 25, ll. 11–12). Although some of the Rūpakas exemplified above are based upon Paronomasia (of words), they are counted as *alaṅkāras* of sense, as thay are species of Rūpaka. श्लेष is of two kinds, शब्दश्लेष and अर्थश्लेष;

in the former the word itself is important; if we substitute another in its place, the charm vanishes; e. g. योऽसकृत्परगोत्राणां पक्षच्छेदक्षणक्षमः स विबुधेन्द्रो राजते; here विबुधेन्द्रो means 'Lord of Gods or lord of learned men'; परगोत्राणां means 'of the families of enemies' or 'of the best mountains' and so on. Here if we substitute the word वंश and पण्डित for गोत्र and विबुध respectively, the double meaning vanishes and then there will be no श्लेष. Therefore as the word is here the chief element, this is called शब्दश्लेष, which is an *alaṅkāra* of *Śabda* and not of *Artha.* In some of the Paramparita Rūpakas founded upon श्लेष, the particular word employed is very important; as e. g. in 'भूभृदावलिदम्भोलिः'. If we substitute here the word पर्वत for भूभृत्, then there will be no श्लेष, and this verse would cease to be an example of श्लिष्टपरम्परित. So then, the verse appears to be an example of शब्दालङ्कार. Our author remarks that, although in such verses the particular words employed are important, still the prominent figure is Rūpaka and श्लेष serves only as a means to an end. Hence it is that the verses are cited under figures of sense. एवं...बोध्यम्—The same is to be understood with respect to *alaṅkāras* to be spoken of later on.

अधिका...वैशिष्ट्यम् (P. 25, ll. 13-19). Construe (यत्) अधिकारूढवैशिष्ट्यम् रूपकं तत् तदेव—That Rūpaka in which the excellence rises to an excessive pitch is termed the same (*i. e.* अधिकारूढवैशिष्ट्य). अधिकं आरूढं वैशिष्ट्यं यस्मिन् तत्. An example of this is इदं वक्त्रं' etc. अधरः सुधाधाराधारः चिरपरिणतं बिम्बम्—the lower lip, the receptacle of nectar, is a *bimba* fruit ripened after a long time. तनुः अवगाहे सुखतरः लावण्यानां जलधिः—the body is an ocean of charms exceedingly delightful to him who immerses himself in it. In this example, the face is identified with the moon, but the excellence of the face is carried to the highest pitch, by saying that the face is spotless, while the moon has spots; similarly, the बिम्ब fruit is not the receptacle of nectar; lotuses do not bloom day and night (they bloom either by day or in the night); a plunge in the sea is not always delightful. To us this verse appears to be not a distinct variety of रूपक, but of व्यतिरेक. In व्यतिरेक, the superiority of the उपमेय over the उपमान is pointed out. The same is done here. Or if it be said that the superiority of उपमेय is not intended, then we say that this is an example of an ordinary Rūpaka. The Upamāna and Upameya are identified because there is great resemblance; still there must be certain properties in the उपमेय which are not found in the उपमान. Similarly here, the fact that the face is कलङ्करहित while the moon is सकलङ्क does not constitute this example a separate figure. Jagannātha says that the possession by the Upameya of a property over and above those of the Upamāna or the non-possession by the Upameya of one of the properties of the Upamāna does not prevent us from identifying Upamāna and Upameya. "वामनस्तु— 'एकगुणहानिकल्पनायां साम्यदार्ढ्यं विशेषोक्तिः' (काव्यालङ्कारसूत्र IV. 3. 23.) इत्याह उदाजहार च— 'द्यूतं हि नाम पुरुषस्यासिंहासनं राज्यम्' (मृच्छकटिक) इति । अत्र हि द्यूते राज्यं तादात्म्येनारोप्यते । तत्र सिंहासनरहितं हि द्यूतं सिंहासनसहितराज्यतादात्म्यं कथं वहेदिति आरोपोन्मूलकयुक्तिनिरासायारोप्यमाणे राज्येपि सिंहासनराहित्यं कल्प्यते । तेन दृढारोपं रूपकमेवेदम् । न विशेषोक्तिः । एवं च 'अचतुर्वदनो ब्रह्मा द्विबाहुरपरो हरिः । अभाललोचनः शम्भुर्भगवान्बादरायणः ॥' इति पौराणपद्येऽपि रूपकमेव । तथा गुणाधिक्यकल्पनायामपि तदेव । यथा--'धर्मो वपुष्मान्भुवि कार्तवीर्यः' इत्यादौ ।' p. 439. R. G.

6 परिणाम (Commutation)

विषयात्मतया......परिणामः (P. 25, ll. 19–21). Construe आरोप्ये (*i. e.* विषयिणि *i. e.* उपमाने) विषयात्मतया प्रकृतार्थोपयोगिनि (सति) परिणामो भवेत्—When what is superimposed serves the purpose in hand as being identified with the subject of superimposition (the उपमेय), it is परिणाम, which is two fold as being appositional or non-appositional. तुल्याधिकरणः is the same as समानाधिकरणः and अतुल्याधिकरणः equivalent to व्यधिकरणः. The name is given to this figure, because the object superimposed is commuted into the nature of the subject of superimposition.

यथा—तादात्म्येन (P. 25, l. 23–p. 26, l. 3). An example is 'स्मितेन' etc.—construe दूरात् आगतस्य मम तया स्मितेन उपायनं कृतम; द्यूते स्तनोपपीडम् आश्लेषः—तया पणः कृतः—She made a present to me, who had come from afar, of a smile; and the wager laid in gambling was an embrace with pressure of the breast (*i. e.* a close embrace). स्तनोपपीडम् is a gerund in अम् and means स्तनौ उपपीड्य. अन्यत्र In other cases *i. e.* in ordinary cases. उपायनपणौ...उपयुज्येते—In other cases a present and a wager assume the form of clothes, ornaments etc. In ordinary life, a present consists of costly clothes etc. while a wager is generally laid in the shape of money, ornaments, costly vessels etc. अत्र तु......श्लेषरूपतया—supply 'उपयुज्येते' after स्मिताश्लेषरूपतया. In the present case of welcoming a lover and gaming with him, the present and the wager assume the form of a smile and and embrace. Here the आरोप्यमाण is उपायन in the first case and पण in the second, while the विषय (*i. e.* उपमेय) is स्मित in the first and आश्लेष in the 2nd. Now here the आरोप्यमाण *i. e.* विषय is not useful in its own nature for the matter in hand, which is *welcoming a lover;* it will be useful for the matter in hand by being completely identified with the विषय *i. e.* स्मित. A lover must be welcomed by a smile etc; ordinary presents would not do. Therefore, here the आरोप्यमाण उपायन in its own sense is not suitable to the purpose in hand; it becomes suitable only when it is identified with the smile. Similarly in the case of आश्लेष. प्रथमार्धे......सामानाधिकरण्येन—In the first half of this verse, the figure is used without apposition (of उपमान and उपमेय) *i. e.* स्मितेन is in the Instrumental and उपायन in the Nominative, and in the second half with an apposition (of उपमान and उपमेय *i. e.* पण: and आश्लेष: are both in the nom.). रूपके......तादात्म्येन. The author here distinguishes between रूपक and परिणाम. In Rūpaka, as for instance in 'I see the moon-face', the superimposed moon only serves to distinguish the face, but it has nothing to do with the act of seeing, which is the matter in hand. But in Pariṇāma, the present (उपायन, the आरोप्यमाण or उपमान) is completely identified with the subject of superimposition, viz. the lady's smile (the आरोपविषय or उपमेय); and the present as so identified subserves the purpose in hand, viz. honouring the lover. अत एव ......अत्र तु तादात्म्येन—Hence is it that in Rūpaka, what is superimposed (the उपमान) is construed simply as characterizing or distinguishing the subject; but in परिणाम, the thing superimposed (आरोप्य) is construed as being completely identical. The word अवच्छेदक is a technical one, of which the Naiyāyikas are very fond. It means 'a determining attribute.' When we say मुखचन्द्र:, what the word चन्द्र effects is simply to tell us that the face is one which possesses most of the qualities of the moon and is similar to it. It serves to distinguish the particular face from other faces which do not possess great similarity to the moon. The distinction between Rūpaka and Pariṇāma when briefly stated is this:—In Rūpaka, the उपमान tinges or colours the Upameya simply, but the उपमान is not necessarily of any use for the matter in hand as in मुखचन्द्रं पश्यामि, where the moon subserves no purpose in the act of seeing. In परिणाम, on the other hand, the उपमान

is completely identified with the Upameya and subserves the purpose in hand by being so identified e. g. प्रसन्नेन दृगब्जेन वीक्षते मदिरेक्षणा; here the word अब्ज (lotus) is connected with the action of seeing as its agent. But a lotus in its own nature cannot see. It can be the agent of seeing only if it be thoroughly identified with the eye and when thus identified with the eye, it will subserve the purpose in hand. In Rūpaka, the उपमान is superimposed upon the Upameya, which is the subject of discussion; while in Pariṇāma the उपमान passes over entirely into the nature of the Upameya and subserve the purpose in hand. So it is प्रकृतोपयोगित्व that distinguishes this figure from Rūpaka. The word रूपित in the definition of Rūpaka was said above to distinguish it from Pariṇāma. It is now clear from the above that, what is meant is that in रूपक there is simply a superimposition of the रूपित (*i. e.* of what gives its form to another). Our author, in distinguishing रूपक and परिणाम, appears to borrow the words of Ruyyaka; "आरोप्यमाणं रूपके प्रकृतोपयोगित्वाभावात्प्रकृतोपरञ्जकत्वेनैव केवलेनान्वयं भजते परिणामे तु प्रकृतात्मतया आरोप्यमाणस्योपयोग इति प्रकृतमारोप्यमाणरूपत्वेन परिणमति ।" p. 40 अलं० स०, on which जयरथ remarks "एवमत्र प्रकरणोपयोगित्वाभावादित्यारोप्यमाणस्योपयोग इति चान्वयव्यतिरेकाभ्यां प्रकृतोपयोगित्वस्य असाधारणत्वं दर्शितम् । असाधारणत्वस्य हि धर्मस्य तत्त्वव्यवस्थापकत्वाल्लक्षणत्वम् ।" p. 41; **उपयोग** इति तेन विना प्रकृतार्थस्यानिष्पत्तेः । जयरथ p. 40.

Our author is not very clear in his exposition of Pariṇāma. The Chitramīmāñsā is very explicit on this point "यच्चारोप्यमाणं किंचित्कार्योपयोगित्वेन निबध्यमानं स्वतस्तस्य तदुपयोगित्वासम्भवात्प्रकृतात्मतापत्तिमपेक्षते तत्रैव परिणामाङ्गीकारात् । 'प्रसन्नेन दृगब्जेन वीक्षते मदिरेक्षणा' इति ।" p. 55. It then explains how this verse is an example of परिणाम; "अत्र तु अब्जस्य वीक्षणोपयोगित्वं निबध्यते । मयूरव्यंसकादिसमासेनोत्तरपदप्राधान्यात् । न चोपमिति (त?) समासाश्रयणेन पूर्वपदार्थप्राधान्याद्दृश एव तदुपयोगित्वं निबध्यत इत्यस्त्विति वाच्यम् । प्रसन्नेति सामान्यधर्मप्रयोगात् । 'उपमितं व्याघ्रादिभिः सामान्याप्रयोगे' (पा. II. 1. 56) इति तदप्रयोग एवोपमितसमासानुशासनात् । अब्जस्य च वीक्षणोपयोगित्वं न स्वात्मना सम्भवति । अतः प्रकृतदृगात्मतापत्त्यपेक्षणात् परिणामालङ्कारः ।" p. 55. The चि. मी. distinguishes रूपक and परिणाम as 'रूपके प्रकृतमप्रकृतरूपापन्नं भवति परिणामे तु अप्रकृतं प्रकृतरूपापन्नं भवति' p. 59. Similarly, Jagannātha very clearly defines Pariṇāma as 'विषयी (*i. e.* उपमानम्) यत्र विषयात्मतयैव प्रकृते प्रकृतोपयोगी न स्वातन्त्र्येण (*i. e.* स्वस्वरूपेण) स परिणामः' R. G. p. 248. His example of परिणाम is a beautiful one. 'अपारे संसारे विषमविषयारण्यसरणौ मम भ्रामंभ्रामं विगलितविरामं जडमतेः । परिश्रान्तस्यायं तरणितनयातीरनिलयः समन्तात्सन्तापं हरिनवतमालस्तिरयतु ॥'. Upon this verse he remarks

'भगवदात्मतयैव तमालस्य संसारतापनिवर्तनक्षमत्वम् । मार्गश्रान्तजनसन्तापहारकत्वात् रमणीयशोभाधारत्वाच्च तमालो विषयितयोपात्तः ।' R. G. p. 248. In the above example, the तमाल (a tree) cannot on its own account be said to remove the worry of this life; it can do so only if it is identified with the Deity, who is the subject of discussion. The एकावली defines परिणाम quite differently 'तं परिणामं द्विविधं कथयन्त्यारोप्यमाणरूपतया । परिणमति यत्र विषयः प्रस्तुतकार्योपयोगाय ॥ यत्रारोपविषयः (*i. e.* उपमेय) प्रकृतकार्यसिद्ध्यर्थमारोप्यमाणरूपतया परिणमति तत्र यथार्थाभिधानः परिणामः' । pp. 220-21. This is directly opposed to the words of our author आरोप्ये (उपमाने) विषयात्मतया (उपमेयात्मतया) प्रकृतार्थोपयोगिनि etc. and of Jagannātha 'विषयी (उपमानम्) यत्र विषयात्मतयैव (उपमेयात्मतयैव) प्रकृते प्रकृतोपयोगी etc.' The Ekāvalī means that where the *Upameya* cannot in its own nature serve the purpose in hand, but can do so only as completely passing over into the nature of the Upamāna, there is परिणाम; while our author and Jagannātha say that where the *Upamāna* does not subserve the purpose in hand in its own nature, but does so only as completely identified with the Upameya, there is परिणाम. The एकावली seems to follow the अलं० सू० which says 'प्रकृतमारोप्यमाणरूपत्वेन परिणमति' p. 40. But the अलं० सू० appears to us to be self-contradictory. It defines परिणाम as 'आरोप्यमाणस्य प्रकृतोपयोगित्वे परिणामः' and says further on 'परिणामे तु प्रकृतात्मतया आरोप्यमाणस्योपयोगः'. This is exactly our author's view; but the words 'प्रकृतमारोप्यमाणरूपत्वेन परिणमति' placed after आरोप्यमाणस्योपयोगः are exactly the reverse of what our author says. An example of परिणाम according to the एकावली is "राजन् नृसिंह भवतः समरोत्सवेषु धूलीभिरन्धतमसं सपदि व्यधायि । निस्त्रिंशकृत्तशिरसाममरत्वभाजां स्वर्गाङ्गनासुरतकेलिषु शात्रवाणाम् ॥ अत्रारोप्यमाणान्धतमसरूपतया परिणतानां धूलीनां प्रस्तुतसुरतोपयोगित्वम् ।" p. 222. It should be noted that Mammaṭa does not recognize the figure Pariṇāma. उद्द्योत takes the same view. Vide its remarks "यत्तु 'आरोप्यमाणो यत्र विषयात्मतयैव प्रकृतकार्योपयोगी न स्वातन्त्र्येण स परिणामः (this is जगन्नाथ's लक्षण) । अत्र च विषयाभेदः आरोप्यमाणे उपयुज्यते रूपके तु नैवमिति विशेषः (these are the words of R. G. p. 248) । वदनेन्दुना तन्वी स्मरतापं विलुम्पति-इत्यादि उदाहरणम् । अत्र हि स्मरतापनाशनसामर्थ्यं मुखात्मनैवेन्दोः । ग्रीष्मसन्तापहारकत्वात् रमणीयशोभाधारत्वाच्चेन्दुर्विषयतयोपात्तः' इति दाक्षिणात्याः । तन्न । इन्दौ वदनतादात्म्यप्रतीतेर्वर्णनीयमुखाद्युत्कर्षकत्वेनालङ्कारत्वाभावात् इति दिक् ।" p. 30 (Chān).

दासे......घटनार्थमनुसन्धीयते (**P. 26, ll. 3-5**). In the verse 'दासे' quoted above (text p. 24), there is Rūpaka and not परिणाम. It may be objected that in the verse 'दासे कृतागसि' there is परिणाम, as the आरोप्यमाण कण्टक, which is well-known as the cause of piercing the foot, is here identified with पुलक (उपमेय). पुलक cannot be connected in its own sense with पादभेदन, but only when identified with कण्टक. Thus the verse will be an example of परिणाम according to the view of the एकावली, which says 'यत्रारोपविषयः (*i. e.* उपमेय; here पुलक) प्रकृतकार्यसिद्धयर्थम् (here पादभेदन-रूपप्रकृतकार्यसिद्धयर्थम्) आरोप्यमाणात्मतया (here कण्टकात्मतया) परिणमति तत्र परिणामः।'. To this our author replies that in 'दासे०' there is रूपक; because, the act of piercing the foot, brought about by the thorn which is the आरोप्यमाण, is not the matter in hand. If पादभेदन is not the matter in hand there cannot be परिणाम, of which the characteristic mark is प्रकृतोपयोगित्व. In 'दासे' etc., the प्रकृत is the removal of the sense of wounded pride. It may be said that although पादभेदन is not the matter in hand, still it helps to being out the प्रकृत sense (मानभङ्ग) and is thus प्रकृतोपयोगि. The author replies 'न खलु' etc. तत् = पादभेदनम्. Nor is the piercing of the foot understood to help towards the bringing out of any of the matters in hand in that verse.

अयमपि......वैशिष्टयम् (**P. 26, ll. 6-10**). As the author spoke of अधिकारूढवैशिष्टयरूपक, so he speaks of अधिकारूढवैशिष्टयपरिणाम "वनेचराणां...सुरतप्रदीपाः". This is Kumārasam. I 10. यत्र = हिमालये· दरी एव गृहं तस्य उत्सङ्गः (lap *i. e.* interior) तस्मिन् निषक्ताः भासः यासाम्—This qualifies ओषधयः. अतैलपूराः qualifies प्रदीपाः and means 'unfed by oil.' वनितासखानां वनेचराणां to the foresters accompanied by their consorts. In this verse ओषधयः are आरोपविषय or उपमेय; प्रदीपाः are the आरोप्यमाण or उपमान. The प्रकृत is the removal of darkness, which is favourable to dalliance. The lamps subserve the purpose in hand as identified with the ओषधिs, the आरोपविषय, and hence there is परिणाम. As the lamps are said to be unfed by oil, there is अधिकारूढवैशिष्टय, while ordinary lamps require to be fed by oil. In our view this is, as remarked by Jagannātha, Rūpaka itself. In explaining the application of his definition of परिणाम to the verse, the author appears to have broken down completely. One may well argue that the lamps (विषयी) can in their own nature very well serve the matter in hand *i. e.* removal of darkness. It is ओषधिs that cannot well serve the matter in hand and do so only when completely identified with lamps *i. e.* here the the आरोप्य (the lamps) are nor विषयात्मतया प्रकृतार्थोपयोगि but in their own nature. Hence the definiton of परिमाण as given by विश्वनाथ does not apply to this verse. The definition of एकावली applies; यत्र विषयः (*i. e.* here ओषधयः) प्रस्तुतकार्योपयोगाय (*i. e.* अन्धकारनाशाय) आरोप्यमाणरूपतया (*i. e.* प्रदीपरूपतया) परिणमति स परिणामः. The word अतैलपूराः is to be kept aside, according to our author, so far as mere परिणाम is concerned; the addition of that word makes this verse an example of अधिकारूढवैशिष्ट्य परिणाम. So the figure परिणाम is constituted by the words यत्र रजन्यां ओषधयः सुरतप्रदीपा भवन्ति. In that case, it is difficult to see how the author's remarks अत्र प्रदीपाना... योगः apply to the example.

7 सन्देह (Doubt)

प्रकृतेऽन्यस्य प्रतिभोत्थितः संशयः सन्देहः—When an object under discussion is poetically suspected to be something else, it is called a Doubt.' It is three-fold, शुद्ध, निश्चयगर्भ (containing a certainty) and निश्चयान्त (ending in a certainty). प्रकृत means उपमेय. अन्यस्य = अप्रकृतस्य *i. e.* उपमानस्य. Two things are necessary to constitute the figure सन्देह; (I) the doubt must be due to सादृश्य and (II) the doubt must be poetical and not matter of fact (*i. e.* must be चमत्कृतिजनक); e. g. इतो गता सा क्व गता न जाने गेहं गता मे हृदयं गता वा'; here there is a doubt but it is not due to सादृश्य; therefore there is no सन्देहालङ्कार; in 'स्थाणुर्वा पुरुषो वा', the doubt, though it may be सादृश्यमूलक, is not poetical; therefore there is no सन्देहालङ्कार. यत्र......शृङ्गारिणः (p. 26, ll. 13-17). It is शुद्ध where it terminates in doubt. किं तारुण्य......शृङ्गारिणः—This verse is ascribed to Bandhu in सुभाषितावलि (No. 1471). It is cited by अलं. स. p. 43 also. तारुण्यमेव तरुः. 'Is she a new sprout, that from an exuberance of रस (juice, also feeling) has burst forth from the tree of youthfulness?' वेलाप्रोच्छलितस्य = वेलायां प्रोच्छलितस्य उद्गतस्य overflowing the shores. लावण्यमेव वारांनिधिः उदधिः. स्वसमयोपन्यासविश्रम्भिणः (स्वसमयस्य स्वसिद्धान्तस्य उपन्यासे ज्ञापने विश्रम्भिणः प्रणयिनः । राम०) देवस्य शृङ्गारिणः (मदनस्य) किं उद्गाढोत्कलिकावताम् (अगाधोत्कण्ठाशालिनाम्) साक्षादुपदेशयष्टिः—'Is she the chastising rod of the Deity of love, eager to expound his doctrines to men who are deeply agitated (by fancy)?' उपदेशयष्टिः उपदेशार्थं यष्टिः ताडनवेत्रादिदण्डः विद्यायाः उपदेष्टारः बालानां चपलचित्तनिवारणाय ताडनार्थं यष्टिं गृह्णन्ति इति प्रसिद्धमेव. Here, no conclusion is arrived at; and therefore this is an example of शुद्धसन्देह. यत्र......निश्चयमध्यः—That is निश्चयमध्य where there is a doubt at the beginning and another at the end; but certainty in the middle. Compare अलं० स० 'निश्चयगर्भो यः संशयोपक्रमो निश्चयमध्यः संशयान्तश्च' p. 43. 'अयं मार्तण्ड......प्रतिभटाः'—मार्तण्डः The sun. इतः = युक्तः. कृशानुः = अग्निः. एषः = अग्निः. प्रतिभटाः foemen. विकल्पान्विदधति entertain doubts. This verse is cited by Mammaṭa as well as

Ruyyaka. Here at first a doubt is raised that the king is the sun; this doubt is dispelled by the fact that the king rides a single horse. So then there is the certainty that he is not the sun (*i. e.* निश्चयः गर्भे यस्य). It is not yet certain that he is the king; for if that were so, no new doubt can arise. So what is certain is the absence of the first doubt. Then comes the doubt that he is fire; and so on. So here there is संशय first, then निश्चय (dispelling of the संशय) and then there is another doubt. यत्रादौ......परोक्षैः (p. 26, ll. 26-28). Compare अलं. स. 'यत्र संशय उपक्रमो निश्चये पर्यवसानम्' p. 43. किं तावत्...परोक्षैः—This occurs in शिशु० VII. 9. आरात् near. बकसहवासिनां (पद्मानां) परोक्षैः (अपरिचितैः) बिब्बोकैः (शृङ्गारभावजैः चेष्टाविशेषैः, as defined in 'बिब्बोकोऽभिमतप्राप्तावपि गर्वादनादरः') by means of those gestures of loving indifference unknown to the lotuses. Here a doubt is raised first whether it is a lotus or the face of a young woman. At last by adverting to some property peculiar to the Upameya, a certainty is arrived at that it is the face. After this certainty there is no new doubt. मध्यं तव......भासते. पयोधरभरेण अर्दितम् oppressed by the weight of the breasts. This is an example of अतिशयोक्ति (Hyperbole) and not सन्देह, because when the उपमान is suspected in place of the उपमेय, it is सन्देह. In 'मध्यं तव' etc., no उपमान is mentioned; the doubt is in reference to the same thing, without suspecting it to be something else.

Our author follows Mammaṭa and Ruyyaka in the threefold division of this figure. Ruyyaka, Vāmana, the Ekavalī and our author call this figure सन्देह; while दण्डिन्, भामह, उद्भट, मम्मट and Jagannātha call it ससन्देह, which उद्द्योत explains as 'सन्देहेन सह विषयतया तद्विशिष्टः इति ससन्देहः' p. 26. Daṇḍin includes it undr उपमा; 'अनन्वयससन्देहावुपमास्वेव दर्शितौ' काव्यादर्श II. 358. भामह's example is 'किमयं शशी न स दिवा विराजते कुसुमायुधो न धनुरस्य कौसुमम् । इति विस्मयाद् विमृशतोऽपि मे मतिस्त्वयि वीक्षिते न लभतेऽर्थनिश्चयम् ॥' III. 44,

An example of this figure is प्रश्चोतनं नु हरिचन्दनपल्लवानां निष्पीडितेन्दुकरकन्दलजो नु सेकः । आतप्तजीविततरोः परितर्पणो मे सञ्जीवनौषधिरसो नु हृदि प्रसिक्तः ॥' उत्तरराम० III. 11.

8 भ्रान्तिमान् (Error)

साम्यात् अतस्मिन् तद्बुद्धिः भ्रान्तिमान् (अलङ्कारः) (यदि) प्रतिभोत्थितः—Error is the apprehension, from resemblance, of an object as being what it is not, if it is suggested by poetical imagination. मुग्धा दुग्धधिया etc. etc. मुग्धा बल्लवाः simple cowherds; गवामधः कुम्भान् विदधते

place their jars beneath the cows. कैरव white lotus (सिते कुमुदकैरवे । अमर I. 10. 37). कुवलय blue lotus. कर्कन्धू = बदरी the jujube tree. सान्द्रा चंद्रिका—The profuse moonlight. In this verse, the profuse light of the moon is represented as causing error. The jujube fruit, when the rays of the moon fall upon it so as to make it shine, is mistaken for a pearl. Here the error is due to similarity. The word तत् in तद्बुद्धि refers to the उपमान *i. e.* अप्राकरणिक and अतत् means the उपमेय or प्राकरणिक. स्वरसोत्थापिता etc. An illusion caused by the nature of things (and not poetically represented) does not come under this figure; as for example, the illusion of silver on mother-o-pearl; or of a snake on a rope. स्वरस means 'स्वभाव' here. An illusion not arising from resemblance is not the subject of the present figure; as in सङ्गम etc. सङ्गमविरहविकल्पे—In a choice between her company and her separation. सङ्गे......विरहे—In union there is but she alone, but in separation, the three worlds themselves are nothing but herself. Here the illusion of looking upon the three worlds as the woman is not due to सादृश्य (but to love and constant thoughts about her) and there is no भ्रान्तिमान्.

The अलं० स० explains the name भ्रन्तिमान् as follows—भ्रान्तिश्चित्तधर्मः । स विद्यते यस्मिन्भणितिप्रकारे स भ्रान्तिमान् ।' p. 44. on which जयरथ remarks 'अतश्चालङ्कारे भ्रान्तिसद्भाव उपचरितः :'. Error is a property of the mind and hence भ्रान्तिमान् would mean 'a person who is in error.' The अलङ्कार is not in error and so cannot be primarily called भ्रान्तिमान्. But the figure is called भ्रान्तिमान् in a secondary sense, as in it expression is given to a person's error. Similarly जगन्नाथ remarks "अत्र च भ्रान्तिमात्रमलङ्कारः । भ्रान्तिमानलङ्कार इति व्यवहारस्त्वौपचारिकः । तथा चाहुः । 'प्रमात्रन्तरधीर्भ्रान्तिरूपा यस्मिन्ननूद्यते । स भ्रान्तिमानिति ख्यातोऽलङ्कारे त्वौपचारिकः ॥"' R. G. p. 266.

Two conditions are essential to constitute this figure; (I) The error must be due to similarily (and not to a stroke etc.) and (II) the error must be poetical. The verse 'दामोदरकराघातचूर्णिताशेषवक्षसा । दृष्टं चाणूरमल्लेन शतचन्द्रं नभस्तलम् ॥' is not an example of भ्रान्तिमान्, because here the illusion is due to the heavy blow (and not to सादृश्य). Although in 'शुक्तौ रजतमिति' there is similarity and error, there is no भ्रान्तिमान्, as there is no poetiec beauty in it (वैचित्र्य). Jagannātha defines भ्रान्तिमान् as 'सदृशे धर्मिणि तादात्म्येन धर्म्यन्तरप्रकारकोऽनाहार्यो निश्चयः सादृश्यप्रयोज्यश्चमत्कारी प्रकृते भ्रान्तिः । सा च पशुपक्ष्यादिगता यस्मिन्वाक्यसन्दर्भेऽनूद्यते स भ्रान्तिमान् ।' R. G. p. 266. He finds fault with those who cite a verse containing many errors as an example of भ्रान्तिमान् (as our author does). He says there must be a single error, or otherwise the figure उल्लेख to be defined below will have no province, as it is nothing but a series of errors in connection with the same thing made by many perceivers 'लक्षणे चात्रैकत्वं विवक्षितम्। अन्यथा वक्ष्यमाणानेक ग्रहीतृकानेकप्रकारकैकविशेष्यकभ्रान्तिसमुदायात्मन्युल्लेखेऽपि प्रसङ्गापत्तेः।' R. G. p. 267. His example of भ्रान्तिमान् is 'रामं स्निग्धतरश्यामं विलोक्य वनमण्डले। धाराधरधिया धीरं नृत्यन्ति स्म शिखावलाः॥' R. G. p. 270.

What distinguishes Rūpaka from भ्रान्तिमान् is that in Rūpaka the knowledge is आहार्य while in भ्रान्तिमान् it is अनाहार्य. आहार्य means बाधकालीनमिच्छाजन्यं ज्ञानम्. In Rūpaka, we identify the उपमान (चन्द्र) with the उपमेय; this we do in भ्रान्तिमान् also. But in Rūpaka, we are conscious that मुख and चन्द्र are quite distinct and we identify them because there is great similarity between them; in भ्रान्तिमान् there is no consciousess that the उपमान and उपमेय are separate, the उपमान is rather mistaken for the उपमेय.

9 उल्लेख (Representation)

क्वचित् ग्रहीतृणां भेदात् तथा क्वचिद् विषयाणां भेदात् एकस्य यः अनेकधा उल्लेखः स उल्लेख उच्यते—The description of one under different characters arising from a difference of perceivers or from difference of the objects is termed Representation. Our author gives two varieties of उल्लेख. The first is that where a certain object is apprehended by different persons in different ways through different causee e. g. the verse 'प्रिय इति' etc. Here the Lord (who is one) is apprehended as प्रिय, शिशु, अधीश, नारायण and ब्रह्म by the milkmaids, by elderly men like Nanda, by other gods, by devotees and by ascetics respectively through different causes. The milkmaids call him प्रिय because they love him, the devotees call him नारायण because they desire His grace and so on. The second variety is that where one and the same thing is described in different ways on account of the difference of विषय or आश्रय, although there are not many perceivers. An example is 'सव्रीडा दयितानने सकरुणा मातङ्गचर्माम्बरे सत्रासा भुजगे सविस्मयरसा चन्द्रेऽमृतस्यन्दिनी। सेर्ष्या जह्नुसुतावलोकनविधौ दीना कपालोदरे पार्वत्या नवसङ्गमप्रणयिनी दृष्टिः शिवायास्तु वः॥' (quoted in K. P. VII p. 434 Vā. and by जयरथ p. 49). In this verse the sight of Pārvatī, which is one, is represented as of differeut sorts (bashful or jealous etc.) on account of the varieties of objects (विषयभेद) on which it falls. This second variety is alluded to by the अलं. स. also; 'पूर्वत्र ग्रहीतृभेदेनानेकधात्वोल्लेखः इह तु विषयभेदेन।' p. 49. The चित्रमीमांसा defines this 2nd variety cleary as 'ग्रहीतृभेदाभावेऽपि

विषयाश्रयभेदतः। एकस्यानेकधोल्लेखमप्युल्लेखं प्रचक्षते ॥' p. 69. See R. G. p. 274. अत्रैकस्यापि......प्रयोजकाः—Here the Lord, who is one, being possessed of many qualities (such as प्रियत्व etc.) is differently represented; the reasons for the manifold representations being the love etc. of the mikmaids etc. Compare अलं. स. 'यत्रैकं वस्तु अनेकधा गृह्यते स रूपबाहुल्योल्लेखनादुल्लेखः न चेदं निर्निमित्तमुल्लेखमात्रमपि तु नानाविधधर्मयोगित्वाख्यनिमित्तवशादेतत्क्रियते । तत्र रुच्यर्थित्वव्युत्पत्तयो यथायोगं प्रयोजिकाः ।' p. 47. यदाहुः......साश्रितः—The verse is quoted in the अलं. स. p. 47. जयरथ tells us that it is from the प्रत्यभिज्ञा of उत्पल; 'उक्तमिति श्रीप्रत्यभिज्ञायाम् ।'. As they have said 'the apprehension of one and the same object, which is produced by a consideration of its various attributes, differs according to the taste, the purpose and the intelligence of the perceiver. रुचि is explained as अनुराग by Mallinātha (Ekāvalī p. 228) and 'स्वातन्त्र्येण विकल्पनम्' by जयरथ; अर्थित्वम् as लिप्सा and व्युत्पत्ति as शब्दार्थसङ्गतिग्रहः by Mallinātha and अर्थक्रियाभिलाषपरत्वम् and वृद्धव्यवहारशरणता respectivly by जयरथ. 'अनुसन्धानं नाम बहूनां विशेषाणां गुणप्रधानतया व्यामिश्रणेन विमर्शनम्' समुद्रबन्ध (Trivandrum ed.); the लोचन explains 'अनुसन्धानं मनसः तद्विषये प्रवणीकरणम्'.

अत्र...तात्त्विकत्वात् (P. 27, ll. 22-26). The author now proceeds to distinguish the figure from other figures. The verse 'प्रिय इति' etc. is not an example of मालारूपक. In मालारूपक instanced above in 'निर्माणकौशलं' etc. we superimpose many things upon one thing on account of the latter being very similar to many objects. We are, however, all along conscious that the things are distinct. But here in 'प्रिय इति' there is no mere superimposition of प्रिय (lover), नारायण etc. upon the Lord; here there is no आरोप; but the Lord is, as a matter of fact, प्रिय to the milkmaids. Besides, the perceivers are here many. In मालारूपक the perceiver is one. Nor is this verse an example of भ्रान्तिमान. An objector may say that 'प्रिय इति' is an example of भ्रान्तिमान्, as here there is अतस्मिंस्तद्बुद्धिः. Our author says that it is not so. In this verse the Lord is looked upon as beloved not because of any illusion due to similarity, but because he is really so to them. The चि. मी. says that what distinguishes उल्लेख from भ्रान्तिमान् is that in the former there is always निमित्तभेद; while in the latter there is a single निमित्त; e. g. in 'प्रिय इति' etc. the निमित्तs are रुचि, अर्थित्व etc; while in 'मुग्धा दुग्धधिया' etc. the निमित्त is one *i. e.* the profuse moonlight. According to Jagannātha in भ्रान्तिमान् there is a single error that is charming; उल्लेख is constituted by many errors, the charm lying in the number of illusions on the part of many as regards the same object; 'लक्षणे चात्र (भ्रान्तिमति) एकत्वं विवक्षितम्। अन्यथा वक्ष्यमाणानेकग्रहीतृकानेकप्रकारकैकविशेष्यकभ्रान्तिसमुदायात्मन्युल्लेखेऽतिप्रसङ्गापत्तेः* ।' R. G. p. 267. According to Jagannātha's view the verse 'मुग्धा दुग्ध'० will be an example of उल्लेख. Nor is this verse 'प्रिय इति' etc. an example of अतिशयोक्ति consisting in making a distinction where there is none. अतिशयोक्ति, which will be defined below, has five varieties. One of these is that where we poetically make a distinction while there is none as a matter of fact. An instance is 'अन्यदेवाङ्गलावण्यमन्याः सौरभसम्पदः । तस्याः पद्मपलाशाक्ष्याः सरसत्वमलौकिकम् ॥.' न चेह—Here, although beauty is always one and the same, the poet says that the beauty of a particuar woman is a strange one, quite distinct from all other beauty. In this verse the objects, beauty etc., are represented as distinct. न चेह......तात्त्विकत्वात्—But here (*i. e.* in 'प्रिय इति') the character of being beloved is not poetically ascribed to the Deity by the milkmaids; it did really belong to the Lord at the time (when they saw him).

केचिदाहुः......लङ्कारयोगः (P. 27, l. 26–p. 28, l. 10). नियमेन Invariably. अलङ्कारान्तरविच्छित्तिमूलः—विच्छित्ति means 'charm or strikingness'; अलङ्कारान्तरं विच्छित्तिमूलं यस्य—That which derives its charm from another figure. Some say that उल्लेख cannot be found by itself; it is always associated with some other figure from which it derives its charm. In the example (प्रिय इति etc.) there is अतिशयोक्ति (Hyperbole) inasmuch as Kṛṣṇa, though really one and the same, is represented as distinct (भिन्नत्वाध्यवसायः) with respect to the several beholders, under the characters of one beloved etc. which are intended to be exclusive of those of a child etc. वृद्धैश्च शिशुरेवाग्राहि इत्येवं नियताभिप्रायादित्यर्थः। तथा च भूनि देवे शिशुभिन्नेपि शिश्वभेदारोपाद् भेदेपि अभेदारोपरूपातिशयोक्तिर्दर्शिता ।. The Lord Kṛṣṇa is represented as प्रिय; then it is meant that to them he is not शिशु etc. So in Kṛṣṇa, who is one and the same, different characters are assumed as in 'अन्यत् एवाङ्गलावण्यम्'. So there is अतिशयोक्ति (अभेदे भेदः) and we need not define उल्लेख as a separate figure. Our author replies:—तत्सद्भावेऽपि......प्रयोजकः—He admits that अतिशयोक्ति is present in the verse प्रिय इति etc., but notwithstanding this, the peculiar charm consisting in the apprehension of the same object as different due to a difference of perceivers constitutes a separate figure called उल्लेख. श्रीकण्ठजनपदवर्णने...रूपकालङ्कार-

* The अलं. सू. appears to hold the same view 'एवं हि तत्र विषये भ्रान्तिमदलङ्कारोऽस्तु । अतद्रूपस्य तद्रूपप्रतीतिनिबन्धनत्वात् । नैतत् । अनेकधाग्रहणाख्यस्य अपूर्वस्य अतिशयस्य अभावात् ।' p. 48.

योगः—In the description of the country called श्रीकण्ठ (in हर्षचरित III. para. 10 ff of my edition) the passage (III. 13) 'it was fancied to be an adamantine cage by those who sought it for refuge, the mine by those who sought treasure'* is an instances of उल्लेख, apart from अतिशयोक्ति, it being here associated with रूपक. It is the अलं स. which says that here उल्लेख is associated with रूपक; "नन्वेतन्मध्ये 'वज्रपञ्जरमिति शरणागतैरसुरविवरमिति वार्तिकैः' इत्यादौ रूपकालङ्कारयोग इति कथमयमुल्लेखालङ्कारविषयः। सत्यम्। अस्ति तावत् 'तपोवनम्' इत्यादौ रूपकविविक्तोऽस्य विषयः। यदत्र वस्तुतस्तद्रूपतायाः (*i. e.* तपोवनादिरूपतायाः) सम्भवः।" p. 47. वस्तुतस्तु......प्रयोजकत्वात् (p. 28, ll. 4–5) strictly speaking, in the clause 'mine' etc'. they would have the figure भ्रान्तिमान् and not Rūpaka. Our author disagrees with the view of the अलं० स० and says that in 'असुरविवरम्' etc. there is भ्रान्तिमान् and not रूपक as admitted by अलं स. भेदप्रतीति......प्रयोजकत्वात्—The superimposition of something only when preceded by the apprehension of its distinction from what it is superimposed upon gives rise to the figure रूपक, which is founded upon गौणीलक्षणा. In रूपक, the आरोप्यमाण and आरोपविषय are apprehended as distinct, but the former is superimposed upon the latter on account of their possessing certain properties in common. In saying मुखं चन्द्रः the word चन्द्र is used in a secondary sense *i. e.* there is लक्षणा which is here गौणी as it is due to सादृश्यसम्बन्ध.

यदाहुः......पुरःसर इति. The author quotes a venerable writer in support of his statement that in Rūpaka, which is based upon गौणी लक्षणा, there is apprehension of the difference of उपमान and उपमेय. वाचस्पतिमिश्र wrote a commentary called भामती on the शारीरकभाष्य of शङ्कराचार्य; शङ्कराचार्य expounds the Vedāntasūtras of Bādarāyaṇa. The quotation occurs on p. 7 of the Bhāmatī (Nirn. edition). अपि च परशब्दः......पुरःसरः—A word (implying the उपमान) is used to signify something else (*i. e.* उपमेय) on account of the possession of some attributes which are common to both. When in such an employment of words, the speaker and

---

* J. B. and N. read 'अम्बरविवरमिति वार्तिकैः'. Pramadādāsa translates 'the ethereal void by the chā'akas' (so he read चातकैः). Our reading is that of the Harṣacarita as printed. The commentator explains वार्तिकैः as विवरव्यसनिभिराचार्यैः. The अलं० स० reads as we do. असुरविवर seems to mean 'shaft of gold or diamond mine that had already been worked up in bygone days.' Vide our notes on the passage (in हर्षचरित p. 90 notes).

the hearer have the right apprehension (*i. e.* the understanding of resemblance), it is qualitative (*i. e.* the function is there qualitative); and it is preceded by an apprehension of difference between the two objects.' As in गौणी, there is apprehension of difference, so in रूपक, founded on गौणी लक्षणा, there must be also apprehension of difference. इह तु वातिकानां etc. But here in the description of the country श्रीकण्ठ, the imposition upon it of the nature of असुरविवर is due to the mistake of the *vātikas.* So, as there is error and not apprehension of difference, there is no Rūpaka, as said by अलं० सू०, but there is भ्रान्तिमान् in 'असुरविवरम्' etc. अत्रैव च···परिणामालङ्कारयोगः—In the same passage, in 'a sacred grove by the ascetics, the temple of Love by courtezans' we have an instance of the association of उल्लेख with the figure परिणाम. Here the things superimposed viz., तपोवन and कामायतन, subserve the purpose in hand viz. the performance of austerities and carrying on love affairs; therefore there is Pariṇāma. The अलं० सू० gives these words as an example of उल्लेख (p. 47), in which there is no रूपक.

गाम्भीर्येण......योगः **(P. 28, ll. 11-14.).** The author now comes to the treatment of the 2nd उल्लेख, viz. विषयभेदात् एकस्यानेकधा उल्लेखः. गाम्भीर्य Depth. गौरव weightiness. The distinction of the objects *i. e.* the qualities of solemnity etc. are the cause of the manifold representation of the same man. In the first variety, the representation is due to the manifold perceivers; in the 2nd, it is due to the manifold attributes. Here the figure is associated with Rūpaka. 'गुरुर्वचसि' etc.—this is हर्षचरित III. 16. This is another example of the 2nd sort of उल्लेख. In speech he is Guru (weighty or बृहस्पति, who is the god of eloquence). In chest he is पृथु (vast, or the king पृथु son of वेन); in fame he is अर्जुन (white or Arjuna, one of the Pāṇḍavas).' This is a case in which it has a province apart from Rūpaka (*i. e.* there is no Rūpaka here). Here उल्लेख is associated with अतिशयोक्ति based upon श्लेष (*i. e.* the words गुरु, पृथु, अर्जुन are paronomastic). 'पृथुरुरसि, अर्जुनो यशसि' are cited by the अलं० सू० (p. 49). Compare चन्द्रालोक V. 20 'एकेन बहुधोल्लेखोऽप्यसौ विषयभेदतः । गुरुर्वचस्यर्जुनोऽयं कीर्तौ भीष्मः शरासने ॥'. An example of the first sort as given by the चन्द्रालोक is 'बहुभिर्बहुधोल्लेखादेकस्योल्लेख इष्यते । स्त्रीभिः कामोऽर्थिभिः स्वर्द्रुः कालः शत्रुभिरैक्षि सः ॥' V. 19.

10 अपह्नुति (Concealment).

प्रकृतम् = उपमेयम्. निषिध्य denying *i. e.* representing as being not what it is, but as something else. अन्यस्य अप्रकृतस्य (उपमानस्य)

स्थापनम्. कचिदप......इति—Sometimes the attribution of another character is preceded by the denial of the real nature and sometimes the denial of the real nature is preceded by the superimposition of another. नेदं नभोमण्डलमम्बुराशि: This is not the sky, but the ocean. नवफेनभङ्गा: fragments of fresh foam. कुण्डलित: फणीन्द्र:—शेष with a coiled tail. Here there is first of all अपह्नव *i. e.* denial of the nature of नभोमण्डल and then the attribution of अम्बुराशि. एतद्विभाति......कैतवेन. चरमाचलचूडचुम्बि kissing the crest of the setting mountain. हिण्डीर: means 'foam'.* हिण्डीरस्य पिण्डस्तस्य रुचिरिव रुचिर्यस्य स चासौ शीतमरीचिश्च (चन्द्र:) तस्य बिम्बम्. रजनीम् उज्ज्वालितस्य मदनानलस्य धूमं प्रकटलाञ्छनकैतवेन दधत् (बिम्बम्) bearing the smoke, under the disguise of the clearly seen spot, of the fire of love kindled during the night. धूम is superimposed upon the spot in the moon and then by the word कैतव the spot is denied to be what it really is (अपह्नव). विराजति...बोध्य:—similarly, the negation of the real character is to be understood under such a form as the following 'the ocean shines in the form of the heavens and the stars are the foam thereof'. Here the उपमेय व्योम is not directly negatived, but the negation is to be understood from the word वपु:. The अलङ्कारसर्वस्व says that the figure अपह्नुति presents three aspects; 'तस्य च त्रयी बन्धच्छाया–अपह्नवपूर्वक आरोप: । आरोपपूर्वकोऽपह्नव: । छलादिशब्दैरसत्यत्वप्रतिपादकैर्वापह्नवनिर्देश: । पूर्वोक्तभेदद्वये वाक्यभेद: । तृतीयभेदे त्वेकवाक्यम् ।' p. 50. On the employment of the word वपु: in the example 'विराजति व्योमवपु: पयोधि:', compare the remarks of अलं. स. 'क्वचित्पुनरसत्यत्वं वस्त्वन्तररूपताभिधायिवपु:शब्दादिनिबन्धनम्' p. 52. The word वपु: means 'body' and when it is joined to another word, it conveys the idea that the thing, expressed by the noun to which it is joined, is something else and thus conveys the negation of the nature of the thing. भामह's example of अपह्नुति is 'नेयं विरौति भृङ्गाली मदेन मुखरा मुहु: । अयमाकृष्यमाणस्य कन्दर्पधनुषो ध्वनि: ॥' III. 23. उद्भट gives 'एतद्धि न तप: सत्यमिदं हालाहलं विषम् । विशेषत: शशिकलाकोमलानां भवादृशाम् ॥' V. 4. The verse † 'न विषं विषमित्याहुर्ब्रह्मस्वं विषमुच्यते । विषमेकाकिनं हन्ति ब्रह्मस्वं तु ससन्ततिम् ॥' is not an example of अपह्नुति, but of रूपक. Here the nature of विष is not denied and nothing else is established in its place; on the contrary ब्रह्मस्व (the wealth of a brāhmaṇa)

---

* 'हिण्डीरोऽब्धिकफ: फेन:' अमर० III. 9. 105.

† This occurs in वसिष्ठधर्मसूत्र 17. 86, where we have पुत्रपौत्रकम् for तु ससन्ततिम्. The बौधायनधर्मसूत्र (I. 5. 102) reads 'ब्रह्मस्वं पुत्रपौत्रघ्नं विषमेकाकिनं हरेत् । न विषं...मुच्यते ॥.'

is here identified with विष (*i. e.* विष is आरोपित upon महास्त्र) and therefore there is रूपक; if we say 'न महास्त्रं विषमिदम्', then there is अपह्नुति. What distinguishes अपह्नुति from रूपक is that in the former there is a poetic denial, expressed or implied, of the nature of the प्रकृत (*i. e.* उपमेय) and something else is established in its stead; while in the latter, there is no such denial; only the प्रकृत is identified with the अप्रकृत on account of their great resemblance.

गोपनीयं......व्याजोक्तेः (**P. 28, 1, 25-p. 29, l. 4**). कमपि गोपनीयमर्थं कथंचन द्योतयित्वा यदि श्लेषेण अन्यथा वा अन्यथयेत् सा अपि अपह्नुतिः— If, having somehow given expression to something which ought to be kept a secret, one should construe his words differently, either by means of Paronomasia or otherwise, that is अपह्नुति. An example of this variety of अपह्नुति based upon श्लेष is 'काले' etc. अपतितया-अविद्यमानः संनिधौ अवर्तमानः पतिर्यस्याः सा अपतिः तस्याः भावः अपतिता तया. In this season of clouds it is really impossible to remain without one's husband. तरले Oh restless woman! उत्कण्ठितासि—Are you agitated by passion? No, no, friend, the way is slippery. The first half of the verse and the last quarter are the words of a woman in separation. The words 'उत्कण्ठितासि तरले' are uttered by a friend. The woman first gave vent to her inmost feeling by saying that it was impossible to remain without her husband. When taken to task by her friend, she gives a different turn to her words by श्लेष. The word अपतितया may also mean 'without falling' (न पतिता अपतिता तया). The first half would now mean 'in the season of cloulds it is impossible to remain without falling (as the roads become slippery).' An example of this variety not based upon श्लेष is 'इह पुरो' etc. Construe इह पुरः का लता (या) अनिलकम्पितविग्रहा (अनिलेन वायुना कम्पितः विग्रहः कायः यस्याः) वनस्पतिना न मिलति "What creeper is this before me that does not cling to the tree, with its body agitated by the wind?" (or 'what creeper when agitated by the wind would not cling close to the tree'). This is said by some woman. Her friend asks her 'स्मरसि...त्सत्वं'—Do you, Oh friend, remember your festive dalliance with your lover (inasmuch as you refer to clinging on the part of the creeper)? The woman wishing to conceal her secret, replies 'नहि etc.' No; I only referred to a feature of the rainy season (when creepers should cling closer to the tree for support, being agitated by the wind).

वक्रोक्तौ etc. The author now proceeds to distinguish this figure from some others. We have (in the 1st Pari, notes p. 18) defined वक्रोक्ति. In crooked speech, a different construction is put on *another's* words; in this variety of अपह्नुति, a different construction is put on *one's own* words. This variety of अपह्नुति differs from व्याजोक्ति also. व्याजोक्ति is the concealment, under a pretext, of the nature of an object, though it may manifest itself. For an instance of व्याजोक्ति see text p. 59. गोपनकृता—गोपनं करोतीति गोपनकृत् तेन. In this variety of अपह्नुति, the secret is first expressed by the person who afterwards conceals it, as in 'काले' etc. (where the woman herself expresses the state of her feelings and afterwards tries to conceal it); while in व्याजोक्ति, the secret is not expressed by the person who conceals it; the secret somehow oozes out and then is concealed by the interested party.

Most writers say that in अपह्नुति the उपमेय is denied its nature and the उपमान is established in its place *i. e.* अपह्नुति is based upon औपम्य. Compare the words of मम्मट "उपमेयमसत्यं कृत्वा उपमानं यत्सत्यतया स्थाप्यते सा तु अपह्नुतिः।'. Our author follows this definition in his first variety of अपह्नुति. But in the second variety which he states there is no गम्यमान औपम्य. Something is concealed by represnting it to be something else. There is no implied relation of उपमान and उपमेय, as for example in 'काले' etc. In this second variety of अपह्नुति our author appears to follow writers like Daṇḍin. Daṇḍin defines अपह्नुति as "अपह्नुतिरपह्नुत्य किञ्चिदन्यार्थदर्शनम्। न पञ्चेषुः स्मरस्तस्य सहस्रं पत्रिणामिति॥' K. D. II. 304. Daṇḍin says that the denial of something and the representing of something else in its place constitute अपह्नुति. There need be no औपम्य. In his example the पञ्चशरत्व of काम is denied and it is said that he hits with a thousand arrows. नागेश in his उद्द्योत takes the same view 'किंचिदपह्नुत्य कस्यचित्प्रदर्शनमपह्नुतिरित्येव लक्षणम्।'

11 निश्चय (Certainty).

अन्यत् (*i. e.* उपमानम्) निषिध्य (भिन्नत्वेन आख्याय) प्रकृतस्य (उपमेयस्य) स्थापनम् (अवधारणम्) निश्चयः—Certainty is the emphatic establishing of the real character, having denied the other (*i. e.* the fancied character). An example is वदनमिदं etc. इन्दीवरे—two blue lotuses. मृगदृशः सविधे near the deer-eyed lady. Here on account of the extreme similarity between सरोज and वदन (the उपमान and उपमेय), it is possible that the one may be looked upon as the other. So it is emphatically asserted that the face is the face and not the lotus. Our author, after giving his own verse as an example, cites another's verse. 'हृदि बिसलता etc.'—This is the utterance of a lover in separation. This verse occurs in the गीतगोविन्द. It is also quoted as of जयदेव in सुभा० (No. 1314). हृदि बिसलताहारः—This is a garland of lotus stalks on my chest. Lassen reads 'विषलता'. भुजङ्गमनायकः—The lord of serpents (which are the ornaments of Śiva). मलयजरसो नेदं भस्म It is not ashes but the watery powder of sandal that besmears my body. अनङ्ग हरभ्रान्त्या न प्रहर किमु क्रुधा धावसि—Oh Cupid, do not strike me mistaking me for Śiva (who is your foe); why do you rush at me with anger! Here it is emphatically asserted that it is lotus-stalks etc. that the man wears and not a serpent (which greatly resembles the string of lotus stalks).

न ह्ययं......सम्भवात् (**P. 29, ll. 15-17**)—It cannot be said that in these examples the figure is निश्चयान्तसन्देह, because in the latter the doubt and certainty successively reside in the same person; e. g. in 'किं तावत्सरसि सरोजम्', the man, who has a doubt whether it is a lotus or the face of a young woman that he sees, himself decides that it is the face. But in this figure, the doubt belongs to the bee and the certainty to the lover. किं च......सम्भवात्. The author says that in the verses (under निश्चय) there is really no doubt at all even in the bees एककोट्यनधिके—एका चासौ कोटिश्च तस्याः न अधिकम् तस्मिन् एककोटिमात्रवगाहिनि. कोट्य......ज्ञाने when its cognition has not more than one alternative *i. e.* when it does not vacillate between two ideas, but is certain. तथा refers to the words इह भ्रमसि. तथा समीपगमनासम्भवात् (because the bee's approaching so near would be impossible) is the reading of all editions (except that of Motilal Banarsidas). But the context requires the reading तथा समीपगमनसम्भवात्, the bee's approaching so near (as described in the verse) would be possible only when its cognition is certain and not vacillating. The bee would surely approach, when it was certain that it was a lotus and not when it was in doubt whether it was a lotus or a face. Pramadādāsa translates as we do. It is noteworthy that रामचरण paraphrases समीपगमनासम्भवात् as सन्देहप्रसङ्गायोगात् *i. e.* he draws the same meaning, as we give above, from the reading °गमनासम्भवात्. We cannot see how this can be done.

तर्हि भ्रान्तिमानस्तु...An objector says:—If the bee is not in doubt, but is certain of there being a lotus (in place of the face), then let the figure be भ्रान्तिमान्. Our author replies—अस्तु नाम etc. We grant that the bee etc. (in the two examples of निश्चय) are under a mistake; we contend, however, that it is not the mistake that causes the strikingness in the two verses; but it is the peculiar mode ot expression adopted by the lover (that causes the charm in the verses). This is felt only by the man of taste. So our author after appealing to the man of taste says the figure is निश्चय and not भ्रान्तिमान्, as it is the emphatic assertion on the part of the lover etc. that constitutes the charm in these verses. किं च......तथाविधोक्तिः (p. 29, ll. 19–30). In these worde, our author takes up the position that निश्चय need not necessarily be based upon भ्रान्तिमान् etc. It may be said that in the two verses भ्रान्तिमान् is at the root of the figure निश्चय. Even if it be not really meant that the bee did fly towards the face of the woman or was under a mistake, such a mode of speech (as वदनमिदं न सरोजम्) may be employed simply by way of offering a flattering compliment to the heroine. 'चटु चाटु प्रिये वाक्ये'. Our author means:—In the two verses cited above, it is not necessary to suppose that the bee was under a delusion and then an emphatic assertion was made by the lover. Such an assertion may be made simply as a compliment. Still it will be an instance of निश्चय. न च रूपकध्वनि......अनिर्धारणात (p. 29, ll. 20–21). Nor is this that form of suggested poetry called अलङ्कारध्वनि (here रूपकध्व०); because the face is not cognised under the character of the lotus (which character is, as a matter of fact, expressly denied). We have explained above the three varieties of ध्वनि, viz. वस्तु, अलङ्कार and रस. रूपकध्वनि is that where, if the suggested sense were fully expressed, it would assume the form of a metaphor. An example of रूपकध्वनि is 'लावण्यकान्तिपरिपूरितदिङ्मुखेऽस्मिन्स्मेरेऽधुना तव मुखे तरलायताक्षि । क्षोभं यदेति न मनागपि तेन मन्ये सुव्यक्तमेव जलराशिरयं पयोधिः ॥' ध्वन्या० p. 110. In this verse, the fact that the sea is found fault with (जलराशिः=जडराशिः) for not becoming agitated at sight of her shining face suggests that the face is identified with the moon (at whose sight the sea rises) and thus there is रूपकध्वनि. In वदनमिदं न सरोजम् there is no रूपकध्वनि, because there is not only no suggested superimposition of the lotus on the face, but there is an express denial of the lotus being identical with the face. न चापह्नुतिः etc. Nor is this अपह्नुति; because here the प्रस्तुत (*i. e.* उपमेय) वदन is not denied to be what it really is. In अपह्नुति we knowingly deny the nature of the Upameya. But here there is no such denial. So this is a separate figure, quite distinct from the figures treated of by ancient rhetoricians. शुक्तिकायां......वैचित्र्याभावात् (p. 29, ll. 23-24)—This figure does not exist in such sentences (which are not striking, but detail matters of fact) as 'This is mother-o'-pearl and not silver,' addressed to a person bending down over mother-o'-pearl under the notion of its being silver; because in these sentences, strikingness is wanting (which is the essence of an *alaṅkāra*).

We can only remark that the figure निश्चय has no strikingness in it in spite of the author's vehement efforts to establish it. In the two examples, the charm lies according to our ideas in the illusion of the bee etc. and not in the assertion. Therefore the figure in them is भ्रान्तिमान्.

12 उत्प्रेक्षा (Poetical Fancy).

प्रकृतस्य परात्मना सम्भावना उत्प्रेक्षा—Poetical fancy is the imagining of an object under the character of another. The term उत्प्रेक्षा is explained by उद्द्योत as 'उत्कटा प्रकृष्टस्य उपमानस्य ईक्षा ज्ञानं उत्प्रेक्षा' p. 23 *i. e.* a prominent apprehension the Upamāna (उत् + प्र + ईक्षा). प्रकृतम् = उपमेयम्. परात्मना = उपमानरूपेण. सम्भावना means उत्कटकोटिकः सन्देहः. All our notions can be relegated to three classes:—I we are sure about a thing; II we are in doubt whether it is one or the other (as in स्थाणुर्वा पुरुषो वा); III we may be in doubt, but we lean more towards one side than towards another (as in प्रायेणानेन पुरुषेण भवितव्यम्). In सन्देह both the sides (कोटि) are equally prominent. In सम्भावन, one side (or alternative) is more prominent than the other. In उत्प्रेक्षा the mind leans more towards विषयिन् (उपमान) than towards विषय (*i. e.* उपमेय) and the विषय is imagined as being almost the विषयिन्. In उत्प्रेक्षा the conceiving of an object as almost another is आहार्य (volitional) and not अनाहार्य as in भ्रान्तिमान्; *i. e.* all along we are conscious that the प्रकृत and अप्रकृत are both distinct, but we poetically say that the प्रकृत is almost identical with the अप्रकृत on account of some cause. We do not mistake the one for the other as in भ्रान्तिमान्, but we simply represent the one as being the other for poetical purposes.

वाच्या......द्वात्रिंशद्विधतां यान्ति (P. 29, l. 25–p. 30, l. 2). Our author closely follows the अलं० स० in the subdivisions of उत्प्रेक्षा (see अलं० स० pp. 57–58). उत्प्रेक्षा is first divided into वाच्या (expressed) and प्रतीयमाना (implied). The expressed उत्प्रेक्षा occurs when particles like इव etc. are employed and the प्रतीयमाना when they are not employed. Compare अलं० स० 'सा च वाच्या इवादिशब्दैरुच्यते । प्रतीयमानायां पुनरिवाद्यप्रयोगः ।' p. 57; and काव्यादर्श 'मन्ये शङ्के ध्रुवं प्रायो नूनमित्येवमादिभिः । उत्प्रेक्षा व्यज्यते शब्दैरिवशब्दोऽपि तादृशः ॥' II. 234. Since in each of these two, the thing fancied may be either a जाति (genus), गुण, क्रिया or द्रव्य, they amount to eight. In each of these eight varieties, the fancy may be positive or negative. So there are 16 varieties. The source of the उत्प्रेक्षा may either be a quality or an action and thus there are 32 varieties.

तत्र वाच्योत्प्रेक्षायाम्......एवमन्यत् (P. 30, ll. 3–20). ऊरुः कुरङ्गकदृशः etc. कुरङ्गकदृशः of the woman whose eyes are like those of a fawn. चञ्चलच्चेलाञ्चलः on which flutters the skirt of her garment. विजयस्तम्भ—triumphal column. Here the thigh (उपमेय) of the woman is figured as if it were the triumphal column (उपमान) of Cupid. Here as the word विजयस्तम्भ denotes many objects, *i. e.* is a generic name (and not a proper name) we have जात्युत्प्रेक्षा. ज्ञाने मौनं etc.—This is Raghu. I. 22. तस्य = दिलीपस्य. ज्ञाने मौनम् silence in knowledge (*i. e.* he knew so much, still he kept aloof from all pedantic wrangling). त्यागे श्लाघाविपर्ययः absence of vaunting in liberality (*i. e.* although he was very generous, he never vaunted of his gifts). गुणा......इव his virtues, occasioning as they did other virtues, were, as it were, productive. Here what is fancied is सप्रसवत्व (*i. e.* representing the qualities as having children), which is a गुण. गङ्गाम्भसि......पातकी. सुरत्राण is a *sanskritized* form of the Arabic word 'sultan'. निःशाननिस्वनः—the sound of the drums beaten at the marching. अरिवधूवर्गस्य गर्भपातनमेव पातकम् तद् अस्य अस्तीति guilty of causing the abortion of the wives of thy foes. गङ्गाम्भसि स्नातीव bathes as it were in the Ganges. Sinners bathe in the waters of the Ganges. Here the coming in contact with the waters of the Ganges on the part of the sound is represented as bathing which is an action. मुखमेणी......अपरः. एणीदृशः = मृगीदृशः. Hence the word 'moon' signifying, as it does, a single individual, is denotative of a substance *i. e.* a concrete object (*i. e.* it is not a generic name). Here the face is poetically represented as if it were *another* moon. If we omit the word अपर: here, the figure will be उपमा. If we omit both इव and अपर:, the figure will be रूपक. If we omit इव, then it will be अतिशयोक्ति. The above are the examples, when the fancy is positive. The following are examples of the negative fancy. कपोल...गतौ. This example occurs in उद्भट (III. 7) and is cited in the अलं० सू०. कष्टम् Alas, it is a pity. अस्याः कपोलफलकौ तथाविधौ (अतिसुन्दरौ) भूत्वा अन्योन्यमपश्यन्तौ इव ईदृक्षां क्षामतां गतौ. The cheeks of this lady, so fair, are reduced to this thinness, as if not seeing each other. Here the cheeks, which have become thin through the lady's separation fron her husband, are represented as if growing thin on account of their not seeing one another. In the word अपश्यन्तौ, we have the negation of an action. निमित्तस्य......क्रिया—The examples, where the occasion (or the source) is a quality or action, are:—in the example 'गङ्गाम्भसि' etc. the source of the fancy contained in 'as it were bathes', is the quality of being a sinner; in 'कपोलफलकौ०' the cause of the fancy is an action, viz. being reduced to thinness. The author has so far exemplified वाच्योत्प्रेक्षा (though only partially).

प्रतीयमानोत्प्रेक्षा......एवमन्यत् (P. 30, ll. 21–l. 24). The author now comes to प्रतीयमानोत्प्रेक्षा. तन्वंग्याः......लज्जया 'The breasts of the slender lady did not show their face (or nipples, which were of a dark colour and therefore concealed as it were) from shame that they gave no room (so plump and close they were) to the pearl necklace, which is गुणिन् (*i. e.* 'excellent,' or also 'stringed'). Not giving (a gift) causes shame. Here as words like इव are absent in connection with लज्जया (the real meaning being '*as if* from shame') there is implied उत्प्रेक्षा.

ननु......भेद: (P. 30, ll. 24–28). ननु......प्रतीयमानत्वम्—An objection is raised in these words against the division of उत्प्रेक्षा into प्रतीयमाना and वाच्या. It was said, while treating of ध्वनि (suggestion), that all figures are capable of being suggested; why is it that you particularly assert that उत्प्रेक्षा is implied (and not any other figure)? In the 4th परिच्छेद, the author speaks of अलङ्कारध्वनि as a variety of ध्वनि. If all *alaṅkāras* can be suggested, why do you say that उत्प्रेक्षा may be implied? Any other figure also may be implied. So प्रतीयमाना need not have been specially mentioned in connection with उत्प्रेक्षा. Our author replies in the words 'व्यंग्योत्प्रेक्षायां......भेद:'. In such an example of suggested उत्प्रेक्षा as 'महिलासहस्स' etc., the sentence is logically complete even without the fancy (which is that the lady grows thin as if to get room in the heart of the youth). The verse 'महिलासहस्स' occurs in the 4th परिच्छेद (p. 219, Nir. ed.) of the S. D. The whole verse is महिलासहस्सभरिए तुह हिअए सुहअ सा अमाअन्ती । अणुदिणमणण्णकम्मा अंगं तणुअं पि तणुएइ ॥' गाथासप्तशती* II. 82 (महिलासहस्रभरिते तव हृदये सुभग सा अमान्ती । अनुदिनमनन्यकर्मा अङ्गं तन्वपि तनयति ॥). विरहकृशां नायिकां नायकाय आवेदयन्त्याः सख्या उक्तिरियम् । हे सुभग, महिलानां स्त्रीणां सहस्रैर्भरिते व्याप्ते तव हृदये अमान्ती अवकाशमलभमाना सा नायिका अनुदिवसं नान्यत्कर्म कर्तव्यं यस्याः (सा अनन्यकर्मा) तथाभूता कृशमपि अङ्गं तनयति तनूकरोति । अत्र सुभग इत्यनेन नायिकाया एव अनुरागविषयत्वं न तु सा तवेति ध्वन्यते ।' उ० चं० p. 127. Here the sentence becomes complete even if we take the plain meaning (viz, that the woman not findin a niche in your heart, grows thinner and thinner). The suggested fancy that she grows thinner as it were to find an easy entrance in your heart is not recessary to understand the logical connection of the sentence. But in the verse 'तन्वंग्याः......लज्जया', the breasts cannot possibly feel shame and hence the sentence becomes logically complete only when we understand लज्जया as equivalent to लज्जया इव (as if through shame). Supply वाक्यविश्रान्तिः after उत्प्रेक्षयैव. Thus there is a difference between व्यंग्योत्प्रेक्षा and प्रतीयमानोत्प्रेक्षा, which is that in व्यंग्योत्प्रेक्षा the sentence is logically complete as regards the sense even without the suggested fancy, while in प्रतीयमानोत्प्रेक्षा the plain meaning of the words is not logical until we understand an Utprekṣā.

अत्र वाच्योत्प्रेक्षायाः......हेतुत्वेनोत्प्रेक्षितः (P. 30, l. 29-p. 31, l. 10). तत्र वाच्याभिदा......हेतुगाः—Of these the expressed sorts again, with the exception of that of substance, are each threefold, as pertaining to (1) nature, (2) a fruit and (3) a cause. वाच्योत्प्रेक्षायाः...षट्त्रिंशद्भेदाः. Of the 16 sorts of वाच्योत्प्रेक्षा, the twelve belonging to three, viz. जाति, गुण and क्रिया, being each three-fold as referring to nature or fruit (purpose) or a cause, we have 36 varieties. As an object denoted by a proper name can be fancied as regards its nature only, there are only 4 varieties in connection with it and thus there are 40 varieties in all of the वाच्योत्प्रेक्षा. It is said that an object (द्रव्य) denoted by a proper name does not give rise to उत्प्रेक्षा, if fancied as the fruit or cause of a certain event. Our author here appears to follow the अलं० स० but goes a step further. Compare 'द्रव्यस्य प्रायः स्वरूपोत्प्रेक्षणमेवेति हेतुफलोत्प्रेक्षाभेदास्ततः पातनीयाः ।'

* The printed गाथा० has 'दिअहमणण्ण etc.'

अलं० स० p. 57, upon which जयरथ remarks 'प्रायःशब्देन च हेतुफलयोः कुत्रापि सम्भवोऽस्तीति दर्शितम् ।'. An example of स्वरूपोत्प्रेक्षा with reference to जाति is 'स्मरस्य विजयस्तम्भः' above, where, the nature of the thigh (which is a generic term) is fancied to be almost the same as the nature (स्वरूप) of a विजय-स्तम्भ (which also is a generic name); an example of स्वरूपोत्प्रेक्षा with reference to a quality is 'सप्रसवा इव' occurring above. A फलोत्प्रेक्षा generally contains a word in the dative or an infinitive. An example is 'रावणस्यापि' etc. रावणस्यापि......प्रियम्. This is Raghu. XII. 91. रामास्तः रामेण क्षिप्तः आशुगः बाणः रावणस्यापि हृदयं भित्त्वा उरगेभ्यः (पातालवासिभ्यो नागेभ्यः) प्रियम् आख्यातुमिव (निवेदयितुमिव) भुवं विवेश. The arrow shot by Rāma entered the ground, because it was shot with so much force. But the poet here represents it as entering the earth to communicate the agreeable tidings to the serpents in Pātāla. So here it is the fruit (or purpose), expressed by the infinitive आख्यातुम्, an action, that has been fancied in connection with the arrows's entering the earth. In a हेतूत्प्रेक्षा there is generally a noun in the ablative or instrumental. An instance of हेतूत्प्रेक्षा is "सैषा स्थली' etc. 'सैषा स्थली ...बद्धमौनम्'. This is Raghu. XIII. 23. स्थली spot. सैषा स्थली यत्र त्वां विचिन्वता (अन्विष्यता) मया त्वच्चरणारविन्दविश्लेषदुःखादिव बद्धमौनम् उर्व्यां भ्रष्टम् एकं नूपुरम् अदृश्यत. Here, the anklet, which was not resounding because it was not worn by anyone, is represented as being silent through sorrow due to separation from the lotus-like feet of Sītā. Here the cause of the natural silence of the anklet is represented to be sorrow, which is a गुण (according to the Nyāya-Vaiśeṣika philosophy).

उक्त्यनुक्त्योः......वाक्यं स्यात् **(P. 31, ll. 11-19).** Out of the above 40 varieties of वाच्या, the 16 varieties of स्वरूपोत्प्रेक्षा are subdivided into 32 according as the source (निमित्त) of the उत्प्रेक्षा is mentioned or not. Thus the varieties of वाच्या come to be 56 (*i. e.* 32+24, after subtracting 16 from 40). An example where the *nimitta* is mentioned is the verse गङ्गाम्भसि etc. in which the occasion of the fancy in 'bathes as it were,' viz. 'being guilty' is mentioned. In 'मुखमेणी' etc,' the cause of the fancy in 'as if it were another moon,' viz. excess of peculiar beauty, is not mentioned. हेतुफलयोः......वाक्यं स्यात्. In हेतूत्प्रेक्षा and फलोत्प्रेक्षा, the निमित्त must invariably be mentioned. In हेतूत्प्रेक्षा the निमित्त is the fruit or consequence of what is fancied; and in फलोत्प्रेक्षा, the निमित्त is the cause of what is fancied. To explain:—in 'सैषा स्थली' holding silence is the निमित्त of the fancy 'as if through sorrow'; in 'रावणस्यापि' etc. the निमित्त of the fancy 'as if to tell' is 'entering into the earth.' If both these निमित्तs be not mentioned, then the sentences would be unconnected *i. e.* if बद्धमौनत्व be omitted there would be no propriety in saying विश्लेषदुःखादिव.

प्रतीयमाना......प्रतीयमानोत्प्रेक्षा **(P. 31, ll. 19-26).** The 16 varieties of प्रतीयमाना become 32 with reference to हेतु and फल. In 'तन्वङ्ग्याः स्तनयुग्मेन' etc. we have a cause fancied in 'as if through shame.' अस्यामपि—In प्रतीयमाना also (as in वाच्या with reference to हेतु and फल), it is impossible that the occasion (निमित्त) should not be mentioned; for if the particles इव etc. be not mentioned (as they are not in प्रतीयमाना) and if also the occasion of the fancy be not mentioned, then it would be impossible for the reader to ascertain that there is a fancy. Our author follows the अलं० स० 'प्रतीयमानायास्तु यद्यपि उद्देशत एतावन्तो भेदास्तथापि निमित्तस्यानुपादनं तस्यां न सम्भवतीति तैर्भेदैर्न्यूनोऽयं प्रकारः। इवाद्यनुपादाने निमित्तस्य चाकीर्तने उत्प्रेक्षणस्य निष्प्रमाणकत्वात्।' pp. 57-58. In प्रतीयमाना, स्वरूपोत्प्रेक्षा is not possible. अस्याम्=स्वरूपोत्प्रेक्षायाम्. धर्म्यन्तर etc. अन्यः धर्मी धर्म्यन्तरं तेन तादात्म्यं निबन्धनं यस्याः सा तस्याम् (In स्वरूपोत्प्रेक्षा) which consists in the identification of one concrete object with the subject of description. इवाद्यप्रयोगे...अभ्युपगमात्. If इव etc. be not used and an epithet be added to the character fancied, it is our position that there is Hyperbole as in 'This king is another Indra'. Compare अलं० स० 'प्रायश्च स्वरूपोत्प्रेक्षा अत्र (प्रतीयमानायां) न सम्भवति' p. 58. On अतिशयोक्तेरभ्युपगमात्, compare अलं० स० "'अपर इव पाकशासनः' इत्यादौ अपरशब्दाप्रयोगे उपमैवेयम्। तत्प्रयोगे (अपरशब्दप्रयोगे) तु प्रकृतस्य राज्ञः पाकशासनत्वप्रतीतावुत्प्रेक्षैवेयम्। इवशब्दाप्रयोगे तु सिद्धत्वादध्यवसायस्यातिशयोक्तिः अपरशब्दस्याप्रयोगे तु रूपकम्।" pp. 61-62. The reason why the figure is अतिशयोक्ति when इव etc. are omitted in such a sentence as 'He is another Indra', is that when words like इव, which denote सम्भावन, are absent the अध्यवसाय becomes सिद्ध and ceases to be साध्य. We shall explain these terms later on under अतिशयोक्ति.

उक्त्यनुक्त्योः...इत्याहुः **(P. 31, l. 27-p. 32, l. 9).** प्रस्तुतस्य= उपमेयस्य—the subject of the fancy. It is possible that the उपमेय may be omitted or not. 'ऊरुः कुरङ्गक' etc. is an instance, where the उपमेय (ऊरुः) is mentioned. 'An instance, where उपमेय is omitted, is the following from my drama Prabhāvatī.' The author quotes from a नाटिका composed by him. घटितमिव...भुवनम् (on account of the thick darkness) the world appears as if it is made up of masses of collyrium; it appears filled, as it were, with the particles of musk (मृगमद); it appears overspread, as it were, with Tamāla trees (the leaves of which are blackish); it appears, as it were covered with dark-blue garments. Here, the subject (विषय *i. e.* उपमेय), viz. the being pervaded (व्याप्तत्व), is not mentioned in connection with the thing fancied (the विषयिन् or उत्प्रेक्ष्य) viz. being made up of collyrium etc. The world is pervaded by darkness; this state of being pervaded by darkness is represented as if the world were made up of masses of darkness. The author gives another example in 'लिम्पतीव' etc. This is from the मृच्छकटिक (I Act). The last half is 'असत्पुरुषसेवेव दृष्टिर्विफलतां गता।'. The darkness besmears, as it were, our bodies and the sky rains, as it were, collyrium. अत्र......तमःसम्पातः. Here the विषय is the pervasion of the world by darkness and its falling all round. The pervasion is figured as the besmearing of the body and the falling of darkness is represented as the showering down of collyrium. Both, viz. व्यापन and तमःसम्पात, the विषयs (or उपमेयs), are omitted. अनयोः......यथासंख्यम्. यथासंख्यम् respectively. The reasons of the fancy in this example are respectively the thickness and its coming down in the shape of streams; as darkness is very thick, so it is represented as besmearing (लेप also is thick) and so on. राम० remarks that this explanation is according to the view of those who regard darkness as a substance. The curious reader may refer to the T. D. on the words 'तत्र द्रव्याणि पृथिव्यप्तेजोवाय्वाकाशकालदिगात्ममनांसि नवैव।' T. S. In his remarks upon the words 'Darkness besmears' etc. our author follows Mammaṭa who says 'व्यापनादि लेपनादिरूपतया सम्भावितम्'. केचित्तु......इत्याहुः some say 'Darkness, which is not really an agent in besmearing (*i. e.* darkness can never as a matter of fact besmear anybody, being अचेतन), is figured as being the agent of besmearing, the *nimitta* (the reason or occasion) of this fancy being the pervasion (by darkness of the world). Similarly, the sky (though it is really incapable of showering collyrium) is fancied as the agent of the act of showering.' The views referred to here are those of the अलं० स०, which says "निमित्तस्य अनुपादाने यथा—'लिम्पतीव तमोऽङ्गानि' इत्यादौ। अत्र तमोगतत्वेन लेपनक्रियाकर्तृत्वोत्प्रेक्षायां व्यापनादि निमित्तं गम्यमानम्। व्यापनादौ तूत्प्रेक्षाविषये निमित्तमन्वेष्यं स्यात्। न च विषयस्य गम्यमानत्वं युक्तम्। तस्योत्प्रेक्षिताधारत्वेन प्रस्तुतस्याभिधातुमुचितत्वात्। तस्माद्यथोक्तमेव साधु।" p. 63. The views of Mammaṭa and our author on the one hand and the Alaṅkāra-sarvasva on the other as regards the verse 'लिम्पतीव' may be briefly stated as follows:—Our author says that here व्यापन is the प्रस्तुत (or विषय) and is fancied as लेपन; while Sarvasva says that तमः is the प्रस्तुत (or विषय) and it is fancied as probably identical with the लेपनकर्तृ; 2ndly our author says that the निमित्त (the reason) of the fancy is the thickness of the darkness, while Sarvasva says that it is व्यापन (pervasion) which is the reason; 3rdly, our author cites this verse as an instance of that variety of उत्प्रेक्षा, where the प्रस्तुत (here व्यापन) is not mentioned, while Sarvasva cites this verse as an instance of निमित्तानुपादान (here व्यापन, according to अलं० स०, being the निमित्त). The अलं० स० criticizes those who regard व्यापन as the प्रस्तुत and as not mentioned. It says that if व्यापन is the प्रस्तुत, it must be mentioned, because it is the subject upon which something else is to be fancied. If व्यापन, the subject, were swallowed up by लेपन we cannot understand लेपन as poetically predicated of it. So the Sarvasva argues that it is better to say that in darkness, which is the धर्मी, the attribute of pervasion (व्यापन) is swallowed up by, and is fancied as identical with the attribute of being the agent of the action of besmearing (लेपनक्रियाकर्तृत्व). 4thly, Mammaṭa and our author say that Utprekṣā occurs everywhere by the relation of identity (अभेद); e. g. मुखं चन्द्रं मन्ये where one धर्मी (*i. e.* मुख) is fancied as if identical with another धर्मी (*i. e.* चन्द्र); in 'लिम्पतीव' etc. they say the धर्मी (व्यापन) is fancied as if identical with another धर्मी (लेपन); the अलं० स० does not admit that Utprekṣā occurs invariably by the identity of two धर्मीs; it says that Utprekṣā occurs also when an attribute (धर्म) is fancied as belonging to a subject (धर्मिन्). It says that व्यापन, if it be the प्रस्तुत, cannot be omitted for reasons given above. So it is better to admit two kinds of Utprekṣā, धर्म्युत्प्रेक्षा and धर्मोत्प्रेक्षा. लिम्पतीव &c. is an instance of धर्मोत्प्रेक्षा, where the धर्म (लेपन) may be fancied as probably belonging to darkness (धर्मी). Those who uphold Mammaṭa say against the criticism of Sarvasva that what the poet intends to fancy is the identity the two actions (लेपन and व्यापन) and since this identity is directly possible (without having to resort to the idea of agent etc.) there is no necessity to fancy the identity of agents in order that through that identity we may fancy the identity of actions. Vide प्रभा pp. 381-382 and R. G. 296-304

"अत्र च प्राचामर्वाचां चानेकधा दर्शनं व्यवस्थितम् । तत्र प्राचामित्थम्-सर्वत्र अभेदेनैव विषयिणो विषये उत्प्रेक्षणं न सम्बन्धान्तरेण । तथाहि-धर्मिस्वरूपोत्प्रेक्षायां 'मुखं चन्द्रं मन्ये' इत्यादौ तावद्विषयिणश्चन्द्रस्याभेदो विषये मुखे स्फुट एव । ...एवं 'अस्यां मुनीनामपि मोहमूहे' इत्यत्र नैषधपद्ये (नै. VII. 94) धर्मस्वरूपोत्प्रेक्षायामपि मुनिसम्बन्धिनि धर्मान्तरे विषये दमयन्तीविषयकमोहस्य विषयिणोऽभेदेनैवोत्प्रेक्षा । (p. 296)......तत्र विचार्यते । न सर्वत्राभेदेनैवोत्प्रेक्षणमिति नियमे किंचिदस्ति प्रमाणम । लक्ष्येषु भेदेनापि उत्प्रेक्षणस्य दर्शनात् ।......नहि अभेदेनैव उत्प्रेक्षणमिति वेदेन बोधितम् । यदर्थमयमाग्रहः स्यात् । लक्षणनिर्माणस्य पुरुषाधीनत्वात् । 'लिम्पतीव तमोऽङ्गानि' इत्यत्रापि लेपनादिकर्तृत्वं तमआदिषु विषयेषु उत्प्रेक्ष्यते इत्येव युक्तम् ।" R. G. p. 298.

On these manifold sud-divisions of Utprekṣā, Jagannātha makes the very appropriate remark that there is no difference of strikingness in them. They should not, therefore, be mentioned at all. At the most only three varieties of Utprekṣā should be given, viz., हेतु, फल and स्वरूप. 'इह जात्यादयो हि भेदाः प्राचामनुरोधादुदाहृताः । वस्तुतस्तु नैषां चमत्कारे वैलक्षण्यमस्तीति अनुदाहार्यतैव । चमत्कारवैलक्षण्यं पुनर्हेतुफलस्वरूपात्मकानां त्रयाणां प्रकाराणामेवेति ।' R. G. p. 295.

अलङ्कारान्तरोत्था......उत्प्रेक्षावाचकम् (P. 32, ll, 10-18). अलङ्कारान्तरोत्था=अलङ्कारान्तरादुत्तिष्ठतीति when arising from another figure. An example of Utprekṣā founded upon concealment (अपह्नुति) is 'अश्रुच्छलेन' etc. हुतपावकधूमेन कलुषे अक्षिणी यस्याः तस्याः सुदृशः लावण्यमेव वारि तस्य पूरः अङ्गे मानमप्राप्य अश्रुच्छलेन विगलति इव. The flood of beauty of that fair-eyed lady, incapable of being contained in her body, falls as it were, under the disguise of tears, as her eyes are pained by the smoke of the fire kindled by oblations of ghee. An example of उत्प्रेक्षा based upon श्लेष is 'मुक्तोत्करः' etc. 'The pearls, we believe, that issued from the narrow womb of the oyster, have attained this गुणवत्त्व (possession of a fair quality or being stringed) from dwelling upon the charming conch-like neck of this lotus-eyed damsel'. Here the word गुणवत्त्व is paronomastic; and it is the cause (निमित्त) of the हेतूत्प्रेक्षा contained in the words 'कम्बुग्रीवाधिवासादिव' (as if from dwelling upon the conch-like neck). The word 'जानीमहे' is denotative of उत्प्रेक्षा.

मन्ये......इत्येवमादयः. Besides जानीमहे, मन्ये, शङ्के, ध्रुवं, प्रायः, नूनम्, इव etc. are some of the words that are denotative of उत्प्रेक्षा. We quoted above the words of Daṇḍin on this point. There are other words also that express सम्भावन or उत्प्रेक्षा, such as तर्कयामि, सम्भावयामि, जाने, उत्प्रेक्षे, स्यात्. A question naturally arises:— How are we to distinguish उत्प्रेक्षा from उपमा, when इव is employed, as इव is सादृश्यवाचक also; *i. e.* on what ground is it that we regard the verse 'ऊरु:......सरस्येव' as an example of उत्प्रेक्षा and not of उपमा? The verse can as well be taken as an Upamā (ऊरु: सरस्य स्तम्भ इव भाति). Our author nowhere explains this difficulty. चक्रवर्तिन्, the author of the अलङ्कारसर्वस्वसञ्जीविनी, says on this point 'यदाऽयमुपमानांशो लोकतः सिद्धिमृच्छति। तदोपमैव येनेवशब्दः साधर्म्यवाचकः॥ यदा पुनरयं लोकादसिद्धः कविकल्पितः। तदोत्प्रेक्षैव येनेवशब्दः सम्भावनापरः॥' (quoted by उद्द्योत p. 24). When the Upamāna is one from ordinary life, there the figure is Upamā and the word इव is then expressive of similarity. But when the Upamāna (*i. e.* the अप्रस्तुत or विषयिन्) is not one from ordinary life, but is simply due to the poet's fancy, then the figure is Utprekṣā, so that there the word इव has the sense of सम्भावन (representing as probably identical). When इव is employed in उत्प्रेक्षा, the poet purposely represents one thing as almost identical with another; in Upamā, the only object is to give expression to the similarity between two objects. The चि० मी० remarks: 'यत्र यत्राप्रकृततादात्म्यसम्भावनोपयुक्तविशेषणकल्पना तत्र सर्वत्राप्युत्प्रेक्षाऽवगन्तव्या। यत्र तु सम्भावनोपयुक्तविशेषणकल्पनारहितमुपमानं निबध्यते तत्र परमिवशब्दः सादृश्यपर इत्युपमालङ्कारः।' p. 74 (and then it quotes the words of चक्रवर्तिन्). Appayadīkshita bases the diffierence upon the existence of adjectives or attributes that would contribute towards the poetic representation of the identity of the प्रकृत and अप्रकृत. If these exist there is उत्प्रेक्षा; but if there is the Upamāna purely without any attributes serving to lead on to सम्भावन, then there is Upamā and इव denotes similarity.

कचिदुपमोपक्रमोत्प्रेक्षा......ज्ञेयम् (**P. 32, ll. 20-26**). उपमा उपक्रमे यस्याः सा उपमोपक्रमा. Sometimes, an Utprekṣā begins with a simile. 'पारेजलं...शैवलाभाः'. This is शिशु० III. 70. मुरारिः (कृष्णः) नीरनिधेः पारेजलं आनीलपलाशराशीः (हरितपर्णपूर्णाः) उत्कलिकासहस्रप्रतिक्षणोत्कूलितशैवलाभाः (उत्कलिकासहस्रेण तरङ्गसहस्रेण प्रतिक्षणमुत्कूलिताः तीरं प्रापिताः ये शैवलास्तत्तुल्याः) वनालीः (वनराजीः) अपश्यत्. Kṛṣṇa saw, on the other side of the sea, series of woods, abounding with greenish leaves, which looked like moss thrown every moment upon the shore by thousands of waves. इत्यत्र......ज्ञेयम्. In the above verse, the word आभा (in शैवलाभाः) denotes comparison and hence there is a simile at first, but in the end there is fancy (उत्प्रेक्षा) inasmuch as the existence of huge masses of moss on the seashore can be imagined as possible. We should prefer the reading शैवलस्थितेः सम्भवोपपत्तेः to सम्भवनानुपपत्तेः. Similarly, it is to be understood in the description of the emaciation of certain lovelorn ladies, as in 'their bracelets were turned into armlets' (केयूरं इव आचरितम्) and also in 'the side glance of her with deer-like eyes acts the part of a blooming lotus on the ear' (विकासिनीलोत्पलमिव आचरति). In both the examples, there is at first उपमा, because the affixes क्यङ् (in केयूरायितम्) and क्विप् (in नीलोत्पलति) are expressive of Upamā but, since it is impossible that a bracelet should be on the arm and that a glance should exist on the ear, there is only a poetic fancy. The poet does not here compare the bracelet with the armlet and the side-glance with the blue lotus, but rather fancies that they are actually identical as it were.*

भ्रान्तिमदलङ्कारे......इति द्वयोर्भेदः (P. 32, ll. 26-29). The author now distinguishes Utprekṣā from other figures of speech. He first distinguishes between भ्रान्तिमान् and उत्प्रेक्षा. In भ्रान्तिमान् as instanced in 'मुग्धा दुग्धधिया' the cowherds who are under error have no consciousness of the moonlight, which is the subject (on which they wrongly superimpose the notion of milk); for the description of it (*i. e.* of the absence of the knowledge of the truth) is given by the poet himself (and not by the persons). In उत्प्रेक्षा, however, the person who indulges in the fancy has a consciousness of the subject also. What distinguishes भ्रान्तिमान् from उत्प्रेक्षा is this:—In the former, the knowledge is अनाहार्य; while in the latter it is आहार्य; 2ndly, in the former, the विषय is not perceived in its real nature, it is mistaken for something else (the विषयिन्); in उत्प्रेक्षा both the विषय and विषयिन् are cognised distinctly, there is no mistake, but for poetical purposes it is represented that the विषय is almost identical with the विषयिन्.

सन्देहे......भेदः (P. 32, ll. 29-31). What distinguishes सन्देह from उत्प्रेक्षा is that in the former both the alternatives are equally prominent; but in the latter, one of the alternatives is more prominent and is poetically represented as probably identical with the other. अतिशयोक्तौ...भेदः: in Hyperbole, the unreality of the character fancied (विषयिन्) is apprehended after the sense of the sentence is understood; and here it is

---

* The अमरकोश says that केयूर and अङ्गद mean the same thing (केयूरमङ्गदं तुल्ये); but the poet seems to have used अङ्गद in the sense of bracelet and केयूर in the sense of an ornament for the upper arm. The lady had grown so emaciated that the bracelet on her forearm easily moved up to the upper part of the arm.

apprehended at the very time of the sense being understood. An example of अतिशयोक्ति is 'कमलमनम्भसि कमले च कुवलये तानि कनकलतिकायाम् ।'. Here the face is apprehended and spoken of as कमल, the eyes as कुवलय and the body as कनकलतिका. At the time of using this mode of speech, it is not intended that the विषयिन् (कमल) is understood as distinct. The unreality of the identity of विषय and विषयिन् comes in only when we reflect upon the sense of the verse. In उत्प्रेक्षा, when we use such an expression as 'नूनं मुखं चंद्रं मन्ये', we are perfectly conscious of the विषयिन् (*i. e.* उपमान चंद्र) not being the विषय (मुख).

रञ्जिता नु...प्रकारकल्पनया (**P. 33, ll. 1-10**). 'रञ्जिता नु...तिमिरेण.' This is किरातार्जुनीय IX. 15. This is a description of intense darkness. रञ्जिता नु...शैलाः—Has darkness coloured black the various trees and hills? स्थगितम्—screened. विषमेषु in uneven portions. संहृता नु ककुभस्तिमिरेण has darkness annihilated the regions of space? The printed editions have संहताः for संहृताः. The Sarvasva reads संहृताः. तिमिरेण is to be connected with all past passive participles. इत्यत्र......केचिदाहुः some say that the figure here is सन्देह, inasmuch as the trees pervaded by darkness are suspected to be coloured and so on. It is the अलं० स० which cites this verse as an instance of सन्देह, in which the things superimposed have each a separate substratum (क्वचिदारोप्यमाणानां भिन्नाश्रयत्वे दृश्यते । यथा 'रञ्जिता' p. 43). The Sarvasva remarks on this verse 'अत्रारोपविषयतिमिरे रागादि तर्वादिभिन्नाश्रयत्वेनारोपितम्' p. 44, 'रागादि रञ्जनादि । आदिशब्देन नमनस्थगनपूरणसंहरणानि गृह्यन्ते । तर्वादीत्यादिशब्देन गगनधरित्रीककुभः । अत्र व्याप्तवत् तिमिरं विषयः, रञ्जनादिर्धर्मो विषयी ।' समुद्रबन्ध's comment. एकविषये......स्फुरणं च. Our author says that this is wrong; for the figure सन्देह consists in the apprehension of one object under more alternatives than one, all being equally prominent; whilst, here, the pervasion of the trees, sky &c. by darkness is not one and the same pervasion, but is conceived as distinct pervasions distinguished by the several objects with which it comes in contact. Besides, pervasion etc. is swallowed up by the idea of 'colouring' &c, which alone is prominent. एकविषये = एकधर्मिणि. What our author means is:—In Sandeha, the same object is perceived under two or more alternatives, as in 'अयं मार्तण्डः किं' above; in the present verse, the object is not the same; the pervasion by darkness of the trees being quite different from the pervasion of the sky by it; 2ndly, in *Sandeha*, what the poet conveys is the equal prominence of two or more alternatives; but this is not the case here; here the pervasion by darkness is not mentioned at all in words, it is swallowed up, as it were, by 'colouring'; what the poet intends to do here is to represent poetically that 'pervasion' is probably the same as 'colouring'. For these two reasons, the figure in the present verse is उत्प्रेक्षा. अन्ये तु......वदन्ति स others say that the present verse is a distinct sort of the figure सन्देह, though one of the alternatives is more prominent, because it has the special charm of determining one thing to be manifold. What these people mean is:—in this verse, the विषयिन् (रञ्जन) is no doubt more prominent; still the figure is not उत्प्रेक्षा, but another kind of सन्देह. Here व्यापन (the विषय) is determined to be the same as रञ्जन, स्थगन, पूरण etc. (which are many). Therefore, as in ordinary सन्देह one thing is suspected under different characters, so here also one thing is determined under different characters; and therefore there is सन्देह. This view appears to be the same as the one mentioned by Sarvasva 'केचित्त्वध्यवसायाश्रयत्वेन सन्देहप्रकारमाहुः' p. 44. Our author rejects this view also. निगीर्ण...कल्पनया fancy (उत्प्रेक्षा) is the apprehension of a thing, the real nature of which is, as it were, swallowed up, under an identity with something else. This kind of fancy is clearly visible here and is conveyed by the word नु. as well as by इव. Therefore the figure ought to be उत्प्रेक्षा. It is not necessary to resort to the invention of a distinct species of *Sandeha* found nowhere else. The Sarvasva itself mentions the fact that some look upon the verse 'रञ्जिता नु' etc. as an instance of उत्प्रेक्षा, 'अन्ये तु नुशब्दस्य सम्भावनाद्योतकत्वादुत्प्रेक्षाप्रकारमिममाचक्षते' p. 44.

यदेतच्चन्द्रा...नासावपह्नुत्युत्प्रेक्षा (P. 33, ll. 11-16). 'यदेत......तनुम्'. This verse is cited by अलं० स० p. 51 as an example of अपह्नुति (अपह्नवपूर्वक आरोपः). जलदलवलीलां वितनुते—spreads the charm of a flake of cloud. नो मां प्रति तथा to me it does not appear to be so. अहं......तनुम् 'I believe the moon to be marked by the black scars of the wounds caused by the darting meteor-glances of the young women distressed by the separation from thy foemen, their lords.' Here, in spite of the fact that the word '*manye*' is employed (it being one of those words that imply उत्प्रेक्षा, as said above), we have a mere conjecture, since we do not apprehend here a fancy as defined before. For this reason there is no उत्प्रेक्षा, founded upon concealment here. In the first half of the verse, the author began by denying that the spot on the moon is 'शशाङ्क' (*i. e.* there is first अपह्नव). After denying the nature of 'शशाङ्क' he ought to have superimposed something else on the शशक. But he speaks of the moon in the next half, and not of शशक at all. Therefore there is no अपह्नुति. It may be said that, as there is अपह्नव in the first half and the word मन्ये (which is उत्प्रेक्षाद्योतक) occurs in the 2nd half, there is सापह्नवोत्प्रेक्षा. Our author replies that the mere presence of the word मन्ये is not sufficient. We must have सम्भावना, which does not exist in the verse under consideration. The author of the सर्वस्व also was not quite satisfied with the instance he himself gave. On 'यदेतच्चन्द्रा०' etc. he remarks 'अत्र ऐन्दवस्य शशकस्यापह्नवे उपक्षिप्ते शशकप्रतिवस्तुकिणबत इन्दोरारोपो नान्वयघटनां पुष्यतीति न निरवद्यम्' p. 51 and also "तस्याः (उत्प्रेक्षायाः) चेवादिशब्दवन्मन्येशब्दोऽपि प्रतिपादकः । किंतु उत्प्रेक्षासामग्र्यभावे मन्येशब्दप्रयोगो वितर्कमेव प्रतिपादयति यथोदाहृतं प्राक् 'अहं त्विन्दुं मन्ये' इत्यादि (on p. 51)" p. 64.

What constitutes the essence of उत्प्रेक्षा is that the प्रस्तुत (उपमेय) must be represented as probably identical with the अप्रस्तुत (उपमान) and that this representation must be charming उत्प्रेक्षा must be based upon implied resemblance. 'नूनमनेन स्थाणुना भाव्यम्' cannot be an उत्प्रेक्षा, because there is no charm in it. The fancy must be आहार्य (volitional) and not due to mistake. 'रामं स्निग्धतरश्यामं विलोक्य वनमण्डले । प्रायो धाराधरोऽयं स्यादिति नृत्यन्ति केकिनः ॥' is not an example of उत्प्रेक्षा, because here the peacocks mistake him to be a cloud and, as a result, dance. They have no distinct apprehension that he is Rāma. The mere presence of उत्प्रेक्षाद्योतक words would not constitute a verse an instance of उत्प्रेक्षा, e. g. the word प्रायः in the above verse.

Examples of उत्प्रेक्षा are sown broad-cast in the works of Kālidāsa and Bāṇa; vide the following 'मुक्तेषु रश्मिषु निरायतपूर्वकाया निष्कम्पचामरशिखा निभृतोर्ध्वकर्णाः । आत्मोद्धतैरपि रजोभिरलङ्घनीया धावन्त्यमी मृगजवाक्षमयेव रथ्याः ॥' शा. I.

13 अतिशयोक्ति (Hyperbole).

सिद्धत्वे......प्रचक्षते इति (**P. 33, ll. 17-23**). When the introsusception is complete, it is styled Hyperbole. विषयनिगरणेन...... अध्यवसायः-These words are quoted verbatim from अलं० स० p. 56. When the विषयिन् (*i. e.* उपमान or अप्रस्तुत) swallows up (or altogether takes in) the विषय (the subject on which something else is superimposed) and there is therefore an apprehension of identity, it is अध्यवसाय (Introsusception). In उत्प्रेक्षा, the अध्यवसाय is incomplete (or in process of completion) as the विषयिन् is expressed there with uncertainty (*i. e.* विषयिन् is there represented as *probably* identical with the विषय, and not with certainty). But in अतिशयोक्ति, the अध्यवसाय is complete because the subject is apprehended with certainty. The twofold division of अध्यवसाय is borrowed by our author from the अलं० स०. अध्यवसाय is brought about in two ways; (I) the विषयिन् entirely swallows up the विषय, which is consequently not expressed in words at all; (II) the विषयिन as it were swallows up the विषय, which though expressed in words and therefore seeming to be different, is yet identified with the विषयिन्. In the first case the अध्यवसाय is said to be सिद्ध and in the latter साध्य. The अध्यवसाय is said to be सिद्ध, because the विषय not being expressed in words and being swallowad up by the विषयिन्, the विषयिन् (which is the अध्यवसित, superimposed) is predominant. अध्यवसाय is said to be साध्य, because the विषय is in process of being represented as probably identical with the विषयिन् (it is not निगीर्ण, but निगीर्यमाण) and therefore it is this process (which is being accomplished) that is predominant. Vide विमर्शिनी on अलं स० "स (अध्यवसायः) च द्विविधः—सिद्धः साध्यश्च)। सिद्धो यत्र विषयस्यानुपात्ततया निगीर्णत्वादध्यवसित-प्राधान्यम्। साध्यो यत्रैवाद्युपादानात्सम्भावनाप्रत्ययात्मकत्वाद्विषयस्य निगीर्यमाणत्वा-दध्यवसायक्रियाया एव प्राधान्यम्।". A question might be asked what is the difference between अध्यवसाय and आरोप (as in मुखं चन्द्रः)? The reply is:—in आरोप, the विषय is apprehended as the विषयिन्. But here (in सिद्ध अध्यवसाय), the विषय being entirely swallowed up by the विषयिन् and therefore not being expressed, only the विषयिन् is apprehended; in साध्य अध्यवसाय (whic is the province of उत्प्रेक्षा), the विषय may or may not be expressed (while in आरोप it must always be expressed) and, even when it is expressed, it is in precess of being swallowed up by the विषयिन् (as in मुखं चन्द्रं मन्ये). 'अत एव चात्र विषयस्य निगीर्यमाणत्वादारोपगर्भत्वं न वाच्यम्। तत्र विषयस्य विषयितया प्रतीतिः। इह (उत्प्रेक्षायाम्) पुनर्विषयस्य निगीर्यमाणत्वेन विषयिण एव प्रतीतिः।' विमर्शिनी p. 55. An objection might be raised as follows:—अध्यवसाय is certain knowledge of the विषयिन्, which swallows up the विषय. It is said above that in उत्प्रेक्षा there is साध्य अध्यवसाय. In उत्प्रेक्षा, the विषय is generally expressed and not swallowed up. Besides, उत्प्रेक्षा is constituted by representing something as *probable*. There is no *certainty* in it. Therefore it is improper to say that in उत्प्रेक्षा there is साध्य अध्यवसाय. The reply is:—अध्यवसाय is of two kinds, स्वारसिक and उत्पाद्य. In the former, the real nature of an object is not known at all, but through mistake the विषय is identified with the विषयिन्. In the latter (उत्पाद्य), a man, although well knowing that विषय is distinct from विषयिन्, superimposes the विषयिन् upon the विषय for some poetical purpose. स्वारसिक अध्यवसाय is the province of भ्रान्तिमान्, in which the poet speaks of the mistaken notions of others. उत्पाद्य अध्यवसाय (*i. e.* आहार्य) is the province of उत्प्रेक्षा. अध्यवसाय is defined as विषयनिगरण. In उत्प्रेक्षा, although there is no complete swallowing up, still the विषय is in process of being swallowed and, therefore, we may say that there is अध्यवसाय. Hence there is nothing wrong in saying that साध्य अध्यवसाय is the province of उत्प्रेक्षा. 'एवमप्यनिश्चयात्मकसम्भावनाप्रत्ययमूलत्वादुत्प्रेक्षायाः कथमध्यवसायमूलत्वम् । तस्य हि विषयनिगरणे (णं?) विषयिनिश्चयश्च स्वरूपम् । न चात्रैकमपि सम्भवति । विषयोपादानान्निश्चयाभावाच्चेति । अत्रोच्यते । इह द्विधास्त्यध्यवसायः स्वारसिक उत्पादितश्च । तत्र स्वारसिके विषयानवगम एव निमित्तसामर्थ्यात्स्वरसत एव विषयप्रतीतेरुल्लासात् ।......इतरत्र तु विषयमवगम्यापि तदन्तःकारेण प्रतिपत्तौ स्वात्मपरतन्त्रविकल्पनात् विषये प्रतिपत्तिमुत्पादयेत् । जानान एव हि विषयिविविक्तं विषयं तत्र प्रयोजनपरतया विषयिणमध्यवस्येत् । तत्राद्यो भ्रान्तिमदादिविषयः । तत्र हि प्रमात्रन्तरगता स्वारसिक्येव तथाविधा प्रतिपत्तिर्वक्त्रानूद्यते न तूत्पाद्यते ।...... इतरस्तूत्प्रेक्षाविषयः ।...........ननु विषयनिगरणमध्यवसायस्य लक्षणमिह पुनर्विषयस्य निगीर्यमाणतेति कथमत्राध्यवसायतेति चेत् । नैतत् । 'विषय्यन्तःकृतेऽन्यस्मिन्सा स्यात्साध्यवसानिका' (का. प्र. II.) इत्याद्युक्त्याध्यवसायस्य विषयिणा विषयस्यान्तःकरणं लक्षणम् । तच्च विषयस्य निगरणेन निगीर्यमाणत्वेन वा भवतीति न कश्चिद्विशेषः । निगीर्यमाणमपि पूर्वोक्तनीत्या विषयस्योपात्तस्यानुपात्तस्य वा भवतीत्यपि न कश्चिद्विशेषः ।" विमर्शिनी p. 55. विषय......प्रचक्षते इति (p. 33, ll. 20–23). In उत्प्रेक्षा, the swallowing up of the object takes place only by reducing it to a subordinate position and so it may be here also (*i. e.* in अतिशयोक्ति) as in 'the face is a second moon'. The author means that for swallowing up as required in उत्प्रेक्षा (साध्य अध्यवसाय), it is not necessary that the विषय must not be mentioned. What is meant by निगरण is here simply that the विषय should be in quite a subordinate position as regards the purpose in view (*i. e.* the charm of the सम्भावना). Similarly, even in अतिशयोक्ति, the विषय (*i. e.* मुख here) need not necessarily be omitted (as in 'the face is a second moon').

The name given to this figure is significant 'अतिशयस्योक्तिरिति यौगिकत्वमस्याः' एका. p. 227; 'विषयिणा विषयस्य निगरणमतिशयः । तस्योक्तिः' R. G. p. 307.

भेदेऽप्यभेदः......ततः (**P. 33, ll, 25–26**). Our author, following the अलं० स० (p. 66), divides अतिशयोक्ति into five varieties. I.

भेदेऽपि अभेदः Denial of difference where there is differece in reality; II. अभेदे भेदः (the opposite of the preceding) statement of a difference, where there is none in reality; III. सम्बन्धे असम्बन्धः negation of connection where there is a connection; IV. असम्बन्धे सम्बन्धः (which is the reverse of III); V. कार्यकारण-पौर्वापर्यात्ययः—the invertion of the sequence of cause and effect. Mammaṭa following रुद्रट (II. 24–26) gives four varieties, by omitting III and IV and substituting in their place "यद्यर्थोक्तौ च कल्पनम्" (a supposition under a condition introduced by 'if'). मल्लिनाथ in his तरल criticizes Mammaṭa and says that 'यद्यर्थोक्तौ etc.' is included either under सम्बन्धेऽसम्बन्धः or its reverse (see p. 237). उद्द्योत remarks that 'यद्यर्थोक्तौ च' etc. includes सम्बन्धेऽसम्बन्धः and its reverse by Indication.

An instance of भेदेऽभेदः is 'कथमुपरि' etc. कथं......कलापः How is it that the peacok's tail shines above? उपरीति नायिकाया उपरीति. अष्टमीन्दुखण्डम्—The digit of the moon on the 8th night of the fortnight. ततः next to it. प्रवालमस्मात्—still lower a tender leaf. Here we have the introsusception of the tresses of a woman in the peacok's tail with which they are identified. Here केशपाश, भाल, नेत्र, नासिका, and अधर are swallowed up respectively by कलाप, इन्दुखण्ड, कुवलय, तिलकुसुम and प्रवाल, although they are distinct (भेदेऽप्यभेदः). Another example of this is 'विश्लेषदुःखादिव' etc., which was cited above under Utprekṣā. The silence belonging to a sentient creature is one thing and the stillness pertaining to an inanimate object is another. These two states, though different, are identified here, the reason being that the word बद्धमौन conveys both the meanings. 'सहाधर...प्रियः' is another example of the same. In her youth, her lover is possessed of *rāga* (love, also 'red colour') together with the soft petal of her under-lip. Here the *rāga* of the lower-lip is its redness and the *rāga* of the lover is his love. Though these two are different, they are identified, because they are expressed by the same word. It must be said that, following these two examples of our author, the verse 'पद्मोदयदिनाधीशः' etc. instanced above under परम्परित (श्लिष्ट), will be an example of this kind of अतिशयोक्ति, so far as the word पद्मोदय is concerned.

An example of अभेदे भेदः is 'अन्यदेव' etc. सौरभसम्पदः the riches of the fragrance breathed by her. सरसत्वम् charmingness. Here though beauty is one and the same, the beauty of a woman is represented as being quite different from all other beauty. Another example of this variety may be given from the Śākuntala 'क्षीरक्षद्विरपरा प्रतिभाति सा मे धातुर्विभुत्वमनुचिन्त्य वपुश्च तस्याः ।'.

An example of सम्बन्धेऽसम्बन्धः is the verse 'अस्याः सर्गविधौ', which occurs in the Vikramorvaśīya (1st Act). The same verse is cited by the अलं० सू० as an example of this variety. अस्याः......कान्तिप्रदः 'Was it the moon, the source of lovely radiance, that was the creator in forming her?' शृङ्गार एव एको रसः यस्य who is solely devoted to the sentiment of love. पुष्पाकरः spring. जडः dull, free from emotions. विषयेभ्यः व्यावृत्तं कौतूहलं यस्य whose admiration (i. e. mind) is turned away from objects of sense. पुराणो मुनिः Brahmā. In this verse, although the Creator is connected with the act of creating her, he is represented as not being connected with that act. This verse is cited by Mammaṭa as an instance of ससन्देह (or सन्देह of our author). उद्द्योत remarks (p. 59) that this verse cannot be an example of अतिशयोक्ति as there is no certainty here. In अतिशयोक्ति, there must be certain knowledge. In the above verse, the speakar raises doubts as to who created the woman.

An instance of 'असम्बन्धे सम्बन्धः' is 'यदि स्यान्मण्डले etc.' Here, a connection, which is unreal, is fancied by means of a supposition brought in by the force of the word 'if'. इन्दीवरद्वय does not exist in the moon *i. e.* there is असम्बन्ध; but by the force of the particle यदि this connection of lotuses with the moon is brought in. Therefore there is असम्बन्धे सम्बन्धः. A beautifull example of this variety is cited by Vāmana (under IV. 3. 10) 'उभौ यदि व्योम्नि पृथक्प्रवाहावाकाशगङ्गापयसः पतेताम् । तेनोपमीयेत तमालनीलमामुक्तमुक्तालतमस्य वक्षः ॥' शिशु० III. 8.

कार्यकारण......महीक्षिताम् (P. 34, ll. 15-21). The inversion of the sequence of causation may occur in two ways: (I.) the effect may be supposed to precede the cause or (II.) it may be supposed to take place simultaneously with the cause. An example of the first is 'प्रागेव हरिणाक्षीणां' etc. Supply जातम् after उत्कलिकाकुलम् and जाताः after श्रियः. उत्कलिकाकुलम्-agitated by fancy. उद्भिन्नानां प्रफुल्लानां बकुलानां रसालमुकुलानां (आम्रमुकुलानां) च श्रियः the beauty of the blooming *bakula* and the blossoming mango (manifested itself). Mangoes put forth blossoms, which generally are the excitants of love (उद्दीपन). But here this sequence is inverted. The heart is said to be agitated first and then the mangoes blossomed. Another instance of this variety is 'हृदयमधिष्ठितमादौ मालत्याः कुसुमचापबाणेन। चरमं रमणीवल्लभ लोचनविषयं त्वया भजता ॥' (दामोदरगुप्त's कुट्टनीमतम्, verse 96). Another is 'तव प्रसादस्य पुरस्तु सम्पदः' शा० 7. An example of the cause and effect taking place at the same time is 'सममेव etc.' This is Raghu. IV. 4. समाक्रान्तम् was trodden, was attained. सममेव at the same time. Here the cause, viz, coming to the ancestral throne and the effect, viz. conquering the kings, are represented as taking place at the same time. The reason why the relation of cause and effect is inverted is to give expression to the idea that the cause produces the effect speedily, as said by Mammaṭa 'कारणस्य शीघ्रकारितां वक्तुं कार्यस्य पूर्वमुक्तौ' etc.

इह केचिदाहुः......लक्षणस्य इति (P. 34, ll. 22-24). In these words our author refers to the view of the अलं० सु०. The question is:—in अतिशयोक्ति what is introsuscepted in another? For अतिशयोक्ति, सिद्ध अध्यवसाय is necessary. When it is said that two varieties of अतिशयोक्ति are भेदेऽभेदः and अभेदे भेदः, the question arises what two things are अभेदेन अध्यवसित. According to the view of the अलं. सु. the ordinary excellence belonging to the woman's tresses etc. in the verse 'कथमुपरि कलापिनः' is fancied as being extraordinary. It should not be supposed that tresses etc. are introsuscepted under the character of the peacock's tail. What is अभेदेन अध्यवसित is natural beauty (वास्तव सौन्दर्य) which is here fancied to be identical with the beauty imagined by the poet (कविसमर्पितसौन्दर्य). It is not the केशपाश that is fancied to be identical (अभेदेन अध्यवसित) with the peacock's tail. If it were intended to be so (*i. e.* if it were intended that the अध्यवसाय in this variety should be between two धर्मिs, such as केशपाश and कलाप and not between the two धर्मs (वास्तवसौन्दर्य and कविसमर्पित सौन्दर्य), then the definition of the figure would not include, as it ought to include, such instances as 'Different is the beauty' etc. The reason why the instance 'अन्यदेवाङ्ग' etc. would be excluded is—if we say that केशपाश and कलाप are अभेदेन अध्यवसित, we mean that for अध्यवसाय, two धर्मिs are necessary; two धर्मs would not do. In 'अन्यदेवाङ्गलावण्यम्' etc there are no two धर्मिs, but only two धर्मs. If two धर्मिs were necessary for अध्यवसाय, this instance cannot be an example of अतिशयोक्ति. Therefore, in order to include it, we should say that it is two धर्मs that are everywhere अध्यवसित. Vide the words of the अलं. सु. p. 69 "एषु पञ्चसु भेदेषु भेदेऽभेदादिवचनं लोकातिक्रान्तगोचरम्। अत्र चातिशयाख्यं यत्फलं प्रयोजकत्वान्निमित्तं तत्राभेदाध्यवसायः। तथाहि 'कमलमनम्भसि' इत्यादौ वदनादीनां कमलाद्यैर्भेदेऽपि वास्तवं सौन्दर्यं कविसमर्पितेन

सौन्दर्येणाभेदेनाध्यवसितं भेदेऽभेदवचनस्य निमित्तम् । तत्र च सिद्धोऽध्यवसाय इति अध्यवसितप्राधान्यम् । न तु वदनादीनां कमलादिभिरभेदाध्यवसायो योजनीयः । अभेदे भेद इत्यादिषु प्रकारेषु अव्याप्तेः । तत्र हि 'अण्णं लडहत्तणअं' इत्यादौ सातिशयं लटभत्वं निमित्तभूतमभेदेनाध्यवसितम् । एवमन्यत्रापि ज्ञेयम् ।". On this जयरथ remarks "'कमलमनम्भसि' इत्यत्र यदि वदनादीनां धर्मिणामभेदाध्यवसाययोजनं क्रियते तत्तस्य धर्मिगतत्वेनैवेष्टेरिह धर्माणां न स्यादव्याप्तिः । अतश्च पूर्वत्र धर्माणामेवाध्यवसायो योजनीयो येन सर्वत्रैक एव पक्षः स्यादिति तात्पर्यार्थः ।" p. 69. The two verses, referred to in this passage, are 'कमलमनम्भसि कमले च कुवलये तानि कनकलतिकायाम् । सा च सुकुमारसुभगेत्युत्पातपरम्परा केयम् ॥'† (भेदेऽभेदः); 'अण्णं लडहत्तणअं अण्णा वि अ कावि वत्तणच्छाआ । सामा सामण्णपआवइणो रेहच्चिअ ण होइ ॥ (अन्यत् सौन्दर्यमन्यापि च कापि वर्तनच्छाया । श्यामा सामान्यप्रजापते रेखैव न भवति ॥).

Our author replies to the above reasoning in the words 'तत्रापि etc.,' तत्रापि...अध्यवसीयते There too, *i. e.* in 'अन्यदेवाङ्गलावण्यम्' the lady's beauty, which is generally not different from that of other women, is fancied as different. So that here also there is अध्यवसाय. We need not say that वास्तवसौन्दर्य is fancied to be identical with कविसमर्पितसौन्दर्य. In 'अन्यदेवाङ्ग' etc. one thing viz. the beauty of the woman, is poetically represented as being another thing, viz. a beauty different from all other beauty. तथाहि to explain, to make clear what is meant. अन्यदेव...अङ्गीक्रियते If we substitute अन्यदिव for अन्यदेव in the verse 'अन्यदेवाङ्ग etc.' (in which case it would mean 'her beauty is, as it were, quite apart from that of other women'), we should admit the figure उत्प्रेक्षा, as there is then साध्य अध्यवसाय. Everybody admits that in 'अन्यदिवाङ्गलावण्यम्,' there is उत्प्रेक्षा. We have shown above that in Utprekṣā there is अध्यवसाय (साध्य of course). So we must admit that in 'अन्यदेवाङ्ग' etc. also there is अध्यवसाय, which is सिद्ध, because the word इव, that is सम्भावनाद्योतक, is absent. In 'प्रागेव हरिणाक्षीणां' etc., the beauty of *bakula* though coming first is fancied as coming last *i. e.* there is अध्यवसाय. Here also if we employ the word इव, there is उत्प्रेक्षा. Similarly in the other two, सम्बन्धेऽसम्बन्धः and असम्बन्धे सम्बन्धः *i. e.* प्रजापति, who is the creator of the beauty, is represented as identical with Brahmā who does not create such a beauty; two blue lotuses which are not connected with the moon are fancied as identical (अध्यवसित) with two lotuses connected with the moon. Hence the opinion of the अलं. स. that there is अध्यवसाय of two धर्मs (one वास्तव and the other कविसमर्पित) and not of धर्मिंs is wrong. जयरथ also finds fault with the "अलं. स. "उपलक्ष्यं चैतत् । यावता ह्यध्यवसितप्राधान्यमस्या

† This is cited as a verse of शङ्करगण in जल्हण's सूक्तिमुक्तावलि p. 169.

लक्षणम् । तच्च धर्मिणामस्तु धर्माणां वेति को विशेषो येनाव्याप्तिः स्यात् । प्रत्युत धर्मयोरभेदाध्यवसायाभ्युपगमे उपमादीनामप्यतिशयोक्तिप्रसङ्गः स्यात् । तत्रापि धर्माणामेव भेदेऽभेदविवक्षणात् । एवं च विजातीयत्वेन भेदे धर्मयोरप्यव्याप्तिः प्रसज्यत इत्यलमसङ्गतग्रन्थार्थोदीरणेन ।' pp. 69-70. As to the remark of our author that when we read 'अन्यदिव' for 'अन्यदेव' in 'अन्यदेवाङ्ग-लावण्यम्' etc. there is उत्प्रेक्षा, vide the remarks of R. G. and Nāgeśa thereon (p. 135.) "यदपि तैरेव (अप्पदीक्षितैः) उक्तम् 'सम्बन्धातिशयोक्तिः स्यादयोगे योगकल्पनम् । सौधाग्राणि पुरस्यास्य स्पृशन्ति विधुमण्डलम् ॥' तदपि न । अत्रैव 'स्पृशन्तीवेन्दुमण्डलम्' इति कृते कोऽल-ङ्कारः । उत्प्रेक्षेति चेत्, तर्हीवादेरभावाद्गम्योत्प्रेक्षेयमुचिता । इवादिसत्त्वे या वाच्योत्प्रेक्षा सैवेवाद्यभावे गम्योत्प्रेक्षेति नियमस्य सर्वसंमतत्वात् । 'त्वत्कीर्तिर्भ्रमणश्रान्ता विवेश स्वर्गनिम्नगाम्' इति त्वदुक्तगम्योत्प्रेक्षायाः 'सौधाग्राणि' इत्यस्य चोत्प्रेक्षांशे विशेषानुपलम्भात् ।......तस्मादुत्प्रेक्षासामग्री यत्र नास्ति तादृशमुदाहरणमुचितम् । यथास्मदीयं 'धीरध्वनिभिरलं ते नीरद मे मासिको गर्भः । उन्मदवारणबुद्ध्या मध्येजठरं समुच्छलति ॥' इत्यादि । सुन्दरत्वे सति उपस्कारकत्वमलङ्कारसामान्यलक्षणमिहापि न विस्मरणीयम् ।' R. G. p. 315.

14 तुल्ययोगिता (Equal Pairing).

पदार्थानां......क्रियाभिसम्बन्धः (P. 34, l. 29-p. 35, l. 5). When objects in hand or others are associated with one and the same attribute, the figure is तुल्ययोगिता. An attribute is either a quality or an action. So, although our author does not say so specifically, तुल्ययोगिता has four varieties; all the things may be प्रस्तुत or all may be अप्रस्तुत; and the common attribute in each case may be a गुण or a क्रिया. There is another point on which our author is silent. उद्भट, अलङ्कारसर्वस्व, एकावली and many others say that in तुल्ययोगिता औपम्य is always implied; compare 'औपम्यस्य गम्यत्वे पदार्थगतत्वेन प्रस्तुतानामप्रस्तुतानां वा समान-धर्माभिसम्बन्धे तुल्ययोगिता' अलं० स०. This means that between the प्राकरणिक or अप्राकरणिक things that are connected with the same attribute, there must be implied resemblance. It is not suffcient that they are connected with the same attribute. Our author, by omitting the words औपम्यस्य गम्यत्वे, leads us to infer that he did not regard implied resemblance between the प्राकरणिक or अप्राकरणिक things as necessary to constitute the figure तुल्ययोगिता. The reason why the figure is called तुल्य-योगिता is given by एकावली as 'तुल्यधर्मेण योगो जातोऽस्यामिति अन्वर्थनामा तुल्ययोगिता' p. 239. *i. e.* that in which there is a connection (of प्रकृत or अप्रकृत things) with the same attribute. अनुलेपनानि......अबोधिषत—This is Śiśu. IX. 24. Some printed editions of Śiśu. read दीपशिखाः for दीपदशाः and' चिरसुप्तमनोभव-

बोधनं सममबोधिषत' for 'सुचिरं शयितप्रतिबोधितस्मरमबोधिषत ॥'. Construe-तेन समयेन अनुलेपनानि, कुसुमानि, पतिषु कृतमन्यवः (कृतकोपाः) अबलाः, दीपदशाः (दीपज्वालाः) सुचिरं शयितप्रतिबोधितस्मरं (सुचिरं शयितः पश्चाद् प्रतिबोधितः स्मरः कामः यथा स्यात्तथा) अबोधिषत (बोधितानि). Unguents of sandal, white flowers, fair ones indignant against their lords and the flames of lamps were by that time (*i. e.* by evening) lighted up so as to awaken Love that had long fallen asleep. Here, as the description of the evening is the matter in hand, sandal ointment etc. which are connected with the evening are also प्रस्तुत; they are all connected with the one action (क्रिया) of बोधन (being lighted up).

त्वदङ्ग......सम्बन्धः **(P. 35, ll. 6-13).** त्वदङ्ग—This is Udbhaṭa V. 12 Who, that has perceived the softness of thy body, fee's not that the jasmine, the digit of the moon and the plantain plant are hard ? Here the heroine is the subject of description and मालती etc., which are the उपमानs are (generally, of course) अप्रस्तुत. They are all connected with the single attribute 'hardness' (which is a गुण), दानं... आहरेत्—दानं वित्ताद्, ऋतं (सत्यं) वाचः etc. 'charity from affluence, truth from speech, fame and piety from life, beneficence to others from the body—from unsubstantial things, man ought to extract substantial good., Here दान, ऋत, कीर्तिधर्म, परोपकरण, which are all in the objective case, being all connected with the attribute of substantialness, are also connected with the action of extracting. Our author gives an example of तुल्ययोगिता where all the things are connected with the same गुण and the same क्रिया. An example where all प्राकरणिक things are connected with the same गुण is 'योगपट्टो जटाजालं तारवी त्वङ्मृगाजिनम् । उचितानि तवाङ्गस्य यद्यमूनि तदुच्यताम् ॥' उद्भट V. 13.

15 दीपक (Illuminator).

अप्रस्तुतप्रस्तुतयोः (एकधर्माभिसम्बन्धः यदा स्यात्तदा) दीपकं तु निगद्यते। When a thing, which is the subject in hand, and another which is not the subject in hand, are connected with the same attribute, there is दीपक. Also when the same case (कारक) is connected with more than one verb.

Some writers like उद्भट, जगन्नाथ etc. say that in दीपक also there must be गम्य औपम्य. Our author is silent on this point. It must be noted that if गम्य औपम्य is necessary for दीपक, then the 2nd variety of दीपक given by our author, where one case is connected with many verbs, must be excluded altogether, as there can be no resemblance in that variety.

The reason why this figure is called दीपक is that it is like a lamp, which, when employed for illuminating one object, also illumines others. 'प्राकरणिकाप्राकरणिकयोर्मध्यादेकत्र निर्दिष्टः समानो धर्मः प्रसङ्गेनान्यत्रोपकाराद्दीपनाद्दीपसादृश्येन दीपकाख्यालङ्कारोत्थापकः ।' अलं० स० p. 72; 'प्रकृताप्रकृतान्यतरसांनिध्यमधितिष्ठन्नपि साधारणो धर्मः प्रसङ्गेनान्यदपि दीपयतीति दीपकम् ।' एका० p. 242; 'प्रकृतार्थमुपात्तो धर्मः प्रसङ्गादप्रकृतमपि दीपयति प्रकाशयति सुन्दरीकरोतीति दीपकम् ; यद्वा दीप इव दीपकम् । संज्ञायां कन् (पा० V. 3. 75)। दीपसादृश्यं च प्रकृताप्रकृतप्रकाशकत्वेन बोध्यम् ।' R. G. p. 322.

बलावलेपा......भवान्तरेष्वपि **(P. 35, ll. 17-18)**— This is Śiśu. I. 72. जिगीषुणा तेन (शिशुपालेन) बलावलेपात् (बलगर्वात्) पूर्ववत् अधुनापि जगत् प्रबाध्यते । भवान्तरेष्वपि (जन्मान्तरेष्वपि) सती योषित् (साध्वी भार्या) निश्चला प्रकृतिः (स्वभावः) च पुमांसमभ्येति. Here unchanging nature is the subject of description; while, chaste wife is अप्रकृत. Both of them are connected with one *dharma* viz., the one action of 'accompanying'. The printed editions of Śiśu. read सतीव योषित् प्रकृतिः सुनिश्चला (v. l. सुनिश्चिता). The Nirṇayasāgara edition of S. D. reads सतीव for सती च. But then the figure would be उपमा. In the above verse, there is अर्थान्तरन्यास also. दूरं...क्षणेन (p. 35, ll. 21-24). This is an instance of the 2nd kind of दीपक' called by some कारकदीपक. Here the heroine, who is one, is connected with many actions, viz, rising, sleeping, going to the house of the lover and so on.

अत्र च...सम्भवात् **(P. 35, l. 26-27)**—some say that this figure has three varieties according as the single धर्म, whether गुण or क्रिया, is mentioned in the beginning, middle or end. The Kāvyādarśa, Bhāmaba, Udbhaṭa and many others divide Dīpaka into three varieties according as the single *dharma* occurs in in the begininng, middle or end. "आदिमध्यान्तविषयं त्रिधा दीपकमिष्यते । एकस्यैव त्र्यवस्थत्वादिति तद्भिद्यते त्रिधा ॥ अमूनि कुर्वतेन्वर्थां-मस्याख्यामर्थदीपनात् । त्रिभिनिर्दर्शनैश्चेदं त्रिधा निर्दिश्यते यथा ॥" भामह II. 17-15; 'आदिमध्यान्तविषयाः प्राधान्येतरयोगिनः । अन्तर्गतोपमा धर्मा यत्र तद्दीपकं विदुः ॥ उद्भट I. 30. An example of आदिदीपक is 'श्यामला प्रावृषेण्याभिर्दिशो जीमूतपंक्तिभिः । भुवश्च सुकुमाराभिर्नवशाद्वलराजिभिः ॥, काव्या० II. 100, where श्यामलत्व, the common property, is mentioned in the beginning of the verse. 'मालिनीरंशुकभृतः स्त्रियोऽलङ्कुरुते मधुः । हारीतशुकवाचश्च भूधराणामुपत्यकाः ॥' (भामह II. 18) and 'तदानीं स्फीतलावण्यचन्द्रिकाभरनिर्भरः । कान्ताननेदुरिन्दुश्च कस्य नानन्दकोऽभवत् ॥' (उद्भट. I. 33) are examples of मध्यदीपक and अन्तदीपक respectively. Our author remarks upon this that this threefold division need not be given, because a thousand such varieties may be found out. There is no special charm in these divisions; whether the single attribute be mentioned in the bignning or end it does not matter. The charm of this figure lies in several प्रकृत and अप्रकृत things being connected with the some attribute.

The distinction between Dīpaka and तुल्ययोगिता may be stated as follows:—In Dīpaka, one or more प्रस्तुत things and one or more अप्रस्तुत things are connected with one attribute; while in तुल्ययोगिता, all things must be either प्रस्तुत or अप्रस्तुत; there cannot be both प्रस्तुत and अप्रस्तुत things. Those who regard औपम्य as implied in both the figures make a further distinction. In Dīpaka the Upameya is प्रस्तुत and the उपमान (implied, of course) is अप्रस्तुत, while in तुल्ययोगिता, as all things are either प्रस्तुत or are all अप्रस्तुत, it is left to the volition of the hearer to regard one as the Upameya and the other as the Upamāna 'अयं चानयोरपरो विशेषः । उभयोरनयोरुपमालङ्कारस्य गम्यत्वाविशेषेऽपि अत्र (दीपके) अप्रस्तुतमुपमानं प्रस्तुतमुपमेयमिति व्यवस्थित उपमानोपमेयभावस्तत्र (तुल्ययोगितायां) तु विशेषाग्रहणादैच्छिकः स इति ॥' कुव० p. 51. In Dīpaka, the प्रस्तुत (उपमेय) and the अप्रस्तुत (उपमान) are connected with the same attribute. A question arises:—how are we to distinguish दीपक from उपमा as in 'कमलमिव मुखं मनोज्ञम्' where कमल is उपमान (and therefore अप्रस्तुत) and मुख is उपमेय (*i. e.* प्रस्तुत) and both are connected with the single attribute मनोज्ञत्व. The reply is that in Dīpaka the resemblance is only implied, if at all; there are no words like इव, expressive of simile; while in simile the resemblance is directly expressed.

Vide Jagannātha's criticism of those who cite कारकदीपक as a separate variety; R. G. pp. 324-326 प्रथमार्धगतलक्षणेनैव दीपकद्वयस्यापि संग्रहाद् द्वितीयं लक्षणं व्यर्थम् । गुणिनां कारकाणां च गुणक्रियारूपधर्मस्येव क्रियाणामपि कारकरूपधर्मस्य सकृद्वृत्तेः साम्राज्यात् । ......एवं च 'स्विद्यति कूणति वेल्लति विवलति निमिषति विलोकयति तिर्यक् । अन्तर्नन्दति चुम्बितुमिच्छति नवपरिणया वधूः शयने ॥' (मम्मट's example of कारकदीपक) इत्याद्युदाहरणमपि न सङ्गच्छते । क्रियाणां शुद्धप्रकृतत्वात् । किं च दीपकतुल्ययोगितादौ गम्यमानमौपम्यं जीवातुरिति सर्वेषां संमतम् । न चात्र स्वेदनकूणनादीनामेककारकान्वितानामप्यौपम्यं कविसंरम्भगोचरः । तस्मात्समुच्चयालङ्कारच्छायात्रोचिता ।'. Jagannātha further criticizes those who regard दीपक and तुल्ययोगिता as two distinct figures. He says that they should not be considered as separate, because the charm in both is the same, viz. the occurrence of the common attribute only once. What leads to the separate enumeration of figures is some difference in charm. It cannot be said that, because in दीपक the common *dharma* is connected with both प्रकृत and अप्रकृत things and in तुल्ययोगिता either with प्रकृत things or with अप्रकृत things, there is difference of charm in the two figures; because, in तुल्ययोगिता also, as defined by you, you will have to make two figures according as the common *dharma* is conected with only प्रकृत things or with अप्रकृत things. But you do not do so. Therefore regard दीपक also as a variety of तुल्ययोगिता. "अत्रेदं बोध्यम् । तुल्ययोगितातो दीपकं न पृथग्भावमर्हति । धर्मसकृद्वृत्तिमूलाया विच्छित्तेरविशेषात् । विच्छित्तिवैलक्षण्यस्यैवालङ्कारविभागहेतुत्वात् । न च धर्मस्य सकृद्वृत्तेरविशेषेऽपि धर्मिणां प्रकृतत्वाप्रकृतत्वाभ्यां प्रकृताप्रकृतकत्वेन च तुल्ययोगिताया दीपकस्य विशेष इति वाच्यम् । तवापि तुल्ययोगितायां धर्मिणां केवलप्रकृतत्वस्य केवलाप्रकृतत्वस्य च विशेषस्य सत्त्वादलङ्कारद्वैतापत्तेः । श्लेषेऽपि द्वैतापत्तेश्च । सर्वेषामप्यलङ्काराणां प्रभेदवैलक्षण्याद्वैलक्षण्यापत्तेश्च । ....तस्मात्तुल्ययोगिताया एव त्रैविध्यमुचितम् । प्रकृतानामेव धर्मस्य सकृद्वृत्तिः, अप्रकृतानामेव, प्रकृताप्रकृतानां चेति । एवं च प्राचीनानां तुल्ययोगिततो दीपकस्य पृथगलङ्कारतामाचक्षाणानां दुराग्रहमात्रमिति नव्याः ।" R. G. pp. 326–327.

An example of कारकदीपक is 'कामान्दुग्धे विप्रकर्षत्यलक्ष्मीं कीर्तिं सूते दुष्कृतं या हिनस्ति । तां चाप्येतां मातरं मङ्गलानां धेनुं धीराः सूनृतां वाचमाहुः ॥' उत्तरराम० V.

16 प्रतिवस्तूपमा (Typical Comparison).

यत्र गम्यसाम्ययोर्वाक्ययोः एकोऽपि सामान्यः धर्मः पृथक् निर्दिश्यते सा प्रतिवस्तूपमा—That is प्रतिवस्तूपमा, where in two sentences, resemblance between which is implied, the same common attribute is differently expressed. We have explained above (pp.106–107) under Upamā the meaning of the word वस्तुप्रतिवस्तुभाव. धन्यासि ......तरलीकरोति (p. 36, ll. 2–3). This is Naiṣadhīya III. 116. वैदर्भि—Oh Damayantī ! उदारैः noble. इतः etc.—What greater praise can be bestowed upon the moonlight than this that it agitates even the ocean ? Here one and the same action is expressed in two different words, viz. 'attracting' and 'agitating' (in two different sentences) in order to avoid repetition. समाकर्षण and उत्तरलीकरण are really one and the same in sense. But if the word 'समाकर्षण' had been used in the 2nd sentence, the fault called पौनरुक्त्य (repetition of the same word in the same sense) would have been committed. Therefore in

प्रतिवस्तूपमा the same common property is expressed in two different but synonymous expressions. In the example both sentences mean the same thing, viz. आकर्षण. This figure is found in a series also. विमल......सज्जनः—(p. 36, ll. 6-7). शिवगिरिः mountain of Śiva *i. e.* Kailāsa, which is white. Compare 'ईशः करस्थीकृतकाञ्चनाद्रिः कुबेरमित्रं रजताचलस्थः ।' विश्वगुणादर्श. शिवहाससहोदरः Brother of *i. e.* akin to Śiva's laughter. Here the words 'glorious', 'pure' are the same in their ultimate meaning. Here सज्जन is the उपमेय and in the other sentence there are उपमानs and निर्मलत्व is common to all, though expressed in different words. This figure also occurs under a negation of the attribute. चकोर्य एव......रतनर्मणि (p. 36, ll. 9-10). The verse occurs in अलं० स० pp. 74-75 in the same connection. विनावन्तीर्न etc. 'none but the fair ones of Avanti are skilled in the pranks of love.' Other examples of प्रतिवस्तूपमा under वैधर्म्य are:—'वंशभवो गुणवानपि सङ्गविशेषेण पूज्यते पुरुषः । नहि तुम्बीफलविकलो वीणादण्डः प्रयाति महिमानम् ॥'; 'यदि सन्ति गुणाः पुंसां विकसन्त्येव ते स्वयम् । नहि कस्तूरिकामोदः शपथेन विभाव्यते ॥' कुव० p. 54.

The reason why this figure is called प्रतिवस्तूपमा is given by कुव० as 'प्रतिवस्तु प्रतिवाक्यार्थमुपमा समानधर्मोऽस्यामिति' p. 52. Here the sense of the sentence constitutes the उपमान or the उपमेय. मम्मट says 'वस्तुनो वाक्यार्थस्योपमानत्वात्,' on which उद्द्योत remarks 'एवं चोपमेयत्वमपि वाक्यार्थस्येति ध्वनितम्'. 'वस्तुशब्दस्य वाक्यार्थाभिधायित्वात् प्रतिवाक्यार्थमुपमेति सार्थकताभिधानेयं द्विधा' एका० pp. 243 and 254.

The distinction between Upamā and प्रतिवस्तूपमा is as follows:—In Upamā, the resemblance may be expressed, while in प्रतिवस्तूपमा it is only implied; 2ndly, in Upamā there is only one sentence, while in प्रतिवस्तूपमा, there are two sentences; 3rdly, in प्रतिवस्तूपमा words like इव are always absent, while in Upamā they are generally present.

A beautiful example of this figure occurs is Sāk. (Act I.) 'मानुषीषु कथं वा स्यादस्य रूपस्य सम्भवः । न प्रभातरलं ज्योतिरुदेति वसुधातलात्'. Another is 'भानुः सकृद्युक्ततुरङ्ग एव रात्रिंदिवं गन्धवहः प्रयाति । शेषः सदैवाहितभूमिभारः षष्ठांशवृत्तेरपि धर्म एषः ॥ शा० 5.

17 दृष्टान्त (Exemplification).

सधर्मस्य* = साधारणैकधर्मस्य or सदृशस्य. वस्तुनः वाक्यार्थस्य. प्रतिबिम्बनं = बिम्बप्रतिबिम्बभावः. दृष्टान्त is the reflective representation of a similar subject. We have explained above under Upamā (p. 106) what is meant by बिम्बप्रतिबिम्बभाव. The word 'सधर्मस्य' serves to distinguish this figure from प्रतिवस्तूपमा. This fignre also is twofold, being founded either on similarity or on contrast. अविदित...

* Should we not rather expect सधर्मणः according to the sūtra 'धर्मादनिच्केवलात्' (पा. V. 4. 124)?

...मालतीमाला (P. 36, ll. 14-15). This is taken from the Vāsavadattā, a romance of Subandhu (p. 8, Hall's edition). अविदित... ......भणितिः—A good poet's song, though its merits have not been closely examined. अनधिगतपरिमलापि although its fragrance has not been perceived. Now, here, the subject of description is the song of a good poet, which pours a honeyed stream into the ear. Corresponding to 'pouring etc.,' we have the attribute 'riveting the eye'. These two are not the same, but there is some similarity between them, as there is between the original and its reflected image. So also माला corresponds to भणिति and अनधिगतपरिमला to अविदितगुणा. त्वयि दृष्टे......कुमुदसंहतेः. स्रंसते stops, is gone. अनुदयभाजि इन्दौ कुमुदसंहतेः ग्लानिः दृष्टा the assemblage of water-lilies has been seen to droop, when the moon is not risen. This is an example based on वैधर्म्य. The fact that lilies droop when the moon is not risen implies that they do not droop when it rises; this idea corresponds to the one in the first line. वसन्त...वल्लिमन्याम् (p. 36, ll. 18-19). वसन्तलेखायामेव एकस्यां निबद्धः भावः यस्य तत् (मनः) the affections of which are fixed upon Vasantalekhā alone. वसन्तलेखा-is the name of the नायिका and the verse is to be deemed as spoken by the hero. प्रफुल्ल... मन्याम् Does the bee, extremely fond of the honey of the blooming jasmine, desire any other plant? In this verse the figure is not दृष्टान्त, but प्रतिवस्तूपमा, because the two expressions, viz., 'how can our mind turn' and 'does the bee desire another plant', ultimately convey the same sense. In दृष्टान्त, in the two sentences the attributes are only similar and not the same (but differently expressed) as in प्रतिवस्तूपमा. इह तु...न त्वैकरूप्यम्—In the present figure, in the example 'अविदित etc.', the pouring of a stream of honey and riveting the eye, are only similar and not identical.

The term दृष्टान्त etymologically means that in which the ascertainment of the matter in hand is observed *i. e.* made authoritatively. It is that in which the truth of the matter in hand is confirmed by the example given in illustration, as said by Mammaṭa 'दृष्टः अन्तः निश्चयः यत्र', which Mallinātha explains as 'दार्ष्टान्तिके सन्दिग्धस्यार्थस्यात्र निश्चयदर्शनादयं दृष्टान्तः' p. 245 of तरल.

The distinction between प्रतिवस्तूपमा and दृष्टान्त may be stated as follows:—Although in both similarity is implied, still in प्रतिवस्तूपमा the attribute is the same in both the sentences, being only expressed in different words; while in दृष्टान्त, the attribute in one sentence is only similar to (and not identical with) the attribute in the second sentence. In दृष्टान्त the two attributes mentioned in the two sentences stand in the relation of the original and its reflection, 'अस्य चालङ्कारस्य प्रतिवस्तूपमया भेदकमेतदेव यत्तस्यां धर्मो न प्रतिबिम्बितः, किं तु शुद्धसामान्यात्मनैव स्थितः। इह तु प्रतिबिम्बितः।' R. G. p. 337. जयरथ draws another distinction. In प्रतिवस्तूपमा something is stated in order to convey the idea that it is similar to the matter in hand; while in दृष्टान्त, in order that the matter in hand should not be indistinctly apprehended, we give an instance where a similar state of things exists. 'यतोऽस्याः प्रकृतार्थस्य विशेषाभिधित्सया सादृश्यार्थमप्रकृतमर्थान्तरमुपादीयते । अत एव चात्र प्रकृताप्रकृतयोरुपमानोपमेयभावः । दृष्टान्ते पुनरेतादृशो वृत्तान्तोऽन्यत्रापि स्थित इति प्रकृतस्यार्थस्याविस्पष्टा प्रतीतिर्मा भूदिति प्रतीतिविशदीकरणार्थमर्थान्तरमुपादीयते। विमर्शिनी p. 74. जयरथ says further on that similarity is not absolutely necessary for दृष्टान्त. Vide the severe criticism of these views of जयरथ in R. G. pp. 337-339. अत्र......न तथेति भेदः (p. 36, ll. 22-24). In अर्थान्तरन्यास a general proposition is strengthened by particular instances or a particular instance is confirmed by a general proposition. In प्रतिवस्तूपमा or दृष्टान्त the two sentences do not stand in the relation of general and particular propositions. In them if the first is a particular proposition, the second also is so. Compare जयरथ's words 'केचिच्च दृष्टान्ते द्वयोः समर्थ्यसमर्थकभावेन अनयोः (of प्रतिवस्तूपमा and दृष्टान्त) भेदमाहुः। तदसत् । यतः सरूपयोर्विशेषयोः समर्थ्यसमर्थकभावो न भवति । वस्त्वन्तरेण वस्त्वन्तरसिद्ध्यनुपपत्तेः ।......यदि चात्र समर्थ्यसमर्थकभावः स्यादर्थान्तरन्यासादस्य पृथगलङ्कारता न स्यात् ।' विम० p. 75.

Jagannātha is willing to regard प्रतिवस्तूपमा and दृष्टान्त as two varieties of one figure. 'यदि तु न तेषां दाक्षिण्यं तदैकस्यैवालङ्कारस्य द्वौ भेदौ प्रतिवस्तूपमा दृष्टान्तश्च। यच्चानयोः किञ्चिद्वैलक्षण्यं तत्प्रभेदताया एव साधकं नालङ्कारताया इति सुवचम्।' R. G. p. 339.

A good example of दृष्टान्त is the following from Raghu. कामं नृपाः सन्ति सहस्रशोऽन्ये राजन्वतीमाहुरनेन भूमिम् । नक्षत्रताराग्रहसङ्कुलापि ज्योतिष्मती चन्द्रमसैव रात्रिः ॥; also स्वसुखनिरभिलाषः खिद्यसे लोकहेतोः प्रतिदिनमथवा ते वृत्तिरेवंविधैव । अनुभवति हि मूर्ध्ना पादपस्तीव्रमुष्णं शमयति परितापं छायया संश्रितानाम्॥ शा० V; कुतो धर्मक्रियाविघ्नः सतां रक्षितरि त्वयि । तमस्तपति घर्मांशौ कथमाविर्भविष्यति ॥ शा० V.

18 निदर्शना (Illustration).

'When a possible or, as is sometimes the case, even an impossible connection of things implies a relation of type and prototype, it is निदर्शना.' वस्तुसम्बन्धः धर्मधर्मिभावः, बिम्बानुबिम्बत्वं बिम्बप्रतिबिम्बभावः. An example of निदर्शना under a possible connection of things is 'कोऽत्र' etc. Construe ततः दिनेन अत्र भूमिवलये जनान्मुधा तापयन्कः सुचिरम् सम्पदम् एति इति वेदयन् भानुमान्

चरमाचलम् आससाद—"'Who, that vainly torments creatures in this mundane sphere, enjoys prosperity for a long time' telling this, the sun, in a day, then reached the western mountain." Here the connection of the sun as the agent in the act of intimating such an idea is quite possible, inasmuch as the attribute of reaching the western mountain, which (attribute) belongs to him, is quite capable of conveying such an idea. दिनेन is अपवर्गे तृतीया (पा. II. 3. 6) e. g. अह्ना अनुवाकोऽधीतः. अत्र तृतीयार्थः परितापिनां विपत्प्राप्तिरूपः. स च–refers to वेदनक्रियायां कर्तृत्वेनान्वयः. This (possible) connection conveys the relation of Type and Prototype (original and reflection) between the sun's setting and the falling into adversity of those who oppress othere.

The ingredients which constitute निदर्शना are:—there must be a connection of things, which is, (A) either possible or (B) impossible; and moreover, this connection must lead on to or end in implying the relation of similarity. An example of A has been given above. There the sun is represented as telling a moral truth. This connection of the sun with telling leads us to suppose a similarity between अस्ताचलगमन and विपत्प्राप्ति, The second variety of निदर्शना, where an impossible connection of things causes us to suppose the existence of similarity, is of two kindi, as (1) occurring in a single sentence or (2) in more sentences than one. An instance of B (1) is 'कलयति etc.' (p. 37, ll. 5–6). 'Her sidelong darting glance bears the loveliness of the blue lotus; her underlip, the glow of the tender leaf; her face, the charm of the moon.' Here the impossibility of the darting glance etc. bearing the loveliness of the blue lotus garland etc.—for how-can a thing possess the property of another?—suggests a loveliness like thereto and implies the relation of similarity between the wreath of blue lotuses and the darting of a glance. This is एकवाक्यगा because there is a single sentence is 'कटाक्षविक्षेपः कुवलयमालाललितं कलयति.' कलयति–is to be connected with अधरः and आननं also. Another example of the same is प्रयाणे etc. Here it is impossible that the feet can give up the gait of the royal swan, with which they are in no way connected; we are to understand, therefore, that their (of the feet) connection with it (gait of a swan) is only fancied; this fancied connection, being actually impossible, implies a gait similar to that of the swan. An example of निदर्शना based upon an impossible connection of things (*i. e.* B. above) occurring in more sentences than one is 'इदं किल etc' (p. 37, ll. 15–16). This verse occurs in Sāk. I. Here the connection of identity bewteen the significations of the two sentences, respectively marked by the relative pronoun यद् and the demonstrative तद् (*i. e.* यः साधयितुं इच्छति स च्छेत्तुम् व्यवस्यति) being impossible, terminates in the relation of बिम्बप्रतिबिम्बभाव thus:—the desire of making such a body fit for penance is like the desire of cutting the creeper with the edge of the blue lotus. Or to take another example of the same. 'जन्मेदं etc.' (p. 37, ll. 21–22). वन्ध्यतां नीतम् rendered fruitless. भव...लिप्सया by the desire to enjoy the pleasures of the world. काचमूल्येन...मया I have sold the (invaluable) *Cintāmaṇi* (desire-yielding jewel) at the price of glass. Here there is no possible connection between leading a useless life in the eager pursuit of pleasures and selling *Cintāmaṇi* at the price of glass. This impossibility ultimately terminates in implying a comparison, viz. the wasting of life in the pursuit of pleasures is like selling *Cintāmaṇi* at the price of glass. क...सागरम् (p. 37, ll. 25–26). This is Raghu. 1. 2. अल्पविषया मतिः Intellect of little compass. उडुपेन by means of a raft. Here, the description of the solar race by a narrow intellect and the crossing of the ocean on a raft are unconnected; but as they are brought together, they lead us to understand a comparison thus:—the description of the solar race by the intellect is like the crossing of the ocean on a raft.

इयं च...भोगविताने (P. 37, l. 28–p. 38, l. 4). इयं च... भवति—This variety (अभवन्वस्तुसम्बन्ध) may also be found where some circumstance belonging to the उपमेय cannot be found in the Upamāna. In the foregoing examples, e. g. in 'कलयति कुवलयमालाललितं' a property of the उपमान (here ललितं of the कुवलयमाला) was represented as borne by the Upameya, कटाक्षविक्षेपः; one thing cannot bear what belongs really to another alone and so we are led to suppose similarity. Sometimes a property of the Upameya is represented as belonging to the Upamāna and leads to the supposition of similarity. An example is 'योऽनुभूतः etc.' मृद्वीकारसे in the juice of the grape. Here the attribute of sweetness belonging to the lower lip, which is the subject of description (and hence the उपमेय), being impossible in the grape-juice (the उपमान), the sense terminates in bringing out a comparison, as in the preceding examples. Our author here closely follows the अलं० स० "इयं सामान्येनैवासम्भवात् प्रतिपादिता उपमेयवृत्तस्योपमानेऽसम्भावादपि भवति। उभयत्रापि सम्बन्धविघटनस्य विद्यमानत्वात्। तद्यथा 'वियोगे गौडनारीणां यो गण्डतलपाण्डिमा। अलक्ष्यत स खर्जूरीमञ्जरीगर्भरेणुषु ॥' अत्र गण्डतलं प्रकृतम्"

p. 78. निदर्शना is found in a series also, as in क्षिपसि etc. (38 l. 3). वृषदंशकः a cat. मृगादनः a hyena (तरक्षुस्तु मृगादनः । अमर० II. 5. 1); रदनः a tooth. भोगविताने चेतो विदधत् (त्वम्) thou who settest thy heart on a series of worldly enjoyments. This verse is addressed by a man who is शान्त to one who is भोगासक्त.

इह बिम्ब......सादृश्यपर्यवसानाभावात् (P. 38, ll. 5–7). The author distinguishes between निदर्शना and दृष्टान्त. In the former the sense of the sentence or sentences is not complete, until the relation of type and prototype (*i. e.* of similarity) is implied. But in दृष्टान्त, the sense of the sentence is complete; and then through the completed sense we understand the relation of type and prototype. Briefly put, in निदर्शना, resemblance is supposed in order to account for the bringing together of two things; while in दृष्टान्त, the sense is quite complete and then that sense implies resemblance. The अलं० सू० draws another distinction. In दृष्टान्त the two sentences are independent and stand in the relation of type and prototype; while in निदर्शना, with the sense of the sentence, which is the subject of description, another sense is coordinated and the impossibility of the connection thus brought about is the cause of supposing similarity. सामर्थ्यात् = प्रयुक्तानुपयुक्तकथनापत्तिपरिहार एव सामर्थ्यम्—"निरपेक्षयोर्हि वाक्यार्थयोर्बिम्बप्रतिबिम्बभावो दृष्टान्तः । यत्र च प्रकृते वाक्यार्थे वाक्यार्थान्तरमारोप्यते सामानाधिकरण्येन तत्र सम्बन्धानुपपत्तिमूला निदर्शनैव युक्ता न दृष्टान्तः ।" अलं. स. p. 77. Nor can it be said that this figure is the same as अर्थापत्ति (Natural Inference), because in the example of the latter, 'हारोऽयं' (text p. 53) the sense does not terminate in a comparison, as it does in निदर्शना. In the example 'कोऽत्र भूमिवलये' etc., one may say that the meaning is "Even the sun, who torments people, sets; what of others?" Therefore there is अर्थापत्ति, which will be explained below. Our author replies that this is not so. The essence of निदर्शना is that we must be led on to suppose comparison. This is not so in अर्थापत्ति. In 'कोऽत्र' etc. we are led to suppose a comparison and therefore it is not an example of अर्थापत्ति.

Some writers like रुय्यक divide असम्भवद्वस्तुसम्बन्धा into two varieties, पदार्थवृत्ति and वाक्यार्थवृत्ति, which correspond to एकवाक्यगा and अनेकवाक्यगा of our author. The अलं० सू० gives 'त्वत्पादनखरत्नानां यदलक्तकमार्जनम् । इदं श्रीखण्डलेपेन पाण्डुरीकरणं विधोः ॥' as an example of निदर्शना. R. G. finds fault with it and calls it वाक्यार्थरूपक (p. 343). Uddyota defends the अलं० सू० and says that this is शाब्दी निदर्शना, while 'क्व सूर्य' etc. is an example of आर्थी निदर्शना.

His reasons are 'न चेदं वाक्यार्थरूपकम् । लोकप्रसिद्धोपमानत्वोपमेयत्ववतोरभेदस्यैव रूपकत्वात् । किं च तत्र सादृश्यलक्षणामूलाऽभेदप्रतीतिः । इह तु प्रतीयमानाभेदानुपपत्त्या तत्त्वकल्पनेति भेदात् ।' p. 47. R. G. is willing to regard त्वत्पादनखरत्नानि यो रञ्जयति यावकैः । इन्दुं चन्दनलेपेन पाण्डुरीकुरुते हि सः ॥' (p. 344) as an example of निदर्शना.

Some good examples of निदर्शना are:—

(A) सम्भवद्वस्तुनिदर्शना—चूडामणिपदे धत्ते यो देवं रविमागतम् । सतां कार्यातिथेयीति बोधयन्गृहमेधिनः ॥ अयं मन्दद्युतिर्भास्वानस्तं प्रति यियासति । उदयः पतनायेति श्रीमतो बोधयन्नरान् ॥ भामह III. 34; उदयन्नेव सविता पद्मेष्वर्पयति श्रियम् । विभावयितुमृद्धीनां फलं सुहृदनुग्रहम् ॥ K. D. II. 349.

(B) असम्भवद्वस्तुसम्बन्धनिदर्शना—विनोचितेन पत्या च रूपवत्यपि कामिनी । विधुवन्ध्यविभावर्या प्रविभर्ति विशोभनाम् ॥ उद्भट V. 19; शुद्धान्तदुर्लभमिदं वपुराश्रमवासिनो यदि जनस्य । दूरीकृताः खलु गुणैरुद्यानलता वनलताभिः ॥ शाकुन्तल I.; साक्षात्प्रियामुपगतामपहाय पूर्वं चित्रार्पितां पुनरिमां बहु मन्यमानः । स्रोतोवहां पथि निकामजलामतीत्य जातः सखे प्रणयवान्मृगतृष्णिकायाम् ॥ शा. VI.

19 व्यतिरेक (Contrast, Dissimilitude).

When the Upameya excels or falls short of the Upamāna, it is व्यतिरेक. The word व्यतिरेक means 'difference or excellence'. The name व्यतिरेक given to the figure is therefore quite appropriate, as in it the excellence of the Upameya over the Upamāna or vice versa is pointed out. एक......त्रिधा (p. 38, l. 11). This is single, when the reason is mentioned and threefold when the reason is not mentioned. The reason of the superiority of the Upameya over the Uyamāna is some point of excellence belonging to the Upameya and some point of inferiority belonging to the Upamāna. If both of them are mentioned, there is one kind of व्यतिरेक; when any one of the two is mentioned (but not both) there are two more varieties; when none of the two is mentioned there is one more. Thus there are in all four varieties.

चतुर्विधोऽपि......अष्टचत्वारिंशद्विधः पुनः—The fourfold व्यतिरेक becomes twelvefold according as the relation of Upamāna and Upameya is directly expressed by words or indirectly through the sense or is only implied. आक्षेप means 'implication.' आक्षेपेण उपमाप्रतिपादकानामिवादीनां तुल्यादिपदानां चाभावे कल्पनेनेत्यर्थः. These twelve varieties become twenty-four (three times eight) according as there is Paronomasia or not (the words 'श्लेषेऽपि' in the *kārikā* implying the idea of अश्लेषेऽपि). These 24 varieties occur when the Upameya is superior to the Upamāna.

These 24 varieties also occur in the same manner as above, when the Upameya is inferior to the Upamāna. Thus there are in all 48 varieties.

अकलङ्कं......आधिक्य उदाहरणानि (P. 38, l. 22-p. 39, l. 3). In 'अकलङ्कं' etc., both the cirumstances, viz, 'spotlessness' belonging to the Upameya and 'the stainedness' of the moon (the Upamāna) are expressed. If we read 'न कलङ्कि विधूपमम्' for 'न कलङ्कि विधुर्यथा' there is indirect comparison. We have to remember the distinction of श्रौती and आर्थी उपमा based on the employement of words like यथा, इव or तुल्य etc. If we read 'जयतीन्दुं कलङ्किनम्' (triumphs over the spotted moon) for 'न कलङ्की विधुर्यथा', we shall have an implied comparison, as words like इव, तुल्य are absent. The face cannot defeat anything; so we are led to infer similarity between the face and the moon. द्वयोरनुक्तौ—when both अकलङ्कं and कलङ्कि are omitted we shall have an example of व्यतिरेक, where there is no mention of उपमेयगतमुत्कर्ष-कारणम् or of उपमानगतनिकर्षकारणम्. In this case the sentence would stand as 'मुखं तस्या न विधुर्यथा'. Our author's view is open to the following criticism. Here it is simply stated that her face is not like the moon; *i. e.* there is pure सादृश्यनिषेध and nothing more. From this sentence standing by itself we cannot understand that the face is superior or inferior to the moon. When it is said that A is not like B, there is generally no idea of expressin the superiority of one over the other. What we do is to negative similarity. So, those varieties of व्यतिरेक (viz. शाब्द, आर्थ and आक्षिप्त) which occur when both उपमेयगतोत्कर्ष and उपमानगतनिकर्ष are omitted, should really be not counted at all. Compare the criticism of R. G. "इदं तु बोध्यम्-इहोभयानुपादानभेदत्रयं दुरुपपादम् । वैधर्म्यानुपादाने हि किमाश्रयः श्लेषः स्यात् । न च यत्र द्विजसुरालयमातरिश्वादिशब्दवेद्येषूपमानोपमेयेषु स्वशब्दोपात्त एव श्लेषो व्यतिरेकोत्थापकस्तत्रैव तदुदाहरणं सूपपादमिति वाच्यम् । तत्र स्वशब्दवेद्यस्यैव वैधर्म्यस्य सम्भवात् । इत्थं च चतुर्विंशतिभेदा इति प्राचामुक्तिर्विपुलोदाहरणाभिज्ञैर्यथाकथञ्चिदुपपादनीया । किं चोपमाप्रभेदाः सर्वे एवात्र सम्भवन्तीत्यलं चतुर्विंशतिभेदगणनया ॥" p. 350.

श्लेषे......उदाहरणानि (p. 38, l. 29-p. 39, l. 3). अति etc. This is imitated from Mammaṭa's words 'अतिगाढगुणस्यास्य नाब्जवद्भङ्गुरा गुणाः' (का. प्र. 10). गुण means 'fibre' as well as 'merit'. भङ्गुर frail. Here वत् is used in the sense of इव (according to the sūtra 'तत्र तस्येव'). Therefore it is शाब्दव्यतिरेक. Both the superiority of the Upameya (गाढगुणत्व) and the inferiority of the उपमान (भङ्गुरगुणत्व) are mentioned. गुण is paronomastic. Other varieties should be understood as before. Another example of श्लिष्टव्यतिरेक (आर्थ)

is "अखण्डमण्डलः श्रीमान्पश्यैष पृथिवीपतिः । न निशाकरवज्जातु कलावैकल्यमागतः ॥" का. प्र X. Here the word कला is Paronomastic (meaning 'phases' or 'arts'). All these are examples of the cases where the उपमेय excels the Upamāna.

न्यूनत्वे दिङ्मात्रं यथा...... स्याधिक्यम् (P. 39, ll, 3-6). न्यूनत्वे- supply उपमेयस्य. क्षीणः क्षीणोऽपि...यातं तु. This is रुद्रट VII. 90. मानिनीं प्रति कामुकस्योक्तिरियम्. यातं तु यौवनं अनिवर्ति-Youth, when gone, never comes back again. Here, the उपमान is the moon and the Upameya is youth. The moon is pointed out as waxing again after waning, while (the उपमेय) youth never waxes when once it is lost. So youth is inferior to the moon. This is the opinion of our auther, who closely follows the अलं. स. which defines व्यतिरेक as 'भेदप्राधान्ये उपमानादुपमेयस्याधिक्ये विपर्यये वा व्यतिरेकः' p. 79. The अलं० स० following रुद्रट cites 'क्षीणः' etc. as an example of उपमेयन्यूनत्व. It remarks upon 'क्षीणः' etc. 'चन्द्रापेक्षया च यौवनस्य न्यूनगुणत्वम् । शशिवैलक्षण्येन तस्यापुनरागमनात् ।' p. 80. This view is sharply opposed to that of Mammaṭa, Jagannātha and others, who say that व्यतिरेक occurs only when the उपमेय is superior to or excels the Upamāna in some way. They do not hold that the variety where उपमेय is inferior to the Upamāna has any charm in it. They say that 'क्षीणः क्षीणः' is an example of व्यतिरेक as defined by them; *i. e.* in it also the उपमेय excels (and is not inferior to) the Upamāna. The views of Mammaṭa and others are summed up by our author in 'अत्रोपमेय......यत्केचिदाहुः'. They say that the Upameya and Upamāna are not youth and the moon respectively, but are the instability of youth and that of the moon. Here the waning of the moon is inferior, because it is followed by waxing; but the instability of youth is superior, because it can never return when once gone. Therefore what the poet here intends to convey is the superiorty of the instability of youth over that of the moon. The verse then means:—The moon, though she wanes, is easily found again; but youth cannot be regained when once lost; so you should not, cultured as you are, render it fruitless, by dwelling too much on your wounded pride. The sense is quite favourable to the object desired, viz., soothing the heroine's wounded feeling. But, if we take the moon as Upamāna and youth as the Upameya and say that here youth is said to be inferior, then the meaning of the verse would be unfavourable to the object desired. The meaning would be 'As youth is inferior, why should I give up my pride; let it pass, an inferior thing as it is.' Therefore in this verse also, there is आधिक्य of उपमेय over उपमान. Therefore the words 'विपर्यये वा' employed in the definition of व्यतिरेक by some (e. g. अलं. स.) are useless. व्यतिरेक can never occur when the उपमेय is represented as being inferior to the Upamāna. These are the views of Mammaṭa and others. Our author does nor agree with them.

तन्न विचारसहम्......स्फुटमेव (**P. 39, ll. 8-9**). By आधिक्य and न्यूनत्व, we mean 'excellence' and 'inferiority respectively. In this verse it is evident that youth is inferior to the moon in point of stability. Compare the words of जयरथ 'शशियौवनयोर्हि समानेऽपि गत्वरत्वे शशिनः पुनरागमनमपि सम्भवति न तु यौवनस्येति ततोऽस्य न्यूनगुणत्वम् । नन्वत्र विपर्ययमेवेति (विपर्यये वेति ?) सूत्रितं भेदान्तरमयुक्तम् । उपमानादुपमेयस्य न्यूनगुणत्वे वास्तवत्वात्तत्त्वे चालङ्कारत्वानुपपत्तेः यौवनस्य चात्रास्थिरत्वे प्रतिपाद्ये चन्द्रापेक्षयाधिकगुणत्वमेव विवक्षितम् । यदेतच्चन्द्रवद्यातं सन्न पुनरायातीति । (जयरथ replies) असदेसत् । यतोऽत्र चन्द्रवद्गतं सद्यौवनं यदि पुनरप्यागच्छेत्तत्प्रियं प्रति चिरमीर्ष्यानुबन्धो युज्येत । कालान्तरेऽपि ह्यस्य तदवलोकनादिना सफलीकारः स्यात् । इदं पुनर्हतयौवनं यातं सत्पुनर्नागच्छतीति ईर्ष्याद्यन्तरायपरिहारेण निरन्तरतयैव प्रियेण सह सफलयितव्यमिति 'धिगीर्ष्यां, त्यज प्रियं प्रति मन्युं, कुरु प्रसादम्' इत्यस्मिन् प्रियवयस्योपदेशे प्रियं प्रति कोपोपशमाय चन्द्रापेक्षया यौवनस्यापुनरागमनं न्यूनगुणत्वेनव विवक्षितमिति वाक्यार्थविद एव प्रमाणम् । न चैतद्वास्तवमुपमेयस्य न्यूनगुणत्वम् । तस्यैव सातिशयत्वेन प्रतिपाद्यत्वात् । प्रकृतार्थोपरञ्जकत्वे हि सर्वथा कवेः संरम्भः तच्चाधिकगुणमुखेन भवत्वितरथा वा को विशेषः । तस्माद्युक्तमेव विपर्यये वेति सूत्रितम् ॥" p. 80 of विम०

अस्तु वा......न्यूनताथवा इति (**P. 39, ll. 9-12**). Our author concedes for argument's sake, that in 'क्षीणः क्षीणः' there is उपमेयाधिक्य (and not उपमेयन्यूनता). The reason why he concedes this is probably as follows:—That verse is intended to soothe a proud woman. It can produce the desired effect only if it is impressed upon her mind that by insisting upon nourishing her wounded feelings, she would be casting aside a rare thing, viz. youth. So in order to heighten the value of youth, it must be pointed out that it never returns again when once lost. It would not do to point out that it is inferior; so, instead of regarding यौवन as the उपमेय and as being inferior to the moon, it is better to point out that यौवन is the most unstable thing in the world (*i. e.* यौवनास्थैर्य is the उपमेय) and that the most must be made of it. After conceding that 'क्षीणः' etc. may be an sxample of उपमेयगताधिक्य, our author cites 'हनूमदाद्यैः' etc. as an example, where there is उपमेयगतन्यूनत्व and says that here the explanation offered on क्षीणः' etc. would not hold good. हनूमदाद्यैः......सितीकृतः·

This is the last half of Nai. IX. 123, the first half being 'स्वनाम यन्नाम मुधाभ्यधामहो महेन्द्रकार्यं महदेतदुज्झितम् ।'. The printed text of the नैषधीय reads दूत्यपथ, which appears to be better. Hanūmat and others illumined the messenger's path by their fame (which is white), while I, by my foemen's laugh (which is also represented as white). Here हनूमत् and others (*i. e.* उपमान) are superior, because they carried out the errand on which they were sent by their masters; the उपमेय, Nala (who is the speaker), is inferior, because he failed in effecting the object for which he was sent by the gods, viz. winning over Damayantī for them. Our author suggests, by the words 'का गतिः', that we cannot anyhow show that the Upameya is superior to the Upamāna here. Therefore it is quite proper that the words न्यूनताऽथवा are inserted in the definition. But the उद्द्योत shows that even here it is उपमेयगताधिक्य and not उपमेयगतन्यूनत्व that is intended "अत्र नलमहीपतेः स्वनिन्दया लब्धनिर्वेदातिशयरूपप्रकृतवाक्यार्थे दूत्यगतन्यूनताया एवानुगुणत्वेनाधिक्यरूपत्वात् ।" p. 70.

The R. G., after quoting the अलं. स. and the discussion of विमर्शिनी cited by us above, refutes their views as follows:—'तदुभयमप्यसत् । अस्मिन्हि प्रियहितकारिण्या वचने चन्द्रादप्यधिकगुणत्वमेव विवक्षितम्, न न्यूनगुणत्वम् । चन्द्रो हि पुनःपुनरागमनेन लोके सुलभः अत एव न तादृशमाहात्म्यशाली । इदं च पुनर्यौवनमपुनरागमनेनातिदुर्लभतरत्वादत्युत्कृष्टमिति मानादिभिरन्तरायैः शठजनश्लाघनीयैर्विदग्धया भवत्या मुधा गमयितुमसांप्रतमिति तावदुपात्तगुणकृतमुत्कृष्टत्वं स्फुटमेव । सकलसुखनिदानत्वाद्यनुपात्तगुणकृतोऽप्युत्कर्षोऽत्र वाक्यार्थपरिपोषाय सहृदयहृदयसरणिमवतरति । अन्यथा 'किमित्यस्य कदर्यस्य यौवनस्य कृते मया मानादिरंस्यते यातु नाम यौवनमिति' प्रतिकूलेनार्थेन प्रकृतार्थस्यापुष्टतापत्तेः । किंच यत्र क्वापि शाब्द उपमेयस्यापकर्षस्तत्रापि स तस्य वाक्यार्थपर्यवसायितयोत्कर्षात्मना परिणमति । यथा 'द्रोहो निरागसां लोके हीनो हालाहलादपि । अयं हन्ति कुलं साग्रं भोक्तारं केवलं तु सः ॥' अत्र हीन इत्यपकर्षो दारुणताधिक्यरूपोत्कर्षात्मना परिणमति ।" R. G. p. 353.

20 सहोक्ति (Connected Description).

When a single expression by the force of a term denoting conjunction, signifies two facts, it is सहोक्ति, provided hyperbole be at the basis of it. When a word conveying, by virtue of the power of denotation, a meaning connected with one thing, also conveys a meaning connected with another thing by the force of some word like सह, सार्धम्, साकम् etc., it is सहोक्ति. In पुत्रेण सहागतः पिता, the fathes is connected with the action of coming as well as the son. But the father, being in the nominative case, is principal, while पुत्र, being in the instrumental, is indirectly (and therefore subordinately) connected with the action of coming. The employment of the word सह denotes the idea of गुणप्रधानभाव between the words, not necessarily between the objects. It should never be forgotten that strikingness is the essence of every figure. सहोक्ति also must be striking. So पुत्रेण सहागतः पिता is not an example of the figure. सहोक्ति is striking only when it is based upon अतिशयोक्ति. This अतिशयोक्ति may be of two kinds, (1) based upon अभेदाध्यवसाय ('Introsusception of an object into an identity with another') or (2) upon the inversion of the sequence of cause and effect. The former again may rest upon (a) Paronomasia, or (b) not. The अलं. स. remarks that in सहोक्ति the poet intends to convey the relation of उपमान and उपमेय, but it is not the natural one (as that of चन्द्र and मुख) but is entirely left to the volition of the writer. 'सहार्थप्रयुक्तश्चात्र गुणप्रधानभावः । उपमानोपमेयत्वं चात्र वैवक्षिकम् । द्वयोरपि प्राकरणिकत्वादप्राकरणिकत्वाद्वा । सहार्थसामर्थ्याद्धि तयोस्तुल्यकक्षत्वम् । तत्र तृतीयान्तस्य नियमेन गुणत्वादुपमानत्वम्, अर्थाच्च परिशिष्टस्य प्रधानत्वादुपमेयत्वम् । शाब्दश्चात्र गुणप्रधानभावः । वस्तुतस्तु विपर्ययोऽपि स्यात् । तत्र नियमेनातिशयोक्तिमूलत्वमस्याः । सा च कार्यकारणप्रतिनियमविपर्ययरूपा अभेदाध्यवसायरूपा च । अभेदाध्यवसायश्च श्लेषभित्तिकोऽन्यथा वा ।" p. 81.

सहाधरदलेन etc. Here the word रागभाक् is Paronomastic. There is अभेदाध्यवसाय between राग meaning 'redness' and राग meaning 'love'. Therefore this is अभेदाध्यवसायमूलातिशयोक्तिमूला सहोक्ति *i. e.* 1 a). सह कुमुद...सञ्चरन्ति· सह......उल्लासयन्तः 'awakening love along with the assemblage of water-lilies.' सह सरसिज......मीलयन्तः 'closing the heart (in the contemplation of the beloved one) along with the multitude of lotuses.' Here the words उल्लास० are distinct from the difference of the things they relate to, but not under a Paronomasia. The idea is:—in 'सहाधर' etc. the two literal senses of the word राग (love, redness) are identified; while here, the word उल्लास has one general sense 'awakening,' which in relation to the lotuses means 'expanding' and in relation to love 'exciting'. These two, *i. e.* expanding and exciting are spoken of under one word, because they are very similar. There is no Paronomasia (*i. e.* it is an example of 1 b).

An example of सहोक्ति based upon the inversion of the sequence of cause and effect is 'सममेव' etc. सममेव...तलम्. The Nirn. edition says that this is taken from the Raghuvaṁśa. But this seems to be wrong. There is a similar verse in Raghu. "वपुषा करणोज्झितेन सा निपतन्ती पतिमप्यपातयत् । ननु तैलनिषेक-

बिन्दुना सह दीपार्चिरुपैति मेदिनीम् ॥" VIII. 38. गुरुसंमोहविलुप्तचेतना whose conciousness was taken away by a deep swoon. Here, the falling of the woman is the cause of the swoon of the king. Both cause and effect are spoken of as occurring at the same time. Therefore there is सहोक्ति based upon कार्यकारणपौर्वापर्यविपर्यय (*i. e.* 2 above).

लक्ष्मणेन......नायमलंकारः. In लक्ष्मणेन etc. there is no सहोक्ति, because there is no अतिशयोक्ति at the basis.

Jagannātha very strongly criticizes those who regard कार्यकारणपौर्वापर्यविपर्ययमूला सहोक्ति as a separate figure. He says that the charm lies simply in the inversion and therefore the figure is अतिशयोक्ति and not सहोक्ति. Vide his lucid and pointed remarks in R. G. pp. 361-362.

Other examples of सहोक्ति are:—'सह दीर्घा मम श्वासैरिमाः संप्रति रात्रयः। पाण्डुराश्च ममैवाङ्गैः सह ताश्चन्द्रभूषणाः ॥ वर्धते सह पान्थानां मूर्च्छया चूतमञ्जरी। पतन्ति च समं तेषामसुभिर्मलयानिलाः ॥' K. D. II. 352-353.

21 विनोक्ति (Speech of Absence).

यद् अन्येन विना अन्यद् न असाधु, असाधु वा (सा) विनोक्तिः—That is विनोक्ति, when a thing in the absence of another is represented (1) as not disagreeable, or (2) as disagreeable. नासाधु means that it does not become unsightly. Thus, though the meaning of the words न असाधु is ultimately the same as 'शोभन' *i. e.* agreeable, still the reason why the attribute of agreeableness is expressed through the negative of disagreeableness (*i. e.* not positively as शोभन, but through two negatives as in न अशोभन) is to convey the idea that the अशोभनत्व (apparent) of some object of description is the fault of the proximity of another object (and not of the object to be described) and that the object of description is naturally fair in itself. Compare अलं. सू० 'अत्र च शोभनत्वाशोभनत्वसत्तायामेव वक्तव्यायामसत्तामुखेनाभिधानमन्यनिवृत्तिप्रयुक्ता तन्निवृत्तिरिति ख्यापनार्थम्। एवं च तदन्यनिवृत्तौ विधिरेव प्रकाशितो भवति।' p. 83. विना etc. निस्तन्द्रतां गतः attained her unslumbering state (*i. e.* shone with all her natural brilliance). ग्रीष्मोष्मणा विना without the heat of summer. मञ्जुः charming. Here the moon and woods are naturally charming, but become अशोभन only in the presence of clouds and summer respectively. When these latter are absent, they become agreeable *i. e.* this verse is an example of that variety, which is 'अन्येन विना अन्यत् अशोभनं न.' जनातीतं कान्तमनुयान्त्या By you, who followed thy lord who is dead. Here दिनश्री is अशोभना without the sun, *i. e.* अन्येन विना अन्यत् अशोभनम्. निरर्थकं......न येन (p. 40, ll. 7–8). This occurs in अलं. स. p. 84 as an example of विनोक्ति. It is ascribed to बिल्हण and राजकन्या in the सुभाषितावलि (No. 1964). तुहिनांशुः means 'the moon.' विनिद्रा awakened *i. e.* blooming. The Sarvasva reads the last *pāda* as 'न येन दृष्टा नलिनी प्रबुद्धा'. In this verse, there is a special strikingness, as there is a विनोक्ति with reference to each of the two *i. e.* नलिनीजन्म is said to be अशोभन without चन्द्रदर्शन and चन्द्रोत्पत्ति is said to be अशोभन without विनिद्रनलिनीदर्शन. अलं स. remarks in the same way on निरर्थकं etc. 'इत्यादौ विनोक्तिरेव तुहिनांशुदर्शनं विना नलिनीजन्मनोऽशोभनत्वप्रतीतेः । इयं च परस्परविनोक्तिभंग्या चमत्कारातिशयकृत् । यथोदाहृते विषये ।' p. 84.

विनाशब्द etc. Although the very particle विना is not employed here, still, the figure is विनोक्ति, since the sense intended to be conveyed is that of विना. Similarly सहोक्ति may occur without the actual empoyment of सह. 'अत्र विनाशब्दमन्तरेणापि विनार्थविवक्षा यथाकथंचिन्निमित्तीभवति यथा सहोक्तौ सहार्थविवक्षा' । अलं. स. p. 83. It should not be forgotten that here also strikingness is the essence of the figure.

Bhāmaha and Udbhaṭa do not define this figure. A writer called अलङ्कारभाष्यकार defines it differently. विम० says "यदाहालङ्कारभाष्यकारः । नित्यसम्बद्धानामसम्बन्धवचनं विनोक्तिरिति विनोक्तिरुपसंख्यास्यते इति" p. 83. An example of this विनोक्ति will be "'तस्याः शैत्यं विना ज्योत्स्ना पुष्पर्द्धिः सौरभं विना । विनोष्णत्वं च हुतभुक्त्वां विना प्रतिभासते" इत्यत्र विनोक्त्यलङ्कारत्वमाहुः । अत्र हि ज्योत्स्नादीनां शैत्यादिना नित्यमविनाभावेऽपि विनाभाव उपनिबद्धः" विम० p. 83. Jagannātha also refers to this अलङ्कारभाष्यकार, quotes his definition and cites the following as an example:—मृणालमन्दानिलचन्दनानामुशीरशैवालकुशेशयानाम् । वियोगदूरीकृतचेतनाया विनैव शैत्यं भवति प्रतीतिः ॥ R. G. pp. 365–366.

22 समासोक्ति (Speech of Brevity).

यत्र समैः कार्यलिङ्गविशेषणैः अन्यस्य (अप्रस्तुतस्य) वस्तुनः प्रस्तुते व्यवहारसमारोपः सा समासोक्तिः—'When the behaviour of another is ascribed to the subject of description from a sameness of (1) action, (2) sex or gender, or (3) attribute, the figure is समासोक्ति. Another means 'a thing which is not the subject in hand.' In समासोक्ति the अप्रकृत thing is not mentioned in words; on the प्रकृत, the behaviour of the अप्रकृत is superimposed on account of a similarity of actions or on account of the gender of the the word employed or on account of adjectives.

An example of समासोक्ति, where the behaviour of the अप्रस्तुत is ascribed to the प्रस्तुत from a sameness of action, is व्याधूय etc. व्याधूय...गन्धवाह (p. 40, ll. 15–16). अम्बुजलोचनायाः (कमलनयनायाः) कनककुम्भविलासभाजोः वक्षोजयोः (स्तनयोः) वसनं (वस्त्रं) व्याधूय (दूरमपसार्य), यद् अस्याः अशेषं (सर्वं) अङ्गं प्रसभं (हठात्) आलिङ्गसि (तत्) (हे) मलयाचलगन्धवाह (मलयपर्वतसम्बन्धिवायो) त्वमेव धन्यः. Here it must be understood that the subject of description is the wind from the Malaya mountain The action of embracing the woman belongs both to the wind and the lover. But the lover is not mentioned and is अप्रस्तुत here. So here from the sameness of action, there is an ascription of the behaviour of a rough lover to the wind. It must be noted that, if here it is not the wind that is the subject of description, but the lover, who does not succeed in embracing the woman and therefore calls the wind blessed, implying thereby that he is unfortunate, then the figure would be अप्रस्तुतप्रशंसा and not समासोक्ति.

समासोक्ति from a sameness of sex or gender (*i. e.* 2 above) is exemplified in 'असमाप्त' etc. असमाप्त......रविः (p. 40, ll. 19–20). This is Rājataraṅgiṇī IV. 441 and is also quoted in अभिनवभारती vol. I p. 305 (which reads किं सन्ध्यां). 'How can the spirited man think of woman, when he has not gratified his desire of conquest? The sun does not court the Evening, without having triumphantly passed over the whole world.' In this verse, the behaviour of lover and heroine is ascribed to the sun and the evening, simply because of the words being respectively in the masculine and feminine genders. There is अर्थान्तरन्वस also.

Sameness of attributes (*i. e.* 3 above) may occur in three ways; (a) from a Paronomasia; (b) from community (साधारण्य) and (c) as implying resemblance. An example of (3 a) is विकसित etc. (p. 40, ll. 24–27). This verse is a description of morning on पौर्णिमा. तुहिनद्युतिः (हिमांशुः चन्द्रः) पुरः (पुरतः) विकसितमुखीं (विकसितं मुखं एकदेशः यस्या सा; विकसितं मुखं वदनं यस्याः सा) रागासङ्गात् (रागस्य रक्तवर्णस्य आसङ्गात्; रागस्य अनुरागस्य आसङ्गात्) गलत्तिमिरावृतिम् (गलन्ती भ्रश्यन्ती तिमिरस्य अन्धकारस्य आवृतिः आवरणं यस्याः सा; पक्षे गलन्ती तिमिरावृतिः तिमिरसदृशं वसनं यस्याः सा), दिनकरकरस्पृष्टाम् (सूर्यकिरणस्पृष्टाम्; करहस्तः तेन स्पृष्टाम्) ऐन्द्रीं (प्राचीं) दिशं निरीक्ष्य, जरठलवलीपाण्डुच्छायः (पक्वलवलीवत् पाण्डुः छाया कान्तिर्यस्य सः) कलुषान्तरः (कलुषं मलिनं अन्तरं यस्य; पक्षे कलुषं ईर्ष्यया आकुलं अन्तरं मनः यस्य स) प्राचेतसीं (वरुणाधिष्ठितां प्रतीचीं) हरितं (दिशं) श्रयति (भजते). हन्त इति खेदे. In this verse the words मुख, राग etc. are Paronomastic. Here the moon is the subject of description; as the morning rays redden the eastern horizon, the moon approaches the western horizon with faded lustre

The Paronomastic adjectives convey the idea that, on seeing that his beloved (a fickle woman) touched by another's hand grows joyous, the lover loses his colour through jealousy. Here, to the moon is ascribed the behaviour of the lover and to the eastern quarter that of a fickle lady.

अत्रैव हि......मुखसञ्चारत्वाभावात् (P. 40, l. 28–p. 41, l. 11). अत्रैव......समासोक्तिरेव. In the above example, even if we read 'तिमिरांशुकाम्' for 'तिमिरावृतिम्' and thus turn a part of the verse into a metaphor (गलत्तिमिरांशुकाम् would be equal to गलत् तिमिरमेव अंशुकं यस्याः सा), the figure is still समासोक्ति and not एकदेशविवर्तिरूपक. तत्र......ईशः. The author now proceeds to assign his reasons for saying that there is still समासोक्ति. There (*i. e.* in तिमिरांशुकाम्) the figuring of darkness as vesture would, from their evident resemblance on account of both being covering things, rest in itself independent of the help of any other metaphor (such as that of the East as a woman); so it (रूप्यरूपकभावः) could not preclude our recognizing समासोक्ति to be the figure in this whole verse. What the author means is:—तिमिर and अंशुक are both covering things; their resemblance is therefore quite evident; they can very well be superimposed the one on the other on account of this resemblance. The superimposition of अंशुक on तिमिर would be quite independent of any other आरोप in the verse and may stand by itself. It is not necessary for us to suppose a superimposition in any other part of the verse. Therefore the figure in the whole verse is समासोक्ति although in one part (*i. e.* तिमिरांशुकाम् read for तिमिरावृतिम्) there is Rūpaka. यत्र...... रूपकमेव—Where the thing figured and the thing figuring it do not bear an evident resemblance, there indeed the metaphor being unintelligible apart from a metaphor in another part, we have to recognize an implied metaphor in another part of the description, although it be not expressed in words. In such a case there is एकदेशविवर्तिरूपक. The author says:—in एकदेशविवर्तिरूपक, we have one metaphor expressed in words, but the resemblance of the two things is not quite evident. This leads us to recognise a metaphor in another part of the description, although it be not expressed. But in the verse 'विकसितमुखीं' etc. the रूपक in तिमिरांशुक is quite independent of any other Rūpaka, as the two things greatly resemble one another. We need not suppose, to account for तिमिरांशुक, that there is a रूपक of प्राची and नायिका, although it is not directly expressed. Therefore, तिमिरांशुक

standing by itself, the figure in the whole verse is समासोक्ति and not एकदेशविवर्तिरूपक. An example of एकदेशविवर्तिरूपक is 'जस्स' etc. (p. 40, ll. 4-5). 'यस्य रणान्तःपुरे करे कुर्वतो मण्डलाग्रलताम्। रससंमुख्यपि सहसा पराङ्मुखीभवति रिपुसेना ॥'. This verse is cited in the K. P. as an example of एकदेशविवर्तिरूपक. 'मण्डलाग्रलताम् खड्गलताम्। करे कुर्वतः धारयतः। युद्धार्थे रतार्थे च। अन्तःपुरत्वारोपसामर्थ्याल्लताया नायिकात्वावगमात् रसेन वीररसेन शृङ्गारेण च। संमुखी युयुत्सुः रिरंसुश्च। पराङ्मुखीभवति भयाद्युद्धान्नि॰ वर्तते कोपात्प्रियसङ्गमाच्च।' उ. च. p. 385. Here the resemblance between battle-field and the अन्तःपुर is not quite evident. Here, although there is the superimposition of the character of a heroine on मण्डलाग्रलता, because the gender of both words is the same and although the behaviour of the rival heroine (प्रतिनायिका) is superimposed upon the hostile army, because both turn their faces away (the one in running away and the other through jealousy), still the figure is एकदेशविवर्तिरूपक (and not समासोक्ति where also there is the superimposition of अप्रस्तुतव्यवहार on a प्रस्तुत thing); for these two superimpositions (of नायिका on मण्डलाग्रलता and प्रतिनायिका on रिपुसेना) are made solely to account for the superimposition of अन्तःपुर on रण. क्वचिच्च......तिरोधायकत्वात्—In those cases also where there is an expressed figuring of many objects bearing evident resemblance to those with which they are identified, and an implied figuring in a part, there also there is एकदेशविवर्तिरूपक. The author said above that even if we read (in 'विकसितमुखीं' etc.) 'तिमिरांशुकाम्' the figure will be समासोक्ति; the Rūpaka in तिमिरांशुकाम् may stand by itself, as the resemblance between darkness and vesture is evident. Now suppose that there are several Rūpakas, all expressed in words, in a verse and the things superimposed bear great resemblance to the things on which they are superimposed; and also that there is one superimposition which is implied and not expressed. Now the question is:—Is the figure of the whole verse समासोक्ति or एकदेशविवर्तिरूपक? It may be said that, as in तिमिरांशुकाम्, the Rūpakas, being all of them as regards things between which there is evident resemblance, may stand by themselves and the figure will be समासोक्ति as there is one superimposition which is implied (as in समासोक्ति) and not expressed. The author says that this should not be so. The figure must be taken to be Rūpaka, as the cognition of metaphor is the pervading one (on account of there being a number of directly expressed Rūpakas) and as this all-pervading cognition prevails over the cognition of समासोक्ति (which is possible, in the case supposed in a solitary part of the whole verse). व्यापितया = बहुत्वेन or अनेकपदाश्रयत्वात्.

ननु......चेत्. It was said above that the resemblance between रण and अन्तःपुर was not quite evident. An objection is raised against this in these words:—'There is evident resemblance between रण and अन्तःपुर, as in both of them the hero moves with ease.' The author replies 'सत्यं...सुखसञ्चारत्वाभावात्'. It may be conceded that there is a clear resemblance between रण and अन्तःपुर; but this resemblance is dependent upon (*i. e.* arises only after) a consideration of the sense of the whole sentence; it does not arise independently. Because a battle-field and an अन्तःपुर are not, in themselves, places for easy movement, as a face and the moon are charming in their very nature; *i. e.* as मुख and चन्द्र are charming independently of anything else, we may independently superimpose the one on the other; but रण and अन्तःपुर are not in themselves places of easy movement; they become so only in the case of a particular king; so their resemblance is perceived not in itself, but only by considering the sense of the whole passage.

साधारण्येन......प्रतीतेरसम्भवात् (P. 41, ll. 11-16). An example of 3 b above is निसर्ग etc. निसर्ग...सरोजिनी—उदिते वासराधीशे (सूर्ये) निसर्गसौरभेण उद्भ्रान्ताः ये भृङ्गाः तेषां यत्सङ्गीतं तेन युक्ता सरोजिनी (कमलिनी) स्मेरा (स्मितवती) अजनि (जाता). In this verse, the adjective 'निसर्ग...शालिनी' is applicable both to a lotus plant and to a fair woman (as she also is often represented as having a fragrant breath); this leads us to recognise the lotus under the character of the heroine, by reason of the attribution of the action of smiling (the meaning of स्मेर being 'smiling'), which belongs only to a human being (and not to the plant). स्मेरत्व primarily belongs to the woman only; it is then identified with the विकास of the lotus. So the adjective स्मेरा is the cause of the superimposition of the behaviour of the woman on the lotus plant. Unless there be some such attribute (primarily going with the अप्रस्तुत, as स्मेरा here), it would be impossible to recognise the behaviour of a woman (in the lotus plant) merely from a community of epithets. स्मेरा = ईषद्धासवती. 'एवं च साधारणविशेषणमप्रस्तुतासाधारणधर्मारोपादिसहकृत-मेवार्थान्तरप्रतिपादकमिति फलितम्।' राम०. Compare the words of जयरथ 'तदेवं साधारण्येन समासोक्तेर्विशेषणसाम्ये सत्यप्यप्रकृतसम्बन्धिधर्मैकार्यसमारोपमन्तरेण तद्व्यवहारप्रतीतिर्न भवतीति सिद्धम्।' p. 86. and vide the adverse criticism of R. G. pp. 379–380.

औपम्यगर्भत्वं......प्रतीतिः (P. 41, ll. 16–25). The circumstance of the common qualification implying a resemblance (*i. e.* 3 c above) is possible in three ways according as a simile or a metaphor or a commixture (of the two figures) is included. उपमा...गर्भत्वात् = उपमागर्भत्वे रूपकगर्भत्वे उपमारूपकयोः सन्देहसङ्करगर्भत्वे च. तत्रोपमागर्भत्वे etc. दन्तप्रभा......हरिणेक्षणा—This occurs in अलं. स. p. 86. Compare the following from उद्भट (II. 23) 'दन्तप्रभासुमनसं पाणिपल्लवशोभिनीम् । तन्वीं वनगतां लीनजटाषट्चरणावलिम् ॥' cited as an example of समासोक्ति. In this verse the adjective सुवेशा (well dressed) applies primarily to the lady. Therefore, the other adjectives दन्तप्रभा etc. must be interpreted in such a way as to be applicable to her. दन्तप्रभापुष्पचिता is to be dissolved as दन्तप्रभाः पुष्पाणि इव तैः चिता. In so dissolving, the word दन्तप्रभाः will be prominent and the figure, in the compound, will be Upamā. Afterwards, the compound दन्तप्रभापुष्पचिता being dissolved in another manner (as दन्तप्रभासदृशैः पुष्पैश्चिता, which is a मध्यमपदलोपिसमास, 'covered with flowers resembling the brightness of the teeth') we recognise the fawn-eyed lady under the charater of a creeper, by the force of the qualifications (such as दन्तप्रभापुष्पचिता, पाणिपल्लवशोभिनी etc.) which are equally applicable both to the lady and to the creeper (by a difference in the way of the dissolution of the compounds). Our author here copies the very words of the अलं. स. p. 16 'अत्र दन्तप्रभाः पुष्पाणीवेति सुवेषत्ववशादुपमागर्भत्वेन च कृते समासे पश्चाद्दन्तप्रभासदृशैः पुष्पैश्चितेति समासान्तराश्रयणेन समानविशेषणमाहात्म्याल्लताव्यवहारप्रतीतिः ।'. रूपकगर्भत्वे......इत्यादि (p. 41, ll. 22–23). The verse 'लावण्यमधुभिः' has been cited above (text p. 23) as an example of एकदेशविवर्तिरूपक. The way in which this verse will be समासोक्ति is as follows:—लावण्य and मधु are both delightful; similarly, रोलम्ब and लोचन are both श्याम; therefore there is evident resemblance between them. These two Rūpakas may stand by themselves; they are independent and do not require the आरोप of पद्म on मुख. The adjective विकस्वर (expanding) primarily applies to पद्म and not to मुख. Therefore, as in 'निसर्गसौरभ' etc., the figure is समासोक्ति. The number of Rūpakas being only two (and not many), there is no all-pervading idea of Rūpakas; and so the figure may well be समासोक्ति. It will be seen below that our author's view is quite different and that he does not approve of रूपकगर्भा समासोक्ति. In giving this example he simply follows ancient writers. सङ्करगर्भत्वे......प्रतीतिः (p. 41, ll. 23–25). सङ्कर will be treated of at length below. It has been briefly explained in the notes (p. 21) on 'यः कौमारहरः'. If we read परीता for सुवेषा in 'दन्तप्रभा' etc. then

समासोक्ति will be सङ्करगर्भा (of उपमा and रूपक). परीता is an adjective that may apply to the lady as well as to the creeper. There is no criterion for settling whether there is a simile or a metaphor as in दन्तप्रभापुष्पचिता. Therefore there is सन्देहसङ्कर. We may dissolve the compound in one way or the other. When we have dissolved it in one way, then we shall recognise the lady under the character of the creeper. Compare "अत्रैव 'परीता हरिणेक्षणा' इति पाठे उपमारूपकसाधकबाधकाभावात्सङ्कर-समाश्रयणेन कृते योजने पश्चात्पूर्ववत् समासान्तरमहिम्ना लताप्रतीतिर्ज्ञेया ।" अलं. स. pp. 86-87.

एषु च...... मुचिता (P. 41, ll. 26-28). Of these three cases (viz. उपमागर्भ, रूपकगर्भ, and सङ्करगर्भ) there is समासोक्ति in the first and third according to the opinion of those who hold that a simile and सङ्कर cannot be partial. It is उद्भट who regards that उपमा and सङ्कर cannot be एकदेशविवर्ति. Compare जयरथ on the words of अलं. स. p. 87 'उपमासङ्करयोरेकदेशविवर्तिनोरभावात्'—"**अभावा**दिति उद्भटमतेन । यदाहुः 'न च रुद्रटस्येवोद्भटस्यैकदेशविवर्तिरूपकवदुपमासङ्करावेकदेशविवर्तिनौ स्तः ।' अतश्च एतन्मताभिप्रायेणोक्तम् ।" p. 87. The author of अलं. स., perhaps simply following Udbhaṭa, says that उपमा and सङ्कर cannot be एकदेशविवर्ति; but afterwards (on p. 92) he himself says that एकदेशविवर्तिनी उपमा must be admitted "एकदेशविवर्तिन्युपमा यदि प्रतिपदं नोक्ता तदा सा केन प्रतिषिद्धा । सामान्यलक्षणद्वारेणायातायास्तस्या अत्रापि सम्भवात् ।". Jagannātha takes Ruyyaka to task for this inconsistency; 'न चोद्भटमते एकदेशविवर्तिनोरुपमासङ्करयोरस्वीकारात्तथोक्तमिति वाच्यम् । अनुपदमेव स्वयं तत्स्वीकारात् ।'. द्वितीयस्तु......एव—The 2nd (viz. रूपकगर्भसमासोक्ति) is nothing but एकदेशविवर्तिरूपक. In लावण्यमधुभिः पूर्णं etc. there is एकदेशविवर्तिरूपक and not समासोक्ति (as the author said following ancient writers); because here the charm lies in the Rūpaka and not in समासोक्तिः besides what is first perceived is the Rūpaka. मधु cannot possibly be connected with the face and hence from the very first we must superimpose पद्मत्व on मुख. Compare 'मुखे मध्वाद्यन्वयस्यासम्भावात्प्रथमत एव पद्माध्याहारेण प्रतीतिः । कुतो व्यञ्जनामात्रप्राणा समासोक्तिरिति भावः ।' राम०. 'रूपकगर्भत्वेन तु समासान्तराश्रयणात्समानविशेषणत्वं भवदपि न समासोक्तेः प्रयोजकम् । एकदेशविवर्तिरूपकमुखेनैवार्थान्तरप्रतीतेस्तस्या वैयर्थ्यात् । अलं. स. p. 87. पर्यालोचने......उचिता—On careful consideration, however, it will appear that in the first variety (viz. उपमागर्भसमासोक्ति) it is is proper to recognize no other figure than partial Simile.

अन्यथा...धारणासम्भवात् (P. 41, l. 28-32). ऐन्द्रं...चकार. This verse occurs in the वृत्ति on वामन's काव्यालङ्कारसूत्र IV. 3. 27, in अलं. स. p. 92 and सुभाषितावलि, all of which read प्रसादयन्ती (which is better) instead of प्रमोदयन्ती*. पाण्डुपयोधरेण आर्द्रनखक्षताभम् ऐन्द्रं धनुः दधाना शरद् सकलङ्कमिन्दुं प्रमोदयन्ती रवेः अभ्यधिकं तापं चकार. The autumn bearing on her pale पयोधर (cloud; breast) the bow of Indra (the rainbow) resembling the fresh wound of the nail and delighting the spotted moon, increased the distrees (or the heat) of the sun. If एकदेशविवर्तिनी उपमा be not admitted and in its place समासोक्ति be recognised, then in the above verse, how can we recognise the autumn as behaving like a woman, when it is impossible that the breast of the woman should bear the rain-bow resembling a fresh wound of the nail? What the author means is:— In the above verse every one admits that the sun and the moon are apprehended as the Nāyakas. Now the question is whether this apprehension is due to Upamā or समासोक्ति, or whether the figure in the verse is एकदेशविवर्तिनी उपमा or समासोक्ति. The words आर्द्रनखक्षताभम् ऐन्द्रं धनुः convey, by the force of the word आभ, that the figure is Upamā. The only thing that is specially noteworthy is that all the *aṅgas* are not mentioned in words. नायिका and नायक are not mentioned, but we can understand that they are the Upamānas here from the fact that ऐन्द्रं धनुः is expressly compared to आर्द्रनखक्षत. So the figure is एकदेशविवर्तिनी उपमा. But, it is said by some that the figure is समासोक्ति. Here the qualification प्रमोदयन्ती (or better प्रसादयन्ती 'making clear of clouds;' 'propitiating') is common to both शरद् and नायिका and therefore here, behaviour of the नायिका and of नायक is attributed to शरद् and रविचन्द्र respectivelv. Thus the figure is समासोक्ति. Our author brings forward against this the objection that then the qualification 'आर्द्रनखक्षताभं ऐन्द्रं धनुर्दधाना cannot be applied to the Nāyikā. It is applicable only to Autumn. It cannot be applied to Nāyikā, whose breast cannot be said to bear the rainbow. So in taking समासोक्ति to be the figure, one qualification would have to be regarded as practically purposeless. This is not good. We must understand the figure to be that which would explain everything. If we take एकदेशविवर्तिनी उपमा to be the figure, then we can explain ऐन्द्रं धनुः as compared to नखक्षत, शरद् to नायिका and the moon to a नायक and so on. 'प्रसादयन्ती सकलङ्कमिन्दुमिति विशेषणसाम्याच्छरदो नायिकात्वप्रतीतौ तदानुगुण्यात्तयोः (इन्दुसूर्ययोः) समासोक्त्या नायकत्वप्रतीतिरिति चेत्, आर्द्रनखक्षताभमैन्द्रं धनुर्दधानेत्येतद्विशेषणं कथं साम्येन निर्दिष्टम्।' अलं. स. p. 92. आर्द्रनखक्षताभं shows that आर्द्रनखक्षत is उपमान, ऐन्द्रं धनुः is उपमेय.

* The Subhā. ascribes the verse to Pāṇini.

ननु......भविष्यतीति चेत् (P. 41, l. 32-p. 42, l. 3). An objection is raised in these words against the position taken above that the figure is एकदेशविवर्तिनी उपमा, as in one part, viz, नखक्षताभम्, it is directly expressed. Though here, according to the letter, the character of Upamāna belongs to the nail-mark, still, if we consider the spirit of the passage, the nature of the Upamāna must be transferred to the rainbow. What is meant is:—As the word आभ is used after नखक्षत, at first sight it appears that नखक्षत is the Upamāna; but if we reflect upon the spirit of the passage, which is the apprehension of the behaviour of *nāyikā*, we shall find that नखक्षत is the Upameya and ऐन्द्रं धनुः is the Upamāna; therefore we should construe th words in a different way., viz, ऐन्द्रचापाभं नखक्षतं दधाना. A parallel instance of interpretation is given in the words 'यथा दध्ना...विधिः'. शब्देन एकत्र बोधितस्यार्थस्य अन्यत्र सञ्चारे दृष्टान्तमाह यथा दध्ना०. विधि is a Vedic sentence which enjoins something which is not known from any other source, 'विधिरत्यन्तमप्राप्तौ'. *Vide* notes below on परिसंख्या. The sentence 'दध्ना जुहोति' (he makes an oblation of curds) is a विधि. The question is:—what is laid down in this sentence, whether हवन is laid down or the oblation of curds is laid down. The reply is:—The Vedic sentence अग्निहोत्रं जुहोति has already enjoined हवन. So, although in दध्ना जुहोति the verb हु occurs, still, what is enjoined is not हवन, which is अन्यथासिद्ध (*i. e.* which we already know from another source, viz., the Vedic injunction अग्निहोत्रं जुहोति), but दधि as the material with which the हवन is to be effected. Here the words apparently lay down हवन, but from the spirit of the passage and other circumstances, we say that the object is not to lay down हवन, but to give information about the material to be used. Similarly, the clause 'ऐन्द्रं धनुः आर्द्रनखक्षताभं दधाना' will imply 'ऐन्द्रचापाभं नखक्षतं दधाना.' The words from ननु......प्रतीतिर्भविष्यति are copied almost verbatim from the अलं. स. अथात्र नोपमानत्वेन नायकः स्वरूपेण प्रतीयते तथापि रविशशिनोरेव नायकव्यवहारप्रतीतिः। तयोरत्र नायकत्वात्। तदत्रार्द्रनखक्षताभमित्यत्र स्थितमपि श्रुत्योपमानत्वं वस्तुपर्यालोचनया ऐन्द्रे धनुषि सञ्चारणीयम्। इन्द्रचापाभं नखक्षतं दधानेति प्रतीतेः। यथा 'दध्ना जुहोति' इत्यादौ दध्नि सञ्चार्यते विधिः, एवमियमुपमानुप्राणिता समासोक्तिरेव।'' p. 62; on यथा दध्ना etc. जयरथ remarks "एतदेव शास्त्रान्तरप्रसिद्धदृष्टान्तमुखेन हृदयंगमीकरोति—**यथेत्यादिना**। अग्निहोत्रं जुहुयादित्यनेनोत्पत्तिविधिवाक्येन हि होमो विहितस्तस्य च पुनर्विधानमदग्धदहनन्यायेन यावदप्राप्तं विधेर्विषय इत्यभ्युपगमान्न युज्यत इति तत्रायुक्तत्वादुपपदे दध्नि सञ्चार्यते इत्यर्थः।". Compare "'भूतभव्यसमुच्चारणे भूतं भव्यायोपदिश्यते', इति कारकपदार्थाः क्रियापदार्थेनान्वीयमानाः प्रधा-

नक्रियानिर्वर्तकस्वक्रियाभिसम्बन्धात् साध्यायमानतां प्राप्नुवन्ति, ततश्चादग्धदहनन्यायेन यावदप्राप्तं तावद्विधीयते यथा ऋत्विक्प्रचरणे प्रमाणान्तरात्सिद्धे 'लोहितोष्णीषा ऋत्विजः प्रचरन्ति' इत्यत्र लोहितोष्णीषत्वमात्रं विधेयम्; **हवनस्यान्यतः सिद्धेः 'दध्ना जुहोति' इत्यादौ दध्यादेः करणत्वमात्रं विधेयम्** । K. P. 5th Ul. pp. 226-227 (Vā); "यथा दहनेनादग्धमात्रं दह्यते न तु दग्धमपि तथा यावदेवाप्राप्तं तावदेव शब्देन विधीयते न तु प्राप्तमपि । यथा......हवनस्य अन्यतः सिद्धौ च 'दध्ना जुहोति' इत्यनेन दध्नः करणत्वं न तु दधि हवनं वा" प्रदीप pp. 176-177; the प्रभा says on न तु दधि etc. "केवलमित्यर्थः । दधिवत्तत्करणताया अपि अप्राप्तेः । प्रकाशेऽपि 'दध्यादेः करणत्वमात्रम्' इति मात्रचा हवनव्यावृत्तिर्बोध्या ।".

एवं......ज्यायस्त्वात् **(P. 42, ll. 3-4).** Our author replies to the above ingenious argument in these words. It is better to admit the existence of एकदेशविवर्तिनी उपमा here, rather than resort to a far-fetched interpretation like the above, to which recourse is to be had only when there is no way out of a difficulty (अनिर्वाहे).

अस्तु वात्र......गत्यसम्भवात् **(P. 42, ll. 4-6).** Granting, however, that समासोक्ति may somehow be recognized in the verse 'ऐन्द्रं धनुः', we shall still have to admit एकदेशविवर्तिनी उपमा in such a verse as 'नेत्रैरिव' (cited on X. 24 p. 21 of the text above), as there is no other alternative. The word अन्यगत्यसम्भवात् is to be connected with 'एकदेशविवर्तिन्युपमैवाङ्गीकर्तुमुचिता' above. The particle इव is invariably associated with the Upamāna; so in 'नेत्रैरिव' etc. उत्पल, पद्म and चक्रवाक are compared expressly with नेत्र, मुख and स्तन respectively; अङ्गना, the उपमान of सरःश्री, is not expressed. We cannot construe इव with उत्पल, the Upameya, as आभ was above taken away from its place and construed with ऐन्द्रं धनुः. The worde तुल्य etc. (of which आभ is one) are construed with the Upamāna or Upameya or both; but as said above (on p. 91) इव goes with the Upamāna alone. So in 'नेत्रैरिवोत्पलैः' समासोक्ति is not possible. किं च...स्फुटा. Besides how can समासोक्ति (which consists in the attribution of the behaviour of one thing to another) have room in simile on which (in such examples as दन्तप्रभा etc.) समासोक्ति depends, and in which there is no idea of the attribution of the behaviour of one thing to another? In simile, what is apprehended is that one *thing* is *similar to another thing*; while in समासोक्ति the *behaviour* of one is *attributed to another*. So the two figures are quite distinct and to a certain extent antagonistic. It was said above that 'दन्तप्रभा etc.' is an example of समासोक्ति based upon उपमा. Our author says that if you once admit that there is simile, you cannot in the same breath admit समासोक्ति. 'विशेषणानां सादृश्योपलम्भमहिम्ना विशेष्यस्याप्यध्याहारेण प्रथमत एव सादृश्यप्रतीतिरनुभवसिद्धा तयैव श्रोतुराकांक्षाविरहाद् व्यवहारव्यञ्जनं न भवतीति भावः।' राम०. Compare "'नेत्रैरिव' इत्यत्र सरःश्रियां नायिकात्वप्रतीतिर्न समासोक्त्या। विशेषणसाम्याभावात्। तस्मान्नायिकात्रोपमानत्वेन प्रतीयते न तु सरःश्रीधर्मत्वेन नायिकाप्रतीतिरित्येकदेशविवर्तिन्युपमैवाभ्युपगम्या। गत्यन्तरासम्भवात्।" अलं० स० p. 93.

The author supports his position by a quotation 'व्यवहारो... स्फुटा'. Most printed editions read तन्नौपम्यं समासोक्तिः which is also the reading of राम०. Pramadādāsa, in a foot-note (p. 400), asks us to read तन्नौपम्यसमासोक्तिः. This latter is better, because the context is favourable to it. The author is discussing whether समासोक्ति based upon औपम्यगर्भविशेषण is possible. I we read तन्नौपम्यसमासोक्तिः. the verse will mean that समासोक्ति based on औपम्य (*i. e.* औपम्यगर्भविशेषण) is not possible. If we read तन्नौपम्यं समासोक्तिः' and also तत्त्वमौपम्ये as N does, the meaning will be:—व्यवहारो अथवा तत्त्वम् (स्वरूपं) यत् औपम्ये प्रतीयते तद् औपम्यं समासोक्तिर्न (सा) एकदेशोपमा स्फुटा. As to the other reading, construe यत् (यस्मात्) व्यवहारः अथवा तत्त्वं (रूपकवत्) औपम्येन प्रतीयते तत् (तस्मात्) औपम्यसमासोक्तिः (औपम्यगर्भा) समासोक्तिः न (भवति). That resemblance in which the behaviour or the nature of two things is understood (to be similar) is not समासोक्ति, but it is evidently partial simile. An objection against this is that the word औपम्य is needlessly repeated in the second half. राम० supports this interpretation. B and J read तत्त्वं नौपम्ये. There the meaning would be 'since in उपमा, neither the identical action nor the nature (of the उपमान) is understood (to be attributed to the Upameya), there is no such thing as समासोक्ति (in which this is done) based upon simile but it is evidently एकदेशविवर्तिनी उपमा.' To us this appears better, as it agrees well with the words above 'किं चोपमायां व्यवहारप्रतीतेरभावात् etc.' Some say that in समासोक्ति the nature (रूप) of one is apprehended as identical with that of another. It is, however, generally said that the behaviour of one is represented to be identical with that (व्यवहार) of another. In Upamā one thing is simply understood to be similar to another.

एवं च......नास्या विषय इति (**P. 42, ll. 10-11**). Thus the possibility of a partial simile and partial metaphor being admitted, it follows logically that समासोक्ति is not possible in a सङ्कर (commixture) founded upon the two (Upamā and Rūpaka). So in fact, समासोक्ति does not admit of being sustained by epithets implying comparison. The author said above that विशेषणसाम्य is possible in three ways, श्लिष्टतया, साधारण्येन, औपम्यगर्भत्वेन. The last he divided into three, उपमागर्भ, रूपकगर्भ and उपमारूपक

सङ्करगर्भ. He established above that the first and second of these latter are respectively एकदेशविवर्तिनी उपमा and एकदेशविवर्ति रूपक. He shows here that the third also is not समासोक्ति but purely सङ्कर. So, विशेषणसाम्य as based upon औपम्यगर्भत्व is impossible. So that variety should not be recognised at all. The author, following ancient writers, first said so; but now finally withdraws his words.

विशेषण......बहुप्रकारा समासोक्तिः (P. 42, ll. 12–18). The author now tells us finally that the 3rd variety of समासोक्ति (viz. विशेषणसाम्य, the other two being कार्यसाम्य and लिङ्गसाम्य) is only twofold (and not three-fold as said above), as resting upon Paronomastic or common epithets. समासोक्ति is due to कार्यसाम्य, लिङ्गसाम्य or विशेषणसाम्य; the last is of two kinds. श्लिष्टविशेषण° or साधारणविशेषण°. Thus समासोक्ति has four varieties. In all these four varieties, the essence is the attribution of the behaviour of one thing to another. Compare 'सर्वत्र चात्र व्यवहारसमारोप एव जीवितम्।' अलं° स° p. 89. स च......इति चतुर्धा—सः means व्यवहारसमारोपः. This attribution of the behaviour of one thing to another is again fourfold:—(1) The behaviour of a thing belonging to ordinary life is attributed to another thing of ordinary life; (2) The behaviour of a thing pertaining to some branch of science is attributed to another thing pertaining to science; (3) The behaviour of a लौकिकवस्तु is ascribed to a शास्त्रीयवस्तु; (4) The behaviour of a शास्त्रीयवस्तु is attributed to a लौकिकवस्तु. These four are mentioned by अलं° स° p. 89 and by R. G. p. 384. लौकिकवस्त्वपि...अनेकविधम्. The things belonging to ordinary life may be divided into many classes from the difference of *rasas* etc. which they are capable of developing.

दिङ्मात्रं यथा...एवमन्यत्र (P. 42, ll. 19–24). In the verse 'व्याधूय' etc. occurring above (text p. 40, l. 15) we have an example of (1) the behaviour of a rude lover, a being of ordinary life, being attributed to the Malaya wind, another thing of ordinary life.

यैरेकरूप...मन्ये—This verse is cited in the अलं° स° p. 90, with the remark 'अत्रागमशास्त्रप्रसिद्धे वस्तुनि व्याकरणप्रसिद्धवस्तुसमारोपः. आगम means वेद. Here ईश्वर is addreesed. यैः अखिलासु (सर्वासु) अपि वृत्तिषु (विवर्तेषु; कृत्तद्धितादिषु वृत्तिषु, as said in सि. कौ. 'कृत्तद्धितसमासैकशेषसनाद्यन्तधातुरूपाः पञ्च वृत्तयः। परार्थाभिधानं वृत्तिः') एकरूपं अव्ययं (अविनाशिनं; अव्ययपदवाच्यं च) असंख्यतया प्रवृत्तम् (अनन्तरूपैः परिदृश्यमानम्, संख्याप्रतिपादकाभाववत्त्वेन वर्तमानम्) पश्यद्भिः (औपनिषदैः; बुधैर्वैयाकरणैः) परत्वजुषः (उत्कर्षभाजस्तव; परवर्तिन्याः) विभक्तेः (भेदस्य; स्वादेः तिङादेर्वा according to Pāṇini's sūtra 'विभक्तिश्च' I. 4. 194—सुप्तिङौ विभक्तिसंज्ञौ स्तः। सि. कौ) लोपः कृतः तैः तव लक्षणं ध्रुवमेव कृतं इति मन्ये. 'They, I think, have surely definitely understood Thee, who (they), seeing Thee as the one unchangeable in all phenomena, the imperishable and evolving manifold forms, have lost all notions of difference (quality) in Thee who art the highest.' This is the meaning of the verse as understood with reference to God. We understand the अप्रस्तुत also viz. निपात (a particle like च, इव etc.), through the force of the qualifications एकरूपम्, अव्ययम् etc., although the word निपात is not mentioned. The grammatical meaning would be 'they, I think, have defined thee (properly), (Oh *nipāta*), who, seeing thee same in all connections, called an अव्यय, used without reference to number, omit the application of terminations after thee." Compare Pāṇini's sūtras 'प्राग्रीश्वरान्निपाताः' I. 4. 56; 'चादयोऽसत्त्वे' I. 4. 57 (अद्रव्यार्थाश्चादयो निपातसंज्ञाः स्युः। सि. कौ.); 'प्रादयः' I. 4. 58. (अद्रव्यार्थाः प्रादयस्तथा। सि. कौ.); on अद्रव्याः, the तत्त्वबोधिनी remarks 'लिङ्गसंख्यान्वितं द्रव्यम्.' In the above verse, the properties of a thing (निपातs) known from the science of Grammar are ascribed to the Being (God) known from the Vedas. Many Vedic passages say that the truth about God can be known only from the Vedas; compare 'तं त्वौपनिषदं पुरुषं पृच्छामि' etc. एवमन्यत्र. The author has given examples of two varieties only, viz. लौकिके वस्तुनि लौकिकवस्तुव्यवहारसमारोप and शास्त्रीये शास्त्रीयवस्तुव्यवहारसमारोप. For the examples of the other two, see अलं० स० pp. 90-91 and R. G. pp. 384-5. An example of लौकिके वस्तुनि शास्त्रीयवस्तुव्यवहारसमारोपः (4 above) is परार्थव्यासङ्गादुपजहदथ स्वार्थपरतामभेदैकत्वं यो वहति गुणभूतेषु सततम्। स्वभावाद्यस्यान्तः स्फुरति ललितोदात्तमहिमा समर्थो यो नित्यं स जयतितरां कोऽपि पुरुषः॥ अत्र समर्थसूत्रगतमहाभाष्यार्थस्य (समारोपः)। तत्र हि 'अथ ये वृत्तिं वर्तयन्ति किं त आहुः' इत्यादिना जहत्स्वार्था वृत्तिरजहत्स्वार्था वृत्तिरिति पक्षद्वयं निरूपितम्। तत्रैवोपसर्जनार्थे अभेदैकत्वसंख्यापि ध्वनिता। R. G. p. 384. An example of शास्त्रीये वस्तुनि लौकिकव्यवहारसमारोपः (3 above) is कृत्वा सूत्रैः सुगूढार्थैः प्रकृतेः प्रत्ययं परम्। आगमान्भावयन्भाति वैयाकरणपुङ्गवः॥ अत्र राजव्यवहारस्य। R. G. p. 385.

The reason why this figure is called समासोक्ति is given by Mammaṭa as 'समासेन संक्षेपेण (एकेनैव शब्देन) अर्थद्वयकथनात्', because (one and the same word) briefly conveys two things. 'प्रस्तुताद्वाच्यादप्रस्तुतस्य प्रतीयमानत्वे संक्षेपेणार्थयोः कथनमित्यन्वर्था समासोक्तिः।' एकावली p. 254.

Mammaṭa definess समासोक्ति differently 'परोक्तिर्भेदकैः श्लिष्टैः समासोक्तिः'. There are two points in which Mammaṭa appears to differ from our author. (1) According to Mammaṭa, Paronomastic adjectives are necessary to constitute समासोक्ति, while according to our author Paronomastic adjectives are not necessary. (2) Mammaṭa simply says 'परस्य अप्रस्तुतस्य उक्तिः', he does not intimate that in समासोक्ति, the behaviour of the अप्रस्तुत is attributed to the प्रस्तुत while our author distinctly says so.

रूपके...... भेदः (P. 42, ll. 24–28). The author now proceeds to distinguish समासोक्ति from other figures of speech. रूपके...... इत्याहुः—In रूपक (particularly एकदेशविवर्ति) a thing, which is not the matter in hand, by superimposing its own nature, covers over the nature of the thing, which is the subject in hand; while n समासोक्ति the अप्रकृत, by the attribution of its own condition (to the प्रकृत) distinguishes the प्रकृत from its original condition, without covering its nature. It is therefore that they say that here (*i. e.* in समासोक्ति) there is simply the attribution of the behaviour of the अप्रकृत to the प्रकृत and not the superimposition of the nature of the अप्रकृत on the प्रकृत. The author here appears to refer to the words of the अलं. स. 'विशेषणसाम्याद्धि प्रतीयमानमप्रस्तुतं प्रस्तुतावच्छेदकत्वेन प्रतीयते । अवच्छेदकत्वं च व्यवहारसमारोपो न रूपसमारोपः। रूपसमारोपे त्ववच्छादितत्वेन प्रकृतस्य तद्रूपरूपित्वादेव रूपकम्' । p. 85. जयरथ remarks 'एवं समासोक्तौ व्यहारसमारोपादप्रस्तुतेन प्रस्तुतस्य वैशिष्ट्यलक्षणमवच्छेदकत्वं विधीयते । रूपके तु रूपसमारोपाद्रूपरूपितत्वाख्याच्छादकत्वमित्यनयोर्भेदः ।'. In Rūpaka, as instanced in 'मुखं चन्द्रः', the very nature of the moon (रूप) is superimposed upon the face, without any regard to the mention of common qualifications. There is not merely the attribution of the behaviour of the moon to the face; but rather the face is looked upon as the moon *i. e.* the face is covered over, as it were, by the moon. In समासोक्ति, as instanced in 'ऐन्द्रीमुखं चुम्बति चन्द्रमाः', the nature of the अप्रस्तुत *i. e.* नायक is not superimposed upon चन्द्र, but the behaviour of the *Nāyaka* is attributed to the moon. This attribution of behaviour only results in heightening the beauty of the अप्रस्तुत (it results in the distinguishing of the अप्रस्तुत from its former condition *i. e.* if it be plainly stated). The behaviour of one object cannot properly belong to another. Therefore the attribution of the behaviour of one to another suggests by the invariable concomitance of व्यवहार and its आश्रय, that in which the behaviour rests. The अप्रस्तुत which is thus suggested only distinguishes the प्रस्तुत (but does not cover it), as a crow sitting on a house-top serves to distinguish the house but does not cover it. 'न ह्यन्यधर्मिसम्बन्धिनो धर्माः स्वधार्मेण-

मन्तरेणान्यत्रावतिष्ठन्ते । न ह्यनायके नायकधर्माणामन्वयो युज्यते । अन्यधर्माणामन्यत्रान्वयासम्भवात् । अत एवान्यत्रारोप्यमाणोऽन्यव्यवहारोऽन्यत्र न सम्भवतीति तदविनाभावात्स्वव्यवहारिणमाक्षिपतीत्याक्षिप्यमाणेनाप्रस्तुतेन धर्मिणैव प्रस्तुतो धर्म्यवच्छिद्यते न पुनराच्छाद्यते।' विम० p. 85; 'एवं च समासोक्तौ प्रकृतव्यवहारेऽप्रकृतव्यवहारारोपः । रूपके तु विशेष्ये प्रकृतेऽप्रकृतरूपारोपः।' उद्द्योत p. 43; 'तस्माद्विशेषणसाम्यमहिम्ना प्रतीतोऽप्रकृतवाक्यार्थः स्वानुगुणं नायिकादिमर्थमाक्षिप्य तेन परिपूर्णविशिष्टशरीरः प्रकृतवाक्यार्थे स्वावयवतादात्म्यापन्नतदवयवोऽभेदेनावतिष्ठते ।...अत्र चाप्रकृतार्थस्य पृथक्शब्दानुपादानाद्रूपकाद्वाक्यार्थसम्बन्धिनो वैलक्षण्यं पदार्थरूपकात्तु स्फुटमेव ।' R. G. p. 371; 'समासोक्तौ हि प्रकृतवृत्तान्तोऽप्रकृतवृत्तान्ताभेदेन स्थित इति सर्वसंमतम्' R. G. p. 483. उपमाध्वनौ......शेषणमात्रस्य—In the suggestion of simile and in अर्थश्लेष, there is sameness of the विशेष्य (the thing qualified) also; while in समासोक्ति, there is sameness of the attributes alone. उपमाध्वनि occurs when the sentence as a whole suggests a comparison as the principal meaning, as remarked by R. G. 'एषैव च यदा सकलेन वाक्येन प्राधान्येन ध्वन्यते तदा परिहृतालङ्कारभावा ध्वनिव्यपदेशहेतुः।' p. 185. An example of उपमाध्वनि is 'अविरलविगलद्दानोदकधारासारसिक्तधरणितलः । धनदाग्रमहितमूर्तिर्जयतितरां सार्वभौमोऽयम् ॥' on which Nāgojībhaṭṭa comments 'अयं राजा सार्वभौमः सर्वभूमीश्वरः । उदग्दिग्गजश्च ।... धनदातॄणामग्रे पूजितमूर्तिः। कुबेराग्रे पूजितमूर्तिश्च' R. G. p. 185. Here दान in the first line means 'gift' or 'the fluid issuing from an elephant's temples'. Here the word सार्वभौमः means a sovereign and the दिग्गज of that name. A comparison between the two is suggested. The विशेष्य 'सार्वभौम' is the same (and not only the विशेषणs 'अविरल' etc.). अर्थश्लेष will be treated of below. The com. विज्ञप्रिया says we should read उपमाध्वनौ श्लेषेण विशे०. R. G., after defining समासोक्ति as 'यत्र प्रस्तुतधर्मिको व्यवहारः साधारणविशेषणमात्रोपस्थापिताप्रस्तुतधर्मिकव्यवहाराभेदेन भासते सा समासोक्तिः', says about the insertion of मात्र after विशेषण "शब्दशक्तिमूलध्वनिवारणाय मात्रेति । तत्र (as exemplified in अविरल etc. above) विशेष्यस्यापि श्लिष्टतया प्रकृतेतरधर्म्युपस्थापनद्वारा तादृशधर्मिकव्यवहारोपस्थापकत्वात्" R. G. p. 367. अप्रस्तुत......भेदः—अप्रस्तुतप्रशंसा will be defined below; in that figure, it is the प्रस्तुत that is implied from the mention of the अप्रस्तुत, while in समासोक्ति, it is the अप्रस्तुत that is implied. Compare 'गम्यत्वं प्रस्तुतनिष्ठमप्रस्तुतप्रशंसाविषयः । अप्रस्तुतनिष्ठं तु समासोक्तिविषयः।' अलं. स. pp. 84-85.

Some examples of समासोक्ति are 'उपोढरागेण विलोलतारकं तथा गृहीतं शशिना निशामुखम् । यथा समस्तं तिमिरांशुकं तया पुरोपि रागाद्गलितं न लक्षितम् ॥' quoted in the ध्वन्यालोक I, p. 35; 'उत्सङ्गे तव गङ्गे पायं पायं पयोऽतिमधुरतरम् । शमिताखिलश्रमभरः कथय कदाहं चिराय शयिताहे ॥' R. G. p. 377 (अत्र शिशुजननीवृत्तान्ताभेदेन स्थितः प्रकृतवृत्तान्तः).

23 परिकर (Insinuator, the significant).

A speech with a number of significant epithets is the figure called परिकर. The plural विशेषणैः in the definition implies that there must be many significant epithets to constitute the figure. The example is अङ्गराज etc. It occurs in the Veṇīsaṁhāra ((III). These words were addressed by Aśvatthāman to Karṇa (who had ridiculed Droṇa and also his son) when दुःशासन was about to be killed by Bhīma. Each word is significant; "You are a king; you must be able to protect the whole country; let me see whether you can save your own brother" etc. 'तथा च राज्ञो जगद्रक्षितव्यमस्य पुनरनुजमात्ररक्षणासिद्धेरन्यदेव नाममात्रेण राजत्वमित्युपहासपरत्वम् ।' विम॰. p. 95. In this figure the adjectives are साभिप्राय *i. e.* suggest a sense which is striking and serve to bring the expressed meaning into prominence. The suggested sense is not the prominent one; it is subordinate to the expressed sense. Therefore this figure is properly so called, because in it the suggested sense is dependent on the expressed sense. 'विशेषणानां साभिप्रायत्वं प्रतीयमानार्थगर्भीकारः । अत एवं प्रसन्नगम्भीरपदत्वान्नायं ध्वनेर्विषयः । एवं च प्रतीयमानांशस्य वाच्योन्मुखत्वात् परिकर इति सार्थकं नाम ।' अलं. स. p. 84. (परिकरः पर्यङ्कपरिवारयोः ॥ अमर॰ III. 3. 165).

There is a difference of opinion among rhetoricians in connection with this figure. Mammaṭa, Sarvasva, the Vimarśinī, Ekāvalī, our author hold that to constitute this figure there must be many significant epithets; one would not suffice. On the other hand Pradīpa, Uddyota and Jagannātha hold that even one significant epithet would constitute this figure. Compare for the former view the following:— 'विशेषणैर्यत्साकूतैरुक्तिः परिकरस्तु सः' K. P. X; यद्यप्यपुष्टार्थस्य दोषताभिधानात्तन्निराकरणेन पुष्टार्थस्वीकारः कृतः, तथाप्येकनिष्ठत्वेन बहूनां विशेषणानामेवमुपन्यासे वैचित्र्यमित्यलङ्कारमध्ये गणितः' वृत्ति in K. P.; 'विशेषणानां चात्र बहुत्वमेव विवक्षितम् । अन्यथा ह्यपुष्टार्थस्य दोषत्वाभिधानात्तन्निराकरणेन स्वीकृतस्य पुष्टार्थस्यायं विषयः स्यात् । एवमेवंविधानेकविशेषणोपन्यासद्वारेण वैचित्र्यातिशयः सम्भवतीत्यस्यालङ्कारत्वम् । विम॰ p. 94. They mean:—Epithets that do not nourish the meaning are said to be अपुष्ट; अपुष्ट is a fault. An example of it is 'विलोक्य वितते व्योम्नि विधुं मुञ्च रुषं प्रिये'; here the word वितत does not serve to nourish the sense of the passage, which is the removal of wounded pride. From this it naturally follows that the epithet employed must be significant and thus the employment of significant epithets is not an *alaṅkāra,* but only the absence of a fault. Mammaṭa replies to this argument that, although this is so, the fact that many epithets qualifying one noun are used gives rise to a special charm, which is called परिकर. So, according to Mammaṭa and others of the same school, the charm lies in the *number* of significant epithets. Those who hold the other view say:—the presence of even a single significant epithet would constitute this figure, that freedom from the fault called अपुष्टार्थत्व may be brought about by not employing epithets at all, that therefore परिकर is not the same as the absence of अपुष्टार्थदोष and that a distinct charm is perceived from a single significant epithet. "तादृशैकविशेषणोपन्यासेऽपि अलङ्कारत्वमुचितम् । अपुष्टार्थत्वविरहस्य निर्विशेषणतयाऽप्युपपत्तेरर्थसिद्धत्वाभावाद्वैचित्र्यस्य चानुभवसिद्धत्वात् ।' प्रदीप; "ननु निष्प्रयोजनविशेषणोपादानेऽपुष्टार्थदोषस्योक्तत्वात्सप्रयोजनविशेषणं दोषाभावमात्रं कष्टत्वाद्यभाववद्भवितुमर्हति, न त्वलङ्कार इति। अत्र विमर्शिनीकारादय आहुः-'विशेषणानां बहुत्वमत्र विवक्षितम् । साभिप्रायविशेषणगतबहुत्वकृत एव चात्र वैचित्र्यातिशयः । एकविशेषणं तु दोषाभावमात्रस्यावकाशः।' इति। तदसत्। विशेषणानेकत्वं हि व्यंग्याधिक्याधायकत्वाद्वैचित्र्यविशेषाधायकमस्तु नाम। न तु प्रकृतालङ्कारशरीरमेव तदिति शक्यं वक्तुम्। 'वीचिक्षालितकालियाहितपदे'* इति प्रागुक्ते एकस्यैव विशेषणस्य चमत्कारिताया अनपह्नवनीयत्वात्। 'अयि लावण्यजलाशय तस्या हा हन्त मीननयनायाः। दूरस्थे त्वयि किं वा कथयामो विस्तरेणालम् ॥' अत्रैकैकविशेषणमात्रेणैव सकलवाक्यार्थसञ्जीवनाच्च।" R. G. p. 387; "यथा नित्ये संध्यावन्दनादौ दोषाभावस्याङ्गवैकल्येऽपि सिद्धौ साङ्गतत्करणं फलातिशयायैव, तथा दोषाभावस्य विशेषणानुपादानेऽपि सम्भवेन साभिप्रायैकविशेषणनिबन्धनश्चमत्कारो दुरपह्नव इति भावः। किं च 'सुधांशुकलितोत्तंसस्तापं हरतु वः शिवः' इत्यादौ यत्र सुधांशुकलितोत्तंस इति विशेषणाभावेऽपि तापहरणसामर्थ्यस्य सामर्थ्यातिशयेनाप्युपपत्तेस्तद्विशेषणानुपादानेऽपि न क्षतिस्तत्र तद्विशेषणोपादानमधिकचमत्कारायैवेति बोध्यम्।" उद्द्योत p. 108.

Some writers, like विद्याधर (author of एकावली) and Appayadīkshita speak of a figure called परिकराङ्कुर, which occurs when the विशेष्य is significant and not the विशेषणs. An example is 'चतुर्णां पुरुषार्थानां दाता देवश्चतुर्भुजः।'. Here the विशेष्य, चतुर्भुज (विष्णु), is significant as it suggests the power of God to give the four objects of human life (with his four hands as it were). Most writers on the अलङ्कारशास्त्र, however, do not speak of परिकराङ्कुर. Uddyota remarks that the word विशेषणैः in the definition of परिकर is to be taken as comprehending विशेष्य also and therefore परिकराङ्कुर is not a separate figure. "अत्र विशेषणैरित्युपलक्षणं विशेष्यस्यापि।

---

* 'वीचिक्षालितकालियाहितपदे स्वर्लोककल्लोलिनि त्वं तापं तिरयाधुना भवभयव्यालावलीढात्मनः ॥'. This is the latter half of a verse quoted in R. G. p. 386 under परिकर.

तेन साभिप्राये विशेष्येऽप्ययम् । यथा 'चतुर्णां' इत्यत्र । अत्र चतुर्भुज इति विशेष्यं पुरुषार्थचतुष्टयदानसामर्थ्याभिप्रायगर्भम् । बाहुलकलभ्यकर्मल्युडन्तकरणल्युडन्तविशेषणशब्दयोरेकशेषो वा । उक्तिरित्यस्यार्थकथनमित्येवार्थः । एतेन 'साभिप्राये विशेष्ये परिकराङ्कुरनामा भिन्नोलङ्कारः' इत्यपास्तम् ।" उद्द्योत p. 108.

A good example of परिकर is 'तव **प्रसादात्कुसुमायुधोऽपि** सहायमेकं मधुनेव लब्ध्वा । कुर्यां हरस्यापि **पिनाकपाणेर्**धैर्यच्युतिं के मम धन्विनोऽन्ये ॥' कुमारसं० III.

24 श्लेष (Paronomasia).

The expression of more than one meaning by words naturally bearing one signification is callea श्लेष. The words 'naturally bearing one signification' serve to distinguish this figure (अर्थश्लेष) from शब्दश्लेष; and the word 'expression' serves to distinguish this figure from ध्वनि (suggestive Poetry). We shall explain this below. An example of अर्थश्लेष is 'प्रवर्तयन् etc.' (p. 43, ll. 4-5). विभाकर: the sun, or a king so called. प्रवर्तयन् क्रियाः साध्वीः occasioning the performance of good actions (the sun and the king both do this). मालिन्यं...हरन् dispelling the gloom of the quarters (the sun by lustre, and the king by his spotless fame). भूयसा महसा दीप्तः brilliant with excessive glory (both the sun and the king are brilliant). In this verse as there is no such determining element as प्रकरण (context) etc. both the king and the sun are expressly meant. We have seen above (परिच्छेद II. text p. 13) that संयोग etc. determine the sense of a word capable of many significations. Here there is no such determining element; therefore the word विभाकर is used to express both the king and the sun; both of them are the subject of description (प्राकरणिक). We cannot say that one is प्रस्तुत and the other अप्रस्तुत. Both are intended to be expressed. The words क्रियाः प्रवर्तयन्, मालिन्यं हरन्, महसा दीप्तः are applicable both to the king and the sun and even if we substitute such words as कर्माणि. श्यामतां, तेजसा for क्रियाः, मालिन्यं and महसा respectively, the figure will still be the same. It must be remarked that in the word विभाकर there is शब्दश्लेष and not अर्थश्लेष, as, if we substitute another word for विभाकर such as प्रभाकर, it will not apply to the king. So in this example both शब्दश्लेष and अर्थश्लेष are combined; it is not an example of pure अर्थश्लेष. 'नन्वेवं शब्दश्लेष एवायं विभाकरपदस्य राजसूर्योभयवाचकत्वादिति चेत्, सङ्कीर्णमेवेदमुदाहरणम् ।' राम०.

It was said above that this figure is to be distinguished from शब्दश्लेष. श्लेष is of two kinds, शब्दश्लेष and अर्थश्लेष. शब्दश्लेष is, according to our author, of three kinds, सभङ्गश्लेष, अभङ्गश्लेष,

and उभयात्मक (*i. e.* both सभङ्ग and अभङ्ग). Vide साहित्यदर्पण x. 12. An example of all the three varieties of शब्दश्लेष is: येन ध्वस्तमनोभवेन बलिजित्कायः पुरास्त्रीकृतो यश्चोद्वृत्तभुजङ्गहारवलयो गङ्गां च योऽधारयत्। यस्याहुः शशिमच्छिरोहर इति स्तुत्यं च नामामराः पायात्स स्वयमन्धकक्षयकरस्त्वां सर्वदोमाधवः॥ q. in the ध्वन्यालोक (p. 95) and अलं. स. p. 96. In this verse, both Vishṇu (माधवः) and Śiva (उमाधवः) are addressed. लोचन comments on this:—येन ध्वस्तं बालक्रीडायाम् अनः शकटम्। अभवेन अजेन सता (*i. e.* the word ध्वस्तमनोभवेन is to be split up into ध्वस्तम् अनः अभवेन) बलिनो दानवान्यो जयति तादृग्येन कायः वपुः पुरामृतहरणकाले (स्त्रीकृतः) स्त्रीत्वं प्रापितः। यश्चोद्वृत्तं समदं कालियाख्यं भुजङ्गं हतवान् (the word ends with भुजङ्गहा, nom. singular of भुजङ्गहन्) रवे शब्दे लयो यस्य 'अकारो विष्णुः' इत्युक्तेः। यश्च अगं गोवर्धनपर्वतं गां च भूमिं पातालगतामधारयत् (*i. e.* we have to suppose that there is an अवग्रह after वलयो)। यस्य च नाम स्तुत्यमृषय आहुः। किं तत् शशिनं मथ्नातीति क्विप् (*i. e.* we get शशिमथ् meaning राहुः) तस्य शिरोहरः मूर्धापहारकः। स त्वां माधवः विष्णुः सर्वदः (सर्वं ददातीति) पायात् (अवतु)। कीदृक्। अन्धकनाम्नां (a clan of the Yādavas) जनानां येन क्षयो निवासो द्वारकायां कृतः। यद्वा मौसले इषीकाभिस्तेषां क्षयो विनाशो येन कृतः।. This is the meaning when Vishṇu is meant to be addressed. The second meaning, when शिव is meant to be addressed, is given by लोचन (pp. 95–96) as follows:—येन (ध्वस्तमनोभवेन) ध्वस्तकामेन सता बलिजितः विष्णोः कायः पुरा त्रिपुरनिर्दहनावसरे अस्त्रीकृतः शरत्वं नीतः उद्वृत्ता भुजङ्गा एव हारवलयाश्च यस्य। गङ्गां मन्दाकिनीं च योऽधारयत्। यस्य च ऋषयः (we have अमराः; लोचन appears to read नामर्षयः for नामामराः) शशिमत् चन्द्रयुक्तं शिर आहुः। हर इति च नाम स्तुत्यमाहुः। स भगवान् स्वयमेवान्धकासुरस्य विनाशकारी त्वां सर्वदा सर्वकालम् उमाया धवो वल्लभः पायादिति।. In the above verse, in ध्वस्तमनोभवेन etc. there is सभङ्गश्लेष, because the expressions have to be differently split up in each connection (once as ध्वस्तम् अनः अभवेन, and then as ध्वस्तः मनोभवः येन तेन). If we substitute for मनोभव the word मदन, the second sense will vanish altogether; ध्वस्तमदनेन will not yield the second sense yielded by ध्वस्तमनोभवेन (ध्वस्तम् अनः etc.). So here the particular word employed is the most important thing. In अन्धकक्षयकरः there is अभङ्गश्लेष, as the expression is not split up differently, but in the same way (अन्धक + क्षय); the only thing note-worthy being that here also the particular word employed is the most prominent thing. We cannot substitute another word for अन्धक or क्षय. If we do so, we shall get only one sense. As both सभङ्गश्लेष and अभङ्गश्लेष are exemplified in the same verse, it is also an example of उभयात्मकश्लेष. All these three varieties are called शब्दश्लेष, because here everything depends upon the particular word employed. The determining element in calling a figure as belonging to शब्द or अर्थ is अन्वयव्यतिरेक. If an *alaṅkāra* occurs only when a particular word is present, and disappears when that word is not employed, (but a synonymous word is employed) it is an *alaṅkāra* of शब्द. In all the three above-mentioned varieties of शब्दश्लेष, the particular word employed was necessary for the figure, which would disappear if other words were used (as shown above). But in अर्थश्लेष, as instanced in 'प्रवर्तयन् etc.' even if we substitute synonymous words for क्रिया, मालिन्य etc., the figure will still persist *i.e.* this figure does not depend upon the particular words employed, but upon the sense. Hence is it that the words स्वभावादेकार्थैः distinguish this figure from शब्दश्लेष.

On this point there is a great divergence of opinion among the different writers on Rhetoric. (I) Udbhaṭa speaks of श्लेष (he calls it श्लिष्ट) as an अर्थालङ्कार only. He then divides it into two, अर्थश्लेष and शब्दश्लेष, which correspond respectively to our author's अभङ्ग० and सभङ्गश्लेष. An example of the two is 'स्वयं च पल्लवाताम्रभास्वत्करविराजिनी । प्रभातसंध्येवास्वापफललुब्धे हितप्रदा ॥' उद्भट IV. 26 ('न केवलं स्वामिसापेक्षतयैव फलप्रदा गौरी किंतु स्वयं च स्वयमपि अस्वापे दुष्प्रापे फले लुब्धानामिष्टप्रदेत्यर्थः । केव प्रभातसंध्येव । कीदृशी । पल्लवाताम्रौ पल्लवारुणौ भास्वन्तौ कान्तियुतौ करौ हस्तौ ताभ्यां विराजिता शोभिता । संध्या तु तादृशैर्भास्वतः सूर्यस्य करैः किरणैर्विराजिता तथा अस्वापः तदानीं निद्राऽभावः तत्फलं लक्ष्मीलाभः तत्र लुब्धे जने हितप्रदा ।' उ. च. pp. 351–52. प्रतीहारेन्दुराज (p. 53) explains differently 'न केवलं त्वं हिमाद्रेरेवंविधस्य सुता यावत् स्वयं चैवंप्रकारेति चशब्दः'. In this verse, there is अर्थश्लेष (*i. e.* अभङ्गश्लेष of our author) in the first half and शब्दश्लेष (*i. e.* सभङ्गश्लेष) in the 2nd. (II) The views of Mammaṭa and our author coincide. They say that what is called अर्थश्लेष by Udbhaṭa is really शब्दश्लेष and that there is contradiction in saying (as Udbhaṭa does) that श्लेष is an अर्थालङ्कार and yet dividing it into two varieties called शब्दश्लेष and अर्थश्लेष. 'ननु स्वरितादिगुणभेदात् भिन्नप्रयत्नोच्चार्याणां, तदभावादभिन्नप्रयत्नोच्चार्याणां च शब्दानां बन्धेऽलङ्कारान्तरप्रतिभोत्पत्तिः शब्दश्लेषोऽर्थश्लेषश्चेति द्विविधोऽप्यर्थालङ्कारमध्ये परिगणितोऽन्यैरिति कथमयं शब्दालङ्कारः । उच्यते । इह दोषगुणालङ्काराणां शब्दार्थगतत्वेन यो विभागः सः अन्वयव्यतिरेकाभ्यामेव व्यवतिष्ठते । तथाहि कष्टत्वादिगाढत्वाद्यनुप्रासादयः व्यर्थत्वादिप्रौढ्याद्युपमादयस्तद्भावतदभावानुविधायित्वादेव शब्दार्थगतत्वेन व्यवस्थाप्यन्ते । 'स्वयं च पल्लवाताम्र' इति अभङ्गः, 'प्रभातसंध्येव' इति सभङ्गः, इति द्वावपि शब्दैकसमाश्रयाविति द्वयोरपि शब्दश्लेषत्वमुपपन्नम्, न त्वाद्यस्यार्थश्लेषत्वम् । अर्थश्लेषस्य तु स विषयो यत्र शब्दपरिवर्तनेऽपि न श्लेषत्वखण्डना । यथा-स्तोकेनोन्नतिमायाति स्तोकेनायात्यधोगतिम् । अहो सुसदृशी वृत्तिस्तुलाकोटेः खलस्य च ॥" K. P. IX. Ul. pp. 516–520 (Vā); "शब्दश्लेष इति चोच्यते अर्थालङ्कारमध्ये च लक्ष्यते (यथा उद्भटेन) इति कोऽयं नयः" K. P. IX. Ul. p. 527. In this passage Mammaṭa clearly enunciates the difference between शब्दश्लेष and अर्थश्लेष.

The former is शब्दपरिवृत्त्यसह (*i. e.* incapable of enduring a change of words), while the latter is शब्दपरिवृत्तिसह (capable of enduring a change of wores). (III) The अलं. स. treats of श्लेष among the अर्थालङ्कारs just as Udbhaṭa does. He then divides it into three varieties (and not two as उद्भट does), viz. शब्दश्लेष, अर्थश्लेष and उभयश्लेष. The former occurs when the same expression, being differently split up, yields two meanings. Here the words are really different, as would be indicated by the difference of the accent in them such as स्वरित etc. and the effort that would be required in pronouncing them. They present the appearance of being one as lacquered wood appears to be one single thing, though really lac is put upon wooden parts. अर्थश्लेष occurs where the expression is the same and has the same accent etc., but has two meanings, just as two fruits hang down from a single stem (as in अन्धकक्षय above). उभयश्लेष is that where both these varieties occur. "एष च शब्दार्थोभयगतत्वेन वर्तमानत्वात् त्रिविधः। तत्रोदात्तादिस्वरभेदात्प्रयत्नभेदाच्च शब्दाश्रयत्वे शब्दश्लेषः। यत्र प्रायेण पदभङ्गो भवति। अर्थश्लेषस्तु यत्र स्वरादिभेदो नास्ति। अत एव तत्र न सभङ्गपदत्वम्। सङ्कलनया तूभयश्लेषः।" अलं. स. p. 96. All these three views are very clearly and concisely put forward by R. G. "सोऽयं श्लेषः सभङ्गोऽभङ्गश्चार्थालङ्कार एवेत्यौद्भटाः। (२) उभावप्येतौ शब्दालङ्कारौ। शब्दस्य परिवृत्त्यसहत्वादन्वयव्यतिरेकाभ्यां तदाश्रितत्वावधारणात्। तृतीयस्त्वर्थालङ्कारः। अर्थमात्राश्रितत्वात्। इति मम्मटभट्टाः। (२) अन्वयव्यतिरेकाभ्यां हि हेतुत्वावगमो घटं प्रति दण्डादेरिवास्तु। न त्वाश्रयत्वावगमः (This is an attack on Mammaṭa)। स तु पुनस्तद्वृत्तित्ववशानाधीनः। इह हि सभङ्गश्लेषस्य शब्दद्वयवृत्तित्वं जतुकाष्ठन्यायेन, अभङ्गस्य चार्थद्वयवृत्तित्वमेकवृन्तगतफलद्वयवच्च स्फुटमेवेत्येकस्य शब्दालङ्कारत्वमपरस्यार्थालङ्कारत्वम्......इत्यलङ्कारसर्वस्वकारादयः।" R. G. pp. 401-402.

वाचनं इति च ध्वनेः—We have now to distinguish between श्लेष and शब्दशक्तिमूलध्वनि. In श्लेष both the विशेषण and the विशेष्य are श्लिष्ट (Paronomastic). In ध्वनि (शब्दशक्तिमूल) also, they are श्लिष्ट (as exemplified in दुर्गालङ्घितविग्रहः in the 2nd Pari.). But the difference between them is:—In श्लेष, the विशेष्यs are both प्राकरणिक or अप्राकरणिक; while in ध्वनि, only one topic is प्राकरणिक, the expressive power of the words being limited by the context etc.; but another अप्रस्तुत meaning is suggested, after the प्राकरणिक meaning is understood, by the force of the double-meaning expressions. In प्रवर्तयन् क्रियाः (example of अर्थश्लेष), there is nothing to tell us that only the king or the sun is the subject of description. Both may be प्रकृत or both may be अप्रकृत. But in 'दुर्गालङ्घितविग्रहो' etc., from the context we know that the प्रस्तुत is the king, who was the husband of queen Umā; while by the power of suggestion, another meaning, viz. the description of Śiva (who is अप्रस्तुत) is conveyed. An example of शब्दशक्तिमूलध्वनि given by Ānanda vardhana is 'उन्नतः प्रोल्लसद्धारः कालागुरुमलीमसः । पयोधरभरस्तस्याः कं न चक्रेऽभिलाषिणम् ॥' (उन्नतः महान् उच्चतरश्च; प्रोल्लसन् हारः यस्मिन्, प्रोल्लसन्ती धारा यस्मिन् कालागुरुणा मलीमसः श्यामः, कालागुरुवत् मलीमसः: पयोधरः स्तनो मेघश्च). Here the subject of description is the breast. The words also suggest the description of a cloud. But this has nothing to do with the subject of description. So the ultimate meaning that is conveyed is the idea that the breast is similar to the cloud. प्रदीप puts the difference between श्लेष and शब्दशक्तिमूलध्वनि as "यत्रोभयोस्तात्पर्यं स श्लेषः । यत्र त्वेकस्मिन्नेव तत्, सामग्रीमहिम्ना तु द्वितीयार्थप्रतीतिः सा व्यञ्जनेति ।" p. 56 (Nir.); 'विशेष्यविशेषणसाम्येन पुनर्यत्र प्रकरणादिना प्रकृतार्थे एव शृङ्खलितायामभिधायामप्रकृतार्थाभिधानाय सामर्थ्यविधुरत्वेपि शब्दस्याप्रकृतार्थोपि प्रतीतिसरणिमनुसरति तत्र शब्दशक्तिमूलानुरणनरूपव्यंग्यो ध्वनिः ।" एका० p. 261; "यत्र तु प्रकृताप्रकृतोभयविशेष्ययोरपि श्लिष्टपदोपात्तत्वं स तु ध्वनेर्विषयः ॥" R. G. p. 396. The difference between श्लेष and समासोक्ति is as follows:—in the former, both the विशेषणs and विशेष्यs are श्लिष्ट; while in समासोक्ति only the विशेषणs may be श्लिष्ट. Besides, in श्लेष, the two objects are either both प्रकृत or both अप्रकृत; while in समासोक्ति one is प्रकृत and the other अप्रस्तुत. "केवलविशेषणसाम्यं समासोक्तावुक्तं विशेष्ययुक्तविशेषणसाम्यं त्वधिकृत्येदमुच्यते ।" अलं. स. p. 95; नायं समासोक्तिः, विशेषणमात्रसाम्यस्य तां प्रति प्रयोजकत्वात् । विशेष्यविशेषणसाम्यमधिकृत्य चास्य (श्लेषस्य) प्रवृत्तत्वात् ।" एका० p. 259; "यत्र तु न विशेष्ये श्लेषः, नापि द्वितीयार्थोपस्थितिं विनाऽन्वयानुपपत्तिः, तत्र प्रस्तुतान्वयबोधोत्तरं विशेषणश्लेषमात्रमाहात्म्येन अप्रस्तुतवृत्तान्ते उपस्थिते व्यञ्जनया तदभिन्नप्रस्तुतवृत्तान्तारोपः प्रकृते तत्र समासोक्तिः ।' उद्योत p. 72.

There is another point in connection with श्लेष on which also a fierce controversy has been carried on. We have seen above that श्लेष is at the root of many figures *e. g.* रूपक, समासोक्ति etc. The question arises whether श्लेष should be regarded as stronger than any of these (and thus dispelling the notion of these figures), or (2) as being equally powerful and therefore entering into combination with other figures, or (3) as being weaker and therefore not prominent where other figures occur "अयं चालङ्कारः प्रायेणालङ्कारान्तरस्य विषयमभिनिविशते तत्र किमस्य बाधकत्वं स्यादाहोस्वित्सङ्कीर्णत्वमुताहो बाध्यत्वमिति ।" R. G. p. 393. Considerations of space and utility prevent us from discussing at length these three views. The curious reader is referred to the K. P. IX. Ul. pp. 516–527 (Vā), the Alaṅkārasarvasva p. 97 ff,

R. G. 393-396. The first view mentioned above is that of उद्भट, who says that श्लेष is more powerful than any other figure, that when it is present, there is merely the appearance of another figure (like उपमा) and that the real figure in such verses (where उपमा etc. and श्लेष appear to be combined) is श्लेष and not the former. His words are "एकप्रयत्नोच्चार्याणां तच्छायां चैव बिभ्रताम्। स्वरितादिगुणैर्भिन्नैर्बन्धः श्लिष्टमिहोच्यते॥ **अलङ्कारान्तरगतां प्रतिभां जनयत्पदैः। द्विविधैरर्थशब्दोक्तिविशिष्टं तत्प्रतीयताम्॥**" उद्भट IV. 24-25. The second is the view of Mammaṭa, Sarvasva, Jagannātha and almost all writers on Rhetoric. The अलं. स. briefly puts all the three views "एष च नाप्राप्तेषु अलङ्कारान्तरेष्वारभ्यमाणस्तद्बाधकत्वेन तत्प्रतिभोत्पत्तिहेतुरिति केचित्। (2) 'येन ध्वस्तमनोभवेन बलिजित्कायः पुरास्त्रीकृतः' इत्यादौ विविक्तोऽस्य विषय इति निरवकाशत्वाभावान्नान्यबाधकत्वमित्यन्यैः सह सङ्करः। (3) दुर्बलत्वाभावान्नान्यबाध्यत्वमित्यन्ये (दुर्बलत्वान्नान्यबाधकत्वमित्यन्ये?)।" p. 97. "अत्राहुरुद्भटाचार्याः—'येन नाप्राप्ते य आरभ्यते स तस्य बाधकः' इति न्यायेनालङ्कारान्तरविषयः एवायमारभ्यमाणोऽलङ्कारान्तरं बाधते। न चास्य विविक्तः कश्चिदस्ति विषयो यत्र सावकाशो नान्यं बाधेत।......'नदीनां सम्पदं बिभ्रद्राजायं सागरो यथा' इत्यादौ उपमादीनां प्रतिभानमात्रं न तु वास्तवा स्थितिः।...तस्मादुपमादिप्रतिभोत्पत्तिहेतुः श्लेष एव स्वविषये सर्वत्रालङ्कारः इति। (2) एतच्चापरे न क्षमन्ते:।......श्लेषस्य नापवादकत्वं सङ्कीर्णत्वं तु स्यात्।...... (3) अलङ्कारान्तरोपस्कारकतया स्थितः श्लेषः कथङ्कारं स्वगृहस्थ इव श्लेषालङ्कारव्यपदेशं वोढुमीष्टामिति बाध्यप्राय एव—इत्याहुः" R. G. pp. 393-396.

About श्लेष Jagannātha says that it enters into combination with many figures and produces ever fresh charms in poetry. 'अयं चोपमेव स्वतन्त्रोऽपि तत्र तत्र सकलालङ्कारानुग्राहकतया स्थितः सरस्वत्या नवं नवं सौभाग्यभावहन्नानाविधेषु लक्ष्येषु सहृदयैर्विभावनीय इति।' R. G. p. 402. Similarly, Daṇḍin says श्लेषः सर्वासु पुष्णाति प्रायो वक्रोक्तिषु श्रियम्। भिन्नं द्विधा स्वभावोक्तिर्वक्रोक्तिश्चेति वाङ्मयम्'॥ K. D. II. 363.

25 अप्रस्तुतप्रशंसा (Indirect Description).

When (1) a particular from a general, (2) a general from a particular, or (3) a cause from an effect, or (4) an effect from a cause, or (5) a thing similar from what resembles it, is understood, each of the former being in question and the latter not so, it is अप्रस्तुतप्रशंसा, which is thus five-fold. The word प्रस्तुत in कारिका 59 (latter half) is to be connected with five words viz. विशेषः, सामान्यं, निमित्तं, कार्यं and समं and अप्रस्तुतात् is to be connected with the five words in the ablative viz. सामान्यात्, विशेषतः, कार्यात्, हेतोः, समात्.

क्रमेणोदाहरणम्...सामान्यमभिहितम् (**P. 43, ll. 11-14**). पादाहतं... रजः—This is Śiśu. II. 46. यत् (रजः) पादाहतं (सत्) उत्थाय मूर्धानमधिरोहति तद् रजः अपमानेऽपि स्वस्थात् (अक्षुब्धात्) देहिनः (नरात्) वरम्. Here, the topic in question is that even the dust is better than ourselves; *i. e.* it is a particular one, as referring to the speaker; but the general expression, 'man' is used here, instead of the particular one 'ourselves'. This verse is addresed by बलराम to कृष्ण.

स्रगियं......विषमीश्वरेच्छया—This is Raghu. VIII. 46. This is part of Aja's lamentation on the death of his queen caused by the fall of a garland. Here what is intended to be expressed is the general proposition that a thing which is ordinarily hurtful may work good and a thing which is ordinarily beneficial may do evil. This general proposition being प्रकृत the author speaks of only a particular example, viz. poison and nectar. Thus, there is the figure called अर्थान्तरन्यास founded on अप्रस्तुतप्रशंसा In अर्थान्तरन्यास a general proposition is supported by a particular instance or particular instances are supported by genaral propositions. In the above verse, Aja at first asks the question why the garland which killed his beloved does not kill him. He himself answers the question by a general proposition that a thing ordinarily beneficial may be sometimes hurtful (as the garland proved to be in the case of his wife). Therefore there is अर्थान्तरन्यास. But instead of laying down the general proposition, which was प्रकृत, he cites a particular case. Therefore there is अप्रस्तुतप्रशंसा. It might be said against this that the figure is दृष्टान्त, since विष acting rarely as nectar or nectar as poison is exactly paralled to (प्रतिबिम्बनम्) the garland, which is generally beneficial, killing the queen. Our author declares that this is not दृष्टान्त; because in दृष्टान्त a well-known object alone is taken as the type (प्रतिबिम्ब), as instanced in अविदितगुणापि etc. above. But in this verse दृष्टान्त is not possible, because the fact of poison and nectar turning into nectar and poison respectively is not well-known. तस्य in l. 20 refers to दृष्टान्तस्य.

इन्दुर्लिप्त......प्रतीयते (P. 43, ll. 21-26). इन्दुर्लिप्त......सगर्हा इव. This occurs in अलं. स. p. 105 in the same connection. For विद्रुमदलं we read there विद्रुमरुचिः and for कलया च we have कलयामि. सीतायाः पुरतः—These words are to be construed with every clause. In the presence of Sītā, the moon is, as it were, besmeared with lamp-black. जडिता motionless. प्रम्लानारुणिम इव विद्रुमदलम्—प्रम्लानः अरुणिमा यस्य तत्—The redness of the leaf-like coral appears to fade. The reading कलयामि (I think) would be better. कार्कश्यं कलया......प्रस्तुतम्—It appears, as it were, that harshness has begun to manifest itself to a certain extent (कलया) in the throats of female cuckoos. बर्हाः सगर्हा इव—The long tails display as it were their defects (on account of the absence of blueness and delicacy). Here what is प्रस्तुत is the extreme beauty of the face etc. of Sītā. This beauty is the cause of the fancy of the moon being besmeared with lamp-black as it were. So instead of speaking of the cause, viz. सौन्दर्य, which is प्रस्तुत, the effects, viz., the fancy of the moon as besmeared etc., are spoken of. Therefore there is अप्रस्तुतप्रशंसा. "अत्र सम्भाव्यमानैरिन्द्वादिगतैरञ्जनलिप्तत्वादिभिः कार्यरूपैरप्रस्तुतैर्लोकोत्तरो वदनादिगतः सौन्दर्यातिशयः कारणरूपः प्रस्तुतः प्रतीयते । तेनेयमप्रस्तुतप्रशंसा ।" अलं० स. p. 105.

गच्छामीति...कारणमभिहितम् (P. 43, ll. 27-31). These words are addressed to his friend by a person who postponed his intention of going abroad. मृगदृशा—is to be connected with आभाषितः. उद्रेकिणं निश्वासं त्यक्त्वा heaving a swelling sigh. मदर्पितं = मयि अर्पितम्. सोत्प्रासम् with a sad smile. Here what is प्रस्तुत is the prevention of departure. Instead of speaking of it, the cause of the prevention (viz. the lady's intimation that she would die if her lover went away) is mentioned.

तुल्ये प्रस्तुते......प्रस्तुतः प्रतीयते (P. 43, l. 31-p. 44, l. 13). That variety (5th) of अप्रस्तुतप्रशंसा in which one thing being in question, another thing, which is अप्रस्तुत though similar to it, is described, is two-fold, as being founded on Paronomasia (1) or (2) on simple resemblance. That sub-variety which is श्लेषमूल is again two-fold, (a) according as there is Paronomasia in the epithets alone as in समासोक्ति, or (b) as there is Paronomasia in the विशेष्य also as in श्लेष. Compare K. P. X. "तुल्ये प्रस्तुते तुल्याभिधाने त्रयः प्रकाराः, श्लेषः समासोक्तिः सादृश्यमात्रं वा तुल्यात्तुल्यस्य ह्याक्षेपे हेतुः"; on which Uddyota remarks 'प्रकाशे श्लेषसमासोक्तिपदे श्लिष्टशब्दश्लिष्टविशेषणपरे' p. 53. सहकारः...नायकस्य प्रतीतिः—सहकारः आम्रः सदामोदः (सदा आमोदः सौरभं यस्य; सदा मोदः आनन्दः यस्य) वसन्तश्रीसमन्वितः (वसन्तश्रिया समन्वितः, वसन्तकालानुरूपवेशयुक्तः) समुज्ज्वलरुचिः (समुज्ज्वला रुचिः कान्तिर्यस्य applies to both) श्रीमान् (शोभावान्, सुवेशशाली) प्रभूतोत्कलिकाकुलः (प्रभूताभिः उद्गताभिः कलिकाभिः मुकुलैः आकुलः पूर्णः, प्रभूतया उत्कलिकया नायिकाविषयकोत्कण्ठया आकुलः). Here the lover, the subject of description, is understood by the Paronomastic epithets alone from the description of a mango tree, which is अप्रस्तुत. पुंस्त्वादपि.........पुरुषः प्रतीयते. This verse occurs in भल्लटशतक (verse 79). It is quoted in the K. P. X. also. The उद्द्योत comments as follows:—"पुंस्त्वं पौरुषं पुंव्यंजनं च । नारीभूय अमृतहरणात् । अधः सम्पद्भ्रंशः पातालं च । वराहावतारे पातालं गत्वा पृथिव्युद्धरणात् । प्रणयने याचने न महान् महत्त्वरहितः अल्प इत्यर्थः । बलिप्रार्थने वामनत्वप्राप्त्या जगद्रक्षणात् । विश्वस्योद्धरणं विपद्विनाशनेन रक्षणम् । दिक् प्रकारः । पुरुषोत्तमः पुरुषश्रेष्ठः श्रीकृष्णश्च ।" p. 53. राम० takes Purushottama to be the name of a king. Here the विशेष्य पुरुषोत्तम (as well as the qualifications

पुंस्त्वादपि etc.) is Paronomastic, as it is in श्लेष. पुंस्त्वादपि प्रविचलेत्—'Though he may give up the state of a male, as Vishṇu did when he assumed the form of a damsel (मोहिनी) to tempt the demons into destruction'; as applied to the person it means 'although he may lose one of the cherished objects of man (पुरुषार्थ).' अधोऽपि यायात् although he may go down to the infernal regions, as Vishṇu did to raise up the earth submerged under water (in वराहावतार); with reference to the person "although he may be reduced to a low condition." अत्र......पुरुषः प्रतीयते—Here from the विशेष्य पुरुषोत्तम which is Paronomastic is first understood Vishṇu because the word Puruṣottama is generally used in that sense. But as विष्णु is अप्रस्तुत, some person intended to be described is understood from the word पुरुषोत्तम. It might be said that in this verse the figure is श्लेष, as both the विशेषणs and the विशेष्य are श्लिष्ट, and not अप्रस्तुतप्रशंसा. Both the senses, viz. विष्णु and some person, may be looked upon as intended to be expressed (प्रस्तुत). To this we reply:—this is not श्लेष, but अप्रस्तुतप्रशंसा; because what we first understand is Vishṇu, as that is the conventional meaning of the word पुरुषोत्तम and then we understand the etymological meaning 'best of men'; *i. e.* both meanings are not at once expressed; therefore there is no श्लेष. Besides, here the poet intends to give information of the matter in hand viz. the person to be described, by describing Vishṇu who is not the matter in hand. श्लेष is subordinate as it simply helps to bring out this intention. Therefore the principal figure is अप्रस्तुतप्रशंसा. सादृश्यमात्र......प्रतीयते. अम्बरमावृतिशून्यम्—The sky (the atmospheric region) affords no shelter (corner). शरणं विधेः करुणा Divine Grace is the only refuge. Here, from the description of the pigeon, which is अप्रस्तुत, is understood some person, the subject of description, whom many enemies are pursuing. Here there is mere similarity between कपोत (the अप्रस्तुत) and the person (the प्रस्तुत).

इयं च......प्रस्तुतः प्रतीयते (P. 44, ll. 13-17). The figure also occurs under a contrast. The अलं० सू. says that the fifth variety of अप्रस्तुतप्रशंसा viz., सारूप्यमूला, is of two kinds, as based upon साधर्म्य and वैधर्म्य and gives 'धन्याः खलु' as an instance of वैधर्म्य; 'तत्रापि सारूप्यहेतुके भेदे साधर्म्यवैधर्म्याभ्यां द्वैविध्यम् ।' अलं. स. p. 104. कल्हारस्पर्शशीतलाः cooled by contact with lotuses. राम० tells us that these are the words of दशरथ. Here the प्रस्तुत is दशरथ and is understood under a contrast, viz. 'the winds are blessed, while I am unfortunate.' "अत्र वाता धन्या इति अप्रस्तुतादर्थादहमधन्य इति वैधर्म्येण प्रस्तुतोऽर्थः प्रतीयते ।" अलं. स. p. 108.

वाच्यस्य......उभयरूपत्वम् (P. 44, ll. 17-27). The figure again is three-fold, according as the expressed sense (which is अप्रस्तुत) is possible, impossible or both. Of these three cases, that of possibility is illustrated by the above examples. 'वाच्यस्य सम्भवासम्भवोभयरूपताभिस्त्रयः प्रकाराः ।' अलं. स. p. 104. An example of impossibility is 'कोकिलोहं' etc. काकलीकोविदाः—('काकली तु कले सूक्ष्मे ध्वनौ तु मधुरास्फुटे । कलः' अमर. I. 7. 2)—Those who know soft melody. Here the अप्रस्तुत is the dialogue between a crow and a cuckoo; but this is impossible in the nature of things, unless we superimpose upon them the character of two persons whose exteriors are alike, but whose qualities vastly differ. प्रस्तुताध्यारोपं विना अप्रस्तुते कोकिले वाच्ये प्रस्तुतस्य व्यंग्यस्याध्यारोपं विनेत्यर्थः. वाकोवाक्यं—'उक्तिप्रत्युक्तिमद्वाक्यं वाकोवाक्यं विदुर्बुधाः । द्वयोर्वक्त्रोस्तदिच्छन्ति बहूनामपि सङ्गमे ॥' सरस्वतीकण्ठाभरण of Bhoja, परि० II. अन्त...गुणाः—This is the 23rd verse of भल्लटशतक and is cited in अलं. स. p.108. छिद्राणि विवराणि दोषाश्च, भूयांसि बहुतराणि, कण्टकाः तीक्ष्णाग्रवृक्षावयवाः क्षुद्रशत्रवश्च, कमलनालस्य गुणाः तन्तवः यशांसि च कथं भङ्गुरा मा भूवन् (भवन्तु नाम). The expressed sense is the splitting of the lotus stalk. This meaning is अप्रस्तुत and the possession of holes (in the case of lotus stalks) is no cause of their splitting up, but the possession of thorns is a cause, because they may rend the stalks. Therefore, without superimposing the notion of some person who is प्रस्तुत on the कमलनाल, the possession of holes cannot possibly be the cause of making the fibres fragile. So this is an example where both possibility and impossibility are found. "अत्र वाच्येऽर्थे कण्टकानां भङ्गुरीकरणे हेतुत्वं सम्भवि च्छिद्राणां त्वसम्भवीत्युभयरूपत्वम् । प्रस्तुतस्य तात्पर्येण प्रतीतेस्तदध्यारोपात्तत्र सङ्गतमेवैतदिति नासमीचीनं किञ्चित् ।" अलं. स. p. 108.

अस्याश्च......द्वयोरपि वाच्यत्वम् (P. 44, ll. 27-29). The author now proceeds to distinguish this figure from the other figures. This figure, when founded upon श्लेष, differs from suggestion of matter (वस्तुध्वनि) founded upon the power of words, because like समासोक्ति, this figure has as its very essence the ascription of the behaviour of one to another. We have above given a division of ध्वनि in the 1st Pari. An example of शब्दशक्तिमूलवस्तुध्वनि is "निर्वाणवैरदहनाः प्रशमादरीणां नन्दन्तु पाण्डुतनयाः सह माधवेन । रक्तप्रसाधितभुवः क्षतविग्रहाश्च स्वस्था भवन्तु कुरुराजसुताः सभृत्याः ॥" (वेणीसंवरणे प्रथमाङ्के सूत्रधारोक्तिरियम् । अरीणां प्रशमात् कलहोपशमात् निर्वाणः शान्तो वैरमेव दहनोऽग्निर्येषां तादृशाः पाण्डुतनयाः पाण्डवा माधवेन कृष्णेन सह नन्दन्तु । तथा कुरुराजस्य धृतराष्ट्रस्य

सुता दुर्योधनादयः सभृत्याः स्वस्था निश्चिन्ता भवन्तु । कीदृशाः कुरुराजसुताः । रक्ता अनुरक्ता प्रकर्षेण साधिता भूर्यैस्तादृशाः । क्षतो निवर्तितो विग्रहः कलहो यैस्तथाभूताः । अत्र प्रशमात् नाशार्थे, रुधिरशोभितभूमयः, खण्डितशरीराः, स्वर्गस्थाः, इति अमङ्गलाश्लीलं भाव्यर्थसूचकतया गुणः । उ० च० p. 302). In this verse the plain sense is "may the sons of धृतराष्ट्र, who have made the world contented and who have brought all quarrels to an end, rest in ease." But by the force of the double-meaning words रक्तप्रसाधितभुवः etc., another sense is suggested, viz. 'may the Kauravas, who have besmeared the earth with blood, whose bodies are hacked into pieces, attain to Heaven (स्वःस्थाः* means 'remaining in heaven', 'स्वरव्ययं स्वर्गनाक etc.' अमर.).' This second sense is suggested purely by the force of the words; शब्दशक्तिमूलवस्तुध्वनि is based purely on double-meaning words; while अप्रस्तुतप्रशंसा is not necessarily so based. Even when the latter is based upon words with two meanings it differs from शब्दशक्तिमूलवस्तुध्वनि. In the ध्वनि, the expressed sense is complete in itself and then suggests another matter; but there is no attribution of the behaviour of one to another; while in अप्रस्तुतप्रशंसा, the expressed sense is अप्रस्तुत and is identified with the suggested sense, which is प्रस्तुत; as *e. g.* in अन्तश्छिद्राणि etc., the behaviour of कमलनाल is identified with that of a person who has many enemies. In समासोक्ति also, the behaviour of one is superimposed upon another. Then what is the difference between समासोक्ति and अप्रस्तुतप्रशंसा? It is as follows:—In समासोक्ति, the प्रस्तुत is described and suggests the अप्रस्तुत; while in अप्रस्तुतप्रशंसा, what is अप्रस्तुत is expressed and suggests the प्रस्तुत *i. e.* अप्रस्तुतप्रशंसा is exactly the opposite of समासोक्ति. 'प्रस्तुतादप्रस्तुतप्रतीतौ समासोक्तिरुक्ता अधुना तद्वैपरीत्येनाप्रस्तुतात्प्रस्तुतप्रतीतावप्रस्तुतप्रशंसोच्यते ।' अलं स. p. 102; 'अप्राकरणिकेन प्राकरणिकाक्षेपोऽप्रस्तुतप्रशंसा प्राकरणिकेनाप्राकरणिकाक्षेपः समासोक्तिरिति विवेकः । प्रदीप p. 50 (Chān.). उपमा...व्यंग्यत्वम्. An example of उपमाध्वनि, has been given above and explained under समासोक्ति. In उपमाध्वनि, the अप्रस्तुत is only *suggested*, while in अप्रस्तुतप्रशंसा, the अप्रस्तुत is *expressed* and the प्रस्तुत is suggested. एवं समासोक्तौ—similarly in समासोक्ति (the अप्रस्तुत is implied and not expressed as in अप्रस्तुतप्रशंसा). The printed editions do not put a stop after समासोक्ति, but we think it is necessary. The author himself said above under समासोक्ति 'अप्रस्तुतप्रशंसायां प्रस्तुतस्य गम्यत्वम्, इह तु अप्रस्तुतस्येति भेदः.' श्लेषेऽपि......वाच्यत्वम्—In श्लेष, both the things

* स्वःस्थाः may also be written as स्वस्थाः according to the Vārtika खर्परे शरि वा विसर्गलोपो वक्तव्यः on पा० VIII. 3. 36.

denoted by the word are expressed, because there is no determining element such as प्रकरण etc. to tell us that a particular sense is प्रस्तुत and the other अप्रस्तुत. In अप्रस्तुतप्रशंसा, the अप्रस्तुत is expressed, while the प्रस्तुत is implied. Even when Paronomastic words are employed in अप्रस्तुतप्रशंसा, the first meaning that strikes us is connected with the अप्रस्तुत. 'श्लिष्टशब्दप्रयोगे त्वर्थान्तरस्यावाच्यत्वाच्छ्लेषाद्विशेषः । श्लेषे ह्यनेकस्यार्थस्य वाच्यत्वमित्युक्तम् ।' अलं. स. p. 104.

The word प्रशंसा in अप्रस्तुतप्रशंसा does not mean 'praise' but simply 'mention, description' (कथनम्). 'इहाप्रस्तुतस्याप्रस्तुतत्वादेव वर्णनमनुचितमपि प्रस्तुतपरत्वेनौचितीमालम्बत इति प्रस्तुतं व्यंग्यमप्रस्तुतस्य वाच्यस्य सिद्धिमादधातीति वाच्यसिद्ध्यङ्गमिदं गुणीभूतव्यंग्यम् । अत एवाप्रस्तुतस्य प्रशंसा कथनमित्यन्वर्थताश्रयंणसामर्थ्यादप्रस्तुतस्य वाच्यत्वमत्र सूत्रानुपात्तमपि लभ्यते ।' एका. p. 293; 'एवं च लक्ष्यलक्षणयोः प्रशंसाशब्दः स्तुतिनिन्दास्वरूपाख्यानसाधारणकीर्तनमात्रपरो द्रष्टव्यः ।' कुव. p. 79; 'प्रशंसनं च वर्णनमात्रम्, न तु स्तुतिः' R. G. p. 402.

The student is advised to read the R. G. for some very beautiful examples of the 5th variety of अप्रस्तुतप्रशंसा (viz. तुल्ये प्रस्तुते तुल्याभिधानम्); some of them are:—नितरां नीचोऽसीति त्वं खेदं कूप मा कदापि कृथाः । अत्यन्तसरसहृदयो यतः परेषां गुणग्रहीतासि ॥ तावत्कोकिल दिवसान्यापय विरसान्वनान्तरे निवसन् । यावन्मिलदलिमालः कोऽपि रसालः समुल्लसति ॥ pp. 403-404.

26 व्याजस्तुतिः (Artful Praise).

When from blame and praise, that are expressed, are understood praise and blame respectively, it is termed व्याजस्तुति. निन्दया......व्याजस्तुतिः When praise is understood from *apparent blame*, the figure is properly called व्याजस्तुति, because it etymologically means 'व्याजेन स्तुतिः' (तृतीयातत्पुरुष) *i. e.* praise by an artifice or disguise. But when blame is understood from apparent praise, how can the figure be called व्याजस्तुति (it should rather be called, it might be said, व्याजनिन्दा)? The author says that in this second case, the word व्याजस्तुति is to be explained in another manner, *i. e.* as meaning 'false praise.' Compare the words of मम्मट "व्याजरूपा व्याजेन वा स्तुतिः"; "यत्र स्तुतिरभिधीयमानाऽपि प्रमाणान्तराद्बाधितस्वरूपा निन्दायां पर्यवस्यति तत्रासत्यत्वाद्व्याजरूपा स्तुतिरित्यनुगमेन तावदेका व्याजस्तुतिः । यत्रापि निन्दाशब्देन प्रतिपाद्यमाना पूर्ववद्बाधितस्वरूपा स्तुतिः पर्यवसिता भवति सा द्वितीया व्याजस्तुतिः व्याजेन निन्दामुखेन स्तुतिरिति कृत्वा" । अलं. स. p. 112; 'तृतीयातत्पुरुषकर्मधारयाभ्यां योगार्थद्वयेन द्वयोरपि शब्दार्थत्वम्' ।

स्तनयुग...जाता: (**P. 45, ll. 3-4**). The reading in the text makes the metre of the verse faulty. It we read रिपुस्त्रिय: there are 16 *mātrās*, whereas there should be only 15 in the last *pāda* of an Āryā. It is therefore that the Nirṇaya-sāgara edition proposes द्विट्स्त्रिय:. But for this there is no warrant. स्तनयुगे मुक्ताभरणं हारो यासां ता: (पक्षे, स्तनयुगात् मुक्तं गलितं आभरणम् वस्त्रं यासाम् ता:) कण्टकै: रोमाञ्चै: कलिता: व्याप्ता: अङ्गयष्टय: देहलतिका: यासां ता: (पक्षे, कण्टकै: तीक्ष्णाग्रवृक्षावयवै: कलिता: अङ्गयष्टय: यासाम्), त्वयि कुपितेऽपि प्रागिव (कोपात् पूर्वस्मिन् काले इव) रिपुस्त्रिय: विश्वस्ता: निश्चिन्ता (पक्षे, विधवा: 'विश्वस्ताविधवे समे' अमर. II. 6. 11) जाता:. The women formerly wore pearl necklaces etc.; now also they are स्तनयुग etc. (*i. e.* in running away, when their lords were killed, for fear of capture, they had no time even to look to their garments). Formerly they felt secure (विश्वस्ता:); now also they are विश्वस्ता: (widowed). Here in this verse, at first sight it appears that the king is blamed for causing trouble to women (whose delicate bodies were pierced by thorns when fleeing for life into a forest etc.), but ultimately we perceive that praise is meant, because he utterly routes his enemies.

व्याजस्तुतिस्तव...... पथिकान्निहत्य (**P. 45, ll. 6-7**). यत् जगत: जीवनाय तव जीवनानि (पयांसि), इयं (हे) पयोद (मेघ) मया तव व्याजस्तुति: असत्यस्तुति: उदिता उक्ता। घन (हे मेघ, पक्षे कठिनहृदय) इदं तु ते तव महत् स्तोत्रं स्तुति: यत् पथिकान् निहत्य (प्रियाविरहितानां पथिकानां चेतो मेघालोके उत्कण्ठितं भवति) धर्मराजस्य (यमस्य) साहाय्यमर्जयसि. "This is, Oh cloud, but a false encomium I have bestowed on thee 'thy waters are the life of the world'. But this indeed is a great praise to thee, that thou renderest assistance to the Lord of Justice (Yama, the God of death) by killing the wayfarers (who are separated from their beloved)." Here at first sight it seems that the cloud is praised for rendering assistance to धर्मराज himself; but ultimately we perceive that censure is meant, because the cloud kills poor wayfarers.

In व्याजस्तुति, the sense that is at first expressed by the words, whether praise or blame, is given up and is understood, on account of the context or the specialty of the speaker etc. as conveying blame or praise respectively. A question naturally arises:—what is the distinction between व्याजस्तुति and that ध्वनि in which a sense, exactly opposed to that which is expressed, is suggested? The reply is:—in ध्वनि, the expressed sense can stand by itself; it is not improper or improbable in itself; another sense is suggested when we reflect upon the speaker, the context etc; while in व्याजस्तुति the expressed sense, whether praise or blame, being impossible because opposed to what we understand from the context, the specialty of the speaker etc., gives itself up and indicates something else, either blame or praise respectively. "अत एवास्या ध्वनेर्भेदः । स हि विश्रान्ते वाक्यार्थे वक्तृवाच्यौचित्यपर्यालोचनबलादवगम्यते । इह पुनः प्रमाणान्तराद्बाधितः सन्वाक्यार्थः स्वयमनुपपद्यमानत्वात्परत्र निन्दादौ स्वं समर्पयति । तत्रैव प्रकृतवाक्यार्थस्य विश्रान्तेः । " विम० p. 112; "(आमुखप्रतीताभ्यां निन्दास्तुतिभ्यां स्तुतिनिन्दयोः क्रमेण पर्यवसानं व्याजस्तुतिः) आमुखेत्यादिविशेषणेन तयोः पर्यवसानाभावं वदन्बाधितत्वमभिप्रैति । अत एव नास्या ध्वनित्वम् । ध्वनौ हि निर्बाधेन वाच्येनागूरण-महिम्नाऽर्थान्तरमवगम्यते । न चैवं प्रकृते ।" R. G. p. 416. व्याजस्तुति must be distinguished from अप्रस्तुतप्रशंसा. In both, something else is suggested by the expressed sense. From अप्रस्तुता निन्दा or स्तुति we understand प्रस्तुता स्तुति or निन्दा. But in अप्रस्तुतप्रशंसा, we understand a cause from an effect or *vice versa*, a general from a particular or *vice versa*, or a thing similar from another like it; but in व्याजस्तुति, there is no such thing. Besides, in व्याजस्तुति, the charm lies in understanding blame or praise from praise or blame. स्तुतिनिन्दारूपत्वस्य विच्छित्तिविशेषस्य भावादप्रस्तुत-प्रशंसातो भेदः। अलं. स. p. 112; on which जयरथ remarks 'तत्र हि सामान्यविशेषादीनां गम्यत्वम्' p. 113; "न चात्राप्रस्तुतशंसैवास्तु । स्तुति-निन्दात्मकतया विच्छित्तिविशेषात् । कार्यकारणभावादिसम्बन्धाभावाच्च ॥" उद्योत p. 89.

It should be remembered that व्याजस्तुति occurs only when the blame or praise is understood with reference to that object alone with reference to which the praise or censure was expressed. 'इयं च व्याजस्तुतिर्यस्यैव वस्तुनः स्तुतिनिन्दे प्रथममुपक्रम्येते तस्यैव चेन्निन्दास्तुत्योः पर्यवसानं भवेत्तदा भवति । वैयधिकरण्ये तु न इति प्राचामलङ्कार-शास्त्रप्रवर्तकानां समयः।' R. G. p. 419. Where from the praise or blame of one, we understand the praise or blame of another, there is no व्याजस्तुति, but it is an example of व्यंग्यकाव्य.

"किं वृत्तान्तैः परगृहगतैः किं तु नाहं समर्थस्तूष्णीं स्थातुं प्रकृतिमुखरो दाक्षिणात्यस्वभावः । देशे देशे विपणिषु तथा चत्वरे पानगोष्ठ्यामुन्मत्तेव भ्रमति भवतो वल्लभा देव कीर्तिः ॥". This is cited as an example of व्याजस्तुति by लोचन. The अलं. स. and विमर्शिनी (p. 113) say that it is not a proper example (इत्यत्र प्रक्रान्ताऽपि स्तुतिपर्यवसायिनी निन्दा हन्त कीर्तिरिति भणित्या उन्मूलितेति न प्ररोहं गमितेति श्लिष्टमेतदुदाहरणम् । अलं. स.). Jagannātha defends the Lochana and says that it is an example of व्याजस्तुति (R. G. p. 418) "किं वृत्तान्तैः—इत्यादिना निन्दाया एव प्रथममुन्नयनात्समासोक्तेरुद्भूतेर्वाच्यत्वस्यातथत्वात् । अन्वयक्रमेणादौ वल्लभयैवान्वये तस्याश्च कीर्त्यभिन्नत्वेनावस्थाने सति पश्चात्प्रकरणादिपर्यालोचनवशाद्व्युत्क्रमेणा-न्वयबोधाच्च । तस्माद् ध्वन्यालोचनकारैरुक्तमुदाहरणं सङ्गतमेव". Another example of व्याजस्तुति is 'अर्धं दानववैरिणा गिरिजयाप्यर्धं शिवस्याहृतं देवेत्थं जगतीतले स्मरहराभावे समुन्मीलति । गङ्गा सागरमम्बरं शशिकला नागाधिपः क्ष्मातलं सर्वज्ञत्वमधीश्वरत्वमगमत्त्वां मां च भिक्षाटनम् ॥' (सर्वज्ञः सर्वेश्वरोऽसीति राज्ञः स्तुत्या व्याजरूपया मदीयवैदुष्यादि दारिद्र्यादि सर्वं जानन्नपि बहुप्रदानेन रक्षितुं शक्तोऽपि मह्यं किमपि न ददासीति निन्दा व्यज्यते । कुव० p. 93).

27 पर्यायोक्तम् (Periphrasis).

'Periphrasis occurs when the fact to be intimated is expressed by a turn of speech.' भङ्गि means प्रकार 'mode' (of speech). When what is to be conveyed is expressed, there is पर्यायोक्त. It may be asked, 'how can that which is गम्य be at the same time वाच्य' *i. e.* the same thing cannot be गम्य and वाच्य at the same time. The reply is:—the गम्य is expressed through its effect, *i. e.* the effect is expressed and as there is invariable association between cause and effect, the express mention of the effect suggests the cause (which is गम्य). This is what is meant by गम्यस्य भङ्ग्या (प्रकारान्तरेण *i. e.* कार्यादिद्वारेण) अभिधानम्. Our author closely follows the अलं. स. in defining this figure. "गम्यस्यापि भङ्ग्यन्तरेणाभिधानं पर्यायोक्तम् । सूत्र । (वृत्ति) यदेव गम्यत्वं तस्यैवाभिधाने पर्यायोक्तम् । गम्यस्य सतः कथमभिधानमिति चेत्, गम्यापेक्षया प्रकारान्तरेणाभिधानस्याभावात् । न हि तस्यैव तदैव तथैव विच्छित्त्या गम्यत्वं वाच्यत्वं च सम्भवति । अतः कार्यमुखद्वारेणाभिधानम् ।" अलं. स p 111.

An example of पर्यायोक्त is "स्पृष्टाः' etc. स्पृष्टा......सैनिकैः (P. 45, ll. 10-11). The verse is cited by अलं. स. p. 112 as an example of पर्यायोक्त. यस्य (हयग्रीवस्य) सैनिकैः नन्दने (इन्द्रस्योपवने) शच्याः (इन्द्राण्याः) केशसम्भोगलालिताः (केशानां सम्भोगाय भूषणाय लालिताः यत्नेन संवर्धिताः) पारिजातस्य मञ्जर्यः सावज्ञं स्पृष्टाः. The word सावज्ञं (with contempt) implies that they were not afraid of Indra at all. Hence it is clearly implied that the heavens were conquered by Hayagrīva. Here what is प्रस्तुत and is to be intimated is the fact of the conquest of Heaven by Hayagrīva, which fact is the cause, and is expressed through the effect, viz. the scornful touching of the flowers of *Pārijāta* by the soldiers. The reason why the cause is expressed through the effect is that the description should be specially charming.

न चेदं......प्रस्तुतम् (P. 45, ll. 14-16). It cannot be said that the figure is अप्रस्तुतप्रशंसा of that sort where a cause is understood from an effect. In अप्रस्तुतप्रशंसा, the description of the effect is अप्रस्तुत as in इन्दुर्लिप्त इवाञ्जनेन etc. above. While here (in स्पृष्टाः etc.) the effect equally with the cause is प्रस्तुत, as conveying greatness of the power of the person who is the subject of description. वर्णनीयस्य = हयग्रीवस्य (तत्प्रभावेनैव सावज्ञमञ्जरीस्पर्शात्). The reason why the effect is described and the cause is left to be understood is that, as the effect is more striking than the cause, its description lends a special charm to the verse; "इह यत्र कार्यात्कारणं प्रतीयते तत्र कार्यं प्रस्तुतमप्रस्तुतं चेति द्वयी गतिः। यत्र प्रस्तुतत्वं कार्यस्य कारणवत्तस्यापि वर्णनीयत्वात्तत्र कार्यमुखेन कारणं पर्यायेणोक्तमिति पर्यायोक्तमलङ्कारः। तत्र हि कारणापेक्षया कार्यस्यातिशयेन सौन्दर्यमिति तदेव वर्णितम्।......यत्र पुनः कारणस्य प्रस्तुतत्वे कार्यमप्रस्तुतं वर्ण्यते तत्र स्पष्टैवाप्रस्तुतप्रशंसा। यथा 'इन्दुर्लिप्त इवाञ्जनेन' इत्यादौ। अत्र हि इन्द्वादयः स्फुटमेवाप्राकरणिकाः। तत्प्रतिच्छन्दभूतानां मुखादीनां प्राकरणिकत्वात्। तेनात्रेन्द्वादिगतेनाञ्जनलिप्तत्वादिना अप्रस्तुतेन कार्येण प्रस्तुतं मुखादिगतं सौन्दर्यं सहृदयाल्हादकारि गम्यते इति अत्राप्रस्तुतप्रशंसा। **एवं च यत्र वाच्योऽर्थोऽर्थान्तरं तादृशमेव स्वोपस्कारकत्वेनागूरयति तत्र पर्यायोक्तम्। यत्र पुनः स्वात्मानमेवाप्रस्तुतत्वात् प्रस्तुतमर्थान्तरं प्रति समर्पयति तत्राप्रस्तुतप्रशंसेति निर्णयः**" अलं. स. pp. 106–107.

एवं च...पर्यायोक्तमेव **(P. 45, ll. 16–20).** अनेन...हाराः—This is Raghu. VI. 28. पतिंवरामिन्दुमतीं प्रति धात्र्या उक्तिरियम्. The printed editions of the Raghuvaṁśa read उन्मुच्य सूत्रेण for आक्षेपसूत्रेण. The reading in the text is supported by राम०. It must be said that the reading उन्मुच्य is better, as it agrees very well with प्रत्यर्पिताः (returned or restored). शत्रुविलासिनीनां स्तनेषु मुक्ताफलस्थूलतमान् अश्रुबिन्दून् पर्यासयता (प्रस्तारयता पातयता) अनेन (अङ्गनाथेन) आक्षेपसूत्रेण (ग्रथनगुणेन) विनैव हाराः प्रत्यर्पिताः 'He restored to the fair ladies of his foemen their necklaces without the binding thread, as he caused tears to trickle down their breasts in drops large like pearls.' Here the effect—the tears shed by the weeping wives of the slaughtered enemies—is as much प्रस्तुत as the cause, which is merely गम्य (suggested) viz. the killing of the enemies, as it (the description of the tears) conveys the great prowess of the king who is the subject of description. Therefore the figure is no other than पर्यायोक्त.

राजन्...इत्याहुः **(P. 45, ll. 21–28).** राजन्...आभाषते—These words are addressed by some person to a king, who was preparing to march out against his enemies. राज्ञः शत्रुभूतस्य शुकस्तवारिभवने अध्वगैः पान्थैः पञ्जरात् मुक्तः शून्यायां वलभौ भित्तौ चित्रस्थान् (राजादीन्) अवलोक्य एकैकं प्रति इत्थमाभाषते इत्यन्वयः। कीदृक्। तत्राह। राजन्नित्यादि। कुब्जे तादृशायाः भोजिकायाः सम्बोधनम्। कुमारसहितैः सचिवैः अद्यापि किं न भुज्यते इति काकुः (एषां भोजनसमये शुकस्यापि भोजनलाभः)। उ. च. p. 397. देव्यः इति संबोधनम्। तूष्णीं स्थिताः यूयमपि. Here, the cause of the state of things described is in question, viz, 'the enemies have suddenly fled away, hearing that Your Majesty was ready to march.' With respect to this verse, some say that the effect too, viz, the talk of the parrot is प्रस्तुत, as being fit to be described in connection with the cause, which is प्रस्तुत, and therefore the figure in this verse is पर्यायोक्त. Others says that the figure is none but अप्रस्तुतप्रशंसा, inasmuch as the indescribably great power of the king in question is understood from the account of the royal parrot, which is अप्रस्तुत (not connected with the subject).

It is Mammaṭa who cites राजन्राजसुता० as an example of अप्रस्तुतप्रशंसा 'अत्र प्रस्थानोद्यतं भवन्तं ज्ञात्वा सहसैव त्वदरयः पलाय्य गता इति कारणे प्रस्तुते कार्यमुक्तम्' K. P. X. The अलङ्कारसर्वस्व, on the other hand, says that the verse in an example of पर्यायोक्त as defined by it. "ततश्चानया प्रक्रियया "राजन्राजसुता' इत्यत्र पर्यायोक्तमेव बोध्यम्। अन्ये तु दण्डयात्रोद्यतं त्वां बुद्ध्वा त्वदरयः पलाय्य गता इति कारणरूपस्यैवार्थस्य प्रस्तुतत्वात् कार्यरूपोऽर्थोऽप्रस्तुत एव राजशुकवृत्तान्तस्याप्रस्तुतत्वात् प्रस्तुतार्थं प्रति स्वात्मानं समर्पयतीत्यप्रस्तुतप्रशंसैवात्र न्याय्येति वर्णयन्ति" । अलं. स. p. 107. There is a great difference in the definitions of पर्यायोक्त given by Mammaṭa and Ruyyaka. We shall speak of it later on. As regards the present verse, the whole dispute lies round the question whether the talk of the parrot is प्रस्तुत or अप्रस्तुत. The अलं. स. takes it to be प्रस्तुत and according to its definition of पर्यायोक्त the figure must be पर्यायोक्त. Mammaṭa, on the other hand, regards शुकाभाषण as अप्रस्तुत and therefore naturally says that the figure is अप्रस्तुतप्रशंसा. To us the opinion of Mammaṭa appears to be more reasonable. If शुकाभाषण, which is one of the many effects of the running away of the enemies, is to be looked upon as प्रस्तुत, then any other effect, however remote, will have to be regarded as प्रस्तुत. It will be then hard to say what effects are प्रस्तुत and what are अप्रस्तुत. So it is better to regard effects like शुकाभाषण as अप्रस्तुत. Viśvanâtha does not positively declare what side he takes. But from the fact that he de defines पर्यायोक्त as the अलं. स. does, and cites the opinion of अलं. स. on this verse first, we may infer that he leans to the view of the अलं. स. (and regards राजन्राजसुता as an example of पर्यायोक्त) rather than to that of Mammaṭa.

There is a great difference in the views held by different writers as regards this figure. Bhāmaha and Udbhaṭa define it in the same manner. 'पर्यायोक्तं यदन्येन प्रकारेणाभिधीयते । वाच्यवाचकवृत्तिभ्यां शून्येनावगमात्मना ॥' उद्भट VI. 12. Where the प्रस्तुत meaning is conveyed in another manner, viz. by suggestion, which is apart from the primary power, there is पर्यायोक्त. According to them, what is expressed is the same as that which is suggested; only the words employed express the sense in a different manner and are more picturesque than they would otherwise have been

Bhāmaha and Udbhaṭa do not seem to have recognised ध्वनिकाव्य as the best and a separate variety of काव्य. They included all suggestive poetry under पर्यायोक्त. The meaning of पर्यायोक्त as defined by them is given by लोचन as follows:— अत एव पर्यायेण प्रकारान्तरेण अवगमनात्मना व्यंग्येनोपलक्षितं सद्यदभिधीयते तदभिधीयमानमुक्तमेव सत् पर्यायोक्तमेवाभिधीयते इति लक्षणपदम्, पर्यायोक्तमिति लक्ष्यपदम्, अर्थालङ्कारत्वं सामान्यलक्षणं चेति सर्वं युज्यते।" p. 39. Mammaṭa following उद्भट defines पर्यायोक्त as 'पर्यायोक्तं विना वाच्यवाचकत्वेन यद्वचः । वृत्ति । वाच्यवाचकभावव्यतिरिक्तेन अवगमनव्यापारेण यत् प्रतिपादनम्, तत् (पर्यायेण भंग्यन्तरेण कथनात्) पर्यायोक्तम्.' According to him also, the expressed sense and the implied one are practically the same, but they present different aspects. The mode of expression is more striking than the suggested sense. The only difference between the view of Mammaṭa and that of Udbhaṭa is that the former recognizes ध्वनिकाव्य. When the suggested sense is most prominent, there is ध्वनि; but in पर्यायोक्त, the suggested sense is not most prominent; besides, the charm lies in the method of expression which is striking. The word पर्यायोक्त is to be explained as 'पर्यायेण भंग्यन्तरेण उक्तम् अभिहितं व्यंग्यं यत्र' R. G. p. 410. अलं. स., the Ekāvalī and our author define पर्यायोक्त in a different manner. When the suggested sense is expressed in a different manner there is पर्यायोक्त. The same thing cannot both be suggested and expressed at the same time. Therefore, expressing the suggested sense in another manner is to express it through its effect, which is also प्रस्तुत. So, according to these writers, पर्यायोक्त occurs only when the प्रस्तुत cause is suggested through the description of the effect, which also is प्रस्तुत. It must be said that this unnecessarily limits the scope of the figure and is opposed to the views of very respectable writers like Udbhaṭa, Mammaṭa, Jagannātha. Jagannātha points out that this figure has a very wide province. It may occur, (a) when the description of the cause suggests the effect which is प्रस्तुत, or (b) when the प्रस्तुत cause is suggested through the description of the effect which also is प्रस्तुत, or (c) when one thing which is प्रस्तुत is suggested by the description of another, without any causal relation between the two: 'अयं चालङ्कारः कचित्कारणेन वाच्येन कार्यस्य गम्यत्वे कचित्कार्येण कारणस्य, कचिदुभयोदासीनेन सम्बन्धिमात्रेण सम्बन्धिमात्रस्य चेति विपुलविषयः ॥' R. G. 415. An example of (a) is अपकुर्वद्भिरनिशं धृतराष्ट्र तवात्मजैः । उप्यन्ते मृत्युबीजानि पाण्डुपुत्रेषु निश्चितम् ॥. Here, the description of the sowing of seeds, which is a cause, suggests the effect which is प्रस्तुत, viz. destruction of the whole family. An example of (b) is त्वद्विपक्षमहीपालाः स्वर्बालाधरपल्लवम्। पीडयन्तितरां तीव्रदारुणैर्दशनक्षतैः ॥. Here the description of the effect, viz. सुरवधूसम्भोग on the part of the enemies, suggests the cause which is प्रस्तुत viz. their death. An example of (c) is सूर्याचन्द्रमसौ यस्य वासो रञ्जयतः करैः। अङ्गरागं सृजत्यग्निस्तं वन्दे परमेश्वरम् ॥. Here शिव is suggested to be गगनाम्बर (one whose garment is the sky, naked) by the description of him as one whose garment is dyed by the rays of the sun and the moon; he is also suggested to be smeared with ashes by the description of him as one whose toilet is furnished by fire. Between the suggested sense गगनाम्बरत्व and the description सूर्यचन्द्रकररञ्ज्यमानवस्त्रत्व there is no causal relation; and yet there is पर्यायोक्त. Therefore the views of अलं. स. and its followers that पर्यायोक्त occurs only when there is a causal relation is, in our opinion, wrong. Jagannātha points out that the modes of expressing an idea are numberless. "तदेवं संक्षेपतस्त्रिविधः। वाग्भङ्गीनां तु पर्यालोचने एकस्मिन्नेव विषयेऽनन्तप्रकारः सम्पद्यते किमुत विषयभेदे। यथा—'इह भवद्भिरागन्तव्यम्' इति विषये 'अयं देशोऽलङ्कर्तव्यः' इति, 'पवित्रीकर्तव्यः' इति, 'सफलजन्मा कर्तव्यः' इति, 'प्रकाशनीयः' इति, 'देशस्यास्य भाग्यान्युज्जीवनीयानि' इति, 'तमांसि तिरस्करणीयानि' इति, 'अस्मन्नयनयोः सन्तापो हरणीयः' इति, 'मनोरथः पूरणीयः' इत्यादिः।" R. G. p. 416.

Some examples of पर्यायोक्त are:—येन लम्बालकः सास्रः कराघातारुणस्तनः। अकारि भग्नवलयो गजासुरवधूजनः॥ उद्भट IV. 13; चक्राभिघातप्रसभाज्ञयैव चकार यो राहुवधूजनस्य। आलिङ्गनोद्दामविलासशून्यं रतोत्सवं चुम्बनमात्रशेषम् ॥ quoted by the ध्वन्यालोक (p. 89.); नमस्तस्मै कृतौ येन मुधा राहुवधूकुचौ। चन्द्रालोक.

28 अर्थान्तरन्यासः (Corroboration).

When a general proposition is strengthened by a particular or a particular by a general one and when an effect is justified by a cause or *vice versa*, either under a similarity or a contrast, there is अर्थान्तरन्यास, which is thus eight-fold.

बृहत्सहायः......नगापगा **(P. 46, ll. 3-4).** This is Śiśu. II. 100. बृहत्सहायः (बृहन्तः महान्त सहायाः यस्य) क्षोदीयान् अपि (क्षुद्रतरोऽपि) कार्यान्तं (कार्यस्य अन्तं) गच्छति (कार्यं साधयतीति यावत्)। नगापगा (गिरेरुद्गता निझरिणी) महानद्या सम्भूय (मिलित्वा) अम्भोधिं (सागरं) अभ्येति. Here the general proposition laid down in the first half of the verse is confirmed by a particular illustration contained in the 2nd half.

यावदर्थपदां......मितभाषिणः (P. 46, ll. 7–8). This is Śiśu, II. 13. यावदर्थपदाम् (यावान् अर्थः यावदर्थम् अव्ययीभावः। यावदर्थं पदानि यस्यां सा) अभिधेयसंमिताक्षराम् वाचम् स्वम् आदाय (गृहीत्वा उक्त्वेत्यर्थः) माधवः (कृष्णः) विरराम । महीयांसः (महत्तरा जनाः) प्रकृत्या मितभाषिणः (भवन्ति). यावदर्थपदां वाचमादाय having discoursed in words that exactly conveyed the sense required to be expressed. The Nir. edition of S. D. reads यावदर्थ्यपदां and is supported by राम॰. Our reading is supported by Mallinātha. यावदर्थ्यपदां will mean "यावन्ति अर्थ्यानि (अर्थादनपेतानि, according to the *sūtra* 'धर्मपथ्यर्थन्यायादनपेते' । पा॰ IV. 4. 92) पदानि यस्याम्" that in which all the words are significant. Here the particular proposition, viz. that Kṛṣṇa stopped after speaking in words that exactly conveyed the sense intended, is supported by the general proposition that all great persons (Mādhava being one) are naturally measured in their speech.

पृथ्वि स्थिरा......आततज्यम् (P. 46, ll. 9–12). This is cited by the अलं. स. p. 110. This occurs in the हनुमन्नाटक I. 27 (a ms. in the library of the Bom. Branch of the Royal Asiatic Society). These are the words of Lakṣmaṇa when Rāma was about to make the bow of Śiva strung. पृथ्वि स्थिरा भव be firm, Oh earth (or otherwise by the formidable pressure it might totter). भुजङ्गम (शेष) एनां (पृथ्वीं) धारय; कूर्मराज! त्वं इदं द्वितयं (शेषं पृथ्वीं च) दधीथाः (धारयस्व); दिक्कुञ्जराः (दिग्गजाः) तत्त्रितये (तेषां त्रितये कूर्मे अनन्ते पृथ्व्यां च) दिधीर्षां (धारणेच्छां) कुरुत; देवः (रामः) हरकार्मुकम् (हरस्य शिवस्य धनुः) आततज्यम् (आतता ज्या यस्मिन् तत्) करोति. For the idea that the great Tortoise, the serpent and the elephants of the quarters support the earth, compare 'कमठकुलाचलदिग्गजफणिपतिविधृतापि चलति वसुधेयम्' भर्तृहरि. Here we understand that the firmness etc. are the effects, as they are the things which are enjoined upon the earth; the earth is naturally firm; so what is to be conveyed by the injunction is that it should be specially firm. The special firmness required is justified by the cause or occasion, viz., the stringing of Śiva's bow.

सहसा......कारणस्य समर्थकम् (P. 46, ll. 14–15). सहसा विदधीत न क्रियामविवेकः परमापदां पदम् । वृणते हि विमृश्यकारिणं गुणलुब्धाः स्वयमेव सम्पदः ॥. This is किरातार्जुनीय II. 30. Here, the effect, viz. prosperity's choosing the prudent man, justifies the cause, viz. the reverse of rash dealing *i. e.* prudence. Here, as the reverse of rash dealing is enjoined upon all (in the potential mood विदधीत),

we understand that it is the means to an end. Unless that end is mentioned, it cannot properly be the means. therefore सम्पद्वरण is put in (as the effect) to justify the cause, viz. सहसाविधानाभाव. The above four verses are examples (four) resting upon साधर्म्य.

वैधर्म्ये......एवमन्यत् **(P. 46, ll. 16-20)**. इत्थमाराध्यमानः......दुर्जनः. This is Kumāra. II, 40. This is spoken by Bṛhaspati with reference to the demon Tāraka. Here a general proposition supports the particular proposition (in the first half) under वैधर्म्य. सहसा विदधीत etc. Here, the reverse of rash behaviour that is enjoined is justified by the effect (which is produced by rash behaviour *i. e.* the opposite of सहसाविधानाभाव) viz. causing adversity. एवमन्यत्—Out of the four varieties of अर्थान्तरन्यास under वैधर्म्य, our author exemplifies only two, viz., विशेषस्य सामान्येन समर्थनम्, and कारणस्य कार्येण समर्थनम्. Examples of the other two, viz., (3) सामान्यस्य विशेषेण वैधर्म्येण समर्थनम्, and (4) कार्यस्य कारणेन वैधर्म्येण समर्थनम्, are:—(3) गुणानामेव दौरात्म्याद्धुरि धुर्यो नियुज्यते। असञ्जातकिणस्कन्धः सुखं स्वपिति गौर्गलिः ॥ (गुणरूपदोषादेव धुर्यः श्रेष्ठः धुरि कार्यभारे नियुज्यते। असञ्जातकिणः स्कन्धः यस्य । यः आसञ्जितं युगं बलात्पातयति स गौर्गलिः। उद्द्योत p. 82); (4) सहसा विदधीत etc..—Here the effect of अविवेक (which is the opposite of सहसाविधानाभाव) viz. आपत्पदत्व is justified by the cause (सहसाविधानाभाव) which is the same as विमृश्यकारित्व mentioned in the 2nd half).

The name अर्थान्तरन्यास is significant. 'अर्थ्यते इति अर्थः प्रस्तुतः इति यावत्।' एकावली p. 266; अन्यः अर्थः अर्थान्तरम् तस्य न्यासः. Compare the following definitions 'ज्ञेयः सोऽर्थान्तरन्यासो वस्तु प्रस्तुत्य किंचन। तत्साधनसमर्थस्य न्यासो योऽन्यस्य वस्तुनः॥' K. D. II. 169; 'उपन्यसनमन्यस्य यदर्थस्योदितादृते। ज्ञेयः सोऽर्थान्तरन्यासः पूर्वार्थानुगतो यथा॥' भामह II. 71.

Our author, in the treatment of अर्थान्तरन्यास, slavishly follows the अलं. स. Although this figure is of the most frequent occurrence, next to उपमा, रूपक and उत्प्रेक्षा, he borrows some of the examples also from अलं. स. 'निर्दिष्टस्याभिहितस्य समर्थनार्हस्य प्रकृतस्य समर्थकात् पूर्वं पश्चाद्वा निर्दिष्टस्य यत्समर्थनं उपपादनम्, न त्वपूर्वत्वेन प्रतीतिरनुमानरूपा सोऽर्थान्तरन्यासः । तत्र सामान्यं विशेषस्य विशेषो वा सामान्यस्य समर्थक इति द्वौ भेदौ। तथा कार्यं कारणस्य कारणं वा कार्यस्य समर्थकमित्यपि द्वौ भेदौ । तत्र भेदचतुष्टये प्रत्येकं साधर्म्यवैधर्म्याभ्यां भेदद्वयेऽष्टौ भेदाः। हिशब्दाभिधानानभिधानाभ्यां समर्थकपूर्वोपन्यासोत्तरोपन्यासाभ्यां च भेदान्तरसम्भवेऽपि न तद्गणना सहृदयहृदयहारिणी । वैचित्र्यस्याभावात् । तस्मादष्टकमेवेहोट्टङ्कितम् ।' अल. स. p. 109. In अर्थान्तरन्यास, the proposition to be supported is generally placed first and the proposition that supports is placed last. But this order may be reversed. Similarly, the relation of समर्थ्य and समर्थक may be directly expressed by such words as यतः, यत्, हि etc. or it may be left to be understood. "अस्मिन्नलङ्कारे समर्थ्यसमर्थकभाव आर्थः शाब्दश्चालङ्कारताप्रयोजकः । न तु काव्यलिङ्गे हेतुहेतुमद्भाव इवार्थ एव । हि यत् यतः इत्यादेः प्रतिपादकस्याभावे आर्थः ।......तत्सत्त्वे शाब्दः ।" R. G. p. 472. Compare 'समर्थकस्य पूर्वं यद्वचोऽन्यस्य च पृष्ठतः । विपर्ययेण वा यत्स्याद्धिशब्दोक्त्याऽन्यथापि वा ॥ ज्ञेयः सोऽर्थान्तरन्यासः प्रकृतार्थसमर्थनात् । अप्रस्तुतप्रशंसाया दृष्टान्ताच्च पृथक्स्थितः ॥' उद्भट II. 7-8.

The अलं. स. has been severely criticized for saying that अर्थान्तरन्यास occurs also when an effect is justified by a cause or *vice versa.* The अलं. स. and our author perhaps stand alone in holding this view. Even Jayaratha, the commentator of सर्वस्व, says 'कार्यकारणभावाश्रयस्य भेदद्वयस्य काव्यलिङ्गत्वं ग्रन्थकृदेव वक्ष्यतीति सामान्यविशेषभावाश्रयमेव भेदद्वयमाश्रयणीयम् ।' विम० p. 109. Jagannātha says that when the cause is justified by the effect or the effect by the cause, the figure is काव्यलिङ्ग (which is admitted by the अलं. स. and our author also) "यत्तु 'कारणेन कार्यस्य कार्येण कारणस्य वा समर्थनम्' इत्यपि भेदद्वयमर्थान्तरन्यासस्यालङ्कारसर्वस्वकारो न्यरूपयत्, तन्न । तस्य काव्यलिङ्गविषयत्वात्, अन्यथा 'वपुःप्रादुर्भावात्' इति सकलालङ्कारिकसिद्धं काव्यलिङ्गोदाहरणमसङ्गतं स्यात् । अपरार्धे वाक्यार्थद्वयस्य कारणत्वेनार्थान्तरन्यासोदाहरणतापत्तेः ।" R. G. p. 474. The verse referred to in the quotation from R. G. is "वपुःप्रादुर्भावादनुमितमिदं जन्मनि पुरा पुरारे न प्रायः क्वचिदपि भवन्तं प्रणतवान् । नमन्मुक्तः संप्रत्यहमतनुरग्रेऽप्यनतिभाग् महेश क्षन्तव्यं तदिदमपराधद्वयमपि ॥". This is cited as an example of काव्यलिङ्ग by Mammaṭa and many other rhetoricians. Here the effect, viz., अपराधद्वयम्, is justified by the two causes, पुरा क्वचिदपि न प्रणतवान्, अग्रेऽपि अनतिभाक्. This would be an example of अर्थान्तरन्यास according to the अलं. स. and our author. But that would be going against all weighty authority. So अर्थान्तरन्यास should be so defined as not to trench upon the province of काव्यलिङ्ग. This can be effected by saying that अर्थान्तरन्यास occurs when a particular is supported by a general proposition and a general by a particular; while in काव्यलिङ्ग the effect is justified by the cause or *vice versa.* Compare उद्योत 'कारणेन कार्यस्य कार्येण कारणस्य वा समर्थनं काव्यलिङ्गस्य विषय इति बोध्यम् । समर्थ्यसमर्थकयोः सामान्यविशेषभावसम्बन्धेऽयं, तदितरसम्बन्धे काव्यलिङ्गमित्युपगमात् ।' p. 82. It should not be forgotten that this distinction is not approved of by our author and that he tries to show that even when अर्थान्तरन्यास is defined as done by him, काव्यलिङ्ग will have a province quite distinct from अर्थान्तरन्यास. We shall see this later on under काव्यलिङ्ग.

अर्थान्तरन्यास must be disitnguished from दृष्टान्त. In the former, a particular proposition is supported by a general one and *vice versa*; while in the latter, a general is illustrated by a general and a particular by a particular. Compare 'अनुपपद्यमानतया सम्भाव्यमानस्यार्थस्योपपादनार्थं यदर्थान्तरं न्यस्यते सोऽर्थान्तरन्यासः । दृष्टान्ते तु सामान्यं सामान्येन विशेषो विशेषेण समर्थ्यते इति ततो भेदः।' उद्योत p. 81. We must also distinguish between अर्थान्तरन्यास and अप्रस्तुतप्रशंसा, where from the description of an अप्रस्तुत विशेष or सामान्य, the प्रस्तुतसामान्य or विशेष is implied. In अर्थान्तरन्यास, *both* the *general* and *particular* propositions are expressly *mentioned;* while in अप्रस्तुतप्रशंसा the अप्रस्तुत विशेष or सामान्य is expressly mentioned and the *general* or *particular* (which is प्रस्तुत) is left to be *implied.*

Jagannātha speaks of an अलङ्कार called उदाहरण, which occurs when, in order to understand a general proposition laid down, a particular case of that proposition is mentioned and the relation of the two as अवयव and अवयवि is expressed by such words as इव, यथा, निदर्शन etc. 'सामान्येन निरूपितस्यार्थस्य सुखप्रतिपत्तये तदेकदेशं निरूप्य तयोरवयवावयविभाव उच्यमान उदाहरणम् ।' R. G. p. 213. Examples are अमितगुणोऽपि पदार्थो दोषेणैकेन निन्दितो भवति । निखिलरसायनराजो गन्धेनोग्रेण लशुन इव ॥ उपकारमेव कुरुते विपद्गतः सद्गुणो नितराम् । मूर्च्छां गतो मृतो वा निदर्शनं पारदोऽत्र रसः ॥'. What distinguishes this figure, according to Jagannātha, from अर्थान्तरन्यास is that in उदाहरण, some word, such as इव, यथा, निदर्शन, which conveys the relation of अवयव and अवयवि is present, while in अर्थान्तरन्यास it is *not* present; and that in उदाहरण the predicate of the particular case is the same as that of the general proposition first laid down, as निन्दितो भवति in 'अमितगुणोऽपि' etc. "अस्मिंश्चालङ्कारेऽवयवावयविभावबोधकस्येवशब्दादेः प्रयोगः सामान्यविशेषयोरेकरूपविधेयान्वयश्चार्थान्तरन्यासभेदाद्वैलक्षण्याधायक इति ।" R. G. p. 215; also pp. 472–473. On this some say that the figure in उपकारमेव etc. is nothing but अर्थान्तरन्यास, for निदर्शन means nothing but समर्थक. Others say that the figure is Upamā. Very few writers recognise this figure. "प्राञ्चस्तु वदन्ति 'नायमलङ्कारो(उदाहरणालङ्कारो) अतिरिक्तः । उपमयैव गतार्थत्वात् । न च सामान्यविशेषयोः सादृश्यानुल्लासात्कथमुपमेति वाच्यम् । 'निर्विशेषं न सामान्यं' इति सामान्यस्य यत्किञ्चिद्विशेषं विना प्रकृतत्वायोगात्तादृशविशेषमादाय विशेषान्तरस्य सादृश्योल्लासे बाधकाभावादिवादिभिरामुखे प्रतीयमानस्यापि सामान्यविशेषभावस्य परिणामे सादृश्ये एव विश्रान्तेः' इत्यप्याहुः ।" R. G. pp. 215–16. "ननु 'उपकारमेव' इत्यत्र कोऽलङ्कार इति चेदयमेव (अर्थान्तरन्यास) एव) । निदर्शनशब्दस्य समर्थकपरत्वात् । उपमाऽत्रालङ्कार इति कश्चित् । एतेनोदाहरणालङ्कारोऽयमतिरिक्त इत्यपास्तम् ।" उद्योत p. 82. The Chandrāloka and the Kuvalayānanda speak of another figure called

विकस्वर where first a particular proposition is supported by a general one and then a particular case is mentioned. "यस्मिन्विशेषसामान्यविशेषाः स विकस्वरः । स न जिग्ये महान्तो हि दुर्धर्षाः सागरा इव ॥". The कुवलयानन्द cites the following as an example:—'अनन्तरत्नप्रभवस्य यस्य हिमं न सौभाग्यविलोपि जातम् । एको हि दोषो गुणसंनिपाते निमज्जतीन्दोः किरणेष्विवाङ्कः ॥' कुमार I. 2. This, however, does not deserve to be a separate figure. There is संसृष्टि of two अर्थान्तरन्यासs or of अर्थान्तरन्यास and उपमा. "एवं चार्थान्तरन्यासस्य तस्य चार्थान्तरन्यासप्रभेदयोश्च संसृष्ट्यैवोदाहरणानां त्वदुक्तानां गतार्थत्वे नवीनालङ्कारस्वीकारानौचित्यात् । अन्यथोपमादिप्रभेदानामनुग्राहकतया संनिवेशेऽलङ्कारान्तरकल्पनापत्तेः । 'वीक्ष्य रामं घनश्यामं ननृतुः शिखिनो वने ।' इत्यत्रोपमापोषितायां भ्रान्तावलङ्कारान्तरत्वप्रसङ्गाच्च ।" R. G. p. 475.

अर्थान्तरन्यास occurs very frequently. The Śatakas of Bhartṛhari exhibit many charming examples. Kālidāsa also is very fond of this figure. Compare 'सरसिजमनुविद्धं शैवलेनापि रम्यं मलिनमपि हिमांशोर्लक्ष्म लक्ष्मीं तनोति । इयमधिकमनोज्ञा वल्कलेनापि तन्वी किमिव हि मधुराणां मण्डनं नाकृतीनाम् ॥' शा. I; 'भवन्ति नम्रास्तरवः फलागमैर्नवाम्बुभिर्दूरविलम्बिनो घनाः । अनुद्धताः सत्पुरुषाः समृद्धिभिः स्वभाव एवैष परोपकारिणाम्॥' शा० V. In both these verses, there are other figures also.

29 काव्यलिङ्गम् (Poetical Cause).

When a reason is implied in (1) a sentence or (2) a word, it is termed काव्यलिङ्ग. हेतोर्वाक्यपदार्थत्वे = हेतोर्वाक्यार्थत्वे पदार्थत्वे च.

तत्र वाक्यार्थता......गोपयत्युग्रमूर्धनि (P. 46, l. 22-p. 47, l. 2). यत्त्वन्नेत्र......क्षम्यते. क्षेमेन्द्र in his सुवृत्ततिलक (p. 47) ascribes this verse to श्रीयशोवर्मन् (probably the same as the patron of भवभूति and वाक्पतिराज, about 700 A. D.); the verse is cited as an example of काव्यलिङ्ग in the अलं. स. (p. 144). Some person who is gone on a long journey and whose mind becomes excited at the approach of the rainy season says this (according to राम०). यत् त्वन्नेत्रसमानकान्ति (त्वन्नेत्राभ्यां समाना कान्तिर्यस्य) इन्दीवरं तत् सलिले मग्नम्; मुखस्य छायां कान्तिमनुकरोतीति मुखच्छायानुकारी शशी मेघैः अन्तरितः (तिरोहितः); येऽपि त्वद्गमनानुसारिगतयः (त्वद्गमनानुसारिणी गतिः येषां) ते राजहंसा गताः (मानससरोवरमिति शेषः); त्वत्सादृश्यविनोदमात्रमपि (तव सादृश्यं तेन विनोदः, विनोद एव विनोदमात्रम्) मे दैवेन न क्षम्यते. In this stanza, the fourth line asserts that 'Fate does not allow me to derive even that consolation which things resembling you would give.' The first three lines imply the three reasons for this assertion. Here the reason is implied in a sentence

(हेतोर्वाक्यार्थता). The second variety, viz. हेतोः पदार्थता, may occur, when the हेतु is implied in a single word or in many words (not forming a sentence). त्वद्वाजि......हरः—त्वद्वाजिराजिभिः (तव अश्वनिवहैः) निर्धूतं यत् धूलिपटलं तेन पङ्किलाम् (पङ्कमयीं) गङ्गां भूरिभारभिया हरः (शिवः) शिरसा न धत्ते. In this verse, the first half which is a single word (being a compound), implies the reason of the assertion made in the 2nd. पश्यन्त्यसंख्य......मूर्धनि. देव (राजन्), त्वद्दानजलवाहिनीम् असंख्यपथगां (संख्यातीतैः प्रवाहैः गच्छन्तीम्) पश्यन्ती त्रिपथगा (गङ्गा; पक्षे त्रिभिः एव मार्गैर्गच्छतीति) आत्मानम् उग्रमूर्धनि (उग्रः शिवः, 'उग्रः कपर्दी श्रीकण्ठः' अमर. I. 1. 32, तस्य शिरसि) गोपयति. Here, for the assertion that the Ganges hides herself on the head of Śiva, the implied reason is contained in the words पश्यन्त्यसंख्यपथगां त्वद्दानजलवाहिनीम्. The reason is not contained in one word, but in many; but there is not a complete sentence.

It should be carefully remembered that to constitute the figure काव्यलिङ्ग, the हेतु must be *implied* and not expressed by the instrumental or ablative case. Therefore the verse "प्रजानां विनयाधानाद्रक्षणाद्भरणादपि । स पिता पितरस्तासां केवलं जन्महेतवः ॥" (रघु० I. 24) is not an example of काव्यलिङ्ग, as the हेतु is directly mentioned by the ablative cases. Compare "तेन 'भयानकत्वात्परिवर्जनीयो दयाश्रयत्वादसि देव सेव्यः' इत्यादौ नायमलङ्कारः । गम्यमानहेतुकत्वस्यैव हेतोः सुन्दरत्वेनालङ्कारिकैः काव्यलिङ्गताभ्युपगमात् ।" R. G. p. 466.

The word लिङ्ग means 'a sign, reason'. The reason why the figure is called काव्यलिङ्ग is given by कुव० (p. 127) as "व्याप्तिधर्मता-[व्याप्तिपक्षधर्मता?] सापेक्षनैयायिकलिङ्गव्यावर्तनाय काव्यविशेषणम्." *Vide* "पक्षधर्मत्वान्वयव्यतिरेकानुसरणगर्भतया यथा तार्किकप्रसिद्धा हेतवो लोकप्रसिद्धवस्तुविषयत्वेनोपनिबध्यमाना वैरस्यमावहन्ति न तथा काव्यहेतुः । अतिशये सर्वेषां जनानां योऽसौ हृदयसंवादी सरसः पदार्थस्तन्निष्ठतया उपनिबध्यमानत्वात् । अतः काव्यलिङ्गमिति काव्यग्रहणमुपात्तम् । न खलु तच्छास्त्रलिङ्गं, किं तर्हि काव्यलिङ्गमिति काव्यग्रहणेन प्रतिपाद्यते ।" प्रतीहारेन्दुराज on उद्भट VI. 16.

इह केचिद्......काव्यलिङ्गात् (P. 47, ll. 3-6). इह केचिद्......नाद्रियन्ते. Some writers do not admit those cases of अर्थान्तरन्यास which are based upon the relation of causation, because they suppose that they fall under काव्यलिङ्ग residing in a sentence. The writers here referred to are Mammaṭa and others. We have already dwelt upon this difference of view in our notes on अर्थान्तरन्यास. तदयुक्तम्......इति पृथगेव etc. Our author declares that this view is quite wrong. The reason is as follows:—A cause is here *i. e.* in the province of poetry, three-fold, viz. Indicative (ज्ञापक lit. Informative), Productive, Justificative

(or confirmatory). The ज्ञापकहेतु is the province of the figure called Inference, the निष्पादक that of काव्यलिङ्ग and the समर्थक that of अर्थान्तरन्यास. Thus अर्थान्तरन्यास founded upon the relation of causation is quite distinct from काव्यलिङ्ग. What the author means by the three words ज्ञापक, निष्पादक and समर्थक is as follows:—When we see smoke on a mountain, we infer fire. Here smoke is the हेतु of the inference of fire. Smoke simply indicates that there is fire (*i. e.* the हेतु is ज्ञापक); it does not *produce* fire (*i. e.* it is not निष्पादक). Or to take another example; it is a general rule in Grammar that in a Dvandva compound, a word with a smaller number of syllables should be placed before another with a larger number of syllables. But Pāṇini himself gives such sūtras as 'लक्षणहेत्वोः क्रियायाः' (where the word लक्षण containing three syllables is placed before हेतु containing only two) and thereby indicates that the rule above referred to is not rigid (*i. e.* the sūtra is a ज्ञापक). Sometimes a हेतु actually produces a thing or a state of things. For example, in the verse पश्यन्त्यसंख्य etc, the fact of seeing another river with numberless mouths would actually produce the result, viz., the Ganges concealing herself out of shame (because it has only three streams). Here the हेतु actually produces or would produce a result, and does not merely *indicate* the existence of another thing (as smoke does). By a समर्थकहेतु as exemplified in 'पृथ्वि स्थिरा भव,' the author means:— A special degree of firmness is demanded of the Earth, which is already firm; this special demand is justified by the हेतु, viz, Rāma's stringing the bow of Śiva. It must be remarked upon these views of our author that he is perhaps alone in this three-fold classification of हेतुs. The line drawn between निष्पादक and समर्थक appears to us, to say the least, very thin. There is no reason why what is called समर्थक cannot be निष्पादक as well. Rāma's stringing the bow of Śiva would actually give rise to a demand for more firmness on the part of the earth, *i. e.* the हेतु is निष्पादक, just as the water of gifts flowing in numberless streams gives rise to the Ganges' concealing itself. Moreover, the author goes against all authority in giving this three-fold division. Daṇḍin speaks of only two kinds of हेतुs (apart from अभावहेतुs) 'कारकज्ञापकौ हेतू तौ चानेकविधौ यथा ॥' K. D. II. 235. An example of कारकहेतु is 'चन्दनारण्यमाधूय स्पृष्ट्वा मलयनिर्झरान् । पथिकानामभावाय पवनोऽयमुपस्थितः ॥'. Here the advent of the breeze from मलय charged with the fragrance of sandalwood is what actually would cause the death of the love-lorn travellers, *i. e.* the हेतु is कारक. An example of ज्ञापकहेतु is 'गतोऽस्तमर्को भातीन्दुर्यान्ति वासाय पक्षिणः। इतीदमपि साध्वेव कालावस्थानिवेदने॥' K. D. II. 244. Here the setting of the sun and the like indicate that it is time to perform the Sandhyā adoration. The अग्निपु० (B. I. edition) defines हेतु as 'सिसाधयिषितार्थस्य हेतुर्भवति साधकः। कारको ज्ञापक इति द्विधा सोऽप्युपजायते॥' अ० 343. 29-30 (हेतु is that which is a means to accomplish or prove what is desired to be accomplished or proved). The सरस्वतीक०, strictly following the dogma of the grammarians, says 'क्रियायाः कारणं हेतुः कारको ज्ञापकश्च सः। अभावश्चित्र-हेतुश्च चतुर्विध इहेष्यते॥' III. 12. The कारकहेतु is defined as 'यः प्रवृत्तिं च निवृत्तिं च प्रयुक्तिं चान्तरा विशन्। उदासीनोऽपि वा कुर्यात् कारकं तत् प्रचक्षते॥' सरस्वतीक० III. 13 (That which, whether itself acting or not, causes motion, cessation or continuity is termed कारक). About a ज्ञापकहेतु it is said 'द्वितीया च तृतीया च चतुर्थी सप्तमी च यम। क्रियाना-विष्टमात्रष्टे लक्षणं ज्ञापकश्च यः॥'. A ज्ञापक has no व्यापार of its own and it serves as a characteristic of another thing. A ज्ञापक हेतु does not produce an object, but it only indicates its existence; it may itself be the effect and may lead us to infer its cause, as the sight of a flood of water leads us to the inference of heavy rains as the source of a river. The अग्निपु० (B. I. ed) observes 'प्रवर्तते कारकाख्यः प्राक् पश्चात्कार्यजन्मनः॥ पूर्वशेष इति ख्यातस्तयोरेव विशेषयोः। कार्यकारणभावाद्वा स्वभावाद्वा नियामकात्। ज्ञापकाख्यस्य भेदोऽस्ति नदीपूरादिदर्शनात्।' अ० 343. 30–32. The निष्पादक and समर्थक हेतुs of our author are both included under कारक; for we have shown above that no clear line of division can be drawn between them.

तथाहि......काव्यलिङ्गात् (P. 47, ll. 7-14). The author now shows, by referring to the examples, how काव्यलिङ्ग is different from अर्थान्तरन्यास as based upon the relation of causation. यत्त्व-न्नेत्र इत्यादौ......अपेक्षते. अन्यथा means, 'in the absence of the three sentences which are the reasons'. In the verse 'यत्त्वन्नेत्र' etc., the sentence in the fourth line, being incomplete in its significa-tion in the absence of the first three sentences and therefore absurd, indispensably requires the three sentences forming the first three lines for the purpose of completing its sense. What the author means is that the meaning of the 4th line cannot be understood by itself; the line is साकांक्ष; it requires the presence of those circumstances whieh gave rise to the state mentioned in it. 'सहसा विदधीत' इत्यादौ......सोपपत्तिकमेव करोतीति. Construe विधेया with सङ्गतिः. वदामि भवतः तत्त्वं—is parenthetical and means 'I tell you the truth.' The prohibition of heedless dealing contained in 'सहसा विदधीत' etc. is fully intelligible in itself (even without the mention of the reason) on account of the sense being complete, as being a piece of advice similar to that contained in 'परोपकार etc.' सम्पद्वरणं is the subject of करोति, the object being सहसाविधानाभावम्. सोपपत्तिकमेव goes with सहसाविधानाभावम्. The mention of the fact that prosperity chooses only the discreet merely confirms the prohibition (of rash dealing); but is not required for the completion of the sense of 'सहसा विदधीत etc.' What the author means is—We often give advice in the form of cut and dried propositions without stating the reasons for the advice. Similarly, in 'सहसा विदधीत' etc, people are warned against acting rashly; that advice is intelligible in itself; it is निराकांक्ष. If the reason is at all mentioned, it is only to justify the advice given. That is to say, in अर्थान्तरन्यास based upon कार्यकारणभाव, one proposition is quite independent of the other; while in काव्यलिङ्ग, one proposition depends upon another (*i. e.* is साकांक्ष) and would be unintelligible without it. इति पृथगेव......काव्यलिङ्गात. For this reason काव्यलिङ्ग is quite distinct from अर्थान्तरन्यास based upon कार्यकारणभाव. It may be remarked here that the author has not succeeded in convincing us. The only distinction that he has been able to point out does not lie so much in the difference of the हेतुs, as in the fact that in अर्थान्तरन्यास one proposition is independent of the other, while in काव्यलिङ्ग one is dependent on the other. But this also is not a sure guide. In 'पृथ्वि स्थिरा' etc. which is an example of अर्थान्तरन्यास according to our author, it cannot be said that the sentences पृथ्वि स्थिरा भव etc. are independent and complete in sense in themselves. The earth is already firm and it would be nonsense to ask it to be what it already is. Therefore 'पृथ्वि स्थिरा भव' does stand in need of the sense contained in the last line in order to complete its own sense; *i. e.* the sentence पृथ्वि स्थिरा भव is साकांक्ष, just as 'त्वत्साद्दृश्यविनोदमात्रमपि etc.' is; it may, hence, be said that 'पृथ्वि स्थिरा भव' is an example of काव्यलिङ्ग. It should also be noticed that the अलं. सू. which appears to have been the guide of our author surrenders the position taken up by it, viz. that अर्थान्तरन्यास based upon causation is different from काव्यलिङ्ग and says that in holding that view it simply followed उद्भट. It says that the legitimate province of अर्थान्तरन्यास is the relation of सामान्य and विशेष; and that wherever the sense of a sentence constitutes the हेतु, there is काव्यलिङ्ग. It also says that a समर्थक-

वाक्य cannot be said to be independent. "यत्र तु वाक्यार्थो हेतुस्तत्र हेतुप्रतिपादकमन्तरेण हेतुत्वायोपन्यासे (हेतुतयोप० ?) काव्यलिङ्गमेव तटस्थत्वेनोपन्यस्तस्य हेतुत्वेनार्थान्तरन्यासः। एवं चास्यां प्रक्रियायां कार्यकारणवाक्यार्थयोर्हेतुत्वे काव्यलिङ्गमेव पर्यवस्यति। समर्थकवाक्यस्य सापेक्षत्वात् ताटस्थ्याभावात्। ततश्च सामान्यविशेषभावोऽर्थान्तरन्यासस्य विषयः। यत्पुनरर्थान्तरन्यासस्य कार्यकारणगतत्वेन समर्थकत्वमुक्तम्, तदुक्तलक्षणकाव्यलिङ्गमनाश्रित्य। तद्विषयत्वेन लक्षणान्तरस्यौद्भटैरनाश्रितत्वात्।" (अलं. स. p. 148. ०द्भटैराश्रितत्वात्?). उद्भट defines काव्यलिङ्ग as 'श्रुतमेकं यदन्यत्र स्मृतेरनुभवस्य वा। हेतुतां प्रतिपद्येत काव्यलिङ्गं तदुच्यते॥' उद्भट VI. 16. His examples is 'छायेयं तव शेषाङ्गकान्तेः किंचिदनुज्ज्वला। विभूषाघटनादेशान् दर्शयन्ती दुनोति माम्॥' VI. 18. This is an example of हेतोः पदार्थता. Since Udbhaṭa does not give an example of हेतोः वाक्यार्थता, it follows that he included हेतोः वाक्यार्थता under अर्थान्तरन्यास. His definition also is favourable to this construction.

न धत्ते...अलङ्कारत्वात् (**P. 47, ll. 15–18**). In न धत्ते...पङ्किला हि सा, there is no काव्यलिङ्ग, because the reason is clearly and directly mentioned by the use of the particle हि, as if we were to employ the formal expression पङ्किलत्वात् (हरः भूरिभारभिया गङ्गां शिरसा न धत्ते। पङ्किलत्वात् etc.). It has been said above that only a गम्यहेतु (and not an expressed one) constitutes the figure काव्यलिङ्ग. There is no charm in the formal expression पङ्किलत्वात्; and it is strikingness alone that constitutes a figure.

काव्यलिङ्ग must be distinguished from परिकर. In the latter the epithets are significant and the sense suggested from the words contributes to make the expressed meaning striking; while in काव्यलिङ्ग, the sense of the sentence or word itself becomes the reason of another assertion. For example, in अङ्गराज, द्रोणोपहासिन् etc. (which was cited above as an instance of परिकर) the words suggest a sense which makes the expressed meaning more charming; while in 'यत्त्वन्नेत्र' etc. the sense of the first three lines constitutes the reason of the assertion contained in the 4th line. 'ननु साभिप्रायपदार्थवाक्यार्थविन्यसनरूपात्परिकरात् काव्यलिङ्गस्य को भेदः। उच्यते। परिकरे पदार्थवाक्यार्थबलात् प्रतीयमानार्थौ वाच्योपकारतां भजतः। काव्यलिङ्गे तु पदार्थवाक्यार्थावेव हेतुभावं भजतः' कुव० p. 129. Some say that in अर्थान्तरन्यास one sentence is independent and is confirmed by another; while in काव्यलिङ्ग one sentence is not complete in itself and requires the help of another. "यत्रेतरनिरपेक्षस्य वाक्यार्थस्य हेतुत्वं तत्रार्थान्तरन्यासः।" एका० p. 300, on which तरल observes 'समर्थ्यसमर्थकवाक्यार्थयोः सापेक्षत्वे काव्यलिङ्गं निरपेक्षत्वे तु अर्थान्तरन्यास इत्यर्थः।' It would be better to say that when two sentences stand in the relation of सामान्य and विशेष and one of them confirms the other, there is अर्थान्तरन्यास; and when two sentences stand to each other in some other relation and one justifies the other there is काव्यलिङ्ग. "किं च काव्यलिङ्गेऽपि न सर्वत्र समर्थनसापेक्षत्वनियमः।...तस्मादुभयतो व्यभिचारात् समर्थनापेक्षसमर्थने काव्यलिङ्गं तन्निरपेक्षसमर्थनेऽर्थान्तरन्यास इति न विभागः, किं तु समर्थ्यसमर्थकयोः सामान्यविशेषसम्बन्धेऽर्थान्तरन्यासस्तदितरसम्बन्धे काव्यलिङ्गमित्येव व्यवस्थावधारणीया।" कुव० p. 132–133. Or to put it in another way, in काव्यलिङ्ग we understand from the sense a कारकहेतु, while in अर्थान्तरन्यास another proposition is put down for the purpose of a thorough understanding of what is already said. "तस्मात् साक्षात्परम्परया वा यत्र कारकहेतुरर्थतोऽवगम्यते तत्काव्यलिङ्गम्। उक्तार्थदृढप्रत्ययाय यत्रार्थान्तरन्यसनं तत्रार्थान्तरन्यासः।" प्रभा p. 425.

Ancient writers like Daṇḍin and Bhāmaha do not speak of काव्यलिङ्ग at all. Some say that काव्यलिङ्ग is not a figure at all, because in it there is no special charm that is striking. A striking charm is due to the poet's imagination. But in काव्यलिङ्ग there is no scope for a poetic flight, as it deals with the relation of cause and effect which belongs to ordinary life and is not due to the poet's fancy. If it be said that there is a charm in काव्यलिङ्ग when combined with श्लेष, the reply is that then the charm being due to श्लेष alone, the figure will be श्लेष and not काव्यलिङ्ग. Therefore, they say that what is called काव्यलिङ्ग is simply the absence of the fault called निर्हेतुत्व*. 'अत्र वदन्ति–काव्यलिङ्गं नालङ्कारः। वैचित्र्यात्मनो विच्छित्तिविशेषस्याभावात्। स हि जन्यतासंसर्गेण कविप्रतिभाविशेषः तन्निर्मितत्वप्रयुक्तश्चमत्कृतिविशेषो वेत्युक्तम्। न चानयोरन्यतरस्याप्यत्र सम्भवः। हेतुहेतुमद्भावस्य वस्तुसिद्धत्वेन कविप्रतिभानिर्वर्त्यायोगात्। अत एव चमत्कृतिरपि दुर्लभा। श्लेषादिसंमिश्रणेन विच्छित्तिविशेषोऽत्राप्यस्तीति तु न वाच्यम्। तस्य श्लेषाद्यंशप्रयोज्यत्वेन काव्यलिङ्गस्यालङ्कारतायास्तथाप्यसिद्धेः। यत्र तूपस्कारकवैचित्र्याद्विलक्षणं तदुपस्कार्यवैचित्र्यं तत्रास्तु नामोपस्कारकादुपस्कार्यस्य पृथगलङ्कारत्वम्। यथातिशयोक्तेर्हेतुफलोत्प्रेक्षयोः। यत्र तूपस्कारकवैचित्र्य एव विश्रान्तिस्तत्रोपस्कार्यमनलङ्कार एव। यथा प्रकृते। एवं तर्हि बहूनामलङ्कारत्वेन प्राचीनैरूरीकृतानामनलङ्कारतापत्तिरिति चेत्, अस्तु। किं नश्छिन्नम्। तस्मात् 'निर्हेतुरूपदोषाभावः काव्यलिङ्गम्' इत्यपि वदन्ति।" R. G. p. 470.

30 अनुमानम् (Inference).

साधनात् साध्यस्य विच्छित्त्या ज्ञानं अनुमानम्—Anumāna is the knowledge of the *sādhya*, expressed in a striking manner,

---

* On this दोष, प्रदीप remarks 'निर्हेतुर्निष्क्रान्तो हेतुर्यस्मात्। यथा–'गृहीतं येनासीः परिभवभयान्नोचितमपि प्रभावाद्यस्याभून्न खलु तव कश्चिन्न विषयः। परित्यक्तं तेन त्वमसि सुतशोकान्न तु भयाद्विमोक्ष्ये शस्त्र त्वामहमपि यतः स्वस्ति भवते॥'—अत्र स्वशस्त्रत्यागहेतुर्नोपात्तः।" p. 280.

from the *sādhana.* The words साध्य and साधन are well-known to the student of Nyāya. साधन is that which goes to prove the existence of one thing on another, as in 'पर्वतो वह्निमान् धूमात्,' where धूम is the साधन, which, being known to be invariably associated with fire, proves the existence of fire on the mountain. साध्य is that the existence of which on a particular thing is to be proved by means of the साधन. The word विच्छित्त्या serves to distinguish a poetic अनुमान from one which is purely logical. The inference must be a charming one; it must be due to the poet's fancy; and must not be purely matter of fact. Therefore 'पर्वतो वह्निमान्' etc. is not an example of the figure called अनुमान. Besides, in a poetical अनुमान, the five members of a complete logical syllogism are not mentioned; only the साध्य and साधन (and of course पक्ष) are mentioned. "अस्य च कविप्रतिभोल्लिखितत्वेन चमत्कारित्वे काव्यालङ्कारता" R. G. p. 475; "यत्र शब्दवृत्तेन पक्षधर्मान्वयव्यतिरेकवत् साधनं साध्यप्रतीतये निर्दिश्यते सोऽनुमानालङ्कारः। विच्छित्तिविशेषश्चात्रार्थाश्रयणीयः। अन्यथा तर्कानुमानात्किं वैलक्षण्यम्।" अलं. स. p. 146; "अत्र साध्यसाधनकथनमात्राभिधानं व्याप्त्यादिप्रदर्शनं न कर्तव्यमित्युपदेशे पर्यवसितम्। इतरथा कथमेतत्तर्कानुमानतो भेदं भजेत् किं च पञ्चावयवत्वे सत्यपि अवयवान्तरानुपादानं पौनरुक्त्यपरिहाराय।" एका० p. 302.

जानीमहे......कुड्मलताक्षिपद्मे (P. 47, ll. 21-22). अस्याः सारसाक्ष्याः (कमलनयनायाः) हृदि प्रियवक्त्रचन्द्रः (प्रियस्य वक्त्रमेव चन्द्रः) अन्तः विराजते (इति) जानीमहे (तर्कयामः) प्रसृतैः उत्कान्तिजालैः (उद्गता कान्तिः उत्कान्तिः तस्याः जालैः) तदङ्गेषु (तस्याः अङ्गेषु) आपाण्डुता (वर्तते इति शेषः) अक्षिपद्मे (अक्षि एव पद्मम् तस्मिन्) कुड्मलता (वर्तते).

The paleness of the limbs and the closing (कुड्मलता literally means 'being a bud") of the eyes are really due to separation but the poet fancies them to be due to the rays of the moon. The moon's rays are pale and therefore the body appears pale; and as lotuses close their petals in the moonlight, the lotus-like eyes are represented as closing. As there can be no moonlight without the moon, the poet infers that the moon shines in her heart. Here the साध्य is the moon shining. The साधन is the paleness of the body and the closing of the eyes caused by the bursting rays of the moon. The पक्ष is the heart of the woman. The argument may be put in a syllogism as follows—अस्याः हृदयं विराजत्प्रियवक्त्रचन्द्रयुक्तम्, किरणजन्याङ्गपाण्डुताक्षिपद्मकुड्मलत्वात्, *i. e.* the प्रतिज्ञा is 'her heart (पक्ष) has a moon in the form of her lover's face shining in it' (साध्य); the reason (हेतु or साधन) is 'because there is paleness of limbs in her and closing of lotuses (eyes) caused by the moon's rays'. अत्र साध्यसाधनयोर्धर्मिगतत्वं विशेषणं देयमेव.

अत्र......विच्छित्तिः In the foregoing verse the strikingness was based upon the figure रूपक. The अनुमान here is helped by the superimposition of चन्द्र on वक्त्र and पद्म on अक्षि. In the same way अनुमान may be based on other figures.

यत्र पतत्यबलानां......स्मरो मन्ये (P. 47, ll. 25-26). (यतः) यत्र अबलानां दृष्टिः पतति तत्र निशिताः शराः पतन्ति तत् (तस्मात्) चापरोपितशरः (चापे रोपिताः शराः येन) स्मरः (मदनः) आसां अबलानां पुरः धावति (इति) मन्ये. Here the साध्य is Cupid's running in front of the women with a strung bow; the साधन is the falling of arrows in the form of the glances of the women; and the पक्ष is women. The argument may be put as follows:—एताः अबलाः पुरोधावच्चापरोपितशरत्वविशिष्टमनोभवाः, निपतन्निशितबाणदृष्टियुक्तत्वात्; *i. e.* the प्रतिज्ञा is these women (पक्ष) have Cupid running before them with a bow etc. (the साध्य); the reason is 'because they shoot glances which are sharp arrows etc.' अत्र कवि......विच्छित्तिः— Here the charm rests simply upon the imaginative description of the poet (and not upon रूपक or any other figure as in the first example). The second example is closely similar to the example of अनुमान cited by Mammaṭa (and by अलं. स. also) viz. 'यत्रैता लहरीचलाचलदृशो व्यापारयन्ति भ्रुवं यत्तत्रैव पतन्ति सन्ततममी मर्मस्पृशो मार्गणाः । तच्चक्रीकृतचापमञ्चितशरप्रेङ्खत्करः क्रोधनो धावत्यग्रत एव शासनधरः सत्यं सदासां स्मरः ॥'. कविप्रौढोक्तिवशात्—This word is employed in the ध्वन्यालोक (कारिका II. 27) प्रौढोक्तिमात्रनिष्पन्नशरीरः संभवी स्वतः। अर्थोऽपि द्विविधो ज्ञेयो वस्तुनोऽन्यस्य दीपकः ॥). An example of कविप्रौढोक्तिमात्रनिष्पन्नशरीर is सज्जयति सुरभिमासो न तावदर्पयति युवतिजनलक्ष्यमुखान्। अभिनवसहकारमुखान्नवपल्लवपत्रलाननङ्गस्य शरान् ॥; vide लोचन p. 106 for explanation. 'प्रकर्षेणोढः सम्पादयितव्येन वस्तुना प्राप्तस्तत्कुशलः प्रौढः । उक्तिरपि समर्पयितव्यवस्त्वर्पणोचिता प्रौढेत्युच्यते ।' लोचन.

It should be noted that in the first example, the साध्य was first mentioned and then the साधन; while in the second example the साधन is mentioned first and the साध्य last. In the formal syllogism, the साध्य is stated first (in the प्रतिज्ञा) and then the साधन. In the poetical अनुमान, this order need not be strictly adhered to.

It should be remembered that the word अनुमान is loosely employed in Rhetoric. The technical meaning of अनुमान is 'अनुमितिकरण'. According to the Naiyāyikas, the करण of अनुमिति (*i. e.* the अनुमान) is परामर्श (otherwise called तृतीयलिङ्गपरामर्श); others say that लिङ्गज्ञान or व्याप्तिज्ञान is the करण of अनुमिति. The rhetoricians define अनुमान as the knowledge of the साध्य from the साधन; *i. e.* they apply the word अनुमान to the resulting judgment (the अनुमिति) and not to the करण of that judgment. The word अनुमान, in the strict sense, is to be explained as अनुमीयते अनेन इति अनुमानम् (करणे ल्युट्); while the word अनुमान as employed by the rhetoricians is to be explained as अनुमीयते इति अनुमानम् (भावे ल्युट्). "अनुमितिरेवानुमानम् । तस्याश्च वाच्यत्वलक्ष्यत्वप्रतीयमानत्वध्वन्यमानत्वानां साम्राज्यम् । ल्युटश्च करणे इव भावेऽपीति ।" R. G. p. 476.

उत्प्रेक्षाया......उभयोर्भेदः (P. 47, ll. 27–28). In the example of अनुमान the words जानीमहे and मन्ये* were used. It has been said above (text p. 32) that in Utprekṣā such words as मन्ये, शङ्के, ध्रुवम् are employed. A question arises:—what is the distinction between उत्प्रेक्षा and अनुमान? The answer is:—In उत्प्रेक्षा, the knowledge is not certain; while here it is attended with certainty. We have seen above that in उत्प्रेक्षा one thing is represented as probably idential with another; there is उत्कटैककोटिकः सन्देहः; while in अनुमान, there is no trace of doubt. अनुमान must be clearly distinguished from काव्यलिङ्ग. The author has already told us that a ज्ञापकहेतु is the province of अनुमान; while a निष्पादकहेतु is that of काव्यलिङ्ग. In काव्यलिङ्ग, the cause is an efficient one (कारक) *i. e.* it actually produces something else; while in अनुमान, the हेतु is only indicatory, as smoke. It cannot be said that smoke is the cause of fire; smoke only indicates the existence of fire. In त्वद्वाजिराजि (text p. 46, l. 28) that presence of mud would be a cause of not bearing the Ganges on the head. Some distinguish between काव्यलिङ्ग and असुमान in another way. The subject of the figure अनुमान is that reason [लिङ्ग] which the poet wishes the reader to know as employed by him (by the poet) to arrive at the inference; while in काव्यलिङ्ग, the inference is not drawn by the poet, but is left to be drawn by the reader. In other words, in अनुमान the poet composes his verse in such a manner that his intention is that the reader should know that the inference has been drawn by the poet himself and put in the mouth of a person; while in काव्यलिङ्ग the poet intends to leave the inference to the reader. "तस्मात्साक्षात्परम्परया वा यत्र कारकहेतुरर्थतोऽवगम्यते तत्काव्यलिङ्गम्। उक्तार्थदृढप्रत्ययाय यत्रार्थान्तरन्यसनं तत्रार्थान्तरन्यासः। किञ्चिदर्थज्ञापकतया हेतुकथनमनुमानमित्येव व्यवस्था कृता।......अनुमाने तु ज्ञापकहेतूपन्यासः। अस्मादिदं गम्यते इति। तेन यत्र ज्ञापकहेतुनाऽनुमितिः कवितात्पर्यविषया तत्रानुमानालङ्कार इति दिक्।" प्रभा p. 425; "श्रोतुर्यल्लिङ्गकानुमितिबुबोधयिषया कविः काव्यं निर्मिमीते तल्लिङ्गकमनुमानालङ्कृतेर्विषयः काव्यव्यापारगोचरीभूतानुमितिकरणमिति निष्कर्षः। काव्यलिङ्गजानुमितिस्तु कविना न श्रोतुर्बुबोधयिषिता। अत एवासौ न काव्यव्यापारगोचरः। श्रोतुः केवलं कारणवशाज्जायत इति नास्त्येवात्र जायमानायामप्यनुमितावनुमानालङ्कृतेर्विषयः।......अपि च कविनिबद्धप्रमात्रन्तरनिष्ठानुमितिरनुमानालङ्कृतिं प्रयोजयति। श्रोतृनिष्ठा महावाक्यार्थनिश्चयानुकूला तु काव्यलिङ्गमिति महान्विशेषः।" R. G. p. 469.

* Vide the remark of R. G. "इह यत्र लिङ्गलिङ्गिनोः सत्त्वं तत्र मन्ये शङ्के अवैमि जाने इत्यादिपदानामनुमितिबोधकत्वम्, यत्र तु सादृश्यादिनिमित्तसद्भावस्तत्रोत्प्रेक्षाबोधकतेति विवेकः।......मन्ये इत्यादिवाचकपदोपादाने वाच्यमनुमानम्। वक्ति-कथयतीत्यादिलक्षकपदोपादाने लक्ष्यम्।" p. 476.

Examples of the figure अनुमान are:—मधु तिष्ठति वाचि योषितां हृदि हालाहलमेव केवलम् । अत एव निपीयतेऽधरो हृदयं मुष्टिभिरेव ताड्यते ॥; तस्मिन्मणिव्रातहतान्धकारे पुरे निशालोपविधानदक्षे । सद्यो वियुक्ता दिवसावसानं कोकाः सशोकाः कथयन्ति नित्यम् ॥ (from R. G. p. 475); तव सुचरितमङ्गुलीय नूनं प्रतनु ममेव विभाव्यते फलेन । अरुणनखमनोहरासु तस्याश्च्युतमसि लब्धपदं यदङ्गुलीषु ॥ शा० VI.

31 हेतुः (Cause).

हेतोर्हेतुमता (कार्येण) सह अभेदेन अभिधा हेतुः—When a cause is expressed as identical with the effect, there is the figure हेतु. An example is "तारुण्यस्य विलासः समधिकलावण्यसम्पदो हासः । धरणितलस्याभरणं युवजनमनसो वशीकरणम् ।". This verse is the author's own and is cited by him in the 3rd Parichcheda. Here, from the context, we understand that it is the heroine that is being describd. Here, the heroine, who is the *cause* of the subjugation of the minds of youths, is described as the *subjugation itself* of the minds of young men. विलासहासयो......लङ्कारः—अध्यवसाय has been explained above in the notes on लक्षणा (p. 51) and अतिशयोक्ति (p. 155). The author says that the figure हेतु occurs by itself in the 4th *pāda* viz. in युवजनमनसो वशीकरणम्; while in तारुण्यस्य विलासः and लावण्यसम्पदो हासः, the figure is based upon अध्यवसाय. It cannot be said that the woman is the cause of तारुण्यविलास or of सम्पद्धास; while the woman is really the cause of युवजनमनोवशीकरण. So in तारुण्यस्य विलासः, the charm lies in the woman's being swallowed up as it were by विलास, as is the case in the first kind of अतिशयोक्ति. In युवजनमनसो वशीकरणम्, the charm lies in the woman's (the cause) being identified with the subjugation (the effect). वैचित्र्यं चात्र विजृम्भणस्य विलासत्वेन प्रचुरतरोल्लासस्य हासत्वेनाध्यवसायात् ।.

There is a good deal of difference about the figure हेतु. Daṇḍin speaks of हेतु as an अलङ्कार 'हेतुश्च सूक्ष्मलेशौ च वाचामुत्तमभूषणम् ।' K. D. II. 235. But from his treatment of the figure and the illustrations it appears that under हेतु he included both काव्यलिङ्ग (कारकहेतु of Daṇḍin) and अनुमान (ज्ञापकहेतु). Bhāmaha positively declares that हेतु is *not* an *Alaṅkāra*, 'हेतुश्च सूक्ष्मो लेशोऽथ नालङ्कारतया मतः' II. 86 (This appears to be a reflection upon Daṇḍin's words quoted above). Udbhaṭa does not speak of हेतु at all; he treats of काव्यलिङ्ग. It is Rudraṭa who first defines हेतु as our author does "हेतुमता सह हेतोरभिधानमभेदकृद्भवेद्यत्र । सोऽलङ्कारो हेतुः स्यादन्येभ्यः पृथग्भूतः ॥" रुद्रट VII 82. Mammaṭa criticizes this definition of *Hetu*; he says that हेतु does not deserve to be a figure, because it has no strikingness in it; and that if the identification of the cause with the effect were to constitute the figure हेतु, the words 'आयुर्घृतम्' (an example of सारोपा लक्षणा) will have to be called an example of हेतु (which is absurd); "हेतुमता सह हेतोरभिधानमभेदतो हेतुः*—इति हेत्वलङ्कारोऽत्र न लक्षितः। आयुर्घृतमित्यादिरूपो ह्येष न भूषणतां कदाचिदर्हति, वैचित्र्याभावात्। 'अविरलकमलविकासः सकलालिमदश्च कोकिलानन्दः। रम्योऽयमेति संप्रति लोकोत्कण्ठाकरः कालः॥' (रुद्रट VII. 83) इत्यत्र काव्यरूपतां कोमलानुप्रासमहिम्नैव समाम्नासिषुर्न तु हेत्वलङ्कारकल्पनयेति पूर्वोक्तं काव्यलिङ्गमेव हेतुः।" K. P. X. under कारणमाला p. 706 (Vā). The चंद्रालोक (as well as कुवलयानन्द) gives two varieties of हेतु; one is the same as our author's 'हेतुहेतुमतोरैक्यं हेतुं केचित्प्रचक्षते। लक्ष्मीविलासा विदुषां कटाक्षा वेङ्कटप्रभोः॥'; the 2nd variety is defined as follows:—'हेतोर्हेतुमता सार्धं वर्णनं हेतुरुच्यते। असावुदेति शीतांशुर्मानच्छेदाय सुभ्रुवाम्॥'.

It has been seen above that हेतु is regarded by Mammaṭa and others as nothing else but काव्यलिङ्ग. In certain cases what is called हेतु by our author will be the first kind of अतिशयोक्ति (भेदेऽभेदः) according to the Uddyota "एवं हेतुफलयोरभेदाध्यवसायेऽप्येषा (अतिशयोक्तिः)। यथा—'वित्रासनं समरसीमनि शात्रवाणामाजीवनं विबुधपर्षदि कोविदानाम्। संमोहनं सुरतसंसदि कामिनीनां रूपं तदीयमवलोकयतोद्भुतं मे॥' इत्यादौ वित्रासनादिपदस्य तद्धेतौ शुद्धसाध्यवसाना। एतेन 'हेतोर्हेतुमता सार्धमभेदो हेतुरुच्यते' इति हेत्वलङ्कारोऽयं पृथगित्यपास्तमित्याहुः।" उद्योत p. 58.

32 अनुकूलम् (Favourable).

The figure is called अनुकूल, when unfavourableness turns out favourable. An example is कुपितासि०; (हे) तन्वि, यदा कुपिता असि तदा करजक्षतं (नखक्षतं) निधाय अस्य कण्ठं भुजपाशाभ्यां (भुजौ एव पाशौ ताभ्यां) दृढं बधान. अस्य refers to the नायक for some fault of whom the heroine is angry with him. Rāmacharaṇa says that these words are addressed to a heroine by her friend. Wounding and binding a man are generally unfavourable; but in the particular case taken, wounding the hero with the nails and locking him up in the arms (as punishment meted in anger) would be something most desirable to him. अस्य च विच्छित्ति......न्याय्यम् (p. 48, ll. 5-6)—As the peculiar strikingness in the verse cited is apprehended as altogether different from all other figures, it is but proper that it should be counted as a distinct ornament.

---

* Pradīpa (p. 437) seems to be wrong in ascribing this definition of हेतु to Udbhaṭa, who does not speak of *Hetu* at all. The definition is found almost verbatim in Rudraṭa and the example which Mammaṭa cites is also from Rudraṭa. The Alaṅkāracandrikā (Kuval. p. 168) falls into the same error.

It should be noted that this is a figure defined by Viśvanātha alone. No well-known writer on Rhetoric mentions it. We think that अनुकूल is somewhat like विषम to be defined below. If from a slight difference of strikingness a separate figure were to be reckoned, there would be a very large number of figures. There must be certain broad lines of demarcation between one figure and another. Compare the instructive words of Daṇḍin "काव्यशोभाकरान्धर्मानलङ्कारान्प्रचक्षते । ते चाद्यापि विकल्प्यन्ते कस्तान्कार्त्स्न्येन वक्ष्यति ॥ किं तु बीजं विकल्पानां पूर्वाचार्यैः प्रदर्शितम् । तदेव परिसंस्कर्तुमयमस्मत्परिश्रमः ॥" K. D. II. 1-2.

33 आक्षेप (Paralepsis).

वक्तुमिष्टस्य वस्तुनः विशेषप्रतिपत्तये निषेधाभासः आक्षेपः वक्ष्यमाणोक्तगः (वक्ष्यमाणगः वक्ष्यमाणविषयः, उक्तगः उक्तविषयः) द्विधा. **When there is an apparent denial of something, which was intended to be said, for the purpose of conveying some special meaning, the figure is termed आक्षेप, which is two-fold as pertaining to what is about to be said and what has been said.**

In आक्षेप, there is a verbal denial or suppression of what is intended to be said; but this denial is not really meant to be so. The purpose for which this निषेध is resorted to is to convey something special about the matter in hand. So the निषेध not being intended to be so, becomes only an apparent one (निषेधाभास). *Vide* अलं. स. "इह प्राकरणिकोऽर्थः प्राकरणिकत्वादेव वक्तुमिष्यते तथाविधस्य विधानार्हस्य निषेधः कर्तुं न युज्यते । स कृतो बाधितस्वरूपत्वान्निषेधायते इति निषेधाभासः सम्पन्नः । तस्यैतस्य करणं प्रकृतगतत्वेन विशेषप्रतिपत्त्यर्थम् । अन्यथा गजस्नानतुल्यं स्यात् ।" P. 114. The elements that constitute आक्षेप are therefore four; there must be something intended to be said, there must be an express denial of it, this denial or suppression being really inapplicable under the circumstances must be only apparent, and lastly there must be the conveyance of some special meaning. 'एवं च क्षिपे इष्टार्थस्तस्य (आक्षेपे इष्टोर्थस्तस्य ?) निषेधः निषेधस्यानुपपद्यमानत्वादसत्यत्वं विशेषप्रतिपादनं चेति चतुष्टयमुपयुज्यते ।' अलं. स. p. 117. Where, however, what is really enjoined is निषेध or where what was said is merely negatived and this negation is real and not apparent, there is no आक्षेप. For example, "साहित्यपाथोनिधिमन्थनोत्थं काव्यामृतं रक्षत हे कवीन्द्राः । यत्तस्य दैत्या इव लुण्ठनाय काव्यार्थचौराः प्रगुणीभवन्ति ॥ गृह्णन्तु सर्वे यदि वा यथेच्छं नास्ति क्षतिः कापि कवीश्वराणाम् । रत्नेषु लुप्तेषु बहुष्वमर्त्यैरद्यापि रत्नाकर एव सिन्धुः ॥" बिल्हण' विक्रमाङ्कदेवचरित I. 11-12. In the first verse poets are called upon to guard their poetic treasures. But in the second verse, this advice is negatived and they are called upon to allow others to take their treasures. Here as the negation is really meant to be conveyed and not apparent, there is no आक्षेप. "तेन न निषेधविधिः न विहितनिषेधः किं तु निषेधेन विधेराक्षेपः । निषेधस्यासत्त्वात् विधिपर्यवसानात् ।" अलं स. p. 117. "यत्र विधिपर्यवसायी निषेध आभासो भवति स आक्षेपस्य विषयः। यत्र तु निषेधस्य स्वार्थे एव विश्रान्तिर्न तत्राक्षेप इति ।" तरल p. 274.

The thing intended to be said may have been actually said (1), or it may be yet to be said (II). The first again is two-fold; the very nature of the thing said (उक्त) may be denied (a) or what is negatived may be the mentioning of what is spoken (b). As regards the निषेध of that which is yet to be said (वक्ष्यमाण), we can only negative the कथन, because the वस्तु being yet not mentioned, we cannot nagative its nature (स्वरूप). As regards the निषेध of कथन of the वक्ष्यमाण, there are two varieties; the whole of what is to be said and what was generally suggested may be negatived (c), or a part being expressed, another part (not expressed) may be negatived (d). Thus आक्षेप is fourfold. In this division of आक्षेप our author closely follows the अलं स. "तत्रोक्तविषये आक्षेपे कचिद्वस्तु निषिध्यते कचिद्वस्तुकथनमिति द्वौ भेदौ । वक्ष्यमाणविषये तु वस्तुकथनमेव निषिध्यते । तच्च सामान्यप्रतिज्ञायां कचिद्विशेषनिष्ठत्वेन निषिध्यते कचित्पुनरंशोक्तावंशान्तरगतत्वेनेत्य-त्रापि द्वौ ।" p. 115. It should be well remembered that the विशेष (to be conveyed by the apparent निषेध) is never expressed in words, but is left to be understood 'विशेषस्य चात्र शब्दानुपात्तत्वाद्गम्यत्वम् ।'.

स्मरशत......किं वदाम्यथवा (P. 48, ll. 13-14). विधुरा Helpless. क्षणमिह विश्राम्य stay here for a moment. सखे is addressed to the husband of the heroine by the latter's friend. This verse is an example of II c., *i. e.* वक्ष्यमाणविषय आक्षेप, where the whole is negatived. Here by the expression 'भणामि' the pangs of separation felt by the friend of the speaker are suggested in general. But the words 'किं वदामि', negative *into* the mentioning of what was about to be said and convey a special meaning (by so negativing) with reference to what was to be said (वक्ष्यमाणविशेषे निषेधः). What that special meaning is we shall know later on.

तव विरहे......हतजल्पितैरथवा (P. 48, ll. 16-17). नवमालिकां—Jasmine. दलिताम्—blooming, expanded. नितान्तम्—certainly. This is an example of II d, *i. e.* of वक्ष्यमाणविषय आक्षेप, where a part being expressed, another part is suppressed. Here 'हन्त नितान्तम्' is a part of what is intended to be said, but the part 'मरिष्यति'

is not uttered. The special meaning that results from this expression is that it is impossible for the speaker to give expression to the idea of the death of the friend.

बालअ......भणिमो (P. 48, ll. 19-20). This verse is cited in the अलं. स. in the same connection. 'बालक नाहं दूती तस्याः प्रियोऽसीति न मम व्यापारः। सा म्रियते तवायश एतत् धर्माक्षरं भणामः॥'. तस्याः...व्यापारः—It is not my business to say that thou art loved by her. तवायशः Thine will be the disgrace. धर्माक्षरं Righteous words. These words were said by the friend of a love-lorn woman, who first declared herself to be a go-between. This verse is an example of I. a. *i. e.* of उक्तविषय आक्षेप, where the वस्तुस्वरूप itself is denied. In this verse, the character of a go-between which was already announced is denied. The special meaning that results from this denial is that she tells the truth although she is a दूती (while दूतीs generally are not very particular about truth). बालक–धर्मानभिज्ञत्वेन धर्मैवक्त्र्या बालकत्वेन सम्बोधितः.

विरहे......किम् (P. 48, ll. 22-23). दारुणः व्यवसायः यस्य whose purpose is cruel. Here, in the first half, the friend of the heroine intimates to her lover that he should stay with her and should not go away as he intends to do. After saying it, she negatives what she had said. This is an example of I b above, *i. e.* of उक्तविषय आक्षेप where वस्तुकथन is negatived. The particular meaning that results from this mode of speech is the excess of the sorrow felt by the speaker.

प्रथमोदाहरणे......दुःखस्यातिशयः. In the first example, the particular meaning conveyed is 'my friend is sure to die.' The particular meanings in connection with the other examples have been already explained.

न चायं......आभासत्वात् (P. 48, ll. 26-27). It cannot be said that in all these examples the negation of what is said or is about to be said is really intended and constitutes the essence of the figure. The negation, not being really intended, is merely apparently so and what constitutes the charm of the figure आक्षेप is the fact that the निषेध is purely apparent. We have shewn above that if negation of what is said be really intended there is no आक्षेप.

अनिष्टस्य......मतः (P. 48, l. 28). Another figure, also called आक्षेप, is held to be the apparent permission or enjoining of something, which is really not desired. The word तथा means 'for the purpose of apprehending some particular meaning' as in the first आक्षेप described above. In this second आक्षेप, there are four constituent elements; there must be something अनिष्ट (not desired); there must be a permission or enjoining of that अनिष्ट thing; this permission must bs only apparent and not really intended and lastly some special meaning must be conveyed by this mode of speech. These two kinds of आक्षेप differ as follows:—In the first, there is something *which is desired* and there is an *apparent negation* of it; while in the second, there is something which is *not desired* and there is an apparent permitting of it.

No one will enjoin what is not wished by him. So the verbal permission, being inapplicable, terminates in indicating the निषेध of what is not wished. *Vide* अलं. स. "यथेष्टस्येष्टत्वादेव निषेधोऽनुपपन्न एवमनिष्टस्यापि अनिष्टत्वादेव विधानं नोपपद्यते । तत्क्रियमाणं प्रस्खलद्रूपत्वान्निषेधे पर्यवस्यति । ततश्च विधेरुपसर्जनीभूतो निषेध इति विधिनाऽयं निषेधोऽनिष्टविशेषपर्यवसायी ।" p. 120.

An example of this second आक्षेप is 'गच्छ गच्छसि' etc. This is K. D. II. 141. This verse is cited by the अलं. स. p. 120 and by the सुभाषितावलि No. 1040. Here the departure of the lover is अनिष्ट; it is permitted in the words 'गच्छ' etc; this permission is only verbal, what is really meant is that he should not go. The last line means 'if you go away I shall die; I only wish that I may be born again in that place where you are going.' अत्र......प्रतीयते Here, as the departure of the husband is not desired, the permission (contained in the words गच्छ etc.) is inpplicable literally and terminates in prohibition and the special meaning conveyd is that the husband ***must entirely abstain from going***. Daṇḍin remarks upon this verse as follows "इत्याशीर्वचनाक्षेपो यदाशीर्वादवर्त्मना । स्वावस्थां सूचयन्त्यैव कान्तयात्रा निषिध्यते ॥" K. D. II 142. *Vide* अलं. स. "अत्र कयाचित्कान्तस्य प्रस्थानमात्मनोऽनिष्टमप्यनिराकरणमुखेन विधीयते । न चास्य विधिर्युक्तः । अनिष्टत्वात् । सोऽयं प्रस्खलद्रूपत्वेन निषेधमागूरयति (लक्षयति) । **फलं चात्रानिष्टस्य प्रस्थानस्यासंविज्ञानपदनिबन्धनमत्यन्तपरिहार्यत्वप्रतिपादनम्** । एतच्च ममापि तत्रैवेत्याशीःप्रतिपादनेनानिष्टपर्यवसायिना व्यञ्जितम् ।" pp. 120-121.

The figure आक्षेप has been differently defined by different writers. Vāmana defines it as follows·'उपमानाक्षेपश्च आक्षेपः' काव्या. सू. IV. 3. 27. The वृत्ति on this is 'उपमानस्य आक्षेपः प्रतिषेधः उपमानाक्षेपः । तुल्यकार्यार्थस्य नैरर्थक्यविवक्षायाम् ।'. This is nothing but the प्रतीप of later writers. According to another interpretation of the *sūtra*, what Vāmana calls आक्षेप would be समासोक्ति· 'उपमानस्याक्षे-

पतः प्रतिपत्तिरित्यपि सूत्रार्थः।'. Daṇḍin's definition of आक्षेप is very wide. 'प्रतिषेधोक्तिराक्षेपस्त्रैकाल्यापेक्षया त्रिधा । अथास्य पुनराक्षेप्यभेदानन्त्यादनन्तता ॥' K. D. II. 120. According to him the प्रतिषेध need not be of वक्ष्यमाण or उक्त, but may be of anything. Thus the following he regards as examples of आक्षेपः—तव तन्वङ्गि मिथ्यैव रूढमङ्गेषु मार्दवम् । यदि सत्यं मृदून्येव किमकाण्डे रुजन्ति माम् ॥ 127; दूरे प्रियतमः सोयमागतो जलदागमः । दृष्टाश्च फुल्ला निचुला न मृता चास्मि किं न्विदम् ॥" 133. Bhāmaha, Udbhaṭa and Mammaṭa define in the same way. Their definition is practically the same as our author's definition of the first आक्षेप. 'प्रतिषेध इवेष्टस्य यो विशेषाभिधित्सया । आक्षेप इति तं सन्तं शंसन्ति कवयः सदा ॥ वक्ष्यमाणोक्तविषयः स च द्विविध इष्यते । निषेधेनेव तद्वन्धो विधेयस्य च कीर्तितः ॥' उद्भट II. 2-3. The Alaṅkārasarvasva, our author and Ekāvalī speak of the आक्षेप as defined by Udbhaṭa and add a second kind of it, viz. the apparent permission of what is not wished for. Vide R. G. pp. 421-426.

It should be noticed that in आक्षेप there is suggested sense (विशेष). But this suggested sense is not prominent; it is subordinate to the expressed sense. The mode of speech itself is charming. Therefore, although there is a suggested sense, this is not ध्वनि, but गुणीभूतव्यंग्यकाव्य. Vide ध्वन्यालोक 'आक्षेपेऽपि व्यंग्यविशेषाक्षेपिणो वाच्यस्यैव चारुत्वम् । प्राधान्येन वाक्यार्थ आक्षेपोक्तिसामर्थ्यादेव ज्ञायते । तत्र शब्दोपारूढरूपो विशेषाभिधानेच्छया प्रतिषेधरूपो य आक्षेपः स एव व्यङ्ग्यविशेषमाक्षिपन्मुख्यं काव्यशरीरम् । चारुत्वोत्कर्षनिबन्धना हि वाच्यव्यंग्ययोः प्राधान्यविवक्षा ।" pp. 36-37.

Examples of आक्षेप are:— त्वं जीवितं त्वमसि मे हृदयं द्वितीयं त्वं कौमुदी नयनयोरमृतं त्वमङ्गे । इत्यादिभिः प्रियशतैरनुरुध्य मुग्धां तामेव शान्तमथवा किमिहोत्तरेण ॥ उत्तरराम० III.; अहं त्वा यदि नेक्षेय क्षणमप्युत्सुका ततः । इयदेवास्त्वतोऽन्येन किमुक्तेनाप्रियेण तु ॥ भामह II. 69.; रे खल तव चरितं विदुषामग्रे विविच्य वक्ष्यामि । अलमथवा पापात्मन्कृतया कथयापि ते हतया ॥ R. G. p. 423.

34 विभावना (Peculiar Causation).

When an effect is said to arise without a cause. it is विभावना, which is two-fold according as the reason is mentioned or not. As an effect is bound by the rule of presence and absence with a cause, it is impossible that an effect can come into existence without its cause. But if, under some striking mode of speech, it is stated that the effect does come into existence in the absence of its well-known cause there is विभावना, The effect in such a cause is due to some other cause which is not well-known (अप्रसिद्ध). 'इह कारणान्वयव्यतिरेकविधानात्कार्यस्य कारणमन्तरेणासम्भवः । अन्यथा विरोधो दुष्परिहरः स्यात्, यदि तु कयाचिद्भंग्या तथाभाव उपनिबध्यते तदा

विभावनाख्योऽलङ्कारः विशिष्टतया कार्यस्य भावनात् । सा च भङ्गिविशिष्टकारणाभावोपनिबन्धः । अप्रस्तुतं कारणं वस्तुतोऽस्तीति विरोधपरिहारः ।" अलं. स. p. 124. तच्च......द्विधा this distinct cause (which is not well-known) is sometimes mentioned and sometimes not.

अनायास...... सुभ्रुवः **(P. 49, ll. 9–10).** अनायासकृशम् slender without toil (the waist of a man becomes slender by exercise through the decrease of fat). अशङ्कतरले—Tremulous without fright (when a person is frightened his eyes become tremulous). वयसि In youth. Here the effects viz. कृशत्व, तरलत्व, मनोहरत्व are rspresented as happening even in the absence of the well-known causes, viz. आयास, शङ्का, and भूषण respectively. But there is an अप्रसिद्धकारण that produces these effects. It is youth; and as it is mentioned in the verse, this is an example of उक्तनिमित्ता. If we read वपुर्भाति मृगीदृशः for वपुर्वयसि सुभ्रुवः, it will be an example of अनुक्तनिमित्ता.

The name विभावना is significant. विभावना etymologically means 'that in which some cause (other than the well-known one) is to be suggested'. 'विभाव्यते कारणान्तरं यस्याम्' अलङ्कारचंद्रिका p. 98. We may also explain the term in another manner. विभावना is that in which the effect is reprsented in a peculiar manner *i. e.* as not produced by its well-known cause, as said by अलं. स. 'विशिष्टतया कार्यस्य भावनात्' or by Ekāvalī 'विशिष्टतया अस्यां कार्यस्य विभावनात् अन्वर्थाभिधाना विभावना ।' p. 279.

It should be noticed that in विभावना a conscious identification is at the bottom. For example, the कृशत्व due to youth is not the same as the कृशत्व due to exercise, but they are spoken of as identical. It is therefore that the अलं. स. says that अतिशयोक्ति is at the root of this figure. 'सा (अतिशयोक्तिः) च अस्यामव्यभिचारिणीति न तद्बाधेनास्या उत्थानम्, अपि तु तदनुप्राणितत्वेन ।' p. 125. Jagannātha demurs to this statement and says that अतिशयोक्ति is not everywhere at the root of this figure; it is आहार्याभेदबुद्धि that is at the root everywhere. 'मा स्म भूत्सर्वत्र विभावनायामतिशयोक्तिरनुप्राणिका । आहार्याभेदबुद्धिमात्रमेवानुप्राणकम् । तच्च क्वचिदतिशयोक्त्या क्वचिच्च रूपकेणेति न दोषः ।' R. G. p. 433.

Daṇḍin's defintion of विभावना is every clear 'प्रसिद्धहेतुव्यावृत्त्या यत्किंचित्कारणान्तरम् । यत्र स्वाभाविकत्वं वा विभाव्यं सा विभावना ॥' K. D. II. 199.

Examples of विभावना are:—महाभागः कामं नरपतिरभिन्नस्थितिरहो न कश्चिद्वर्णानामपथमपकृष्टोऽपि भजते । तथापीदं शश्वत्परिचितविविक्तेन मनसा जनाकीर्णं

मन्ये हुतवहपरीतं गृहमिव ॥ शा० V ; अङ्गलेखामकाश्मीरसमालम्भनपिञ्जराम् । अनलक्तकताम्राभामोष्ठमुद्रां च बिभ्रतीम् ॥' उद्भट II. 21; निरुपादानसम्भारमभित्तावेव तन्वते । जगच्चित्रं नमस्तस्मै कलाश्लाघ्याय शूलिने ॥.

35 विशेषोक्तिः (Peculiar Allegation).

Where, in spite of the existence of a cause, the effect is absent, there is विशेषोक्ति, which is likewise two-fold. It is well known that when all the causes are present they invariably produce the effect. When it is represented that the effect does not follow, although all the causes are present, there is विशेषोक्ति, which is resorted to to manifest some specialty. The contradiction involved in saying that the effect does not follow though the causes are present is to be removed by the fact that there is some reason which prevents the production of the effect. 'इह समग्राणि कारणानि नियमेन कार्यमुत्पादयन्तीति प्रसिद्धम् । अन्यथा समग्रत्वस्यैवाभावप्रसङ्गात् । यत्तु सत्यपि सामग्र्ये न जनयन्ति कार्यं सा कश्चिद्विशेषमभिव्यक्तुं प्रयुज्यमाना विशेषोक्तिः ।' अलं. स. p. 126.

An example of उक्तनिमित्ता is धनिनोऽपि etc. They, being truly great, are free from haughtiness though rich, are not fickle though young, and, though possessed of power, are not heedless in the exercise of it. Wealth generally makes a man haughty and youth makes one fickle. Here, they are represented as not being haughty &c. though they are rich etc. The reason, viz. being truly great, is mentioned. If we read 'कियन्तः सन्ति भूतले' we shall have an example of अनुक्तनिमित्ता विशेषोक्ति.

अचिन्त्यनिमित्तत्वं...अचिन्त्यम् (P. 49, ll. 18-22). It is Mammaṭa who gives three divisions of विशेषोक्ति, viz. अनुक्तनिमित्ता, उक्तनिमित्ता and अचिन्त्यनिमित्ता. Almost all writers, including Udbhaṭa, give two. Our author following the सर्वस्व says that what is called अचिन्त्यनिमित्ता (the reason of which is inconceivable) is really अनुक्तनिमित्ता. The reason that is not mentioned may be easily conceivable or not conceivable. It is to be understood that by अचिन्त्य is meant that it is inconceivable to ordinary intellects (and not to all). Otherwise the contradiction involved in saying that the effect does not follow though the cause is present cannot be removed. 'अचिन्त्यनिमित्ता त्वनुक्तनिमित्तैव । अनुक्तस्य च चिन्त्याचिन्त्यत्वेन द्वैविध्यात् ।' अलं. स. p. 127. An example of अचिन्त्यनिमित्ता cited by Mammaṭa is 'स एकः' etc. This is given by Bhāmaha (III. 24) as an example of विशेषोक्ति. Here it is said that his body was destroyed, yet his strength is not destroyed.

Destruction of body is a cause of the destruction of strength. Here the reason why the effect does not follow the cause is not mentioned and besides it is inconceivable (*i. e.* not to be understood by men of ordinary intellect).

The name विशेषोक्ति is significant. The अलङ्कारचंद्रिका explains as 'विशेषस्यानुत्पत्तिनिमित्तस्योक्तिरवगतिर्यत्रेति व्युत्पत्तेः ।' p. 101. The उद्योत explains as 'statement of something in order to intimate something in particular'; 'विशेषं कञ्चित्प्रतिपादयितुमुक्तिरित्यर्थः ।' p. 78. Similarly, एका० 'अथ कमपि विशेषं प्रकाशयितुं सत्यामप्येतस्यां (कारणसामग्र्यां) कार्यानुत्पत्तिरुपनिबध्यते तदा विशेषप्रतिपादनायोक्तिरिति यौगिकत्वमप्यसावाश्रयति ।' p. 281.

इह च कार्याभावः......सद्भावमुखेन (**P. 49, ll. 22-24**). In the present figure, an effect is also intimated to be absent by means of representing something as present which is opposed to it. So also in विभावना, a cause is intimated as being absent by means of representing something, which is opposd to it, as present. What our author means is as follows:—विशेषोक्ति was defined as 'the absence of the effect even though the cause is present.' Our author declares that विशेषोक्ति occurs, not only when the effect *is stated to be absent*, but also when something, opposed to the effect, *is stated to be present*; *i. e.* it occurs, not only when the अभाव of the फल is stated, but also when the भाव of what is opposed to the फल is stated. Similarly, विभावना occurs, not only when the *cause is stated to be absent* though the effect is present, but also when something opposed to the cause *is stated to be present*; *i. e.* it occurs not only when the अभाव of the कारण is stated, but also when the भाव of what is opposed to the कारण is stated. Vide अलं. स. "कार्यानुत्पत्तिश्चात्र कचित्कार्यविरोधोत्पत्त्या निबध्यते। एवं विभावनायामपि कारणाभावः कारणविरुद्धमुखेन कचित्प्रतिपाद्यते ।" p 127.

एवं च यः......सङ्करः (**P. 49, ll. 24-26**). यः कौमारहरः—*Vide* our notes on this verse in the first Parichchheda. Here the cause of longing is the absence of the lover etc. The opposite of this is the presence of the lover etc. The figure is विभावना because the opposite of the cause (absence of the lover) is stated to be present. The statement that we expect in accordance with the definition of विभावना as strictly construed is 'the heart has a longing (फल), though the cause, absence of the lover etc. is absent (कारणस्य अभावः)'. In the verse, the अभाव of the कारण is not stated in so many words (*i. e.* we ought to havs यः

कौमारहरो वरः स न इति न); what is stated is the भाव (the presence) of what is opposed to the cause. Similarly, the presence of the lover etc. is a cause, which should produce the effect, viz, absence of longing. The opposite of absence of longing is longing. This is stated in the verse. Therefore there is विशेषोक्ति. The statement, strictly in accordance with the definition of विशेषोक्ति. should have been 'though the lover etc. are present (सति हेतौ), there is an absence of अनुत्कण्ठा (the फल)'. In the verse the अभाव of the effect is not directly stated (*i. e.* we ought to have चेतः न समुत्कण्ठते इति न). What is stated is the भाव of what is opposed to the effect (*i. e.* उत्कण्ठा is stated to exist). Compare "उत्कण्ठायाः कारणं कौमारहरवराद्यसंनिधानम् । तस्य विरुद्धं तत्संनिधानम् । तेन कौमारहरवराद्यसंनिधानरूपं कारणं विनाप्युत्कण्ठाया उत्पाद इति विभावना । तथा कौमारहरवरादिसंनिधानरूपस्य कारणस्य कार्यमनुत्कण्ठा तस्याश्च विरुद्धोत्कण्ठा । तेन सत्यपि कौमारहरवरादिसंनिधानरूपे कारणे समग्रे कार्यस्य अनुत्कण्ठारूपस्याभाव इति विशेषोक्तिः" विमर्शिनी p. 127. एवं चात्र......सङ्करः we have explained in the notes (p. 21) on the verse how there is सङ्कर.

Jagannātha says that विभावना and विशेषोक्ति are शाब्द (express), when the absence of the cause or of the effect is directly expressed, otherwise they are आर्थ (indirect or implied). It was with reference to this distinction that Mammaṭa remarked on the verse 'यः कौमारहरः' etc, that there was no distinct figure in it. Mammaṭa appears to hold that विभावना is distinct only when it is stated in accordance with the definition of it, *i. e.* when the effect is stated, though the causes are absent. विभावना, according to him, is not distinct, when the existence of the opposite of the cause is stated. Similarly in the case of विशेषोक्ति. *Vide* R. G. p. 439 "कारणभावकार्याभावयोर्यत्र प्रतियोगितावच्छेदकविशिष्टवैशिष्ट्येन श्रुत्या प्रतिपादनं तत्र विभावनाविशेषोक्त्योः शाब्दत्वम् । अन्यत्रार्थत्वम् । यथा-'भगवद्वदनाम्भोजं पश्यन्त्या अप्यहर्निशम् । तृष्णाधिकमुदेति स्म गोपसीमन्तिनीदृशः ॥' लोके ह्यसंनिकर्षस्तृष्णाकारणम् । तदभावे संनिकर्षेऽपि तृष्णोपनिबद्धा । तथा संनिकर्षस्तृप्तिकारणम् । तस्मिन्सत्यपि तृप्त्यभावो बोधितः । परं तु कारणाभावकार्याभावयोर्न प्रागुक्तप्रकारेण प्रतिपादनमित्यार्थत्वमेव तदुभयसंशयसङ्करस्य । अमुमेव चार्थं मनसिकृत्य मम्मटभट्टैः 'यः कौमारहरः' इति पद्यमुदाहृत्योक्तम् 'अत्र स्फुटो न कश्चिदलङ्कारः' इति ।"

Vāmana defines विशेषोक्ति quite differently. His definition is 'एकगुणहानिकल्पनायां साम्यदार्ढ्यं विशेषोक्तिः' काव्या० सू० IV. 3. 23. The confirmation of similarity resulting from the representation of the absence of only one quality (in one of the things) is called विशेषोक्ति. His examples are: 'भवन्ति यत्रौषधयो रजन्यामतैलपूराः

सुरतप्रदीपाः' Kumāra. I. 10; 'द्यूतं हि नाम पुरुषस्य असिंहासनं राज्यम्।' मृच्छकटिक II. The अलं. स. says that this is nothing but Rūpaka. Jagannātha and Nāgoji call it दृढारोपरूपक "या तु 'एकगुणहानिकल्पनायां साम्यदार्ढ्यं विशेषोक्तिः' इति विशेषोक्तिर्लक्षिता सास्मिन्दर्शने रूपकभेद एवेति न पृथग्वाच्या।" अलं. स. p. 128. Jagannātha remarks "तथा गुणाधिक्यकल्पनायामपि तदेव (दृढारोपरूपकमेव)। यथा 'धर्मो वपुष्मान्भुवि कार्तवीर्यः' इत्यादौ। एतेन 'एकगुणहान्युपचयादिकल्पनायां साम्यदार्ढ्यं विशेषणम्' इति विशेषालङ्कारं लक्षयन्तोऽपि प्रत्युक्ताः।" R. G. p. 439.

Examples of विशेषोक्ति are:— चूतानां चिरनिर्गतापि कलिका बध्नाति न स्वं रजः संनद्धं यदपि स्थितं कुरबकं तत्कोरकावस्थया। कण्ठेषु स्खलितं गतेऽपि शिशिरे पुंस्कोकिलानां रुतं शङ्के संहरति स्मरोऽपि चकितस्तूणार्धकृष्टं शरम्॥ शा० VI.; कर्पूर इव दग्धोऽपि शक्तिमान्यो जने जने। नमोऽस्त्ववार्यवीर्याय तस्मै मकरकेतवे॥; आहूतोऽपि सहायैरेमीत्युक्त्वा विमुक्तनिद्रोऽपि। गन्तुमना अपि पथिकः सङ्कोचं नैव शिथिलयति॥ (quoted in ध्वन्यालोक p. 38 as an example of अनुक्तनिमित्ता; लोचन remarks 'शीतकृता खल्वार्तिरत्र निमित्तमिति भट्टोद्भटः)'.

36 विरोधः (Contradiction).

जातिश्चतुर्भि......दशाकृतिः (P. 49, ll. 28-30). When there is an apparent incongruity between a genus and any of the four beginning with genus (जाति, गुण, क्रिया and द्रव्य), between a quality and any of the three beginning with quality, between an action and another action or substance, or between two substances, there is विरोध, which has thus ten varieties (lit. forms). We have seen in the 2nd Parichchheda (pp. 42-43) that the attributes of an individual are four, viz, जाति, गुण, क्रिया and द्रव्य. जाति may be apparently incongruous with four, गुण may be so with three, क्रिया with two and द्रव्य with another द्रव्य only; so there are ten varieties. It may be asked 'why should we not regard the विरोध of गुण with जाति as a separate variety? The reply is—the विरोध of गुण with जाति is the same as the विरोध of जाति with गुण, which has been reckoned in the first four varieties, where जाति is opposed to जाति or गुण or क्रिया or द्रव्य. The same remark holds good in the case of the विरोध of क्रिया with जाति or गुण and the विरोध of द्रव्य with जाति, गुण or क्रिया. Compare "जातेर्गुणेन सह विरोधे उक्ते 'विरोधोऽन्योन्यबाधनम्' इति दृशा तेनैव गुणस्यापि जात्या सह विरोधः सिद्धः। अत एव गुणस्य जातिवर्जं त्रयो भेदाः।" विम० p. 122.

तव विरहे......हृदयं दुनोति च मे (P. 50, ll. 2-11). शशिरुचोऽपि सोष्माणः 'the beams of the moon are impregnated with heat.' अलिरुतमपि हृदयं भिन्ते—Even the hum of bees breaks the heart. In 'तव विरहे etc.' the विरोध of जाति with जाति, गुण, क्रिया and द्रव्य

is exemplified in the four *pādas* of the verse. सन्तत...... सरोजसुकुमाराः—This verse is cited by Mammaṭa. We read there 'सततं मुसलासक्ताः' which is perhaps better. Here there is a contradiction in saying that the rough palms are soft. कठिनत्व and कोमलत्व are both qualities. This contradiction is removed by the fact that the palms were hard at one time and became soft at another time (when the munificent king began to rule). अजस्य......कस्तव—This is Raghu. X. 24. निरीहस्य—though devoid of desires. याथार्थ्यं reality. This is addressed to the Deity. Here there is contradiction between the गुण अजत्व (being unborn) and the action 'being born'. This contradiction is only apparent; it is removed by the fact that God's greatness is transcendental. वल्लभोत्सङ्ग......अभवत्. वल्लभस्य (दयितस्य) उत्सङ्गस्य (अङ्कस्य) सङ्गेन विना हरिणचक्षुषः (हरिणस्येव चक्षुषी यस्याः तस्याः ललनायाः) राकाविभावरीजानिः (राकाविभावरी पौर्णमासी निशा; 'पूर्णे राका निशाकरे' इति अमर० I. 4. 8.; राकाविभावरी जाया यस्य स राकाविभावरीजानिः पूर्णचन्द्रः; 'जायाया निङ्' पा० 5. 4. 134 जायान्तस्य बहुव्रीहेर्निङादेशः स्यात्). विषज्वालाकुलोऽभवत्. Here there is a contradiction between पूर्णचन्द्र (which being a single thing is द्रव्य and not a जाति) and ज्वालाकुलत्व (which is a गुण). This contradiction is removed by the fact that to one in separation the moon may appear to be full of heat. नयनयुगा......दुनोति च मे—नयनयुगस्य असेचनकम् (or आसेचनकम् also; 'तदासेचनकं तृप्तेर्नास्त्यन्तो यस्य दर्शनात्।' अमर० III. I. 53). मानसवृत्त्यापि दुष्प्रापम् Difficult to be found even in imagination. मदयति gladdens. Here there is a contradiction between two actions मदयति and दुनोति. This can be removed by the fact that in separation both of them are possible.

त्वद्वाजि इत्यादि—This verse occurs above (text p. 46) under काव्यलिङ्ग. Here there is a contradiction between क्रिया and द्रव्य *i. e.* between 'not bearing on the head' and Hara (who being one is द्रव्य and not जाति). The explanation lies in the fact that here there is a hyperbolical and picturesque description given by the poet. If we read in the verse वल्लभोत्सङ्ग etc., the words 'मध्यन्दिनदिनाधिपः' (the mid-day sun), then the verse will be an example of the विरोध of द्रव्य with another द्रव्य. The moon cannot be the sun. This is explained by the state of separation.

To constitute विरोध, the following is essential. There must be an opposition or contradiction between two things; but this contradiction must be explicable, *i. e.* apparent merely. If the विरोध cannot be explained and is final, it is a fault (दोष); but if the opposition can be reconciled in some way and thus shewn to be merely apparent, there is the figure called विरोध. Because the विरोध is merely apparent, the figure is also named विरोधाभास by some. Jagannātha defines विरोध as "एकाधिकरणसम्बद्धत्वेन प्रतिपादितयोरर्थयोर्भासमानैकाधिकरणासम्बद्धत्वमेकाधिकरणासम्बद्धत्वभानं वा विरोधः । यद्वा । एकाधिकरणासम्बद्धत्वेन प्रतिपादनं सः ।"; he then remarks "स च प्ररूढोऽप्ररूढश्च । प्ररोहश्च बाधबुद्ध्यनभिभूतत्वम् । तद्वैपरीत्यमप्ररोहः । तत्राद्यो दोषस्य विषयः द्वितीयश्चालङ्कारस्य । अत एवेमं विरोधाभासमाचक्षते । आ ईषद्भासते इति आभासः । विरोधश्चासावाभासश्चेति । आमुख एव प्रतीयमानो झगिति जायमानाविरोधबुद्धितिरस्कृत इति यावत् ।" R. G. p. 427.

अत्र 'तव विरह'......स्पष्टमन्यत् **(P. 50, ll. 13-19).** In such examples as 'तव विरहे' etc., the wind etc., which as denoting many individuals, are generic terms seem, at first sight, to be opposed to 'conflagration,' 'heat,' 'piercing the heart' and 'the sun,' which are a genus, quality, action and substance respectively. This apparent contradiction is removed by the fact that the state of things was caused by separation. अत्र अजस्य...... स्पष्टमन्यत्. This has been explained in connection with each of the verses above.

विभावनायां......भेदः **(P. 50, ll. 19-21).** The author now proceeds to distinguish between विरोध, विभावना and विशेषोक्ति. What is common to all these figures is apparent contradiction. विरोध is the widest of the three and corresponds to उत्सर्ग (general rule); while विभावना and विशेषोक्ति are narrow and correspond to अपवाद (exception). The contradiction involved in both विभावना and विशेषोक्ति is the violation of the law of causation. The contradiction in विरोध has nothing to do with the relation of causation. The general rule is 'अपवादविषयपरिहारेण उत्सर्गस्य व्यवस्थितिः'. So where there is apparent contradiction involved in stating that though the causes are absent the effect is present or that though the causes are present the effect is absent, there is विभावना and विशेषोक्ति respectively and not विरोध. Our author draws another distinction. In विभावना, as the poet starts with the statement of the absence of the cause, it is the effect only (represented as happening even in the absence of its cause) that is seemingly incongruous *i. e.* the कारणाभाव is बाधक and कार्य is बाध्य, because the absence of the cause is a matter of fact (स्वभावसिद्ध) while the कार्य is only poetically fancied. What is merely fancied is opposed by the real, but what is real cannot be opposed by what is fancied. विशेषोक्ति is the converse of विभावना. कार्याभावेन (उपनिबध्यमानत्वात्) कारणमेव (बाध्यत्वेन प्रतीयते).

In विशेषोक्ति the non-production of the effect, though causes exist, which is represented by the poet is more powerful than the cause and therefore the cause is apprehended as seemingly incongruous; *i. e.* in विशेषोक्ति, कार्याभाव is बाधक and कारणभाव is बाध्य. But in विरोध, both the objects are equally powerful and are both बाध्य and बाधक, as *e. g.* कठिनत्व and सुकुमारत्व in 'सन्ततमुसल०' etc. Compare "कारणाभावेन चोपक्रान्तत्वाद्बलवता कार्यमेव बाध्यमानत्वेन प्रतीयते, न तु तेन (कार्येण) कारणाभाव इत्यन्योन्यबाधकत्वानुप्राणिताद्विरोधालङ्काराद्भेदः । एवं विशेषोक्तौ कार्याभावेन कारणसत्ताया एव बाध्यमानत्वमुन्नेयम् । येन सोऽपि विरोधाद्भिन्नः स्यात् ।" अलं. स. p. 124. The following कारिका (quoted by जयरथ p. 124 and Jagannātha in R. G. p, 432) clearly explains the difference between विभावना and विरोध 'कारणस्य निषेधेन बाध्यमानः फलोदयः । विभावनायामाभाति विरोधोऽन्योन्यबाधनम् ॥ अतो दूरविभेदोऽस्या विरोधेन व्यवस्थितः ।'. *Vide* R. G. p. 432 "तत्र (विभावनायां) च कार्यांशः कारणाभावरूपविरोधिनो बाध्यतयैव स्थितः न बाधकतया । कार्यांशस्य कल्पितत्वात्कारणाभावस्य च स्वभावसिद्धत्वात् । अत एव कार्यांशो रूपान्तरेण पर्यवस्यति । अत एव च समबलविरोधिद्वयघटिताद्विरोधालङ्कारादस्य वैलक्षण्यम् ।".

It should be noted that our author says above that in विशेषोक्ति, कार्याभाव is बाधक and कारणभाव is बाध्य. This is opposed to the view of Jayaratha (who says that the words quoted by us above from Sarvasva as regards विशेषोक्ति are spurious and supports his remark by a quotation from तिलक whom Sarvasva generally follows) and of Jagannātha. They say that in विशेषोक्ति, the कार्याभाव is really बाध्य and कारणसत्ता is बाधक. To us the view of Jayaratha and Jagannātha appears to be sounder. "अत्र (विशेषोक्तौ) कारणसमवधानं कार्यानुत्पत्तेर्बाध्यमिति बहवः । वस्तुतस्तु कार्यानुत्पत्तिरेवास्मिन्नलङ्कारे बाध्या । 'स एकस्त्रीणि जयति जगन्ति कुसुमायुधः । हरतापि तनुं यस्य शम्भुना न हृतं बलम्' ॥ इति प्राचीनप्रसिद्धोदाहरणेषु कारणसमवधानस्य कामशरीरनाशरूपस्य प्रमाणसिद्धत्वेन बाध्यत्वायोगात् । यतः कामस्य शरीरनाशेऽपि शक्तिबलयोर्नाशः कुतो न जात इत्येव सार्वजनीनः प्रत्ययः, न तु शक्तिबलयोः सतोः कथं शरीरनाश इति ।" R. G. p. 438; 'लेखककल्पितश्चायमपपाठः ('एवं विशेषोक्तौ कार्याभावेन कारणसत्ताया एव बाध्यमानत्वमुन्नेयम्' इत्येषः) । तथा हि—'हरताऽपि तनुं यस्य' इत्यादौ बलाहरणेन कार्याभावेन तनुहरणरूपं कारणं न बाध्यते, अपि तु सत्यपि तनुहरणाख्ये सामग्र्ये कथं न बलं हृतमिति कार्याभावस्यैव बाध्यत्वेन प्रतीतिः । तस्मात् 'एवं विशेषोक्तौ कारणसत्तया कार्याभावस्यैव बाध्यमानत्वमुन्नेयम्' इति पाठो ग्राह्यः । एतदेव राजानकतिलकेनाप्युक्तम्—'कारणसामग्र्यमिह बाधकत्वेनैव प्रतीयते कार्यानुत्पत्तिस्तु बाध्यत्वेन' इति । ग्रन्थकृच्च (सर्वस्वकारः) प्रायस्तन्मतानुवर्त्येव । तदुक्तसमानन्यायोऽस्माभिः पाठो लक्षितः ।' विमर्शिनी p. 124.

A question arises as regards certain cases of विरोध. What difference is there between Rūpaka and विरोध (of जाति with जाति or of द्रव्य with द्रव्य) as exemplified in मलयमरुत् दवानलः, राकाविभावरीजानिः मध्यन्दिनदिनाधिपः? These last appear to be quite on a par with the stock example of Rūpaka, मुखं चन्द्रः. As in Rūpaka the identity of two objects is predicated, so in the above examples of विरोध also there is अभेद. Hence the above two examples should be regarded as cases of Rūpaka, or otherwise all examples of Rūpaka will fall under विरोध and Rūpaka will have no province of its own. To this objection the following reply is given. Although in the above two examples, the non-difference of the two objects is intended in order to give rise to the contradiction (involved in saying that the wind is fire, or the moon is the sun), still the charm in the two verses does not lie in the non-difference, which is subordinate as being subservient to something else. In the two verses what is intended to be conveyed is the extraordinary condition of a woman in separation. It is contradiction itself that is striking here, as being favourable to this purpose, although it is not directly expressed, but is implied; and therefore it is the contradiction that constitutes the figure here. On the other hand, in such examples of Rūpaka as 'the face is the moon,' the strikingness lies in the *non-difference* (of the face and the moon) in order that it may be understood that all the qualities such as 'being delightful' etc. residing in the moon are to be found in the face also. Although there is some contradiction in saying that the face is the moon, it, not being favourable to the sense intended, is not charming. Therefore there is Rūpaka and not Virodha. So the difference between विरोध and Rūpaka briefly stated is:—In विरोध, the strikingness lies in the contradiction and not in non-difference; while in Rūpaka, the charm lies in the non-difference and not in the contradiction. *Vide* 'अथ जात्योर्द्रव्ययोश्च विरोधालङ्कारो न भवितुमीष्टे' on p. 429 of R. G. of which the following quotation from the Uddyota is a summary "नन्वेवमत्रारोपमूलं रूपकमेव न विरोधः। अन्यथा मुखं चन्द्र इत्यत्रापि विरोध एव स्यादिति चेन्न। अत्र विरोधोत्थापनार्थमभेदस्य विवक्षितत्वेऽपि तस्यान्यार्थमुपादानेनाचमत्कारित्वात्। विरहिण्यवस्थायामत्यद्भुतत्वस्यात्र प्रतिपिपादयिषितत्वेन तदनुगुणतयान्तर्गर्भितोऽप्यर्थो (ताप्यर्थो?) विरोध एव चमत्कारितया समुल्लसतीति तस्यैवालङ्कारत्वात्। मुखं चंद्र इत्यादौ तु चंद्रनिष्ठाल्हादकत्वादिसकलगुणानां मुखे प्रतिपत्त्यर्थं चंद्राभेद एव चमत्कारी न तु सन्नपि विरोधः, विक्षितार्थाननुगुणत्वात्, इति रूपकमेव न तु विरोधोऽलङ्कारः। यदि तु विरहिण्यवस्थाया अत्यतद्भुत्वं न

विवक्षितमप्यर्थश्च न गर्भीकृतः, किं तु पीडाजनकत्वाद्यतिशयमात्रं तदाऽत्र रूपकमेव। यदि वा नगरविशेषस्थितेरत्यद्भुतत्वविवक्षयाऽप्यर्थगर्भीकारेण च 'यत्र नारीणां मुखं चंद्रः' इत्युच्यते तदा तत्र विरोध एवेति दिक् ।" pp. 83-84.

Jagannātha remarks that the division into ten varieties is not a charming one. विरोध should be divided into two varieties:—(I) pure, (II) based upon paronomasia. 'वस्तुतो जात्यादिभेदानामहृद्यत्वाच्छुद्धत्वश्लेषमूलत्वाभ्यां द्विविधो ज्ञेयः।' R. G. p. 428. The works of Bāṇa abound in example of Virodha based upon Paronomasia.

37 असङ्गतिः (Disconnection).

When a cause and its effect are represented as having different locations, there is असङ्गति. It is a general rule that we see the effect as following in that very region where the cause exists. We see smoke in the kitchen, where fire is kindled; but fire lighted in the kitchen does not produce smoke on the mountain. Where, however, two things, related as cause and effect and therefore naturally expected to be in the same place, are represented as occupyiang different places on account of some specialty (of the cause), there is असङ्गति. 'यद्देशमेव कारणं तद्देशमेव कार्यं दृष्टम् । न हि महानसस्थो वह्निः पर्वतदेशस्थं धूमं जनयति । यदा त्वन्यदेशस्थं कारणमन्यदेशस्थं च कार्यमुपनिबध्यते तदोचितसङ्गतिनिवृत्तेरसङ्गत्याख्योऽलङ्कारः।' अलं. स. p. 129.

सा बाला......इत्य (P. 50, ll. 24-27). This verse occurs in the Amaruśataka (No. 34) and is cited by the अलं. स. as an example of असङ्गति. The words are addressed to a friend by one disappointed in his love, or they are uttered in a soliloquy by one who is deeply in love. अर्जुनवर्मदेव comments upon it as follows: कस्याश्चिदनुरक्तः कश्चित्स्वयं सवितर्कमनुसन्धत्ते । विस्रम्भपात्रस्य वा प्रतिविधानप्रत्याशया कस्याप्यग्रे निवेदयति । सा बालेति । सा अनिर्वचनीया मुग्धा, वयं च तदप्राप्तिपर्याकुलतया अप्रगल्भमनसः । अथ च यत्रैव बाल्यं तत्रैवाप्रगल्भमनस्कत्वं युज्यते । सा स्त्री, वयं च तां विना स्थातुं न शक्नुम इति गतधैर्याः। अथ च यत्रैव स्त्रीत्वं तत्रैव कातरत्वमुचितं भवति । सा पीनं चोन्नतिमच्च एवंविधं स्तनयुगलं बिभर्ति, वयं च तद्गाढालिङ्गनमप्राप्तवन्तः सखेदाः। अथ च य एव गुरुपदार्थभारं वहति स एव सखेदो दृश्यते। ...... सा महतः नितम्बभरेणाक्रान्ता, वयं च तां तत्प्राग्भारलीलालसगामिनीं स्मरन्तो जडिम्ना गन्तुं न क्षमाः। अथ च य एव महता भारेणाक्रान्तो भवति स एव गन्तुं न शक्नोति। एवं सति अन्यजनावलम्बिभिर्दोषैर्वयमसौष्ठवाः संवृत्ता इत्याश्चर्यमेतत् ।". The अलं. स. reads पयोधरभरं, which is noticed by अर्जुनवर्म also. The अलं. स. reads अप्रगल्भवचसः for अप्रगल्भमनसः and दोषैरन्यसमाश्रितैः (अन्याम्

समाश्रितैः) for दोषैरन्यजनाश्रयैः (अन्यजनः आश्रयः येषाम्). बाला = बाल्यधर्मैमुद्भन्तःकरणवती. वयमप्रगल्भमनसः Our minds lack maturity of judgment *i. e.* the mind being disappointed does not know what to do. In childhood, one has not maturity of understanding. Here the woman is young, and therefore the want of maturity of understanding should belong to her; but is represented here as belonging to the lover. Women are timid; therefore timidity should belong to her; but here timidity (of course, due to love) belongs to the lover. सखेदा वयम्—We are oppressed or worried. Here the causes, बालत्व, स्त्रीत्व etc., belong to the woman, but the effects अप्रगल्भत्व, कातरत्व etc. are represented as belonging to the hero. Thus कारण and कार्य exist in different places (*i. e.* there is वैयधिकरण्य of कार्यकारण) and therefore the figure is असङ्गति.

It should be noticed here that the अप्रगल्भमनस्कत्व due to childhood is different from that due to love; similarly, the natural timidity of women is different from the fluttering of the heart due to love. But both of them are here regarded as non-different (*i. e.* there is अभेदाध्यवसाय between कातरत्व due to womanhood and कातरत्व due to love). It is therefore that the अलं. स. remarks "अत्र बाल्यनिमित्तमप्रगल्भवचनत्वमन्यदन्यच्च स्मरनिमित्तकमित्यनयोरभेदाध्यवसायः । एवमन्यत्र ज्ञेयम् ।" p. 130. The विमर्शिनी remarks upon this that, according to the views of अलं. स. अतिशयोक्ति is always at the root of this figure. "अभेदाध्यवसाय इति । अनेनातिशयोक्तिरस्या अप्यनुप्राणकत्वेन कटाक्षिता । अन्यथा हि विरोधो दुष्परिहरः स्यात् ।" विम० p. 130. Jagannātha says that the figure अतिशयोक्ति is not everywhere at the root of this figure; what is necessary everywhere is the अभेदाध्यवसाय as regards the effect (as that of कातरत्व explained above) 'अस्यां च विभावनायामिव कार्यांशेऽतिशयोक्त्यनुप्राणनमावश्यकम् । अन्यथा विरोधो दुष्परिहर एव स्यात्, इत्यलङ्कारसर्वस्वकारादीनां मतम् । तच्च 'दृष्टिर्मृगीदृशोऽत्यन्तं श्रुत्यन्तपरिशीलिनी । मुच्यन्ते बन्धनात्केशा विचित्रा वैधसी गतिः ॥' इत्यस्मन्निर्मितोदाहरणे व्यभिचारादसङ्गतम् । न हि 'मुच्यन्ते बन्धनात्केशाः' इत्यत्र केशबन्धनमुक्त्यंशेऽतिशयोक्तिरस्ति । किं तु श्लेषभित्तिकाभेदाध्यवसानमात्रम् । तस्माद्येन केनापि प्रकारेण कार्यांशेऽभेदाध्यवसानमावश्यकमिति तु सङ्गतम् ।" R. G. pp. 440-441.

The name असङ्गति is significant, because in it there is absence of the natural co-existence of cause and effect, as said by Mammaṭa "सा तयोः स्वभावोत्पन्नपरस्परसङ्गतित्यागात् असङ्गतिः."

अस्याश्चाप......विरोधालङ्कारः **(P. 50, l. 28).** In असङ्गति, there is apparent contradiction in saying that the cause remains in one place and that the effect is produced in another. So it may be thought that असङ्गति is nothing but विरोध. The author therefore proceeds to distinguish between असङ्गति and विरोध. As said above with reference to विभावना and विशेषोक्ति, असङ्गति corresponds to an अपवाद, while विरोध is something like a rule (उत्सर्ग). An अपवाद is always more powerful than a rule. So where the conditions of असङ्गति are satisfied, there can be no विरोध. विरोध occurs when two things, well known to reside in different places, *are represented as residing in the same substratum*, e. g. कठिनत्व and सुकुमारत्व, which reside in different objects, but are represented as residing in the same object, viz, the palm; असङ्गति, on the other hand, occurs when two objects, related as cause and effect and generally known to reside in the same place, *are represented as residing in different substrata.* Compare K. P. X. "एषा च विरोधबाधिनी न विरोधः । भिन्नाधारतयैव द्वयोरिह विरोधितायाः प्रतिभासात् । विरोधे तु विरोधित्वमेकाश्रयनिष्ठमनुक्तमपि पर्यवसितम् । अपवादविषयपरिहारेणोत्सर्गस्य व्यवस्थितेः ।"; "व्यधिकरणत्वेन प्रसिद्धयोः समानाधिकरणत्वेनोपनिबन्धने विरोधालङ्कारः । समानाधिकरणत्वेन प्रसिद्धयोर्द्वयोर्वैय-धिकरण्येनोपनिबन्धनेऽसङ्गतिः ।' R. G. p. 441. In विभावना, the effect is represented as following even in the absence of the well-known cause; in असङ्गति both the cause and effect exist, but in different places *i. e.* in विभावना the charm lies in कार्योत्पत्ति even without the well-known cause, while in असङ्गति the charm lies in the वैयधिकरण्य of कार्य and कारण. Similarly, विशेषोक्ति should be distinguished from असङ्गति. Jagannātha remarks that in असङ्गति it is not necessary that the two objects should be related as cause and effect. What is necessary to constitute the figure, according to Jagannātha, is that two objects, known as generally existing together, should be represented as residing in different places. "प्रागुक्तासङ्गतिलक्षणे हेतुकार्ययोरिति च समानाधिकरणमात्रोपलक्षणम् । तेन 'नेत्रं निरञ्जनं तस्याः शून्यास्तु वयमद्भुतम्' इत्यत्र निरञ्जनत्वशून्यत्वयोरुत्पादकभावलक्षणसम्बन्धानन्तर्भावेन शुद्धसमानाधिकरणत्वेन प्रसिद्ध-योरप्यसङ्गतिः सङ्गच्छते । यथाश्रुते तु सा न स्यात् ।" R. G. p. 441.

The following are some examples of असङ्गति. 'अहो खलभुजङ्गस्य विचित्रोयं वधक्रमः । अन्यस्य दशति श्रोत्रमन्यः प्राणैर्विमुच्यते ॥'; 'यस्यैव व्रणस्तस्यैव वेदना भणति जनस्तदलीकम् । दन्तक्षतं कपोले वध्वा वेदना सपत्नीनाम् ॥' (quoted in K. P. X.)

38 विषमम् (Incongruity).

(I) When the qualities (a) or the actions (b) of a cause and its effect are opposed to each other, (II) When an effort fails and some evil result follows; or (III) when there is an association (bringing together or connection) between two things that are incongruous, there is विषम. विरूपयोः सङ्घटना विरूपत्वेन परस्परसम्बन्धायोग्यत्वेनोक्तयोर्यः सम्बन्धः प्रतीयते.

It is a general maxim that the qualities of a cause produce in the effect similar qualities, 'कारणगुणा हि कार्यगुणानारभन्ते'. *Vide* 'कारणगुणपूर्वकः कार्यगुणो दृष्टः' वैशेषिकसूत्र II. I. 24. Where the poet represents the qualities of the cause as opposed to those of the effect, there is विषम (I a above). If, however, the qualities of the cause are different from those of the effect in the nature of things there is no विषम; *e. g.* in "द्राक्षाफलानि शिखरेषु शिलोच्चयानां पीयूषसाररसनिर्भरगर्भवन्ति । विष्वग्दृषत्कठिनकायनिगूढशृङ्गाटकानि पुनरम्भसि सम्भवन्ति ॥" there is no विषम, as grapes do naturally grow on the hills. Therefore, the production of qualities different from those of the cause must be due to the poet's imagination.

सद्यः...प्रसूते **(P. 51, ll. 4-5).** This occurs in Padmagupta's Navasāhasāṅkacarita (I. 62). It is cited by Mammaṭa and Sarvasva as an example of विषम. 'तमालवन्नीला कृपाणलेखा यस्य (तस्य राज्ञः) करस्पर्शमवाप्य सद्यस्तत्कालं रणे रणे प्रतिसंग्रामं शरदिन्दुवत् पाण्डु शुभ्रं यशः प्रसूते एतच्चित्रमित्यन्वयः । उ० च० p. 443. Here, we have pure (lit. white) fame arising from the cause, viz, the dark sword, in opposition to the general rule that the qualities of the cause produce in the effect qualities similar to themselves. The quality 'darkness' (नीलत्व) of the cause, the sword, is opposed to the quality 'whiteness' residing in the effect, viz. fame.

आनन्दममन्द......मे. This is Rudraṭa IX. 47. अमन्दम्—not small, *i. e.* very great. This is an example of I b. Here the cause, the heroine, has the action, viz, 'giving delight' expressed by the words 'आनन्दं ददासि,' but the effect, viz. separation, caused by the heroine, has the action 'burning' expressed by verb 'तापयतितराम्.' Therefore the actions of the cause and its effect are opposed.

अयं......क्षारवारिभिः **(P. 51, ll. 11-12).** This is an example of II. अयं अम्भोधिः रत्नाकरः (रत्नानां आकरः खनिः) इति धनाशया असेवि (सेवितः) । धनं दूरेऽस्तु वदनं क्षारवारिभिः अपूरि (पूरितम्). Here not only was the object (viz. attainment of wealth) not obtained, but, on the contrary, the mouth was filled with salt water (अनर्थस्य सम्भवः).

क वनं......सुदुःसहम् (P. 51, ll. 14–15). तरुवल्कभूषणं (वृक्षवल्कं वृक्षत्वक् 'त्वक् स्त्री वल्कं वल्कलमस्त्रियाम्' इत्यमर० II. 4. 12, भूषणं यस्मिन्) वनं क, महेन्द्रवन्दिता (देवेशपूजिता) नृपलक्ष्मीः क। नियतं (ध्रुवं) बत (बत इति निपातः खेदे) प्रतिकूलवर्तिनो धातुः (विधेः) चरितं (चेष्टितं) सुदुःसहम्. Here we have an association of woods and royal glory (in the person of Rāma), which are incongruous. The commentator Rāmacaraṇa says that this is not a proper example of the third variety, because Rāma, when he went to the woods, was not a king; that, therefore, the verse is an example of the second variety, as not only was Daśaratha's attempt to crown Rāma as युवराज frustrated, but an evil result, viz. Rāma's exile followed. We may say against this that though Rāma was not king *de facto*, he was a king *de jure* and therefore the verse is a proper example.

विपुलेन...दृशा (P. 51, ll. 18–19). The author cites another example of the third variety (विरूपयोः सङ्घटना). The verse is Śiśu. XIII. 40 and is cited in K. P. also. "सागरे शेते इति सागरशयस्तादृशस्य यस्य विष्णोः विपुलेन विस्तृतेन कुक्षिणा युगक्षये भुवनानि पपिरे पीतानि। स पुनः विष्णुः (श्रीकृष्णः) । सोऽपीत्यर्थः । एकतमया कयाचिन्नगरकामिन्या मदेन विभ्रमो विलासो यस्यां सा चासौ असकला असम्पूर्णा च (एकदेशपातिन्या असमग्रपातिन्या इत्यर्थः) तथाभूतया एकया दृशा पपे सादरमवलोकित एव। पीत इत्यभेदाध्यवसानम्।" उ. च. p. 444. Here in Vishṇu, there is the association of two incongruous things, viz., a part of Vishṇu is represented as swallowing all the worlds; but Vishṇu himself (the अवयवी) is spoken of as drunk by a woman with a single eye. 'यस्य कुक्षिरेव सकलभुवनपानसमर्था तस्य सम्पूर्णस्य अवयविनः स्त्रिया एकदृशा पानं चापरं विषमम्।' उद्योत p. 123.

Our author give no general definition of विषम. He only mentions three varieties of विषम. In this he follows Mammaṭa and Ruyyaka. Jagannātha defines विषम aa 'अननुरूपसंसर्गो विषमम्' (an incongruous relation). It should be noticed that the treatment of विषम given in the text is not exhaustive. Jagannātha remarks that in the second variety, we shall have to speak of a number of sub-varieties; e. g. (a) There may be the frustration of desired object and also the befalling of some evil, (b) there may be simply the non-attainment of the desired object, (c) there may be simply the befalling of some evil. He then shows that the desired object may be four-fold and that अनिष्ट may be threefold. Vide R. G. pp. 444–447. In the third variety (विरूपयोः सङ्घटना) also there are many subdivisions. We do not refer to them, as for our purpose it is not necessary to do so.

We should clearly distinguish between विरोध, असङ्गति and विषम (variety I). It may be said that the verse 'आनन्दममन्दं' etc. is an example of विरोध, because there is an apparent contradiction between the two actions आनन्दं ददासि and तापयतितराम्. But this is not so. Here the charm does not lie in the apparent contradiction of the two actions by themselves; but it lies in the fact that the cause, the woman, and the effect, separation, have each of them an action opposed to that of the other. In विरोध what is charming is the residence in one place of two things that are known to reside in different places; in असङ्गति the charm lies in the fact that cause and effect are represented as residing in different places, although naturally they should reside in the same place; but in विषम the charm lies in this that qualities or actions pertaining to the effect are opposed to the qualities or actions belonging to the cause. "विरोधे विरोधिनोः सामानाधिकरण्यस्य, असङ्गतौ कार्यकारणयोर्वैयधिकरण्यस्य चमत्कारप्रयोजकता, अत्र तु कार्यकारणवृत्तिविजातीयक्रियागुणयोगस्य चमत्कारितेति विशेषात् ॥" उद्योत p. 123.

The Kuvalayānanda and R. G. speak of a figure called विषादन, which is defined by the latter as 'अभीष्टार्थविरुद्धलाभो विषादनम्'. Where one makes no effort to obtain what is desired but only desires it and something exactly the opposite happens, there is विषादन. An example is "रात्रिर्गमिष्यति भविष्यति सुप्रभातं भास्वानुदेष्यति हसिष्यति चक्रवालम् । इत्थं विचिन्तयति कोशगते द्विरेफे हा हन्त हन्त नलिनीं गज उज्जहार ॥'. We think that this should be regarded as विषम, for there will be no end of figures if we go on with this hair-splitting.

Examples of विषम are:—(I) अरिकरिकुम्भविदारणरुधिरारुणदारुणादतः खड्गात् । वसुधाधिपते धवलं कान्तं च यशो बभूव तव ॥ रु० IX. 46; (II.) यो हठं प्रतिनिषेद्धुमुदस्तः सुभ्रुवा प्रियतमस्य कटाक्षः । स प्रतोद इव तस्य विशेषात्प्रेरकः किमपि हन्त बभूव ॥ (quoted by Jayaratha); (III) क्व सूर्यप्रभवो वंशः क चाल्पविषया मतिः। रघु. I. 2; क्व वयं क्व परोक्षमन्मथो मृगशावैः सममेधितो जनः। शा. II.

36 समम् (Equal).

सम is the commendation of an object as worthy of another on account of the fitness of both for one another. आनुरूप्येण refers to the reason why praise is bestowed.

An example of सम is शशिनमुपगतेयं etc. (P. 51, ll. 22–23). This is Raghu. VI. 85. इयं (इन्दुमती) मेघमुक्तं शशिनं उपगता कौमुदी अनुरूपं जलनिधिं अवतीर्णा जह्नुकन्या (गङ्गा) इति समगुणयोगप्रीतयः (समौ

गुणौ ययोः तयोः योगेन प्रीतिर्येषाम्) पौराः नृपाणां श्रवणकटु एकवाक्यं तत्र विवव्रुः (उदीरयामासुः). Here there is a commendation of the union of Aja and Indumatī, which commendation is due to their fitness for one another.

Mammaṭa speaks of two varieties of सम ; (I) when the two things are both good and (II) when both of them are bad. The first is illustrated by the verse in the text. An example of the second is: चित्रं चित्रं बत बत महच्चित्रमेतद्विचित्रं जातो दैवादुचितरचनासंविधाता विधाता । यन्निम्बानां परिणतफलस्फीतिरास्वादनीया यच्चैतस्याः कवलनकलाकोविदः काकलोकः ॥ (quoted by का. प्र. X p. 719).

सम is the converse of the third variety of विषम (विरूपयोः सङ्घटना). A question may be asked:—'why should we not regard the converse of the other two varieties of विषम as सम ?' The reply is that the converse of those varieties is not charming. To say that the qualities or actions of the cause are reproduced in the effect, or that one who was striving to attain his object has attained it is not very striking. "यद्यपि विषमस्य भेदत्रयमुक्तं तथापि तच्छब्देन (in the definition of सम given by अलं. स. 'तद्विपर्ययः समम्') सम्भवादन्त्यो भेदः परामृश्यते । पूर्वभेदद्वयविपर्ययस्यानलङ्कारत्वात् । अन्त्यभेदविपर्ययस्तु चारुत्वात्समाख्योऽलङ्कारः ।" अलं. स. p. 132. Jagannātha, however, condemns this remark of the अलं. स. and says that सम also has the same three varieties as विषम. The examples of the first two varieties are : कुवलयलक्ष्मीं हरते तव कीर्तिस्तत्र किं चित्रम् । यस्मान्निदानमस्या लोकनमस्यांघ्रिपङ्कजस्तु भवान् ॥ नितरां धनमाप्तुमर्थिभिः क्षितिद त्वां समुपास्य यत्नतः । निधनं समलम्भि तावकी खलु सेवा जनवाञ्छितप्रदा ॥. In the last example, there is a pun on the word निधन (नितरां धनम्; निधनं मृत्युः). Jagannātha says that in these examples, there *is* a charm, which consists in describing a cause and its effect as suitable to one another, although they are really not so, by representing them by means of श्लेष etc. as possessing the same qualities, or in describing the attainment of what is desired, although it (the object attained) is really अनिष्ट, by the same process (by श्लेष etc). 'वस्तुतोऽननुरूपयोरपि कार्यकारणयोः श्लेषादिना धर्मैक्यसम्पादनद्वाराऽनुरूपतावर्णने, वस्तुतोऽनिष्टस्यापि तेनैवोपायेनेष्टैक्यसम्पत्त्याविष्टप्राप्तिवर्णने च चारुताया अनुपदमेव दर्शितत्वात् । तस्मात्सममपि त्रिविधमेव ।" R. G. p. 452.

Examples of सम are:—त्वमर्हतां प्राग्रसरः स्मृतोऽसि नः शकुन्तला मूर्तिमती च सत्क्रिया । समानयंस्तुल्यगुणं वधूवरं चिरस्य वाच्यं न गतः प्रजापतिः ॥ शा० V; दिष्ट्या शकुन्तला साध्वी सदपत्यमिदं भवान् । श्रद्धा वित्तं विधिश्चेति त्रितयं तत्समागतम् ॥ शा० VII.

40 विचित्रम् (Strange).

When, for the attainment of the desired object, one does something contrary to it, there is विचित्र. An example is प्रणमत्युन्नति etc. (p. 51, ll. 26–27). This occurs in the Hitopadeśa II. "For the purpose of being elevated, he bows down; for the sake of his life, he parts with it altogether; for the sake of happiness he subjects himself to misery; who is there a greater fool than a servant?" One who wants उन्नति (elevation, here used both literally and metaphorically) should go up; but the servant, wishing for उन्नति, goes down on his knees before his master. The servant takes service with the object of leading a comfortable life; but he has often to lose his life in the service of his master. He thinks that by service he will obtain happiness, but what he really gets is worry and toil. So for obtaining what is desired, viz., उन्नति, जीवित and सुख he employs means, viz. प्रणाम, प्राणविमोक्ष and दुःख, which are exactly the reverse of what he wants.

Jayaratha informs us that the figure विचित्र was first defined by अलं. स. 'एतद्धि ग्रन्थकृतैवाभिनवत्वेनोक्तम् ।' अलं. स. p. 134. "यस्य हेतोर्यत्फलं (कार्यं) तस्य (हेतोः) यदा तत् (कार्यं) विपरीतं भवति तदा तद्विपरीतफलनिष्पत्त्यर्थं कस्यचित्प्रयत्नः उत्साहो विचित्रालङ्कारः ।' अलं. स. p. 133. विचित्र, ordinarily means 'wonderful'. The figure is called विचित्र, because it causes wonder (in that one tries to obtain by means of a particular act a result which is exactly the opposite of what generally follows from that act.)

A question may be asked:—"What difference is there between विचित्र and that विषम, where an effect opposed to the cause in its qualities is produced? The reply is:—In विचित्र, when we say 'he bows down to become elevated' what we first understand is that bowing down cannot be the cause of becoming elevated (*i. e.* there is first कारणनिषेध) and then we understand that elevation cannot be the effect of bowing down, being opposed to it (*i. e.* there is कार्यवैपरीत्यप्रतीति); while in विषम (in which an effect opposed to the cause is already produced) there is विपरीतप्रतीति first and then there is स्वनिषेध. When we say 'Although the sword is black, it produces bright fame,' what we first apprehend is that brightness is an effect opposed to the cause (*i. e.* there is कार्यवैपरीत्यप्रतीति first) and then we apprehend that the blue sword cannot be the cause of bright fame (*i. e.* there is कारणनिषेध). This difference is set forth very concisely by the अलं. स. as follows:—"न चायं प्रथमो विषमालङ्कारः । स्वनिषेधमुखेन (कारणनिषेधमुखेन) वैपरीत्यप्रतीतेः । विपरीतप्रतीत्या तु स्वनिषेधस्तस्य (विषमस्य) विषयः । यथा 'तमालनीला शरदिन्दुपाण्डु यशस्त्रिलोकाभरणं प्रसूते' इत्यादि । इह त्वन्यथा प्रतीतिः ।" p. 133. Another diffference is pointed out by Jayaratha and Jagannātha. In विषम, an opposite effect results of its own accord; while in विचित्र, an effort is made by some person to produce an opposite effect. 'यद्यपि विषमे विरूपस्य कार्यस्य स्वयमेवोत्पत्तिरिह च तन्निष्पत्तये प्रयत्न इति स्फुटोऽप्यनयोः भेदस्तथापि ग्रन्थकृता विशेषपरिपोषायैव सूक्ष्मेक्षिकागम्यो भेदोऽयमुक्तः ।" विम० pp. 133-34; "न च कारणाननुरूपं कार्यमिति विषमभेदोऽयं वाच्यः । विषमे पुरुषकृतेरनपेक्षणात् । कार्यकारणगुणवैलक्षण्येनैव तद्भेदनिरूपणाच्च" R. G. p. 453.

It should be noticed that Daṇḍin, Bhāmaha, Udbhaṭa, Mammaṭa and others do not regard विचित्र as a distinct figure. Uddyota regards विचित्र as not different from विषम, "एवमिष्टसिद्ध्यर्थमिष्टैषिणा क्रियमाणमिष्टविपरीतयत्नाचरणमपि विषममेव । यथा 'नमन्ति सन्तस्त्रैलोक्यादपि लब्धुं समुन्नतिम् ।' वाच्यप्रतीतिवेलायां योगवैषम्यप्रतीतेः । एतेनात्र विचित्रालङ्कारः पृथगित्यपास्तम् ।" p. 124.

Examples of विचित्र are:—उन्नत्यै नमति प्रभुं प्रभुगृहान्द्रष्टुं बहिस्तिष्ठति स्वद्रव्यव्ययमातनोति जडधीरागामिवित्ताशया । प्राणान्प्राप्तुमेव मुञ्चति रणे क्लिश्नाति भोगेच्छया सर्वं तद्विपरीतमेव कुरुते तृष्णान्धदृक्सेवकः ॥ quoted in अलं. स. pp.134; मलिनयितुं खलवदनं विमलयति जगन्ति देव कीर्तिस्ते । मित्राह्लादं कर्तुं मित्राय द्रुह्यति प्रतापोऽपि ॥ एकावली.

41 अधिकम् (Exceeding)

When, of the container and the contained, one is represented as vaster than the other, there is अधिक. एकस्य=आश्रयस्य आश्रयिणो वा आधिक्यं अधिकतया वर्णनमित्यर्थः. An example where the आश्रय is vaster than the आश्रित, is किमधिक etc. (p. 51, ll. 30–31). अज्ञात एव not known (by all the animals in the sea, because Hari lies in only a part of the sea). The greatness of Hari is apprehended from the fact that all the worlds are contained in Har's side. The excessive greatness of the sea (the आश्रय of हरि) is understood from the fact that the great Hari covers only a part of the sea. An example of अधिक, where the आश्रित (the thing contained) is represented as being vaster than the आश्रय is 'युगान्त०' (p. 52, ll. 2–3). This is शिशु० I. 23, and is cited by मम्मट as an example of अधिक. It is a description of the great pleasure which Kṛṣṇa felt at the approach of the sage Nārada. "युगान्तकाले प्रतिसंहृतः आत्मा स्वात्मभूतः प्रपञ्चो येन तस्य कैटभद्विषः श्रीविष्णोः, यस्यां तनौ

(मूर्तौ) जगन्ति भुवनानि सविकाशं सावकाशं आसत उपविशन्ति स्म, तत्र तस्यां तनौ तपोधनस्य नारदस्य अभ्यागमः आगमनं तत्सम्भवाः तज्जन्याः मुदः प्रीतयः न ममुः न अवकाशं प्रापुः।" उद्द्योत p. 125. Here the body of Kṛṣṇa, in which all the worlds lie without jostling one another, and which is therefore the आश्रय, is intended to be great. The pleasure due to Nārada's arrival, which must be smaller than the body, is here spoken of as not contained in the body (आश्रय) and therefore there is the figure called अधिक. प्रदीप remarks 'अत्राधेयभूताया मुदो महीयस्त्वं विवक्षितम्.'

It should be well borne in mind that the figure occurs only when the अधिकत्व of the आश्रय or आश्रयिन् is not true in the nature of things, but is due solely to the poet's fancy 'तच्चाश्रयाश्रयिणोः कविप्रतिभाकल्पितमेव ग्राह्यं न पुनर्वास्तवम् । तेन चारुत्वाप्रतीतेः।' विम० p. 134; 'लक्षणे कल्पनमित्यनेन यत्राधाराधेययोरन्यतरस्य न्यूनत्वमधिकत्वं च वास्तवं तत्र नातिप्रसङ्गः।' R. G. p. 454. For this reason the following verse, though it is cited by the अलं. स. as an example of अधिक, is not a proper example of it. 'द्यौरत्र क्वचिदाश्रिता प्रवितर्तं पातालमत्र क्वचित्काप्यत्रैव धरा धराधरजलाधारावधिर्वर्तते । स्फीतस्फीतमहो नभः कियदेदं यस्येत्थमेवंविधैर्दूरे पूरणमस्तु शून्यमिति यन्नामापि नास्तङ्गतम्॥'. Here the vastness of *nabhas* and the limited extent of the Heaven etc., that are described, are well-known. Compare 'नभसो द्युप्रभृतीनां चान्योन्यापेक्षया वैपुल्यं पारिमित्यं च वास्तवमेवेत्यनुदाहरणमेतत्।' विम० p. 135.

It may be said that अधिक is nothing but the third kind of विषम (विरूपयोः सङ्घटना), since in the former also there is association of two incongruous things (*i. e.* the आश्रय is vast, while आश्रयिन् is very small or *vice versa*). But this is not proper. In विषम two things that are independent (*i. e.* not related as आधार and आधेय) and are incongruous with each other are brought together, while in अधिक two things are related as आश्रय and आश्रयिन् and one of them is vast while the other is limited. The charm lies not in the incongruity of the two things, but rather in the fact that the आश्रय or आश्रयिन् is vaster than the आश्रयिन् or आश्रय respectively. 'एवं च परिमितत्वापरिमितत्वयोः सापेक्षत्वात्तथाविधवस्तुद्वयसङ्घटनयैव तदवगमनसिद्धिरित्यत्राधाराधेययोः सङ्घटनेनैवाननुरूपत्वमवगम्यते । विषमे चानन्यापेक्षत्वेन स्वत एवाननुरूपयोः सङ्घटनमित्यनयोर्महान्भेदः।' विम० p. 134.

Other examples of अधिक are:— अहो विशालं भूपाल भुवनत्रितयोदरम्। माति मातुमशक्योऽपि यशोराशिर्यदत्र ते॥ K. P. X; गिरामविषयो राजन् विस्तारस्तव चेतसः। सावकाशतया यत्र शेते विश्वाश्रयो हरिः॥ R. G. p. 453; जगद्विशाले हृदि तस्य तन्वी प्रविश्य सास्ते स्म तथा यथा तत्। पर्याप्तमासीदखिलं न तस्यास्तत्रावकाशस्तु कुतोऽपरस्याः॥ रुद्रट IX. 29.

42 अन्योन्यम् (Reciprocal).

उभयोः (वस्तुनोः) मिथः (परस्परं) एकक्रियायाः करणं (चेत्) (तदा) अन्योन्यम्. When two things do the same act to each other, there is अन्योन्य. अन्योन्य occurs when two things are represented as causing a specialty in each other. The essentials of अन्योन्य are two:— I. Two things must act on each other; II. the effect produced in each other must be the same. 'सिंहः प्रसेनमवधीत्सिंहो जाम्बवता हतः' is not an example of अन्योन्य, because there is no reciprocal action; we are told that the lion killed प्रसेन, but we are not told what प्रसेन did to the lion. 'कृष्णद्वैपायनं पार्थः सिषेवे शिष्यवत्ततः । असावध्यापयेत्तं तु विद्यां योगसमन्विताम् ॥' is not an example of अन्योन्य. Here कृष्णद्वैपायन and पार्थ act on each other; but the action is not the same.

An example of अन्योन्य is त्वया सा० (P. 52, ll. 5-6). Here, the night and the moon conduce to each other's beauty.

It is not necessary that the two things should produce the same *action* in each other; it is sufficient if they produce the same quality (गुण). An example is 'प्रकाशः कोऽपि कैलासशैल-पूर्णेन्दुबिम्बयोः । उदियाय तदन्योन्यपटुत्वजननक्रमात् ॥'.

Examples of अन्योन्य are:—कण्ठस्य तस्याः स्तनबन्धुरस्य मुक्ताकलापस्य च निस्तलस्य । अन्योन्यशोभाजननाद्बभूव साधारणो भूषणभूष्यभावः ॥ कुमारसम्भव 1. 42; हंसानां सरोभिः श्रीः सार्यतेऽथ सरसां हंसैः । अन्योन्यमेवैते आत्मानं केवलं गुरूकुर्वन्ति ॥ K. P. X. p. 708; परपूरुषदृष्टिपातवज्राहतिभीता हृदयं प्रियस्य सीता । अविशत्परकामिनीभुजङ्गीभयतः सत्वरमेव सोऽपि तस्याः ॥ R. G. p 455.

43 विशेषः (Extraordinary).

(I) When something which is dependent on another (as its support) is represented as existing without it; (II) when one object is spoken of as being present in many places (simultaneously); (III) when somebody, in bringing about one result, unexpectedly accomplishes something else also, which is impossible; there is विशेष, which is thus threefold.

We construe the last two lines of the definition as किंचित्कार्यं वा प्रकुर्वतः इतरस्य अशक्यस्य कार्यस्य दैवात्करणम्. We think that वा connects the third kind of विशेष with the other two. Pramadādāsa connectss वा with इतरस्य; and takes इतरस्य as equal to शक्यस्य (*i. e.* अशक्यस्य कार्यस्य इतरस्य शक्यस्य वा कार्यस्य). राम० also does the same. We think that both are wrong for two reasons:— I. All weighty authority is in favour of our interpretation (*i. e.* in taking इतरस्य as अन्यस्य कार्यस्य) and against that of Pramadādāsa. No one speaks of the effecting of a शक्य कार्य. Carefully note the following words 'अन्यत्प्रकुर्वतः कार्यम**शक्यस्या**न्यवस्तुनः । तथैव करणं चेति विशेषस्त्रिविधः स्मृतः ॥" K. P. X.; 'यच्च किंचिदारभमाण**स्यासम्भाव्यवस्त्वन्तरकरणं** स तृतीयो विशेषः ।' अलं. स. p. 136. II. Our author, supposing रामo to be right, does not cite any example of another शक्यकार्य being produced at the same time. Pramadādāsa translates अशक्य as 'unconnected with the subject.' This appears to be wrong, as will be clear from the word असम्भाव्य used by the अलं स. above.

It should be noted that no definition common to the three varieties is given. There are really speaking three figures all of which are called विशेष. 'विशेषाश्चात्र त्रयो न पुनरेकस्त्रिविधः । लक्षणस्य भिन्नत्वात् ।' विमo p. 136.

An example of the 1st variety is दिवमप्युपo (p. 52, ll. 11-12). This is Rudraṭa IX. 6; the verse is cited by Mammaṭa and the अलं. स. also. दिवमपि (स्वर्गमपि) उपयातानाम् (गतानाम्) येषां (कवीनां) अनल्पगुणगणाः (अनल्पः अलघुः गुणगणः यासाम्) गिरः आकल्पं (कल्पपर्यन्तं) जगन्ति (त्रिभुवनं) रमयन्ति ते कवयः कथमिव न वन्द्याः. Here the आधेय is speech, the well-known support (आधार) of which is man. The poets are spoken of as dead and yet their speech is represented as gladdening the world even in the absence of poets (the well-known आधार of speech). Therefore this is an example of the 1st विशेष. 'अत्र गिर आधेयाः । प्राण्याश्रितत्वात् । अथ च विनाऽपि कविभिराधारै रमयन्तीत्युपलब्ध्या कथितम् ।' नमिसाधु.

Although the author does not say so specifically, we must understand that in the 2nd variety one thing *simultaneously* resides in many abodes, as said by अलं. स. 'यच्चैकं वस्तु **परिमितं युगपद**नेकधा वर्तमानं क्रियते स द्वितीयो विशेषः ।' p. 136. An example is कानने etc. (p. 52, ll. 13-14). अन्तकसङ्काशं=मृत्युसदृशम्. Here, the king is represented as seen in many places at the same time. It is not really possible that one man can be in many places at the same time. The king is represented to be in many places, because to his enemies, in whose hearts he has struck terror, he is everywhere. काननादौ पलायिता रिपवस्त्वामेकं तत्र तत्रैवान्तकसङ्काशं पश्यन्ति.

An example of the 3rd variety is गृहिणी etc. (**P. 52, ll.15-16**). This is Raghu. VIII. 66, and is cited by K. P. Aja, bewailing the loss of his wife, sums it in this fine verse. मिथः=रहसि. Here Death is represented as depriving Aja of everything such as a minister, friend, disciple etc. in depriving him of इन्दुमती. 'अत्र सचिवादिसर्वहरणरूपकार्यान्तरकरणं व्यंग्यम् ।' प्रभा.

Examples of विशेष are:—I. युक्तं तु याते दिवमासफेन्दौ तदाश्रितानां यद्भूद्विनाशः । इदं तु चित्रं भुवनावकाशे निराश्रया खेलति तस्य कीर्तिः ॥ R. G. p. 457; II. हृदये चक्षुषि वाचि च तव सैवाभिनवयौवना वसति । वयमत्र निरवकाशा विरम कृतं पादपतनेन ॥ रुद्रट IX. 8.; III. माघः शिशुपालवधं विदधत्कविमदवधं विदधे । रत्नाकरः स्वविजयं हरविजयं वर्णयन् व्यवृणोत् ॥ quoted by जयरथ with the remark 'अत्र न केवलं माघः शिशुपालवधं चकार यावदसम्भाव्यं चिकीर्षितं कविमदवधमपीत्यशक्यवस्त्वन्तरकरणात्मायं विशेषः ।'.

44 व्याघात (Frustration).

येन (उपायेन) यथा येन प्रकारेण वस्तु केनापि (पुरुषेण) कृतम् तेनैव उपायेन चेत् अन्यः तदन्यथा (ततोऽन्यथा) कुरुते (तदा) व्याघातः. If a certain thing, which is done by one man by a certain means, is undone by another by the same means, there is व्याघात. An example is दृशा दग्धं मनसिजं जीवयन्ति दृशैव याः । विरूपाक्षस्य जयिनीस्ताः स्तुवे वामलोचनाः ॥. This verse occurs in Rājaśekhara's Viddhaśālabhajñikā (I Act). Our author cites it as an example of श्रुत्यनुप्रास also. दृशा (शिवस्य तृतीयेन नेत्रेण) दग्धं मनसिजं (कामं) याः दृशा एव जीवयन्ति (कटाक्षेण मदनं जनयन्ति) ताः विरूपाक्षस्य (लोचनानां त्रित्वात् विरूपाक्षः शिवः) जयिनीः (शिवमपि प्रत्यादिशन्तीः) वामलोचनाः (वामे सुन्दरे लोचने यासां) स्तुवे. Cupid was burnt by Śiva with the fire from his eye; but here, women are represented as revivifying Cupid by that very means *i. e.* by the eye). Therefore there is व्याघात. 'अत्र दृष्टिलक्षणेनोपायेन स्मरस्य हरेण दाहविषयत्वं निष्पादितम् । मृगनयनाभिः पुनस्तेनैवोपायेन तस्य जीवनीयत्वं क्रियते । तच्च दाहविषयत्वस्य प्रतिपक्षभूतम् ॥' अलं. स. p. 138. It should be noted that the poet represents the eye of Śiva and the eye of the women as non-different; while in reality the two are different.

The following are the essentials of व्याघातः—I. Something must have been accomplished by a certain person with certain means; II. What has been accomplished must be frustrated by another *with the same means*; III. The representation must be poetical and not mere matter of fact. When the same cause produces two opposed effects, in connection with different substrata, there is no व्याघात; *i. g.* "कुलममलिनं भद्रा मूर्तिर्मतिः श्रुतिशालिनी भुजबलमलं स्फीता लक्ष्मीः प्रभुत्वमखण्डितम् । प्रकृतिसुभगा ह्येते भावा अमीभिरयं जनो व्रजति सुतरां दर्पं राजंस्त एव तवाङ्कुशाः ॥". Here there is no व्याघात, because the state of things can be explained by the fact that great men are quite different from ordinary men.

The figure is called व्याघात, because it is the cause of the frustration of a thing already accomplished, as said by Mammaṭa 'स साधितवस्तुव्याहतिहेतुत्वात् व्याघातः'.

सौकर्येण......क्रियते यदि. When the contrary of a certain act is justified by the same reason with facility, that is also व्याघात. The essentials of this व्याघात are—I. Some person must represent a certain cause as probably producing a certain effect; II. Another person must represent that *very cause* as capable of producing exactly an opposite effect and with greater ease than the first. This second variety also is called व्याघात, because in it there is a frustration of the effect that was represented as probable. 'किञ्चित्कार्यं निष्पादयितुं सम्भाव्यमानः कारणविशेषस्तत्कार्यविरुद्धनिष्पादकत्वेन यत्समर्थ्यते सोऽपि सम्भाव्यमानकार्यव्याहतिनिबन्धनत्वाद्व्याघातः कार्यविरुद्धनिष्पत्तिश्च कार्यापेक्षया सुकरा । तस्य कारणस्यात्यन्तं तदानुगुण्यात् ।' अलं. स. p. 139.

An example of this व्याघात is इहैव etc. (**P. 52, ll. 22-25**). The first half of the verse is spoken by the husband and the second by the wife. त्वं इहैव तिष्ठ (मया सह नागन्तव्यम्), अहं कतिपयैः अहोभिः द्रुतं (शीघ्रं) समागन्ता (Nom. Sing. of समागन्तृ *m.*), कान्ते (प्रिये) मृदुः असि न च आयाससहना (क्लेशान् सोढुं न क्षमा) । सुभग (सुन्दर) मे (मम) मृदुत्वं भवता (सह) गन्तुं अधिकं हेतुः यत् (यतः) (अहं) मृद्वी (सती) विरहकृतं (तव विरहेण कृतं) असमम् (अतुलं) आयासं दुःखं न सोढा (सहिष्ये). Here the husband mentions the delicate state of the heroine as a reason against her accompanying him (on a journey); but the heroine on the other hand represents it (मृदुत्व) with still greater force as a reason for accompanying him.

The difference between the first and the second kind of व्याघात is as follows: —In the first a certain thing *is already accomplished* by some person with a certain means and another person with the same means frustrates it; while in the second, a certain thing is put forward by a person *as probably producing some effect* (*i. e.* the effect is *not already produced* as in the first) while another represents that very thing as more easily capable of producing exactly the opposite effect. 'अत एवास्य प्रथमाद्व्याघाताद्भेदः । तत्र हि येन केनचिदुपायेन निष्पादितं सद्वस्तु तथैवान्येनान्यथीक्रियत इत्युक्तम् । इह तु किञ्चिन्निष्पादयितुं सम्भाव्यमानस्य कारणस्य तद्विरुद्धनिष्पादकत्वेन समर्थनम् ।' विम० p. 139.

It may be said that in the example इहैव० the husband not only failed to persuade his wife to stay at home (इष्टस्य अनवाप्ति) but the wife represented the excuse brought forward by him as a stronger reason for her accompanying him (*i. e.* there is अनर्थस्य सम्भवः); and therefore the 2nd variety of व्याघात is nothing but the second variety of विषम. To this objection we reply:—In विषम, the desired effect does not follow and moreover there is some evil resulting; while in व्याघात, it cannot be said that what is first put forward as a probable effect is not an effect at all. It is an effect; but another person represents that an effect opposed to the first can more easily be brought about by the same means. अभिमतेतरस्य पुनरिह कार्यस्य सुकरतयोपपद्यमानत्वात्, अभिमतकार्यानुत्पत्तौ अनभिमतप्रादुर्भावे च भवतो विषमालङ्काराद्भिन्नविषयत्वेन स्थितः। एकावली p. 296.

It will have been noticed by the careful reader that in दृशा दग्धं etc., there is व्यतिरेक, as made clear by the words जयिनीः, वामलोचनाः and विरूपाक्षस्य. Jayaratha says that व्याघात is not possible without व्यतिरेक. The representation that one person frustrates what has been accomplished by another with a certain means by that very means cannot be explained otherwise than by supposing that the one excels the other. 'सोऽपि (व्याघातः) व्यतिरेकनिमित्तत्वेनात्रोक्तः। विरूपाक्षस्य चारुलोचना (the reading of सर्वस्व) इति व्यतिरेकगर्भावेव वाचकौ। जयिनीरिति व्यतिरेकोक्तिः।' अलं. स. p. 138; 'अनेनास्य व्यतिरेकं विनोत्थानमेव न स्यादिति सूचितम्। तथाहि–येन केनचित्साधितं तदप्यन्येनान्यथा क्रियते तदा तस्य ततोऽन्यथाकरणानुपपत्त्या वैलक्षण्यमवश्याभ्युपगन्तव्यम्।' विम० p. 138.

Ancient writers like Daṇḍin and Bhāmaha do not define व्याघात at all. Mammaṭa speaks of the first variety only. Our author follows the अलं. स. Jagannātha says that in दृशा दग्धं etc. the figure is nothing but व्यतिरेक. *Vide* his remarks in R. G. p. 460.

Examples of व्याघात are:—I. दीनद्रुमान् वचोभिः खलनिकरैरनुदिनं दलितान्। पल्लवयन्त्युल्लसिता नित्यं तैरेव सज्जनधुरीणाः R. G. p. 450: II. विमुञ्चसि यदि प्रिय प्रियतमेति मां मन्दिरे तदा सह नयस्व मां प्रणययन्त्रणायन्त्रितः। अथ प्रकृतिभीरुरित्यखिलभीतिभङ्गक्षमान्न जातु भुजमण्डलादवहितो बहिर्भावय॥ R. G. p. 460; 'यदि बाल इति सुतरामपरित्याज्योऽसि। रक्षणीय इति भवद्भुजपञ्जरमेव रक्षास्थानम्' हर्षचरित VI. para 10 (our edition) quoted in the अलं. स. with the remark "यत्र राज्यवर्धनेन श्रीहर्षाप्रस्थापने कार्ये बाल्यरक्षणीयत्वादि कारणत्वेन यत्सम्भावितं तत्प्रत्युत प्रस्थापनकारणत्वे सुकरतया श्रीहर्षेण राज्यवर्धनस्य समर्थितमिति व्याघाताख्योलङ्कारः। p. 139.

45 कारणमाला (Garland of Causes).

When each preceding object is spoken of as the cause of each succeeding one, there is कारणमाला. An example is श्रुतं etc. (p. 53, ll. 3–4). श्रुतम्- knowledge of the Śāstras ('श्रुतं शास्त्रावधृतयोः' इत्यमर० III. 3. 77.). कृतधियाम् of learned men.

Here the company of learned men is the cause of knowledge which again is spoken of as the cause of modesty, which is the cause of the affection of the people.

The name कारणमाला given to the figure is significant, because here a number of causes are spoken of as connected with one another in a peculiar manner; *e. g.* श्रुत which is the effect of कृतधीसङ्ग becomes the cause of विनय and so on. The charm here lies in the peculiar sequence of causes and effects. 'कार्यकारणक्रम एवात्र चारुत्वहेतुः ।' अलं. स. p. 140.

Jayaratha and Jagannātha say that this figure occurs also when each succeeding object is the cause of each preceding one (and not merely when each preceding object is the cause of each succeeding one as said in the text). 'तत्र पूर्वं पूर्वं कारणं परं परं कार्यमित्येका, पूर्वं पूर्वं कार्यं परं परं कारणमित्यपरा । R. G. p. 461. An example of this is 'स्वर्गापवर्गौ खलु दानलक्ष्मीर्दानं प्रसूते विपुला समृद्धिः । समृद्धिमल्पेतरभागधेयं भाग्यं च शम्भो तव पादभक्तिः ॥'.

Jagannātha remarks that the repetition of the same word in the same sense is not a fault in this figure. If another word were employed in the same sense it would obstruct the recognition of the object and the intended meaning would not flash at once on the mind; therefore the employment of two different words in the same sense would constitute a fault in this figure "अत्र च कथितपदत्वं न दोषः । प्रत्युत पदान्तरेण तस्यार्थस्योक्तौ रूपान्तरेण स्थितस्य नटस्येव प्रत्यभिज्ञाप्रतिरोधकत्वाद्विवक्षितार्थसिद्धेरकुण्ठितत्वविरहाद्दोषः स्यात् ।' R. G. p. 462.

Jagannātha further observes that in this figure we should preserve symmetry, if strikingness is to be produced. If we begin with the express mention of something as a cause then we must speak of the cause of that thing and so on: or we must speak of the effect of that thing as the cause of something else and so on. Or if we begin with the express mention of something as an effect, we must speak of the effect of that and so on or we must speak of that effect as due to something else and so on. "इह च यद्यादौ कारणोक्तिरेव प्रस्तूयते तदा पुनस्तस्य कारणं तस्यापि कारणमिति, तत्कस्यचिदिति तदपि कस्यचिदिति वा कारणमाला युक्ता । यदा तु कार्योक्तिस्तदा तस्य कार्यं तस्यापि कार्यमिति, तत्कस्यचित्कार्यं तदपि कस्यचिदिति वा युक्ता । सर्वथैव यः शब्दः कार्यकारणतोपस्थापक आदौ प्रयुक्तः स एव निर्वाह्यः । एवं क्रमेण निबन्धनमाकांक्षानुरूपत्वाद्रमणीयम् । अन्यथा तु भग्नप्रक्रमं स्यात् । यथा प्राचीनानां पद्यम् 'जितेन्द्रियत्वं विनयस्य कारणं गुणप्रकर्षो विनयादवाप्यते । गुणाधिके पुंसि जनोऽनुरज्यते जनानुरागप्रभवा हि सम्पदः ॥' अत्र जितेन्द्रियत्वं विनयस्य कारणं

श्रुत्वा जितेन्द्रियत्वस्यापि किं कारणमिति, विनयः कस्य कारणमिति वा आकांक्षोदेति। कारणस्यैव श्रुतिवशात् प्रथममुपस्थितेः।...एवं च विनयः कस्य कारणमित्याकांक्षाया गुणप्रकर्षो विनयादवाप्यते इति वाक्यं यद्यपि फलतः परिपूरकं भवति तथापि न साक्षादित्यहृदयङ्गममेव।" R. G. p. 462.

46 मालादीपकम् (Serial Illuminator).

When several objects are, in succession, connected with the same attribute, there is मालादीपक. Our author's definition is not quite clear. According to Mammaṭa and Ruyyaka the essentials of मालादीपक are:—I. Many objects are connected with the same attribute; II. Each preceding object serves as a qualification of each succeeding one; 'पूर्वपूर्वस्योत्तरोत्तरगुणावहत्वे मालादीपकम्।' अलं. स. 141; मालादीपकमाद्यं चेद्यथोत्तरगुणावहम्' K. P. X.

An example of मालादीपक is त्वयि etc. (**P. 53, ll. 8–9**). शरैः अरिशिरः (आसादितम्), तेन (अरिशिरसा) भूः (आसादिता), तया (भुवा) त्वं (आसादितः), त्वया यशः (आसादितम्). Here, the bow, the arrows, the head of the enemy, the earth etc. are all connected with the single action आसादन (obtaining or reaching), as in th the figure दीपक, where some प्रकृत and some अप्रकृत things are connected with the same धर्म. Moreover, each preceding object serves as a qualification of each succeeding one; the bow serves as a qualification of the arrows by making them reach the head of the enemy, the arrows oblige the head by enabling it to reach the earth, and so on. *Vide* Uddyota "आसादितमिति (in the text आसादिताः) नपुंसकानपुंसकयोरेकशेषः एकवत्त्वं च। अत्र कोदण्डेनारिशिरः प्रापयता शरा उपक्रियन्ते शरैरपि भूमण्डलं प्रापयद्भिररिशिरः, शिरसाऽपि सहायकं त्वां लम्भयता भूमण्डलं भूमण्डलेन च कीर्तिमासादयता नृपतिः......इति पूर्वपूर्वेभ्यः परस्योपकारः।" p. 67.

The reason why the figure is called मालादीपक is:—As in दीपक, so here also many objects are connected with one and the same attribute, just as many objects are illumined by a single lamp. Besides, here many objects are linked together, each preceding one qualifying each succeeding one.

Mammaṭa defines मालादीपक after दीपक, intimating thereby that it is a kind of दीपक or very similar to it. Our author, following the अलं. स., defines it after कारणमाला and before एकावली, because here the charm really lies in the linking together, as it were, of certain objects. The अलं. स. says that it is not proper to define it after दीपक. Jayaratha says that the word माला is not used in the same sense in which it is used in the word मालोपमा (where many उपमानs are mentioned one after another in connection with a single उपमेय). In मालोपमा, माला means a simple collection of things (which are, as it were, huddled up together without one being linked with the other); while in मालादीपक माला means 'a chain', because here each preceding object qualifies each succeeding one and therefore the objects are linked together so as to form a chain. मालादीपक cannot be a variety of दीपक, as in it there is no औपम्य intended between कोदण्ड and शर etc; in दीपक, औपम्य is admitted by all to be implied. The reason why writers like Mammaṭa define मालादीपक after दीपक is that there is illuminntion (of many objects by a single attribute) here also, as in दीपक. 'मालात्वेन चारुत्वविशेषमाश्रित्य दीपकप्रस्तावोल्लङ्घनेनेह लक्षणं कृतम् ।' अलं. स. p. 141; 'मालाशब्देनात्र शृङ्खला लक्ष्यते । तस्या एवोपक्रान्तत्वात् । न चात्र मालोपमावन्मालाशब्दो ज्ञेयः । एकस्योपमेयस्य बहूपमानोपादानाभावात । अत्र ह्यौपम्यमेव नास्ति । कोदण्डशरादीनां तस्याविवक्षणात् । अत एवास्य दीपकभेदत्वं न वाच्यम् । औपम्यजीवितं हि तत् । प्राच्यैः पुनरेतद्दीपनमात्रानुगुण्यात्तदनन्तरं लक्षितम् ।' विम० p. 142.

The difference between कारणमाला and मालादीपक is as follows:— In कारणमाला and in मालादीपक also, each preceding thing is connected with each succeeding one? but in the former, each preceding object is the *cause* of each succeeding one, while in the latter, each preceding object only qualifies each succeeding one.

Examples of मालादीपक are:—शुक्रः श्वेतार्चिषो वृद्ध्यै पक्षः पञ्चशरस्य सः । स च रागस्य रागोऽपि यूनां, रत्युत्सवश्रियः ॥ K. D. II. 107; यस्य च समरभुवि भुजदण्डेन कोदण्डं कोदण्डेन शराः शरैररिशिरस्तेनापि भूमण्डलं तेन चाननुभूतपूर्वो नायको नायकेन कीर्तिः कीर्त्या च सप्त सागराः सागरैः कृतयुगादिराजचरितस्मरणमनेन च स्थैर्यममुना च प्रतिक्षणमाश्चर्यं समासादितम् । (वासवदत्ता p. 23. Jiv., p. 41 of Hall's ed.).

47 एकावली (Necklace).

If each succeeding thing is affirmed or denied as an attribute of each preceding thing, there is एकावली, which is thus two fold. An example of the first variety where each succeeding thing is *affirmed* as an attribute of each preceding one is सरो etc. (P. 53, ll. 14–15). यत्र सरः विकसिताम्भोजम् (विकसितानि अम्भोजानि पङ्कजानि यस्मिन्), अम्भोजं भृङ्गसङ्गतम् (भृङ्गैः भ्रमरैः सङ्गतम् युक्तम्), भृङ्गाः ससङ्गीताः (सङ्गीतेन सह वर्तमानाः) सङ्गीतं सस्मरोदयम् (स्मरस्य उदयः उद्गमः तेन सहितम्). विशेषण does not simply mean 'adjective' in Sanskrit विशेषण is anything (whether a noun or an adjective) which serves to distinguish one thing with which it is connected from other things or which gives a special character to a thing known in a general way' 'स्वरूपमात्रेणावगतस्य वस्तुनो यत्सम्बन्धबलेन वैशिष्ट्यमवगम्यते तद्विशेषणम् ।' विम० p. 141.

In the above example, अम्भोज is affrmed as a qualification of the lake, bees are introduced as a qualification of lotuses, singing is mentioned as a qualification of the bees and the excitement of love as a qualification of the humming. So here each succeeding thing is affirmed as a qualification of each preceding one.

अपोह्यते—निषिध्यते. An example of the second variety is न तज्जलं etc. (p. 53, ll. 16–17). This is Bhaṭṭi. II. 19. It is a descriptiou of autumn. न तज्जलं......पङ्कजं— There was no water that was not graced with fair lotuses. (शरदि) न तत् जलं (आसीत्) यत् न सुचारुपङ्कजम् (सुचारूणि अतिशोभनानि पङ्कजानि यस्मिन्), न तत् पङ्कजं यत् अलीनषट्पदम् (न लीनाः षट्पदाः भ्रमराः यस्मिन्), न असौ षट्पदः यः कलं (मधुरं) न जुगुञ्ज, न तत् गुञ्जितं यत् मनः न जहार. Here सुचारुपङ्कज stands as a qualification of water in a negative form, निलीनषट्पद appears negatively as a qualification of the lotus, कलगुञ्जित is put forward as a qualification of the bees. Therefore there is a negation of each succeeding thing as an attribute of each preceding thing.

एकावली is a kind of हार, having only one string of pearls. 'अर्धहारो माणवक एकावल्येकयष्टिका । सैव नक्षत्रमाला स्यात्सप्तविंशतिमौक्तिकैः ॥' अमर० II. 6. 106. The रामाश्रमी remarks 'एकसरा । एका चासौ आवली च ।'. The figure is called एकावली, because here the preceding thing and succeeding thing present one connected chain (as two pearls in a chain do).

क्वचिद्विशेष्यमपि......एवमपोहनेऽपि (P. 53, ll. 18–22). Sometimes each preceding विशेष्य is affirmed or negatived as a qualification with reference to each succeeding thing. An example is वाप्यो etc. Here in the first sentence the विशेषण is विमलाः and the विशेष्य is वाप्यः, this विशेष्य is affirmed as a qualification (विशेषण) of कमलानि in the next sentence; the विशेष्य 'lotuses' is affirmed as a qualification of the bees and so on. The same holds good in the case of *negativing* the विशेष्य in one sentence as a विशेषण in the next. राम० gives as an example the following:—'पुण्यक्षेत्रं न सर्वत्र पुण्यक्षेत्रे न नास्तिकाः । नास्तिकेषु न धर्मोऽस्ति न धर्मे दुःखहेतुता ॥". It should be remembered that Mammaṭa and Ruyyaka spea of only that एकावली, where each succeeding thing is affirmed or negatived as a विशेषण of each preceding thing. Jagannātha's treatmeat is the same as our author's.

The distinction between मालादीपक and एकावली (of the first sort) is:—In the former, each preceding thing lends some charm to each succeeding thing, as in 'शरैरिशिरस्तेन भूस्तया etc.', while in the latter, each succeeding thing enhances the charm of each preceding one, as in सरो विकसिताम्भोजम् etc. 'उत्तरोत्तरस्य पूर्वं पूर्वं प्रति उत्कर्षहेतुत्वे एकावली। पूर्वस्य पूर्वस्योत्तरोत्तरोत्कर्षनिबन्धनत्वे तु मालादीपकम्।' अलं. स. p. 141. The difference between मालादीपक and एकावली (of the 2nd sort, where each preceding विशेष्य is affirmed or denied as a विशेषण of each succeeding thing) is that in the former all the things are connected with one and the same attribute, while in the latter they are not necessarily so. The distinction between कारणमाला and एकावली is that in the former the relation between the two things is that of कार्यकारणभाव; while in the latter it is विशेषणविशेष्यभाव.

Jagannātha remarks that मालादीपक does not deserve to be a separate figure, but should be regarded as a sub-variety of the second kind of एकावली (where each preceding विशेष्य is affirmed or negatived as a विशेष्य of each succeeding thing). The only condition is that the obligation conferred on each succeeding thing by each preceding विशेष्य should be the same (एकरूप). He further observes that मालादीपक cannot be a variety of दीपक for reasons which we have already mentioned in our notes on मालादीपक. 'वस्तुतस्तु एतत् (मालादीपकं) दीपकमेव न शक्यं वक्तुम्। सादृश्यसम्पर्काभावात्। किं तु एकावलीप्रभेद इति वक्ष्यते।' R. G. p. 322. "धर्मेण बुद्धिस्तव देव शुद्धा बुध्या निबद्धा सहसैव लक्ष्मीः। लक्ष्म्या च तुष्टा भुवि सर्वलोका लोकैश्च नीता भुवनेषु कीर्तिः।' इह पूर्वेण पूर्वेण स्वाव्यवहितमुत्तरोत्तरं विशेष्यते। अस्मिंश्च एकावल्या द्वितीये भेदे पूर्वपूर्वैः परस्य परस्योपकारः क्रियमाणो यद्येकरूपः स्यात्तदायमेव मालादीपकशब्देन व्यवह्रियते प्राचीनैः।... एवं च दीपकालङ्कारप्रकरणे प्राचीनैरस्य लक्षणाद्दीपकविशेषोऽयमिति न भ्रमितव्यम्। तस्य (दीपकस्य) सादृश्यगर्भतायाः सकलालङ्कारिकसिद्धत्वात्। इह च शृङ्खलावयवानां पदार्थानां सादृश्यमेव नास्तीति कथंकारं दीपकतावाचं श्रद्दधीमहि। तेषां प्रकृताप्रकृतात्मकत्वविरहाच्च।" R. G. p. 464.

Examples of एकावली are:—देशः समृद्धनगरो नगराणि च सप्तभूमिनिलयानि। निलयाः सलीलललना ललनाश्चात्यन्तकमनीयाः॥ वाग्भटालं. IV. 137; नाकुसुमस्तरुरस्मिन्नुद्याने नामधूनि कुसुमानि। नालीनालिकुलं मधु नामधुरकाणमलिवलयम्॥ रुद्रट VII. 111.

48 सार (Climax).

When the things to be described gradually rise in excellence, there is सार. An example is राज्ये सारं etc., (p. 53, ll. 25–26). This is Rudraṭa VII. 97. राज्ये ['स्वाम्यमात्यश्च राष्ट्रं च दुर्गं कोषो बलं सुहृत्। एतावदुच्यते राज्यं' इति कामन्दकोक्ते (I. 16) सप्ताङ्गयुक्ते राज्ये] सारं (श्रेष्ठं, 'सारो बले स्थिरांशे च न्याय्ये क्लीबं वरे त्रिषु' अमर० III. 3. 171) (वस्तु) वसुधा, वसुधायामपि पुरं (सारं वस्तु), पुरे सौधम् (राजसदनम्, सुधालेपोऽस्यास्तीति), सौधे तल्पं (श्रेष्ठम्), तल्पे (तल्पवर्तिषु सर्वेषु वस्तुषु) वराङ्गना अनङ्गसर्वस्वम् (कामस्य सर्वस्वं सर्वस्वरूपा) (श्रेष्ठा). Here each succeeding thing is better than each preceding one, and the highest pitch of excellence is reached in the beautiful woman beyond whom the description cannot proceed.

Jagannātha remarks that this figure occurs not only when the excellence gradually rises (so that the thing last mentioned is the best of all), but also when each succeeding object is represented as worse than each preceding one (so that the last is the worst of all). An example of this सार (which corresponds here to 'Anti-climax') is "तृणाल्लघुतरस्तूलस्तूलादपि च याचकः। वायुना किं न नीतोऽसौ मामयं प्रार्थयेदिति ॥" कुव० p. 119.

The figure is properly called सार, because in it we have excellence rising by steps. The अलं. स. calls it उदार.

Jagannātha says that this figure occurs not only when many things are mentioned as rising in excellence one after another, but also when the same thing, on account of difference of condition, rises in excellence. An example is 'जम्बीरश्रियमतिलंघ्य लीलयैव व्यानम्रीकृतकमनीयहेमकुम्भौ। नीलाम्भोरुहनयनेऽधुना कुचौ ते स्पर्धेते खलु कनकाचलेन सार्धम् ॥ अत्र पूर्वपूर्वावस्थाविशिष्टाभ्यां कुचाभ्यामुत्तरोत्तरावस्थाविशिष्टयोरेवोत्कर्ष इत्येकविषयत्वम्।' R. G. p. 465.

The four figures, कारणमाला, मालादीपक, एकावली and सार are based upon शृङ्खला (chain). A question is raised by Jayaratha and Jagannātha whether the four should be separately defined or whether we should have only one figure called शृङ्खला with the above four figures as its varieties. They both come to the conclusion that the four figures must be separately defined; for otherwise, we shall have to define only विरोध and औपम्य by a parity of reasoning, and need not define विभावना, विशेषोक्ति, etc. or रूपक, अनन्वय etc. *Vide* the अलं. स. वि. p. 140 and R. G. p. 461 and p. 466.

Examples of सार are:—जये धरित्र्याः पुरमेव सारं पुरे गृहं सद्मनि चैकदेशः। तत्रापि शय्या शयने वरस्त्री रत्नोज्ज्वला राजसुखस्य सारम्॥ (बृहत्संहिता 73. 1.); संसारे मानुष्यं सारं मानुष्यके च कौलीन्यम्। कौलीन्ये धर्मित्वं धर्मित्वे चापि सदयत्वम्॥ वाग्भटालं० IV. 127.

49 यथासंख्यम् (Relative Order).

यत् उद्दिष्टानां (पदार्थानां) क्रमेण अनूद्देशः (प्रतिनिर्देशः) (तत्) यथासंख्यम्. When a reference is made to objects in the same order in which they have been already mentioned, there is यथासंख्य. An example is उन्मीलन्ति etc. (p. 53, l. 29–p. 54, l. 2). उन्मीलन्ति (विकसन्ति, वञ्जुला इति गम्यते) नखैर्लुनीहि (वञ्जुलमुकुलानीति कर्म अध्याहार्यम्), वहति (वाति, दक्षिणानिलः इति संयोज्यम्) क्षौमाञ्चलेन आवृणु (दुकूलस्य अञ्चलेन आवृणु, वारय दक्षिणानिलम्), क्रीडाकाननमाविशन्ति (कुहूकण्ठाः इति योज्यम्) वलयक्काणैः (वलयानां क्काणैः निनादैः) (कुहूकण्ठान्) समुत्रासय (भीतियुक्तान् कुरु), इत्थं सुभग त्वदीयविरहे तस्याः सखीनां मिथः (अन्योन्यं) वञ्जुलदक्षिणानिलकुहूकण्ठेषु (वञ्जुलः अशोकः, कुहूकण्ठः कोकिलः) साङ्केतिकव्याहाराः (भवन्ति). These words are addressed by some woman to a person who is away from his beloved respecting the latter's condition. Here वञ्जुल, दक्षिणानिल and कोकिल are connected as agents with उन्मीलन्ति, वहति, आविशन्ति respectively and as objects with लुनीहि, आवृणु, and समुत्रासय respectively.

The अलं. स. defines and explains as follows:—उद्दिष्टानामर्थानां क्रमेणानूद्देशो यथासंख्यम्। ऊर्ध्वं निर्दिष्टाः उद्दिष्टाः। पश्चान्निर्देशोऽनूद्देशः। स च अर्थात् अर्थान्तरगतः सम्बन्धश्चात्र सामर्थ्यात् (वाक्यपर्यालोचनबलात्) प्रतीयते। ऊर्ध्वं निर्दिष्टानामर्थानां पश्चान्निर्दिष्टैरर्थैः क्रमेण सम्बन्धो यथासंख्यमिति वाक्यार्थः। p. 148–149.

Some writers like Vāmana call this figure क्रम. यथासंख्य is one of those figures that occur even in the most ancient writers on rhetoric. Daṇḍin says 'उद्दिष्टानां पदार्थानामनूद्देशो यथाक्रमम्। यथासंख्यमिति प्रोक्तं संख्यानं क्रम इत्यपि॥' K. D. II. 273. Bhāmaha tells us that संख्यान was the name given to this figure by the rhetorician मेधावि (रुद्र?) "यथासंख्यमथोत्प्रेक्षामलङ्कारद्वयं विदुः। संख्यानमिति मेधाविनोत्प्रेक्षाभिहिता क्वचित्॥' II. 88 (should we read मेधावी नोत्प्रे०?).

Jayaratha and Jagannātha question the propriety of calling यथासंख्य a figure of speech. What is called यथासंख्य is merely the absence of the fault called अपक्रम. The fault अपक्रम occurs when a number of things mentioned in a particular order are not again referred to in the same order, such order being necessary for some reason or other, *e. g.* in रथाङ्गशूले बिभ्राणौ

पातां वः शम्भुशार्ङ्गिणौ, Śiva being mentioned first should naturally be connected with रथाङ्ग (the wheel); but it is not Śiva who bears the wheel. Therefore there is अपक्रमदोष. The mere absence of a fault does not constitute a figure. To constitute a figure there must be some charm due to the poet's imagination. "न चास्यालङ्कारत्वं युक्तम् । दोषाभावमात्ररूपत्वात् । उद्दिष्टानां क्रमेणानुनिर्देशे ह्यक्रियमाणेऽपक्रमाख्यो दोषः प्रसज्यते । यदुक्तम् 'क्रमहीनार्थमपक्रमम्' इत्यादि । तच्च यथा 'कीर्तिप्रतापौ भवतः सूर्याचंद्रमसाविव ।' दोषाभावमात्रं च नालङ्कारत्वम् । तस्य कविप्रतिभात्मकविच्छित्तिविशेषत्वेनोक्तत्वात् ।" अलं. स. वि. pp. 149–150. *Vide* R. G. p. 478. The Uddyota, while admitting the force of the above remarks, says that यथासंख्य was looked upon as a figure, because there is a certain strikingness in referring in the same verse to many things again in the same order in which they have been once mentioned. 'यद्यपि कविप्रतिभानिर्मितत्वस्यालङ्कारताजीवातोर्लेशतोऽपि अभावादस्य नालङ्कारत्वम् । तथापि एकत्र पद्ये बहूनां क्रमान्वये वैचित्र्यादलङ्कारत्वेनोक्तः ।' p. 80.

Examples of यथासंख्य are:—मृगमीनसज्जनानां तृणजलसन्तोषविहितवृत्तीनाम् । लुब्धकधीवरपिशुना निष्कारणवैरिणो जगति ॥; करकमलवितीर्णैरम्बुनीवारशष्पैस्तरुशकुनिकुरङ्गान्मैथिली यानपुष्यत् ॥ उत्तरराम० III; स्फुरदद्भुतरूपमुत्प्रतापज्वलनं त्वां सृजतानवद्यविद्यम् । विधिना ससृजे नवो मनोभूर्भुवि सत्यं सविता बृहस्पतिश्च ॥ (In the last there is विशेष also.); पद्मेन्दुभृङ्गमातङ्गपुंस्कोकिलकलापिनः । वक्त्रकान्तीक्षणगतिवाणीबालैस्त्वया जिताः ॥ भामह II. 90 (quoted in the वक्रोक्तिजीवितवृत्ति).

50 पर्यायः (Sequence).

(I) When the same thing is (a) or is made to be (b) in many places in succession or (II) when many objects are (c) or are made to be (d) in the same place in succession, it is termed पर्याय.

An example of I a is स्थिताः क्षणं etc. (**P. 54, ll. 6–7**). This is Kumāra-sam. V. 24. The verse is spoken of with reference to Pārvatī, who was practising austerities in order to secure Śiva as her husband. तस्याः (पार्वत्याः) पक्ष्मसु (अक्षिलोमसु) क्षणं स्थिताः, (पश्चात्) ताडिताधराः (ताडितः अधरः यैः), (अनन्तरं) पयोधरोत्सेधनिपातचूर्णिताः (पयोधरयोः स्तनयोः उत्सेधः उन्नतिः उत्सेधे निपातः तेन चूर्णिताः स्तनकाठिन्यादिति भावः), (पश्चात्) वलीषु (उदररेखासु) स्खलिताः प्रथमोदबिन्दवः क्रमेण नाभिं प्रपेदिरे (प्राप्ताः). Here, one object, viz. first rain-drops, is represented as occupying in succession, Pārvatī's eyelashes, lower lip, breasts, the dimples on the abdomen skin and the navel.

An example of II *c* is विचरन्ति etc. (**P. 54, ll. 8–9**). यत्र तव अरिपुरे श्रोणिभरालसाः (नितम्बभरेण अलसाः अलसगमनाः) विलासिन्यः विचरन्ति तत्र वृककाकशिवाः धावन्ति. Here in one and the same place, viz., the enemy's city, many objects, viz. gay women, and wolves, crows and female jackals, exist in succession.

An example of I. b, where one thing is made to be (क्रियते) in many places is विसृष्ट etc. (p. 54, ll. 10–11). It is Kumāra. sam. V. 11. It speaks of the change that came over Pārvatī as regards her occupations when she began to practise penance. तया (पार्वत्या) विसृष्टरागात् (विसृष्टः रागः लाक्षारसादिरागः यस्य) अधरात् निवर्तितः स्तनाङ्गरागात् (स्तनयोर्निहितानि अनुलेपनादीनि तैः) अरुणात् (रक्तीकृतात्) कन्दुकात् (निवर्तितः इति योज्यम्), कुशाङ्कुरादानपरिक्षताङ्गुलिः (कुशाङ्कुराणाम् आदानेन परिक्षताः अङ्गुलयः यस्य) करः अक्षसूत्रप्रणयी (रुद्राक्षमालायाः मित्रं) कृतः. Here, the same object, viz. the hand, is made to be in different places in succession, *i. e.* before the austerities the hand was employed in dying the lower lip and in playing with a ball, while after the austerities were begun, it was employed in cutting *kuśa* grass and in telling the beads of the rosary.

An example of II d is ययोरारोपितः etc. (**P. 54, ll. 12–13**). ते (तव) अरिवधूजनैः ययोः (स्तनयोः) तारो ('मुक्ताशुद्धौ च तारः स्यात्' इत्यमरः III. 3. 166, शुद्धमुक्ताफलघटितः) हारः आरोपितः तयोः स्तनयोः स्थूलाः अश्रुबिन्दवः निधीयन्ते. Here in one and the same object, viz. the breasts, many objects are made to be in succession, viz. necklaces when the husbands of the women were living, large drops of tears when they were dead.

The name पर्याय given to this figure is quite significant. The word पर्याय, according to the sūtra of Pāṇini 'परावनुपात्यय इणः' (पा० III. 3. 38; 'क्रमप्राप्तस्य अनतिपातः अनुपात्ययः । तव पर्यायः । अनुपात्यये किम् । कालस्य पर्ययः । अतिपातः इत्यर्थः । सि. कौ.), means sequence (क्रम), as the affix घञ् is applied to the root इ with परि only when sequence is to be conveyed. In the figure, there is a sequence (पर्याय) *i. e.* the figure is पर्यायवत् and hence the figure itself is called पर्याय. Compare 'अत एव क्रमाश्रयणात्पर्याय इत्यन्वर्थमभिधानम् ।' अलं. स. p. 150; 'तद्वति तच्छब्दोपचारात् अर्शादित्वात् (अर्शआदित्वात्?) पर्यायवान् पर्याय इत्यर्थः ।' तरल p. 305.

It was said above that one thing is (भवति) or is made to be (क्रियते) in many places or many things are or are made to be in one place. What is meant by भवति is not 'natural existence' and by 'करोति' what is. meant is not 'artificial existence.' These words simply indicate that in one no causal agency is mentioned, while in the other it is mentioned; *e. g.* in स्थिता: क्षणं no one is mentioned as making the drops of rain exist in many places, while in 'विसृष्टरागात्' the hand is made to be in many places by an agent who is expressly mentioned (in the word तया). Compare प्रदीप 'प्रयोजकानिर्देशतन्निर्देशौ भवतिकरोत्यर्थौ । न तु स्वाभाविकत्वास्वाभाविकत्वे ।'.

एषु च......एवमन्यत् (**P. 54, ll. 14-17**). In these varieties (एषु), the place (आधार) is either a collection (hence looked upon as one) or not (*i. e.* there are several distinct places). संहतरूप: means संघातरूप:. For example, in the verse 'स्थिता: क्षणं०' the rain drops successively exist in the eyelashes etc., which are several distinct things (and not a collection or aggregate). In the example विचरन्ति० the several objects that are to be placed somewhere (आधेय), viz. wolves and others (आदि includes विलासिन्य: also) exist in succession in the enemy's city, which is an aggregate (संहतरूप). क्वचित् आधेयमपि-understand संहतरूपम् असंहतरूपं च. In the verse 'विचरन्ति' etc. the आधेयs (viz. विलासिन्य: and वृकादय:) are असंहतरूप, because they cannot form an aggregate, belonging, as they do, respectively to the past and the present. In the verse विसृष्ट० the hand successively exists in many places, which form an aggregate (*i. e.* अधर and कन्दुक form one group and कुशाङ्कुर and अक्षसूत्र form another). Our author here borrows the words of the अलं. स. 'तत्रानेकोऽसंहतरूप: संहतरूपश्चेति द्विविध: । तच्च द्वैविध्यमाधाराधेयगतमिति चत्वारोऽस्य भेदा: ।' p. 151.

अत्र च......परिवृत्ते: (**P. 54, ll. 17-18**). The distinction between विशेष (2nd variety, where one thing exists in many places) and पर्याय (of the first sort viz. where one thing exists in many places) is that in the former one thing exists in many places *simultaneously*, while in the latter one the thing exists in many places *in succession*. For example, in 'कानने सरिदुद्देशे' the king is seen in many places at the same time, while in 'स्थिता: क्षणं' the drops of rain exist in many places in succession and not at one and the same time. We shall deal with the distinction between पर्याय aud परिवृत्ति in our notes on the latter figure.

It must be well borne in mind that the representation that one thing resides in many places in succession or that many things successivley reside in the same place must be poetical in order to constitute the figure पर्याय. Where one thing naturally resides in many places in succession or many reside in one place as a matter of fact, there is no *alaṅkāra*. 'यत्राधाराधेयतत्सम्बन्धक्रमेषु क्वचिदपि कविकल्पनापेक्षा तत्रैवायमलङ्कारः। यत्र तु सर्वांशे लोकसिद्धत्वं न तत्र कश्चिदलङ्कारः।' R. G. p. 481. If this were not so, the words 'यत्र पूर्वं घटस्तत्राधुना पटः' would constitute an example of पर्याय. Similarly, 'पुरा यत्र स्रोतः पुलिनमधुना तत्र सरिताम्' is not an example of this figure.

Examples of पर्याय are:—नन्वाश्रयस्थितिरियं तव कालकूट केनोत्तरोत्तरविशिष्टपदोपदिष्टा। प्रागर्णवस्य हृदये वृषलक्ष्मणोऽथ कण्ठेऽधुना वससि वाचि पुनः खलानाम् ॥ (भल्लटशतक 4); निशासु भास्वत्कलनूपुराणां यः सञ्चरोऽभूदभिसारिकाणाम्। नदन्मुखोल्काविचितामिषाभिः स वाह्यते राजपथः शिवाभिः ॥ (रघु० XVI. 12); मकरालयस्य कुक्षौ स्थित्वा सदनेऽमृताशिनां च चिरम्। संप्रति निर्दोषे ते राजन्वदनाम्बुजे सुधा वसति ॥ R. G.

51 परिवृत्तिः (Barter).

The exchange of a thing for what is (1) equal, (2) lesser or (3) greater is परिवृत्ति. सम means 'of equal value.'

दत्वा ... मदनज्वरः (**P. 54, ll. 21-22**). एणाक्षी (मृगलोचना) कटाक्षं दत्त्वा मम हृदयं जग्राह. Here in the first half, the woman gives a glance to her lover and takes away his heart. There is an exchange here and that exchange is of two things of the same value (1). In the latter half, the lover gives his heart and receives the fever of love. He exchanges the heart for fever, which being dangerous, is न्यून (a thing of less value than what he gave) (2). अत्र मदनज्वरस्य पीडकत्वान्न्यूनत्वम्.

तस्य च......यशः (**P. 54, ll. 24-25**). This verse is cited as an example of परिवृत्ति by the अलं. स. तस्य प्रवयसः (वृद्धस्य) जटायुषः स्वर्गिणः (स्वर्गं गतस्य) अधुना किमिव शोच्यते (किमिव शोचनीयं, न किमपीत्यर्थः), येन जर्जरकलेवरव्ययात् (जर्जरं जीर्णतरं कलेवरं शरीरं तस्य व्ययेन, सीतां हरता रावणेन सह युद्धे प्राणव्ययः तेन) इन्दुकिरणोज्ज्वलं (चंद्रकिरणवच्छुभ्रं) यशः क्रीतम्. Here Jāṭāyus gave up a thing of small value, viz. his shattered body, and received in return spotless fame, a thing of great value (3).

परिवृत्ति is defined as विनिमय by our author. In ordinary life, there must be two persons for an exchange of two things. A must give to B something (say a maund of rice) and receive from B something (say a maund of wheat) or A must receive from B something and then give something in return to B. This mutual giving and taking must exist in the figure also. Let us see whether it is so in the examples given by our author. In the first verse, there are two persons. The woman gives a glance to her lover and receives from him in return his heart; the lover gives his heart to his beloved and receives fever of love from her (*i. e.* caused by her). But in the second example, Jaṭāyus gives up his body, but there is no one to whom he gives it; he receives, in return for the body, pure fame but there is no one to give it; so that in this verse there is a single person. The essentials of a real barter are not satisfied in this verse. The question naturally arises:—what meaning is attached to विनिमय by our author? Does he use it in the same sense in which it is used in ordinary life, or does he mean by it simply this much that a man should abandon something and receive something else? The reply is:—Our author seems to have purposely left the word विनिमय undefined. We have shown above that in the first verse the strict meaning of विनिमय is taken, but not in the second. There is a sharp conflict of opinion as regards the essentials of परिवृत्ति among writers on Rhetoric. There are two schools, one represented by Mammaṭa and Jagannātha and the other by the Alaṅkāra-sarvasva and Vāmana. Our author, without following any particular school, seems to have made a compromise by accepting the views of both schools.

According to Mammaṭa, one must give to another a thing belonging to one's self and receive from that person another thing belonging to that person. प्रदीप says 'विनिमयो हि केनचिद्वस्तुना दत्तेन कस्यचिदादानम्', on which the Uddyota remarks परकीयस्य कस्यचिदादानमित्यर्थः । विनिमयपदस्य तत्रैव शक्तेः । एवमादाय दानमपि सा ।' pp. 91–92. According to this view, the verse 'तस्य प्रवयसः' etc. cited by our author, would not be an example of परिवृत्ति. The अलं. स. on the other hand says that in परिवृत्ति one must abandon something belonging to oneself (it need not be *given* to another) and take something else (not necessarily belonging to another). It appears that such a case cannot be distinguished from that variety of Paryāya where many things are successively referred to as occupying one place. That is, according to the अलं. स. there need not be two persons in परिवृत्ति. One of the examples cited by अलं. स. is 'किमित्यपास्याभरणानि यौवने धृतं त्वया वार्धकशोभि वल्कलम् । वद प्रदोषे स्फुटचन्द्रतारका विभावरी यद्यरुणाय कल्पते ॥ कुमार॰ V. Here there is a single person. viz. Pārvatī, who abandoned her ornaments (but did not give them to some one and receive from him something in return for the ornaments) and began to wear a bark garment. This verse would not be an example of barter according to Mammaṭa, as there is no real barter in it. Jagannātha sides with Mammaṭa *Vide* his remarks "अत्र परस्मै स्वकीययत्किंचिद्वस्तुसमर्पणमित्येतावत्पर्यन्तं लक्षणे विवक्षितम्, न तु स्वकीययत्किंचिद्वस्तुत्यागमात्रम् । 'किशोरभावं परिहाय रामा बभार कामानुगुणां प्रणालीम्' इत्यत्रातिव्याप्त्यापत्तेः । न चेदं लक्ष्यमेवेति वाच्यम् । पूर्वावस्थात्यागपूर्वकमुत्तरावस्थाग्रहणस्य वास्तवत्वेनानलङ्कारत्वात् । एवं स्थिते 'विनिमयोऽत्र किंचित् त्यक्त्वा कस्यचिदादानम्' इत्यलङ्कारसर्वस्वकृता यल्लक्षणं परिवृत्तेः कृतम्, यच्च 'किमित्यपास्याभरणानि यौवने धृतं त्वया वार्धकशोभि वल्कलम्' इत्युदाहृतम, तदुभयमप्यसदेव ।" R. G. p. 482.

It should be remembered that the barter spoken of must be due to the poet's imagination merely, and must not be one of ordinary life. For example, the words 'क्रीणन्ति प्रविकचलोचनाः समन्तान्मुक्ताभिर्बदरफलानि यत्र बालाः' are not an example of परिवृत्ति; एषु दानादानव्यवहारः कविकल्पित एव न तु वास्तवः । यत्र वास्तवस्तत्र नालङ्कारः। R. G. p. 482.

The distinction between पर्याय and परिवृत्ति is as follows:—In the former there is no barter, while in the latter there *is*. To explain:—when, in पर्याय, one thing resides in many places in succession, that place from which the thing goes away to another place, receives nothing in return; *e. g.* in 'स्थिताः क्षणं' the eyelashes, form which the drops travel on to the lip, receive nothing in return for the drops; similarly, in the other examples of पर्याय, there is no barter intended or expressed. In परिवृत्ति, on the other hand, whether we follow the view of Mammaṭa or of Ruyyaka, there is giving up and taking. Jaṭāyus gave up his body in return for fame. It is for this reason that the following verse is an example of पर्याय and not of परिवृत्ति, although the word विनिमय occurs in it:—श्रोणीबन्धस्त्यजति तनुतां सेवते मध्यभागः पद्भ्यां मुक्तास्तरलगतयः संश्रिता लोचनाभ्याम् । धत्ते वक्षः कुचसचिवतामद्वितीयं च वक्त्रं तद्गात्राणां गुणविनिमयः कल्पितो यौवनेन ॥' बालभारत p. 7. Here श्रोणीबन्ध is said to have given up तनुत्व but is not said to have received something else in its place and hence the poet does not wish to fix our attention on the change of the state of a thing, but rather on the change of the place *i. e.* he intends पर्याय and not परिवृत्ति.

Examples of परिवृत्ति are:—दत्त्वा दर्शनमेते मत्प्राणा वरतनु त्वया क्रीताः । किं त्वपहरसि मनो यद्ददासि रणरणकमेतदसत् ॥ रुद्रट VII. 78; नानाविधप्रहरणैर्नृप संप्रहारे स्वीकृत्य दारुणनिनादवतः प्रहारान् । दृप्तारिवीरविसरेण वसुन्धरेयं निर्विप्रलम्भपरिरम्भविधिर्वितीर्णा ॥ (quoted by K. P. X. p. 675); उरो दत्त्वाभरारीणां येन युद्धेष्वगृह्यत । हिरण्याक्षवधाद्येषु यशः सार्कं जयश्रिया ॥ उद्भट V. 32.

52 परिसंख्या (Special Mention).

प्रश्नात् (प्रश्नवशात्) अप्रश्नतो वा अपि चेत् (यदि) कथितात् वस्तुनः तादृगन्यव्यपोहः (कथितसदृशस्य अन्यस्य वस्तुनः व्यपोहः व्यवच्छेदः) शाब्दः अथवा आर्थः (भवेत्) तदा परिसंख्या. When, with or without a query, there is, owing to the very mention of a thing, the exclusion of something else similar to it, whether that exclusion be expressed or implied, there is परिसंख्या.

परिसंख्या is one of three technical terms often met with in writings on the पूर्वमीमांसा and धर्मशास्त्र. The three terms are विधि, नियम and परिसंख्या. They are concisely defined in the following कारिका–विधिरत्यन्तमप्राप्ते नियमः पाक्षिके सति । तत्र चान्यत्र च प्राप्ते परिसंख्या निगद्यते ॥ q. by विमर्शिनी of जयरथ p. 155. विधि is that which enjoins something which is not at all known from any other source; *e. g.* the vedic sentence 'स्वर्गकामो ज्योतिष्टोमेन यजेत' is a विधि, because it enjoins something, viz. याग, as a means of going to heaven, which is not known from any other source. A नियम is an injunction which restricts something to one out of two or more possible alternatives and hence excludes the other alternatives. An example is समे देशे यजेत. Sacrifice is laid down as a duty. It cannot be performed without a plot of ground and hence we know indirectly that a plot is necessary for a sacrifice. A plot may be even or uneven; so it may follow that a sacrifice may be performed either on a level spot or on an uneven one (*i. e.* there is पाक्षिकीप्राप्ति). The injunction 'समे देशे यजेत' restricts the performance of sacrifice to a level piece of land only, to the exclusion of an uneven piece of land. It may be asked—what is the difference between विधि and नियम? In विधि their is merely an injunction as to something not known from any other source; in नियम, one of two alternatives being possible, we are restricted to one to the exclusion of the other or others. In विधि there is pure injunction of something otherwise unknown and nothing more; in नियम, we are ordered to follow a special course in doing a thing known from another source. विधि performs a single function; नियम performs two, it restricts us to one out of two possible alternatives and also excludes the other. Another example of नियम is व्रीहीन् अवहन्ति. We can separate the chaff from the grains of rice at least in two ways, either by peeling off with our nails, or by pounding with a pestle and morter. The sentence व्रीहीन् अवहन्ति restricts us to the mortar and pestle, to the exclusion of separating the chaff with the nails. It lays down that निस्तुषीकरण (freeing from the chaff) must be brought about by

अवहनन and forbids the use of nails. *Vide* 'नियमार्था वा श्रुतिः' पू. मी. सू. IV. 2. 24 (शबरभाष्य 'सर्वे देशाः प्राप्नुवन्ति न तु समुच्चयेन । यदा समः, न तदा विषमः, यदा विषमः न तदा समः स एव समः प्राप्तश्चाप्राप्तश्च । यदा न प्राप्तः स पक्षो विधिं प्रयोजयति अतो विषमचिकीर्षायामपि समो विधीयते ।) and संस्कारे च तत्प्रधानत्वात्' पू. मी. सू. IV. 2. 26. A परिसंख्या is that which restricts us to one of the many things which may be possible simultaneously and all of which accrue independently of the injunction and hence it merely serves to exclude the others. The import of परिसंख्या is therefore not injunctive at all but merely prohibitive. An example of परिसंख्या is पञ्च पञ्चनखा भक्ष्याः. Hunger can be allayed by eating the flesh of hares or dogs or of any other animal (*i. e.* there is युगपत्प्राप्ति). The sentence, therefore, restricting as it appears to do the permission of eating only to the five five-nailed animals, serves merely to exclude other five-nailed animals (such as a dog). The distinction between विधि and परिसंख्या is:—A विधि enjoins upon us something otherwise unknown as in अहरहः स्नात्वा संध्यामुपासीत. If we do not obey this injunction we shall incur sin. In परिसंख्या we are forbidden a thing (out of two, which are both possible at the same time). If we have to eat flesh at all, we must restrict ourselves to five five-nailed animals. The above परिसंख्या does not lay down पञ्चपञ्चनखभक्षण just in the manner of a विधि, for if that were so, he who does not eat the flesh of the five animals would incur sin. Therefore what that text does is to *permit* the eating of the flesh of the five and to *forbid* the eating of the flesh of other animals. In विधि the purpose is अत्यन्ताप्राप्तार्थप्रापणमात्र, while in परिसंख्या the purpose is purely अर्थान्तरनिषेधमात्र. The distinction between नियम and परिसंख्या is:—In the former, there is the enjoining of something and also the निषेध of something else; in the latter there is merely the निषेध of something else. For example, in समे देशे यजेत, the sacrificer is ordered to perform the sacrifice on a level piece of ground and is forbidden an uneven piece of ground. If he performs the sacrifice on an uneven piece of ground he will incur sin. In पञ्च पञ्चनखा भक्ष्याः we are not *ordered* to eat the flesh of five five-nailed animals; what the sentence really means is to *prohibit* the eating of other animals. *Vide* for futher information the मिताक्षरा on याज्ञवल्क्यस्मृति I. 81, the विमर्शिनी p. 155, P. L. M. p. 28 and R. G. p. 483. "अत्यन्ताप्राप्तप्रापणं विधिः । यथाग्निहोत्रं जुहुयात्, अष्टकाः कर्तव्या इति । प्राप्तस्याप्राप्तपक्षान्तरप्रापणं नियमः यथा समे देशे यजेतेति ।...

एकस्यानेकत्र प्राप्तस्यान्यतो निवृत्त्यर्थमेकत्र पुनर्वचनं परिसंख्या । तथा 'पञ्च पञ्चनखा भक्ष्याः' इत्यत्र हि यदृच्छया श्वादिषु शशादिषु च भक्षणं प्राप्तं पुनः शशादिषु श्रूयमाणं श्वादिभ्यो निवर्तयति ।' मिताक्षरा; "इह कस्यचिदर्थस्य नियमेनाज्ञातस्य विधिः क्रियमाणो यदार्थान्तरनिषेधार्थमपि पर्यवस्यति तदा नियमविधिः (नियमः । विधिः ?) पुनरज्ञातज्ञापनमात्रपर्यवसित एव भवति । तेन नियमे 'व्रीहीनवहन्ति' इत्यादाववघातमात्रपर्यवसायित्वमेव । दलनादेरपि निषेध्यत्वेन पर्यवसानात् । नापि निषेधमात्र एव तात्पर्यम् । अवघाताभावे विध्यनिष्पत्तेः । सर्वप्रकारप्राप्तेरप्राप्तांशपरिपूरणस्याप्यभावे विधिः क्रियमाणोऽर्थान्तरनिषेधमात्रार्थमेव यत्र पर्यवस्यति सा परिसंख्या । तेन 'पञ्च पञ्चनखा भक्ष्याः' इत्यादावन्यपञ्चनखभक्षणनिषेधमात्रतात्पर्यमेव । न पुनरेतत्पञ्चनखभक्षणकर्तव्यताऽपि । तथात्वे हि पञ्चानां पञ्चनखानामभक्षणे प्रत्यवायप्रसङ्गो नियमादस्य भेदो वा न स्यात् ।" वि० p. 155.

It will have been noticed from the foregoing remarks on नियम and परिसंख्या that they have one thing in common, viz., अर्थान्तरनिषेध, *e. g.* in 'समे देशे यजेत' there is the exclusion of an uneven piece of ground (over and above the command that a sacrifice is to be performed on a level plot); and in पञ्च पञ्चनखा भक्ष्याः the words are really intended to forbid the eating of other five-nailed animals (and are not intended to lay down anything). It is for this reason that Grammarians include परिसंख्या under नियम, as said by P. L. M. "'पञ्च पञ्चनखा भक्ष्याः' इत्यस्य नियमत्वेन भाष्ये व्यवहृतत्वात् । अन्यनिवृत्तिरूपफलैक्याच्च नियमपदेन परिसंख्याऽपि व्याकरणे गृह्यते इति संक्षेपः ।" p. 28. The महाभाष्य says 'भक्ष्यनियमेनाभक्ष्यप्रतिषेधो गम्यते । पञ्च पञ्चनखा भक्ष्या इत्युक्ते गम्यत एतदतोऽन्येऽभक्ष्य इति ।' (ed. Kielhorn, vol. 1. p. 8.). For the same reason Rhetoricians include नियम under परिसंख्या as remarked by the अलं. स. 'अत्र च नियमपरिसंख्ययोर्वाक्यवित्प्रसिद्धं लक्षणं नादरणीयमिति ख्यापनाय नियमनं परिसंख्येति सामानाधिकरण्येनोक्तिः (in the definition 'एकस्यानेकत्र प्राप्तावेकत्र नियमनं परिसंख्या') । अत एव पाक्षिक्यपि प्राप्तिरत्र स्वीक्रियते इति युगपत्सम्भावनं प्रायिकम् ।' p. 155. We shall see later on how नियम and परिसंख्या (strictly so called) are both included under परिसंख्या by the आलङ्कारिकs.

When a thing which is known from other sources (प्रमाणान्तरप्राप्त) is yet made the subject of an express assertion, it terminates in the exclusion of another thing similar to it, for there is no other purpose which such an express mention can serve. The mention of such a thing is the figure परिसंख्या. The special mention of a thing may be preceded by a question (I) or not (II.). In each of these two cases the thing to be excluded may be expressly mentioned (a), or it may be implied (b). Compare "आलङ्कारिका अपि परिसंख्यालङ्कारप्रकरणे प्रमाणान्तरेण प्राप्तस्यैव वस्तुनः पुनः शब्देन प्रतिपादनं प्रयोजनान्तराभावात्स्वतुल्यान्यव्यवच्छेदं गमयतीति" P. L. M. p. 27; 'सा चैषा प्रश्नपूर्विका तदन्यथा वेति प्रथमं द्विधा । प्रत्येकं च वर्जनीयत्वस्य शाब्दत्वार्थत्वाभ्यां द्वैविध्यमिति चतुःप्रभेदा ।' अलं. स. p. 153.

An example of I a is किं भूषणं etc. (**P. 54, ll. 31-32**). This occurs in K. P. X. p. 704 and Subhā. (No. 2537). आर्यचरितं सुकृतं (आर्यैः शिष्टैः चरितम् आचरितम् सुकृतं पुण्यकर्म), दोषः=सुरापानादिः; अप्रतिहतं अकुण्ठितं (सर्वगामि); धिषणा बुद्धिः. Here a question is first asked and then a special assertion is made; we know from the Itihāsas, Purāṇas etc. that the real ornament of man is fame. The express mention of it here serves the purpose of excluding the idea that jewels etc. are the ornaments of man. A jewel is expressly mentioned (शाब्द); therefore this verse in an example of I a.

An example of I b, where the special mention of a thing is preceded by a question and the thing to be excluded is not mentioned expressly, is किमाराध्यं etc. सदागमः—सतामागमः the company of the good. परमं पदं=मोक्षः. Here the things to be excluded, viz. पाप, असत्समागम, इतरदेवता, धनादि respectively, are not mentioned, but left to be understood.

An example of II a is भक्तिर्भवे etc. (**P. 55, ll. 6-7**). भक्तिः आसक्तिः भवे शिवे न विभवे धनादौ, व्यसनं रुचिः शास्त्रे न युवतिकामास्त्रे (युवतिरेव कामस्यास्त्रं तस्मिन्) चिन्ता (आस्था) यशसि न वपुषि (शरीरे). Here there is no questison. We know from ancient writings that we should devote ourselves to the worship of God and not to that of Mammon. The express assertion भक्तिर्भवे serves to exclude the worship of lucre, which is expressly mentioned (शाब्द).

An example of II b is बालमार्त etc. (**P. 55, ll. 8-9**). This is Raghu. VIII. 31. बलं आर्तभयोपशान्तये (आर्तानां पीडितानां भयस्य दूरीकरणाय, न तु परपीडनाय), बहु श्रुतम् (ज्ञानम्) विदुषां संमतये (संमानाय, प्रीतये वा न विवादाय) तस्य (दशरथस्य) विभोः (प्रभोः) न केवलं वसु (धनं) परप्रयोजनम् (परेषां प्रयोजनं यस्य परोपयोगि इत्यर्थः) अपि (तु) गुणवत्ता (गुणगण-मण्डितत्वम्) परप्रयोजना इत्यध्याहार्यम् (किमुच्यते तस्य धनं परोपयोगीति बलश्रुतादयोऽपि गुणाः परोपयोगिनः इत्यर्थः।). Here there is no question and the things to be excluded are not mentioned.

It should be noticed that in some of the above examples there is what is strictly called नियम. We have seen that, in नियम any one of two things is possible (प्राप्त) but not both at the same time; and that a text restricts us to one of the two things to the exclusion of the other. It follows that a sacrifice may be performed on सम *or* विषम ground, but not on सम *and* विषम ground at the same time; we are restricted by the text समे देशे यजेत to level ground alone to the exclusion of विषम ground. Similarly, in किमाराध्यं सदा पुण्यं, any one of the two things

(पुण्यसेवा or पापसेवा) is possible; but it is not possible to have both of them at the same time. We are restricted to पुण्यसेवा to the exclusion of पापसेवा. For these reasons there is नियम strictly so called in this verse.

The reason why this figure is called परिसंख्या is:—The two prepositions अप and परि have the sense of 'giving up, excluding' according to the sūtra 'अपपरी वर्जने' पा. I. 4. 88. संख्या means बुद्धि or विचार, 'चर्चा संख्या विचारणा' अमर०. Therefore the word परिसंख्या means '(the mention of one thing with) the idea of excluding another.' Compare 'कस्यचित्परिवर्जनेन कुत्रचित्संख्यानं वर्णनीयत्वेन गणनं परिसंख्या ।' अलं. स. 153; 'परिशब्दो वर्जनार्थः । संख्या बुद्धिः । तेन वर्जनबुद्धिरिति अन्वर्था संज्ञा' । प्रभा p. 435.

There is a special charm when this figure is based upon Paronomasia. An example is 'यस्मिंश्च राजनि०'. This is taken from the Kādambarī (para 2) of Bāṇa. There was mixture of वर्णs (colours) in painting (there was no mixture of वर्णs, castes, in the community), there was छेद (cutting) of गुणs (strings) in bows (but there was no lack of गुणs, merits, among the people).

It need not be said that to constitute the figure परिसंख्या, there must be some poetic charm (कविप्रतिभानिर्वर्तितत्व); or else, even such expressions as पञ्च पञ्चनखा भक्ष्याः, ऋतौ भार्यामुपेयात् will be examples of the figure परिसंख्या. "अत्र यत्र कविप्रतिभानिर्मिता इतरव्यावृत्तिस्तत्रालङ्कारता । यथा—'कौटिल्यं कचनिचये' इत्यत्र कौटिल्यं कविप्रतिभया एकीकृतमिति तद्द्वारा तत्प्रतियोगिक(व्या ?)वृत्तिस्तन्निर्मितेति बोध्यम् ।" उद्योत p. 112.

Examples of परिसंख्या are:—कौटिल्यं कचनिचये करचरणाधरदलेषु रागस्ते काठिन्यं कुचयुगले तरलत्वं नयनयोर्वसति ॥ रुद्रट VII. 81; किं सुखमपारतन्त्र्यं किं धनमविनाशि निर्मला विद्या । किं कार्यं सन्तोषो बिप्रस्य महेच्छता राज्ञाम् ॥ रुद्रट VII. 80; यत्र वायुः परं चौरः पौरसौरभसम्पदाम् । युवानश्च कृतक्रोधादेव बिभ्युर्वधूजनात् ॥ वाग्भटालं० IV. 143.

53 उत्तरम् (Reply).

यदि प्रश्नस्य: उत्तरात् (उन्नय उन्नयनं व्यञ्जनं) यच्च सत्यपि (असकृत्) प्रश्ने असकृत् असम्भाव्यं (अप्रसिद्धं) उत्तरम्. (I) When a question is inferred from an answer, or (II) when there being many questions, there are also many answers, which do not ordinarily occur to one, there is उत्तर. An example of (I) is वीक्षितुं (p. 55, ll. 16-17). वीक्षितुं न क्षमा is not able to see (*i. e.* is blind). स्वामी means 'husband'. We understand here from these words of the woman a question on the part of the traveller in some such form as the following 'will you give me a lodging for the night'?

An example of (II) is का विसमा etc. There are many different readings. Most editions of K. P. and the अलं. स. read किं लद्धं जं, while the एकावली and Uddyota have किं दुलहं. Similarly many read किं दुक्खं जं for 'किं दुग्गेज्झं'. 'का विषमा दैवगतिः, किं लब्धव्यं जनो गुणग्राही। किं सौख्यं सुकलत्रं, किं दुर्ग्राह्यं खलो लोकः॥'. What is most hard?—the fiat of destiny (the decrees of Fate). What should be obtained?—a man appreciating merit. What is bliss?—a good wife. What is very difficult to win?—wicked people. Here there are a number of questions and a number of answers, which are all असम्भाव्य (*i. e.* not ordinarily occurring to men).

In the first kind of उत्तर, the charm lies in the inferring of a question from an answer. It is sufficient if there is an answer and a question is inferred from it. In the second kind of उत्तर the charm lies in the *number* of questions and answers (both being expressed). A single question and answer are not sufficient to constitute the charm. 'उन्नीतप्रश्ने सकृदुत्तरस्य चारुत्वम्, निबद्धप्रश्ने तु प्रश्नोत्तरयोरसकृदुपन्यासे तदिति प्राञ्चः।' R. G. p. 520.

अत्रा......परिसंख्यातो भेदः (P. 55, ll. 21). This figure must be distinguished from परिसंख्या. In परिसंख्या the express mention of a thing, which is (प्रमाणान्तरप्राप्त) *well-known* from some source, serves to *exclude* another thing like it; while in उत्तर, there is *no idea of excluding another thing*, but there is *simple assertion* of a thing, which is *not well-known*. 'अत एव प्रश्नपरिसंख्यातो भेदः। तत्र हि लोकप्रसिद्धविषयस्योत्तरस्य प्रयोजनान्तराभावेनान्यव्यपोहे तात्पर्यम्। अत्र तु निगूढविषयतया वाच्य एव तात्पर्यविश्रामः।' प्रदीप; 'न चेयं परिसंख्या व्यवच्छेद्यव्यवच्छेदकपरत्वाभावात्।' अलं. स. 172.

न चेदम्...अङ्गीकारात् (P. 55, ll. 21-22). It may be said that the first kind of उत्तर is nothing but अनुमान, because a question is inferred from a reply. Our author replies that this is not so. There is a difference between अनुमान, and उत्तर (of the first kind). In अनुमान, both the साध्य (thing to be inferred) and the साधन (the ground of inference) are expressly mentioned; in उत्तर, the प्रश्न and उत्तर are not *both* mentioned; only the answer is mentioned. 'नापीदमनुमानम्। एकधर्मिनिष्ठतया साध्यसाधनयोरनिर्देशात्।' K. P. X; 'न चेदमनुमानं पक्षधर्मतादेरनुद्देशात्।' अलं. स. p. 172.

न च......जनकत्वात् (P. 53, ll. 22-23). उत्तर must be distinguished from काव्यलिङ्ग. In काव्यलिङ्ग, a word, clause or sentence is the reason of an assertion. Here the answer does not *produce* the question (*i. e.* the answer is not a कारकहेतु of the question); it at the most suggests the question. In काव्यलिङ्ग, a word or sentence contains the कारकहेतु of an assertion. 'न चैतत्काव्यलिङ्गम्। उत्तरस्य तादूप्यानुपपत्तेः। न हि प्रश्नस्य प्रतिवचनं जनको हेतुः।' K. P. X.

Jagannātha remarks that when either the प्रश्न or उत्तर or both the question and answer are significant, it is not necessary that there should be a number of them. 'प्रश्नोत्तरयोराकूतगर्भत्वे तावतैव चमत्कारान्नासकृदुपादानापेक्षा' R. G. p. 522. An example is किमिति कृशाऽसि कृशोदरि किं तव परकीयवृत्तान्तैः (अत्र प्रश्नेन प्रतीकारसामर्थ्यं व्यंग्यम्, उत्तरेण स्वस्य पातिव्रत्यं व्यंग्यम्). The Uddyota remarks that the figure occurs also when the question is one and the answers many, as in 'किं स्वर्गादधिकसुखं बन्धुसुहृत्पण्डितैः समं गोष्ठी। सौराज्यशुद्धवृत्ति सत्काव्यरसामृतं स्वादु ॥'; also when the question and answer are expressed in the same words (owing to श्लेष) as in केदारपोषणरताः काशीतलवाहिनी गङ्गा। कंसं जघान कृष्णः कम्बलवन्तं न बाधते शीतम्॥ (दाराणां पोषणे रताः के इति प्रश्नः, केदारपोषणरताः इत्युत्तरम्).

Examples of उत्तर are:—एकाकिनी यदबला तरुणी तथाहमस्मद्गृहे गृहपतिश्च गतो विदेशम्। कं याचसे तदिह वासमियं वराकी श्वश्रूर्ममान्धबधिरा ननु मूढ पान्थ॥ रुद्रट VII. 41 (quoted in अलं. स.); 'वाणिजक हस्तिदन्ताः कुतोऽस्माकं व्याघ्रकृत्तयश्च। यावल्लुलितालकमुखी गृहे परिसंक्रामति स्नुषा॥' (quoted in the K. P. X.).

54 अर्थापत्तिः (Presumption or Necessary Conclusion).

When according to the maxim of the stick and the cake a fact is concluded from another, there is अर्थापत्ति. अन्यार्थागमः—अन्यस्य अर्थस्य आगमः आपतनं प्रतीतिरिति यावत्. The दण्डापूपिकान्याय is explained as follows:—When it is said that the stick (on which cakes were placed) has been eaten by a mouse, it naturally follows that the cakes connected with the stick have also been eaten. The stick, being very hard, can be eaten with great difficulty; if it has been eaten, there can be no question as to the eating of the cakes (that are very soft as compared to the stick) which are placed on the stick. The दण्डापूपिकान्याय is, therefore, one, by which, in accordance with the above example, on the strength of one fact that is given or admitted, another fact comes in (*i. e.* has to be admitted or presumed) on account of the applicability to the latter of the same circumstances which are ascertained with certainty in the former.

रामo explains 'नियतसमानन्यायात्' as नियतस्य तद्वत्त्वेन निश्चितस्य समानन्यायात् तुल्यसामर्थ्यात्'. Pramadādāsa translates 'through a necessary connection.' What is meant by नियतसमानन्यायात् is:—if one fact being admitted, another follows, because the latter resembles the former (about the circumstances of which there is certainty) in its circumstances, there is अर्थापत्ति. The derivation of the word दण्डापूपिका must now be explained. अपूप is a cake or a preparation of flour and ghee 'पूपोऽपूपः पिष्टकः स्यात्' अमर. II. 9. 48. दण्डश्च अपूपश्च दण्डापूपौ (द्वन्द्व). The affix वुञ् is applied to this Dvandva compound according to the sūtra 'द्वन्द्वमनोज्ञादिभ्यश्च' पाo V. 1. 133 (शैष्योपाध्यायिका, मानोज्ञिकम्। सिo कौo). The affix वुञ् causes वृद्धि, but it does not do so here. The meaning will be दण्डापूपयोर्भावः. Or we may explain the word in another manner. दण्डापूपौ विद्येते यस्यां नीतौ सा दण्डापूपिका नीतिः. The possessive affix ठन् is applied to the word दण्डापूप in accordance with the sūtra 'अत इनिठनौ' पाo V. 2. 115. Or दण्डापूपिका may be derived from दण्डापूप by the addition of the affix कन् according to the sūtra 'इवे प्रतिकृतौ' पा. V. 3. 96 (अश्व इव प्रतिकृतिः अश्वकः). The meaning then would be दण्डापूपौ इव प्रतिकृतिः दण्डापूपिका (an image resembling दण्ड and अपूप). Compare the following from the अलं. स. (which is here very badly printed):—दण्डापूपयोर्भावो दण्डापूपिका। 'दण्डमनोज्ञादिभ्यश्च' (द्वंद्व?) इति वुञ्। पृषोदरादित्वाच्च वृद्ध्यभावः। यथा अहमहमित्यादाविति केचित्। अन्ये तु "दण्डपूपौ विद्येते यस्यां नीतौ सा दण्डापूपिका नीतिः। एवं 'अह शक्तोऽहं शक्तोऽस्मीति' अहमहमिकेतिवन्मत्वर्थीयष्टन्नित्याहुः (मत्वर्थीयष्ठन्नित्याहुः?)" । अपरे दण्डापूपौ इव दण्डापूपिकेति इवे प्रकृताविति (प्रतिकृताविति?) कनं वर्णयन्ति । p. 156. Vide the very lucid and valuable remarks of Jayaratha on this passage for further information. Jayaratha says that the first explanation of the word दण्डापूपिका is to be preferred. For मूषिकेण दण्डो...... दण्डापूपिका, compare अलं. स. "अत्र हि मूषककर्तृकेण दण्डभक्षणेन तत्सहभाव्यपूपभक्षणमर्थात्सिद्धम्। एवं न्यायो दण्डापूपिकाशब्देनोच्यते। ततश्च यथा दण्डभक्षणादपूपभक्षणमर्थायातं तद्वत्कस्यचिदर्थस्य निष्पत्तौ सामर्थ्यात्समानन्यायत्वलक्षणादर्थान्तरमापतति सार्थापत्तिः।" p. 156.

There are two varieties:—(I) From a fact which is प्राकरणिक there comes in one that is अप्राकरणिक; or (II) from a fact that is अप्राकरणिक, there comes in one that is प्राकरणिक. An example of the first is हारोऽयं (p. 55, ll. 29–30). मुक्तानामप्य........किङ्कराः—When this is the condition of even those who are मुक्ताः (pearls, free from birth and death), what of us, the slaves of Love? Here the *muktas* are the subject of description. Those who are *muktas* can never be seen embracing women. If even they are seen yielding to the influence of love, then nothing need be said about ordinary men. The similarity (समानन्याय) between *muktas* and the speakers consists in the fact that both are men.

An example of the second variety is विललाप etc. (p. 55, ll. 31–32). This is Raghu. VIII. 43. अभितप्त......शरीरिणाम् Even iron, when strongly heated, becomess soft, what of men (who have no iron-like bodies) ? Here the description of iron is अप्रस्तुत. The समानन्यायत्व may be explained as follows:—If even such a hard substance as iron melts when heated, then it follows with greater force that men, whose bodies are very soft as compared to iron, melt under afflictions.

अत्र...इत्यादौ (P 55, l. 33). When the existence of similar circumstances is due to Paronomasia, there is a special charm as in the verse 'हारोयं' instanced above (where the word मुक्तानाम् is Paronomastic).

न चेदमनुमानम्......भावात् (P. 56, l. 1). This figure is not *Anumāna* because the existence of similar circumstances is not of the nature of an (invariable) relation (which is required in अनुमान). In अनुमान, there is an invariable concomitance between one thing and anosther (between व्याप्य and व्यापक) so that where the first exists, the second is invariably found. In अर्थापत्ति, there is no invariable concomitance between two things. A certain thing being admitted, another follows, because the latter has a similarity (of circumstances) with the former. But it is possible that the latter will not necessarily follow. For example, although it is proper to conclude that the *apūpas* have been eaten, still the conclusion is not certain, because it is possible that the cakes may not have been eaten, although the stick is eaten, for the mouse may have so entered as to come in contact with the stick only or because the cakes may have been placed in a peculiar manner (so as not to be reached by the mouse). Jagannātha further points out that in अनुमान, the साध्य and हेतु reside in the same thing; but this is not possible in अर्थापत्ति; the fact that follows from another does not reside in the same place as the latter. Compare अलं. स. "न चेदमनुमानम् । समानन्याय्य (य ?) स्य सम्बन्धरूपत्वाभावात् । असम्बन्धे चानुमानानुत्थानात् ।" p. 175; "दण्डभक्षणे ह्यपूपभक्षणं समानन्यायत्वदुचितमपि न निश्चितमेव, दण्डभक्षणेऽपि पृथक्प्रवेशावस्थानादिना केनापि निमित्तेनापूपानामभक्षणस्यापि भावात् । अनुमानं पुनर्नियतमेवार्थाद-

र्थान्तरस्यापतनमित्यस्याः पृथग्भावः।" विम० p. 157; "नाप्यनुमाने (अर्थापत्तिर्निविशते) । आपाततोऽ (आपततोऽ?) र्थस्यापादकासमानाधिकरणत्वेन व्याप्यत्वपक्षधर्मत्वयोर्दूरापास्तत्वात् ।" R. G. p. 486.

It should be well borne in mind that the figure अर्थापत्ति is not the same as the अर्थापत्ति of the Mīmāṅsaksa. अर्थापत्ति is defined by them as 'उपपाद्यज्ञानेनोपपादककल्पनमर्थापत्तिः' (अर्थापत्ति is the surmise of a thing to account for something else, which surmise is based upon the knowledge of something which has to be accounted for). For example, when we see or learn from another that Devadatta who is fat does not eat by day, we surmise that he must be eating at night in order to account for his fatness. Here the fatness of Devadatta is the उपपाद्य (the thing which has to be accounted for) and रात्रिभोजन is the उपपादक (the thing that accounts for fatness). The word अर्थापत्ति is applied both to the करण and the फल (the resulting knowledge). Here, the करण is उपपाद्यज्ञान (*i. e.* the knowledge of fatness). as it leads on to the surmise. The फल is the उपपादकज्ञान (the surmisal of रात्रिभोजन). Vide शाबरभाष्य vol. I, p. 38 (Ānan. ed.) अर्थापत्तिरपि दृष्टः श्रुतो वार्थोन्यथा नोपपद्यत इत्यर्थकल्पना । यथा जीवति देवदत्ते गृहाभावदर्शनेन बहिर्भावस्यादृष्टस्य कल्पना'; the श्लोकवार्तिक (अर्थापत्तिपरिच्छेद 1st verse) 'प्रमाणषट्कविज्ञातो यत्रार्थो नान्यथा भवेत् । अदृष्टं कल्पयेदन्यं सार्थापत्तिरुदाहृता ॥'. The word अर्थापत्ति, when used to denote the करण, has to be explained as a बहुव्रीहि compound (अर्थस्यापत्तिर्यस्मात् that from which follows another thing); when used to denote the resulting knowledge it is to be explasined as a तत्पुरुष (अर्थस्य आपत्तिः the resulting of a thing). It should be observed that the Naiyāyikas do not regard अर्थापत्ति as a separate प्रमाण but include it under केवलव्यतिरेकि अनुमान. Compare "नन्वर्थापत्तिरपि प्रमाणान्तरमस्ति पीनो देवदत्तो दिवा न भुंक्ते इति दृष्टे श्रुते वा पीनत्वान्यथानुपपत्त्या रात्रिभोजनमर्थापत्त्या कल्प्यत इति चेन्न देवदत्तो रात्रौ भुंक्ते दिवाऽभुञ्जानत्वे सति पीनत्वादित्यनुमानेनैव रात्रिभोजनस्य सिद्धत्वात्" T. D. The question may be asked:—What is the point of similarity between the अर्थापत्ति of the rhetoricians and the अर्थापत्ति of the Mīmāṅsakas? The answer is:—in the अर्थापत्ति of the former, from one fact that is admitted, another comes in through the applicability to the latter of a similar reasoning; *e. g.* from the fact that even iron, when heated, melts it naturally follows that othar things when heated (*i. e.* afflicted) should melt. In the अर्थापत्ति of the मीमांसक also, when the truth or existence of one thing is admitted, we have to admit the existence of another in order *to account for* the former. For example, we admit रात्रिभोजन in order to account for the fatness of देवदत्त who takes no food by day. The difference between the अर्थापत्ति of the Ālaṅkārikas and that of the Mīmāṅsakas is as follows:—In the अर्थापत्ति of the latter the thing that is known or admitted cannot be explained without the surmise of another thing; but this is not so in the अर्थापत्ति of the Ālaṅkārikas. The पीनत्व of देवदत्त taking no food by day cannot be explained without supposing रात्रिभोजन on his part; but the melting of iron does not require the melting of (the hearts of) men to explain itself. 'नेयं वाक्यवित्संमतायामर्थापत्तौ निविशते । आपादकस्यार्थपतितमर्थं विनाऽनुपपत्तेरत्राभावात् ।' R. G. p. 486.

Daṇḍin, Bhāmaha, other ancient writers and Mammaṭa do not admit अर्थापत्ति as a separate figure. Uddyota says that it is included under अनुमान or अतिशयोक्ति.

Examples of अर्थापत्ति are:—पशुपतिरपि तान्यहानि कृच्छ्रादगमयदद्रिसुतासमागमोत्कः । कमपरवशं न विप्रकुर्युर्विभुमपि तं यदमी स्पृशन्ति भावाः ॥ कुमारसं॰ VI. 95; स्त्रीणामशिक्षितपटुत्वममानुषीषु सन्दृश्यते किमुत याः प्रतिबोधवत्यः । शा॰ V; अलङ्कारः शङ्काकरनरकपालं परिकरो विशीर्णाङ्गो भृङ्गी वसु च वृष एको गतवयाः । अवस्थेयं स्थाणोरपि भवति सर्वामरगुरोर्विधौ वक्रे मूर्ध्नि प्रभवति वयं के पुनरमी ॥ (quoted in the अलं. सु. with the remark अत्र 'विधौ वक्रे इति श्लिष्टम्.' The word विधौ is the loc. sing. of विधि 'fate' or विधु' moon').

55 विकल्पः (Alternative).

When there is an ingenious or striking opposition of two things of equal force, there is विकल्प. An exampls is नमयन्तु etc. (p. 56, l. 3). This is borrowed from the अलं. सु. p. 151. 'Let them. (*i. e.* the enemies) bend their heads or their bows; let them make (our) commands or their bow-strings their ear-ornaments'.

अत्र......सम्भाव्यमानत्वात् (P. 56, ll. 4-6). As the bending of the heads and that of the bows are respectively the marks of peace and war, there is an opposition between them, because it is impossibe to resort to both peace and war at the same time (for the same enemy). This opposition (सः) terminates in leading one to resort to one of the alternatives (एकपक्षाश्रयणे पर्यवसानं यस्य). शिरोनमन and धनुर्नमन are here of equal force, because they are represented (by the speaker) as alike through a pride of his own excellence. राम॰ explains स्पर्धया सम्भाव्यमानत्वात्

as 'वक्तुः स्पर्धाजन्यसम्भावनाविषयत्वादित्यर्थः' and we translate above accordingly. We think it is possible to put another construction upon the words. तुल्यबलत्वं......सम्भाव्यमानत्वात्—The bending of the head and that of the bow are of equal force, because both of them are represented as if rivalling one another.

चातुर्यं च......इत्यत्रापि (P. 56, ll. 6-7). The ingenuity of the speech consists in its implying a comparison. राम० seems to have read the definition as विरोधश्चारुतार्थतः. He notices two other readings 'विरोधश्चान्तरा यतः' and विरोधश्चातुरी यतः. The essentials of विकल्प are therefore the following:—I There must be two things of equal force; II the two cannot be resorted to at the same time by the same person; III the two being thus opposed, we must be able to resort to anyone of the two alternatives at our will; and IV there must be implied resemblance between these two things. The text 'यवैर्व्रीहिभिर्वा यजेत' lays down an option; but it is not an example of the figure, for there is no औपम्य implied in it. In the above example of the figure विकल्प there is resemblance between the two, based upon the property नमन (which is common both to the head and the bow), and a special charm in the rapresentation that both alternatives are equally acceptable. Similarly, in 'निन्दन्तु नीतिनिपुणा यदि वा स्तुवन्तु लक्ष्मीः समाविशतु गच्छतु वा यथेष्टम्। अद्यैव वा मरणमस्तु युगान्तरे वा न्याय्यात्पथः प्रविचलन्ति पदं न धीराः ॥' there is no विकल्प, as there is no implied resemblance. Vide the अलं. स. 'विरुद्धयोस्तुल्यप्रमाणविशिष्टत्वात्तुल्यबलयोरेकत्र युगपत्प्राप्तौ विरुद्धत्वादेव यौगपद्यासम्भवे विकल्पः। औपम्यगर्भत्वाच्चात्र चारुत्वम्। यथा 'नमन्तु शिरांसि धनूंषि वा'...इत्यादि। अत्र प्रतिराजकार्ये नमने शिरसां धनुषां च तुल्यप्रमाणमधिष्ठत्वम्। सन्धिविग्रहौ चात्र क्रमेण तुल्यप्रमाणे। प्रतिराजविषयत्वेन स्पर्धया द्वयोरपि सम्भाव्यमानत्वात्। द्वौ चेमौ विरुद्धाविति तयोर्युगपत्प्रवृत्तिं प्राप्नुतश्चात्र (विरुद्धाविति नास्ति तयोर्युगपत्प्रवृत्तिः प्राप्नुवतश्च युगपत्प्रवृत्तिं प्रकारा०?) युगपत्प्रकारान्तरस्यानाशंक्यत्वात् ततश्च न्यायप्राप्तो विकल्पः।" अलं. स. p. 158.

एवं......चारुत्वम् (P. 56, ll. 7-8) युष्माकं......तनुर्वा हरेः—This is the last *pāda* of a verse cited by the अलं. स., the first three *pādas* being "भक्तिप्रह्वविलोकनप्रणयिनी नीलोत्पलस्पर्धिनी ध्यानालम्बनतां समाधिनिरतैर्नीते हितप्राप्तये। लावण्यस्य महानिधी रसिकतां लक्ष्मीदृशोस्तन्वती". 'युष्माकं......तनुर्वा हरेः'– may the eyes of Viṣṇu effect the cure of your worldly distresses, or may the body of Viṣṇu do so It should be noted that here the verb कुरुताम् is 3rd per. dual of कृ (Parasmaipada, when agreeing with नेत्रे) and also the 3rd person sing. (Ātmanepada, when agreeing with तनुः). The adjectives

प्रणयिनी, स्पर्धिनी, तन्वती are capable of two constructions; they are neuter duals (प्रणयिनी of प्रणयिन् etc.) or feminine singulars. Therefore there is श्लेष of लिङ्ग and वचन. We have to explain how there is विकल्प. As the eyes form part of the body, they should not be separately mentioned. But as they are separately mentioned, it conveys the idea of their rivalry with the body, there being otherwise no purpose which the separate mention can serve. When they are looked upon as rivals, there is opposition between the eyes and the body. The properties भक्तिप्रह्वविलोकनप्रणयिनी etc. are common to both नेत्र and तनु and therefore there is implied resemblance. All the conditions of विकल्प being satisfied, the figure is विकल्प.

The figure विकल्प was first defined by the author of the अलं. सू. as he himself and Jayaratha inform us. 'पूर्वैरकृतविवेकोऽत्र दर्शित इत्यवगन्तव्यम्;' अलं. सू. p. 159, on which जयरथ remarks 'अनेनास्य ग्रन्थकृदुपज्ञत्वमेव दर्शितम्।'. Uddyota remarks that this does not deserve to be a figure at all, as it does not enhance the charm of the subject of description, and as the general definition of a figure given by Mammaṭa as 'उपकुर्वन्ति तं सन्तं येऽङ्गद्वारेण जातुचित्। हारादिवदलङ्कारास्तेऽनुप्रासोपमादयः।' is not applicable to it. Vide उद्द्योत p. 29.

56 समुच्चयः (Conjunction).

(I) When, notwithstanding the existence of one cause sufficient to bring about an effect, there are others producing the same effect according to the maxim of the threshing-floor and the pigeons; (II) or when two qualities (a), or two actions (b) or a quality and an action (c) are simultaneously produced, there is समुच्चय.

The खलेकपोतिकान्याय is as follows:—many pigeons, whether young or old, alight on the threshing-floor at the same time and rival one another in picking the grains of corn lying there. The maxim is, therefore, used to illustrate the production of an effect by the operation of many causes at the same time. The word खलेकपोतिका may be explained as follows:—खलेकपोताः in an Aluk compound according to the sūtra 'हलदन्तात्सप्तम्याः संज्ञायाम्' पा० VI. 3. 9 (हलन्तादृदन्ताच्च सप्तम्या अलुक् संज्ञायाम्। त्वचिसारः। सि० कौ०). The word खलेकपोतिका is formed from खलेकपोत by the affix कन् in accordance with the sūtra 'इवे प्रतिकृतौ' पा० V. 3. 96 (खलेकपोताः इव प्रतिकृतिः खलेकपोतिका). धान्यमर्दनस्थले कपोतानां युगपदापतनं न्यायः खलेकपोतिकन्यायः. शबर (on जै. XI. 1. 16) says: 'अर्थेन प्रकारेण खलेकपोतवद्युगपत्संनिपतन्त्यङ्गानि।'.

An example of (I) is हंहो etc. (**P. 56, ll. 15-18**). These words are uttered by someone who is separated from his beloved. धीरसमीर (वायो) ते (तव) जननं (जन्म) चन्दनक्ष्माभृतः (चन्दनपर्वतात् मलयाचलात्) (तव) दाक्षिण्यं (दक्षिणदिग्भवत्वम्; ऋज्वाशयत्वम्) जगदुत्तरम् (जगति उत्तरं श्रेष्ठम्), (तव) गोदावरीवारिभिः परिचयः, त्वमपि (एवंगुणविशिष्टोऽपि) चेत् मे (मम) प्रत्यङ्गं उद्दामदावाग्निवत् (प्रचण्डारण्यवह्निवत्) इह दहसि (तर्हि) अयं मत्तः मलिनात्मकः (मलिनः आत्मा यस्य) वनचरः कोकिलः किं वक्ष्यते (किमुक्तो भविष्यति मया)। मत्तोऽयं......कोकिलः What shall be said by me to this black cuckoo, wild and intoxicated as he is? When the wind, which comes from the Malaya mountain, which is pre-eminently दक्षिण (southern, gentle) and which is intimately associated with the holy and cool waters of the Godāvarī, causes burning, what of the cuckoo who is मत्त, वनचर and मलिन (it need not be said that the कोकिल will cause दाह)? मलिनात्मकः कृष्णवर्णकुटिलस्वभावः वनचरः लौकिकव्यवहारानभिज्ञः. To a lover in separation, the southern wind. sandalwood etc. appear hot: to all others they are delightful. अत्र......मुपादानम् (p. 56, ll. 20-21). Here, although there axists a cause, viz. the circumstance of being produced from the Malaya mountain, for the purpose of producing the effect, viz. burning (in the case of the lover), other causes, such as coming from the south, are mentioned. अत्र सर्वेषामपि......दसद्योगः (p. 56, ll. 21-22). All these causes being good (as they are generally the source of delight to all), we have in the above example a combination of good things. In the fourth line of the above stanza, where many bad things such as being मत्त, वनचर and मलिन are combined, we have a combination of bad things. It should be noted that many divide the first kind of समुच्चय into three varieties, सद्योगः, असद्योगः and सदसद्योगः; see अलं. सू. p. 161. In the verse हंहो' etc. our author exemplifies the first two of the three sub-varieties. In that verse, there is अर्थापत्ति also.

An example of सदसद्योग is 'शशी' etc. This occurs in the नीतिशतक of भर्तृहरि. स्वाकृतेः—शोभना आकृतिर्यस्य तस्य. दुर्गतः=दरिद्रः. Each one of the above is capable of causing great pain to the mind; this being so, many others are mentioned as producing the same effect. Therefore the figure is समुच्चय. The word सदसद्योग may be explained in two ways:—I सन्तश्च असन्तश्च (द्वंद्व); तेषां योगः a combination of good things with other things that are bad; or II सन्तश्च ते असन्तश्च (कर्मधारय) तेषां योगः a combination of things that are both good and bad (*i. e.* that are good in one way and bad in another).

इह केचिदाहु.........इति (P. 56, ll. 27-28). The first explanation of सदसद्योग is resorted to by some who say that in 'शशी etc.' the moon and others are good and the wicked man is bad and thus there is a combination of good and bad things. There are three objections against this view. I. There is no charm in the combination of the moon etc. with the खल. II. The concluding words of the stanza are against the above construction. All the seven objects are declared to be शल्यs; so the moon etc. cannot be said to be शोभन. III. If we take this interpretation of the word सदसद्योग, we shall commit the fault of सहचरभिन्नता. A combination of good things with bad things, instead of being an ornament, is a fault An example of सहचरभिन्नता given by मम्मट is 'श्रुतेन बुद्धिर्व्यसनेन मूर्खता मदेन नारी सलिलेन निम्नगा । निशा शशाङ्केन धृतिः समाधिना नयेन चालङ्क्रियते नरेन्द्रता ॥' K. P. VII p. 401 (Vā). In this verse, excellent things such as श्रुत are combined with things quite dissimilar, viz., व्यसन (vice) etc.

अन्ये तु .....प्रक्रमादिति (P. 56, l. 28-p. 57, l. 3). Others again take the second explanation of सदसद्योग (*i. e.* combination of things which are both good and bad). The moon etc. are good in themselves, but the dimness etc. with which they are associated are bad. So the six objects शशी, कामिनी, सरो, मुखम्, प्रभुः and सज्जनः are good in themselves, but become bad as they are associated with धूसरत्व, गलितयौवनत्व etc. We may say the same about नृपाङ्गणगतः खलः; a wicked man is bad in himself, but नृपाङ्गण is good. But as there is सहचरभिन्नता, this last may not be taken and the figure may be constituted by the first six only. अत्र हि......विधायित्वम्. The special strikingness consisting in pointing out that such states as dimness etc. are extremely improper when they befall such objects as the moon etc. is what constitutes the charm of the verse (and not the combinatio of some good things with a bad thing as said by those who entertain the first view). Besides, the conclusion is that all the seven are afflictions as said in the words 'मनसि सप्त etc.'. T is furnishes a reply to those who hold the first view. The clause 'नृपाङ्गणगतः खलः' bears a fault, on account of its violating the uniformity of description. Everywhere, the object qualified (such as शशी, कामिनी etc.) is good in itself (the qualification, such as दिवसधूसरः, being bad), while here the विशेष्य, खल, is bad and the विशेषण is good. Thus there is the fault called भग्नप्रक्रमत्व.[1] Therefore according to this second view the proper example of समुच्चय is furnished by the first six instances, the seventh नृपाङ्गणगतः खलः should be left out of account, as it is marred by a fault. Our author seems to hold the second view, which appears to us the beter of the two. Vide अलं. सु. p. 162.

इह च......इति भेदः (P. 57, ll. 4–5). The figure समाधि occurs when, though a cause capable of producing the effect exists, another cause begins to operate by chance and makes the production of the effect very easy. We must distinguish clearly between समुच्चय and समाधि. In the former all the causes operate jointly and simultaneously to produce the same effect, like pigeons alighting upon the threshing-floor to pick up grains of corn. In समाधि, notwithstanding the existence of a cause capable of producing the effect, another more powerful (cause) begins to operate *by chance* and facilitates the effect. The differece may be put thus:—I. In समुच्चय all the causes begin to operate at once, just as the pigeons all alight at the same time; while in समाधि, when one cause has begun to operate, another comes in by chance and not at the same time as the first; II. In समुच्चय, although there are many causes operating to produce the same effect. there is no specialty as regards the effect; while in समाधि, the operation of another cause by chance *facilitates* the production of the effect. "समाधौ हि एकेन कार्ये निष्पाद्यमानेऽप्यन्येनाकस्मिकमापतता कारणेन सौकर्यादिरूपोऽतिशयो यत्र सम्पाद्यते स विषयः । अस्मिंस्तु समुच्चयप्रभेदे यत्रैककार्यं सम्पादयितुं युगपदनेके खले कपोता इवाहमहमिकया सम्पतन्ति कार्यस्य च न कोऽप्यतिशयः सः।" R. G. p. 400. The काकतालीयन्याय requires a little explanation. A crow alighted on a Palmyra tree. At that very moment a fruit of the tree fell on its head and

---

1 भग्नप्रक्रमत्व is a fault and means 'a breach of the uniformity or regularity of expression'. भग्नः प्रक्रमः प्रस्तावः यस्य तत् भग्नप्रक्रमं तस्य भावः. 'उद्देश्यप्रतिनिर्देश्यभावः प्रक्रमस्य विषयः' एका० p. 168. उद्देश means 'mention or statement of a word, affix, preposition, tense etc. for the first time' and प्रतिनिर्देश is the repetition of these for some purpose. An example is गाहन्तां महिषा निपानसलिलं शृङ्गैर्मुहुस्ताडितं छायाबद्धकदम्बकं मृगकुलं रोमन्थमभ्यस्यतु । विश्रब्धं क्रियतां वराहततिभिर्मुस्ताक्षतिः पल्वले विश्रामं लभतामिदं च शिथिलज्याबन्धमस्मद्धनुः ॥ शा. II. Here गाहन्तां and अभ्यस्यतु are in the Active voice, but क्रियतां is in the Passive. Therefore there is भग्नप्रक्रमत्व.

killed it. The maxim is therefore used to illustrate anything that occurs purely *by chance.* This maxim is a very old one, as it is explained even by Patañjali. Vide चि. मी. p. 22 for a lucid grammatical explanation of the word. The चि. मी. quotes the Mahābhāṣya and कैयट's gloss on it. "यदाह भगवान्भाष्यकारः 'एवं तर्हि द्वाविमावर्थौ काकागमनमिव तालपतनमिव काकतालं काकतालमिव काकतालीयमिति' । तच्च विवृतं कैयटेन 'तत्र काकागमनं देवदत्तागमनस्योपमानम् (in the sentence यद्देवदत्तस्य चौरैः समागमः, यच्चास्य तैर्वधः कृतः तदेतत्सर्वं काकतालीयम्) । तालपतनं दस्यूपनिपातस्य । तालेन तु काकस्य यो वधः स देवदत्तस्य दस्युना वधस्योपमानमिति ।" चि. मी. p. 22. *Vide* महाभाष्य on पा० V. 3. 106 (vol. II, p. 429 Kielhorn).

अरुणे च..........क्रिययोः (**P. 57, ll. 6-8**). These words are addressed by a friend to the heroine. तरुणि, तव नयने अरुणे (आरक्ते) जाते इत्यध्याहार्यम्, प्रियस्य मुखं च मलिनम्; सखि, तव मुखं आनतं अस्य अन्तरे (हृदि) स्मरज्वलनः ज्वलितः. In the first half there is the simultaneity of two qualities (viz. अरुणत्व and मलिनत्व) and in the second that of two actions (viz. bending down and blazing forth). The meaning of the verse is:—When her eyes become red (through anger), the lover loses his colour (because he despairs of winning her); when she hangs down her head (through love and bashfulness), the fire of love blazes forth in him. This verse is an example of II a and II b.

An example of II c, where there is a simultaneity of a quality and of an action, is 'कलुषं च' (p. 57, ll. 9-10). तव चक्षुः (प्रकृत्या) सितपङ्केरुहसोदरश्रि (श्वेतकमलसदृशकान्ति) अहितेषु शत्रुषु अकस्मात् कलुषं (कोपेन रक्तं) च । महीपतीन्द्र, तेषां (शत्रूणां) वपुषि आपदां कटाक्षैः पतितं च. Here there is यौगपद्य of the quality (कलुषत्व) and the action viz. falling. The meaning is:—No sooner do the eyes of the king grow red through anger than his enamies incur misfortunes.

धुनोति......दृश्यते (**P. 57, ll. 11-12**). It will have been noticed that the qualities and actions that occur simultaneously are generally found in different places. For example, the eye of the woman or of the king becomes red and the face of the lover becomes gloomy or the enemies meet with misfortunes. So it may be thought that in the second kind of समुच्चय, गुणs, क्रियाs or गुणक्रियाs *must* be seen simultaneously in *different places*; but this is not so. Although the figure occurs more frequently when there is वैयधिकरण्य, still the

यौगपद्य of qualities or actions is possible even in the same substratum, as in the example 'he waves his sword and spreads his glory'. Here there is यौगपद्य of two actions (धुनोति and तनुते) in the same person (viz. the king). These words are directed against Rudraṭa, who says that this variety of समुच्चय ((*i. e.* the यौगपद्य of गुणक्रियाः) occurs only when a number of things occur in different places. 'व्यधिकरणे वा यस्मिन्गुणक्रिये चैककालमेकस्मिन्। उपजायेते देशे समुच्चयः स्यात्तदन्योऽसौ ॥' Rudraṭa VII. 27.

न चात्र दीपकम्......मूलत्वाभावः (**P. 57, ll. 12-14**). It may be said that in some examples of समुच्चय there is really दीपक; as for example in धुनोति etc. where two actions are connected with one agent (thus there is कारकदीपक). Our author replies:—All these examples of समुच्चय due to the simultaneity of qualities and actions are invariably founded upon अतिशयोक्ति consisting in the inversion of the sequence of cause and effect; while दीपक is not founded upon अतिशयोक्ति. In the verse 'कलुषं च,' it is represented that calamities befall the enemies the moment the king's eye grows red. Here the cause (कलुषत्व) and the effect (आपत्पतन) are spoken of as taking place at the same time, against the general rule that an effect follows its cause. Similarly in धुनोति etc.

We must distinguish between समुच्चय and पर्याय. In समुच्चय there is यौगपद्य, while in पर्याय many things reside in one place in succession (and not at the same time). समुच्चय must also be distinguished from सम. In the former, there is a combination of *causes* (whether good or bad), while in सम, two things not represented as the causes of anything, are spoken of as being quite suitable to one another. 'समुच्चये सतोरसतोर्वा कारणयोः समुच्चयः, अत्र त्वकारणयोरपि तयोर्योगस्यौचित्याभिधानमिति विशेषः।' उद्द्योत p. 120.

Examples of समुच्चय are:—I. उमा वधूर्भवान् दाता याचितार इमे वयम्। वरः शम्भुरलं ह्येष त्वत्कुलोद्भूतये विधिः ॥ कुमारसं० VI. 82; समुत्पत्तिः पद्मारमणपदपद्मामलनखान्निवासः कन्दर्पप्रतिभटजटाजूटभवने । अथायं व्यासङ्गः पतितजननिस्तारणविधेर्न कस्मादुत्कर्षस्तव जननि जागर्ति जगतः ॥ R. G. p. 491.

II. प्रादुर्भवति पयोदे कज्जलमलिनं बभूव नभः। रक्तं च पथिकहृदयं कपोलपाली मृगीदृशः पाण्डुः ॥ R. G. p. 490; अयमेकपदे तया वियोगः प्रियया चोपनतः सुदुःसहो मे। नववारिधरोदयादहोभिर्भवितव्यं च निरातपत्वरम्यैः ॥ विक्रमोर्वशीय IV.

57 समाधिः (Facilitation).

When what is to be accomplished becomes easy through the accidental operation of another thing, there is समाधि.

An example is मानमस्याः etc. (**P. 57, ll. 17–18**). This is K. D. II. 299. अस्याः (मानिन्याः) मानं निराकर्तुं (दूरीकर्तुं) पादयोः पतिष्यतो मे उपकाराय घनगर्जितम् दिष्ट्या (भाग्येन) उदीर्णम् (उद्गतम्). Here the कार्य is the removal of the wounded pride of a woman. This is accomplished more easily by the sudden thundering of clouds (which frightens the woman and makes her cling to her lover).

The name समाधि given to the figure is significant. समाधि is equivalent to सम्यग् आधिः (आधानं करणम्) 'accomplishing a thing well.' 'केनचित्कर्तुमुपक्रान्तस्य कारणान्तरव्यतिकरतः सौकर्यं सम्यगाधीयते इति यथार्थाभिधानः समाधिनामायमलङ्कारः।' एका० p. 315.

समाधि has been above distinguished from समुच्चय (p. 288).

भोज defines समाधि differently 'समाधिमन्यधर्माणामन्यत्रारोपणं विदुः। निरुद्भेदोऽथ सोद्भेदः स द्विधा परिपठ्यते ॥' सरस्वतीकण्ठाभरण 4. 32; Daṇḍin speaks of समाधि as a गुण 'अन्यधर्मस्ततोऽन्यत्र लोकसीमानुरोधिना । सम्यगाधीयते यत्र स समाधिः स्मृतो यथा ॥ कुमुदानि निमीलन्ति कमलान्युन्मिषन्ति च ॥' काव्यादर्श I. 93–94.

58 प्रत्यनीकम् (Rivalry).

यदि रिपोः प्रतीकारे अशक्तेन तदीयस्य (रिपुसम्बन्धिनः कस्यचिद् दुर्बलस्य वस्तुनः) तिरस्कारः तस्यैव (रिपोरेव) उत्कर्षसाधकः (क्रियते) तदा प्रत्यनीकम्. When somebody unable to avenge himself on his enemy is represented as doing harm to somebody else connected with the enemy, which simply results in proving the enemy's superiority, there is प्रत्यनीक.

An example of प्रत्यनीक is 'मध्येन etc.' (**P. 57, ll. 22–23**). तनुमध्या (ललना) (स्व)मध्येन मे मध्यं जितवती इति (हेतोः) अयं हरिः (सिंहः) अस्याः कुचकुम्भनिभौ (कुचकुम्भसदृशौ) इभकुम्भौ (करिकुम्भौ) भिनत्ति. Here the heroine is a rival of the lion, whom she throws into the background by her slender waist. The lion, not being able to do any harm to his rival, the woman, breaks the protuberant temples of the elephant. The temples of the elephant are connected with the woman (तदीय) indirectly, because they are connected with the breasts (by the relation of similarity) which are themselves connected with the woman by अवयवावयविभावसम्बन्ध. This representation of the lion's breaking the temples of the elephant results in establishing the superiority of the woman (as regards slenderness of waist) over the lion.

The name प्रत्यनीक may be explained as follows—अनीक means an army. प्रत्यनीक means a representative or deputy of an army. Just as one unable to do harm to a powerful army tries to do harm to an ally of that army, so here also some powerful person, not being able to make any impression on his antagonist, harms another, who is weak, connected with the antagonist. So the word प्रत्यनीक is applied by लक्षणा to the figure. The प्रयोजन is the conveying of the superiority of the antagonist. 'अनीकं सैन्यं तस्य प्रतिनिधिः प्रत्यनीकम् । तत्सादृश्यादलङ्कारोऽपि प्रत्यनीकमिति व्यपदेशमलभत । यथा अनीकमभिभवितुमनीश्वरेण केनापि तत्प्रतिनिधिभूतमन्यद्व्यामोहादभिभूयते तथात्र बलवति परिपन्थिनि तदीयमल्पबलं कोऽपि परिमन्थयतीत्यर्थः । अत्र च प्रत्यर्थिप्रकर्षः प्रयोजनम् ।' एका० p. 316.

The connection between the enemy and his ally, whom another, unable to do harm to the enemy, punishes, may be either direct or indirect. An example of indirect connection has been given by the author. An example where the connection is direct is 'त्वं विनिर्जितमनोभवरूपः सा च सुन्दर भवत्यनुरक्ता । पञ्चभिर्युगपदेव शरैस्तां तापयत्यनुशयादिव कामः ॥'. Here Cupid, unable to conquer the hero, assails the heroine with his arrows. The heroine is directly related to the hero as his beloved.

Jagannātha points out that प्रत्यनीक is the same as हेतूत्प्रेक्षा. In the verse 'मध्येन' etc. the fact that the lion breaks the temples of elephants is poetically represented as due to the fact that the woman (whose breasts are similar to the temples of the elephants) surpasses the lion. So there is हेतूत्प्रेक्षा here. Uddyota replies to this by saying that, although there is उत्प्रेक्षा, it is not the principal figure, because there is a special charm in the representation that somebody being unable to avenge himself on his enemy harms another connected with the enemy. Vide R. G. pp. 494-495 and Uddyota p. 126.

Examples of प्रत्यनीक are:—रे रे मनो मम मनोभवशासनस्य पादाम्बुजद्वयमनारतमाममनन्तम् । किं मा निपातयसि संसृतिगर्तमध्ये नैतावता तव गमिष्यति पुत्रशोकः ॥ R. G. p. 494; यस्य किञ्चिदपकर्तुमक्षमः कायनिग्रहगृहीतविग्रहः । कान्तवक्त्रसदृशाकृतिं कृती राहुरिन्दुमधुनापि बाधते ॥ शिशु० XIV. 78.

59 प्रतीपम् (The Converse).

प्रसिद्धस्य उपमानस्य उपमेयत्वप्रकल्पनम्, उपमानस्य निष्फलत्वाभिधानं वा प्रतीपमिति कथ्यते. (I) When things that are well-known to be standards of comparison are themselves turned into objects of comparison, or (II) when things which are standards of comparison are declared to be useless, it is termed प्रतीप.

An example of (I) is 'यत्त्वन्नेत्र' etc., which was cited above (text p. 46) as an example of काव्यलिङ्ग. इन्दीवर (blue lotus) is well-known as an उपमान of the eyes of women, as in नेत्रे इन्दीवरेण सदृशे. But here इन्दीवर is made an उपमेय, by being compared to the eyes in the words 'त्वन्नेत्रसमानकान्ति (त्वन्नेत्रेण समाना कान्तिर्यस्य) इन्दीवरम्'. The reason why this is done is to convey that the Upameya is superior to the Upamāna and that the speaker has a low opinion of the thing that is well-known as an उपमान. It is a general rule that the उपमान is superior in excellence, while the उपमेय is inferior. But sometimes a well-known उपमान is turned into an उपमेय to convey the idea that it is really inferior to what is generally regarded as the उपमेय (and therefore as inferior). Similarly in 'यत्त्वन्नेत्र etc.,' the moon and राजहंस (well-known Upamānas) are turned into Upameyas, by being respectively compared to the face and the woman in order to convey the superiority of the latter over the former. Compare प्रदीप 'यच्चोपमानतया प्रसिद्धस्योपमेये तस्माद्विशेषविवक्षया अनादरार्थमुपमेयभावः कल्प्यते, तदुभयरूपं प्रतीपम् ।'

An example of (II) is 'तद्वक्त्रं' etc. **(P. 57, l. 28–p. 58, l. 2).** This is बालरामायण II. 17. यदि तत् वक्त्रं (वर्तते) (तर्हि) शशिकथा (शशिनः कथा प्रशंसा, अथवा शशिविषयकः आलापः) मुद्रिता (समाप्तिं गता), सा द्युतिः चेत् हा हेम (कनकं शोचनीयं जातमित्यर्थः), यदि तत् चक्षुः कुवलयैः हा रितम् (गतम्, रि गतौ तुदादिः, अथवा हारितमिति एकं पदं) तत् स्मितं चेत् का सुधा (अमृतम्) यदि ते भ्रुवौ धिक् कन्दर्पधनुः, किं वा बहु ब्रूमहे; यत्सत्यं वेधसः (ब्रह्मणः) सर्गक्रमः (सृष्टिविधिः, सृष्टिसरणिः) पुनरुक्तवस्तुविमुखः. तद्वक्त्रं...कथा–When there is that face, all talk about the moon is stopped (closed). हा रितं कुवलयैः The lotuses are gone, or (if we take हारितं as one word) 'the lotuses are lost'. राम० explains the last line as 'वेधसः सर्गक्रमः पुनरुक्तवस्तुहीनः इति यद्गीयते तत्सत्यम्.' We think that राम० has missed the spirit of the verse and that we need not take गीयते as understood. The last line must be regarded as ironical. यत्सत्यं etc. to tell the truth, Brahmā's method of creation is such that it avoids superfluities. Here it is represented that the face etc. (the उपमेयs) are capable of serving all the purposes served by the moon etc. (the well-known Upamānas) and therefore the latter are condemned as being superfluous. If we do not take the last line as ironical, there would be no force in saying that the moon etc. are superfluous and yet asserting that Brahmā's creation avoids superfluities. Compare अलं. स. 'उपमेयस्यैवोपमानभारोद्वहनसामर्थ्यादुपमानस्य कैमर्थक्येन (तद्व्यापारस्योपमेयेनैव कृतत्वादनुपयोगेनेत्यर्थः । विम०) आक्षेप आलोचनं क्रियते तदेकं प्रतीपम् ।' p. 165.

It should be noticed that both these varieties of प्रतीप are based upon resemblance. If something is condemned as superfluous on account of the existence of another, and there is no resemblance batween the two things, there is no प्रतीप. It may be asked:—what is the difference between उपमा and प्रतीप? The reply is:—in both there is no doubt resemblance; but in प्रतीप there is either the condemnation of the उपमान as superfluous or the fact of the Upamāna being turned into the Upameya (in order to convey the superiority of the latter and the inferiority of the former); neither of these exists in उपमा. 'उपमाप्रकारत्वं चानयोर्न वाच्यम् । उपमानस्याक्षेपादुपमेयकल्पनाच्च । न हि तत्र (उपमायां) तदस्तीति ततोऽनयोः सुप्रत्यय एव भेदः । ......एवमौपम्यन्तरेण नैतदलङ्कारद्वयं (प्रतीपभेदौ) भवतीत्यवगन्तव्यम् ।' विम० p. 165.

The reason why the figure is called प्रतीप is as follows:—प्रतीप means 'against'. It literally means 'against the current.' The word is formed according to the sūtra 'द्व्यन्तरुपसर्गेभ्योऽप ईत्' पा० IV. 3. 97. The name प्रतीप is given to this figure because in it the उपमेय becomes opposed to *i. e.* is an antagonist (a rival) of the Upamāna. 'उपमानप्रतिकूलत्वादुपमेयस्य प्रतीपमिति व्यपदेशः ।' अलं. स. p. 165.

This figure must be distinguished from व्यतिरेक. In प्रतीप as well as in व्यतिरेक, the उपमेय is seen to be superior; but in the former the superiority of the उपमेय is due to the fact that it is turned into the Upamāna and no dissimilarity between the Upamāna and Upameya is expressed or implied; while in व्यतिरेक, the उपमेय is not turned into the उपमान or *vice versa* and the charm lies in the conveying of the superiority of the उपमेय over the Upamāna by the mention of the possession of certain qualities by the Upameya, which are *not* possessed by the Upamāna (*i. e.* वैधर्म्य also is intended in व्यतिरेक, while in प्रतीप only साधर्म्य). **उपमानादुपमेयस्य गुणविशेषवत्त्वेन उत्कर्षो व्यतिरेकः ।** प्रतीपादिवारणाय तृतीयान्तं वैधर्म्यपरम् । तत्र (प्रतीपे) चोपमानतामात्रकृत एवोत्कर्षः, न वैधर्म्यकृतः । साधर्म्यस्यैव प्रत्ययात् । अधिकगुणवत्त्वमात्रम्, उपमानगतापकर्षमात्रं वा न व्यतिरेकस्वरूपम् तयोरुपमेयोत्कर्षाक्षेपमन्तरेणासुन्दरत्वात् ।" R. G. p. 347.

उक्त्वा......दूचिरे (P. 58, ll. 4–5). After declaring the pre-eminence of an object greatly excelling in some quality, if another is compared to it (if the former is made an उपमान of another), it also is termed by some प्रतीप. This is a reference to the views of Mammaṭa and Ruyyaka. When an object, which did not before experience the state of being an Upamāna on account of the possession of such pre-eminent qualities that nothing approaches it, is yet made to assume the state of an Upmāna, there is प्रतीप. Compare 'यत् असामान्यः गुणयोगान्नोपमानभावमपि अनुभूतपूर्वि, तस्य तत्कल्पनायामपि भवति प्रतीपमिति प्रत्येतव्यम् ।' K. P. X.; "उत्कृष्टगुणत्वाद्यदुपमानभावमपि न सहते तस्योपमाभाववत्कल्पितं (मानभावकल्पने ?) प्रतीपमेव ।" अलं. स. p. 167, on which जयरथ remarks 'यद्यपि प्रकृष्टगुणेनोपमानेन भाव्यं न्यूनगुणेन चोपमेयेन, तथापीदृशप्रकृष्टगुणत्वं विवक्षितं यदपेक्षया न्यूनगुणमपि उपमेयं न सम्भवीत्यत्र पिण्डार्थः ।'.

An example of this is 'अहमेव' etc. तात (इति सानुकम्पसम्बोधनम्) हालाहल, अहमेव सुदारुणानां गुरुः (श्रेष्ठः) इति मा स्म दृप्यः (मा गर्वं कृथाः); ननु सन्ति (यतः सन्त्येव) अस्मिन्भुवने भूयः (पुनः) भवादृशानि (भवत्सदृशानि) दुर्जनानां वचनानि. Here हालाहल is well-known to be such a deadly thing that there is nothing to compare to it; but here the words of the wicked are compared to it (*i. e.* हालाहल is turned into an उपमान). The result is that, although the words of wicked men are not equal to हालाहल in their deadliness, they approach हालाहल, which has been generally regarded as incomparable. In this verse, in the first line, the pre-eminence of the object is expressly declared (in the words गुरुः सुदारुणानाम्). If the pre-eminence be not declared, then there is no प्रतीप but only उपमा as in ब्रह्मेव० (यथा ब्रह्मा वेदं वदति तथा ब्राह्मणो वदति).

Vide the interesting remarks of Jagannātha on this figure, R. G. pp. 496–497.

Examples of प्रतीप are—तस्याश्चेन्मुखमस्ति सौम्यसुभगं किं पार्वणेनेन्दुना सौन्दर्यस्य पदं दृशौ यदि च ते किं नाम नीलोत्पलैः । किं वा कोमलकान्तिभिः किसलयैः सत्येव तत्राधरे ही धातुः पुनरुक्तवस्तुरचनारम्भेष्वपूर्वो ग्रहः ॥' (This bears a close resemblance to the verse तद्वक्त्रं etc.). This is quoted by जयरथ); गर्वमसंवाह्यमिमं लोचनयुगलेन वहसि किं भद्रे । सन्तीदृशानि दिशि दिशि सरःसु ननु नीलनलिनानि ॥ रुद्रट VIII. 78.

60 मीलितम् (Lost).

केनचित् तुल्यलक्ष्मणा (तुल्यं लक्ष्म चिह्नरूपो धर्मः यस्य) (वस्तुना) वस्तुनः गुप्तिः (निगूहनम्) मीलितम्. When something is concealed (covered up) by another possessing a similar characteristic, there is मीलित. The thing having a common characteristic (or rather the characteristic itself, the चिह्नरूप धर्म) may be inherent (a), or adventitious (b).

An example of (a) is लक्ष्मी० (P. 58, ll. 13–14). हरेः वक्षःस्थले नीलोत्पलाभया (नीलोत्पलसदृश्या) भासा (कान्त्या) ग्रस्तं (तिरोहितं)

लक्ष्मीवक्षोजकस्तूरीलक्ष्म (लक्ष्म्या वक्षोजौ स्तनौ तयोः कस्तूरी तस्याः लक्ष्म चिह्नं) भारत्या (देव्या सरस्वत्या लक्ष्म्याः सपत्न्या) न अलक्षि (न निरूपितम्). ग्रस्तं etc.–lost as it was in the lustre (of Viṣṇu's body) that shone like the dark-blue lotus. Here the dark-blue lustre of the God Viṣṇu is inherent in him. Musk (कस्तूरी) is dark and the spot, left on the chest of Viṣṇu when he embraced Lakṣmī whose breasts were smeared with musk, was not observed because it was concealed by another thing (which is charmingly darker), viz. the lustre of Viṣṇu's body.

An example of (b) is 'सदैव etc. (**P. 58, ll. 16–17**). यस्यां (नगर्यां) शोणोपलकुण्डलस्य (शोणः लोहितः उपलः रत्नं यस्मिन् तत् शोणोपलं पद्मरागमणियुक्तं कुण्डलं कर्णवेष्टनं तस्य) मयूखैः (किरणैः) सदैव अरुणीकृतानि (रक्तीकृतानि) कामिनीनां कोपोपरक्तानि अपि (क्रोधेन आरक्तानि अपि) मुखानि यूनां शङ्कां (भयं) न विदधुः (जनयामासुः). Here the redness of the ruby ear-ring is adventitious in the face. The glow spreading over the face of women through anger is concealed by the redness (which is more powerful) of the ruby in the ear-ring; the redness of the ruby that spreads over the face is not natural to it, but is borrowed or adventitious.

What constitutes मीलित is as follows:—There are two things, one of which is more prominent, while the other is less prominent; II. they both possess the same characteristic; III. on account of the possession of the same characteristie, the thing that is less prominent is concealed by the one that is more prominent. In the examples in the text, the mark made by the musk and the glow of wrath are not observed, because they are concealed by the more prominent lustre (of Viṣṇu's body) and the redness of the ruby respectively.

This figure is appropriately called मीलित, as in it one thing is concealed by another. The root मील् (1st conj. P.) means 'to shut, contract.' Compare अलं. स. 'तिरोधायकत्वादेव च मीलितव्यपदेशः।'.

This figure must be distinguished from भ्रान्तिमान्. In भ्रान्तिमान्, on seeing one thing, another resembling it, is *remembered* and mistaken for it *e. g.* in 'मुग्धा दुग्धधिया' p. 27 above, the moon's rays cause the milkmen to remember milk, which is not present then, and to mistake them for milk. While in मीलित, both the things are *persent*; one is not *perceived* because it is overshadowed by another; moreover there is no mistake.

Examples of मीलित are:—अपाङ्गतरले दृशौ मधुरवक्रवर्णा गिरो विलासभरमन्थरा गतिरतीव कान्तं मुखम्। इति स्फुरितमङ्गके मृगदृशां स्वतो लीलया तदत्र न मदोदयः कृतपदोऽपि संलक्ष्यते॥ (quoted by K. P. X.); मदिरामदभरपाटलकपोलतललोचनेषु वदनेषु। कोपो मनस्विनीनां न लक्ष्यते कामिभिः प्रभवन्॥ रुद्रट VII. 108.

61 सामान्यम् (Sameness).

(यत्र) सदृशैर्गुणैः साधारणगुणयोगात् प्रकृतस्य उपमेयस्य अन्यतादात्म्यं (अन्येन अप्रकृतेन उपमानेन तादात्म्यं ऐकात्म्यं) प्रतिपाद्यते (तत्र) सामान्यम्. When something in question is spoken of as having become undistinguishable from something else on account of similar qualities, there is सामान्य.

An example is 'मल्लिका etc.' (P. 58, ll. 21-22). मल्लिकाचितधम्मिल्लाः (मल्लिकापुष्पैः आचिताः पूर्णाः धम्मिल्लाः संयताः केशाः यासां) चारुचन्दनचर्चिताः (अत एव) चन्द्रिकासु (ज्योत्स्नायां चन्द्रकिरणेषु वा) अविभाव्याः (अलक्ष्याः ज्योत्स्नातो अगृहीतभेदाः) अभिसारिकाः ('कान्तार्थिनी तु या याति सङ्केतं साऽभिसारिका' इति अमर० II. 6 10) सुखं यान्ति. Here the subject of description (प्रस्तुत) is women going out to meet their lovers at an appointed place. Women are represented as not distinguishable from the moonlight, which is अप्रस्तुत, on account of the possession by both (women who had white Mallikā flowers in their tresses and were anointed with white sandal, and the moonlight) of a common property, viz. whiteness

The reason why this figure is called सामान्य is that here there is connection of two things with the same property (which renders them undistinguishable). Compare मम्मट 'तत्समानगुणनिबन्धनात्सामान्यम्' or अलं. स. 'तत्समानगुणयोगात्सामान्यम् p. 169.

What constitutes सामान्य is:—I. There are two things both of which are seen; II. Both the things possess one property in common; III. The two objects are within sight but are not distinguished from each other on account of the possession by both of the same property.

मीलिते......भेदाग्रहः (P. 58, ll. 23-24). The author now proceeds to distinguish between मीलित and सामान्य. In the former, an object possessing a quality in an inferior degree is eclipsed by another possessing the same quality in a superior degree and the object that is निकृष्टगुण is not *perceived*; while in सामान्य both the objects are *perceived*, but they are apprehended as undistinguishable on account of both the objects possessing like properties, Compare अलं. स. वि. 'स्वरूपेणावगतस्यापि भेदानध्यवसायः सामान्यं, बलवता तिरोहितत्वात्स्वरूपानवगमो मीलितमिति स्थितम् ।' p. 168; "प्रत्यक्षविषयस्यापि वस्तुनो बलवत्सजातीयग्रहणकृतं तद्भिन्नत्वेनाग्रहणं सामान्यम् । मीलिते तु निगूह्यमानवस्तु न प्रत्यक्षविषयः ।" R. G. p. 516. This figure must also be distinguished from अपह्नुति. As there is no denial of anything and as nothing else is asserted in the place of the former, this is not अपह्नुति 'नेयमपह्नुतिः । किञ्चिदपह्नुत्य कस्याप्यनारोप्यमाणत्वात् ।' एका० p. 320. Similarly this is not भ्रान्तिमान् In the latter, we mistake one thing for another and both the things are not perceived (one is perceived and the other is remembered); while in सामान्य both the things are directly perceived. 'न च भ्रान्तिमता सङ्करः । तत्र स्मर्यमाणस्यारोपोऽत्रानुभूयमानस्येति विशेषात् ।' उद्द्योत p. 134.

Examples of सामान्य are:—यस्मिन्हिमानीनिकरावदाते चंद्रांशुकैवल्यमिव प्रयाते। पुच्छाश्रयाभ्यां विकला इवाद्रौ चरन्ति राकासु चिरं चमर्यः ॥; सुसितवसनालङ्कारायां कदाचन कौमुदी—महसि सुदृशि स्वैरं यान्त्यां गतोऽस्तमभूद्विधुः । तदनु भवतः कीर्तिः केनाप्यगीयत येन सा प्रियगृहमगान्मुक्ताशङ्का क्व नासि शुभप्रदः ॥ K. P. X.

62 तद्गुणः (Borrower).

स्वगुणत्यागात् अत्युत्कृष्टगुणग्रहः तद्गुणः. When an object is represented as giving up its own quality and assuming the quality of another excellent thing (that is near), there is तद्गुण. An example is 'जगाद etc.' (p. 58 ll. 27–28). This is Śiśu. II. 21. वदनपद्मपर्यन्तपातिनः (वदनरूपं यत्पद्म तस्य पर्यन्ते समीपे पतन्ति इति तान्) मधुलिहः (भ्रमरान्) उदग्रदशनांशुभिः (उद्गताभिः) शुभ्रदन्तप्रभाभिः) श्वैत्यं (श्वेततां) नयन् (आपादयन्) जगाद (बलदेवः). Here, the bees, which are blue, are represented as giving up their blueness and assuming the whiteness of the shining teeth of Baladeva.

The reason why this figure is called तद्गुण is that in this the object of description (प्रकृत) assumes the properties of that (तत्) *i. e.* of a thing not in question or of a thing that possesses same quality in an eminent degree. Compare. K. P. X. 'तस्य अप्रकृतस्य गुणोऽत्रास्तीति' or अलं. स. 'तस्योत्कृष्टगुणस्य गुणा अस्मिन्निति कृत्वा ।' p. 170.

The essentials of तद्गुण are:—I. One object (the प्रकृत) has another object near it; II. the thing that is प्रकृत gives up its own qualities and assumes the quality of the thing that is near. It should be, however, noticed that our author does not speak anything about प्रकृत or अप्रकृत. His example also is noteworthy. The bees are not प्रकृत, but rather अप्रकृत. According to our author, तद्गुण occurs when one object (whether प्रकृत or अप्रकृत) assumes the qualities of another. In giving the essentials of तद्गुण above we follow the authority of Mammaṭa.

मीलिते......इति भेदः (P. 58, ll. 29–30). An objection may be raised:—in तद्गुण, the quality of one thing is concealed by another and so there is no difference between तद्गुण and मीलित. Our author replies to this as follows:—In मीलित, the *thing itself* is concealed by another, so that the former is not *perceived* at all; while in तद्गुण, both the things are *perceived* (and not only one, as in मीलित), but the *qualities* of one are transferred to another; besides in मीलित, the thing that is covered up (or over-shadowed) does not *give up* its own qualities and assume another's (as in तद्गुण), but is only over-shadowed by another possessing the same quality in an eminent degree; while in तद्गुण, the thing loses its own quality and assumes a *different* one. Compare : न चेदं मीलितम् । तत्र हि प्रकृतं वस्तु वस्त्वन्तरेण आच्छादितत्वेन प्रतीयते, इह तु अनुपह्नुतस्वरूपमेव प्रकृतं वस्त्वन्तरगुणोपरक्ततया प्रतीयते इत्यस्त्यनयोर्भेदः । अलं. स. p. 170. तद्गुण must be distinguished from सामान्य also. In the latter, one thing *does not give up* its qualities, but appears undistinguishable from another on account of the possession by *both of similar properties*; while in तद्गुण, both the things are seen *distinctly*, but one gives up its quality and assumes the quality of another which is *dissimilar*). In भ्रान्तिमान् *one thing* is really seen and mistaken to be another, which is *remembered;* while here *both* are *seen* and there is no mistake. Vide the following lucid remarks of the Uddyota "मीलिते धर्मिण एवाग्रहः, सामान्येऽपरित्यक्तगुणस्यैव अपृथक्प्रतिभासः; इह तु गुणमात्रस्यैवाभिभवः धर्मिणः पृथग्भासश्चेति भेद इत्यर्थः । भ्रान्तिमति स्मर्यमाणस्यारोपोऽत्र गृह्यमाणस्येति भेदः । भ्रान्तेर्निबद्धत्वाभावाच्च।" pp. 137–138.

An objection may be raised as follows:—What is common to the three figures मीलित, सामान्य and तद्गुण is the non-perception of difference (whether of qualities or things). So instead of defining them separately, let there be one Alaṅkāra, with these three varieties. If a slight difference were sufficient to constitute a distinct figure, then लुप्तोपमा will have to be defined as a figure distinct from पूर्णोपमा. Jagnnātha replies to this that this is not proper. He says that following the above reasoning, रूपक, परिणाम, अतिशयोक्ति etc. cannot be separately defined and will form varieties of one figure called अभेद. Besides, in each of the three figures there is a distinct charm, as in रूपक, परिणाम etc. (which have been separately defined by all Ālaṅkārikas). Vide R. G. pp. 516-517.

Examples of तद्गुण are:—विभिन्नवर्णा गरुडाग्रजेन सूर्यस्य रथ्याः परितः स्फुरन्त्या । रत्नैः पुनर्यत्र रुचं रुचा स्वामानिन्यिरे वंशकरीरनीलैः ॥ शिशु. IV. 14; नीतो नासान्तिकं तन्व्या मालत्याः कुसुमोत्करः । बन्धूकभावमानिन्ये रागेणाधरवर्तिना ॥ R. G. p. 513.

63 अतद्गुणः (Non-borrower).

हेतौ सत्यपि (उत्कृष्टगुणपदार्थसंनिधानाख्ये हेतौ सत्यपि) तद्रूपाननुहारः (तद्रूपस्य उत्कृष्टगुणस्य अननुहरणं न्यूनगुणेन अननुवर्तनं अग्रहणं वा) तु अतद्गुणः. When one thing does not assume the quality of another, though there is a reason for it, there is अतद्गुण. This definition is word for word the same as that of the अलं. स. 'सति हेतौ तद्गुणाननुहारोऽतद्गुणः ।'.

It should be noticed that the figure अतद्गुण would occur in two ways:—I when something not in question (अप्रकृत), which is न्यूनगुण, does not assume the quality of the thing in question, which is उत्कृष्टगुण (although it comes in contact with the latter), there is अतद्गुण; II when the thing in question (प्रकृत) does not assume the quality of another which is not in question (अप्रकृत), although the अप्रकृत is quite near the प्रकृत, there is अतद्गुण. The हेतु referred to in the definition means here 'the presence of a thing possessing excellent qualities'.

हन्त......रज्यसि **(P. 59, ll 3-4).** गुणगौर (गुणैः गौर धवल), सान्द्रेण (घनेन) रागेण (प्रेम्णा, रक्तवर्णेन) भृतेऽपि (पूर्णेऽपि) मम हृदये निषण्णोऽपि (स्थितिं लब्धवानपि) (त्वं) हन्त कथं नाम न रज्यसि (रक्तो भवसि, अनुरक्तो भवसि). The words रागेण and रज्यसि are Paronomastic. Here the प्रकृत object is the hero, who is called 'white with qualities' (*i. e.* famed). Although the hero (who is धवल) is enshrined in the heart of the heroine, which is रक्त (red or glowing with ardent love), he does not himself assume रक्तत्व (redness or love for the heroine).

गाङ्गमम्बु......चापचीयते **(P. 59, ll. 6-7).** गाङ्गम् (गङ्गायाः इदम् इति गाङ्गं गङ्गासम्बन्धि) अम्बु (जलं) सितम् (शुभ्रम्), यामुनं अम्बु (यमुनायाः जलं) कज्जलाभं (कज्जलसदृशम्), राजहंस, उभयत्र मज्जतः तव शुभ्रता सा एव (एकैव, न न्यूनातिरिक्ता वा), न चीयते (गङ्गाजलसम्बन्धेन न अधिका भवति) न च अपचीयते

(यमुनाजलमालिन्येन मलिना न भवति). This verse is an example of the second variety of अतद्गुण. Here राजहंस (प्रकृत) does not assume the qualities of the Ganges or the Jumna (the अप्रकृत) although they are in contact with him (हेतौ सति अपि).

पूर्वत्रा······तद्रूपता (P. 59, ll. 8-10). पूर्वत्रा······निष्पन्नम्. This has been explained above. प्राप्तवत् अपि although it is proper that it should follow. उत्तरत्र······न तद्रूपता. It may be contended that in 'गाङ्गमम्बु etc' the figure is अप्रस्तुतप्रशंसा (4th variety तुल्ये प्रस्तुते तुल्याभिधानम्); the description of राजहंस is not really the matter in hand; the subject of description is a good man, who remains the same (in character) in prosperity or adversity. Our author concedes this contention and says that, although absolutely speaking the swan is अप्रस्तुत, still in comparison to the Ganges and the Jumna, the swan is a subject in question, as the Ganges and Jumna are still more removed from the real subject of description, viz. a good person. As the swan, who is thus relatively प्रस्तुत, does not assume the qualities of the rivers, though in contact with them, there is अतद्गुण.

अत्र च······शेषोक्तिर्भेदः (P. 59, ll. 10-11). It may be contended that in the above examples of अतद्गुण, there is विशेषोक्ति, because, though the hero is placed in the heart which is full of राग (*i. e.* हेतौ सत्यपि), he does not become रक्त (*i. e.* there is कार्याभाव) and though the swan plunges in the bright and dark waters of the Ganges and the Jumna, it does not heighten or lessen its whiteness. Therefore अतद्गुण should not be separately defined. Our author replies that अतद्गुण deserves to be a distinct figure because there is a distinct charm in it, viz. the peculiar striking circumstance of the non-assumption of the quality of one thing by another. In विशेषोक्ति, the charm consists in the representation that the effect does not follow, although its well-known causes are present; while in अतद्गुण, the charm lies in the non-assumption of the quality of one by another. Even if there be a causal relation, the poet does not intend (in अतद्गुण) to emphasize it; what he (poet) insists upon as charming is गुणाग्रहण. We are informed by Jayaratha that अतद्गुण was included under विशेषोक्ति by the author of अलङ्कारसार (p. 171 of विमर्शिनी).

वर्णान्तरोत्प······विषमात् (P. 59, l. 11). अतद्गुण must be distinguished from the first variety of विषम, where the properties or actions of an effect are opposed to those of the cause. In सद्यः करस्पर्श० (example of विषम on text p. 51) the sword which is darkish produces fame (which is white) *i. e.* a dark thing produces an effect possessing a quality which is opposed to that of the cause. But in अतद्गुण, a distinct (and opposed) colour is not produced; *e. g.* in 'हन्त सान्द्रेण' etc. the राग of the heart in which the hero is enshrined does not produce another (and an opposed) colour in the hero. The only thing that happens is that the hero remains धवल as before and does not assume रक्तत्व. विषमालङ्कारे कारणविरोधिगुणान्तरोत्पत्तिरिति भेदः.

The reason why this figure is called अतद्गुण is: तस्य प्रकृतस्य गुणा अस्मिन् अप्रकृते न सन्तीति अतद्गुणः, अथवा तस्य अप्रकृतस्य गुणा अस्मिन् प्रकृते न सन्तीति अतद्गुणः. Compare Mammaṭa's words 'किं च तदिति अप्रकृतं अस्येति च प्रकृतमत्र निर्दिश्यते'.

Examples of अतद्गुण are:—धवलो सि जह वि सुन्दर तह वि तुए मज्झ रंजिअं हिअअम्। राअभरिए वि हिअए सुहअ णिहित्तो ण रत्तो सि ॥ (quoted in K. P.); कुचाभ्यामालीढं सहजकठिनाभ्यामपि रमे न काठिन्यं धत्ते तव हृदयमत्यन्त-मृदुलम्। मृगाङ्कानामन्तर्जननि निवसन्ती खलु चिरं न कस्तूरी दूरीभवति निजसौरभ्य-विभवात् ॥ R. G. p. 514.

64 सूक्ष्मम् (Subtle).

यत्र आकारेण (अवयवसंस्थानविशेषेण) इङ्गितेन (चेष्टाविशेषेण) वा संलक्षितः सूक्ष्मः अर्थः (तीक्ष्णमतिभिरेव संवेद्यः अर्थः) कयाऽपि भंग्या (वैदग्ध्यप्रकारेण) सूच्यते तत् सूक्ष्मं उच्यते:—When a delicate circumstance gathered from some feature of the limbs (a) or from gesture (b) is intimated to another by means of a clever hint, it is सूक्ष्म. It should be observed that Amara gives आकार and इङ्गित as synonyms 'आकारस्त्विङ्ग इङ्गितम्' III. 2. 15; in another place, he says 'आकारा-विङ्गिताकृती' III. 3. 162. The commentator Bhanuji explains 'इङ्गितं चेष्टा । आकृतिरवयवसंस्थानम् ।'. Mammaṭa and our author seem to have taken आकार in the sense of आकृति (posture or appearance) and इङ्गित in the sense of चेष्टा (gesture). चक्रवर्ति, author of the अलङ्कारसर्वस्वसञ्जीविनी, says आकृतिव्यञ्जिताश्चेष्टा इङ्गितं बुद्धि-कारिताः। आकारः पुनराम्नातस्ता एवाबुद्धिकारिताः ॥ तारापुटभ्रूदृष्ट्यादेर्विकारानिङ्गितं विदुः। आकाराः सत्त्वजा भावा आद्या बुद्ध्यापरेन्यथा ॥' (quoted in the रसापण p. 465).

सूक्ष्म means 'not to be apprehended by men of dull under standing.' An example of (a) is 'वक्त्र' (p. 59, ll. 15-16). कापि वयस्या (सखी) तन्व्याः (नायिकायाः) कण्ठे वक्त्रस्यन्दिस्वेदबिन्दुप्रबन्धैः (वक्त्रात् स्यन्दिभिर्गलद्भिः स्वेदबिन्दूनां प्रबन्धैः (प्रवाहैः पंक्तिभिर्वा) भिन्नं (द्विधा भिन्नं) कुङ्कुमं दृष्ट्वा स्मित्वा तन्व्याः पुंस्त्वं (पुरुषायितत्वं रात्रौ विपरीतरते) व्यञ्जयन्ती (सूचयन्ती पाणौ (तन्व्याः हस्ते) खड्गलेखां खड्गाकृतिरूपलेखां लिलेख (लिखितवती).

Here, the masculine action of a woman, concluded from the mixing up of the drops of perspiration with the saffron on the two sides of the throat, is intimated to her by another by means of drawing on her hand the figure of a sword which is the characteristic mark of man. Here the आकार (appearance) is कुङ्कुमभेद on the throat, which leads to the guessing of पुरुषायित (the सूक्ष्म अर्थ). This delicate circumstance is indicated in a clever manner by the drawing of the figure of a sword on the hand of the woman. How कुङ्कुमभेद on throat leads to the inference of पुरुषायितत्व is explained by commentators as follows: 'प्रसिद्धरतौ उत्तानायाः वक्त्रात् गलितस्य स्वेदस्य पृष्ठभागे एव गमनम्, कण्ठे तद्गमनं तु विपरीतरतावेवेति वक्त्रस्यन्दीत्यादेरभिप्रायः'.

An example of (b) is सङ्केतकालमनसं (P. 59, ll. 19–20). This occurs on p. 15 of the text and has been explained above. Here the curiosity of the lover to know the time of meeting, which (curiosity) was guessed from the movements of his eyebrows and the like and is intimated to him by the closing of a lotus which (closing) takes place at the approach of night. Here the सूक्ष्म अर्थ is the desire of the lover to know the time of meeting. This सूक्ष्मार्थ is guessed by इङ्गित, viz. the movements of the eyebrows. The fact that the woman understands the meaning of the look of the lover is conveyed in a clever manner (भंग्या) by the closing of a lotus.

It should be observed that in सूक्ष्म, there exists अनुमिति also. But the figure is not अनुमान, because it is subordinate. The charm lies not in the inference of a delicate circumstance from appearance or gesture, but in devising a clever mark which would easily intimate to another that the delicate circumstance has been discovered 'अत्र विद्यमानमपि अनुमानं सूक्ष्माङ्गम् । स्ववैदग्ध्यप्रकाशनद्वारा सूक्ष्मस्यैव चमत्कारित्वात् ।' उद्द्योत p. 116.

An example of सूक्ष्म is :—कदा नौ सङ्गमो भावीत्याकीर्णे वक्तुमक्षमम् । अवेक्ष्य कान्तमबला लीलापद्मं न्यमीलयत् ॥ K. D. II. 216 (on this Daṇḍin remarks पद्मसंमीलनादत्र सूचितो निशि सङ्गमः । आश्वासयितुमिच्छन्त्या प्रियमङ्गजपीडितम् ॥).

65 व्याजोक्तिः (Dissembler).

उद्भिन्नस्यापि (प्रकाशं गतस्यापि) वस्तुनः व्याजात् (छद्मना, कपटेन) गोपनं व्याजोक्तिः. The artful concealment of a thing, though it has become clear, is व्याजोक्ति.

An example is 'शैलेन्द्र०' (P. 58, ll. 25–28). शिवः वः (युष्मान्) अवतात् (रक्षतु)। कीदृशः। शैलेन्द्रेण हिमालयेन प्रतिपाद्यमाना दीयमाना गिरिजा पार्वती तस्याः हस्तः तस्य उपगूढं आश्लेषः (भावे क्तः) तेन उल्लसद्भिः आविर्भवद्भिः रोमाञ्चादिभिः विसंस्थुलः व्यग्रः स चासौ अखिलविधिव्यासङ्गभङ्गाकुलः सकलवैवाहिकक्रियाभङ्गाकुलः (शिवः) आः इति पीडायाम्। (ततश्च सात्त्विकभावगोपनाय) तुहिनाचलस्य (हिमालयस्य) करयोः आः शैत्यमित्यूचिवान्। शैलस्य (हिमालयस्य) अन्तःपुरं (स्त्रीजनः) मातृमण्डलं (ब्राह्म्यादयः 'ब्राह्मीत्याद्यास्तु मातरः' अमर० I. 1. 35) गणाः (प्रमथाः शिवानुचराः) च तैः सस्मितं दृष्टः (शिवः रक्षतु). 'व्यासङ्गः व्यापारः'. शैलेन्द्र...भङ्गाकुलः who was perturbed by the appearance of tremor and horripilation due to the thrilling touch of Pārvatī and was troubled by the fear of the irregular performance of the ceremonies of marriage (because his mind was distracted). Here, the love for Pārvatī that was hidden is manifested (उद्भिन्न) by the indications of love (अनुभाव of रति, viz. रोमाञ्च, वेपथु, etc.); it is then concealed under the pretence (व्याजात्) that these indications, viz. पुलक and वेपथु, are due to cold (as cold also causes tremor and makes the hair stand erect). Compare प्रदीप 'पुलकवेपथुभ्यां सात्त्विकाभ्यां प्रकाशिता गूढा रतिः तयोः शैत्यकारणताप्रकाशनेनापह्नुतेति व्याजोक्तिरियम्।'; 'अत्र रोमाञ्चादिनोद्भिन्नो रतिभावः शैत्यप्रक्षेपणेनापलपितः।' अलं. स. p. 174.

What constitutes व्याजोक्ति is:—I. something is at first hidden; II. then it is manifested somehow (involuntarily); III but it is then represented as not being due to what really causes it, but to something else.

The reason why this figure is called व्याजोक्ति is that here there is a putting forward (उक्ति) of a pretext (व्याज), viz. representing a thing as due to something else. Compare 'वस्त्वन्तरप्रक्षेपरूपस्य व्याजस्य वचनाद्व्याजोक्तिः।' अलं. स. p. 174.

नेयं......दर्शितः (P. 59, ll. 29–30). Udbhaṭa and his followers do not define व्याजोक्ति separately, but include it under अपह्नुति. Our author distinguishes between the two figures. व्याजोक्ति is not the first kind of अपह्नुति, because in the former, the विषय (the subject on which something else is superimposed) is not expressly mentioned by the person who conceals (the real state of things) In शैलेन्द्र etc., the विषय is the love of Śiva for Pārvatī. It is not directly expressed, but left to be understood from the sense of the verse. In the first kind of अपह्नुति, the उपमेय is denied and somthing else is established in its stead. But both of them are directly *expressed*, as in नेदं नभो-

मण्डल etc.; while in व्याजोक्ति, only one is expressed and the other (the विषय, which is concealed under a pretext) is only suggested. Mammaṭa draws another distinction between व्याजोक्ति and अपह्नुति. In अपह्नुति, there is resemblance between प्रकृत and अप्रकृत (the उपमेय and the उपमान); but this is not possible in व्याजोक्ति. There is really no charming resemblance between रतिभाव and शैत्य. Besides in अपह्नुति, the उपमेय is denied and the उपमान is established in its stead; but in व्याजोक्ति nothing is denied, but something is represented as due to a cause other than that to which it is really due. 'न चैषाऽपह्नुतिः प्रकृताप्रकृतोभयनिष्ठस्य साम्यस्येहासम्भवात्।' K. P. X; 'तत्र (अपह्नुतौ) उपमेयनिषेधपूर्वकमुपमानव्यवस्थापनम्। अत्र तु किञ्चिदनिषिध्यैव निमित्तान्तरप्रयुक्तत्वज्ञापनमित्यपि बोध्यम्।' उद्योत p. 108. The difference between व्याजोक्ति and the 2nd kind of अपह्नुति has been explained in our notes on the latter (p. 138).

66 स्वभावोक्ति (Natural Description).

दुरूहार्थस्वक्रियारूपवर्णनम्—Dissolve क्रिया च रूपं च क्रियारूपे, स्वे (स्वकीये) च ते क्रियारूपे च स्वक्रियारूपे अर्थस्य स्वक्रियारूपे अर्थस्वक्रियारूपे दुरूहे (सूक्ष्मे स्थूलमतिभिरसंवेद्ये) अर्थस्वक्रियारूपे तयोः वर्णनम्. The description of such actions and characteristics of an object as are peculiar to it and are not easily perceived by all is स्वभावोक्ति. दुरूह means 'to be apprehended by the poet alone'. अर्थ means 'a child and the like'. स्वयोः means 'of such as belong solely to that object' (स एव एकः आश्रयः ययोः).

An example is लाङ्गूलेन etc. (**P. 60, ll. 4-7**). लाङ्गूलेन क्षितितलं (भूमितलं) अभिहत्य, अग्रपद्भ्याम् (अग्रे वर्तिभ्याम् पादाभ्याम्) असकृत् (वारं वारं) दारयन् (क्षितितलमिति योज्यम्), आत्मनि एव (स्वदेहे एव) अवलीय (प्रविश्य, अतिखर्वीभूयेति अर्थः), अथ (पश्चात्) गगनं विक्रमेण (अतिशक्तितया) द्रुतं प्रोत्पतन्, स्फूर्जद्धूङ्कारघोषः (स्फूर्जन् हूम् इति घोषः यस्य), अखिलान् जन्तून् प्रतिदिशं द्रावयन् एषः कोपाविष्टः (कोपेन आविष्टः) अरुणोच्छूनचक्षुः (अरुणे रक्ते उच्छूने च चक्षुषी यस्य) तरक्षुः (मृगादनः) प्रतिवनं (वने वने) प्रविष्टः. अरुणो......तरक्षुः the hyena, with red and swollen eyes. आत्मन्येवावलीय shrinking into himself for a moment. क्षिति...पद्भ्याम् = Scraping the ground again and again with his front feet. Here there is a description of the actions and characteristics of a hyena that are peculiar to it.

It should be borne in mind that a matter of fact description of an object does not constitute स्वभावोक्ति. Otherwise, ever such a sentence as 'पश्य बलीवर्दोयं घासमत्ति मुखेन' will be an example of स्वभावोक्ति. What constitutes स्वभावोक्ति is:—The description must be charming; II The description must be in reference to the क्रिया and स्वरूप of an object, such as a child, lower animals etc. 'आदिना युवतिमुग्धकातरतिर्यग्भ्रान्तहीनपात्रादिसंग्रह:' उद्योत p. 88; III. The actions and characteristics described must be peculiar to the object described and must not be such as to be common to it and others; IV the description must be faithful and not hyperbolical.

The figure स्वभावोक्ति was also called जाति* by ancient writers; *e. g.* दण्डिन्, रुद्रट and भोज. See K. D. II. 8-18. Rudraṭa defines जाति as 'संस्थानावस्थानक्रियादि यद्यस्य यादृशं भवति। लोके चिरप्रसिद्धं तत्कथनमनन्यथा जातिः ॥ शिशुमुग्धयुवतिकातरतिर्यक्संभ्रान्तहीनपात्राणाम्। सा कालावस्थोचितचेष्टासु विशेषतो रम्या ॥' VII. 30-31.

Examples of स्वभावोक्ति are:—क्षणं नष्टार्धवलितः शृङ्गेणाग्रे क्षणं नुदन्। लोलीकरोति प्रणयादिमामेष मृगार्भकः ॥ उद्भट III. 9; धूलीधूसरतनवो राज्यस्थितिरचनकल्पितैकनृपाः। कृतमुखवाद्यविकाराः क्रीडन्ति सुनिर्भरं डिम्भाः ॥ रुद्रट VII. 32.

67 भाविकम् (Vision).

यत् अद्भुतस्य पदार्थस्य भूतस्य अथ (वा) भविष्यतः (पदार्थस्य) प्रत्यक्षायमाणत्वं (वर्णनाविशेषवशात् प्रत्यक्षवत्प्रतिभासमानता) तत् भाविकम् उदाहृतम्. When a wonderful object, whether past or future, is so represented as to strike the mind as if it were present, it is termed भाविक.

An example is मुनिः० (P. 60, ll. 11-12). This is cited in the ध्वन्यालोक p. 239, as an example where the description of a thing which is favourable to the development of some *rasa* produces great charm, although a figure of speech may be absent. 'अत एव च रसानुगुणार्थविशेषोपनिबन्धनमलङ्कारान्तरविरहेऽपि च्छायातिशययोगि लक्ष्ये दृश्यते। यथा—मुनिर्जयति०। अत्र ह्यद्भुतरसानुगुणमेकचुलुके मत्स्यकच्छपदर्शनं छायातिशयं पुष्णाति। तत्र ह्येकचुलुके जलसंनिधानादपि दिव्यमत्स्यकच्छपदर्शनमक्षुण्णत्वादद्भुतरसानुगुणतरम्। क्षुण्णं हि वस्तु लोकप्रसिद्ध्याद्भुतमपि नाश्चर्यकारि भवति।' ध्व. p. 239. कुम्भसम्भवः (कुम्भात् सम्भवः यस्य) महात्मा योगीन्द्रः (योगिनां इन्द्रः श्रेष्ठः) मुनिः (अगस्त्यः) जयति, येन तौ (अतिप्रसिद्धौ) दिव्यौ मत्स्यकच्छपौ (मत्स्यकूर्मौ विष्णोरवतारौ) एकचुलुके दृष्टौ. एकचुलुके दृष्टौ saw in the hollow of one of his hands the fish and the tortoise (the two incarnations of Viṣṇu), when he (Agastya) drank

* Compare बाण's verse 'हरन्ति कं नोज्ज्वलदीपकोपमैर्नवैः पदार्थैरुपपादिताः कथाः। निरन्तरश्लेषघनाः सुजातयो महास्रजश्चम्पककुड्मलैरिव' ॥ कादम्बरी.

up the ocean in one handful of water. Here the wonderful thing is the seeing of the divine Fish and Tortoise in a handful of water (the sea). This wonderful thing appears as if it were present to the reader's eye on account of the vividness and strikingness of the description.

Another example is 'आसीदञ्जन etc.' भाविभूषणसम्भारान् = भावी भूषणानां सम्भार: समूह: यस्याम् (thy form) with the profusion of ornaments that is to adorn it hereafter. Here in the first half, a past object (भूत), viz. collyrium and in the second half, the future object, viz. profusion of ornaments, are represented as if they were present before the eyes.

In the above treatment of the figure Bhāvika, acc. to the words of विश्वनाथ, we widely differ from the interpretation of Rāmacaraṇa. राम० takes भाविक to be of two sorts:—I अद्भुतस्य पदार्थस्य प्रत्यक्षायमाणत्वम् and II भूतस्याथ भविष्यत: प्रत्यक्षायमाणत्वम्. He instance 'मुनिर्जयति' etc. as an example of the first and आसीदञ्जन etc. as an example of the 2nd. We, on the other hand, think that राम० is wrong, that there are **no such two varieties acc. to विश्वनाथ,** and that the two verses are examples of one and the same thing, viz. अद्भुतस्य पदार्थस्य (whether भूत or भविष्यत्) प्रत्यक्षायमाणत्वम्. Our reasons are:—I If Rāmacaraṇa's interpretation be accepted, then we shall be obliged to suppose that our author sets at naught all ancient and respectable authority. Bhāmaha, Udbhaṭa and Ruyyaka all define Bhāvika as the representation of something past or future as if it were present. None of them speaks of अद्भुतस्य प्रत्यक्षायमाणत्वं as a distinct variety of भाविक. On the other hand, Bhāmaha, Udbhaṭa and Ruyyaka in the clearest terms say that अद्भुतत्वं is one of the conditions (or causes) of the figure Bhāvika. Note carefully the following, 'भाविकत्वमिति प्राहु: प्रबन्धविषयं गुणम् । प्रत्यक्षा इव दृश्यन्ते यत्रार्था भूतभाविन: ॥ **चित्रोदात्ताद्भुतार्थत्वं** कथायां स्वभिनीतता । शब्दानाकुलता चेति तस्य हेतुं प्रचक्षते ॥' भामह III. 52-53; 'प्रत्यक्षा इव यत्रार्था दृश्यन्ते भूतभाविन: । **अत्यद्भुता:** स्यात्तद्वाचामनाकुल्येन भाविकम् ॥' उद्भट VI. 12; 'अतीतानागतयो: प्रत्यक्षायमाणत्वं भाविकम् । सूत्र । अतीतानागतयोर्भूतभाविनोरर्थयोर**लौकिकत्वेनात्यद्भुत**त्वाद् व्यस्तसम्बन्धरहितशब्दसन्दर्भसमर्पितत्वाच्च प्रत्यक्षायमाणत्वं भाविकम् ।' अलं. स. p. 178. II. Rāmacaraṇa's interpretation is opposed to the words of the author himself. If there were two varieties of भाविक, we expect some such particle as च and some reference to the two-fold division (as द्विधा) in the definition of भाविक. There is nothing of the sort. Moreover, our author introduces the second example (आसीदञ्जन etc.) with the words यथा 'वा', which clearly show that the second example illustrates the same thing as the first, and preclude the idea that there are two varieties. Compare the definition of उदात्त immediately below where वा occurs in the definition itself. We therefore think that Rāmacaraṇa should not be followed, even though Pramadādāsa follows him in his translation, and that so far as विश्वनाथ's words go our interpretation is the only proper one.

What constitutes भाविक acc. to the साहित्यदर्पण is:—I There is a description of something past or future; II The description is of something which is strikingly wonderful or extraordinary (चित्र or अद्भुत); III The description is put in words that are perspicuous and the best adapted to the sense; IV The description of the past or future object must be such as to vividly present the object to the reflective mind of the reader. Vide the interesting remarks of the अलं. स. pp. 178–180. It should be borne in mind that the figure भाविक is spoken of as प्रबन्धविषय (having the whole work for its province, and not a verse) by Daṇḍin and Bhāmaha. Bhaṭṭi, in his Bhaṭṭi-kāvya (canto 12), follows the same view, acc. to commentators. According to them, the figure permeates the whole composition and not a single verse. It is for this reason that Daṇḍin and Bhāmaha do not give an example of भाविक. See K. D. II. 364–366.

The reason why this figure is called भाविक is: भाव means 'the intention of the poet' (कवेराशयः or अभिप्रायः) and the figure is called भाविक, because in it the meaning of the poet is so well conveyed that it is as it were reflected in the reader (*i. e.* the reader vividly feels the same emotion which inspired the poet); or भाव means 'revolving in the mind', and the figure is called भाविक, because in it there is this revolving in the mind of the readers. Compare K. P. X. 'भावः कवेरभिप्रायोऽत्रास्तीति भाविकम्"; 'कविगतो भावः आशयः श्रोतरि प्रतिबिम्बत्वेनास्तीति, भावो भावना वा पुनः पुनश्चेतसि निवेशनं सोऽत्रास्तीति' अलं. स. p. 178; भावः कवेरभिप्रायो निश्चयादिप्रतीतिविशेषकोत्रास्तीति व्युत्पत्तेरित्यर्थः। प्रदीप.

न चायं प्रसादाख्यो गुणः......अहेतुत्वात् (**P. 60, ll. 16–17**). It was said above in dealing with the essentials of भाविक that the words must be well adapted to the sense so as to vividly present the meaning of the poet to the reader's mind. It may be contended that this is not possible unless the words are perspicuous and hence that भाविक is nothing but the *guṇa* प्रसाद. It was said in the first *pari.* that *rasa* is the soul of poetry and that, just as bravery etc. (गुणs) are possessed by the soul, there are certain properties of the soul of Poetry which are manifested by words. The number of these गुण्s is given differently by different writers. Mammaṭa and our author speak of only three Guṇas, माधुर्य, ओजस् and प्रसाद. See K. P. VIII. and S. D. VIII. प्रसाद (Lucidity, Perspicuity) is defined by K. P. as 'शुष्केन्धनाग्निवत्स्वच्छजलवत्सहसैव यः। व्याप्नोत्यन्यत्प्रसादोऽसौ सर्वत्र विहितस्थितिः ॥' and again 'श्रुतिमात्रेण शब्दात्तु येनार्थप्रत्ययो भवेत् । साधारणः समग्राणां स प्रसादो गुणो मतः ॥' K. P. VIII. p. 476 and p. 486; भामह II. 3 अविद्वदङ्गनाबालप्रतीतार्थं प्रसादवत्. Prasāda is a Guṇa which is common to all Rasas, by which the moment the words are uttered, the meaning is apprehended and which pervades the mind at once (*i. e.* which is instrumental in evolving at once the Rasas in the mind), in the case of वीर or रौद्र like fire pervading dry fuel and in the case of शृङ्गार or करुण like water permeating a clean sheet of cloth. An example of प्रसादगुण is 'परिम्लानं पीनस्तनजघनसङ्गादुभयतस्तनोर्मध्यस्यान्तः परिमिलनमप्राप्य हरितम् । इदं व्यस्तन्यासं श्लथभुजलताक्षेपवलनैः कृशाङ्ग्याः सन्तापं वदति बिसिनीपत्रशयनम् ॥' रत्नावली II. Our author replies that प्रसाद is not the same as भाविक, because the former is not a (necessary) cause of a past or future thing appearing as if it were present. Our author means that प्रसाद (Perspicuity) is not absolutely necessary for the appearance of a past or future object as if it were present. This latter may be brought about by other things, such as attendant circumstances, the powerful feeling of the poet or reader etc.

न चाद्भुतो......हेतुत्वात् (P. 60, l. 17). The past or future thing must be अद्भुत in भाविक. So it may be said that भाविक is not a figure at all, but merely अद्भुतरस. The Rasas are 8 or 9. 'शृङ्गारहास्यकरुणा रौद्रवीरभयानकाः । बीभत्साद्भुतसंज्ञाश्चेत्यष्टौ नाट्ये रसाः स्मृताः ॥' भरत's नाट्यशास्त्र VI. 15 (the 9th is शान्त). विस्मय is the स्थायिभाव of अद्भुतरस, the विभाव्s are seeieg something that is extraordinary, accomplishment of what is desired, इन्द्रजाल etc. The अनुभाव्s (indications) are नयनविस्तार, रोमाञ्च etc. The terms स्थायिभाव etc. have been explained in the notes on the 1st परिच्छेद. The स्थायिभाव विस्मय, in conjunction with the appropriate विभाव्s, अनुभाव्s and व्यभिचारिभाव्s evolves in the mind of the spectator or reader the अद्भुतरस. An example of अद्भुत is, 'चराचरजगज्जालसदनं वदनं तव। गलद्गगनगाम्भीर्यं वीक्ष्यास्मि हृतचेतना ॥'; कदाचिद्भगवतो वासुदेवस्य बदनमालोकितवत्या यशोदाया इयमुक्तिः । अत्र वदनमालम्बनम् । अन्तर्गतचराचरजगज्जालदर्शनमुद्दीपनम् । हृतचेतनत्वं तेन गम्यं रोमाञ्चनेत्रस्फारणादि चानुभावः । त्रासादयो व्यभिचारिणः ।' R. G. p. 42. Our author replies that भाविक is not अद्भुतरस, because the former is what causes विस्मय (the

स्थायिभाव of अद्भुतरस). What the author means seems to us to be as follows:—the स्थायिभाव विस्मय, in conjunction with the विभावs and अनुभावs etc. causes the development of अद्भुतरस; while in भाविक there is no विस्मय, but only what would cause विस्मय; *e. g.* in आसीदञ्जन etc, there is no reference to the sentiment of wonder in the speaker or reader *i. e.* the speaker or reader is not represented as engrossed in relishing अद्भुतरस, but rather as perceiving as it were what is past or future. This state of his may *cause* विस्मय to *others*. But as regards *him*, there is no विस्मय and hence no अद्भुतरस. Pramadādāsa asks us to read अहेतुत्वात् for हेतुत्वात्. But then it would be hard to explain the words, as he himself remarks "It indeed seems odd to speak of the representation of a wonderful object causing no wonder." The ms. G reads विस्मयं प्रति तस्याहेतुत्वात्, which seems to have been due to the copyist transcribing again the words in the preceding line 'तस्याहेतुत्वात्'. The विज्ञप्रिया explains 'तस्य विस्मयं प्रति हेतुत्वादेव न तु विस्मयरूपत्वादित्यर्थः।'

न चाति......भावात् (**P. 60, ll. 17-18**). भाविक is not अतिशयोक्ति, because there in no introsusception in the former (while it exists in the latter). In अतिशयोक्ति one thing is completely swallowed up by another and is spoken of in terms of the latter. In भाविक also, a thing which is past or future is spoken of as being present; and so there is अभेदाध्यवसाय. This objection our author meets with a flat denial. In भाविक there is no अभेदाध्यवसाय at all. Even when the past or future object vividly presents itself to the mind as if it were present, there is a deep seated but certain knowledge that the object *is past or future*' Compare अलं. स. 'नापीयमतिशयोक्तिः। अन्यस्यान्यतयाध्यवसायाभावात्।' p 179. It should be observed that the Uddyota says that भाविक is the same as that अतिशयोक्ति in which there is असम्बन्धे सम्बन्धः. 'असम्बन्धे सम्बन्धरूपातिशयोक्त्यैव गतार्थोयम्। प्रत्यक्षासम्बन्धेऽपि तत्सम्बन्धवर्णनात्। भूतादिवस्त्वसम्बन्धेऽपि तत्सम्बन्धवर्णनाच्चेति।' उद्योत p. 93.

न च......प्रकाशनात् (**P. 60, ll. 18-19**). Our author copies the very words of the अलं. स. In भ्रान्तिमान्, one thing is mistaken for another similar to it. Here there is no mistake; for what is past or future is mentioned as past or future, as in आसीदञ्जन etc.

न च स्वभावोक्तिः......स्तीति (**P. 60, ll. 19-21**). It was said above that in भाविक there is a description of an extraordinarily striking object (whether past or future). In स्वभावोक्ति also there is a description of an object with regard to its क्रिया or रूप. What difference is there between the two? The reply is:—In स्वभावोक्ति, there is a faithful description of the nice (सूक्ष्म) charateristics of an object of everyday experience; while in भाविक, there is the peculiarly striking circumstance, viz. an object (really past or future) appearing as present. Clearly put the difference is as follows:—I. in स्वभावोक्ति there is a description of the peculiar धर्मs of a लौकिक वस्तु, such as a child, a beast, a frightened person etc.; in भाविक there is a description of an अलौकिकवस्तु as in मुनिर्ज०; II in स्वभावोक्ति the description is admitted by all to be faithful, but there is no appearance of a past or future object as if it were present; in भाविक, a past or future object *does appear* as if it were present. 'नापीयं सुन्दरवस्तुस्वभाववर्णनात् स्वभावोक्तिः। तस्यां लौकिकवस्तुगतसूक्ष्मधर्मवर्णने साधारण्येन हृदयसंवादसम्भवात्, इह च लोकोत्तराणां वस्तूनां स्फुटतया (पुरःस्फुरद्रूपतया) ताटस्थ्येन प्रतीतौ (तेः?)' अलं. स. p. 181.

यदि पुन......सङ्करः If, in a rare case, in the description of the nature of an object, the above peculiarity occurs, then there is a commixture of the two figures (भाविक and स्वभावोक्ति). If while describing the peculiar धर्मs of a लौकिकवस्तु, it so happens that the thing, past or future, vividly appears before the mind as if it were present, then there is सङ्कर of भाविक and स्वभावोक्ति. An example of such a सङ्कर is given by जयरथ. "'हेरम्बोऽत्र हरीश्वरे नखमुखैः कण्डूयमाने गलं कुर्वन्पुच्छविवर्तनां निविरतो रोमन्थलीलायितात्। संमीलन्नयने विसंस्थुलल्लसत्सास्नं नतोन्नामितग्रीवं निश्चलकर्णमीश्वरबलीवर्दः सुखं मन्यते॥' अत्र वृषभस्य पुच्छविवर्तनादिसूक्ष्मधर्मवर्णनेन स्वभावोक्तिः, प्रत्यक्षायमाणत्वेन भाविकमित्यनयोः समावेशः।" अ. स. वि. p. 181.

अनात......इत्यादौ (P. 60, ll. 23–27). अनातपत्रः अपि (अविद्यमानं आतपत्रं छत्रं यस्य) अयं सितातपत्रैः (सितच्छत्रैः सार्वभौमत्वसूचकैः) सर्वतः वृत इव अत्र लक्ष्यते। एषः अचामरोऽपि (अविद्यमानं चामरं यस्य) कोऽपि अयं सदैव विलासबालव्यजनेन (विलासा एव बालव्यजनं चामरं तेन विलासयुक्तेन बालव्यजनेन वा, 'चामरा चामरं बालव्यजनं रोमगुच्छकम्' इति रभसः) वीज्यते. अचामरोऽप्येष etc:—who is he that, without a *chāmara*, is ever fanned with a graceful *chāmara* or a with *chāmara* of graceful movemnts? कोपि may also mean 'some wonderful or indescribrble person'. Here some great man is spoken of. He appears to the speaker as covered with white umbrellas (perhaps on account of his majestic mien or his fame), although he be without any. Somebody may say that there also the figure is भाविक. Our, author replies that there is no भाविक in the verse, because the subject of description is what is actually apprehended (and not what is past or future) The person spoken of is present before the speaker and besides the description of the umbrella and *chāmara* as being present is due to a sort of reasoning (viz. as he is possessed of kingly lustre, he must be surrounded by umbrella). वर्णना......स्वरूपत्वात्. And because this figure has for its essence the circumstance of appearing as present solely through the force of the description. Compare अलं. स. "इह क्वचिद्वर्णनीयस्य वर्णनावशादेव प्रत्यक्षायमाणत्वम् । क्वचित्प्रत्यक्षायमाणस्यैव वर्णनम् । आद्यो यथोदाहृतं प्राक् (मुनिर्जयतीत्यादि)। द्वितीयो यथा—'अनातपत्रो' इत्यादि... तस्माद्वास्तवमेव महत्त्वमुत्तरत्र प्रकारविषये वर्णितमिति नायमलङ्कारः।" pp. 182–83. यत्पुनरप्र...इत्यादौ where something, though not actually present appears as if present on account of the description, there this figure occurs as in 'आसीदञ्जन' etc.

An example of a future वस्तु is "क्षिप्तोत्क्षिप्ताखिलखुरपुटाहन्यमानाद्रिरौद्रध्वानत्रस्यत्सुरवरनमस्कारवाग्दत्तकर्णः । पार्ष्णिस्पर्शाद्दहनतुरगं प्रेरयन्म्लेच्छजातिं जेष्यत्येष त्रिभुवनविभुः कल्किरूपेण विष्णुः ॥" अलं. स. वि. p. 182. Jayaratha gives the following as an example of भाविकः दर्भाङ्कुरेण चरणः क्षत इत्यकाण्डे तन्वी स्थिता कतिचिदेव पदानि गत्वा । आसीद्विवृत्तवदना च विमोचयन्ती शाखासु वल्कलमसक्तमपि द्रुमाणाम् ॥' शा० II. ('अत्र पादयोः शकुन्तलायाश्च शुद्धैव प्रत्यक्षत्वेन प्रतीतिः।'). Those who are interested in the different stages through which the conception of भाविक passed may read Dr. Raghavan's paper in 'Some concepts of Alaṅkāraśāstra' pp. 117–130.

68 उदात्तम् (The Exalted).

लोकातिशयसम्पत्तिवर्णना (लोकातिक्रान्ता सम्पत्तिः समृद्धिः तस्याः वर्णना) उदात्तम् उच्यते, यत् वा अपि महतां चरितं प्रस्तुतस्य (वर्णनीयत्वेन अङ्गिनः) अङ्गं भवेत्. The description of prosperity exceeding all ordinary experience is उदात्त (I); so alos it is उदात्त when the actions of the great become (are represented as) subordinate or collateral to the subject in hand (II).

An example of (I) is अधःकृता etc. (P. 61, ll. 1–2). यस्यां (नगर्यां) अधःकृताम्भोधरमण्डलानां (अधःकृतं अम्भोधराणां पयोधराणां मण्डलं यैः) ज्योत्स्नानिपातात् क्षरतां (स्यन्दमानानां) शशांकोपलकुट्टिमानां (चन्द्रकान्तमणिभिः निबद्धानां कुट्टिमानां 'कुट्टिमोऽस्त्री निबद्धा भूः') पयोभिः (जलैः) केलीवनं (क्रीडाकाननं) वृद्धिं (पुष्टिं) उरीकरोति (स्वीकरोति, पुष्टिं गच्छतीत्यर्थः). अधःकृताम्भोधरमण्डलानां शशां...मानान् of the roofs of the moonstone, which (roofs) leave the sphere of the clouds far beneath them *i. e.* which are built so high. Here what is to be conveyed is the extreme prosperity of the citizens. For this purpose a hyperbolical description is given to the effect that pleasure-gardens were fed by the water oozing from roofs of moonstone etc.

An example of (II) is नाभि etc. (**P. 61, ll. 3-4**). This occurs in रघु० XIII. 6. नाभिप्रभिन्नाम्बुरुहासनेन (नाभेः प्रभिन्नं उद्गतं अम्बुरुहं पद्मं आसनं यस्य) प्रथमेन धात्रा (वेधसा, दक्षादीनामपि स्रष्ट्रा) संस्तूयमानः, युगान्तोचितयोगनिद्रः (युगान्ते उचिता परिचिता योगनिद्रा यस्य) पुरुषः (परमात्मा विष्णुः) लोकान् संहृत्य (विलयं नीत्वा) अमुं (समुद्रं) अधिशेते. Here the subject of description is the ocean and it is therefore the principal topic (अङ्गिन्). The actions of the lord Viṣṇu are here subordinate or collateral (अङ्ग) to the description of the sea. The great Lord, who is used to the slumber of Yoga at the end of a mundane period and who destroys the worlds, is here spoken of as resting on the ocean. This suggests the greatness of the latter.

The two varieties of उदात्त are really two distinct figures but they have been treated together because the same name is given to both. The first is called उदात्त, because there is a description of the possession of enormous prosperity; the second variety is called उदात्त, because in it the subject of description is connected with the actions of a truly noble personage. Compare "एतेन उदात्तैश्वर्ययोगादुदात्तः प्रागुक्तः, अयं तूदात्तपुरुषचरितयोगादुदात्त इति पूर्वस्मादन्य एवायमलङ्कारोऽर्थभेदात्। परं तु शब्दसाम्यादस्यैव (त्रैव?) निरूपणम्।" तरल p. 331. भट्टि called this figure उदार and रुद्रट speaks of it as अवसर.

What distinguishes उदात्त from भाविक and स्वभावोक्ति is that in the two latter, things are described as they are, while in उदात्त (1st variety) the poet gives an imaginative description of an object as possessed of prosperity beyond the experience of man. 'स्वभावोक्तौ भाविके च यथावद्वस्तुवर्णनम्। तद्विपक्षत्वेनारोपितवस्त्वात्मन उदात्तस्यावसरः। तत्रासम्भाव्यमानविभूतियुक्तस्य वस्तुनो वर्णनं कविप्रतिभोत्थापितमैश्वर्यलक्षणमुदात्तम्।' अलं. स. pp. 183–184.

Examples of उदात्त are: उवाच च यतः क्रोडे वेणुकुञ्जरजन्मभिः। मुक्ताफलैरलङ्कारः शबरीणामपीच्छया॥ पुष्टयेन्द्रनीलवैदूर्यपद्मरागमयैर्वियत्। शिरोभिरुल्लिखयत्र शिखरं गन्धमादनम्॥ उद्भट IV. 19 and 20; चाणक्यो नक्तमुपयान्नन्दक्रीडागृहं यथा। शशिकान्तोपलच्छन्नं विवेद पयसां गणैः॥ भामह III. 13; II. (variety) तदिदमरण्यं यस्मिन्दशरथवचनानुपालनव्यसनी। निवसन्बाहुसहायश्चकार रक्षःक्षयं रामः॥ रुद्रट VIII. 104.

69, 70, 71, 72, रसवत्, प्रेयस्, ऊर्जस्वि, समाहितम्. (Impassioned, Devoted, Impetuous and Allayment).

(1) When रस, or (2) भाव, or (3) the semblance of रस and भाव, or (4) the quelling of a भाव (sentiment), are reduced to a

subordinate condition, they become ornaments and are respectively termed रसवत्, प्रेयः, ऊर्जस्वि, and समाहित.

Rasas are Love etc. which are particular states of the mind of the spectator or reader, and are evolved by appropriate विभाव, अनुभाव and व्यभिचारिभाव. All these terms have been explained in the notes on the 1st Pari. (pp. 30–32). It sometimes so happens that the principal Rasa is one, while another Rasa helps on its development and is therefore subordinate to it. When this is the case, the figure is रसवत्, which is so called because there is in it association of a Rasa. Compare "प्रधानतां यत्र रसादयो गता रसो रसादिध्वनिगोचरो भवेत्। भवन्ति ते यत्र रसादिपोषका रसाद्यलङ्कारदशा हि सा पृथक् ॥" quoted by Jayaratha, p. 186; 'यस्मिन्काव्ये प्रधानतयाऽन्योऽर्थो वाक्यार्थीभूतस्तस्य चाङ्गभूता ये रसादयस्ते रसादेरलङ्कारस्य विषय इति मामकीनः पक्षः। ध्वन्यालोक p. 71. An example of रसवद् is 'अयं स रसनोत्कर्षी पीनस्तनविमर्दनः। नाभ्यूरुजघनस्पर्शी नीवीविस्रंसनः करः ॥' महाभारत, स्त्रीपर्व अ० 24. 19. This verse was cited by Viśvanātha in the 4th Pari. These are the words of the wives of Bhūriśravas, who fell in battle, at the sight of his hand. 'अयं दृश्यमानावस्थः कर इत्यन्वयः। पूर्वावस्थामेवाह–रसनेत्यादि। रसनां काञ्चीमुत्कर्षतीति। तथा पीनयोः स्तनयोर्विमर्दकारी नाभिश्च ऊरू च जघनं चैतानि स्पृशतीति तच्छीलः। ('नीवी संग्रथनं नार्या जघनस्थस्य वाससः' नाममाला) वसनग्रन्थेर्विस्रंसनः मोचकः इति। एवं चैवंविधशृङ्गारलीलापात्रभूतस्य ईदृशदुरवस्थाप्राप्तिरिति करुणपरिपोषः। उ. च. p. 159. This verse forms part of the lamentations of the women. The principal Rasa is करुण (Pathos). In the present verse the Rasa is शृङ्गार (Love). The description of the amorous movements of the hand, that are remembered by the women, heightens the main Rasa (viz. करुण), because the recollection of those movements is an excitant (उद्दीपनविभाव) of करुण (the loss of the women appears the greater when it is seen what the hand had been to them). Thus love being not the principal Rasa intended, but only subordinate (as heightening the main Rasa, Karuṇa) the figure is रसवद्. एवमन्यत्रापि–Similarly in the case of other Rasas. An example of रसवद्, where करुण is an अङ्ग is 'किं हास्येन न मे प्रयास्यसि पुनः प्राप्तश्चिराद्दर्शनं केयं निष्करुण प्रवासरुचिता केनासि दूरीकृतः। स्वप्नान्तेष्विति ते वदन्प्रियतमव्यासक्तकण्ठग्रहो बुद्ध्वा रोदिति रिक्तबाहुवलयस्तारं रिपुस्त्रीजनः ॥' ध्व० p. 72 (इत्यत्र करुणरसस्य शुद्धस्याङ्गभावात्स्पष्टमेव रसवदलङ्कारत्वम्). Another example, where हास्य is an अङ्ग of शृङ्गार is 'का त्वं रक्तपटावगुण्ठितमुखी मुग्धे तवाहं सखी किं शून्यौकसि केवला निवससि त्वामागतान्वेषितुम्। एतद्वक्त्रमुदञ्चयेति कथयन्त्यालोक्य कूर्चं ततः पत्युः स्मेरमुखाम्बुजस्य तरुणी जाता विलक्षस्मिता ॥' विम० p. 188; अत्र वाक्यार्थीभूतः शृङ्गारः, अङ्गभूतस्तु हासः.

प्रेयः—The figure is so called, because of its being a favourite of the best (of critics), or because of its causing great pleasure (प्रकृष्टानां प्रियं तस्य भावः, or प्रविष्टं प्रियं यस्मिन् तस्य भावः प्रकृष्टप्रियत्वं तस्मात्). The figure प्रेयः occurs when what is called भाव (incomplete रस) becomes subordinate to something else. भाव is defined by Mammaṭa as 'रतिर्देवादिविषया व्यभिचारी तथाञ्जितः। भावः प्रोक्तः', which is explained by प्रदीप as follows:—"रतिरिति स्थायिभावोपलक्षणम्। देवादिविषयेत्यप्राप्तरसावस्थोपलक्षकम्। तेन देवादिविषया सर्वा कान्तादिविषयाप्युद्बुद्धा रतिः, हासादयश्चाप्राप्तरसावस्थाः, प्राधान्येन व्यञ्जितो व्यभिचारी च, भाव इत्यवधातव्यम्।" p. 106 (Nir). भाव occurs when (I) (the स्थायिभाव) Love has for its object God, a sage etc. (not the husband or wife), or when (II) Love, even though its object be the husband or wife, is not well nourished or when (III) the other स्थायिभावs, such as हास etc. are so described as not to reach the condition of Rasa, or when (IV) a Vyabhicāri-bhāva is developed as the principal sentiment. An example of भाव, where a व्यभिचारिभाव (this term has been explained already) is developed as the principal sentiment is 'तिष्ठेत्कोपवशात्प्रभावपिहिता दीर्घं न सा कुप्यति स्वर्गायोत्पतिता भवेन्मयि पुनर्भावार्द्रमस्या मनः। तां हर्तुं विबुधद्विषोऽपि न च मे शक्ताः पुरोवर्तिनीं सा चात्यन्तमगोचरं नयनयोर्यातेति कोऽयं विधिः॥' अत्र हि विप्रलम्भरससद्भावेऽपीयति वितर्काख्यव्यभिचारिचमत्क्रियाप्रयुक्त आस्वादातिशयः। लोचन p. 65. An example of प्रेयः is आमीलितालस etc. (p. 61, ll. 11–12). आमीलिते ईषन्मुकुलिते अलसविवर्तिततारके (रसोद्गमेन अलसं यथा स्यात् तथा विवर्तिते घूर्णिते तारके, 'तारकाऽक्ष्णः कनीनिका' ययोः) अक्षिणी यस्याः (ताम्), मत्कण्ठबन्धे (मत्कण्ठाश्लेषे) दरश्लथा (ईषच्छ्लथा शिथिला) बाहुवल्ली बाहुलता यस्याः (ताम्), प्रस्वेदवारिकणिकाचितगण्डबिम्बां (सुरतश्रमेण जनितैः) प्रभूतस्वेदजलबिन्दुभिः आचितं पूर्णं गण्डबिम्बं कपोलपाली यस्याः ताम्, अनिशं (अविरतं) संस्मृत्य अन्तः (अन्तःकरणं) शान्तिं न एति. आमीलिता......क्षीं—With eyes half closed, in which the eyeballs were languidly moved. Here the first three lines describe the characteristics of सम्भोगशृङ्गार (Love in union) which is subordinate to the mood (व्यभिचारिभाव) called स्मरण (Reminiscence). The व्यभिचारिभाव itself is subordinate to विप्रलम्भशृङ्गार (Love in separation), because the topic of description is the state of the separated lover who remembers his past experiences of love. Another example of प्रेयः is "त्वद्वक्त्रामृतपानदुर्ललितया दृष्ट्या क्व विश्रम्यतां त्वद्वाक्यश्रवणाभियोगपरयोः श्राव्यं कुतः कर्णयोः। एभिस्तत्परिरम्भनिर्भरतरैरङ्गैः कथं स्थीयतां कष्टं तद्विरहेण संप्रति वयं कृच्छ्रामवस्थां गताः॥ अत्र चिन्ताख्यो व्यभिचारिभावः (विप्रलम्भशृङ्गारस्याङ्गम्)" अलं. सं. p. 189. Both भामह and दण्डिन् quote the same verse as an example of प्रेयः; प्रेयोगृहागतं कृष्णमवादीद्विदुरो यथा। अद्य या मम गोविन्द

जाता त्वयि गृहागते । कालेनैषा भवेत्प्रीतिस्तवैवागमनात्पुनः ॥ भामह III. 5; the same is काव्यादर्श II. 276, on which दण्डी says इत्याह युक्तं विदुरो नान्यतस्तादृशी धृतिः । भक्तिमात्रसमाराध्यः सुप्रीतश्च ततो हरिः ॥'. But the प्रेयः of भामह and दण्डी is not such a complicated affair as that of later writers.

ऊर्जस्वि— When रसाभाव and भावाभास become subordinate to something else, there is ऊर्जस्वि. We have explained in our notes on the 1st Pari. the meaning of रसाभास. When रस and भाव are described in connection with improper (or unworthy) objects, there occur respectively रसाभास* and भावाभास. 'आभासत्वमविषयप्रवृत्त्याऽनौचित्यम् ।' अलं. स. p. 185. The figure is called ऊर्जस्वि, because in it there is 'ūrjas,' *i. e.* impetuosity or force, in so far as there is improper procedure. An example of ऊर्जस्वि (due to रसाभास) is 'वने etc.' (p. 61, ll. 15-16). निजस्त्रियः परिहृत्य अखिलकलासक्ताः (नृत्यगीतादिकलासु असक्ताः) पुलिन्दाः (किराताः) वने त्वद्वैरिवनितावृन्दे (तव वैरिणां या वनिताः तासां समूहे) रतिं कुर्वते. Here the principal sentiment is that of love having for its object the king (राजविषया रति is a भाव and not रस according to the definition quoted above 'रतिर्देवादिविषया etc.'). This sentiment is helped by the description of the love of the savages for the royal ladies. This is शृङ्गाराभास (and not शृङ्गार), because there is impropriety (अनौचित्य) in the love as it is adulterous. As शृङ्गाराभास is here subordinate to something else, the figure is ऊर्जस्वि. The same holds good in the case of ऊर्जस्वि based upon भावाभास. An example of it is "द्विषां तवारण्यनिवासमीयुषां नितम्बिनीनां निकुरम्बकं नृप । मुहुर्मुहुरुल्यश्रचलद्विलोचनं न केन पल्लीपतिना निरीक्षितः (तम्) ? ॥" (quoted by Jayaratha, p. 190). Here the (व्यभिचारिभाव) औत्सुक्य (eagerness) of the Śabaras, having for its object the wives of others, is a भावाभास. This भावाभास is subordinate to the main sentiment of Love for the king.

समाहित—समाहित means 'giving up or quelling' (of a sentiment), The figure समाहित occurs when भावप्रशम (or भावशान्ति) becomes subordinate to something else. An example is अविरल etc. This is quoted by Mammaṭa (K. P. V. Vā, p. 198). अविरलकरवालकम्पनैः (अविरलानि निरन्तराणि करवालानां खड्गानां कम्पनानि तैः) भ्रुकुटीतर्जनगर्जनैः (भ्रुकुटीतर्जनं च गर्जनं च) मुहुः (वारंवारं) तव वैरिणां मदः (दर्पः) ददृशे (दृष्टः) तव ईक्षणे क्षणात् स कापि गतः. Here the quelling of the sentiment of pride in the enemies is subordinate to the sentiment of love for the king (which is principal). Another example of समाहित is : अत्युच्चाः परितः स्फुरन्ति गिरयः स्फारास्तथाम्भोधयस्ताने-

---

* Vide Calcutta Oriental Journal vol. II. pp. 237-247 where Prof. Sivaprasad Bhattacharya traces at great length how the idea of रसाभास changed from time to time, citing उद्भट IV on ऊर्जस्वि (अनौचित्यप्रवृत्तानां०), अभिनवभारती vol. I pp. 296-297, हेमचन्द्र (pp. 101-103), श्रीधर, चण्डीदास, साहित्यदर्पण and जगन्नाथ.

तानपि बिभ्रती किमपि न क्कान्तासि तुभ्यं नमः । आश्चर्येण मुहुर्मुहुः स्तुतिमिति प्रस्तौमि यावद्भुवस्तावद्बिभ्रदिमां स्मृतस्तव भुजो वाचस्ततो मुद्रिताः ॥ अत्र राजविषयाया रवेरङ्गभूतस्य भूविषयस्य रत्याख्यभावस्य प्रशाम्यत्वम् ।' विमर्शिनी p. 190. The समाहित of भामह and दण्डी is nearly the same as the figure समाधि of विश्वनाथ.

73, 74, 75 भावोदयः, भावसन्धिः, भावशबलः. (Excitement of a mood, Conjunction of moods, and Commixture of moods).

When there is an excitement of a mood, when there is a conjunction of moods, and when there is a commixture of moods, all of them being subordinate to something else, there are भावोदय, भावसन्धि and भावशबल respectively. Our author does not expressly say that भावोदय etc. must be subordinate in order to constitute the figure भावोदय etc. But that qualification necessarily follows from the treatment of the four figures रसवद् etc.

What is meant by भावोदय is:—The word भाव has been already explained. उदय means 'the condition of being in process of evolution'. भावोदय occurs when a भाव is described as occurring or as being in process of evolution, and not when the भाव is completely evolved. The latter is the province of the figure प्रेयः. When भावोदय becomes subordinate to something else the figure is भावोदय. An example is मधु* etc. (p. 61, ll. 25–26). ते (तव) वैरिणः (शत्रवः) सुहृद्भिः सह मधुपानप्रवृत्ताः (मधुपानाय प्रवृत्ताः) कुतोऽपि त्वन्नाम श्रुत्वा विषमां दशां लेभिरे. Here the principal sentiment is love for the king. The sentiment of terror that is described as arising is subordinate to this main sentiment.

भावसन्धि—भावसन्धि occurs when two भावs (that are opposed to each other) are described as competing with each other. प्रदीप explains it as 'experience of two equally strong sentiments at the same time' (सन्धिरेककालमेव तुल्यकक्षयोरास्वादः। प्र० p. 110 or 'सन्धिर्द्वयोर्विरुद्धयोः स्पर्धित्वेनोपनिबन्धः' अलं. स. p. 191). भावसन्धि (the figure) occurs when भावसन्धि is subordinate to something else. An example is जन्मान्तरीण etc. (p. 61, ll. 28–29). जन्मान्तरीणस्य

* This bears a very close resemblance to the example of भावोदय given by जयरथ "साकं कुरङ्गकदृशा मधुपानलीलां कर्तुं सुहृद्भिरपि वैरिणि च प्रवृत्ते । अन्याभिधायि तव नाम विभो गृहीतं केनापि तत्र विषमामकरोदवस्थाम् ॥" p. 191.

(अन्यस्मिन् जन्मनि भूतस्य) रमणस्य प्रियस्य अङ्गसङ्गेन समुत्सुका सख्या: अन्तिके (समीपे) च सलज्जा पार्वती सदा नः पातु. Here the sentiment of love having for its object a divinity, viz. Pārvatī, is principal. The conjunction of the two bhāvas, Longing and Bashfulness (which, occurring together, compete with each other) is subordinate to this main sentiment. Another example of भावसन्धि is "परिचुम्बनीयचलकाकपक्षकं तनयं कथं वितरतु क्षितेः पतिः। अभिवन्द-नीयतमपादपङ्कजं सहसा प्रतीपयतु वा कथं मुनिम् ॥ अत्र सुतमुनिविषययो रत्याख्य-भावयोः सन्धिः रते रामचरितं प्रत्यङ्गत्वमित्यलङ्कारत्वम्।" विम० p 192.

भावशबल—When many bhāvas are represented as successively taking the place of each preceding one, there is भावशबल 'शबलता तु कालभेदेन निरन्तरतया पूर्वपूर्वोपमर्दिनाम् (आस्वादः)।' प्रदीप p. 110 (Nir.) or 'शबलता च बहूनां पूर्वोपमर्देन निबन्धः' अलं. स. p. 191. The figure भावशबल occurs when भावशबल is represented as subordinate. An example of the figure भावशबल is 'पश्येत् etc. This is found in K. P. V. (Vā. p. 200). कश्चित् पश्येत् (आवां इति अध्याहार्यम्), चपल (चञ्चलस्वभाव), चल (दूरमपसर), रे का त्वरा (किमर्थमेवं त्वरसे), अहं कुमारी (त्वया सह एकाकिन्या नैव गन्तुं युक्तम्), हस्तालम्बं (हस्तस्य आलम्बं) वितर (देहि), हहहा व्युत्क्रमः (हहहा इति खेदे, व्युत्क्रमः विपरीताचारः, यदहं कुमारी सती त्वामवलम्बे अननुरूपमेवैतत् कुमारीभावस्य) क असि (क) यासि, यद्वा 'असि' इति 'त्वम्' इत्यर्थे तिङन्तप्रतिरूपकमव्ययम्, (पृथ्वीपरिवृढ) (पृथ्व्याः प्रभो), अरण्यवृत्तेः (अरण्ये वृत्तिर्वर्तनं यस्य तस्य) भवद्विद्विषः (भवतः शत्रोः) कन्या फलकिसलयानि आददाना इत्थम् कश्चित् (पुरुषं) अभिधत्ते. पश्येत्......कुमारी O, we may be seen together. Go away, thou fickle man. Why this haste? I am a maiden. हस्तालम्बं......व्युत्क्रमः 'Give me the support of thy hand. Alas! Alas! what a transgression of maidenly conduct.' Here the principal sentiment is the love for the king. Many bhāvas, which rise one after another, are subordinate to this main sentiment. The bhāvas are Apprehension (शंका in 'पश्येत्कश्चित्'), Resentment (असूया in 'चल चपल रे'), Equanimity (धृति in 'का त्वरा'), Recollection (स्मृति in 'अहं कुमारी'), Weariness (श्रम in 'हस्तालम्बं वितर'), Wretchedness (दैन्य in 'हहहा'), Awakening (विबोध in 'व्युत्क्रमः'), Longing (औत्सुक्य in 'क्वासि यासि'). Another example of भावशबल is त्याज्यो नैष शिशुः सुतो रघुकुले याति प्रतीपो गुरुस्ताम्यन्त्यस्य सहोदरा विजयते क्षत्रस्य शस्त्रग्रहः। यात्यस्मिन्नवसादमेति हृदयं स्वार्थः परार्थेन मे व्यामुह्यन्त्यमुना विना प्रकृतयो मान्यो मुनिः प्रीयताम् ॥ अत्र पुत्रादिविषयाणां रतीनां पूर्वपूर्वोमपर्देनोपनिबद्धानां शबलत्वम्।' विम० p. 192.

इह केचिदाहुः......युक्ता इति (P. 62, ll. 4-6). Some say:—ornaments are those alone which heighten the Rasa etc. by embellishing the form of words (वाचक) and senses (वाच्य). But Rasa etc., being such as to be helped (उपकार्य) by words and senses (and not उपकारक), should not properly be called ornaments. What is meant is:—It was said in the first Pari. that Rasa is the soul of Poetry, words and senses are the body and Alaṅkāras (figures) are ornaments which heighten the soul of Poetry through the body (viz. word and sense). Hence it follows that Rasa is always उपकार्य (to be helped or embellished) and not उपकारक (helping or embellishing others) and that whatever is called an ornament must heighten Rasa, the soul of Poetry, through word and sense, the body. It is laid down above that रस, भाव, etc. when they are subordinate to something else, become the figures रसवद्, प्रेय: etc. These persons assert that in this there is a contradiction. If they are रस etc. they cannot be Alaṅkāras, because Rasa and Alaṅkāra are by their very nature distinct (as Rasa is उपकार्य being the soul and Alaṅkāra is उपकारक being merely an ornament). If you say they are Alaṅkāras, you cannot call them Rasa. Thus these objectors are not ready to admit रसवद् etc. as ornaments. It should be observed that Mammaṭa also does not regard रसवद् etc. as Alaṅkāras; he includes them under the 2nd variety of काव्य, viz. गुणीभूतव्यंग्य (see K. P. V. p 201 Vā.) 'एते च रसवदाद्यलङ्काराः । यद्यपि भावोदयभावसन्धिभावशबलत्वानि नालङ्कारतयोक्तानि तथापि कश्चिद् ब्रूयादित्येवमुक्तम्।'. The वक्रोक्तिजीवित also denies that रसवत्, प्रेयस्, उदात्त are अलङ्कारs *e. g.* 'ऊर्जस्व्युदात्ताभिधयोः पौर्वापर्यप्रणीतयोः। अलङ्करणयोस्तद्वद्भूषणत्वं न विद्यते ॥' (3rd उन्मेष). Its position is that these are not अलङ्कारs but अलङ्कार्य.

अन्ये तु......एव इति (**P. 62, ll. 6–7**). Others again say:—The designation of ornament given to रसवद् etc. merely because they help (the development of) Rasa etc. is purely secondary (भाक्त) and must be accepted in compliance with the practice of the ancients. What these people mean is:—Alaṅkāras are those which heighten the body of Poetry. We have seen above that in रसवद् etc. रस, भाव etc. are subordinate to (*i. e.* heighten) another Rasa etc. There is a difference between Alaṅkāras and रसवद् etc. The former heighten Rasa etc. indirectly through the body of poetry, viz. word and sense, *i. e.* words and senses (the body) are adorned by ornaments and then the soul is set off to greater advantage by the embellished words and senses; while in रसवद् etc., रस etc, directly enhance another Rasa etc. In spite of this difference, there is one thing in common between Alaṅkāras properly so called and रसवद् etc. viz. that both of them heighten the Rasa (directly or indirectly) by being subservient to it. On account of this similarity between the two, the word Alaṅkāra which is properly applicable only to such figures as Upamā is applied to रसवद् etc. by *lakṣaṇā*. We have seen above (p. 54) that सादृश्य is one of the circumstances which are at the root of *lakṣaṇā*. रसवद्. etc. do not properly speaking deserve to be called Alaṅkāras. The application of the word Alaṅkāra to them is secondary and has the sanction of ancient and respectable authority, before which we must bow. भाक्त is derived from the word भक्ति and means the same thing as लाक्षणिक. The Locana, while commenting upon the words 'भाक्तमाहुस्तमन्ये', has the following note on the word भाक्तः—"भज्यते सेव्यते प्राप्तेन प्रसिद्धतयोद्घोष्यते इति भक्तिर्धर्मोऽभिधेयेन सारूप्यादिः। तत आगतो भाक्तो लाक्षणिकोऽर्थः। यदाहुः 'अभिधेयेन सारूप्यात् सामीप्यात् समवायनः। वैपरीत्यात्क्रियायोगाल्लक्षणा पञ्चधा मता ॥' इति*। गुणसमुदायवृत्तेः शब्दस्यार्थभागस्तैक्ष्ण्यादिर्भक्तिः तत आगतो गौणोऽर्थो भाक्तः। भक्तिः प्रतिपाद्ये सामीप्यतैक्ष्ण्यादौ श्रद्धातिशयः। तां प्रयोजनत्वेनोद्दिश्य तत आगतो भाक्त इति गौणो लाक्षणिकश्च। मुख्यस्य वा अर्थस्य भङ्गो भक्तिरित्येवं मुख्यार्थबाधनिमित्तप्रयोजनमिति त्रयसद्भाव उपचारबीजमित्युक्तं भवति।" p. 9. Vide शाबरभाष्य on जै. VII. 3. 34 (p. 1536 Ānan. ed.) 'भक्त्या भविष्यति यथा यजमानो वै यूप इति।' The ancient authority alluded to is that of Bhāmaha, Udbhaṭa, and others who define रसवद् etc. as figures of speech. Compare Udbhaṭa 'प्रेयो रसवदूर्जस्वि पर्यायोक्तं समाहितम्। द्विधोदात्तं तथा श्लिष्टमलङ्कारान्परे विदुः ॥' IV. 1. It must be remarked that ancient authority is not unanimous in defining these figures. The समाहित of Daṇḍin is quite different from that of Udbhaṭa; moreover भावोदय, भावसन्धि and भावशबल are not defined by Udbhaṭa and Bhāmaha and रुय्यक is the first great writer to define these three. Still, रसवद् etc. have generally been defined in the same way by many.

अपरे च......न्यायेन इति (P. 62, ll. 7-9). Others say:—Strictly speaking, an ornament becomes so merely by subserving Rasa etc. (रसाद्युपकारमात्रेणालङ्कारत्वं मुख्यतः); the circumstance that such figures as Rūpaka etc. embellish the sense etc. (which is the body of Poetry) is analogous to the nipple attached to the neck of a she-goat (which nipple serves no purpose). What

---

* The अभिधावृत्तिमातृका on कारिकाs 9-10 and the काव्यप्रकाशसङ्केत (p. 17 आनन्दाश्रम ed.) read this verse as 'अभिधेयेन सम्बन्धात् सादृश्यात्समवायतः' and ascribe it to भर्तृमित्र, an ancient मीमांसक; mentioned by the न्यायरत्नाकर of पार्थसारथि and सुचरितमिश्र's काशिका, on श्लोकवार्तिक verse 10. It is said that भर्तृमित्र made मीमांसा लोकायत.

these people mean is :—Alaṅkāra is that which heightens Rasa, as stated in काव्यप्र. VIII. 2 'उपकुर्वन्ति तं सन्तं येऽङ्गद्वारेण जातुचित्। हारादिवदलङ्कारास्तेऽनुप्रासोपमादयः' ॥ In रसवद् etc. as in Rūpaka etc. Rasa, the soul of poetry, is embellished. Therefore the application of the designation of Alaṅkāra to Rasavad etc. is *not secondary* (भाक्त, as said by those who hold the second view propounded in the text) but is rather strictly correct. The only difference between Rūpaka etc. and Rasavad etc. is that the former embellish Rasa through word and sense and that the latter directly do so. But this difference is of no importance. The circumstance that in Rūpaka etc. the senses (and words) also are embellished is purely accidental and serves no purpose, just as the nipple on the neck of a she-goat serves no purpose (it cannot yield milk). These persons hold the view that Rasavad etc. are properly called Alaṅkāras. The view is opposed to those who hold that the application of the word Alaṅkāra to रसवद् etc. is भाक्त. We have explained वाच्याद्युपधानं as वाच्याद्यलङ्करणम् in accordance with Rāmcharaṇa's explanation. The word उपधान, however, generally means 'a pillow.' Taking this meaning of the word, we may translate रूपकादौ तु...न्यायेन as "The circumstance that in Rūpaka etc. the figures rest upon the sense etc. is (of no importance), being analogous to the nipple attached to the neck of a she-goat."

अभियुक्तास्तु...इति मन्यन्ते. स्वव्यञ्जक = अङ्गभूतरसादिव्यञ्जक. अङ्गिनः = प्रधानभूतस्य. But those who have deeply considered the matter say:—Rasa etc. which have become subordinate (to something else) and which are themselves helped (उपकृत) by words and senses that manifest them, quite properly obtain the denomination of ornament, because they help (other) Rasa etc, which are principal, by embellishing the words and senses that suggest the latter. In समासोक्ति, it is merely the behaviour of the Nāyikā etc. (that is imposed upon the behaviour of another) that constitutes the ornament and not the relish that is derivable from the representation; because, (the behaviour being itself the ultimate thing) it wants the said condition of assisting a principal Rasa through ornamenting the words and senses suggestive thereof. What is meant by this view (which is the one held by our author) is:—Alaṅkāras are those which assist the principal Rasa through words and senses that manifest it. In रसवद् etc. certain words and senses manifest a particular Rasa or Bhāva; this latter again is subordinate to another Rasa and assists it through words and senses which manifest the principal Rasa. It is therefore quite proper that रसवद् etc. are called Alaṅkāras. In समासोक्ति, the ascription of the behaviour of one to another constitutes the Alaṅkāra. But Samāsokt does not possess the characteristics of Rasavad etc. There is no आस्वाद (Aesthetic enjoyment or flavour) of one Rasa which assists another through words and senses, as in रसवद्. What is charming is simply the व्यवहार, which is not Rasa etc. So, although there is a difference between रसवद् etc. and समासोक्ति etc. (because in the former there is रसास्वाद, while in the latter there is none), still both of them are very properly called Alaṅkāras, because to both of them the definition of Alaṅkāra (viz. what heightens the Rasa through words and senses is a figure) is applicable. The आस्वाद of a subordinate Rasa etc. in Rasavad etc. heightens the principal Rasa through word and sense; the व्यवहार also heightens the Rasa through word and sense. The words 'स्वव्यञ्जक......व्यपदेशो लभ्यते' are an answer to the objection contained in the first view propounded in the text 'रसादयस्तु...उपकार्या एव.' According to the *siddhānta* (the view of our author) रस etc. are not always उपकार्य (to be helped), they can also be उपकारक, as in Rasavad.

अत एव......मतिः (**P. 62, ll. 12-14**). Our author supports his position by quoting the words of a highly respectable authority (perhaps the highest authority) on such matters. Construe अन्यत्र (रसस्वरूपे वस्तुमात्रेऽलङ्कारतायोग्ये वा) प्रधाने वाक्यार्थे यत्र (यस्मिन्काव्ये) रसादयः अङ्गं तस्मिन् काव्ये रसादिः अलङ्कारः इति मे मतिः. The verse is explained by Locana as follows:—"यस्मिन् काव्ये ते पूर्वोक्ता रसादयोऽङ्गभूता वाक्यार्थीभूतश्चान्यः।......तस्य काव्यस्य सम्बन्धिनो ये रसादयोऽङ्गभूतास्ते रसादेरलङ्कारस्य रसवदाद्यलङ्कारशब्दस्य विषयाः। स एव अलङ्कारशब्दवाच्यो भवति योऽङ्गभूतः, न त्वन्य इति यावत्।" p. 71. The meaning is:–In that piece of poerty, where Rasa etc. are subordinate to the main purport of the passage (where another Rasa or a sense that is principal), the former (Rasa etc.) constitute in my opinion the province of an ornament.

यदि च......प्रसज्येत (**P. 62, l. 15**). This is an answer to those who hold the 3rd view mentioned in the text. If it be said that the mere circumstance of assisting a Rasa etc. constitutes an Alaṅkāre, then it would follow that words etc. also are Alaṅkāras because they also assist Rasa etc. It was said above by those who hold the third view that the circumstance of embellishing वाच्य etc. is of no importance, being like

अंजागलस्तन and that mere रसाद्युपकार constitutes an Alaṅkāra. If that were so, words themselves, which together with senses constitute the body of Poetry, will have to be called Alaṅkāras (because they also are रसाद्युपकारक inasmuch as they manifest Rasa); but this is absurd.

एवं च......परास्तम् (P. 62, ll. 16-17). Similarly the dictum of some that the figures Rasavad etc. occur when Rasa etc. are principal and that when the latter are subordinate, the figure is Udātta (of the 2nd sort, अङ्गभूतमहापुरुषचरितवर्णनम्) is wrong. Some writers on Rhetoric denied the existence of ध्वनि (suggested sense) in Poetry. They said that wherever रस etc. are principal, there is रसवद् अलङ्कार; where रस etc. are subordinate there is the 2nd variety of Udātta. These views are wrong, for the simple reason that words also will then have to be called Udātta Alaṅkāra, because they also are subordinate to the principal Rasa (just as Udātta is said to be constituted by Rasa etc. being subordinate). Moreover there are other grave objections against this theory. If Rasa, even when principal, is to be called Alaṅkāra, then what is the soul of Poetry? This theory is alluded to by the अलं. स. 'तत्र यस्मिन्दर्शने (ध्वन्यभाववादिनां मते इत्यर्थः । वि०) वाक्यार्थीभूता रसादयो रसवदाद्यलङ्काराः तत्राङ्गभूतरसादिविषये रसवदाद्यलङ्कारः। द्वितीये उदात्तालङ्कारः।' (रसवदाद्यलङ्कारास्तत्राङ्गभूतरसादिविषये द्वितीय उदात्तालङ्कारः।?) p. 186.

76 संसृष्टिः (Conjunction).

यदि एते एव अलङ्काराः परस्परविमिश्रिताः तदा संसृष्टिः तथा सङ्करः (इति) पृथक् अलङ्कारौ. If any of the ornaments that are treated of here are combined together, then there arise two distinct figures, संसृष्टि and सङ्कर.

यथा......पृथगलङ्कारत्वं (P. 62, l. 20). As the ornaments (worn on the body) in ordinary life produce a distinct beauty when they are combined together and are hence counted as distinct ornaments. Compare 'यथा बाह्यालङ्काराणां सौवर्णमणिमयप्रभृतीनां पृथक्चारुत्वहेतुत्वेऽपि सङ्घटनाकृतं चारुत्वान्तरं जायते तद्वत्प्रकृतालङ्काराणामपि संयोजने चारुत्वान्तरमुपलभ्यते।' अलं. स. p. 193.

मिथो......च्यते (P. 62, l. 23). एतेषां (अलङ्काराणाम्) मिथः (परस्परम्) अनपेक्षतया (निरपेक्षतया) स्थितिः संसृष्टिः उच्यते. The existence of these independently of each other is संसृष्टि. This mixture of figures is like the mixture of sesame and rice. There may be a mixture of शब्दालङ्कारs only (I), or of अर्थालङ्कारs only (II), or (III) of a शब्दालङ्कार and an अर्थालङ्कार.

An example is देव: etc. (**P. 62, ll. 25-26**). स्मेरेन्दीवरलोचनः (स्मेरे विकसिते इन्दीवरे इव लोचने यस्य सः) संसारध्वान्तविध्वंसहंसः (संसारः एव ध्वान्तं तमः तस्य विध्वंसः तस्मिन् हंसः रविः ('रविश्वेतच्छदौ हंसौ' अमर० III 3. 223) कंसनिषूदनः (कंसस्य हन्ता) देवः (कृष्णः) नः (अस्मान्) अपायात् पायात् (रक्षतु). Here we have a यमक (Rhyme) in पायादपायात् and अनुप्रास (Alliteration) in संसारध्वान्तविध्वंसहंसः'. Thus there is a संसृष्टि of two Alaṅkāras of *śabda* (I). There is an Upamā in स्मेरेन्दीवरलोचनः and a Rūpaka in 'संसारध्वान्तविध्वंसहंसः कंसनिषूदनः' (Kṛṣṇa is identified with the sun and *saṁsāra* with darkness). Therefore there is a संसृष्टि of two figures of sense (II). As both these conjunctions reside in the same verse, there is a संसृष्टि of शब्दालङ्कार and अर्थालङ्कार (III). यमक and अनुप्रास deserve a passing notice. अनुप्रास is defined as 'वर्णसाम्यमनुप्रासः'. The repetition of the same letters (consonants) constitutes अनुप्रास. It is possible in various ways:—e. g. (I) the same consonant may be repeated twice; (II) many consonants (व्यञ्जनसङ्घ) may be repeated only once and in the same order; or (III) the same consonant may be repeated a number of times. Examples of the three sorts (the second called छेकानुप्रास and the first and third वृत्त्यनुप्रास) are 'ततोऽरुणपरिस्पन्दमन्दीकृतवपुः शशी। दध्रे कामपरिक्षामकामिनीगण्डपाण्डुताम् ॥'; 'आदाय बकुलगन्धानन्धीकुर्वन् पदे पदे भ्रमरान्। अयमेति मन्दमन्दं कावेरीवारिपावनः पवनः ॥'; 'अनङ्गरङ्गप्रतिमं तदङ्गं भङ्गीभिरङ्गीकृतमानताङ्ग्याः । कुर्वन्ति यूनां सहसा यथैताः स्वान्तानि शान्तापरचिन्तितानि ॥'. यमक (Rhyme) is defined as 'स्वरव्यञ्जनसमुदायपौनरुक्त्यं यमकम्' or 'आवृत्तिं वर्णसङ्घातगोचरां यमकं विदुः' K. D. I. 61. When more syllables than one are repeated in the same order in which they first occurred, but in a different sense, there is यमक. Examples are: 'दशरथोऽनुशशास महारथो **यमवतामवतां** च धुरि स्थितः।' रघुः IX. 1.; 'यो यः पश्यति तन्नेत्रे **रुचिरे वनजायते** । तस्य तस्यान्यनेत्रेषु **रुचिरेव न जायते** ॥ (रुचिरे मनोरमे वनं जलं वनजं पङ्कजं तदिव आयते दीर्घे, रुचिः प्रीतिः). There are other kinds of अनुप्रास called श्रुत्यनुप्रास, लाटानुप्रास etc.

The verse क्व सूर्य etc. is an example of संसृष्टि, where the two अलङ्कारs of sense, विषम and निदर्शना, are combined.

77 सङ्कर (Commixture).

(I) When two or more ornaments stand in the relation of principal and subordinate, (II) when they reside in the same place, or (III) when there is a doubt about them, there is सङ्कर, which is thus threefold. It is said that the mixture of figures in सङ्कर is like the mixture of milk and water.

An example of (I) is आकृष्टि etc. (**P. 63, ll. 4-5**). This occurs in अलं. स. p. 93. यस्य अम्बुराशेः (जलनिधेः) पादमूले (एकदेशे, पक्षे चरणमूले 'पादा रश्म्यंघ्रितुर्यांशाः' अमर० III. 3. 89) मन्दाकिनी (गङ्गा) आकृष्टिवेगेन[1] (समुद्रमन्थनकाले देवैः यत् आकर्षणं तस्य वेगेन) विगलन् प्रभ्रश्यन् यः भुजङ्गेन्द्रस्य वासुकेः भोगस्य देहस्य फणाया वा निर्मोकः कञ्चुकः (त्वक्), निर्मोकः पट्ट इव ('पट्टः पेषणपाषाणे व्रणादीनां च बन्धने') तद्वेष्टनया तद्वेष्टनच्छलेन (मन्थव्यथाव्युपशमार्थमिव) आशु (शीघ्रं) चिरम् अवेष्टत. Long did Mandākinī cling to his feet (in kneading them) under the disguise of that bandage of the (white) slough, that had slipped, through the force of pulling, from the body of Vāsuki (employed as the string), as if to remove the worry the ocean had suffered in the churning. When the ocean was churned with Vāsuki as the string, the slough slipped from the serpent's body (the poet says) and encircled the ocean. The poet says it was not the slough that encircled the ocean, but it was the Ganges that had assumed that form and came there quickly out of love for her lord (the ocean). The Ganges remained at his पादमूल, to shampoo her lord's feet in order to remove the great fatigue that he must have felt when he was churned by the Gods.

अत्र...समासोक्तेरङ्गम् (**P. 63, ll. 6-10**). Here Mandākinī is superimposed upon the slough, the real nature of which is denied; so we have the figure अपह्नुति (प्रकृतं निषिध्यान्यस्थापनं अपह्नुतिः). अपह्नुति is subordinate to श्लेष, inasmuch as it gives rise to Paronomasia, because the actual पादमूलवेष्टन (clinging to a portion of the sea) of the Ganges (under the disguise of the slough) is the same as चरणमूलवेष्टन (clinging to the feet), as the word पाद is capable of two senses. श्लेष is subordinate to अतिशयोक्ति, because पादमूल in one sense is identified (भेदेऽभेदः) with पादमूल in another sense. अतिशयोक्ति is subordinate to उत्प्रेक्षा contained in 'मन्थ......र्थमिव'. The natural पादमूलवेष्टन of the Ganges (disguised as slough) being identified with पादमूलवेष्टन (clinging to the feet), 'मन्थ......र्थमिव' is fancied as the हेतु of पादमूलवेष्टन (clinging to the feet in order to knead them). उत्प्रेक्षा is subordinate to समासोक्ति, inasmuch as it conveys the idea of

1 See विष्णुपुराण I. 9. 75-76 'आनीय सहिता दैत्यैः क्षीराब्धौ सकलौषधीः । मन्थानं मन्दरं कृत्वा नेत्रं कृत्वा तु वासुकिम् ॥ मथ्यताममृतं देवाः साहाय्ये मय्यवस्थिते ।'.

the ocean and the Mandākinī behaving like a husband and his loving wife (who tries to remove her husband's fatigue and pain by kneading his feet etc.)

अनुरागवती......समागमः (**P. 63, ll. 12-13**). This verse is cited in the ध्व० p. 37. We read there 'दैवगतिः कीदृक्'. अनुरागवती (अनुरागः रक्तिमा, पक्षे प्रेम तद्युक्ता) संध्या, दिवसः तत्पुरःसरः (तस्याः पुरःसरः पुरोवर्ती, पक्षे संमुखः आज्ञाकरः) अहो दैवगतिः चित्रा (आश्चर्यावहा), तथापि न समागमः (मिलनं, पक्षे स्त्रीपुंससङ्गमश्च). Here the meaning of the words as they stand is "The Evening glows with अनुराग (redness) and the day is ever present *before* her; yet how wonderful is the working of Destiny—they are never united (when there is day, there is no संध्या, when the संध्या comes, there is no day)". The words संध्या and दिवस, on account of their gender, and the words अनुरागवती and तत्पुरःसर (which are Paronomastic) suggest the behaviour of a lover and his sweet-heart. The meaning then is:—(The sweet-heart) is full of affection and (the lover) is ever ready to do her bidding; but alas, wonderful is the working of Fate—there is no union of the two (this being due to the fact that one or both of them are prevented by the elders from meeting each other). Thus there is समासोक्ति. This समासोक्ति is subordinate to विशेषोक्ति. Although the causes of समागम, viz अनुराग (in the woman) and तत्पुरःसरत्व (in the lover) are present, the fruit of them does not follow. Therefore there is विशेषोक्ति.

An example of सन्देहसङ्कर (III) is 'इदमाभाति' etc. (**P. 63, ll. 15-16**). The verse can be construed in many ways. 'इदम्' may be construed with ऐन्दवं मण्डलम् or separately (as referring to face etc.). सन्ततं (सर्वत्र प्रसृतं) तमः (अन्धकारः, पक्षे अज्ञानं) भिन्दानं (निरस्यत्) अमन्दं अनल्पं नयनानन्दं करोतीति अमन्दनयनानन्दकरं ऐन्दवं मण्डलं (चन्द्रस्य बिम्बम्) गगने आभाति. Here doubts arise as to the figure as follows:—It may be अतिशयोक्ति if we suppose that the face is swallowed up as it were by the moon and spoken of in the terms of the moon, as in कथमुपरि कलापिनः कलापः (p. 33) above, the figure may be Rūpaka consisting in the superimposition of the moon upon a face pointed out by the pronoun 'this' (as if we were to say इदं मुखं इन्दुमण्डलम्); the figure may be तुल्ययोगिता (defined as 'पदार्थानां प्रस्तुतानां' etc.), if we suppose that a face (pointed out by the pronoun 'this') and the lunar orb are both subjects of discussion (प्रकृत) and are connected with the same attribute of destroying darkness (whether internal or external does not matter); the figure may be दीपक (अप्रस्तुतप्रस्तुतयोरेकधर्माभिसम्बन्धः दीपकम्), if we suppose that the moon is not प्रकृत (and that the face is प्रकृत); the figure may be समासोक्ति, if we suppose that the face is अप्रस्तुत (and the moon in 'इदं ऐन्दवं मण्डलम्' is प्रस्तुत) and that it is suggested by the sameness of attributes (viz. तमः भिन्दानं and अमन्दनयनानन्दकरं); it may be अप्रस्तुतप्रशंसा (5th variety तुल्ये प्रस्तुते तुल्यस्य अप्रस्तुतस्य अभिधानम्), the face being in question and understood through the description of the moon which is not is question (on account of the similarity between them); or it may be पर्यायोक्त, the time that excites love (viz. night) being meant to be described through the description of the moon, the rise of which is the effect of night. Thus there being a doubt on account of the possibility of many *alaṅkāras*, there is सन्देहसङ्कर.

यथा वा...सन्देहः **(P. 63, ll. 24-25).** In the sentence 'मुखचन्द्रं पश्यामि,' it is doubtful whether the figure is उपमा, as the compound may mean 'the moon-like face' (मुखं चन्द्र इव) or whether it is Rūpaka, as the compound may mean 'the moon in the form of the face' (मुखमेव चन्द्रः). There is nothing here to determine the figure with certainty.

साधकबाधक...रूपकसमास एव **(P. 63, l. 25-p. 64, l. 6).** साधक... सन्देहः. When there is some circumstance favourable to one alaṅkāra and some other circumstance unfavourable to another, or when even one of these exists, then there is no doubt (and no सङ्कर). For example, in 'He kisses the मुखचन्द्र,' the circumstance that kissing is consistent with the face and inconsistent in the case of the moon is a reason for regarding the figure to be a simile and is a reason against regarding it as Rūpaka. If we dissolve the compound मुखचन्द्रः as मुखं चन्द्र इव, मुख becomes prominent and can be well construed with the action of kissing; but if we dissolve it as मुखमेव चन्द्रः, चन्द्र becomes more prominent and cannot be well construed with the action of kissing. Therefore the figure is Upamā and not Rūpaka. Here there exist both साधक and बाधक circumstances. मुखचन्द्रः...उपमाबाधकः- In this example, the attribute of shiningness is a circumstance favourable to the recognition of Rūpaka (because it is construable with the moon in its primary sense) and is not unfavourable to simile because it can be construed with the face in a secondary sense. It is a general rule of interpretation that where the primary meaning is applicable, a secondary meaning should not be resorted to. So in 'मुखचन्द्रः प्रकाशते' there is रूपक only. Here there is a साधक circumstance but nothing बाधक (*i. e.* nothing that forbids the recognition of उपमा). राज......रूपकम्—Here, the circumstance of a woman embracing one *like* her lord being improper, the embrace of the king *as such* on the part of Lakṣmī is impossible and so the recognition of Upamā is forbidden (if we dissolve as राजा नारायण इव, राजा becomes prominent and is likened to Viṣṇu); but the embrace of Nārāyaṇa by Lakṣmī being possible, there is a रूपक (*i. e.* we must dissolve the compound as राजा एव नारायणः, where नारायण becomes prominent and the king is identified with Nārāyaṇa). Thus here there is a बाधक of simile and therefore the figure is रूपक. एवम्······बाधकता. In 'the lotus-face of the fawn-eyed lady shines with tremulous eyes' the eye being possible only in the face, the recognition of Upamā is favoured (*i. e.* we must dissolve वदनाम्बुज as 'वदनं अम्बुजमिव' where वदन becomes prominent and is well construed with चञ्चललोचनम्) and as the eye is impossible in lotus, the recognition of Rūpaka is prevented (we cannot dissolve वदनाम्बुज as 'वदनमेव अम्बुजम्' because then अम्बुजम् will be prominent and cannot be well construed with चञ्चललोचनम्'). एवं······रूपकसमास एव. In such a sentence as सुन्दरं वदनाम्बुजम्', where the common property (सुन्दरत्व) is mentioned, the compound वदनाम्बुजं cannot be so dissolved as to bring out an Upamā, according to the sūtra of Pāṇini (II. 1. 56) 'उपमितं व्याघ्रादिभिः सामान्याप्रयोगे' (an object of comparison, उपमेय, is compounded with व्याघ्र etc. the Upamānas, when the common attribute is not mentioned) and therefore the recognition of a simile is debarred. The compound here must be taken to be रूपक and as belonging to the class which begins with मयूरव्यंसक ('मयूरव्यंसकादयश्च' पा० II. 1. 72 मयूरो व्यंसकः मयूरव्यंसकः व्यंसकः धूर्तः। सि० कौ०).

एकाश्रयानुप्रवेशो······लङ्कारयोः (**P. 64, ll. 7-14**). An example of the residence of figures in the same place (the 2nd variety of सङ्कर) is कटाक्षेण etc. यदि सा क्षणमपि कटाक्षेण अपि ईषत् (मां) निरीक्षेत तदा सान्द्रः (घनः) पिहिताशेषविषयः (पिहिताः संवृताः अशेषाः अखिलाः विषयाः विषयसाक्षात्काराः येन) आनन्दः (हृदये) स्फुरति, अम्भोरुहदृशः (कमलाक्ष्याः) सरोमाञ्चोदञ्चत्कुचकलशनिर्भिन्नवसनः (सरोमाञ्चौ प्रियस्पर्शेन उद्भिन्नपुलकौ उदञ्चन्तौ उन्नतिभाजौ यौ कुचकलशौ स्तनकुम्भौ ताभ्यां निर्भिन्नं प्रभ्रष्टं वसनं वस्त्रं यस्मिन्) परीरम्भारम्भः (परीरम्भः आलिङ्गनं तस्य आरम्भः उपक्रमः) क इव (कीदृशः) भविता (भविष्यति). पिहिताशेषविषयः which shuts out the consciousness of all external objects. अत्र······अनुप्रवेशः

Here the छेकानुप्रास contained in 'कटाक्षेणापीषत्क्षणमपि' and the वृत्त्यनुप्रास consisting in the occurrence of the compound letter क्ष् twice in 'कटाक्षेणापीषत्क्षणमपि' and once in निरीक्षेत have the same position. We explained above (p. 324) what is meant by अनुप्रास. छेकानुप्रास occurs when a number of consonants are repeated again in the same order. Here क्ष्, ण् and प् are repeated again in the same order in 'कटा......पि.' प्रतीहारेन्दुराज on उद्भट (I) explains "छेकशब्देन कुलायाभिरतानां पक्षिणामभिधानम् । तदुक्तम् ' छेकान् गृहेष्वभिरतानुशन्ति मृगपक्षिणः' इति । तेषां च कुलायाभिरतत्वादन्येन केनचिदनायास्यमानानामनेनानुप्रासेन सदृशी मधुरा वागुच्चरति । अतोयमनुप्रासश्छेकैर्व्यपदिश्यते छेकानुप्रास इति । अथवा छेका विदग्धाः । तद्वल्लभत्वादस्य छेकानुप्रासता ।". वृत्त्यनुप्रास occurs when a single consonant is repeated once or many times, or when many consonants occur once again but not in the same order, or when many consonants occur more than once and in the same order The letter क्ष् occurs thrice in 'कटाक्षेण...निरीक्षेत' and there is therefore वृत्त्यनुप्रास. एवं च......लङ्कारयोः. So also there is एकवाचका-नुप्रवेश of अनुप्रास and अर्थापत्ति. If at the mere glance of the woman, all consciousness of external objects is lost (as in ब्रह्मानन्द) then what would happen at the time of embracing her ? This is अर्थापत्ति. The same words which cause this figure also present अनुप्रास and therefore there is एकवाचकानुप्रवेश.

यथा वा......यमकयोः (**P. 64, ll. 14-16**). In 'संसारध्वान्तविध्वंसहंसः' which is part of a verse quoted above (on p. 62), there is सङ्कर by एकवाचकानुप्रवेश of रूपक and अनुप्रास. 'संसार......हंसः' is a single (compound) word. ध्वान्त and संसार are identified. The letters स्, ध्व् are repeated; therefore there is सङ्कर of अनुप्रास and रूपक. Another example of the सङ्कर of two figures (here, of word) is कुरबका रवकारणतां ययुः' which is the last *pāda* of Raghu. IX. 29, the first three being 'विरचिता मधुनोपवनश्रियामभिनवा इव पत्रवि-शेषकाः । मधुलिहां मधुदानविशारदाः'. Here there is a सङ्कर of two यमकs occurring in the same place; रबका and रवका from one यमक and बका and वका from another. We have explained Yamaka above. It may be said that रबका and रवका do not form a यमक, because in रबका these is ब and in रवका there is व. Against this the following reply is given. It is the general. convention of poets to regard ब and व, ड and ल as non-different in यमक, श्लेष and such चित्रबन्धs as मुरजबन्ध etc. 'यमकश्लेषचित्रेषु बवयोर्डलयोर्न भित् । नानुस्वारविसर्गौ च चित्रभङ्गाय संमतौ ।' वाग्भटालङ्कार I. 20.

यथा वा...प्रविष्टमिति (**P. 64, ll. 17-21**). 'अभिनवपयोदरसितेषु पथि-कश्यामायितेषु दिवसेषु । शोभते प्रसारितग्रीवाणां नृत्यं मयूरवृन्दानाम् ॥'. This is

गाथासप्तशती IV. 59. The reading in the printed edition of that work are 'अभिनवप्रावृड्रसितेषु' for 'अभिनवपयोदरसितेषु', 'रभसप्रसारित०' for 'शोभते प्रसारित०', 'शोभते श्यामायितेषु' for 'पथिकश्यामायितेषु.' The readings adopted in the text are sanctioned by the high authority of the ध्वन्यालोक and लोचन (see p. 230 of ध्व०). राम० appears to have read महति for शोभते. "अभिनवं हृद्यं पयोदानां मेघानां रसितं (गर्जितं) येषु दिवसेषु । तथाविधपथिकान् प्रति श्यामायितेषु मोहजनकत्वाद्रात्रिरूपतामाचरितवत्सु । यदि वा पथिकानां श्यामायितं दुःखवशेन श्यामिका येभ्यः । शोभते प्रसारितग्रीवाणां मयूरवृन्दानां नृत्तम्"। लोचन p. 230. The expression 'पहिअसामाइएसु' may stand for पथिकसामाजिकेषु as well as for पथिकश्यामायितेषु. The meaning of पथिकसामाजिकेषु is पथिका एव सामाजिकाः (सभासदः) तेषु (the spectators in the form of travellers). The verse means 'charming is the dance of the peacocks, whose necks are out-stretched, in these days, noisy with the fresh (or charming) rumbling of clouds and appearing to the travellers gloomy as the night (because they are separated from their wives); compare मेघदूत 'मेघालोके भवति सुखिनोऽप्यन्यथावृत्ति चेतः कण्ठाश्लेषप्रणयिनि जने किं पुनर्दूरसंस्थे). If we read 'पथिकसामाजिकेषु', the meaning will be 'charming is the dance of the peacocks etc. in these days with travellers as spectators'. The readings of the printed गाथासप्तशती also yield a good meaning. 'अभिनवप्रावृड्रसितेषु शोभते श्यामायितेषु (or सामाजिकेषु) दिवसेषु । रभसप्रसारितग्रीवाणां नृत्यं मयूरवृन्दानाम् ॥'. Charming is the dance of the peacocks whose necks are stretched out through joy (or quickly 'रभसो वेगहर्षयोः' विश्व०) in these days, with the first roars of the rainy season and appearing dark as night (or in these days that are spectators). अत्र......रूपकं प्रविष्टमिति. Here in the same place, viz the Prākrit expression 'पहिअसामाइएसु', there is a simile in पथिकश्यामायितेषु and a rūpaka in पथिकसामाजिकेषु. The word श्यामायित is the past passive participle of a denominative verb श्यामायते which is explained as श्यामाः इव आचरन्ति. Therefore in श्यामायित, there is उपमा (धर्मलुप्ता according to our author). In पथिकसामाजिकेषु (पथिका एव सामाजिकाः) there is रूपक. Therefore there is सङ्कर of उपमा and रूपक by एकवाचकानुप्रवेश. 'पथिकान् प्रति श्यामा इवाचरन्तीति प्रत्ययेन लुप्तोपमा निर्दिष्टा । पथिकसमाजेष्विति कर्मधारयस्य स्पष्टत्वाद् रूपकम् ।' लोचन p. 230. राम० justly contends that this is not a proper example of सङ्कर by एकवाचकानुप्रवेश; but that it is an example of सन्देहसङ्कर, as 'मुखचन्द्रं पश्यामि' is. The Prākṛit expression पहिअसामाइएसु does not simultaneously admit two figures, as in संसारध्वान्त etc. but alternately and therefore there is a doubt.

The difference between सन्देहसङ्कर and सङ्कर by एकवाचकानुप्रवेश is that in the former we are in doubt as to what the figure is, there being no determining circumstance, while in the latter we are certain about the figures, which occur in the same phrase or expression.

Mammaṭa appears to have held that सङ्कर by एकवाचकानुप्रवेश occurs only when one figure of word and another of sense reside together in the same place (स्फुटमेकत्र विषये शब्दार्थालङ्कृतिद्वयं व्यवस्थितं च K. P. X.). Our author, following the अलं. स., holds that सङ्कर by एकवाचकानुप्रवेश occurs not only when one figure of word and another of sense reside together, but also when two figures of word as in 'कुरवका' etc. or two figures of sense reside in the same place. The प्रदीप also says "शब्दार्थालङ्कृतीति प्रायोवादः शब्दालङ्कारयोरप्येतद्दर्शनात्."

Appendix A.

Index of verses and half-verses cited as illustrations.

General Index to the Notes.

(The pages refer to the Notes)

A List of the Principal Abbreviations employed in the Notes.

B.—The Sāhityadarpaṇa, published in the B. I. Series.

B. I.—Bibliotheca Indica Series.

B. S. S.—Bombay Sanskrit series.

Chan.—Prof. Chandorkar's edition of the Kāvyaprakāśa (I, II and X Ullāsas).

E. I.—Epigraphia Indica.

H. S. L.—History of Sanskrit Literature.

I. O. Cat—India Office Mss. catalogue.

I. A.—Indian Antiquary volumes.

J.—The Sāhityadarpaṇa, published by Jivānanda Vidyāsāgar.

JASB.—Journal, Asiatic Society, Bengal.

JBBRAS.—Journal Bombay Branch, Royal Asiatic Society.

JRAS.—Journal of the Royal Asiatic Society, Great Britain.

Cat.—Catalogue.

K. D. or Kāvyād.—The Kāvyādarśa of Daṇḍin with the commentary of Premchandra Tarkavagīśa.

K. M.—Kāvyamālā series.

K. P.—Kāvyaprakāśa of Mammaṭa.

K. P. Pr.—The Kāvyaprakāśa-pradīpa, a comment on the Kāvyaprakāśa by Govinda Thakkura (K. M. series).

Kuval.—The Kuvalayānanda of Appayya Dīkṣita, with the Alaṅkāracandrikā (Nir).

Laukika N.—The Laukika-nyāyāñjali of Colonel Jacob.

N.—The Sāhityadarpaṇa published by the Nirṇaya-sāgar press.

Nai.—The Naiṣadhīyacarita of Śrīharṣa.

Nir. or Nirṇaya—The Nirṇaya-sāgar edition (of a work).

N. S.—The Nyāya-sūtra of Gautama.

P. L. M.—The Paramalaghumañjūṣa of Nāgeśabhaṭṭa.

R. G.—The Rasagaṅgādhara of Jagannātha (K. M. series).

Raghu.—Raghuvaṁśa.

Ru.—Rudraṭa's Kāvyālaṅkāra (K. M. series).

Śak.—The Abhijñāna-Śākuntala.

S. D.—The Sāhityadarpaṇa.

Subhā.—Subhāṣitāvali.

T. Bh.—The Tarkabhāṣā (Mr. Paranjape's edition of 1909).

T. D.—The Tarkadīpikā of Annambhaṭṭa.

T. S.—The Tarkasaṅgraha of Annambhaṭṭa.

Ul.—Ullāsa

Vā—Vāmanācārya's edition of the Kāvyaprakāśa (1921).
Vākyap.—Vākyapadīya of Bhartṛhari (Benares edition).
V. O. J.—Vienna Oriental Journal.
V. P.—The Vedāntaparibhaṣā. (Bombay).
V. Sāra.—The Vedāntasāra (edited by Col. Jacob).

अ०	अध्याय
अग्नि०, अग्निपु०	अग्निपुराण (B. I. edition).
अभिधा०, अ. वृ. मा.	अभिधानवृत्तिमातृका (निर्णय. ed. of 1916).
अ. वि.	अलङ्कारचूडामणिविवेक (comment of हेमचन्द्र on his own काव्यानुशासन).
अलं. शे.	अलङ्कारशेखर of केशवमिश्र (काव्यमाला series).
अल. स. or अलं. स.	अलङ्कारसर्वस्व of रुय्यक (काव्यमाला series).
अ. स. वि. or अलं. स. वि.	अलङ्कारसर्वस्वविमर्शिनी of जयरथ (काव्यमाला series).
उ. च.	उदाहरणचन्द्रिका (as contained in the edition of the काव्यप्रदीप in the काव्यमाला).
उत्तरराम०	उत्तररामचरित of भवभूति.
उद्द्योत	काव्यप्रकाशप्रदीपोद्द्योत of नागेशभट्ट (contained in Prof. Chandorkar's edition of the काव्यप्रकाश).
उद्भट	अलङ्कारसारसंग्रह of उद्भट with the वृत्ति of प्रतीहारेन्दुराज (Nir. edition).
ए०, एका०	एकावली of विद्याधर (Bombay Sanskrit Series).
का० प्र०, or काव्यप्र.	काव्यप्रकाश of मम्मट.
काव्यमी०	काव्यमीमांसा of राजशेखर (Gaikwad Oriental series).
काव्या०	काव्यादर्श of दण्डिन्.
काव्यालङ्कार० or काव्या०सू०	काव्यालङ्कारसूत्र of वामन (काव्यमाला series).
कुव०	कुवलयानन्द of अप्पय्यदीक्षित (Nir. edition).
कुमार०	कुमारसम्भव.
चि. मी.	चित्रमीमांसा of अप्पय्यदीक्षित (काव्यमाला).
तरल.	एकावलीतरल of मल्लिनाथ (printed in the edition of the एकावली by Mr. Trivedi).
गाथा०	गाथासप्तशती of हाल (Nir).
छा० उ०	छान्दोग्य-उपनिषद्.
ज०	साहित्यदर्पण (printed by Jivānanda).
दश०	दशकुमारचरित.
दशरू०	दशरूप with अवलोक.
ध्व०, ध्वन्या०	ध्वन्यालोक of आनन्दवर्धन (काव्यमाला)

नाट्य०	नाट्यशास्त्र.
नि०	साहित्यदर्पण (the निर्णयसागर edition).
न्या० सू०	न्यायसूत्र of गौतम.
प० ल० म०	परमलघुमञ्जूषा of नागेशभट्ट.
पा०	अष्टाध्यायी of पाणिनि.
पुण्य०	पुण्यराज, the commentator of the वाक्यपदीय.
प्रदीप	काव्यप्रकाशप्रदीप of गोविन्दठक्कुर (काव्यमाला)
प्रभा	Commentary on the प्रदीप of गोविन्दठक्कुर.
ब	साहित्यदर्पण (B. I. edition).
बृहत्कथा०	बृहत्कथामञ्जरी of क्षेमेन्द्र.
भरतनाट्य०	नाट्यशास्त्र of भरत (Nir.)
रघु०	रघुवंश.
रसगं०	रसगङ्गाधर of जगन्नाथ (Nir.)
राम०	रामचरण, the commentator of the साहित्यदर्पण.
लोचन	ध्वन्यालोकलोचन of अभिनवगुप्त.
वाग्भटाल०	वाग्भटालङ्कार (काव्यमाला series).
वि०, विम०, विमर्शिनी	अलङ्कारसर्वस्वविमर्शिनी of जयरथ.
विष्णुपु०	विष्णुपुराण (Bombay edition).
व्यक्ति०	व्यक्तिविवेक (Trivandrum ed. of 1909).
श० व्या० वि०	शब्दव्यापारविचार of मम्मट (Nir. edition).
शा०	अभिज्ञानशाकुन्तल of कालिदास.
शा० दी०	शास्त्रदीपिका of पार्थसारथिमिश्र.
शार्ङ्ग०	शार्ङ्गधरपद्धति.
शृङ्गार०	शृङ्गारतिलक.
शिशु०	शिशुपालवध of माघ.
श्लोकवा०	श्लोकवार्तिक of कुमारिलभट्ट.
सरस्वती० or सरस्वतीक०	सरस्वतीकण्ठाभरण of भोज (Nir. ed.)
साहित्य०, साहित्यद०	साहित्यदर्पण.
सि० कौ०	सिद्धान्तकौमुदी (Nir.)
सुभा०	सुभाषितावलि.
सोमेश्वर	a. of commentary on the काव्यप्रकाश (Ms. in the Bhau Daji collection in Bombay Asiatic Society).
हर्ष०	हर्षचरित of बाण.